개정판

자바
정복

JAVA 17

Java

자바는 가장 대중적이고 널리 활용되는 현시대의 대표적인 프로그래밍 언어입니다. 정보의 보고인 방대한 웹 사이트를 구축하는 역할을 충실히 수행하고 있으며, 안드로이드의 표준 개발 언어로서 모바일 앱 제작에도 두루 활용됩니다. 사용되지 않는 곳을 찾기 힘들 정도로 범용적이며 현대의 IT 문명을 창조하고 운영하는 실용적인 언어입니다.

이 책은 자바 프로그래밍 입문자를 위한 자습서입니다. 먼저 알아야 할 것을 최대한 앞에 배치하여 강의를 듣는 것처럼 처음부터 순서대로 읽으며 학습할 수 있도록 구성하였습니다. 본문을 통해 문법의 이론을 배우고, 예제를 통해 핵심 문법과 응용을 실습하며, 단계별로 프로그래밍 언어의 구조를 익힐 수 있습니다. 기본 문법을 익힌 후 클래스의 개념과 객체지향의 논리를 배우고 연구합니다.

자바는 실무에 바로 활용할 수 있는 방대한 객체지향 라이브러리를 포함합니다. 라이브러리를 구성하는 주요 클래스를 체계적으로 정리하고 컬렉션과 고급 문법에 대한 레퍼런스를 제공하여 개발 중 언제든 참고할 수 있도록 하였습니다. 문법에 능통하고 라이브러리를 잘 숙지해 백방으로 활용하십시오. 실무용 언어인 자바는 어렵고 복잡하며 배우고 익히는데 상당한 시간과 노력이 듭니다. 쉽게 얻을 수 있는 것 중에 가치 있는 것은 없으니 성급한 결실을 바라지 말고 꾸준히 정진하기 바랍니다.

이 책의 초판은 자바에 입문하는 초보 개발자와 대학, 기업의 강의에 제 역할을 훌륭히 수행했습니다. 개정판은 자바 17의 발표에 맞추어 그동안 확장된 최신 문법을 포괄하고 독자의 의견을 수렴하여 더욱 완성도를 높였습니다.

이 책이 자바 입문과 프로그래밍 저변 확대에 이바지하고 실무 개발자에게 조금이나마 도움이 되기를 희망합니다.

2022년 4월

김 상 형

이 책을 읽기 전에

• 이 책의 독자 •

자바는 별도의 선수 과목이 없는 언어입니다. 프로그래밍을 전혀 해 본 적이 없는 초보자도 이 책을 따라 개발툴을 설치하고 순서대로 실습을 진행하면 누구나 배울 수 있습니다. 유사한 언어인 C/C++이나 C#에 대한 경험이 있다면 더 쉽고 빠르게 배울 수 있고, 그렇지 않더라도 자바를 학습하는데 별 무리는 없습니다.

자바는 공개된 언어이며 개발킷과 개발툴 모두 무료로 다운로드 받아 사용할 수 있습니다. 별도의 준비물이 필요치 않으며 인터넷만 연결되어 있다면 즉시 개발툴을 설치하여 학습을 시작할 수 있습니다. 고성능의 컴퓨터도 굳이 필요치 않으며 문서를 작성할 수 있는 컴퓨터나 노트북 정도면 충분합니다. 열정과 의지만 있으면 누구든 자바를 배울 수 있습니다.

• 독자 지원 •

지속적인 원고 관리와 독자 지원을 위해 다음 사이트를 운영합니다. 책 내용 일부에 대한 미리 보기와 예제, 학습에 필요한 부속 파일, 연습문제의 해답을 제공합니다.

http://www.soen.kr/book/java

지면 관계상 싣지 못한 고급 강좌와 팁을 온라인에 게재해 두었습니다. 기본 문법을 익힌 후 살펴보세요. 차후 자바가 버전업되어 문법이 확장되면 추가 강좌와 예제를 제공합니다.

편집과 교정에 세심한 주의를 기울였으나 완벽할 수는 없어 오타나 틀린 내용이 있을 수 있습니다. 출판 후에 발견된 오타에 대한 정오표를 제공합니다. 이 책을 읽는 중에 잘못된 내용을 발견했거나 책에 대한 의견이 있으면 메일로 알려 주세요.

• 배포 예제 •

코딩 실습은 가급적 본문의 예제를 직접 입력하여 실행해 보기를 권장합니다. 시간은 걸리지만 코드를 입력하고 에러를 수정하는 과정에서 문법을 더 확실하게 익힐 수 있으며, 예제를 다양하게 변형해 봄으로써 응용력을 키울 수 있습니다.

실습 시간이 부족하거나 소스를 정확히 입력하기 번거롭다면 배포 예제를 다운로드 받아 사용하세요. 홈페이지(http://www.soen.kr/book/java)의 JavaExam.zip 파일에 예제와 샘플 파일이 포함되어 있습니다. 글통(GulTong.exe) 유틸리티를 실행한 후 JavaTest.gt 파일을 열면 예제의 목록이 나타납니다.

왼쪽에 장별로 예제의 목록이 표시되며 예제를 선택하면 오른쪽의 편집 영역에 소스 코드가 나타납니다. JavaTest 더미 프로젝트를 생성한 후 소스 코드를 붙여 넣어 실행 및 변형해 보세요.

윈도우 이외의 환경에서 실습하거나 소스 코드만 필요한 분들은 텍스트 파일 형태의 JavaTest.java 파일을 사용하세요. 본문의 모든 예제가 수록되어 있으며 '# 예제명' 형식으로 원하는 예제를 찾을 수 있습니다.

강의용 PPT 파일의 초안이 작성되어 있습니다. 강의 교안이 필요하신 분은 메일로 연락주세요.

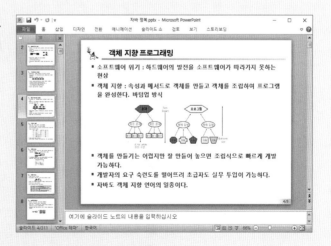

목 차

목 차

CHAPTER
× 05

반복문

CHAPTER
× 06

연산자

CHAPTER

07

배열

목 차

CHAPTER 08 메서드

CHAPTER 09 클래스

CHAPTER

10

캡슐화

목 차

CHAPTER

15

시스템 라이브러리

CHAPTER
18

제네릭

목 차

다음은 지면 관계상 싣지 못한 온라인 강좌입니다. 온라인 강좌는 지속해서 업데이트됩니다.

www.soen.kr/book/java

01

_ 자바

Java

1-1 프로그래밍 언어

1 컴퓨터와의 대화

컴퓨터는 수많은 부품으로 구성된 복잡한 기계이지만, 전기가 통하거나 차단된 두 가지 상태만 구분하는 단순한 회로의 거대한 집합체에 불과하다. 모든 명령과 데이터는 0과 1로 된 2진수이며, 초창기의 컴퓨터(ENIAC)는 스위치를 조작하여 동작하는 식이라 프로그램의 개념이 없었다. 미국의 수학자 폰 노이만이 메모리에 명령어를 저장해 놓고 실행하는 방식을 제안함으로써 프로그래밍이 가능해졌다.

2진수는 기계에게 쉽지만, 사람에게 난해하고, 사람의 언어는 애매해 컴퓨터가 알아듣지 못한다. 그래서 질적으로 다른 두 존재를 연결해 주는 대화 수단이 필요하다. 프로그래밍 언어는 컴퓨터에게 지시할 명령을 사람의 언어로 기술하는 도구이다. 일련의 명령을 문법에 맞게 작성하면 컴파일러가 번역하여 컴퓨터가 실행할 수 있는 2진수로 변환한다.

초기의 어셈블리 언어는 기계어를 말로 된 명령으로 일대일 대응시키는 형태였으며, 곧이어 등장한 포트란이나 베이직도 문법이 단순했다. 컴퓨터 성능이 향상될수록 일이 늘어났고 언어도 고도로 복잡해지고 사용 목적에 따라 분화하기 시작했다.

프로그래밍 언어는 사람과 얼마나 가까운가에 따라 저급, 고급 언어로 분류한다. 컴퓨터가 이해하기 쉬운 저급 언어는 빠르고 섬세하지만 사람이 배우기 어렵다. 사람이 이해하기 쉬운 고급 언어는 생산성은 높지만 성능이 떨어진다. 편의성과 성능은 본질적으로 반비례 관계이다. 쓰기 쉬운 똑딱이 카메라는 화질이 떨어지고, 조작하기 까다로운 수동 카메라는 다양한 기교를 부릴 수 있는 것과 같은 이치이다.

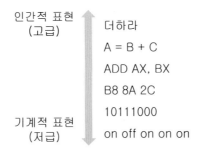

컴퓨터의 성능이 낮을 때는 빠른 속도를 위해 주로 저급 언어를 사용했지만, 하드웨어의 성능이 기하급수적으로 발전함으로써 속도보다 생산성이 중요해졌다. 신속한 개발과 효율적인 관리를 위해 점차 고급 언어로 이전하였으며 저급 언어는 특수한 분야에서만 사용된다.

사용 목적에 따라 수없이 많은 언어가 개발되었으며 지금도 새로운 언어가 계속 만들어지고 있다. 이 책에서 다루는 자바(Java)도 언어의 일종이되 비교적 최근에 발표되었으며 실무에서 가장 많이 활용되는 인기 언어이다.

언어의 기본 기능은 대화이며 의사를 전달하는 수단이다. 말이라는 것은 말하는 사람과 듣는 사람이 다 알고 있어야 소통 가능하며 정확하게 구사해야 의사를 명확히 전달할 수 있다. '문들어 온다 바람 닫아라' 따위로 어법에 맞지 않게 얘기하면 무슨 뜻인지 정확히 파악할 수 없다.

문장이 부정확하면 사람 간의 소통도 어려운데 컴퓨터와의 대화는 어떻겠는가? 컴퓨터는 애매한 말을 알아 듣지 못하므로 정교한 문법에 맞춰 정확히 표현해야 한다. 그래서 자바 문법을 애써 배우는 것이다. 개발자는 컴퓨터와 인간 사이의 통역사이며 원활한 통역을 위해 양쪽의 언어를 잘 이해해야 한다.

2 개발 방법론

프로그램이 복잡해지고 요구 사항이 증가하면서 언어는 지속적으로 발전해 왔다. 어셈블나 1세대 언어인 포트란, 코볼, 베이직은 goto 같은 점프문을 남발하여 코드의 유지 보수성이 좋지 않았다. 사용하기 편한 고급 언어였지만, 구조적 한계로 인해 소형 프로젝트에만 적합했다.

순차적 기법의 단점을 극복하기 위해 절차적 기법이 도입되었고 이를 더 발전시킨 것이 구조적 기법이다. 점프문 대신 선택, 반복 등의 단순한 제어문을 사용하며 함수를 기반으로 코드를 계층화한다. 큰 문제를 잘게 나누어 분할 점령(Divide & Conquer)하는 탑다운(Top Down) 설계 방식을 사용하며 다음 절차대로 소프트웨어를 작성하고 유지한다.

키워드가 많지 않고 언어의 구조가 단순해 배우기 쉽고, 잘 만든 함수를 라이브러리화하여 재활용성이 높다. 70, 80년대를 주름잡았던 파스칼, C가 구조적 프로그래밍 기법을 사용하는 대표적인 언어이다. 상당한 기간 동안 제 역할을 했으며 효율이 탁월해 아직까지 널리 활용되고 있다.

구조적 프로그래밍 기법은 수십 년간 최적의 개발 방법으로 신봉되었고 초기 소프트웨어 제작의 주역이었다. 그러나 소프트웨어의 규모와 복잡도가 증가하고 개발 주기가 빨라짐으로써 다음과 같은 한계를 드러내기 시작했다.

- 절차를 중요시하여 데이터를 소홀히 다룬다.
- 완성만을 목적으로 하여 유지 보수 편의성의 한계가 있다.
- 기존 코드의 재사용이 번거롭고 완벽하지 않다.
- 익숙한 개발자를 양성하는 데 오랜 시간이 소요된다.

비약적으로 향상된 하드웨어의 성능을 활용하려는 요구 사항은 끝도 없이 높아지는데 소프트웨어의 생산성은 이를 따라가지 못하는 현상을 '소프트웨어 위기(Software crisis)'라고 한다. 고성능 하드웨어를 제대로 활용할 수 있는 소프트웨어가 제때 나오지 못했고, 이 상황을 타개하기 위해 등장한 기법이 '객체지향'이다. 구조적 기법에 비해 프로그램을 작성하는 개념과 방법이 질적으로 다르다. 속성과 메서드로 구성된 객체를 먼저 작성하고 객체를 조립하여 프로그램을 완성하는 바텀업(Bottom up) 방식을 채용한다.

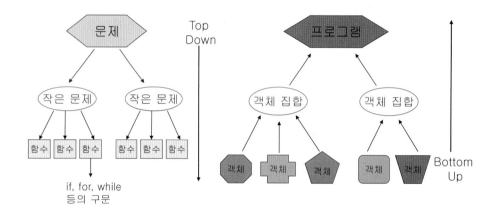

객체를 만들기는 어렵지만 제대로 만들어 놓으면 부품을 조립하는 식으로 신속하게 개발할 수 있다. 객체지향은 쉽게 말해 조립식이다. 작업 과정이 단순해 요구 숙련도가 낮으며 초급 개발자도 쉽게 배워 실무에 투입할 수 있다. 생산성이 워낙 뛰어나 변화에도 민첩하게 대응할 수 있다.

객체지향 기법을 처음 도입한 시뮬라(simula), 스몰토크(Smalltalk) 등은 발표 당시에 큰 주목을 받지 못했다. 90년대 이후 C 언어가 객체지향 개념을 도입하여 C++로 업그레이드되면서 본격적인 객체지향 시대가 도래하였다. 이후 델파이, 비주얼 베이직 등의 그래픽 개발툴에도 객체지향이 적용되어 소프트웨어 개발 속도가 극적으로 향상되었다.

이 책에서 다루는 자바도 90년대 중반에 새로 등장한 객체지향 언어의 일종이다. 요즘은 프로그램의 성능보다 신속한 개발과 민첩한 대응이 중요해 객체지향이 대세이며 당분간 이런 상황은 큰 변화가 없을 것이다.

③ 언어의 선택

대세가 객체지향인 것은 분명하지만 모든 용도에 다 어울리는 것은 아니다. 항상 객체 전체를 다 포함하므로 프로그램이 비대하고 느리다. 언어 자체의 단점이라기보다 개발자가 제대로 이해하지 못해 비효율적인 코드를 작성하기 때문에 이런 문제가 발생한다.

반면 구조적 언어는 꼭 필요한 코드만 최소한으로 포함하며 코드가 간결하여 크기가 작고 속도도 월등히 빠르다. 또한 하드웨어를 섬세하게 제어할 수 있어 디바이스 드라이버 등의 저수준 개발에 적합하다. 관리가 어렵고 재사용성이 떨어진다는 단점이 있지만, 성능은 객체지향을 압도한다.

과연 어떤 언어가 더 좋은가? 언어를 선택하는 절대적인 기준은 없으며 특정 언어가 모든 곳에 다 어울리는 것도 아니다. 프로젝트의 목적에 맞게 적합한 언어를 선택해야 한다. 다음 도표는 TIOBE에서 조사한 2018년과 2021년의 언어 점유율이다(조사 주체에 따라 조금씩 차이는 있다).

순위	언어	2018년	2021년
1	C	13.5	16.2
2	파이썬	5.8	12.12
3	자바	15.7	11.6
4	C++	7.2	7.6
5	C#	5.2	4.6
6	비주얼 베이직	4.9	4.0
7	자바스크립트	3.4	2.0
8	PHP	4.2	1.79

C와 자바가 양대 산맥을 이루며 C와 C++을 하나로 보면 자바의 점유율을 상회한다. 최근에는 인공지능의 활약으로 파이썬의 인기가 높다. Swift, Go, Kotlin 등의 신생 언어가 성장하고 있지만, 개발자의 취향이 급격하게 바뀌기 어려워 아직까지는 전통적인 언어의 강세가 지속되고 있다.

실무에서 객체지향을 채택하는 데는 이견이 없지만, 학습 순서에 대해서는 학자에 따라 약간씩 의견이 다르다. 구조적 기법이 기본이고 객체 안에서 여전히 사용되므로 먼저 배워야 한다는 의견이 있고, 처음부터 객체지향적인 사고를 길러야 한다는 주장도 있다. 필자는 구조적 기법을 먼저 배우는 것이 효율적이며 시간이 더 걸리더라도 기초부터 제대로 다지는 것이 확실한 방법이라고 생각한다.

함수로 명령 블록을 나누어 구조화하는 것은 가장 기본적이면서도 숙달하기 어려운 고급 기술이다. 이 단계를 거친 후 객체지향으로 넘어가는 것이 바람직하다. 그래서 이 책은 제어 구조와 연산자 등의 기본 문법을 먼저 익힌 후 객체를 설명하겠다.

1-2 자바

1 자바의 역사

1991년 썬(Sun)의 제임스 고슬링(James Gosling)은 가전 제품용 소프트웨어 개발을 위해 적당한 언어를 선정하고 있었다. 당시의 가장 대중적인 언어인 C++은 소스 이식성은 있지만, 이진 호환성이 없어 이기종의 시스템이 네트워크로 연결된 분산 환경에 적용하기는 어려웠다. 또한 다중 상속이나 메모리 관리 기능이 복잡하여 소형 가전 제품에 사용하기에는 너무 거대했다.

그래서 고슬링은 자바의 전신인 Oak 언어를 새로 만들었다. C++의 많은 부분을 참조하여 연산자와 제어문은 90% 이상 유사하다. 그러나 클래스와 관련된 문법은 정통 객체지향 언어인 스몰토크(Smalltalk)를 참조했다. 즉, 자바는 C++과 스몰토크의 장점을 취합하여 만들어진 언어이다.

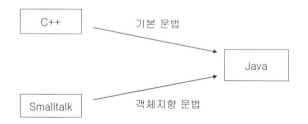

Oak는 휴대용 컴퓨터인 *7(star seven)을 개발하는 그린 프로젝트에 활용되었다. 비록 상용화에 실패했지만, 자바의 가능성을 확인했다는 점에서 역사적인 의미가 있다. 이후 Oak는 상표권 문제로 인해 자바로 이름을 바꾼다. 자바는 커피 이름인데 아침에 일어나 마시는 모닝 커피처럼 인터넷에 활력을 불어 넣자는 의미이다.

자바가 본격적으로 세상에 알려진 계기는 인터넷의 폭발적인 성장이다. 다양한 이기종의 컴퓨터가 접속하는 웹이야말로 자바의 최적 활용처였으며 고씨 아저씨는 자바를 웹에 적용하였다. 자바로 만든 핫자바(HotJava) 웹 브라우저를 발표했는데, 이는 언어로서의 자바를 검증하는 작품이었다.

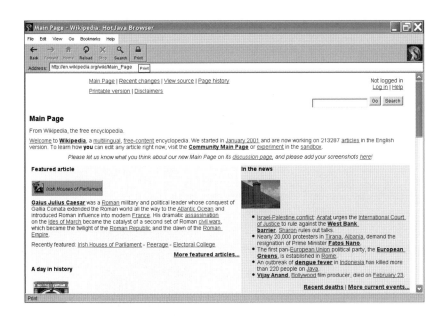

1995년 5월 SunWorld 컨퍼런스에서 자바를 공식 발표하였다. 발표 직후부터 많은 사람들이 자바의 가능성을 확인하고 자바의 철학에 매료되었다. 수많은 개발자들이 그동안 써 오던 C++을 헌신짝처럼 버리고 자바로 전향하는 열풍이 일어났다.

자바 애플릿은 실시간으로 움직이는 동적인 웹을 만들고 사용자의 액션에 반응하는 감동적인 면모를 보여주었다. 이후 플래시로 대체되었고 자바 11에서 결국 삭제되었지만, 애플릿은 자바의 대중화에 큰 기여를 했다.

승승장구하던 자바는 썬의 몰락으로 2006년 이후 침체기에 빠졌고 2010년 오라클에 인수되었다. 오라클의 과도한 상업적 성향으로 인해 자바의 변질이나 지원 중단을 우려했지만, 개발자와 적극적으로 대화하며 꾸준히 버전업하여 자바의 발전을 성공적으로 이끌고 있다.

자바 개발툴은 JDK(Java Development Kit)로 배포한다. JDK 1.2에서 대규모의 변화가 있어 이후의 자바를 Java2라고 불렀고, 버전 5와 버전 8에서 대대적으로 성능을 개선했다. 각 버전별로 추가된 주요 기능은 다음과 같다.

버전	발표 시기	주요 특징
1.4	2002년 2월	IPv6 지원, JDBC 3.0, 정규식 지원
5	2004년 9월	제네릭, foreach 문, 자동 박싱, 열거형, StringBuilder, 애노테이션
6	2006년 12월	JAX-WS, GroupLayout, 스크립트 지원, JDBC 4.0
7	2011년 7월	이진 리터럴, switch 문에 String 사용 가능, 숫자 리터럴에 _ 사용, JDBC 4.1
8	2014년 8월	첫 오라클 버전, 람다식, 스트림, 인터페이스의 default 메서드
9	2017년 9월	모듈화(Jigsaw), AOT 컴파일, REPL(JShell), 유니코드 8.0 지원

10	2018년 3월	지역변수 타입 추론, GC 개선, 메모리 선택 할당
11	2018년 9월	구독 라이선스 적용, JavaFX 분리, 유니코드 10, 비문서화 API 제거
12	2019년 3월	CompactNumberFormat 클래스, indent, transform 문자열 메서드 추가
13	2019년 9월	텍스트 블록 제안
14	2020년 3월	switch 표현식, yield 예약어 추가
15	2020년 9월	텍스트 블록 도입
16	2021년 3월	record 타입
17	2021년 9월	sealed 클래스, LTS 버전

메인 버전 외에 자잘한 버그 수정이나 성능을 개선한 업데이트 버전을 수시로 배포한다. 자바 10 이후에는 6개월마다 메이저 업데이트를 단행하는데 주기가 짧아 변화의 폭은 크지 않은 편이다. 현장에서 최신 버전을 항상 적용하기는 어려워 아직까지도 자바 8이 가장 대중적이며 무난하다.

자바는 활용도에 따라 몇 가지 종류로 나누어진다. 응용 프로그램 개발에 사용되는 표준 자바를 SE(Standard Edition)라고 한다. 웹 응용 프로그램 개발을 위해 웹 관련 기술을 결합한 버전을 EE(Enterprise Edition)라고 하며, 임베디드용의 ME(Micro Edition)도 있다. 이 책은 자바 언어만을 다루므로 SE 버전만 설명한다.

2 플랫폼 독립성

자바가 기존 언어와 다른 가장 큰 차이점은 중간 코드를 사용한다는 점이다. 네이티브 언어의 결과물인 exe 파일은 CPU가 해석할 수 있는 기계어여서 바로 실행할 수 있다. 반면 자바가 생성하는 클래스 파일에는 가상 머신(VM: Virtual Machine)을 위한 바이트 코드만 있을 뿐 CPU가 바로 실행할 수 없다.

클래스 파일 그 자체는 실행할 수 없으며 결국은 기계어로 바꿔야 하는데 컴파일 타임이 아닌 런타임에 번역된다. java.exe로 가상 머신을 기동하고 실행할 클래스를 알려 주면 JIT(Just In Time) 컴파일러가 기계어로 번역하여 실행한다.

일반적으로 실행 파일은 생성한 환경에서만 구동된다. 윈도우에서 컴파일하면 윈도우용 실행 파일이 되고, 맥에서 컴파일하면 맥용 실행 파일이 된다. 그러나 자바의 클래스 파일은 가상 머신을 위한 코드만 생성하므로 어디서 만들었건 각 운영체제별 가상 머신에서 잘 실행된다.

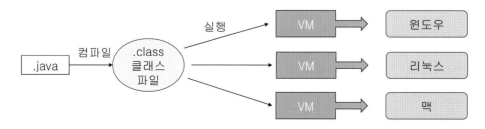

클래스 파일을 실행하는 주체는 운영체제가 아닌 가상 머신이다. 어떤 가상 머신에서 실행하는가에 따라 번역이 달라진다. 가상 머신은 운영체제별로 따로 제공되며 각 운영체제에 종속적이다. 윈도우에서는 윈도우용 가상 머신이 윈도우에 맞는 코드로 번역하고, 리눅스에서는 리눅스용 가상 머신이 리눅스에 맞는 코드로 번역한다. 그래서 클래스 파일은 어디에서나 잘 실행된다.

자바는 프로그램을 만드는 언어이면서 동시에 프로그램을 실행하는 플랫폼이다. 보통 플랫폼이라 하면 하드웨어와 운영체제로 구성된 실행 환경을 의미하는데 자바는 소프트웨어만으로 구성된 논리적인 플랫폼이다. 자바 플랫폼은 가상 머신과 자바 API로 구성되며 다른 운영체제 위에서 실행된다.

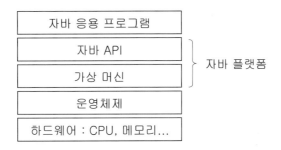

가상 머신은 소프트웨어로 만든 가짜 컴퓨터이다. 자바 API는 미리 만들어 놓은 클래스의 집합이며, 자바 응용 프로그램은 이 API를 호출하여 가상 머신의 기능을 사용한다. 자바 응용 프로그램은 아래쪽의 하드웨어나 운영체제와 직접 통신하지 않으며 중간의 자바 플랫폼에서 실행된다.

그래서 자바는 플랫폼에 독립적이다. 바이트 코드는 오로지 자바 가상 머신(JVM: Java Virtual Machine)에서만 실행하도록 표준화되어 있다. 대신 가상 머신은 플랫폼별로 제공된다. 하드웨어의 다양성은 운영체제가 극복해 주고, 운영체제의 다양성은 가상 머신이 극복한다.

어디에서나 잘 실행되는 자바 응용 프로그램의 특성을 WORA(Write Once Run Anywhere)라고 부른다. 한 번만 잘 만들어 두면 어디서나 실행할 수 있어 생산성이 높고 이기종의 네트워크 환경인 웹에 최적이다.

대신 느리다는 치명적인 약점이 있다. 중간 코드는 CPU가 직접 실행하는 네이티브 코드보다 약 2.5배 느려 복잡한 데스크톱 응용 프로그램이나 속도를 요하는 게임에는 적합하지 않다. 또 공통적인 기능만 제공하므로 플랫폼의 고유한 기능을 활용하기 어렵다는 단점도 있다.

이런 핸디캡이 있음에도 자바가 성공한 이유는 하드웨어의 비약적인 발전으로 충분히 빨라졌고, 자바 자체도 최적화된 JIT, AOT 컴파일러를 도입하여 속도를 개선했기 때문이다. 요즘은 인건비가 비싸 두 배의 인력보다 두 배 빠른 하드웨어를 투입하는 것이 더 경제적이고 확실한 해결책이다.

잘 만들어 놓은 코드를 임의의 프로젝트에 두루 사용할 수 있는 재사용성도 중요한 장점이다. 자바는 객체지향의 재사용성에 플랫폼 독립성까지 갖추어 어떤 언어보다 재사용성이 탁월하다. 자바 프레임워크는 신속한 개발, 안정적인 기능, 재활용성을 충족하여 대규모의 팀 프로젝트에 적합하다.

3 자바의 특징

자바는 태생적으로 C/C++의 영향을 많이 받았다. 기존 개발자의 지식과 경험을 최대한 활용하기 위해 익숙한 문법을 채용하는 것이 유리했기 때문이다. C++과 스몰토크의 장점을 물려받은 후 시대에 맞게 기능을 첨삭했다. 자바의 주요 특징은 다음과 같다.

- C++에서 잘 사용하지 않는 다중 상속이나 연산자 재정의 같은 복잡한 문법을 제거하여 단순 명료하다. 그래서 배우기 쉽고 실수할 가능성이 낮다.
- 캡슐화, 추상화, 상속, 다형성 등을 완벽하게 지원한다. C++은 혼합형인데 비해 자바는 순수한 객체지향 언어이다.
- 구조체는 클래스와 같아 따로 지원하지 않으며 사용 빈도가 낮은 공용체도 제외하였다. 메서드의 디폴트 인수 기능도 제공하지 않는다.
- 인터넷을 주목적으로 개발한 언어여서 네트워크와 멀티 스레드를 기본 지원한다. JVM 자체가 멀티 스레드를 지원하여 운영체제의 영향을 받지 않는다.
- 가비지 컬렉터가 자동으로 메모리를 관리한다. 할당만 하고 사용하다가 내버려 두면 적당한 때에 쓰레기를 수집한다. 개발자는 메모리 관리 부담 없이 프로그램의 논리 구현에만 집중할 수 있어 편리하며 누수의 위험이 없어 신뢰성이나 안전성도 높다.

C++ 개발자에게 가비지 컬렉터는 부러운 기능이며 과감하게 자바로 전향한 주요 이유이다. C++보다 확장된 기능도 있다. RTTI를 기본으로 지원하여 타입 안정적이며 예외 처리를 애초부터 포함하였다. 라이브러리는 C++과 비교할 수 없을 만큼 방대해서 웬만한 최신 기능은 다 제공한다.

언어 외적인 면으로 오픈 소스가 잘 구비되어 있다는 외부적인 장점도 있다. 압축, 암호화, 분석기 등 실무에 자주 사용되는 웬만한 기능은 라이브러리로 제작되어 있어 일일이 코드를 작성하지 않아도 조립식으로 원하는 프로그램을 개발할 수 있다.

C++ 개발자 입장에서 아쉬운 부분도 있다. 전처리 명령이 없어 조건부 컴파일을 완벽하게 처리하기 어렵고 모든 것이 클래스 안에 포함되어야 하므로 전역변수를 쓸 수 없다. 초보자에게 main이 왜 static 이어야 하는지 조리있게 설명하는 것은 난감한 일이다.

4 자바의 용도

용도와 실행 환경에 따라 자바로 다양한 프로그램을 만들 수 있다.

- **애플리케이션**: 우리가 흔히 사용하는 데스크톱 응용 프로그램을 작성한다. 성능상의 약점은 있지만, 간단한 프로그램은 자바로도 충분히 만들 수 있다. 자바 개발환경인 이클립스도 자바로 만들었다.
- **애플릿**: 웹 브라우저에서 역동적으로 실행되는 작은 자바 프로그램이다. 현재는 다른 대안이 많아 사장되었지만, 초기에 자바를 대중화하는 데 큰 역할을 했다.
- **웹 응용 프로그램**: 기업용 웹 애플리케이션을 제작할 때 사용한다. 생산성이 높아 시시각각 변하는 기업의 요구에 신속히 대응할 수 있다. JSP & 서블릿과 함께 사용할 수 있는 수많은 자바 프레임워크가 있다.
- **모바일 앱**: 최근 모바일, 임베디드 환경에서 자바는 맹활약하고 있다. 특히 안드로이드의 주 개발 언어로 자바가 채택되면서 인기가 더 높아졌다.

이 모든 분야의 주 언어가 자바이므로 자바의 문법부터 학습해야 한다. 앞으로도 새로운 활용처가 계속 생기겠지만, 현재는 웹과 모바일이 가장 주된 사용처이다. 자바의 학습 로드맵은 다음과 같다.

웹은 여러 가지 기술을 조합하여 동작하며 기술끼리 경쟁 및 협력하는 관계여서 여러 과목을 동시에 공부해야 한다. 게다가 워낙 변화가 많은 분야라 새로운 기술이 수시로 등장하고 쇠퇴한다. 이 모든 기술의 기본이 바로 자바이며 자바에 의해 전세계의 웹이 운용된다고 해도 과언이 아니다. 한마디로 자바는 실용성이 높고 취업에 가장 유리한 언어이다.

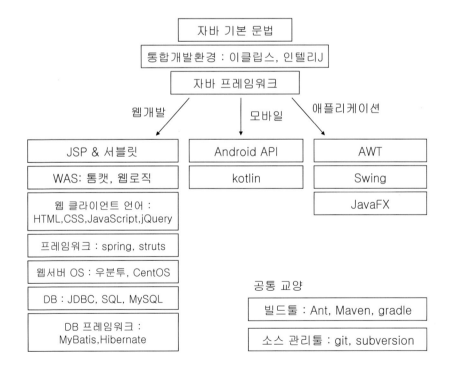

01 고급 언어와 저급 언어로 분류하는 기준은 무엇인가?

① 객체지향 방식의 지원 여부

② 기계어로 번역하는 방식

③ 키워드의 개수와 종류

④ 사람의 언어와 유사한 정도

02 구조적 프로그래밍 기법의 특징이 아닌 것은?

① 큰 문제를 잘게 나누어 분할 점령하는 탑다운 방식을 쓴다.

② 분기할 때 goto 문을 사용하여 속도가 빠르다.

③ 파스칼, C 등의 언어가 이 기법을 사용한다.

④ 생산성이 떨어져 90년대 이후 대규모 프로젝트에는 한계를 드러냈다.

03 소프트웨어 위기에 대한 설명으로 잘못된 것은?

① 데이터에 집중하고 절차를 소홀히 다루었다.

② 하드웨어의 발전을 소프트웨어가 따라가지 못하는 현상

③ 완성만을 목적으로 하여 유지 보수성과 재사용성이 떨어진다.

④ 익숙한 개발자를 양성하는데 많은 시간이 걸린다.

04 자바로 컴파일한 클래스 파일은 CPU가 바로 실행할 수 없으며 각 운영체제별로 제공되는 (   ) 위에서 실행된다.

05 자바의 특징이 아닌 것은?

① 복잡한 문법을 제거하여 문법 체계가 단순 명료하다.

② 순수한 객체지향 언어여서 전역변수를 지원하지 않는다.

③ 전처리 명령과 조건부 컴파일을 잘 지원한다.

④ 가비지 컬렉터가 메모리를 자동으로 관리한다.

02

_ 개발환경

Java

2-1 JDK 설치와 명령행

1 JDK 설치

자바 문법을 공부하고 실습해 보려면 개발환경부터 설치해야 한다. 오라클에서 JDK(Java Development Kit)를 무료 제공하고 있으니, 오라클 사이트(https://www.oracle.com)에 접속하여 JDK를 다운로드 받는다.

인터넷 사이트의 특성상 디자인은 주기적으로 바뀌며 접속 시점에 따라 메뉴 모양이 약간씩 달라진다. 메인 페이지 상단의 [Products] 탭에서 [Java]를 선택한 후 [Download Java] 버튼을 클릭하면 개발 툴 배포 페이지로 이동한다.

2022년 1월 최신 버전은 17.0.1이다. 이 책을 읽는 시점에 더 최신 버전이 발표되었다면 가급적 최신 버전을 받자. 멀티 플랫폼 언어답게 여러 가지 운영체제를 지원하는데, 이 책은 가장 대중적인 윈도우 10(또는 윈도우 11)을 기준으로 한다.

Linux	macOS	**Windows**		
Product/file description		File size	Download	
x64 Compressed Archive		170.66 MB	https://download.oracle.com/java/17/latest/jdk-17_windows-x64_bin.zip (sha256 ⧉)	
x64 Installer		152 MB	https://download.oracle.com/java/17/latest/jdk-17_windows-x64_bin.exe (sha256 ⧉)	
x64 MSI Installer		150.89 MB	https://download.oracle.com/java/17/latest/jdk-17_windows-x64_bin.msi (sha256 ⧉)	

Windows 탭에 압축 파일 버전, 실행 파일 버전 등이 있는데 exe 형태의 실행 파일이 무난하다. 다음 설치 파일을 다운로드한다.

```
jdk-17_windows-x64_bin.exe (152M)
```

이 파일을 실행하면 설치가 시작되면서 여러 가지 질문을 한다. 디폴트 옵션이 무난해 질문에 동의하고 시키는대로 버튼만 꾹꾹 눌러 주면 된다. 버전에 따라 설치 옵션은 약간씩 차이가 있는데, JDK 17의 경우 설치 위치 외에는 별다른 질문이 없고 이 옵션도 디폴트를 받아들이면 된다.

필요하다면 각각의 폴더에 여러 버전의 JDK를 같이 설치해 놓고 사용해도 무방하다. 앞으로 실습을 진행하면서 여러 가지 소스 파일을 만들어 볼 것이다. 실습 중 생성되는 파일을 저장하기 위해 C:\JavaStudy라는 실습 폴더를 만들어 두자. 아니면 적당한 위치의 실습 폴더를 사용해도 상관없다.

2 환경 변수 등록

명령행에서 실습을 진행하려면 어느 위치에서나 자바 컴파일러를 실행할 수 있도록 환경 변수를 등록해야 한다. 통합개발환경으로 실습한다면 이 과정은 생략해도 상관없으며 바로 다음 절로 넘어 가자.

01_ 제어판을 열고 시스템 설정의 고급 시스템 설정창에서 환경 변수 버튼을 클릭한다. 새로 만들기 버튼을 클릭하여 JAVA_HOME 변수를 만들고 JDK를 설치한 폴더로 지정한다. JAVA_HOME은 서버 컴포넌트에게 JDK의 위치를 알려 준다.

02_ Path 환경 변수에 JDK의 bin 폴더를 추가한다. 환경 변수 목록에서 Path를 선택하고 편집버튼을 클릭하면 등록된 패스 목록이 나타난다. [새로 만들기] 버튼을 클릭하면 아래쪽에 새 패스가 추가된다. 이 패스를 선택한 후 [찾아보기] 버튼을 클릭해 JDK의 bin 폴더를 추가한다. 이후 아무 위치에서나 자바 컴파일러를 실행할 수 있다.

③ FirstConsole

자바 개발환경이 제대로 설치되었는지 코드를 작성해 보자. 원론적인 개발 방법이지만 단계가 복잡해 초보자에게는 어려울 수도 있다. 통합개발환경을 사용할 계획이라면 굳이 이 실습을 해 볼 필요는 없으며 대충 구경만 하고 넘어가도 상관없다.

메모장이나 자신이 즐겨쓰는 텍스트 편집기로 다음 소스 파일을 작성한다. 콘솔 화면에 문자열을 출력하는 간단한 예제이다. 자바는 대소문자를 구분하므로 정확하게 입력해야 한다.

FirstConsole

```
class FirstConsole {
    public static void main(String[] args) {
        System.out.println("Java Example Program");
    }
}
```

이 파일을 실습 폴더에 FirstConsole.java라는 이름으로 저장한다. 자바 소스 파일의 확장자는 java이며 파일명과 클래스명이 대소문자 구성까지 정확히 일치해야 한다. 실습이라고 대충 firstconsole.java처럼 저장하면 안 된다.

소스 파일을 작성한 후 명령행을 연다. 실습 폴더로 이동하여 다음 명령으로 컴파일한다. javac는 자바소스를 컴파일하는 명령이다. 환경 변수에 패스를 등록해 두어 어디에서나 컴파일할 수 있다. 확장자도 반드시 붙여야 함을 유의하자.

```
C:\JavaStudy>javac FirstConsole.java
```

별도의 성공 메시지는 없으며 아무 메시지도 나타나지 않으면 컴파일에 성공한 것이다. 소스에 오류가 있다면 에러 메시지가 나타나는데 예를 들어 다음과 같이 작성했다고 하자.

```java
class FirstConsole {
    public static void main(String[] args) {
        Sistem.out.println("Java Example Program");
    }
}
```

System을 Sistem으로 잘못 적었다. 이 상태에서 컴파일하면 에러의 위치와 원인을 표시한다. 에러가 발생한 부분의 소스를 수정한 후 다시 컴파일하면 된다.

```
C:\JavaStudy>javac FirstConsole.java
FirstConsole.java:3: package Sistem does not exist
    Sistem.out.println("First Java Program");
         ^
1 error
```

컴파일 결과 FirstConsole.class라는 클래스 파일이 생성되며 이 안에 바이트 코드가 저장되어 있다. 바이트 코드는 바로 실행할 수 없으며 자바 실행기를 통해 실행한다.

```
C:\JavaStudy>java FirstConsole
Java Example Program
```

java 명령어 뒤에 실행할 클래스 이름을 준다. 파일 이름이 아니어서 확장자는 붙이지 않으며 대소문자도 정확해야 한다. 다음과 같이 하면 안 된다.

```
C:\JavaStudy>java FirstConsole.class
C:\JavaStudy>java firstconsole
```

정상적으로 컴파일 및 실행했다면 콘솔에 문자열을 출력한다. 여기까지 잘 진행했으면 개발환경이 제대로 갖추어진 것이다. 명령행에서 실습하는 과정을 요약하면 다음과 같다.

```
┌─────────────┐      ┌──────────────┐      ┌─────────────┐
│ ① 편집기로   │ ───▶ │ ② javac로 컴파일 │ ───▶ │ ③ java로 실행 │
│   소스 파일 작성 │      │              │      │             │
└─────────────┘      └──────────────┘      └─────────────┘
```

실습 프로젝트를 만들 때마다 이 과정을 반복한다. 원론적인 방법일 뿐 실제로 이렇게 개발하는 경우는 거의 없고 주로 통합개발환경을 사용한다.

2-2 이클립스

1 이클립스

명령행은 실습용일 뿐 실무 개발용으로는 불편하며 한계가 많다. 처음 배울 때부터 전용 개발툴을 사용하여 실무 환경에 익숙해지는 것이 좋다. 통합개발환경은 명령행보다 사용이 편리하고 실습도 효율적이다.

자바 개발환경은 여러 가지가 있다. 오라클이 배포하는 넷빈즈가 있고, 고기능의 인텔리J도 있지만 유료여서 부담스럽다. 이클립스는 무료여서 떳떳하게 사용할 수 있고 기능도 충분히 안정화되어 학습용으로 무난하다.

01_ 이클립스 사이트(https://www.eclipse.org)를 방문해 보자. 홈페이지 구성이나 다운로드 방식은 수시로 바뀌지만 설치 절차는 큰 변화가 없다. 상단 오른쪽의 주황색 ⬇DOWNLOAD 버튼을 클릭하면 개발툴 목록이 나타난다. 접속 시점의 최신 버전을 보여 주는데 집필 시점의 최신 버전은 2021-12(4.22.0)이며 옆의 그림과 같은 아이콘으로 표시되어 있다.

02_ 설치 실행 파일을 받아 네트워크를 통해 설치하는 방법이 있고, 이미 설치 완료한 패키지를 받아 수동으로 설치하는 방법이 있다. 패키지 설치 방식이 더 간편하고 빠르다. 다운로드 아이콘 아래 'Download Packages' 링크를 클릭하면 이클립스의 목록을 보여 준다.

03_ 지원 언어나 목적에 따라 여러 버전을 제공한다. 웹 개발을 위한 플러그인을 포함한 Enterprise 버전은 크고 무거워 학습용으로 적합하지 않다. 자바 학습에 적합한 Eclipse IDE for Java Developers의 Windows x86_64 링크를 클릭하여 다음 파일을 받는다.

```
eclipse-java-2021-12-R-win32-x86_64.zip(306M)
```

패키지 안에 모든 것이 포함되어 있어 압축만 풀면 바로 사용할 수 있는 무설치 프로그램이다. Program Files나 실습 폴더인 JavaStudy 아래에 압축을 풀면 설치가 완료된다. 이클립스는 레지스트리를 사용하지 않고 모든 것을 디렉터리 안에 두기 때문에 설치, 제거, 이동이 간편하다.

04_ eclipse 디렉터리의 eclipse.exe가 실행 파일이다. 앞으로 자주 사용할 것이므로 바로가기를 만들어 두자. 최초 실행 시 프로젝트를 저장하고 사용자의 환경 설정을 저장하는 워크스페이스를 물어 본다. JavaStudy 실습 폴더를 지정하고 아래쪽의 체크박스를 선택하면 앞으로 더 묻지 않는다. 이후 모든 프로젝트를 JavaStudy 디렉터리에 생성한다. [Launch] 버튼을 클릭한다.

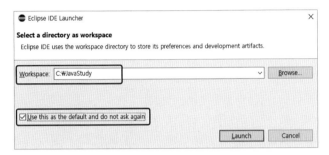

05_ 이클립스가 시작되며 웰컴창이 나타난다. 오버뷰, 자습서, 샘플 등의 메뉴가 있는데 초보자에게 당장 유용한 정보는 별로 없다. 오른쪽 상단의 [Hide] 버튼을 클릭해 보자.

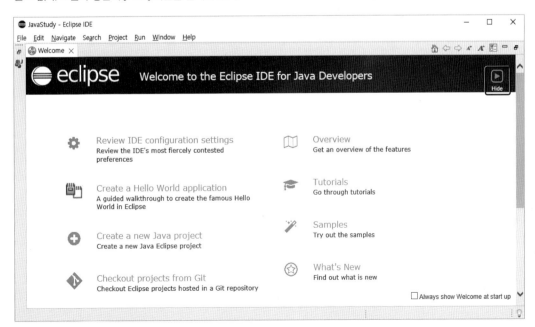

06_ 개발환경인 워크벤치가 나타난다. 아직 생소하겠지만 개발에 필요한 여러 가지 뷰가 배치되어 있다.

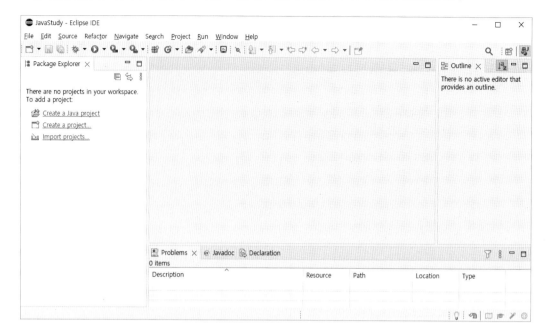

2 옵션 조정

이클립스는 학습용이 아닌 실무 개발환경이다. 그러다 보니 기능이 광범위하며 사용법도 복잡하고 옵션도 많다. 디폴트 옵션이 무난하지만 한글을 고려하여 만든 프로그램이 아니어서 글꼴과 관련된 옵션은 조정할 필요가 있다.

01_ 메뉴에서 [Window] – [Preferences] 항목을 선택하여 설정창을 연다. 왼쪽에 나열된 목록에서 분류를 선택하면 옵션 페이지가 나타난다. 순서대로 옵션을 조정해 보자.

02_ [General] − [Workspace] 페이지의 Text file encoding 옵션이 영문에 맞춰져 있는데 한글을 쓰려면 UTF−8로 변경한다. 이 옵션을 변경하지 않으면 한글로 작성한 주석이 제대로 보이지 않는다.

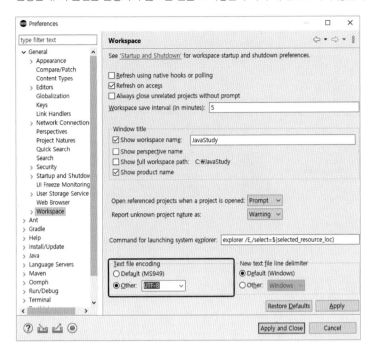

03_ 기본 글꼴도 영문으로 되어 있어 한글의 가독성이 떨어진다. [General] − [Appearance] − [Colors and Fonts] 페이지에서 [Basic] − [Text font] 항목의 폰트를 변경한다. 고정폭 글꼴을 사용하는 것이 좋고 장식적인 것보다 가독성 이 높은 글꼴을 선택하자.

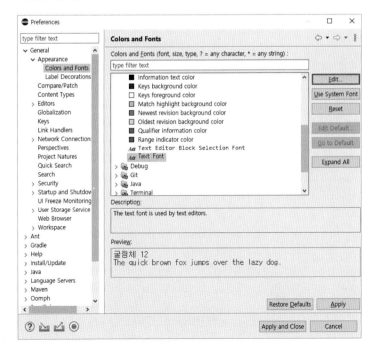

04_ 다음은 [Java] – [Compiler] 페이지에서 Compiler compliance level을 확인해 보자. 이클립스 발표 시점의 최신 버전으로 설정되어 있는데 현재는 17이나. 사바와 이클립스의 발표 시점에 차이가 있어 이 두 버전이 다른 경우도 있는데 이럴 경우는 수동으로 버전을 맞추어야 한다. 학습 단계에서는 최신 버전을 쓰는 것이 좋다.

실무에서 항상 최신 버전을 쓰는 것은 아니어서 적용 버전을 7이나 8로 설정해서 쓰는 경우가 많은데 가급적 높은 버전을 선택해야 최신 문법을 쓸 수 있다.

05_ 그 외의 옵션은 취향에 따라 조정하되 다음 옵션도 조정하는 것이 좋다. 맞춤법 검사 기능은 한글 주석을 오타로 인식하는 문제가 있다. [General] – [Editors] – [Text Editors] – [Spelling] 페이지의 'Enable spell checking' 옵션을 끈다.

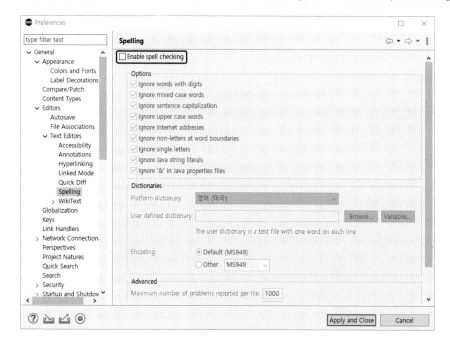

06_ [Java] – [Code Style] – [Organize Imports]의 Number of imports 옵션을 1로 변경한다.

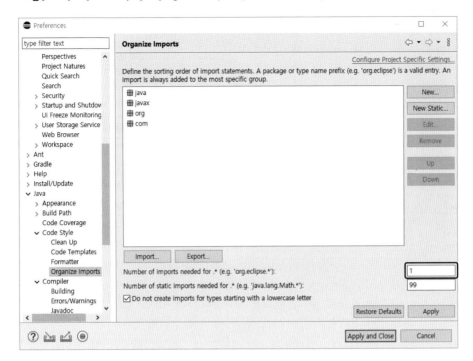

이클립스는 사용법이 직관적이어서 다른 개발툴을 사용해 본 경험이 있다면 쉽게 익숙해질 수 있다. 하지만 덩치가 큰만큼 고급 기능은 초보자에게 어려워 이클립스만 따로 다루는 책이 나올 정도다. 자바 문법을 공부하는 중에 틈틈이 자습서를 통해 이클립스 사용법도 익혀 두자.

3 FirstEclipse

이클립스 환경에서 프로젝트를 만들어 보자.

01_ 메뉴에서 [File] – [New] – [Java Project] 항목을 선택하면 새 프로젝트를 만드는 거대한 대화상자가 나타난다. 버전에 따라 모양은 조금씩 다르지만 내용은 거의 비슷하다.

02_ 새로 만들 프로젝트의 정보를 입력하는데 제일 위의 Project name에 FirstEclipse를 입력한다. JRE는 가급적 최신 버전으로 선택하는데 이클립스가 최신 JDK를 인식하지 못하는 경우 수동으로 바꿔 주어야 한다.

JDK 9 이상에서는 모듈화를 위해 module-info.java 파일을 생성하고 모듈 안에 클래스를 정의하도록 되어 있다. JDK 8 이하에서는 이 옵션을 선택할 수 없다. 문법 학습 단계에서 모듈화를 당장 고려할 필요는 없고 오히려 더 복잡하므로 'Create module-info.java file' 옵션을 해제한다. [Next] 버튼을 클릭한다.

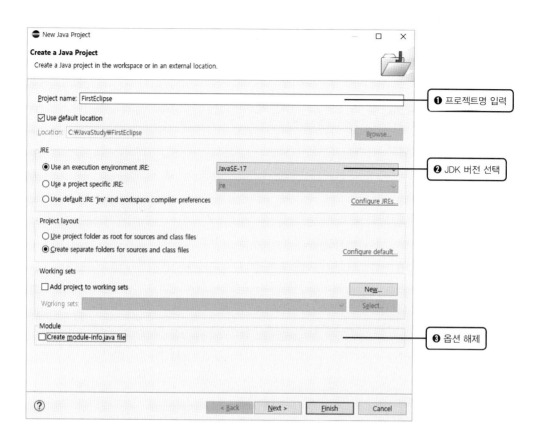

❶ 프로젝트명 입력

❷ JDK 버전 선택

❸ 옵션 해제

03_ 상세한 고급 옵션창이 나타 난다. 'Allow output folders for source folders' 옵션을 선택하면 소스와 실행 파일을 같은 위치에 생 성하여 프로젝트 폴더가 간단해지는 이점이 있다. 여기서는 디폴트 구조 대로 만들도록 하자. [Finish] 버튼을 클릭해 빈 프로젝트를 생성한다.

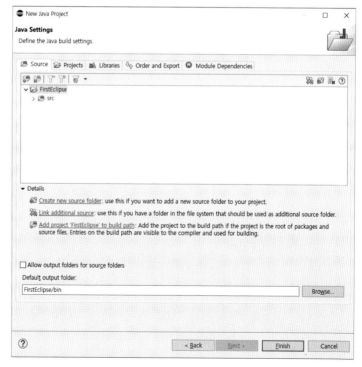

04_ 빈 프로젝트에 코드를 작성할 소스 파일을 추가한다. 프로젝트 탐색기의 프로젝트명에서 마우스 오른쪽 버튼을 클릭해 팝업 메뉴를 열고 [New] – [Class] 항목을 선택한다.

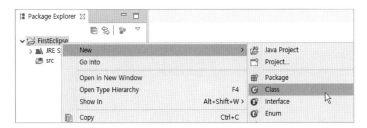

05_ 클래스 정보를 입력하는 대화상자가 열린다. 클래스 이름은 프로젝트명과 똑같은 FirstEclipse로 준다. main 메서드도 같이 생성하기 위해 아래쪽의 'public static void main(String[ ] args)' 옵션을 선택하고 [Finish] 버튼을 클릭한다.

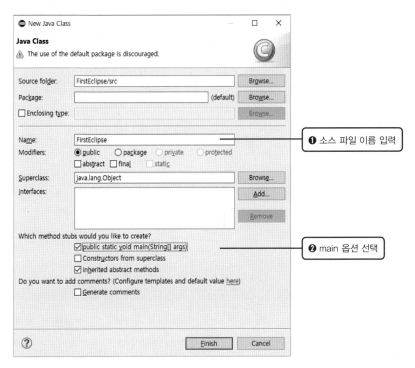

06_ 새 소스 파일을 생성하여 편집창을 열고 기본 소스를 입력한다. 주석은 삭제하고 main 메서드 안쪽에 다음 코드를 작성한다. 같은 폴더에서 실습 중이라 불가피하게 클래스 이름만 바꿨을 뿐 콘솔에서 만들었던 예제와 내용은 같다.

> FirstEclipse

```java
class FirstEclipse {
    public static void main(String[] args) {
        System.out.println("Java Example Program");
    }
}
```

07_ 메뉴의 [File] – [Save] (Ctrl + S)를 선택하면 저장과 동시에 자동으로 컴파일한다. 디폴트 옵션이 저장 시 컴파일로 되어 있어 별도의 컴파일 명령을 내릴 필요는 없다. 메뉴의 [Run] – [Run](Ctrl + F11)을 실행하면 아래쪽의 Console 창에 결과가 나타난다. 통합개발환경 내에서 결과를 바로 확인할 수 있어 편리하다. 문법을 학습할 때는 콘솔에 출력해 보는 것으로 충분하다.

에러 발생 시 Problems창에 발생 위치와 원인을 출력한다. 소스에 에러를 만들어 보자.

```
class FirstEclipse {
    public static void main(String[] args) {
        Sistem.out.println("Java Example Program");
    }
}
```

System을 Sistem으로 일부러 오타를 만들고 Ctrl + S 를 눌러 저장하면 세 번째 줄의 Sistem이라는 명칭이 잘못되었다는 에러 메시지를 출력한다.

Description	Resource	Path	Location	Type
⌄ ⊗ Errors (1 item)				
🔍 Sistem cannot be resolved	FirstEclipse.java	/FirstEclipse/src	line 3	Java Problem

에러 위치를 찾아 수정하면 된다. 소스를 수정한 후 이번에는 저장하지 말고 곧바로 Ctrl + F11 을 눌러 실행해 보자. 저장하지 않은 채로 실행 명령을 내리면 다음 대화상자가 나타난다.

소스를 수정했지만 저장하지 않았다는 뜻이다. [OK] 버튼을 클릭하면 저장 및 컴파일한 후 실행한다. 아래쪽의 'Always save resources before launching' 체크박스를 체크하면 이후부터 Ctrl + F11 만 눌러도 저장, 컴파일, 실행까지 일사천리로 수행한다. 이후 이런식으로 main 안쪽의 소스만 수정한 후 Ctrl + F11 로 결과를 확인하면 된다.

학습 과정에서 숱하게 많은 예제를 만들어 실행해 보는데 메뉴보다 단축키를 쓰는 것이 효율적이다. 실행 명령인 Run/Run의 단축키가 Ctrl + F11 로 조합키여서 불편하다면 환경 설정의 [General] – [Keys] 페이지에서 Run 명령의 단축키를 F12 로 변경해 두면 신속하게 실행할 수 있어 편리하다.

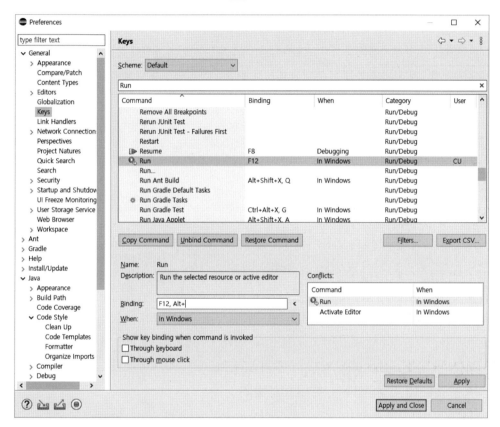

프로젝트 폴더의 구조는 단순하다. src 폴더에 소스 파일을 저장하고 bin 폴더에 컴파일한 실행 파일을 저장하며 프로젝트 루트 폴더에는 두 개의 설정 파일을 생성한다. 이후부터 동일한 방법으로 프로젝트를 생성 및 컴파일한다. 연습삼아 몇 개의 프로젝트를 더 만들어 보자.

2-3 실습 준비

1 예제 분석

실습으로 만들었던 첫 번째 예제를 분석해 보자. 다른 프로그래밍 언어로 개발해 본 사람에게는 자바 문법을 몰라도 눈치밥으로 구조를 파악할 수 있을 정도로 간단하지만, 초보자 입장에서는 암호문처럼 보일 것이다. 아직 문법을 살펴볼 단계는 아니고 예제의 구조 정도만 파악하자.

```java
class FirstEclipse {
    public static void main(String[] args) {
        System.out.println("Java Example Program");
    }
}
```

클래스는 자바 프로그램을 구성하는 기본 단위이며 최소한 하나의 클래스는 있어야 한다. 보통 프로그램 이름으로 클래스명을 작성하며 예제에서는 FirstEclipse 클래스를 선언했다. 알맹이는 없고 프로그램의 진입점인 main만 있다.

자바 프로그램은 main 메서드에서 실행을 시작한다. 완전한 객체지향 언어인 자바는 함수도 무조건 클래스에 포함되어야 한다. 그래서 main이 FirstEclipse 클래스 안에 작성되어 있으며 클래스와 무관한 함수임을 표시하기 위해 static이라는 지정자가 붙어 있다. 또 외부에서 호출되므로 public이고 리턴 값은 없으며, 명령행에서 전달된 인수의 배열을 받아들인다.

main의 형태가 굉장히 복잡해 보이는데 왜 static이어야 하는지 지금 단계에서 설명하기는 어렵다. 이 형태대로 main 메서드를 작성하고 { } 안에 원하는 코드를 작성한다고 외워 두자. main 메서드 안에 문자열을 출력하는 println 명령을 작성했다.

main의 코드를 모두 실행하면 프로그램이 끝나는데 예제에는 명령이 하나밖에 없어 문자열만 출력한 후 바로 종료한다. 아직 문법을 배우기 전이라 코드에 많은 변화를 줄 수는 없고 출력문만 조금 바꿔 보자. 소스를 편집한 후 Ctrl + F11 만 누르면 된다.

```java
class FirstEclipse {
    public static void main(String[] args) {
        System.out.println("우리나라 대한민국");
        System.out.println("3 * 5 = " + 3 * 5);
    }
}
```

println 명령을 두 번 사용하여 문자열과 수식을 출력했다. 메서드는 얼마든지 여러 번 호출할 수 있으며 한글도 출력할 수 있고 + 연산자로 수식을 연결하여 출력할 수도 있다. 실행 결과는 아래쪽의 Console창에 출력한다.

실행 결과	우리나라 대한민국 3 * 5 = 15

조건문이나 루프를 사용하면 더 다양한 작업을 처리할 수 있고 메서드나 클래스를 정의하여 복잡한 구조를 만들 수도 있다.

2 JavaTest 예제

앞으로 문법 실습을 위해 무수히 많은 예제를 만들어 볼 것이다. 통합개발환경에서는 간단한 코드라도 매번 프로젝트를 구성해야 한다. 절차가 복잡할 뿐만 아니라 예제마다 고유한 이름을 붙이는 것도 성가신 일이다. 자바 프로젝트는 파일명과 클래스명이 일치해야 하는 특성이 있어 파일이 바뀌면 클래스 이름도 같이 바뀐다.

문법을 학습하는 단계에서의 습작은 main 메서드의 안쪽 코드만 달라질 뿐 프로젝트의 구조가 바뀌는 것은 아니다. 이럴 때는 매번 프로젝트를 새로 만드는 것보다 적당한 이름의 더미 프로젝트를 만들어 놓고 계속 사용하는 것이 좋다. JavaTest라는 이름의 프로젝트를 하나 만들어 두자.

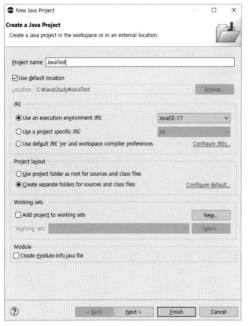 

앞에서 실습한 대로 JavaTest 프로젝트를 만들고, 같은 이름으로 JavaTest.java 소스 파일을 생성한다. 이 상태에서 main의 소스만 바꿔가며 실습하면 편리하다.

```java
class JavaTest {
    public static void main(String[] args) {
        여기에 코드를 작성한다.
    }
}
```

프로젝트와 소스의 껍데기는 계속 재사용하고 main의 {} 괄호 안쪽에만 코드를 작성하여 테스트하는 식이다. 필자가 운영하는 지원 사이트에서 배포하는 예제 모음집도 모두 이런 식으로 되어 있다. 본문에 있는 순서대로 예제 목록을 작성해 두었는데 원하는 예제를 선택한 후 복사하여 이클립스에 붙여 넣는다.

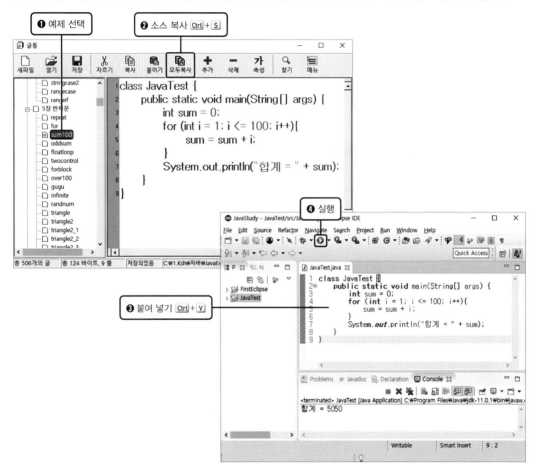

클래스 이름만 JavaTest로 맞추어 두면 프로젝트를 매번 새로 만들 필요 없이 배포 예제를 편리하게 사용할 수 있다. 복사한 후 예제를 마음대로 변형해도 상관없다.

3 출력

문법 실습은 화면에 결과를 찍어 보고 눈으로 확인해 봐야 한다. 직접 결과를 보고 코드를 조금씩 바꿔 가며 차이를 관찰해 보는 것이 효율적이고 재미도 있다. 또, 가끔은 사용자로부터 입력을 받기도 한다. 문법을 배우기 전에 입출력 방법에 대해 연구해 보자.

자바의 기본 입출력 명령은 System 클래스가 제공하며 입력용의 in 객체와 출력용의 out 객체가 미리 생성되어 있다. 출력할 때는 System.out 객체의 다음 메서드를 사용한다. 화면에 글자만 찍어 멋은 없지만 단순해서 실습용으로 적합하다.

```
void print(int i)
void println(int x)
```

편의상 int 타입을 인수로 취하는 메서드만 보였는데 모든 기본 타입에 대해 정의되어 있어 어떤 데이터든 출력할 수 있다. 다음 형식으로 호출하며 괄호 안에 출력할 대상을 적으면 콘솔로 출력한다.

```
System.out.println(내용)
```

리터럴은 물론이고 변수의 값을 찍어볼 수 있고 한글도 출력할 수 있다. print와 println은 출력 후에 개행을 하는가 아닌가만 다르다.

print	실행 결과
```class JavaTest { public static void main(String[] args) { System.out.println("One"); System.out.println("Two"); System.out.print("Three"); System.out.print("Four"); } }```	```One Two ThreeFour```

println으로 출력한 One, Two는 한 줄에 하나씩 출력하지만, print로 출력한 Three, Four는 같은 줄에 출력한다. 보통 한 줄에 하나의 정보를 출력하는 경우가 많아 println을 주로 사용한다. 여러 변수를 출력할 때는 + 연산자로 연결한다. 다음 예제는 정수, 실수, 문자열을 한 번에 출력한다.

```
class JavaTest {                                          i = 123, d = 3.14, str = 문자열
    public static void main(String[] args) {
        int i = 123;
        double d = 3.14;
        String str = "문자열";
        System.out.println("i = " + i + ", d = " + d + ", str = " + str);
    }
}
```

+ 연산자는 피연산자 중 하나라도 문자열이면 모두 연결하여 연이어 출력한다.

4 입력

프로그램은 혼자서 실행되는 것이 아니라 사용자와 끊임없이 상호작용을 한다. 명령을 받아 처리하고 주요 결정 사항에 대해 질문을 한다. 그러기 위해서는 실행 중에 입력을 받아야 하는데 자바의 입력은 어렵고 까다롭다. 한 번의 호출로 간편하게 입력받는 방법이 없고 절차가 복잡하다.

기본 입력 객체인 System.in은 홀로 동작하지 못해 버퍼 객체로 감싸고 문자열을 받아 타입 변환해야 하며 섬세한 예외 처리까지 필요하다. 이유 없이 복잡한 것은 아니지만 초보자에게는 너무 어렵다. 자바 1.5에서 더 쉽게 입력받는 Scanner 데이터 추출 클래스를 추가했지만 여전히 어렵다.

자세한 입력 체계는 다음에 따로 알아보기로 하고 여기서는 실습에 필요한 사용법 위주로만 알아보자. 다음 절차대로 코드를 작성하면 원하는 값을 입력받을 수 있다. 입력이 필요할 때 스캐너 객체를 생성하고 입력이 끝난 후에 닫는다.

```
java.util.Scanner scaner = new java.util.Scanner(System.in);
....
scan.close();
```

예제 수준에서는 main의 선두와 마지막에 이 구문을 작성하면 된다. 스캐너 객체를 생성한 후 다음 메서드로 원하는 타입의 값을 입력받아 변수에 대입한다.

메서드	설명
nextInt()	정수를 입력받는다.
nextDouble()	실수를 입력받는다.
nextLine()	문자열을 입력받는다.
nextBoolean()	true, false 중 하나를 입력받는다.

입력 메서드는 입력만 받을 뿐 지시 사항을 보여주지 않으므로 입력받기 전에 print 메서드로 입력할 내용을 알려 주어야 한다. 다음 예제는 문자열 타입의 이름과 정수 타입의 나이를 입력받아 화면으로 다시 출력한다.

scanner

```java
class JavaTest {
    public static void main(String[] args) {
        java.util.Scanner scaner = new java.util.Scanner(System.in);

        System.out.print("이름을 입력하시오 : ");
        String name = scaner.nextLine();
        System.out.println("안녕하세요 " + name + "님.");

        System.out.print("나이를 입력하시오 : ");
        int age = scaner.nextInt();
        System.out.println("당신은 " + age + "살입니다.");

        scaner.close();
    }
}
```

명령행에서 실행하면 캐럿이 입력 위치로 자동 이동하지만 콘솔창에서는 포커스를 이동시켜야 입력할수 있다. 입력 중에 Backspace, Delete 키로 자유롭게 편집할 수 있으며 다 입력한 후 Enter 키를 누른다.

```
🔲 Problems  @ Javadoc  🔲 Declaration  🔲 Console  ×                                    ■ ✖ ✦ | 🔲 🔲 🔲 🔲 | 🔲 🔲 ▾ 🔲 ▾ ⌐ ▾
<terminated> JavaTest [Java Application] C:\JavaStudy\eclipse\plugins\org.eclipse.justj.openjdk.hotspot.jre.full.win32.x86_64_17.0.1.v20211116-1657\jre\
이름을 입력하시오 : 단군
안녕하세요 단군님.
나이를 입력하시오 : 4400
당신은 4400살입니다.
```

스캐너를 쓰는 방법이 어렵다면 그래픽 라이브러리인 스윙의 대화상자를 사용하는 방법도 있다. 다음 메서드로 대화상자를 띄우며 괄호 안에 입력 지시사항을 전달하면 대화상자 위쪽에 표시한다.

```java
javax.swing.JOptionPane.showInputDialog("입력 지시 사항")
```

나이와 이름을 입력받는 똑같은 예제를 대화상자로 작성해 보자.

dialog

```java
class JavaTest {
    public static void main(String[] args) {
        String name = javax.swing.JOptionPane.showInputDialog("이름을 입력하시오");
        System.out.println("안녕하세요 " + name + "님.");

        String agestr = javax.swing.JOptionPane.showInputDialog("나이를 입력하시오");
```

```
        int age = Integer.parseInt(agestr);
        System.out.println("당신은 " + age + "살입니다.");
    }
}
```

그래픽 대화상자가 화면 중앙에 나타나며 대화상자 위쪽에 입력 지시 사항을 표시한다. 사용자는 이 대화상자에 값을 입력한 후 [확인] 버튼을 클릭하거나 Enter 키를 눌러 입력을 완료한다.

대화상자에서 입력한 값을 문자열 형태로 리턴한다. 문자열인 이름은 바로 대입할 수 있지만, 정수인 나이는 문자열로 입력받은 후 Integer.parseInt 메서드를 이용해 정수로 바꿔야 한다. 콘솔창에 입력한 내용을 다시 출력한다.

현대적인 그래픽 환경은 편리하고 예쁜 입력 컨트롤이 흔하고 필기 인식, 음성 인식까지 가능하다. 실무 프로젝트 수행 시 콘솔창에서 키보드로 입력할 일은 거의 없다. 다만, 자바 문법을 처음 배우는 단계에서는 아직 다른 방법을 모르기 때문에 학습용으로만 잠시 사용할 뿐이다. 당분간은 입력이 필요할 때 상기의 두 방법을 사용하자.

5 도움말

자바의 클래스 라이브러리는 광범위하고 복잡해서 레퍼런스의 도움이 필수적이다. 객체지향 라이브러리는 직관적이어서 사용법이 쉽지만 최소한 어떤 클래스를 제공하는지, 각 클래스의 멤버는 어떤 것이 있는지 알아야 한다.

이런 정보를 제공하는 원천이 레퍼런스이다. 문법을 배우기 전에 레퍼런스를 통해 정보를 구하는 방법부터 알아 둘 필요가 있다. 자바의 레퍼런스는 오라클에서 제공하며 언제든지 웹에서 클래스에 대한 정보를 얻을 수 있다. 웹 브라우저에 다음 주소를 입력해 보자.

```
https://docs.oracle.com/en/java/javase/17/
```

제일 뒤의 숫자를 8이나 12로 바꾸면 이전 버전의 문서도 볼 수 있다. JDK 10 이전의 도움말은 프레임을 나누어 놓아 검색이 더 쉽다. 앞으로 참조할 일이 많으니 즐겨 찾기에 등록해 놓자. 이후 자바의 버전이 바뀌면 이 주소도 바뀌며 내용도 주기적으로 업데이트된다.

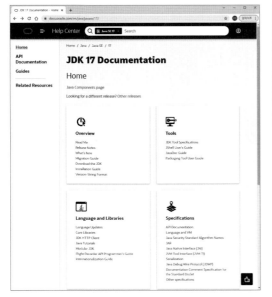 

여기서 설치나 개발툴, 자습서 등의 모든 문서를 볼 수 있다. API Documentation 링크를 클릭하면 레퍼런스 페이지로 이동하며 모듈, 패키지, 클래스 순으로 찾아 내려가면 필드와 메서드에 대한 도움말을 얻을 수 있다. 그러나 자바 프레임워크의 구조를 잘 모르는 초보자가 도움말을 능숙하게 찾기는 쉽지 않다.

공식적인 레퍼런스 외에 이클립스 편집기가 제공하는 도움말도 꽤 도움이 된다. 코드 입력 중에 멤버 목록이나 인수 목록을 바로 얻을 수 있다. 클래스명 다음에 점만 찍으면 멤버의 목록이 좌악 나열되므로 일일이 외울 필요 없이 목록에서 고르면 된다.

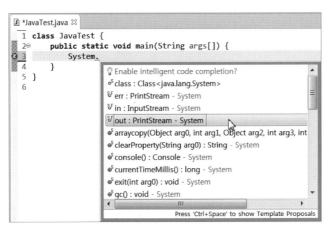

메서드 이름을 입력하고 괄호를 열면 이 메서드가 취하는 인수의 목록과 타입, 간단한 설명까지 곁들여진다. 소스의 특정 명칭 위에 캐럿을 대고 잠시 기다리면 즉석에서 도움말이 나타난다. 요약적이지만 F1 키를 누르지 않아도 언제든지 클래스나 메서드에 대한 정보를 얻을 수 있다.

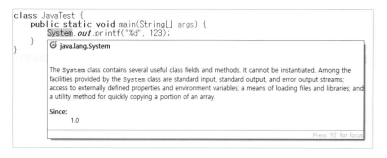

개발툴의 소스 편집기에서 도움말을 제공하는 것은 이제 일반적인 기능이다. 멤버 목록이나 메서드 원형을 일일이 외우고 다닐 수는 없으니 실제 개발할 때 도움말이 상당히 유용하다.

연습문제

01 자바 프로그램의 진입점은 어디인가?

① class ② start ③ public ④ main

02 print 명령과 println 명령의 차이점은 무엇인가?

① 출력 후 개행 여부

② 여러 개의 변수값 한꺼번에 출력 여부

③ 여러 타입의 변수 지원 여부

④ 서식화 조립 지원 여부

03 int age = 23;으로 초기화되어 있다. 이 변수값으로 "저는 23살입니다."를 출력하고 개행하는 코드를 작성하라.

03

_ 변수

Java

3-1 자바의 특징

1 언어적 특징

자바의 문법 체계는 기존 개발자를 고려하여 대중성을 염두에 두었기 때문에 C 언어와 유사한 면이 많다. 자바 언어의 전체적인 특징부터 알아보자.

▌대소문자를 철저하게 구분한다

키워드와 명칭의 대소문자를 정확히 적어야 한다. 다음과 같이 작성하면 에러 처리된다. 출력 메서드 이름은 println인데 PrintLn으로 잘못 적으면 존재하지 않는 메서드라는 에러가 발생한다. 반드시 println으로 써야 하며 System을 system으로 써도 안 된다.

```
System.out.PrintLn("Java Example Program");
```

▌명령문은 항상 세미콜론으로 끝난다

세미콜론은 자연어의 마침표에 해당하는 문장 종결자이며 메서드 호출문, 연산문 등 모든 문장 끝에 세미콜론이 온다. 다음 두 변수 대입문은 모두 세미콜론으로 끝난다.

```
a = 1;
b = 2;
```

한 줄에 하나의 명령을 쓰는 것이 보편적이지만 좌표나 크기처럼 연관된 짧은 명령은 같은 줄에 쓸 수도 있다. 세미콜론에 의해 문장이 명확히 구분되므로 한 줄에 여러 개의 명령을 작성해도 상관없다.

```
x = 10; y = 15;
```

▌공백을 자유롭게 삽입할 수 있다

소스의 형식에 특별한 제약이 없으며(Free Format) 빈 줄이나 공백을 자유롭게 삽입할 수 있다. 다음과 같이 두 줄로 작성할 수도 있고 전체 소스를 개행 하지 않고 한 줄에 모조리 붙여 써도 상관없다.

```
class JavaTest { public static void main(String[] args) {
System.out.println("Java Example Program"); }}
```

그러나 가로폭이 길면 문장이 잘 구분되지 않아 가독성이 떨어지고 편집도 불편하다. 가급적 한 줄에 하나의 명령만 쓰고 블록 구조에 따라 적당히 들여 쓰는 것이 좋다. 개발자나 언어별로 블록 구조를 작성하는 여러 가지 스타일이 있는데 자바는 K & R 방식을 주로 사용한다.

K & R 스타일	BSD 스타일	GNU 스타일

function {
　　　블록
}
	function
	{
	　　　블록
	}
		function
		　　{
		　　　　블록
		　　}

메서드나 블록이 시작되는 줄 끝에 { 여는 괄호를 쓰고, 닫는 괄호는 한 줄을 다 차지하며, 블록 내부는 안쪽으로 들여쓴다. 블록의 시작과 닫는 괄호의 수평 위치가 같아 범위를 쉽게 파악할 수 있고 수직 길이가 짧아 긴 소스를 한눈에 보기 편하다. 팀원끼리 블록 스타일이 다르면 불편하고 공동작업하기 어렵다. 어떤 방법을 쓰든 상관없지만, 일관된 코딩 스타일을 지키는 것이 바람직하다.

▌ main에서 시작한다

자바 프로그램은 main에서 시작한다. 완전한 객체지향 언어인 자바는 모든 것이 클래스 내부에 있어야 하며 main도 클래스 안에 위치한다. 자바 프로그램의 기본적인 뼈대는 다음과 같다. 지정자나 인수가 복잡해 보이는데 차차 배우게 되므로 당분간은 main 안쪽의 예제 코드에만 집중하면 된다.

```
class 예제이름 {
    public static void main(String[] args) {
        예제코드
    }
}
```

2 언어 구성 요소

자연어는 명사, 동사, 형용사 등의 품사로 구성되며 각 품사마다 고유의 역할과 특성이 있어 문법의 규칙을 이룬다. 프로그래밍 구문도 여러 가지 구성 요소로 이루어지며 쓰임새와 특성이 다르다.

```
       키워드      명칭      구두점
    class FirstEclipse {
         public static ....
    공백        score = 12345;
                      연산자  리터럴
              }
         }
```

문법을 제대로 구사하려면 언어를 구성하는 개별 요소를 잘 구분해야 한다. 자바 언어는 다음과 같은 요소로 구성된다.

▌ 키워드(Keyword)

프로그램의 기능을 정의하는 기본적인 단어이다. 언어 설계자가 의미를 미리 성해 놓아 예약어 (Reserved word)라고 부르며 다른 용도로 사용할 수 없다. 용도에 따라 다음과 같이 분류하며 모두 소문자로 쓴다. 언어의 기본 기능만 정의하므로 수가 많지 않다.

구분	키워드					
타입	byte float	short double	int true	long false	char null	boolean
제어문	If case	else default	for break	while continue	do	switch
클래스	class extends	interface implements	new package	instanceof import	this	super
접근 제한	private	protected	public			
지정자	final native	abstract strictfp	static	synchronized	transient	volatile
메서드, 예외	try void	catch	finally	throw	throws	return
기타	assert	goto	const	enum		

C 언어에서 유래된 goto와 const는 기능은 없지만 다른 용도로 사용하지 않도록 키워드로 등록해 놓았다. 각 키워드의 의미는 문법을 공부하는 동안 하나씩 익혀야 한다.

▌ 명칭(Identifier)

변수나 클래스, 메서드 등에 사용자가 붙이는 고유한 이름이다. 대상을 칭하는 유일한 이름을 지정하는 것이 목적이며 중복되지만 않으면 자유롭게 붙일 수 있다. 대상을 잘 설명하고 기억하기 쉬운 이름을 붙여야 하는데 복잡한 규칙이 적용되므로 다음 항에서 상세히 알아보자.

▌ 리터럴(Literal)

고정된 값을 표현하며 변수에 값을 대입하거나 연산식에 사용한다. 123이나 3.14 같은 숫자값, "string" 같은 문자열이 리터럴의 예이다. 참, 거짓 같은 진위값을 표현하는 true, false나 객체 참조의 상태를 표현하는 null처럼 키워드로 된 리터럴도 있다.

▌ 연산자(Operator)

프로그램의 동작을 지시하며 자료를 가공한다. 대부분 실생활에서 사용하는 +, −, * 같은 간단한 기호로 표기하며, 일부 고급 연산자는 키워드로 되어 있다. 다음 문장에서 area, width, height는 명칭이며, 두 변수를 더하는 + 기호와 대입하는 = 기호는 연산자이다.

```
area = width * height;
```

▌ 구두점(Punctuator)

자연어의 공백, 쉼표, 마침표에 해당하며 구문을 명확히 하고 구조를 만든다. 공백은 구성 요소를 구분하고, 콤마는 인수 사이에 들어가고 세미콜론은 명령의 끝을 표시한다. { } 기호는 블록 구조를 만들어 명령이 미치는 범위를 설정한다.

▌ 주석(Comment)

소스 코드에 작성하는 설명이나 간단한 메모 사항이다. 컴파일러는 주석을 무시하며 생성되는 코드에는 영향을 미치지 않는다. 소스를 읽는 사람을 위해 작성하는 것이다. 별도의 문서를 만들 필요 없이 코드에 대한 해설이나 문제점, 할일 목록 등을 소스에 통합 기록할 수 있어 편리하다.

한 줄 주석인 //는 시작점만 표시하며 줄 끝까지 주석으로 처리한다. 블록 주석인 /* */는 둘러싸인 영역을 묶어 여러 줄을 주석 처리한다. 다음은 프로그램에 대한 간단한 설명과 작성자, 코드에 대한 설명을 주석으로 작성한 예이다.

```
/* 처음 만들어 본 자바 예제
작성자 : 김상형
작성 일시 : 2022년 3월 5일 */
class JavaTest {
    public static void main(String[] args) {
        System.out.println("Java Example Program");          // 문자열 출력
    }
}
```

/* */ 주석은 임시적인 삭제 용도로도 사용한다. 일부 코드를 일시적으로 무시하고 싶을 때 /* */ 주석으로 감싸둔다. 다음 수식에서 bonus는 덧셈에서 제외되며 다시 더하고 싶으면 주석을 푼다.

```
salary = basic /* + bonus */ + incentive;
```

/** */ 주석은 /* */와 같지만, 이 안에 작성한 내용은 차후 JavaDoc이 문서화한다는 점이 다르다. 주석의 중첩은 허용되지 않아 주석 안에 또 다른 주석을 작성할 수는 없다.

3 명칭 규칙

명칭은 변수, 클래스, 메서드 등에 이름을 붙이는 역할을 한다. 자연어에서 각 물건에 고유한 이름을 붙여 칭하는 대상을 구분하는 것처럼 코드에서도 변수나 클래스에 이름을 붙여야 한다. 자유롭게 이름을 붙일 수 있지만, 방만해서는 안되므로 엄격한 규칙이 적용되며 관행적인 작명법을 권장한다. 헷갈리지 않고 기억하기 쉬운 이름을 붙이는 것은 코딩의 기본 기술이다.

- 키워드는 언어 차원에서 용도가 정해져 있어 명칭으로 사용할 수 없다. 프로그램 구문을 구성하는 if, for, switch 같은 단어는 변수명으로 쓸 수 없다.
- 주로 영문자와 숫자를 사용한다. 짧고 쉬운 영어 단어로 이름을 짓는 것이 일반적이다. 다음 명칭은 누가 봐도 점수, 가격, 이름을 의미한다는 것을 직관적으로 알 수 있다.

```
score, price, name
```

공백이나 콤마 등 기호는 사용할 수 없되 예외로 $와 _는 사용할 수 있다. C++과의 이식성을 고려하여 _ 문자를 허용하며, $는 베이직과의 호환성을 위해 인정하지만 가급적 피하는 것이 좋다.

- 숫자는 두 번째 이후 문자부터 사용할 수 있으며 처음에는 올 수 없다. 숫자가 앞에 오면 정수 리터럴과 구분되지 않아 혼란스럽다.

올바른 표현	틀린 표현
salary2	4debug
inch2mili	2021product

- 명칭은 대소문자를 구분한다. Score와 score는 철자는 같지만 다른 명칭이며 SCORE도 물론 다르다. score로 선언하고, 사용할 때 Score로 쓰면 없는 변수로 취급한다. 명칭의 종류에 따라 다음과 같이 대소문자를 구성할 것을 권장한다.

명칭의 종류	대소문자 구성	예
변수, 메서드	모두 소문자	score
클래스, 인터페이스	첫 글자만 대문자	Student
상수	모두 대문자	RATIO

권장 사항은 강제성이 없지만 관행으로 굳어져 대부분의 개발자가 이 규칙을 준수한다. 관행대로 작성한 명칭은 대소문자 구성만 봐도 자격을 알 수 있어 편리하다.

- 두 단어 이상의 명칭을 소문자로 죽 이어서 쓰면 단어의 경계가 잘 보이지 않는다. 그래서 두 번째 단어의 시작 문자를 대문자로 쓰거나 단어 사이에 _ 기호를 넣는다. 공백은 명칭을 구성하는 문자가 아니어서 사용할 수 없으며 띄워쓰기 한 단어는 하나의 명칭으로 인정하지 않는다.

```
setagetodefault        // 가독성이 떨어진다.
set age to default     // 공백은 사용할 수 없다.
setAgeToDefault        // 낙타식 표기법
set_age_to_default     // 밑줄로 연결
```

자바에서는 단어의 첫 번째를 대문자로 쓰는 방식을 권장한다. 낙타등에 솟은 혹처럼 중간 부분에 대문자가 불쑥 솟은 모양이어서 낙타식 표기법(Camel Case)이라고 한다. 대문자만 쓰는 상수가 여러 단어로 되어 있을 때는 CURRENT_RATIO 식으로 단어 중간에 _ 문자를 넣는다.

- 길이의 제약은 없어 상세한 이름을 붙일 수 있다. 그러나 너무 길면 입력하기 번거롭고 소스도 불필요하게 장황해져 10자 이하가 적당하다. 핵심적인 영어 단어로 의미를 잘 설명하는 짧은 이름을 붙여야 하며 그러려면 영어를 잘 해야 한다.
- 유니코드에 포함된 세계의 모든 문자를 사용할 수 있다. 명칭을 한글이나 한자로 작성해도 잘 컴파일된다. 코드를 읽기는 쉽지만 한영 전환이 잦아 입력하기 번거롭다. 내가 만든 코드를 외국 개발자가 볼 수도 있으니 가급적 영문으로 된 짧고 간결한 명칭을 사용하는 것이 바람직하다.

```java
class JavaTest {
    public static void main(String[] args) {
        int 가격 = 100;
        int 수량 = 80;
        int 매출 = 가격 * 수량;
        System.out.println("오늘 매출은 " + 매출 + "원입니다.");
    }
}
```

복잡한 것 같지만 이름을 붙이는 규칙은 사실 어디에나 있다. 파일명에 콜론(:)이나 따옴표 같은 특수 문자를 쓸 수 없으며, 사람 이름에도 기피하는 글자가 있다. 규칙에 맞게, 기억하기 쉽고 의미를 분명히 표현하는 좋은 이름을 붙이는 것은 예상보다 어렵고 중요한 기술이다.

3-2 변수

1 타입의 종류

데이터는 메모리(RAM)에 저장되며 기억의 최소 단위는 바이트이다. 수십억 개나 되는 바이트에 일일이 이름을 붙일 수 없어 숫자로 된 번지(Address)로 일련번호를 붙이고 번지를 대상으로 값을 읽고 쓴다. 예를 들어 1000 ~ 1003번지의 4바이트에 2018이라는 값을 저장하는 식이다.

번지는 기계적인 값이어서 사람에게는 난해하다. 0x34ac2f8c 형식의 16진수여서 기억하기 어렵고 둘이상의 번지를 구분하기도 쉽지 않다. 그래서 번지를 직접 사용하지 않고 메모리 위치에 이름을 붙인다. 예를 들어 1000 ~ 1003번지의 메모리에 score라는 이름을 붙였다고 하자.

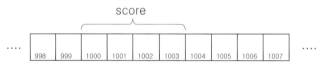

이 위치의 메모리에 점수 정보를 저장한다.

이 위치에 저장된 값이 점수임을 쉽게 알 수 있고 변수끼리 헷갈리지도 않는다. score = 89 대입문으로 기록하고 score를 읽어 저장된 점수를 꺼낼 수 있다. 즉, 변수는 메모리의 번지에 기억하기 쉬운 이름을 붙여 놓은 것이다. 변수를 선언할 때는 타입과 이름 두 가지 정보를 명시한다.

```
int score;
```

이 선언문은 정수형 값을 score라는 이름으로 사용하겠다는 것을 알린다. 컴파일러는 적당한 위치에 정수를 저장할 만한 메모리를 할당한다. 이름은 다른 변수와 구분하는 역할을 하며 의미를 잘 설명하도록 붙인다. 타입은 변수가 저장할 값의 형태를 정의하는데 이 정보는 두 가지 역할을 한다.

첫째, 저장할 값의 크기에 꼭 맞는 메모리 양을 밝힌다. 사람의 나이는 고작해야 120살 정도밖에 되지 않아 1바이트에 알뜰하게 저장할 수 있다. 키나 체중을 저장한다면 2바이트면 충분하고, 화폐 단위나 인구수처럼 큰 값을 저장하려면 4바이트는 되어야 넉넉하다.

1byte	89
2byte	182
4byte	3270000

1byte — 나이, 주사위 눈금
2byte — 키, 몸무게
4byte — 화폐 단위

고작 1에서 6까지인 주사위 눈금을 저장하기 위해 4바이트나 쓸 필요 없고, 몇 억을 넘나드는 가격 정보를 2바이트에 저장할 수 없다. 이처럼 정보 저장에 꼭 필요한 용량을 밝히는 것이 타입이다.

둘째, 값의 형태에 따라 메모리에 저장하는 방식이나 연산 방법이 달라진다. 인원수처럼 소수점 이하가 필요 없다면 정수형을 사용하고 무게나 거리처럼 소수점 이하까지 정밀하게 표현하려면 실수형을 사용한다. 또 모델명이나 회사명 같이 수치값이 아닌 정보는 문자열이 적합하다.

정수 — 38 — 인원수, 가격
실수 — 3.75 — 무게, 거리
문자열 — 친영이 아빠 문종민 — 모델명, 사람이름

똑같은 + 연산이라도 수치형끼리는 수학적으로 더하는데 비해 문자열끼리는 연결하는 동작을 수행한다. 이처럼 저장 방식이나 연산 동작을 구분하기 위해 타입 정보가 필요하다.

자바는 변수의 타입 구분이 엄격한 강타입 언어이다. 모든 변수는 타입을 명확히 선언해야 사용할 수 있으며 연산이나 대입 시에도 타입에 따라 엄격한 규칙을 적용한다. 따라서 타입에 대한 정확한 이해가 중요하다. 자바의 타입은 크게 기본형(Primitive)과 참조형(Reference)으로 나누며 세부적으로 다음과 같이 분류한다.

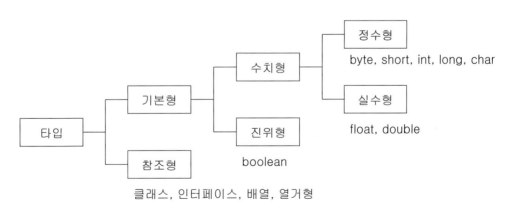

기본형은 변수가 값을 직접 저장하는 형식이며 정수, 실수, 진위형처럼 작고 고정된 길이의 값을 표현한다. 값의 크기만큼만 메모리를 사용하며 변수 자체가 곧 값이다. 자바는 여덟 가지 기본형을 제공하며 각 타입에 대해 키워드가 지정되어 있다.

참조형은 클래스나 배열 같은 거대한 정보의 집합을 표현한다. 메모리를 많이 쓰는데다 크기가 가변적이어서 변수에 값을 직접 저장할 수 없다. 힙이라는 비어 있는 메모리 영역에 정보를 저장해 두고 변수는 값을 찾을 수 있는 위치 정보만 가진다.

두 형식은 내부적인 저장 방식이나 관리 방식이 다르며 선언 및 생성하는 문법도 차이가 있다. 참조형은 복잡하므로 천천히 알아보고 상대적으로 단순한 기본형부터 연구해 보자.

2 변수의 선언

변수는 선언 위치에 따라 여러 가지 종류가 있는데 클래스에 소속되면 필드라고 부르고, 메서드에 소속되면 지역변수라고 부른다. 여기서는 main 메서드 내부에 선언하는 지역변수부터 알아보자. 변수를 선언하는 기본 형식은 다음과 같다.

```
타입 변수명 [= 초깃값];
```

변수의 타입과 이름을 밝히며 세미콜론으로 끝난다. 선언과 동시에 초깃값을 지정할 때는 = 기호 다음에 초깃값을 적되 필요 없으면 생략 가능하다. 기본 형식에서 [ ] 괄호는 옵션이라는 뜻이다. 선언은 어떤 종류의 값을 어떤 이름으로 사용하겠다고 신고하는 절차이다. 다음 문장은 정수형 변수를 score라는 이름으로 선언한다는 의미이다.

```
int score;
```

점수를 저장할 변수여서 score라는 이름을 붙였으며 소수점 이하가 없어 정수형의 int 타입으로 선언했다. 이 선언에 의해 컴파일러는 정숫값 하나를 저장할 수 있는 4바이트의 공간을 할당하고 score라는 이름을 붙인다. 메모리 공간 중 비어 있는 4바이트 영역이 score가 된다.

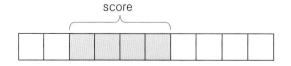

이후 score라는 변수명으로 4바이트의 메모리값을 언제든지 읽고 쓸 수 있다. 다음 선언문은 score 변수를 선언하면서 86으로 초기화한다.

```
int score = 86;
```

컴파일러는 메모리를 할당하면서 여기에 86을 저장한다. 초기식에 복잡한 수식을 사용할 수 있고 먼저 선언된 다른 변수를 참조할 수도 있다. 다음 선언문에 의해 a는 6으로 초기화되며, b는 7로 초기화된다. b 초기식에서 a를 참조하므로 a를 먼저 선언해야 하며 순서가 바뀌면 안 된다.

```
int a = 2 * 3;
int b = a + 1;
```

같은 타입의 변수를 여러 개 선언할 때는 콤마로 구분하며, 각 변수 뒤에 = 구분자로 초깃값을 지정한다.

```
int i, j, k = 34;
```

초깃값을 지정하지 않은 변수는 쓰레깃값을 가진다. 위 선언문은 i, j의 메모리 공간만 할당할 뿐 어떤 값을 저장할지 알 수 없으며 k는 34로 초기화한다. 각 변수를 한 줄에 하나씩 따로 선언해도 무방하다.

```
int i;
int j;
int k = 34;
```

좌푯값을 나타내는 x, y나 크기를 나타내는 width, height처럼 관련 변수는 한 줄에 같이 선언하는 것이 편리하다. 타입이 다른 변수는 같이 선언할 수 없으며 반드시 따로 선언해야 한다. 다음 선언문은 정수형 변수 i와 실수형 변수 d를 위한 메모리를 할당한다.

```
int i;
double d;
```

다음 예제는 정수형 변수 value를 선언하고 1234로 초기화한 후 출력한다.

int | 실행 결과

```
class JavaTest {
    public static void main(String[] args) {
        int value = 1234;
        System.out.println(value);
    }
}
```

실행 결과
```
1234
```

선언문에 의해 정수 하나를 저장할 수 있는 메모리 공간이 할당되며 여기에 초깃값 1234가 저장된다. 이후 이 메모리 위치를 value라는 이름으로 참조하는데 println으로 현재의 값을 출력했다. 선언과 동시에 초기화했는데 선언만 해 둔 후 별도로 대입해도 상관없다. 변수를 선언한 후 값을 대입할 때는 = 연산자를 사용한다.

```
int value;
value = 1234;
```

선언할 때 초깃값을 주지 않으면 메모리만 할당되며 쓰레깃값을 가진다. 의미 있는 값을 저장하려면 선언할 때 초기화하든지 아니면 선언 후에 원하는 값을 대입해야 한다. 무슨 값인지도 모를 쓰레깃값을 사용하면 에러 처리된다.

```
int value;
System.out.println(value);                    // 에러
```

변수는 말 그대로 변하는 수이다. 특정 시점에 하나의 값을 저장하지만 필요하면 언제든지 대입 연산자를 사용해 원하는 값으로 변경할 수 있다.

assign	실행 결과
| ```
class JavaTest {
    public static void main(String[] args) {
        int value = 1234;
        System.out.println(value);
        value = 5678;
        System.out.println(value);
    }
}
``` | 1234<br>5678 |

value는 최초 선언 시 1234로 초기화했으며 이 상태에서 value를 출력하면 1234가 출력된다. 대입 연산자로 5678을 대입하면 새로운 값으로 바뀌며 한 번 변경한 값은 다른 값으로 바꾸기 전까지 그대로 유지된다.

변수는 메서드 앞쪽에 모아서 선언하는 것이 보통이지만 메서드 중간에도 필요한 변수를 언제든지 선언할 수 있다. 사용하기 전에 선언해 두기만 하면 된다. 정수형 변수 하나와 실수형 변수 하나를 각각 선언 및 초기화한 후 출력한다면 다음 두 가지 형태 모두 가능하다.

```
public static void main(String[] args) {
    int value = 1234;
    double score = 89.5;

    System.out.println(value);
    System.out.println(score);
}
```

```
public static void main(String[] args) {
    int value = 1234;
    System.out.println(value);

    double score = 89.5;
    System.out.println(score);
}
```
```

앞쪽에 모아서 선언하건 필요할 때 선언하건 출력하기 전에 변수가 존재하기만 하면 된다. 두 방식은 각각 장단점이 있다. 선두에 모아 두는 방법은 변수 목록을 한눈에 볼 수 있는 이점이 있지만, 메서드가 길고 변수가 많아지면 일일이 앞으로 이동하여 선언하기 불편하며 코드를 읽거나 편집하기도 번거롭다. 이럴 때는 변수를 사용하기 직전에 선언하는 것이 편리하다.

3 상수

수시로 값을 변경할 수 있는 변수와는 달리 상수(Constant)는 초기식으로 지정한 고정된 값을 표현한다. 상수를 선언할 때는 final 지정자를 붙이며 초기식을 반드시 주어야 한다. 선언 후 값을 변경할 수없어 초기식을 생략하면 에러 처리된다.

```
final double PIE = 3.1416;
```

이렇게 선언된 PIE는 언제나 3.1416이라는 값을 가진다. 상수는 관행상 전부 대문자로 이름을 붙여 고정된 값임을 분명히 표시한다. 다음 예제를 보자.

constant	실행 결과
<pre>class JavaTest {
public static void main(String[] args) {
final double RATE = 3.28;
System.out.println("이자율 : " + RATE + "%");
int deposit = 10000;
System.out.println("1년 후 이자 : " + deposit * RATE / 100 + "원");
}
}</pre>	이자율 : 3.28% 1년 후 이자 : 328.0원

예금 이자율을 RATE 상수로 선언하고 3.28로 초기화했다. 변수 선언문에 final 지정자가 붙어 있음을 유의하자. 이 값은 언제까지나 3.28이며 다른 값으로 바꿀 수 없다. 이자율과 만원 예금에 대한 1년 후의 이자를 계산하여 출력했다.

코드의 RATE 자리에 3.28값이 적용된다. 변하지도 않는 값에 굳이 이름을 주어 선언하여 사용하는 이유는 뭘까? RATE 상수를 쓰지 않고 값 3.28을 직접 소스에 적어 넣어도 동작에는 이상이 없지만, 상수를 사용하면 여러 가지 이점이 생긴다.

- 실수를 방지한다. 은행 예금 관리 프로그램에서 이자율은 코드의 곳곳에서 사용되는데 개발자가 3.28을 기억하고 매번 정확하게 적기는 무척 귀찮다. 실수로 3.18로 적어 버리면 불일치가 발생하여 금융 사고가 발생한다. RATE라는 이름을 붙여 상수로 정의해 두면 실수할 위험이 없다. 수치값은 헷갈리지만 명칭으로 된 이름은 기억하기 쉽다.

- 값의 의미를 명확하게 표현한다. 프로젝트에 갓 참여한 개발자가 소스에서 3.28이라는 숫자를 보면 이 값의 의미를 유추하기 어렵다. 3.28의 의미를 파악하려면 소스의 다른 부분을 보거나 별도의 문서를 읽어야 한다. 그러나 RATE라는 설명적인 이름을 붙여 놓으면 이자율임을 쉽게 알 수 있다.
- 값을 일괄 편집하기 쉽고 정확하다. 이자율은 수시로 변경되는데 수치를 직접 사용했다면 소스의 곳곳을 뒤져 3.28 값을 일일이 수정해야 하며 실수로 하나를 누락하면 불일치가 발생한다. 반면 RATE 상수를 사용한 경우는 초깃값만 변경하면 모든 부분이 일괄 편집되는 효과가 있어 편리하다.

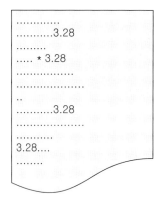

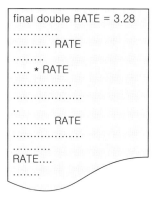

소스의 모든 3.28을 모두
찾아 수정해야 한다.

상수 선언문의 초깃값만
수정하면 된다.

리터럴(literal)은 변수에 대입되거나 수식에 직접 사용되는 숫자값이다. 앞 예제에서 1234나 3.28 등이 리터럴의 예인데 값이 고정적이라는 점에서 상수와 같지만, 수치값으로 표기하고 이름이 없다는 점이 다르다. 리터럴은 의미상 진짜 상수에 해당되지만 final로 선언한 명칭과 구분하기 위해 리터럴이라는 별도의 용어를 사용한다.

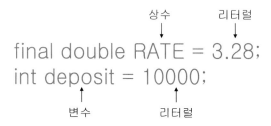

용어가 조금 헷갈리는데 이 둘을 잘 구분해야 한다. 3.1416이나 1234 같은 리터럴은 표기한 값을 표현할 뿐 절대 다른 값이 될 수 없는 진짜 상수이다. 굳이 우리말로 번역하자면 그냥 '숫자'이다. 반면 final 상수는 선언 시 초기화한 값을 실행 중에 변경할 수 없지만, 선언문을 고쳐 초깃값을 바꿀 수는 있다. RATE는 당장은 3.28이지만 차후 3.18이나 4.56이 될 수도 있다.

자바에서는 상수나 리터럴도 타입을 가진다. 상수는 선언할 때 타입을 분명히 밝히며 리터럴은 표기 방식에 따라 타입이 결정된다. 리터럴 표기 방식은 각 타입을 학습할 때 같이 알아보자. 식 내부에서 타입에 따라 미세한 차이가 발생하므로 리터럴 표기법도 잘 익혀 두어야 한다.

3-3 수치형

1 정수형

정수형은 실생활에서 늘상 사용하는 숫자 타입이다. 음수는 표현하지만 소수점 이하의 정밀한 값은 표현할 수 없다. 컴퓨터는 정수를 가장 잘 다루며 사람들이 쓰는 숫자도 대부분 정수여서 사용 빈도가 높다.

컴퓨터가 정보를 저장하는 최소 단위는 비트이며 비트 하나로 0 또는 1의 두 가지 상태를 구분한다. 이런 비트 여러 개를 모아 큰 값을 표현하는데 비트 n개가 모이면 2^n가짓수를 표현할 수 있다. 차지하는 메모리 용량과 표현 가능한 범위에 따라 다음 네 가지 정수 타입이 있다.

타입	크기(비트)	범위
byte	8	$-128 \sim 127$
short	16	$-32768 \sim 32767$
int	32	-20억 ~ 20억
long	64	$-2^{63} \sim 2^{63-1}$(900경)

다른 언어의 정수 타입에 비해 자바의 정수 타입은 다음과 같은 특징이 있다. 특히 C 언어와 차이가 많아 기존 개발자는 이 점을 잘 숙지해야 한다.

- 모든 정수는 음수를 표현할 수 있어 표현 범위는 음양으로 비트수의 절반이다. 자바 8 이후에는 부호 없는 정수도 지원하지만 클래스 수준에서만 지원되며 키워드로 지원하는 타입은 항상 부호가 있다.
- 자바의 int 타입은 32비트로 크기가 고정적이며, long 타입도 64비트로 정해져 있다. C 언어의 int 타입은 플랫폼에 따라 크기가 달라지지만, 자바는 플랫폼 독립적이어서 환경의 영향을 받지 않는다.

길이에 따라 몇 가지 종류가 있지만 일반적인 용도로는 int 타입이 무난하다. 자바 가상 머신은 32비트 기반이며 기억 및 처리 단위가 4바이트여서 int 타입을 가장 효율적으로 처리한다. byte나 short 타입도 메모리는 똑같이 소모하며 잘라서 사용하느라 속도는 오히려 느리다.

대용량의 배열을 선언할 때라든가 이미지, 암호화 등 바이트 단위로 조작하는 경우에만 byte, short 타입을 사용한다. 일반적인 값 저장을 위해서는 int 타입이면 충분하다. 그래서 앞 절에서 점수를 저장하는 score 변수도 int로 선언했다. 아주 큰 값을 저장할 때만 64비트 길이의 long 타입을 사용하는데 20억이 넘는 수가 필요한 경우는 흔하지 않다.

정수 리터럴을 표현하는 방법은 여러 가지가 있는데 가장 상식적인 방식은 아라비아 숫자로 표기하는 것이다. 629, −54 따위가 정수 리터럴의 예이며 이 경우 일상 생활에서 사용하는 10진수로 해석한다. 다른 진법으로 표기하고 싶으면 숫자 앞에 특별한 접두를 붙인다.

```
017             // 0으로 시작하면 8진수이다.
0x3cf           // 0x나 0X로 시작하면 16진수이다.
0b110           // 0b나 0B로 시작하면 2진수이다. 자바 7 이상 지원
```

접두 0x, 0b나 16진 숫자 a ~ f는 대소문자를 구분하지 않는다. 0x3cf나 0X3CF는 같은 값이다. 대개의 경우 10진수가 편하지만, 코드나 색상처럼 비트별로 의미가 있는 값은 16진수나 2진수가 효율적이다. 진법은 숫자값을 표기하는 방법일 뿐이지 값 자체가 다른 것은 아니다.

radix	실행 결과

<pre>class JavaTest {
    public static void main(String[] args) {
        int a = 10;
        int b = 0x10;
        int c = 015;
        int d = 0b1001;
        System.out.println(a);
        System.out.println(b);
        System.out.println(c);
        System.out.println(d);
    }
}</pre>
	<pre>10
	16
	13
	9</pre>

네 가지 진법으로 정수형 변수 네 개를 초기화하고 그 값을 출력했다. println은 별다른 지시가 없는 한 10진수로 출력한다. a는 당연히 10으로 출력되며, 0x10으로 초기화한 b는 10진수로 16이다. 앞에 선행 제로가 있는 015는 8진수로 해석되어 15가 아니라 13임을 유의하자. 의미 없는 선행 제로를 붙이지 않도록 주의해야 한다. 2진수 0b1001은 10진수로 9이다.

정수 리터럴은 값의 크기에 상관없이 항상 int 타입으로 간주한다. byte나 short 타입의 리터럴을 표기하는 방법은 따로 없으며 int 타입의 리터럴을 대입하면 좌변의 변수 타입에 맞게 자동으로 변환한다. 다음 두 대입문은 적법하다.

```
short s = 1234;
byte b = 123;
```

short 타입의 변수 s에 1234라는 int 타입의 리터럴을 대입했지만, 1234가 short의 표현 범위 안의 값이어서 문제 되지 않는다. short의 표현 범위보다 더 큰 값을 대입하면 에러 처리된다.

```
short s = 123456;          // 에러
```

long 형 리터럴을 표기할 때는 접미 l이나 L을 붙인다. 소문자 l은 아라비아숫자 1과 헷갈려 보통 대문자 L을 붙인다. 다음 선언문은 long 타입의 변수 price를 12조로 초기화한다.

```
long price = 12345678901234L;
```

이 문장에서 제일 끝의 접미 L을 빼 버리면 int 타입의 리터럴로 간주되며 int의 표현 범위를 넘어선 값이어서 에러 처리된다. 너무 큰 수는 자릿수를 헤아리기 어려워 실수할 가능성이 높다. 그래서 자바 7 이후에는 리터럴 중간에 밑줄을 삽입하는 것을 허용한다.

underbar

실행 결과

```
class JavaTest {
    public static void main(String[] args) {
        long price = 12_3456_7890_1234L;
        System.out.println(price);
    }
}
```

```
12345678901234
```

화폐 액수를 적을 때 천단위나 만단위마다 콤마를 삽입하는 것과 같다. 이렇게 해 놓으면 숫자 단위를 읽기 편하고 실수할 위험이 줄어든다. 네 자리마다 _를 넣어 두면 12조3456억7890만1234로 읽을 수 있어 가독성이 증가한다.

숫자 사이에 삽입한 밑줄은 표기를 위한 편의 기능일 뿐 숫자값 자체에는 영향을 주지 않는다. 출력할 때는 항상 밑줄을 빼고 값만 출력한다. 리터럴 중간의 _ 기호는 숫자 사이에만 쓸 수 있으며 소수점이나 접두, 접미, 제일 앞, 뒤에는 쓸 수 없다. 다음 표현식은 모두 에러 처리된다.

```
_123         // 앞에는 쓸 수 없다.
123_         // 제일 뒤에도 쓸 수 없다.
3._14        // 소수점 앞뒤에도 쓸 수 없다.
0x_3cf       // 접두 다음에는 쓸 수 없다.
```

쓸 수 없다기 보다는 쓸 필요가 없다. 긴 숫자를 적을 때 중간 중간에 자리 구분을 위해서만 넣도록 허용한다.

2 오버플로우

네 가지 타입의 정수는 할당되는 메모리 길이에 따라 표현할 수 있는 범위가 다르다. 메모리를 많이 할당하면 더 큰 수를 표현할 수 있다. byte와 int의 내부 메모리 구조는 다음과 같다.

byte   0 0 0 0 0 1 1 0

int   0 0 0 0 0 0 0 0   0 0 0 0 0 0 0 0   0 0 0 0 0 1 1 0   0 0 0 0 0 0 1 1

최상위의 한 비트(MSB)를 부호로 사용하고 나머지 비트에 값을 저장하는데 음수는 2의 보수법이라는 특별한 방법으로 표현한다. byte 형은 값 표현에 7비트를 사용하며 $-128 \sim 127(-2^7 \sim 2^7-1)$의 좁은 범위를 표현한다. 이에 비해 int 형은 값을 저장하는 공간이 31비트나 되어 음양으로 20억의 큰 수까지 표현할 수 있다.

그러나 아무리 비트를 많이 할당해도 무한히 큰 수를 표현할 수는 없다. 디지털의 세계에서는 범위가 정해진 유한 집합만 표현할 수 있다. 타입의 표현 범위를 넘어서는 현상을 오버플로우라고 한다. 번역하자면 '넘쳤다'라는 의미인데 기억 용량을 넘어섰다는 뜻이다.

```
overflow                                                          실행 결과

class JavaTest {                                    -128
    public static void main(String[] args) {
        byte value = 127;
        value++;
        System.out.println(value);
    }
}
```

byte 타입의 value를 최대 표현 수인 127로 초기화한 상태에서 1 증가시켰다. 값을 1 증가시킬 때는 ++ 연산자를 사용하며 value++에 의해 value는 1 증가한다. 127에서 1 증가하면 128이 되어야 맞지만 결과는 예상과 다르다. 128은 1바이트의 표현 범위를 넘어선다. 2진수 수준에서 이 현상을 관찰해 보면 부호 비트가 음수가 되어 반대편의 가장 작은 값인 −128이 된다.

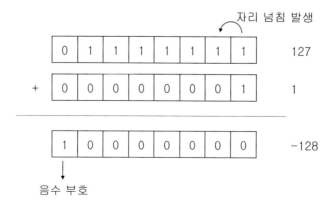

정말 엉뚱한 결과인데 반대로 −128에서 1 감소하면 −129가 되는 것이 아니라 127이 된다. 문제는 byte 의 표현 범위가 너무 좁다는 것이다. value의 타입을 short나 int의 큰 타입으로 바꾸면 문제가 일단 해결된다. 그러나 int 타입도 값의 범위만 다를 뿐 똑같은 문제가 있으며 심지어 long 타입도 마찬가지 이다. 다음 예제를 실행해 보자.

overflow2

실행 결과

```
class JavaTest {
    public static void main(String[] args) {
        int value = 1234567890;
        value = value * 2;
        System.out.println(value);
    }
}
```

−1825831516

12억은 int 타입으로 충분히 저장할 수 있다. 그러나 이 값을 두 배한 24억은 int의 범위를 넘어서 버려 −1825831516이라는 이상한 값이 되어 버린다. 사람의 상식으로는 잘못된 결과라고 생각되지만 컴퓨터 의 입장에서는 자연스러운 현상이며 그래서 컴파일러는 오버플로우를 에러로 처리하지 않으며 심지어 경고조차 발생하지 않는다.

디지털 세계에서는 메모리를 아무리 많이 할당해도 무한히 큰 수를 표현할 수 없음을 이해해야 한다. 표현하고자 하는 값의 범위에 맞는 넉넉한 타입을 사용하면 별문제없다. 화면 좌표나 볼륨 등의 일반적인 값은 대개의 경우 int 타입이면 충분하다. 오버플로우가 정 문제된다면 정교한 예외 처리 구문을 쓸 수 있지만 대개의 경우는 그럴 필요도 없다.

3 실수형

실수형은 소수점 이하의 정밀한 값을 표현하는 타입이다. 크기에 따라 두 종류가 있으며 최대 표현 가능한 수와 정밀도에 차이가 있다.

타입	크기(비트)	범위	유효 자릿수(10진수)
float	32	$3.4 * 10^{-38} \sim 3.4 * 10^{38}$	7
double	64	$1.7 * 10^{-308} \sim 1.7 * 10^{308}$	15

double 타입은 무려 10의 308승이라는 무지막지하게 큰 수를 표현할 수 있으며 유효 자릿수도 15자리 나 되어 천문학이나 정밀 공학 계산에도 충분하다. 일반적인 용도라면 double 타입이 무난하고, 정밀 도를 약간 희생하더라도 메모리를 절약하고 싶다면 float 타입을 사용한다.

디지털 방식의 컴퓨터에 인간이 쓰는 아날로그 방식의 실수를 저장하는 것은 예상보다 어렵고 복잡하다. 가장 단순한 방법으로 정수부와 소수부를 나누어 저장하는 방식을 생각할 수 있다.

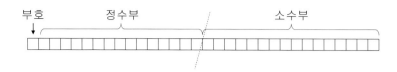

그러나 이 방식은 충분히 큰 수를 표현할 수 없고 소수점 이하의 정밀도가 낮아 실용성이 떨어진다. 이보다 더 효율적인 방법을 찾아야 하는데 주로 부호, 지수, 가수를 나누어 저장하는 부동 소수점 방식을 사용한다. 가수는 값의 모양을 기억하며, 지수는 값의 크기를 기억한다.

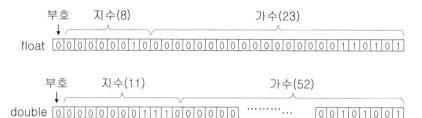

지수와 가수는 2진수여서 이 비트열을 보고 실제 값을 직관적으로 파악하기는 어렵다. 똑같은 수라도 여러 개의 지수, 가수 조합으로 표현 가능한데 예를 들어 3.14는 314×10^{-2}으로 표기할 수도 있고, 0.314×10으로 표기할 수도 있다. 그래서 정규화 과정을 거쳐 같은 수는 같은 형태로 표기한다.

이 방식은 IEEE 754라는 이름의 국제 표준으로 제정되어 있으며 자바뿐만 아니라 C/C++, C# 등 대부분의 언어가 준수한다. 그래서 실수의 내부 구조는 언어에 상관없이 통일되어 있으며 하드웨어도 이 구조를 사용한다.

실수형 리터럴을 표기하는 방법도 여러 가지가 있다. 가장 상식적인 방법은 일상 생활에서 흔히 사용하는 고정 소수점 방식이다. 아라비아 숫자와 소수점, − 부호로 구성되며 숫자 중간에 소수점을 찍어 정수부와 소수부를 구분한다. 소수점의 앞뒤에 0만 있는 경우 0을 생략할 수 있다.

```
3.14            // 고정 소수점 방식
.14             // 0.14와 같음
8.              // 8.0과 같음
```

친숙한 방법이지만 굉장히 큰 수나 작은 수를 정확하게 표기하기는 어렵다. 그래서 '가수e지수' 형식으로 e 또는 E 기호의 좌우에 가수와 지수를 쓰는 부동 소수점 방식을 지원한다. 공학적 표기법이라고도 한다. 가수는 모양을 정의하며 지수는 10의 거듭승으로 크기를 결정한다.

```
123e3           // 123 * 10³. 123000.0과 같음
123e-1          // 123 * 10⁻¹. 12.3과 같음
```

공학적 표기법을 쉽게 이해하려면 가수 다음에 동그라미가 지수개만큼 있다고 생각하면 된다. 123e3은 123 뒤에 동그라미가 세 개 있다는 뜻으로 소수점이 세 칸 더 오른쪽으로 이동한다. 마찬가지로 123e-1은 동그라미가 −1개 있으므로 소수점이 한 칸 왼쪽으로 이동한다. 고정 소수점수에 비해 사람이 읽기는

불편하지만 아주 큰 수를 간단히 표기할 수 있다.

```
9460000000000
9.46e12
```

이 값은 빛이 1년 동안 이동하는 거리인 광년이다. 9조나 되는 큰 값이어서 언뜻 봐서는 잘 가늠되지 않고 입력할 때도 0의 개수를 정확히 맞추기 까다롭다. 이런 큰 값은 부동 소수점 방식이 더 짧고 의미가 분명하다. e 대신 p를 사용하여 가수와 지수를 16진수 형태로 표기하는 방법도 있지만, 직관성이 떨어져 잘 사용하지 않는다.

```
0Xabcp2   // 0xabc * 162 = 10992.0과 같음
```

실수형 리터럴은 기본적으로 double 타입으로 간주하며 숫자만 쓰면 double 타입이다. float 타입의 리터럴은 뒤에 접미 f나 F를 붙인다. 다음 대입문을 보자.

```
float f = 3.14;
```

전혀 이상 없어 보이지만 막상 컴파일해 보면 에러 처리된다. 3.14 리터럴은 double 타입인데 이 값을 대입 받는 변수 f는 float 타입으로 더 작기 때문이다. float f = 3.14f; 형식으로 3.14를 float 타입 리터럴로 표기하여 좌우의 타입을 맞춰야 한다. double 타입의 리터럴 뒤에 D나 d 접미를 붙일 수 있지만 붙이나 마나여서 보통 생략한다.

4 실수의 정밀도

무한히 큰 수를 표현할 수 없는 정수와 마찬가지로 실수도 무한히 정밀한 숫자를 표현하지 못하는 한계가 있다. 제한된 메모리로 수치를 표현하는 디지털 세계에서의 실수는 수학의 실수와 완전히 같지 않다. 표현 가능한 수의 크기도 제한이 있고 유효 자릿수도 한계가 있다. 다음 예제를 보자.

precision | 실행 결과

```
class JavaTest {
    public static void main(String[] args) {
        float value = 12345.123456789f;
        System.out.println(value);
        double value2 = 12345.123456789;
        System.out.println(value2);
        double pie = 3.1415926535897932384363279502884;
        System.out.println(pie);
    }
}
```

```
12345.123
12345.123456789
3.141592653589793
```

소수점 이하 아홉째 자리까지 정밀한 값을 float 타입의 변수에 대입한 후 이 값을 출력했는데 막상 출력되는 값은 소수점 이하 셋째 자리까지이다. float 타입의 유효 자릿수가 고작 일곱째 자리를 약간 넘는 정도여서 12345.123456789f라는 정밀한 값을 기억할 수 없다.

double 타입으로 바꾸면 유효 자릿수가 넉넉하므로 이 정도 수는 기억할 수 있지만 자릿수의 제한이 있기는 마찬가지이다. 원주율을 굉장히 정밀하게 표기하여 기억시켰지만, 출력해 보면 대략 열다섯째 자리까지만 기억할 뿐 그 뒤쪽은 잘린다. 약간의 오차가 있지만, 다행히 값 자체에는 큰 변화가 없는 셈이라 무시해도 된다. 천문학에서 쓰는 원주율도 3.1416 정도면 충분해 소수점 열다섯째 자리 이하는 잘라 버려도 별문제 없으며 유효 자리 범위 내에서의 계산은 정확하다. 그러나 이런 작은 오차도 모이면 큰 문제가 될 수 있다.

precision2	실행 결과

```
class JavaTest {                                             99.99905
    public static void main(String[] args) {
        float f = 0f;

        for (int i = 0; i < 1000; i++) {
            f = f + 0.1f;
        }
        System.out.println(f);
    }
}
```

f에 0.1을 천 번 더하면 100.0이어야 하지만 오차가 발생했다. 0.1이라는 10진수를 2진수로 정확히 표현할 수 없어 값 자체에 이미 오차가 있기 때문이다. 10진수로 유리수 1/3을 정확히 표현할 수 없는 것과 같은 현상이다. 이 미세한 오차가 1000번 모이면 원하는 값과 차이가 발생한다. 오차율은 백만분의 1에 불과하지만 어쨌든 정확한 값은 아니다.

실수의 이런 특성은 자바만의 문제는 아니며 모든 언어에서 공통으로 발생한다. 디지털의 실수는 항상 근사치이며 오차가 작아 문제를 일으키는 경우는 드물지만, 항상 오차가 발생할 수 있다는 것을 염두에 두어야 한다. 특히 실수끼리 비교할 때는 어느 정도의 허용치를 가정해야 한다.

3-4 문자 타입

1 문자형

문자형인 char 타입은 문자 하나를 저장한다. 정수 형태의 코드값으로 표현하는 문자는 분류상으로 수치형이지만 크고 작은 정도를 나타내는 값을 저장하는 것이 아니라 문자 간의 구분을 위한 코드를 저장한다는 점이 다르다.

C 언어는 문자 인코딩 방식이 다양해 골치 아픈 문제가 많지만, 자바는 처음부터 세계의 모든 문자를 표현할 수 있는 유니코드를 채택하여 문자 표현 방식이 일관되며 모든 나라의 문자를 표현할 수 있다.

문자형 리터럴은 작은따옴표인 ' ' 안에 문자 하나를 적어 표기한다. 유니코드이므로 'A', '8' 같은 영문, 숫자, 기호는 물론이고 '상', '韓'처럼 한글이나 한자도 표현할 수 있다.

char	실행 결과
| ```java
class JavaTest {
    public static void main(String[] args) {
        char ch = '한';
        System.out.println(ch);
        int i = ch;
        System.out.println(i);
    }
}
``` | 한<br>54620 |

ch 변수에 '한' 문자 하나를 대입하면 이 문자의 코드값을 저장한다. 오로지 한 문자만 저장할 수 있으며 ' ' 안에 두 글자를 적으면 에러이다. 일련의 연속된 문자는 다음 항에서 소개하는 문자열 타입을 사용한다.

```java
char ch = '한국';            // 에러
```

ch 변수를 println으로 출력하면 초깃값으로 대입한 '한' 문자가 출력된다. println은 변수의 타입을 인식하여 정수형이면 숫자로 출력하고, 문자형이면 문자로 출력한다. 유니코드 문자는 0 ~ 65535까지의 코드에 대응되며 char 타입은 이 범위의 값을 표현한다. 똑같이 16비트 크기인 short 타입의 표현 가짓수는 65536으로 같지만, 부호가 있어 범위가 다르며 따라서 서로 대입할 수 없다.
```

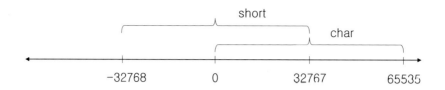

문자형의 범위를 완전히 포함하는 int 타입으로는 대입 받을 수 있다. '한' 문자로 초기화된 ch의 값을 정수형 변수 i에 대입한 후 i값을 출력하면 '한' 문자의 유니코드값인 54620을 출력한다.

따옴표 안에 직접 표기할 수 없는 특수 문자는 확장열(Escape sequence)로 표기한다. 확장열은 \ 문자로 시작하며 다음과 같이 정의되어 있다.

확장열	설명
\n	개행
\r	리턴
\t	탭
\b	백스페이스
\f	새 페이지
\"	큰따옴표
\'	작은따옴표
\\	역슬래시
\u유니코드(4자리의 16진수)	유니코드 문자

예를 들어 따옴표 자체를 표기하는 ' 문자를 ''' 요렇게 표기하면 어떤 것이 따옴표 구두점이고, 어떤 것이 따옴표 문자인지 구분되지 않는다. 두 번째 ' 문자가 닫는 따옴표인지 ' 문자인지 애매하다. 이럴 때는 반드시 확장열로 '\'' 요렇게 표기해야 한다. 개행도 Enter 코드를 따옴표 안에 표기할 수 없어 '\n' 확장열로 표기하며 확장열 선두 문자인 역슬래시도 '\\' 확장열로 표기한다.

유니코드에는 60000개 가량의 문자가 정의되어 있는데 키보드의 키 개수는 그보다 적다. 키보드로 직접 입력할 수 없는 문자는 \uxxxx 형식의 유니코드값으로 표현하며 코드값은 4자리의 16진수로 적는다. 유니코드표에서 ¥ 문자를 보면 코드값이 16진수로 00a5임을 알 수 있다.

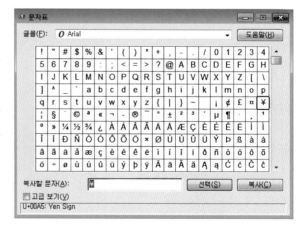

문자형 변수에 ¥ 문자를 대입하려면 '\u00a5'로 리터럴 표기한다. 선행 제로까지 포함하여 반드시 네 자리를 다 적어야 한다. 유럽 알파벳도 이 방식으로 모두 표현 가능하다. 다음 예제는 특수 문자와 개행, 작은따옴표를 문자형 변수에 담아 출력한다.

escape / 실행 결과

```
class JavaTest {
    public static void main(String[] args) {
        char yen = '\u00a5';
        System.out.print(yen);
        char omega = '\u03c9';
        System.out.print(omega);
        System.out.print('\n');
        char quot = '\'';
        System.out.println(quot);
    }
}
```

```
¥ω
'
```

2 문자열

문자열은 여러 개의 문자가 연속으로 나열된 형태이며 쉽게 말해 문장이다. 크기가 가변적이어서 String 타입의 객체로 표현하며 String 클래스에는 문자열을 조작하는 많은 기능이 포함되어 있다. 참조형이지만 자바가 특별하게 취급하는 면이 있어 사용법은 기본형과 유사하다.

상세한 기능은 차후 연구해 보기로 하고 여기서는 사용법만 알아보자. 문자열 리터럴은 큰따옴표인 " " 로 감싸 표기하며 길이 제한은 없다. 유니코드의 모든 문자는 물론이고 확장열도 포함한다.

string / 실행 결과

```
class JavaTest {
    public static void main(String[] args) {
        String str = "대한민국";
        System.out.println(str);
    }
}
```

```
대한민국
```

문자열형의 str 변수를 선언하고 "대한민국"이라는 문자열 리터럴로 초기화했다. 참조형이어서 원칙대로 하자면 new 연산자로 초기화해야 한다.

```
String str = new String("대한민국");
```

그러나 너무 번거롭기 때문에 문자열에 대해서는 특별히 대입 형식으로 초기화하는 간편한 형식을 지원한다. 그래서 기본형과 유사하게 초기화하고 사용하면 된다. 제대로 초기화되었는지 다시 출력해 보았다.

긴 문장은 한 줄에 다 쓰기 어려운데 이때는 + 연산자로 연결하여 다음 줄에 계속 쓴다. 컴파일러는 +로 연결된 문자열을 하나로 합친다. 다음 예제는 긴 문장으로 문자열 변수를 초기화하고 확장열도 사용해 보았다.

```
longstring

class JavaTest {
    public static void main(String[] args) {
        String str = "아름다운 이땅에 금수강산에 " +
            "단군 할아버지가 \"터\" 잡으시고\n" +
            "弘益人間 뜻으로 나라 세우니 " +
            "대대손손 훌륭한 인물도 많아.";
        System.out.print(str);
    }
}
```

실행 결과	아름다운 이땅에 금수강산에 단군 할아버지가 "터" 잡으시고 弘益人間 뜻으로 나라 세우니 대대손손 훌륭한 인물도 많아.

\n 확장열이 있는 위치에서 개행하고, \" 확장열을 사용하여 따옴표 안에 따옴표를 담아 표현했다. 하나의 문자열로 합쳐지므로 소스상의 개행 위치는 중요하지 않으며 \n 확장열이 있는 위치에서만 개행한다.

길이가 가변적이어서 변수가 문자열을 직접 저장할 수는 없다. 문자열 자체는 힙에 저장되며 변수는 힙의 위치만 가리킨다. 그래서 문자열은 참조형이며 기본형과 약간 다른 특성을 보인다.

```
str ─────────────▶ 아름다운 이땅에 금수강산에 단군...
```

구체적으로 어떤 점이 다른지는 차후 더 상세하게 연구해 볼 것이다. 다행히 초기화 및 출력, 대입 등의 동작은 기본형과 유사하므로 일단은 기본형처럼 사용해도 무방하다.

3 텍스트 블록

요즘은 한 가지 언어만 사용하지 않고 여러 언어를 섞어 쓰는 경우가 많아 자바 소스 코드에 SQL이나 HTML, 파이썬 스크립트를 내장한다. 다음은 SQL 쿼리문을 정의한 예이다.

```
String query =
    "SELECT " +
    "   M.addr, M.member, O.item, O.num, O.orderDate " +
    "FROM tMember M " +
    "INNER JOIN tOrder O " +
    "ON M.member = O.member";
```

가능은 하지만 쿼리창에서 테스트한 쿼리를 가져 오려면 행마다 일일이 " "로 감싸고 끝에 +를 붙여야 한다. 반대로 코드의 쿼리를 빼내려면 모든 구두점을 해제해야 한다. 문자열 내에 "나 \ 같은 특수 문자가 있으면 확장열로 표기해야 하는 불편함도 있다.

그래서 문자열 버퍼 클래스를 활용하거나 플러그인을 쓰기도 했는데 자바 15에서 긴 문자열을 한번에 정의하는 텍스트 블록(TextBlock)을 도입함으로써 드디어 이런 불편이 해소되었다. 다른 언어는 애초부터 지원했고 모두가 애타게 기다리던 기능인데 비해 도입이 늦었다.

텍스트 블록을 사용하는 방법은 간편하고 직관적이다. 따옴표 세 개를 연거푸 써서 """로 시작한 후 다음줄부터 문자열을 자유롭게 기술하며 마지막 줄에 """를 한 번 더 쓰면 된다. """로 둘러싸인 부분이 텍스트 블록이다.

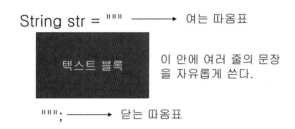

여는 따옴표 다음에는 공백이나 주석 외의 다른 문자는 올 수 없으며 일단 개행한 후 문자열을 쓴다. 텍스트 블록 안에서는 자동으로 개행되며 특수 문자도 확장열 없이 바로 쓸 수 없다. 앞 예제를 텍스트 블록으로 다시 작성하면 다음과 같다.

```
textblock                                                    실행 결과

public class JavaTest {                          아름다운 이땅에 금수강산에
    public static void main(String[] args) {     단군 할아버지가 "터" 잡으시고
        String str = """                         '弘益人間' 뜻으로 나라 세우니
            아름다운 이땅에 금수강산에              대대손손 훌륭한 인물도 많아.
            단군 할아버지가 "터" 잡으시고
            '弘益人間' 뜻으로 나라 세우니
            대대손손 훌륭한 인물도 많아.
            """;
        System.out.println(str);
    }
}
```

각 행을 일일이 따옴표로 감싸지 않아도 되고 행 뒤의 + 연산자도 필요 없다. 뿐만 아니라 "터" 문자열을 감싸는 따옴표까지 그대로 출력된다. 텍스트 블록 안에서도 확장열을 쓸 수 있어 \"터\"라고 써도 되지만 굳이 그럴 필요 없다. 텍스트 블록 안의 문자열이 콘솔창에 출력된다.

앞 예제보다 보기 좋고 편집하기도 쉬우며 아무리 길어도 블록 안에 나열만 하면 된다. 여기까지만 알아도 텍스트 블록의 이점을 충분히 활용할 수 있으며 큰 문제 없이 쓸 수 있다. 바쁜 사람은 일단 여기까지만 알아 두고 넘어가도 상관없다.

더 정밀한 형식까지 지정하려면 컴파일러의 내부 동작까지 이해해야 하는데 여러 줄이다 보니 규칙이 약간 까다롭다. 문자열 리터럴은 있는 그대로 저장하는 데 비해 텍스트 블록은 컴파일 단계에서 몇 가지 전처리를 거친다.

▌텍스트 블록의 각 행에 개행 코드를 덧붙인다

텍스트 블록의 각 행에는 자동으로 개행 코드를 덧붙이되 운영체제에 맞게 정규화한다. 소스 코드에서 실제 개행한 부분에 \n이 삽입되며 그래서 4행이 각각 한 줄씩 차지한다. 두 줄을 한 행에 길게 쓰고 싶으면 윗줄의 마지막에 \를 붙여 개행하지 않도록 한다. 위 예에서 1, 2줄을 합치고 3, 4줄을 합치고 싶으면 1줄, 3줄 끝에 \를 붙인다.

```
String str = """
    아름다운 이땅에 금수강산에 \
    단군 할아버지가 "터" 잡으시고
    '弘益人間' 뜻으로 나라 세우니 \
    대대손손 훌륭한 인물도 많아.
    """;
```

\로 이어진 두 줄이 각각 합쳐져 총 두 줄짜리 문자열이 된다. 장문의 긴 문장을 여러 줄에 나누어 쓸 때 \로 연결한다. 반대로 행 중간에서 강제 개행하고 싶다면 원하는 위치에 \n 확장열을 삽입하면 된다.

```
아름다운 이땅에 금수강산에 단군 할아버지가 "터" 잡으시고
'弘益人間' 뜻으로 나라 세우니 대대손손 훌륭한 인물도 많아.
```

▌닫는 따옴표 왼쪽의 공백과 줄 끝의 공백을 제거한다

소스 코드는 가독성 향상을 위해 들여쓰기를 하며 텍스트 블록도 마찬가지이다. 이때 각 행의 왼쪽 공백은 미관상 삽입하는 것이지 실제 문자열의 일부가 아니다. 왼쪽 공백을 없애기 위해 굳이 0행부터 시작할 필요 없다.

```java
public class JavaTest {
    public static void main(String[] args) {
        String str = """
아름다운 이땅에 금수강산에
단군 할아버지가 "터" 잡으시고
'弘益人間' 뜻으로 나라 세우니
대대손손 훌륭한 인물도 많아.
        """;
        System.out.println(str);
    }
}
```

이렇게 써야 한다면 텍스트 블록만 왼쪽으로 툭 튀어 나와 보기 싫고 관리하기도 어렵다. 들여쓰기는 자유롭게 하되 각 행의 왼쪽이 어디서부터 시작할 것인가는 닫는 따옴표의 위치로 결정한다. 컴파일러는 닫는 따옴표보다 수직선상 왼쪽에 있는 공백은 제외하고, 오른쪽에 있는 공백만 유지한다.

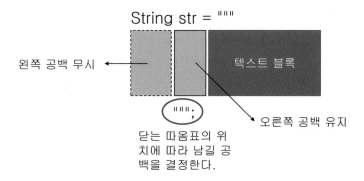

위 예제는 """ 닫는 따옴표를 문자열의 왼쪽 끝에 맞추어 앞쪽 공백을 모두 제거했다. 이 방식이 가장 일반적이지만 앞쪽 공백이 일부 필요할 수도 있다. 닫는 따옴표를 4칸 앞으로 내어 쓰면 그 오른쪽의 공백은 문자열에 포함된다. 닫는 따옴표를 내어 쓴만큼 모든 행의 앞쪽 공백과 탭이 유지된다.

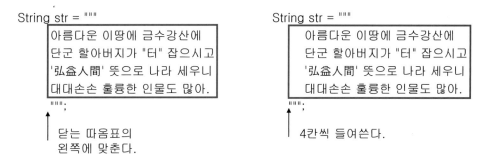

닫는 따옴표가 문자열보다 더 오른쪽에 있는 것은 상관없다. 따옴표 왼쪽의 공백만 삭제할 뿐 문자열을 삭제하지는 않는다. """를 "훌륭한" 아래까지 들여 쓴다고 해서 앞쪽의 "대대손손"이 잘리는 것은 아니다.

> 대대손손 훌륭한 인물도 많아.
>   """;

닫는 따옴표가 한 줄을 차지하면 그 앞줄에는 개행 코드가 포함된다. 만약 마지막 줄은 개행하고 싶지 않다면 """를 마지막 줄 끝에 쓴다. 또는 """를 다음 줄로 내려쓰고, 마지막 줄 끝에 \를 붙여도 효과는 같다.

> 대대손손 훌륭한 인물도 많아.""";

들여쓰기는 형식일 뿐 문자열의 내용은 아니다. 그러나 SQL 문이나 HTML처럼 들여쓰기가 중요한 문자열은 닫는 따옴표의 위치를 잘 조정하여 출력 결과도 보기 좋게 포맷팅하는 것이 코드를 유지, 관리하기에 유리하다.

개행 처리와 공백 제거 후 문자열 내의 확장열을 처리한다

개행 처리와 공백 제거까지 마친 후 문자열 내의 확장열을 처리한다. 텍스트 블록에서도 \n이나 \t 등의 모든 확장열을 사용할 수 있다. 또한 공백 유지를 위한 별도의 확장열인 \s를 추가로 지원하는데 \s는 단순히 공백 하나이다.

\s는 각 행 끝의 공백을 유지하는 용도로 사용한다. 줄 끝에 있는 공백은 의도했다기 보다는 입력 중에 실수로 삽입했거나 편집 중의 찌꺼기인 경우가 대부분이며 어차피 출력해도 보이지 않는다. 그래서 컴파일러가 삭제해 버린다. 다음 예에서 - 기호는 공백을 의미한다.

```
String human = """
    이름 : 김상형----
    나이 : 39--------
    직업 : 프로그래머
    """;
System.out.println(human);
```

오른쪽 끝을 가지런히 맞추기 위해 제일 긴 행에 맞게 공백을 뒤쪽에 삽입했다. 그러나 출력해서 선택해 보면 이 공백은 나타나지 않는다. 출력창을 블록으로 선택해 보면 이를 확인할 수 있다.

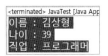

대부분의 경우 뒤쪽 공백을 제거해도 별문제 없지만 어떤 경우는 뒤쪽 공백이 꼭 필요한 경우도 있다. 이럴 때는 공백으로 남기고 싶은 부분에 \s 확장열을 쓴다. \s 확장열은 전처리 과정에서 삭제하지 않으며 앞쪽 공백을 유지하는 역할을 한다.

textblockescape	실행 결과

```
public class JavaTest {
    public static void main(String[] args) {
        String human = """
            이름 : 김상형    \s
            나이 : 39        \s
            직업 : 프로그래머\s
            """;
        System.out.println(human);
    }
}
```

출력 결과는 같지만 뒤쪽 공백을 유지하는 차이가 있다. 이 역시도 블록을 선택해 봐야 확인할 수 있다. 이것이 가능한 이유는 확장열 처리가 개행이나 공백 제거보다 순위가 늦기 때문이다. \s를 먼저 공백으로 치환해 버리면 앞 단계에서 공백이 제거되어 버릴 것이다.

텍스트 블록은 긴 문자열을 정의하는 표기법일 뿐이다. 별도의 타입을 정의하지는 않으며 타입은 여전히 String이다. 다만 문자열 리터럴은 표기한 그대로 저장하는 데 비해 텍스트 블록은 컴파일할 때 전처리를 거친다는 차이점만 있다.

문자열 리터럴과 마찬가지로 내용이 같은 텍스트 블록은 한 번만 기록한다. 문자열 리터럴과 자격이 같아 문자열이 올 수 있는 곳이면 어디에나 올 수 있으며 일반 문자열과 섞어 쓸 수도 있다. 다음 예제는 제목은 문자열 리터럴로 쓰고, 본문은 텍스트 블록으로 쓴다.

textblockliteral

```
public class JavaTest {
    public static void main(String[] args) {
        String str = "HTML example\n" + """
            <body>
                <p>문단</p>
            </body>
            """;
        System.out.println(str);
    }
}
```

실행 결과

```
HTML example
<body>
    <p>문단</p>
</body>
```

문자열이나 텍스트 블록이나 둘 다 String 타입이므로 + 연산자로 연결하면 된다. 다음은 텍스트 블록 사이에 문자열을 끼워 넣는다. 문자열이 들어갈 자리에 텍스트 블록을 잠시 닫고 연결한 후 다시 텍스트 블록을 시작하면 된다.

textblockliteral2

```
public class JavaTest {
    public static void main(String[] args) {
        String name = "김상형";
        String str = """
            안녕하세요.
            제 이름은\s""" + name + """
            입니다.
            잘 부탁 드립니다.
            """;
        System.out.println(str);
    }
}
```

실행 결과

```
안녕하세요.
제 이름은 김상형입니다.
잘 부탁 드립니다.
```

문법만 잘 지키면 이상 없이 잘 연결되지만 표기법이 다름으로 인해 세심한 주의를 기울여야 한다. 위 예에서 \s가 없으면 뒤쪽 공백이 제거되어 버리며 '입니다'를 윗줄에 붙여 써도 안 된다. 규칙을 정확히 숙지해야 개행과 공백, 들여쓰기까지 정확한 문자열을 만들 수 있다.

4 진위형

진위형 타입인 boolean은 참, 거짓 두 가지 중 하나의 값만 가진다. 딱 두 개의 값만 가지므로 이론적으로 1비트면 충분하다. 그러나 메모리의 저장 단위가 바이트이고 처리 단위는 보통 4바이트여서 진위형이라고 해서 1비트를 차지하는 것은 아니다. 자바 스펙 문서에는 진위형의 크기가 명시되어 있지 않으며 가상 머신의 상황에 따라 달라지는데 통상 1바이트 크기를 가진다.

진위형 리터럴은 true, false 두 가지 밖에 없으며 이름이 의미하듯이 true는 참을 나타내고, false는 거짓을 나타낸다. boolean 타입을 직접 사용하는 경우는 많지 않지만, 조건문의 비교 연산식이 boolean 타입을 리턴하기 때문에 알게 모르게 많이 사용한다.

boolean / 실행 결과

```
class JavaTest {
    public static void main(String[] args) {
        int a = 3;
        boolean b = (a == 3);
        if (b) {
            System.out.println("a가 3이다.");
        }
    }
}
```

a가 3이다.

정수형 변수 a의 값이 3인지 == 비교 연산자로 점검해 보고 그 결과를 boolean 타입의 변수 b에 대입했다. a를 3으로 초기화했으므로 비교 연산식의 결과는 true이며 b는 이 값을 대입 받는다. if 문은 b의 값에 따라 출력문 실행 여부를 결정하는데 b가 true이므로 a가 3이라는 메시지를 출력한다.

비교 연산식이 boolean 타입을 리턴한다는 것을 확인해 보기 위해 중간 변수 b에 대입했는데 보통은 다음과 같이 비교 연산식을 if 조건문에 바로 사용한다. if는 비교 연산식의 진위 여부에 따라 명령을 실행할 것인가 아닌가를 결정한다. 중간 변수를 굳이 사용할 필요가 없다.

```
if (a == 3) {
    System.out.println("a가 3이다.");
}
```

연습문제

01 자바 언어의 특징이 아닌 것은?

① 대소문자를 철저하게 구분한다.

② 명령의 끝은 항상 세미콜론으로 끝난다.

③ 세미콜론으로 구분만 하면 한 줄에 두 개의 명령을 써도 상관없다.

④ 소스의 형식이 엄격하여 공백과 들여쓰기에 주의해야 한다.

02 프로그램의 기능을 정의하는 기본적인 단어를 (   )라고 하며 언어 설계자가 의미를 미리 정해 놓아 다른 용도로 쓸 수 없어 예약어라고도 부른다.

03 자바의 명칭을 작성하는 규칙으로 옳지 않은 것은?

① 숫자도 쓸 수 있지만 첫 위치에는 올 수 없다.

② 두 단어 이상의 명칭은 공백으로 구분하여 작성한다.

③ 길이의 제약은 없어 길고 상세하게 붙여도 상관없다.

④ 유니코드를 지원하여 한글로 된 명칭을 쓸 수도 있다.

04 변수의 타입을 선언하는 이유로 올바른 것은?

① 메모리를 꼭 필요한 만큼만 사용하고 저장 방식을 결정한다.

② 값을 저장할 메모리 위치를 결정한다.

③ 컴파일 속도를 향상시킨다.

④ 변수의 초기화 여부를 결정한다.

05 다음 변수 선언문 중 잘못된 것은?

① int a = 2 * 3;

② int i, j, k = 34;

③ int i, double d;

④ int value;

06 다음 중 기본형 타입이 아닌 것은?

① double   ② String   ③ boolean   ④ char

07 기본형 변수의 특징이 아닌 것은?

① 실제 값은 힙에 저장된다.

② 변수 자체가 값을 가진다.

③ 크기가 작다.

④ 길이가 고정적이다.

08 변경 불가능한 상수를 사용하는 이유가 아닌 것은?

① 실수를 방지한다.

② 값의 의미를 명확히 표현한다.

③ 일괄 수정이 편리하다.

④ 컴파일 속도가 빨라진다.

09 자바의 int 타입에 대한 설명으로 올바른 것은?

① 플랫폼에 따라 길이가 달라진다.

② 음수를 표현할 수 있다.

③ 수학의 정수와 같은 범위를 표현한다.

④ 최대 표현수는 40억이다.

10 다음 정수 리터럴 중 실제 값이 다른 것은?

① 10 ② 012

③ 0b1001 ④ 0xa

11 타입의 표현 범위를 넘어 값이 넘치는 현상을 (   )라고 한다.

12 고정 소수점의 98.245를 부동 소수점 형식으로 맞게 표현한 것은?

① 98245e2

② 98245e-2

③ 9.8245e-1

④ 9.8245e1

13 float 타입의 리터럴을 표기할 때는 접미 (   )를 붙인다.

14 문자 리터럴을 올바로 표기한 것은?

① Z ② "Z"

③ 'Z' ④ "ZZ"

15 따옴표 안에 직접 표기할 수 없는 문자는 \로 시작하는 (   )로 표기한다.

16 문자열에 대한 설명으로 맞는 것은?

① 기본형 타입이다.

② 리터럴은 작은따옴표 ' '로 감싸 표기한다.

③ 유니코드의 모든 문자를 담을 수 있다.

④ 개행할 수 없어 한 줄에 써야 한다.

17 진위형의 참, 거짓을 나타내는 리터럴은?

① TRUE, FALSE

② True, False

③ true, false

④ Yes, No

18 가로 너비 width는 8미터, 세로 높이 height는 12미터인 직사각형의 넓이 area를 계산하여 출력하라.

04

_ 조건문

Java

4-1 조건문

1 if 조건문

명령문은 위에서 아래로 순서대로 실행하며 명령 하나당 하나의 작업을 수행한다. 이런 단순한 흐름으로는 복잡한 작업이나 대규모의 데이터를 처리하기 어렵다. 단순히 코드를 나열하는 것보다 더 치밀하고 조직적인 구조가 필요하다. 조건을 판별하여 선택적으로 실행하거나 비슷한 작업을 반복함으로써 프로그램의 흐름을 통제하는 명령을 제어문이라고 한다.

```
a = 3;                          if ( ) {
b = 4;                          }
c = a * b;
println(c);                     for ( ) {
....                            }
```

단순한 흐름   제어문에 의한 흐름

제어문에 의해 프로그램에 지능이 생기며 효율적인 처리가 가능해진다. 먼저 조건문부터 알아보자. 조건문은 특정 조건의 진위에 따라 다음 명령의 실행 여부를 결정하거나 선택적으로 명령을 실행하는 문장이다. 기본 형식은 다음과 같다.

```
if (조건) 명령;
```

괄호 안에 점검할 조건을 쓰고, 뒤쪽에 조건 만족 시 실행할 명령을 기술한다. 조건문은 주로 변수를 평가하는 비교 연산문인데 수학 기호와 유사한 ==, 〉, 〈 기호로 같다, 크다, 작다 등의 비교를 수행한다. if 문은 조건이 참이면 뒤쪽의 명령을 실행하고 아니면 명령을 무시한다.

if	실행 결과

```
class JavaTest {                                    성인입니다.
    public static void main(String[] args) {
        int age = 21;

        if (age >= 19)
            System.out.println("성인입니다.");
    }
}
```

정수형 변수 age를 21로 선언한 후 이 변수로 조건을 판단한다. 예제에서는 바로 위에서 초기화한 값을 사용하니 결과가 뻔하지만, 변수는 원래 실행 중에 변할 수 있어 특정 시점에 어떤 값을 가질지 알 수 없다. 예를 들어 대화상자를 열어 사용자에게 나이를 물어본다고 해 보자.

```
class JavaTest {
    public static void main(String[] args) {
        int age = Integer.parseInt(javax.swing.JOptionPane.showInputDialog("너 몇살이니?"));

        if (age >= 19)
            System.out.println("성인입니다.");
    }
}
```

다음과 같은 대화상자가 열리며 사용자가 입력한 값으로 age 변수를 초기화한다. 실행 중에 사용자가 입력하는 age값을 컴파일 시점에 예측하는 것은 불가능하기 때문에 실행 중에 조건문으로 비교해 봐야 한다.

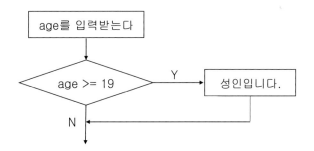

변숫값을 입력받기 위해 매번 대화상자를 열면 테스트 중에 일일이 값을 입력해야 하는 번거로움이 있다. 그래서 편의상 초깃값을 사용자가 입력한 값으로 가정하되 실행 중에 결정되는 값이라고 생각하자. 앞으로의 예제에서도 이 점은 마찬가지이다.

if 문은 age 변수의 값이 19보다 크거나 같은지 비교해 보고 이 조건이 참일 때만 다음 명령을 실행한다. 예제에서는 age가 21로 초기화되었으므로 '성인입니다' 메시지를 출력한다. age의 초깃값을 18로 수정하면 거짓 조건이어서 아무것도 출력하지 않는다. 흐름도를 그려 보자.

```
┌─────────────────┐
│  age를 입력받는다  │
└─────────────────┘
        │
        ▼
     ╱       ╲          Y      ┌─────────────┐
    ╱ age >= 19 ╲ ───────────▶ │  성인입니다.  │
     ╲       ╱                 └─────────────┘
        │ N                            │
        ▼◀──────────────────────────────
```

조건에 따라 명령의 실행 여부를 결정함으로써 프로그램에 판단 능력이 생긴다. 명령을 무조건 실행하는 것이 아니라 상황에 따라 판단한다. 조건문의 몇 가지 예를 더 보자. 사용자가 특정 키를 눌렀는지, 네트워크 상태에 따라 다음 명령의 실행 여부를 결정한다.

```
if (사용자가 y 키를 눌렀으면) 게임 시작
if (네트워크가 끊어졌으면) 에러 처리
```

if 문은 조건과 명령이 하나의 묶음이며 두 줄로 개행하더라도 조건문 다음에 세미콜론을 붙이지 않는다.

```
if (age >= 19);                              // 여기에 세미콜론을 붙이지 않는다.
    System.out.println("성인입니다.");
```

이렇게 쓰면 조건문과 명령이 별개가 되어 조건과 상관없이 명령을 무조건 실행한다. 명령이 변수 대입 문처럼 짧다면 조건과 명령을 한 줄에 같이 써도 상관없다. 조건과 명령이 하나의 묶음이므로 명령 다음 에만 세미콜론을 붙인다.

```
if (age >= 19) System.out.println("성인입니다.");
```

2 블록 구조

조건에 대해 실행할 명령이 하나 뿐이라면 if 문 다음에 명령을 바로 기술한다. 진위 여부에 따라 여러 개의 명령을 실행한다면 조건에 걸리는 모든 명령을 {} 블록으로 묶으며, 같은 블록에 속한 명령의 집합 을 복문이라고 한다.

```
if (조건) {
    명령1;
    명령2;
    ....
}
```

{} 블록 안에는 얼마든지 많은 명령이 들어갈 수 있으며 블록에 속한 명령은 모두 하나의 묶음으로 간주 한다. 따라서 조건 여부에 따라 블록 전체를 실행하거나 무시한다. 성인일 경우 다른 메시지를 하나 더 출력하고 싶다면 두 명령을 블록으로 묶는다.

ifblock　　　　　　　　　　　　　　　　　　　　　　　　　　　**실행 결과**

```
class JavaTest {
    public static void main(String[] args) {
        int age = 21;

        if (age >= 19) {
            System.out.println("성인입니다.");
            System.out.println("술집 입장.");
        }
    }
}
```

```
성인입니다.
술집 입장.
```

두 출력문이 블록으로 묶여 있어 if 조건에 같이 걸린다. age >= 19 조건이 참이므로 블록에 속한 두 명령을 한꺼번에 실행한다. 물론 age를 15로 수정하면 두 명령 모두 무시하는데 예제를 수정해 보자.

실행 결과

```
class JavaTest {
    public static void main(String[] args) {
        int age = 15;

        if (age >= 19)
            System.out.println("성인입니다.");
            System.out.println("술집 입장.");
    }
}
```

술집 입장.

age의 초깃값을 15로 변경하고 if 문의 블록을 제거했다. 조건이 거짓이니 아무것도 출력하지 않아야 하지만 실행해 보면 뒤쪽 메시지를 출력한다. if 조건문은 "성인입니다" 출력문에서 이미 끝났으며, 술집 입장문은 조건과 상관없는 독립적인 명령이다. 들여쓰기를 해서 두 명령이 한 묶음인 것처럼 보이지만 이 문장은 실제로는 다음과 같이 해석된다.

```
if (age >= 19)
    System.out.println("성인입니다.");    ← if 문은 여기서 이미 끝났다.
System.out.println("술집 입장.");    ← 조건과 무관한 독립적인 문장
```

자바는 프리포맷이라 들여쓰기를 어떻게 하더라도 블록 구조에는 영향을 끼치지 않으며 두 명령을 나란히 들여 써도 하나의 단위로 취급하지 않는다. 명령을 한 단위로 만들려면 { } 괄호로 명령을 묶어야 한다. 블록을 싼 경우와 그렇지 않은 경우 어떤 차이점이 있는지 순서도로 살펴보자.

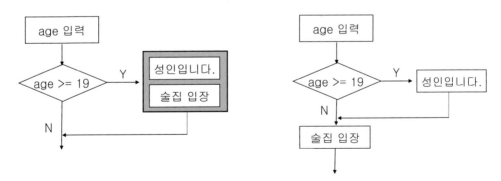

두 명령이 조건문에 같이 걸리는가 아닌가의 차이가 있다. 조건문에 걸리는 명령이 두 개 이상이면 블록으로 감싸야 한다. 명령이 하나밖에 없으면 블록을 생략할 수 있지만 이 경우도 가급적이면 블록을 감싸는 것이 좋다. 앞 예제의 코드도 다음과 같이 쓸 것을 권장한다.

```
if (age >= 19) {
    System.out.println("성인입니다.");
}
```

지금 당장은 명령이 하나밖에 없더라도 코드를 수정하다 보면 새로운 명령을 추가할 수 있다. 명령이 두 개 이상일 때 블록을 싸는 것보다 처음부터 블록을 구성해 놓는 것이 실수를 원천적으로 방지하는 방법이다. 그래서 if 문의 기본 형식은 다음과 같으며, 외워 두는 것이 좋다.

```
if (조건) {
    명령들;
}
```

명령 개수에 상관없이 무조건 블록을 감싸는 버릇을 들이자. 조건문뿐만 아니라 반복문에도 블록 구조는 똑같이 적용된다. 블록은 명령의 집합이며 명령이 올 수 있는 자리면 블록도 올 수 있다.

3 else

if 문을 한 단계 더 확장하면 if else 문이 된다. if 문 뒤쪽에 else 절이 붙는 형식이다. 조건이 참이면 명령1을 실행하고, 거짓이면 명령2를 실행한다.

```
if (조건) {
    명령1
} else {
    명령2
}
```

else는 '그 외의' 상황, 즉 조건이 거짓일 때 실행할 명령을 지정한다. 단순 if 문은 조건에 따라 명령의 실행 여부를 결정하는 데 비해 if else 문은 어떤 명령을 실행할지 선택한다. 조건이 참일 때의 명령뿐만 아니라 거짓일 때의 명령도 지정함으로써 둘 중 하나의 명령을 실행한다.

```
class JavaTest {
    public static void main(String[] args) {
        int age = 15;

        if (age >= 19) {
            System.out.println("성인입니다.");
        } else {
            System.out.println("어린애입니다.");
        }
    }
}
```

어린애입니다.

이 예제는 if 다음에 else 구문이 있어 성인이 아닐 때 다른 메시지를 출력한다. age를 15로 초기화했으므로 조건은 거짓이며 아래쪽 else 절의 명령이 실행된다. 흐름도를 통해 단순 if 문과 어떻게 다른지 비교해 보자.

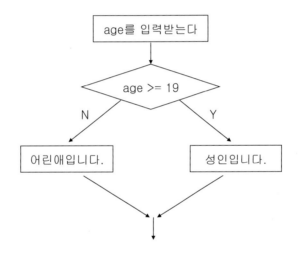

if 문은 조건이 거짓일 때 다음 명령으로 이동하지만, if else 문은 거짓일 때 실행할 명령이 따로 있다. if 문은 전체를 다 무시할 수 있지만, if else 문은 둘 중 하나는 꼭 실행한다. if else 문도 블록으로 감싸 여러 개의 명령을 실행할 수 있다.

```
class JavaTest {
    public static void main(String[] args) {
        int age = 15;

        if (age >= 19) {
            System.out.println("성인입니다.");
            System.out.println("디스코텍 입장.");
        } else {
            System.out.println("어린애입니다.");
            System.out.println("애들은 가라!");
        }
    }
}
```

어린애입니다.
애들은 가라!

age 변수의 값에 따라 명령 블록을 선택하여 두 명령을 한꺼번에 실행한다. 이 경우 블록을 구성하지 않으면 에러 처리된다.

```
if (age >= 19)
    System.out.println("성인입니다.");
    System.out.println("디스코텍 입장.");
else
    System.out.println("어린애입니다.");
    System.out.println("애들은 가라!");
```

위와 같이 블록을 감싸지 않으면 if 조건문은 성인 출력문에서 이미 끝나게 되어 else에 대응되는 if가 없어 호응관계가 맞지 않다. else는 if 문 다음에만 올 수 있으며 단독으로는 사용할 수 없다. 이런 위험이 있기 때문에 명령의 개수나 else 절의 존재 여부에 상관없이 항상 블록을 구성한다. 앞 예제는 if 블록이나 else 블록이나 걸리는 명령이 각각 하나밖에 없어 다음과 같이 써도 무방하다.

```
if (age >= 19)
    System.out.println("성인입니다.");
else
    System.out.println("어린애입니다.");
```

그러나 뭔가 엉성해 보이며 이 상태에서 명령을 추가하려면 블록을 구성한 후 블록 안에 명령을 작성해야 하는 불편함이 있다. 코드는 언제든지 확장될 가능성이 있기 때문에 애초에 if 문을 작성할 때부터 블록으로 묶어 두어야 한다.

4 if else if

if else 문을 더 확장하면 if else if 문이 된다. 이 구문을 사용하면 else if 다음에 또 다른 조건문을 작성하여 여러 단계의 조건을 점검할 수 있다.

ifelseif | 실행 결과

```
class JavaTest {
    public static void main(String[] args) {
        int age = 16;

        if (age >= 19) {
            System.out.println("성인입니다.");
        } else if (age > 12) {
            System.out.println("청소년입니다.");
        } else {
            System.out.println("어린애입니다.");
        }
    }
}
```

청소년입니다.

age가 19 이상이면 성인임을 출력하고 전체 if 문을 종료한다. 그렇지 않으면 다시 if 문으로 age 변수를 점검하여 12보다 큰지 보고 이 조건을 만족하면 청소년이라고 출력한다. 두 번째 조건도 만족하지 않으면 마지막 else 문을 실행한다. 두 번째 if 문을 블록으로 묶으면 다음과 같다.

```
if (age >= 19) {
    System.out.println("성인입니다.");
} else {
    if (age > 12) {
        System.out.println("청소년입니다.");
    } else {
        System.out.println("어린애입니다.");
    }
}
```

앞쪽의 if와 else가 짝이며 블록 안의 if와 else가 짝이다. 블록 안쪽의 else 절은 앞쪽의 두 if 문이 모두 거짓일 때 선택된다. 원칙상 이렇게 써야 하지만 앞쪽 else에 걸리는 명령이 if 하나뿐일 때는 블록을 생략하여 간략하게 쓴다. 이런 식으로 else if를 계속 연결하면 다수의 조건 중 하나를 선택한다.

```
if (조건1) 명령1;
else if (조건2) 명령2;
else if (조건3) 명령3;
else if (조건4) 명령4;
....
```

조건의 수가 많으면 코드를 읽기 어려운데 이때는 switch 문이 적합하다. if else if는 특별히 따로 있는 구문이 아니라 if else의 응용 예이며 else 절에 걸리는 명령이 또 다른 if 문일 뿐이다. if 절이나 else 절에 명령이 오는데 if 조건문도 하나의 명령이므로 당연히 올 수 있다. else 절 뿐만 아니라 if 절에 또 다른 if 문이 오기도 한다. 복잡해 보이지만 자연어와 유사해서 읽기는 편하다.

ifif / **실행 결과**

```
class JavaTest {                                              성인 남성 : 25000원
    public static void main(String[] args) {
        int age = 25;
        boolean man = true;

        if (age >= 19) {
            if (man) {
                System.out.println("성인 남성 : 25000원");
            } else {
                System.out.println("성인 여성 : 21000원");
            }
        } else {
            System.out.println("청소년 : 15000원");
        }
    }
}
```

if 문으로 하나의 조건을 먼저 보고 이 조건이 만족하면 내부의 if 문으로 세부적인 조건을 또 점검한다. age값으로 성인 여부를 판별하고 성인일 경우 man 변수로 성별을 판별하여 적절한 뷔페 입장 가격을 출력한다. 두 가지 조건에 따라 세 가지 실행문 중 하나를 선택한다.

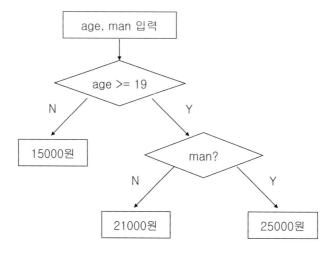

같은 문장이 반복되는 것을 중첩이라고 하는데 중첩의 횟수에는 제약이 없다. if 문을 세 번 연거푸 사용하여 세 개의 조건이 동시에 만족하는지 살펴볼 수 있고, else 절에 또 다른 if 문을 넣어 19세 미만도 청소년과 유아로 더 세분하여 처리할 수 있다.

4-2 선택문

1 switch 문

if else if 문은 변수의 각 값에 대해 개별적인 처리를 지정한다. 1일 때는 이렇게, 2일 때는 저렇게, 3일 때는 요렇게 할 수 있으며 if else 문을 계속 나열하면 된다. 다음 예제는 등수로부터 메달을 결정한다.

switch	실행 결과

```
class JavaTest {
    public static void main(String[] args) {
        int ranking = 2;

        if (ranking == 1) {
            System.out.println("축하합니다. 금메달이에요.");
        } else if (ranking == 2) {
            System.out.println("은메달을 수여합니다.");
        } else if (ranking == 3) {
            System.out.println("동메달입니다.");
        } else {
            System.out.println("참가상을 드립니다.");
        }
    }
}
```

실행 결과: 은메달을 수여합니다.

if else if 문으로 ranking값을 평가하여 각 순위에 맞는 메달을 결정한다. 1, 2, 3등인 경우 금메달, 은메달, 동메달을 주고 그 외의 경우는 참가상을 준다. 예제에서는 ranking을 2로 초기화했으므로 은메달로 결정한다.

경우의 수가 늘어나도 else if만 계속 나열하면 얼마든지 복잡한 다중 선택을 할 수 있다. 그러나 구문이 복잡해 보이고 형식성이 떨어진다. 특정 변수의 값에 따라 분기할 때 if else if를 쓰는 것보다 정형화된 switch 구문을 사용하는 것이 좋다.

```
switch(변수) {
    case 값1:
        명령1:
        break;
    case 값2:
        명령2:
        break;
    default:
        명령:
        break;
}
```

switch 문의 괄호 안에 선택 대상이 되는 제어 변수를 쓰고, case 문에 변수의 값에 따라 실행할 명령을 작성한다. case 문은 변수가 가질 수 있는 값의 개수만큼 얼마든지 나열할 수 있다. 앞쪽의 모든 case가 일치하지 않을 때는 default의 명령을 실행하는데 그 외의 경우가 없다면 default는 생략할 수 있다. 일치하는 case가 없고 default도 지정되어 있지 않으면 switch 문 전체를 무시한다. 똑같은 예제를 switch 문으로 작성해 보자.

switch2   실행 결과

```
class JavaTest {
    public static void main(String[] args) {
        int ranking = 2;

        switch (ranking) {
        case 1:
            System.out.println("축하합니다. 금메달이에요.");
            break;
        case 2:
            System.out.println("은메달을 수여합니다.");
            break;
        case 3:
            System.out.println("동메달입니다.");
            break;
        default:
            System.out.println("참가상을 드립니다.");
            break;
        }
    }
}
```

은메달을 수여합니다.

각 case별 처리를 한눈에 알아볼 수 있어 깔끔하며 case를 추가하기도 쉽다. case 문의 순서는 중요치 않으나 보통 오름차순으로 정렬하고 default 문을 마지막에 두는 것이 보기 좋다. 흐름도를 그려 보면 직관적이다.

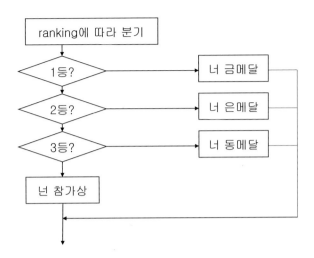

case 문 내에는 여러 개의 명령을 작성할 수 있어 { } 블록을 감싸지 않아도 상관없다. 대신 case 문의 끝에 break 문을 두어 switch 문을 탈출한다. switch 문은 변수의 값 하나에 대한 명령을 선택 처리하기 때문에 case를 처리한 후에 즉시 break하여 빠져 나오는 것이 보편적이다. 은메달이 결정되었으면 아래쪽 case는 더 볼 필요 없다.

2 병합 처리

마지막 case나 default의 경우 어차피 switch 블록을 빠져 나오므로 break가 없어도 상관없지만, 값을 편집하거나 순서를 바꾸는 경우를 위해 생략하지 않는 것이 좋다. case의 끝에 break가 없으면 다음 case의 명령까지 계속 실행하는데 이런 특성을 활용하여 두 값에 대한 처리를 병합한다.

nobreak   **실행 결과**

우수상입니다.

```
class JavaTest {
    public static void main(String[] args) {
        int ranking = 3;

        switch (ranking) {
        case 1:
            System.out.println("대상입니다.");
            break;
        case 2:
        case 3:
            System.out.println("우수상입니다.");
            break;
        case 4:
        case 5:
            System.out.println("장려상입니다.");
            break;
```

```
            }
        }
}
```

2, 3등과 4, 5능의 상이 같다면 두 case를 하나로 합쳐 기술한다. case 2:까지만 작성하고 break 문을 생략하면 case 3:의 명령을 실행한다. 굳이 똑같은 명령을 각 case에 중복하여 기술할 필요가 없다.

```
case 2:
    System.out.println("우수상입니다.");
    break;
case 3:
    System.out.println("우수상입니다.");
    break;
```

case에 break가 없을 때 아래쪽으로 흘러 내려 가는 현상을 폴스루(fall through)라고 하는데 두 개의 case를 OR로 연결하는 것과 같다. case 2: case 3:은 2 또는 3인 경우를 의미한다. 여러 케이스에 똑같은 명령을 작성할 수 있어 실용적이다. 다음 예제는 월별 날짜수를 조사하여 출력한다.

nobreak2

```
class JavaTest {
    public static void main(String[] args) {
        int days;
        int month = 5;

        switch (month) {
        case 2:
            days = 28;
            break;
        case 4:
        case 6:
        case 9:
        case 11:
            days = 30;
            break;
        default:
            days = 31;
            break;
        }

        System.out.println(month + "월은 " + days + "일까지 있습니다.");
    }
}
```

실행 결과	5월은 31일까지 있습니다.

월별로 날짜수가 다르지만 날 수가 같은 월은 합칠 수 있다. 2월달만 좀 특이하고 나머지는 30 아니면 31일이니 실제 대입문은 세 개만 있으면 된다. 2월달만 개별 처리하고 30일까지 있는 4, 6, 9, 11은 break 문 없이 하나의 케이스로 이어 30을 대입한다. 나머지 달은 모두 default:에서 31을 대입한다.

3 문자열 선택

switch 문의 제어 변수는 구분을 위한 값이어서 주로 정수형을 사용한다. 실수형은 정확한 상등 비교가 어렵고 부정확해 사용할 수 없으며 long 타입도 비교 연산이 느려 사용을 금지한다. 문자열은 원래 사용 금지였지만 자바 7부터 제어 변수로 사용할 수 있다.

```
stringcase

class JavaTest {
    public static void main(String[] args) {
        String country = "China";

        switch (country) {
        case "Korea":
            System.out.println("Seoul");
            break;
        case "China":
            System.out.println("Beijing");
            break;
        case "Japan":
            System.out.println("Tokyo");
            break;
        }
    }
}
```

실행 결과	Beijing

문자열 타입의 country 변수로부터 분기하여 나라를 찾고 해당 나라의 수도를 출력한다. country가 China로 초기화되어 있어 중국의 수도인 베이징을 출력한다. 문자열은 대소문자를 구분하여 정확히 비교하기 때문에 변수의 값과 case의 대소문자 구성이 일치해야 한다.

만약 country를 사용자가 직접 입력한다면 CHINA로 입력할 수도 있고, china로 입력할 수도 있는데 이 경우는 case 문의 China와 달라 제대로 선택되지 않는다. 이런 문제를 방지하려면 문자열 변수의 toLowerCase 메서드를 호출하여 모두 소문자로 바꾸고 case 문도 소문자로 써서 비교한다.

```
class JavaTest {
    public static void main(String[] args) {
        String country = "CHINA";
        switch (country.toLowerCase()) {
        case "korea":
            System.out.println("Seoul");
            break;
        case "china":
            System.out.println("Beijing");
            break;
        case "japan":
            System.out.println("Tokyo");
            break;
        }
    }
}
```

실행 결과	Beijing

case 문의 값은 컴파일 시점에 결정할 수 있는 상수여야 하며 변수는 사용할 수 없다. 각 case의 값은 고유해야 하며 같은 값이 중복되면 에러 처리된다. 딱 하나의 값만 올 수 있으며 범위를 지정하는 것도 안 된다. 예를 들어 점수에 따라 학점을 부여한다고 해 보자.

```
90 ~ 100 : A
80 ~ 89 : B
70 ~ 79 : C
60 ~ 69 : D
   ~ 59 : F
```

score 변숫값이 90 ~ 100 사이라는 조건문은 논리 연산자를 사용하여 score >= 90 && score <= 100으로 작성할 수 있고 if 문에는 이런 조건을 사용할 수 있다. 그러나 case 문에는 상숫값 하나만 적을 수 있어 범위를 지정할 수 없다. 이럴 때는 약간 응용을 하는데 값을 10으로 나눈 후 10자리의 값을 선택하면 된다.

```
class JavaTest {
    public static void main(String[] args) {
        int score = 82;

        switch (score/10) {
        case 10:
        case 9:
            System.out.println("A");
            break;
        case 8:
            System.out.println("B");
            break;
        case 7:
            System.out.println("C");
            break;
        case 6:
            System.out.println("D");
            break;
        default:
            System.out.println("F");
            break;
        }
    }
}
```

```
B
```

score값을 10으로 나누면 일의 자리는 떨어져 나가고 남은 십의 자리 값으로 분기한다. 단, A 학점의 경우 90 ~ 99가 아니라 100점도 포함되므로 십의 자리가 10인 경우와 9인 경우를 묶어 같이 처리한다. 그래서 case 10: 다음에 break를 생략했다.

이 예에서 보다시피 문법은 응용의 묘미가 있으며 기본 문법을 잘 응용하면 더 복잡한 상황도 간단히 처리할 수 있다. 위 예제는 나눗셈과 case에 의한 연결을 절묘하게 잘 활용한 예인데 배열이나 연산식을 활용하면 더 짧게 줄일 수도 있다.

4 범위 선택

switch 문과 if else 문은 여러 개의 값 중 하나를 선택한다는 면에서 비슷하지만 변숫값을 점검하는 방식과 가독성에 각각 장단점이 있다.

- switch: 단일 상숫값만 비교할 수 있으나 가독성이 뛰어나고 코드 편집이 쉽다.
- if else: 비교식을 직접 작성하므로 임의의 비교가 가능하지만 가독성이 떨어진다.

switch 문의 최대 약점은 범위나 실수를 비교할 수 없다는 점이다. 실수는 상등 비교가 부정확하고 범위를 비교해야 하므로 if else 문을 사용하는 것이 바람직하다. 다음 예제는 지진 규모에 따른 피해 정도를 출력한다.

```
rangeif

class JavaTest {
    public static void main(String[] args) {
        double richter = 6.5;

        if (richter < 3.5) {
            System.out.println("느낄 수 없거나 피해가 거의 없음");
        } else if (richter < 4.8) {
            System.out.println("물건이 흔들리거나 경미한 피해를 입힌다.");
        } else if (richter < 6.1) {
            System.out.println("좁은 지역에 부실한 건물에만 피해를 입힌다.");
        } else if (richter < 7.5) {
            System.out.println("반경 160Km 영역의 건물을 파괴한다.");
        } else if (richter < 8.9) {
            System.out.println("넓은 지역에 심각한 피해를 입힌다.");
        } else {
            System.out.println("수천 Km 영역을 초토화시킨다.");
        }
    }
}
```

실행 결과	반경 160Km 영역의 건물을 파괴한다.

지진 강도는 리히터 규모라는 실수값으로 표현하며 각 단계의 간격이 일정치 않아 범위를 일일이 점검해야 한다. 범위를 점검할 때는 대소를 비교하는데 switch 문은 상등 비교만 가능하므로 이 경우에는 if else 문으로 변숫값을 직접 비교해야 한다. switch 문은 변수와 상수를 비교하는데 비해 if 문은 변수끼리 비교할 수 있고 메서드를 호출할 수도 있어 훨씬 유연하다.

5 switch 표현식

switch 제어문(Statement)은 변숫값에 따라 명령을 선택하는데 비해 switch 표현식(Expression)은 값을 선택하는 용도로 주로 사용한다. JDK 14에서 새로 추가된 문법이다. 변수의 각 값에 대응되는 다른 값이 있을 때 제어문을 쓸 필요 없이 switch 표현식으로 간단하게 대응값을 찾을 수 있다.

이 절에서 제일 먼저 만든 switch 예제는 ranking 변숫값에 따라 수여할 메달을 결정하여 메시지로 출력하는데 println 호출문이 반복되어 코드가 길다. 메시지는 빼고 메달만 결정하려면 switch 표현식이면 충분하다. 기본 형식은 다음과 같다.

```
switch (제어변수) {
    값1 -> 결괏값1;
    값2- > 결괏값2;
    default ->그 외의 결괏값;
}
```

switch 표현식 전체가 하나의 값이 된다. 결괏값이 없을 수는 없어 default 구문을 생략할 수 없다. switch 제어문은 해당 case가 없으면 아무 것도 안 하면 되지만, switch 표현식은 뭐라도 값을 결정해야 한다. 단, 예외적으로 제어 변수가 열거형이고 열거 멤버에 대한 case가 다 있으면 default를 생략할 수 있다.

제어 변숫값에 따라 -> 오른쪽의 값을 바로 결정하므로 break 문은 필요 없다. 한 줄에 하나의 조건을 기술할 수 있어 명료하고 폴스루(fall through) 현상이 없어 실수할 위험도 덜하다. 결정된 값을 바로 출력할 수도 있고 다른 변수에 대입 받을 수도 있다.

switchexp

```
public class JavaTest {
    public static void main(String[] args) {
        int ranking = 2;
        String medal =
                switch (ranking) {
                case 1 -> "금메달";
                case 2 -> "은메달";
                case 3 -> "동메달";
                default -> "참가상";
                };
        System.out.println(medal + "을 수여합니다.");
    }
}
```

실행 결과	은메달을 수여합니다.

변수 ranking의 값에 따라 은메달을 결정한다. switch 표현식의 결괏값을 medal 변수에 대입하는 대입문이므로 마지막에 세미콜론이 꼭 필요하며 생략 시 에러 처리된다. 변수의 여러 값에 대해 하나의 값을 결정하는 다중 조건문이며 다음 문장과 같다.

```
String medal = ranking == 1 ? "금메달":ranking == 2 ? "은메달":ranking == 3 ? "동메달":"참가상";
```

더 길게 쓰면 if else if로 나열할 수도 있지만 형식성이 없고 지저분하다. switch 표현식은 조건과 값의 대응관계가 한눈에 보여 가독성이 높고 코드를 수정하기도 쉽다. 조건과 값은 보통 1:1로 대응되지만 여러 조건을 콤마로 구분하여 하나의 값에 대응할 수도 있다.

```
    case 3, 4 -> "동메달";
```

이 구문은 3등과 4등에 대해 똑같이 동메달을 선택한다. 변수에 대입하는 게 번거로우면 출력문에 switch 표현식을 바로 쓸 수도 있다.

```
System.out.println(switch (ranking) {
    case 1 -> "금메달";
    case 2 -> "은메달";
    case 3 -> "동메달";
    default -> "참가상";
} + "을 수여합니다.");
```

대응관계를 일일이 기술하다 보니 여러 줄이지만 switch { } 블록 전체가 값 하나이다. 각 case의 -> 다음에 값이 아닌 명령을 쓸 수도 있다. ranking 별로 메달뿐만 아니라 메시지도 다르다면 출력문을 각각 작성한다.

switchcommand

```
public class JavaTest {
    public static void main(String[] args) {
        int ranking = 1;
        switch (ranking) {
        case 1 -> System.out.println("축하합니다. 금메달이에요.");
        case 2 -> System.out.println("은메달을 수여합니다.");
        case 3 -> System.out.println("동메달입니다.");
        default -> System.out.println("참가상을 드립니다.");
        };
    }
}
```

실행 결과	축하합니다. 금메달이에요.

명령을 기술할 때는 deafult 구문을 생략해도 상관없으며 만족하는 조건이 없으면 명령문 전체를 무시한다. 필요에 따라 값과 명령을 선택할 수 있지만, 모든 case의 -> 오른쪽은 형식이 일치해야 한다. 일부는 값을 리턴하고 일부는 명령을 쓰면 안 된다.

명령을 수행한 후 값을 리턴할 때는 yield 명령을 사용한다. 다른 메달과 달리 금메달인 경우 특별한 축하 메시지를 출력하고 싶다고 하자. 일단 println으로 메시지를 출력한 후 리턴할 값은 yield 명령으로 지정한다.

yield

```
public class JavaTest {
    public static void main(String[] args) {
        int ranking = 1;
        String medal =
                switch (ranking) {
                case 1 -> {
                    System.out.println("축하합니다. ");
                    yield "금메달";
                }
                case 2 -> "은메달";
                case 3 -> "동메달";
                default -> "참가상";
                };
        System.out.println(medal + "을 수여합니다.");
    }
}
```

실행 결과	축하합니다. 금메달을 수여합니다.

ranking이 1이면 '축하합니다'를 먼저 출력하고 case 1의 값을 금메달로 결정한다. 하나의 case에 대해 두 개의 명령이 대응되므로 { } 블록으로 감싼다. 나머지 랭킹은 메달 이름만 결정한다. yield는 switch 표현식 내에서 값을 결정하는 미니 return 문이라고 생각하면 된다.

연습문제

01 조건을 판별하거나 비슷한 작업을 반복하여 프로그램의 흐름을 통제하는 명령을 (   )이라고 한다.

02 다음 코드에서 잘못된 점 두 곳을 찾아 수정하라.

```
if (19 <= age);
    System.out.println("성인입니다.")
```

03 한 묶음으로 실행되는 명령의 집합을 (   )이라고 하며 { } 괄호로 묶는다.

04 if 문과 if else 문의 설명으로 옳은 것은?

① if 문은 둘 중 하나를 선택하고 if else 문은 실행 여부를 결정한다.

② if 문은 할까 말까를 결정하고 if else 문은 뭘 할까를 결정한다.

③ if else 문 전체가 무시될 수도 있다.

④ if 문의 명령은 하나이지만 if else 문의 명령은 여러 개일 수 있다.

05 switch 문에 대한 설명으로 옳지 않은 것은?

① 제어 변수로 정수형뿐만 아니라 문자열도 올 수 있다.

② case 문에 변수도 올 수 있다.

③ 맞는 case가 없을 때 default의 문이 실행된다.

④ case 문의 break를 생략하면 병합 처리된다.

06 다음 두 변수는 신용카드가 있는지, 현금을 얼마나 갖고 있는지를 나타내며 실행 중에 값은 바뀔 수 있다.

```
boolean card = false;
int money = 6000;
```

"카드가 있으면 탕수육을 먹고 없으면 현금으로 사 먹는다. 현금이 5000원 이상 있으면 짬뽕을 먹고 아니면 짜장면을 먹는다."를 조건문을 사용하여 작성하라.

05

_ 반복문

Java

5-1 반복문

1 for 문

컴퓨터가 가장 잘하는 것은 비슷한 일을 지치지 않고 초고속으로 반복하는 것이다. 똑같은 일을 아무리 시켜도 지루해하지 않으며 불평불만이 없다. 유사한 동작을 반복하는 일은 일상생활에서 빈번하게 일어나며 프로그램에서도 마찬가지이다. 다음 예를 보자.

```
repeat                                              실행 결과
class JavaTest {                                    1번 학생 성적 처리
    public static void main(String[] args) {        2번 학생 성적 처리
        System.out.println("1번 학생 성적 처리");      3번 학생 성적 처리
        System.out.println("2번 학생 성적 처리");      4번 학생 성적 처리
        System.out.println("3번 학생 성적 처리");      5번 학생 성적 처리
        System.out.println("4번 학생 성적 처리");
        System.out.println("5번 학생 성적 처리");
    }
}
```

학생 다섯 명의 성적을 처리하는 흉내를 내는데 실제 프로그램이라면 각 학생의 총점과 평균을 구하는 코드를 실행할 것이다. 비슷한 코드가 다섯 번 반복되는데 달라지는 것은 학생의 번호뿐이며 성적 처리 방법은 학생과 상관없이 똑같다. 이처럼 반복되는 부분을 루프(loop)라고 한다.

다섯 명이기 망정이지 오십 명쯤 된다면 끔찍한 일이다. 비슷한 코드를 무식하게 일일이 나열하지 않으려면 반복문을 사용하면 된다. 반복문은 일정한 횟수나 조건에 따라 유사한 코드를 계속 실행하는 제어문이다. 자바는 세 가지 형태의 반복문을 지원하는데 가장 기본적인 for 문부터 알아보자.

```
for (초기식;조건식;증감식) {
    명령
}
```

for 키워드 다음의 괄호 안에 반복을 통제하는 세 가지 명령을 작성하며 { } 블록 안의 명령이 반복 대상인 루프이다. 반복을 시작하기 전에 초기식을 실행하고 루프로 들어간다. 매 루프를 한 번 반복한 후 증감식을 실행하고 조건식을 평가하여 다음 반복 여부를 결정한다. 앞 예제를 반복문으로 처리해 보자.

116

for

```
class JavaTest {
    public static void main(String[] args) {
        for (int i = 1; i <= 5; i++) {
            System.out.println(i + "번 학생 성적 처리");
        }
    }
}
```

루프의 반복을 통제하는 변수를 제어 변수라 하는데 for 문은 통상 정수형의 i를 사용한다. 초기식에서 제어 변수 i를 1로 초기화하고 i가 5 이하인 동안 증감식에서 매번 이 값을 1 증가시킨다. 변수의 값을 1 증가시킬 때는 ++ 연산자를 사용한다. i는 1에서 시작하여 1씩 증가하여 2, 3, 4, 5의 값을 순서대로 가지며 루프를 반복한다. 초기식과 조건식은 제어 변수의 반복 범위를 지정하며 증감식은 값의 간격을 지정한다.

$$\underset{i = 1, 2, 3, 4, 5}{\text{for (int i = 1; i <= 5; i++) \{}}$$

$$\}$$

실행 결과는 앞 예제와 같지만 구조는 완전히 다르다. 학생수가 늘어나도 명령문을 더 나열할 필요 없이 조건식만 변경하면 되니 관리하기 쉽다. 학생이 100명으로 늘어났다면 조건식만 i <= 100으로 바꾸면 된다. 계산 방식이 바뀌더라도 블록의 안쪽을 한 번만 편집하면 된다.

2 합계 구하기

반복의 가장 전형적인 예인 합계 구하기 예제를 만들어 보자. 너무 흔해 식상한 감이 있지만, 반복문의 개념을 익히기에 더없이 좋은 예제이다. 1 ~ 100의 합계를 구한다면 다음 코드를 생각할 수 있다.

```
int sum = 0;
sum = sum + 1;
sum = sum + 2;
sum = sum + 3;
sum = sum + 4;
....
sum = sum + 100;
```

정수형 변수 sum을 0으로 초기화하고 이 변수에 1부터 순서대로 누적하여 100까지 가면 합계가 구해진다. 보다시피 비슷한 코드가 계속 반복되는데 이런 코드를 반복문으로 합칠 수 있다. sum에 정수를 누적시키는 코드가 반복되므로 이 부분이 루프이다. 매 루프마다 더해지는 값이 다른데 제어 변수를 원하는 범위까지 변화시키며 누적시킨다.

```
sum100                                               실행 결과

class JavaTest {                                     합계 = 5050
    public static void main(String[] args) {
        int sum = 0;
        for (int i = 1; i <= 100; i++){
            sum = sum + i;
        }
        System.out.println("합계 = " + sum);
    }
}
```

누적 합계를 저장하는 sum 변수는 최초 0으로 초기화한다. 그리고 for 루프를 돌며 제어 변수 i를 1에서부터 100까지 1씩 증가시킨다. 여기서 제어 변수 i는 루프의 반복 횟수를 통제할 뿐만 아니라 sum에 더해지는 누적값으로도 사용한다. sum = sum + i 문장을 100번 반복함으로써 1 ~ 100의 정수를 순서대로 sum에 누적한다.

$$\boxed{\text{sum}} \leftarrow 1 \leftarrow 2 \leftarrow 3 \leftarrow 4 \leftarrow 5 \quad .... \leftarrow 99 \leftarrow 100$$

0으로 초기화된 sum은 첫 루프에서 1이 더해져 1이 되고, 다음 루프에서 2가 더해져 3이 되고, 다음 루프에서 3이 더해져 6이 된다. 이 과정을 100번 반복하면 sum은 1 + 2 + 3 + ... + 100의 합계가 되며 이렇게 구한 sum의 값을 출력한다. 흐름도로 정리해 보자.

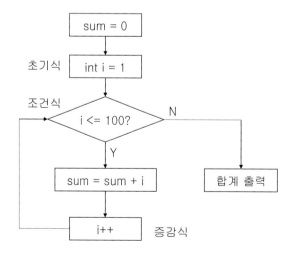

비슷한 코드가 반복된다 싶으면 코드를 나열하지 말고 규칙을 찾아 반복문으로 바꾼다. 코드에서 반복되는 부분을 찾고 변화가 있는 부분에 제어 변수를 적용하여 유사한 코드를 루프로 정의하면 된다. 위예의 경우 다음과 같이 규칙을 찾아 반복문으로 바꾸었다.

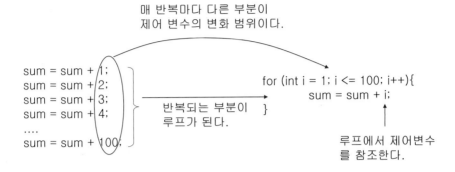

반복되는 부분에서 유사한 코드가 무엇이고 제어 변수를 어디에 어떻게 적용할 것인지 잘 결정해야 한다.

3 제어 변수

반복 범위나 횟수 정도는 for (1 ~ 100) 같은 간편한 표기법을 쓸 수도 있다. 그러나 for 문은 이렇게 되어 있지 않고 초기식, 조건식, 증감식이 독립된 문장으로 되어 있다. 각각의 문장을 어떻게 작성하는가에 따라 응용의 여지가 많아 굉장히 유연하다. 초기식의 시작값과 종료식의 끝값은 반복 범위를 설정한다. 합계를 구하는 예제를 약간 변형하여 시작값과 끝값만 조정하면 범위가 달라진다.

```
for (int i = 1; i <= 500; i++) {          // 1 ~ 500 = 125250
for (int i = 100; i <= 200; i++) {        // 100 ~ 200 = 15150
```

증감식도 꼭 1 단위로 증가할 필요는 없다. 한 칸씩 건너 뛰며 증가할 수도 있고, 제어 변수를 감소시켜 역방향으로 이동할 수도 있다. 다음 예제는 증감식을 조정하여 1 ~ 100의 정수 중 홀수의 합만 구한다.

oddsum

```
class JavaTest {
    public static void main(String[] args) {
        int sum = 0;
        for (int i = 1; i <= 100; i = i + 2){
            sum = sum + i;
        }
        System.out.println("합계 = " + sum);
    }
}
```

실행 결과

```
합계 = 2500
```

범위는 1 ~ 100이되 증감식에서 i를 2씩 더하여 1, 3, 5, 7, ... 식으로 바꾸므로 홀수의 합계를 구한다. 짝수의 합계를 구하려면 i의 시작값을 2로 조정하고, 3의 배수 합계를 구하려면 증감식에서 i를 3씩 증가 시킨다.

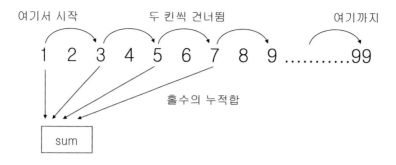

제어 변수는 초기식에서 선언하여 사용하며 꼭 정수일 필요는 없고 실수로 정밀하게 증감시킬 수도 있다. 역방향으로 감소하는 것도 가능하다. 변수를 1 감소시킬 때는 -- 연산자를 사용한다. 다음 예제는 역방향으로 감소시켜 보고, 실수로 0.5씩 증가시키며 제어 변수의 값을 출력한다.

floatloop	실행 결과

```
class JavaTest {
    public static void main(String[] args) {
        for (int i = 10; i > 0; i--){
            System.out.print(i + ", ");
        }
        System.out.println();
        for (double d = 0; d < 3.0; d = d + 0.5) {
            System.out.print(d + ", ");
        }
    }
}
```

```
10, 9, 8, 7, 6, 5, 4, 3, 2, 1,
0.0, 0.5, 1.0, 1.5, 2.0, 2.5,
```

역방향으로 감소할 때는 시작값이 끝값보다 더 커야 한다. 10에서 시작하여 0 초과까지 i를 1씩 감소시켜 10, 9, 8, ⋯ 식으로 1까지 반복한다. 끝값의 포함 여부는 조건식의 비교 방식으로 결정한다. 조건식 i > 0는 0 초과까지여서 0은 제외되는데 i >= 0으로 바꾸면 0도 포함된다. 제어 변수를 실수로 선언하면 소수점 이하의 정밀한 증감도 가능하다. 예제에서는 0 ~ 3 미만 범위를 0.5씩 증가시켰다.

제어 변수는 보통 하나만 사용하지만, 콤마 연산자를 사용하면 두 개 이상의 제어 변수를 사용할 수도 있다. 초기식이나 조건식에 콤마를 찍고 양쪽에 각 변수를 초기화 및 증감시키는 명령을 작성한다. 다음 예제는 i와 j를 제어 변수로 사용한다.

```
class JavaTest {
    public static void main(String[] args) {
        for (int i = 0, j = 1; i < 5; i++, j = j + 2){
            System.out.println("i = " + i + ", j = " + j);
        }
    }
}
```

```
i = 0, j = 1
i = 1, j = 3
i = 2, j = 5
i = 3, j = 7
i = 4, j = 9
```

i는 0에서 시작하여 1씩 증가하고, j는 1에서 시작하여 2씩 증가하면서 루프를 실행한다. 초기식과 증감식이 두 개씩 있는데 for 문의 괄호 안에 { } 블록을 쓸 수 없어 콤마 연산자를 대신 사용한다. 콤마 연산자는 좌우의 두 명령을 순서대로 실행한다. 범위와 증감 정도가 다른 두 제어 변수를 사용할 수 있는데 이런 예를 보면 for 문이 얼마나 유연한지 알 수 있다.

다음은 제어 변수의 사용 범위에 대해 연구해 보자. 루프의 반복을 통제하는 제어 변수는 사용 범위도 루프 내부로 국한된다. 그래서 별도의 변수를 따로 선언하지 않고 초기식에서 선언하는 것이 일반적이다. 제어 변수도 어차피 변수이므로 따로 선언한 후 사용해도 문제는 없다.

```
int i;
for (i = 1; i <= 5; i++) {
    System.out.println(i + "번 학생 성적 처리");
}
```

for 문 바깥에 제어 변수 i를 선언해도 잘 동작한다. 그러나 줄 수가 늘어나고 괜히 번잡스러워 보여 굳이 따로 선언하지 않는다. for 문의 초기식에서 선언하면 for 문의 블록 내부에서만 사용되며 for 문이 끝나면 사라져 더 이상 참조할 수 없다. 다음 코드를 보자.

```
for (int i = 1; i <= 5; i++) {
    System.out.println(i + "번 학생 성적 처리");
}
System.out.println(i + "명의 성적을 처리했습니다.");
```

루프를 처리한 후 마지막 i값을 출력하고자 했지만, for 문이 끝나면 i 제어 변수가 사라져 버려 에러로 처리된다. 제어 변수의 생명 범위를 굳이 for 문의 블록 내부로 제한하는 이유는 재사용하기 쉽기 때문이다.

```
class JavaTest {
    public static void main(String[] args) {
        for (int i = 1; i <= 5; i++) {
            System.out.println(i + "번 학생 성적 처리");
        }
    }
}
```

```
1번 학생 성적 처리
2번 학생 성적 처리
3번 학생 성적 처리
4번 학생 성적 처리
5번 학생 성적 처리
```

```
        for (int i = 1; i <= 3; i++) {                          1번 과목의 성적 처리
            System.out.println(i + "번 과목의 성적 처리");         2번 과목의 성적 처리
        }                                                        3번 과목의 성적 처리
    }
}
```

각 학생의 성적을 처리하는 루프와 각 과목의 점수를 처리하는 두 개의 루프가 있다. 두 루프가 연속되어 있을 뿐 안으로 포함된 것은 아니어서 중첩은 아니다. 이 경우 두 루프에서 같은 이름의 제어 변수를 사용해도 무방하다. 앞쪽 루프가 끝나면 제어 변수 i가 사라지므로 뒤쪽 루프에서 새로운 제어 변수를 똑같은 이름으로 선언해도 상관없다.

제어 변수의 범위가 루프 블록으로 국한되므로 루프가 아무리 많아도 i, j, k 식으로 새로운 제어 변수를 매번 만들 필요 없으며, for 문의 제어 변수는 통상 i를 사용하는 것이 관례이다. 루프가 끝난 후에도 제어 변숫값이 필요한 상황이라면 제어 변수를 for 문 바깥에 따로 선언해야 한다.

over100

```
class JavaTest {
    public static void main(String[] args) {
        int sum = 0;
        int i;
        for (i = 1; i < 100; i++) {
            sum = sum + i;
            if (sum > 100) break;
        }

        System.out.println("합계가 100이 넘는 시점은 " + i + "입니다.");
    }
}
```

실행 결과	합계가 100이 넘는 시점은 14입니다.

이 예제는 1부터 정수를 누적해 나가다가 합계가 최초로 100이 넘는 시점을 찾는다. 합계가 100이 넘으면 break 문으로 루프를 탈출한다. 합계를 구하는 것이 목적이 아니라 조건에 맞는 값을 찾는 것이 목적이어서 루프를 탈출할 때 제어 변수의 값을 읽어야 한다.

루프 바깥에서 탈출 시점의 i값을 읽어야 하므로 i를 루프 내부에서 선언해서는 안 되며, 외부에 별도로 선언해야 한다. for (int i =1;처럼 선언문을 안쪽으로 옮기면 루프 외부에서 i값을 읽을 수 없다는 에러가 발생한다.

5-2 루프

1 다중 루프

for 문의 블록에 반복할 대상 명령이 들어가는데 명령의 종류에는 제한이 없다. for 문도 일종의 명령이므로 루프에 들어갈 수 있으며 이렇게 되면 반복을 반복하는 상태이다. 반복문이 중첩되어 겹치는 것을 다중 루프라고 하는데 전형적인 예는 구구단이다.

gugu

```
class JavaTest {
    public static void main(String[] args) {
        for (int i = 1; i <= 9; i++) {
            for (int j = 1; j <= 9; j++) {
                System.out.println(i + " * " + j + " = " + i * j);
            }
            System.out.println("");
        }
    }
}
```

실행 결과

```
1 * 1 = 1
1 * 2 = 2
1 * 3 = 3
1 * 4 = 4
1 * 5 = 5
1 * 6 = 6
1 * 7 = 7
1 * 8 = 8
1 * 9 = 9

2 * 1 = 2
2 * 2 = 4
2 * 3 = 6
....
```

루프의 이름은 제어 변수의 이름으로 붙인다. 바깥쪽에 i 루프가 1단에서 9단까지 반복하며, 각 i 루프에 대해 안쪽의 j 루프가 1행에서 9행까지 반복한다. i 루프 안에 j 루프가 중첩되어 있는 이중 루프이다. 다중 루프는 안쪽 루프가 완전히 끝나야 바깥쪽 루프가 한 번 증가한다. 1단에 대해 1에서 9까지 다 곱하고 난 다음에 2단을 출력하는 식이다. 각 단을 구분하기 위해 빈줄도 하나 출력했다.

```
for (int i = 1 ~ 9) {          ─────▶  i값 하나에 대해
    for (int j = 1 ~ 9) {              j는 1 ~ 9까지 변한다.
        i * j 출력
    }
    빈줄 출력
}
```

i 루프
j 루프

안쪽 루프는 바깥쪽 루프에 완전히 포함되며 이를 명확히 표시하기 위해 안쪽 루프를 들여 쓴다. 안쪽 루프의 총 반복 횟수는 각 루프 반복 횟수의 곱이다. 이 경우 1 ~ 9단까지 각 단에 대해 1 ~ 9행까지 출력하므로 총 81회 반복한다. 순서도를 그려 보면 다음과 같다. i 루프의 입장에서 안쪽의 j 루프는 하나의 명령일 뿐이다.

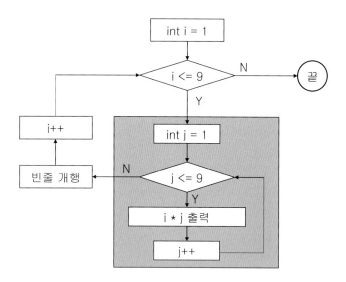

여기서는 다중 루프의 예로 이중 루프까지만 실습해 보았는데 실제 프로젝트에서는 삼중 루프 이상도 자주 사용한다. 각 학생의 각 과목을 출력하는 작업을 1반에서 10반까지 반복하면 삼중 루프이고, 이 과정을 1학년에서 3학년까지 반복하면 사중 루프이다. 실전에서는 육중, 칠중 루프도 흔하게 사용하는데 아무리 중첩이 심해도 루프 안의 명령이 또 다른 루프일 뿐이다.

2 무한 루프

루프는 제어 변수에 의해 반복 횟수가 미리 정해지는 것이 보통이지만, 조건식을 생략하면 무한 루프가 되어 별도의 지시가 있을 때까지 계속 반복한다. 초기식, 증감식은 있어도 상관없지만 제어 변수는 필요 없어 보통 같이 생략한다.

그렇다고 해서 정말 무한히 반복하는 것은 아니고 루프 내부에서 중지 시점을 결정한다. 진짜로 무한히 반복해 버리면 루프를 탈출할 수 없어 다운되는 것과 같다. 무한 루프의 정확한 정의는 반복 횟수가 미리 정해지지 않은 가변적인 루프이다. 루프 내부에서 탈출할 때는 break 명령을 사용하며 다음 형태로 무한 루프를 작성한다. 블록 안의 명령을 계속 반복하되 일정한 조건이 되면 break 문으로 탈출한다. 언젠가는 조건이 참이 되어 루프를 탈출할 수 있어야 한다.

```
for (;;) {
    명령;
    if (탈출조건) break;
}
```

다음 예제는 사용자로부터 학년을 물어 본다.

infinite

실행 결과

```
class JavaTest {
    public static void main(String[] args) {
        java.util.Scanner scanner = new java.util.Scanner(System.in);
        int grade;
        for (;;) {
            System.out.print("몇 학년입니까?(1~6) : ");
            grade = scanner.nextInt();
            if (grade >= 1 && grade <= 6) break;
            System.out.println("다시 입력하시오.");
        }
        System.out.println(grade + "학년입니다.");
        scanner.close();
    }
}
```

```
몇 학년입니까?(1~6) : 9
다시 입력하시오.
몇 학년입니까?(1~6) : -2
다시 입력하시오.
몇 학년입니까?(1~6) : 3
3학년입니다.
```

사용자에게 질문하고 키보드로부터 입력한 값을 grade 변수에 대입한다. 이 질문에 사용자가 1 ~ 6 사이의 학년값을 입력하면 아무 이상이 없다. 그러나 사용자란 지극히 믿을 수 없는 존재이며 극도로 신뢰성이 떨어진다. 실수로 8이나 10 같은 엉뚱한 값을 넣을 수도 있고, -1 같은 음수를 입력할 수도 있다. 또는 '안알랴줌' 요딴 식으로 장난을 치기도 한다.

문제는 사용자가 언제 정확한 값을 입력할지 미리 알 수 없다는 것이다. 그래서 형태상으로 무한 루프를 구성하고 1 ~ 6 사이의 값을 제대로 입력할 때까지 반복하다가 원하는 값을 받았을 때 break 문으로 탈출한다. 실수의 가능성 때문에 무한 루프를 구성했을 뿐이며 웬만하면 한두 번에 끝난다.

다음은 무한 루프의 또 다른 예인 숫자 맞추기 게임이다. 컴퓨터가 난수로 생성한 1 ~ 10 사이의 숫자가 무엇인지 맞추는 게임인데 컴퓨터는 사용자가 입력한 값이 정답인지, 더 큰지, 작은지만 알려 준다.

randnum

```
class JavaTest {
    public static void main(String[] args) {
        java.util.Scanner scanner = new java.util.Scanner(System.in);
        int num = (int)(Math.random() * 10) + 1;
        for (;;) {
            System.out.print("숫자를 맞춰 보세요(1~10) : ");
            int input = scanner.nextInt();
            if (input == num) {
```

```
                    System.out.println("정답입니다.");
                    break;
            } else if (input > num) {
                    System.out.println(input + "보다 더 작은 숫자입니다.");
            } else {
                    System.out.println(input + "보다 더 큰 숫자입니다.");
            }
        }
        scanner.close();
    }
}
```

범위가 좁아 금방 맞출 수 있지만 사용자가 언제 이 숫자를 맞출지 미리 알 수 없다. 그래서 무한 루프를 구성하고 정답을 입력할 때까지 계속 반복하도록 했다. 정답을 맞추면 프로그램을 바로 종료하는데 바깥쪽으로 무한 루프를 한 번 더 감싸면 게임을 계속할 수 있다.

```
for (;;) {
    int num = (int)(Math.random() * 10) + 1;
    for (;;) {
        숫자 입력받아서 크기 판별하고 맞출 때까지
    }
    if (한겜더하실래요? == 아니오) {
        break;
    }
}
```

사용자가 언제 게임을 그만둘지 모르니 바깥쪽 루프도 반복 횟수를 미리 알 수 없으며 그래서 무한 루프를 중첩했다. 네트워크나 외부 환경은 불확실해서 언제 원하는 조건을 만족할지 알 수 없는 경우가 많다. 이럴 때는 성공할 때까지 반복하는 무한 루프가 꼭 필요하다. 예측할 수 없는 상황이 예상보다 흔하다.

3 루프 연습

간결하고 효율적인 코드를 짜려면 응용을 잘 해야 하며 그래서 경험이 중요하다. 고급 문법을 달달 외워 많이 안다고 해서 코드를 능수능란하게 짤 수 있는 것은 아니며 간단한 것이라도 적재적소에 잘 응용하는 것이 중요하다. 루프의 개념은 쉽지만 제대로 활용하려면 많은 연습이 필요하다. 여기서는 루프에 대한 간단한 실습 몇 가지를 해 보자.

제어 변수는 루프의 반복을 통제할 뿐만 아니라 루프에 변화를 주어 조금씩 다른 코드를 실행한다. 똑같은 코드라도 제어 변수의 현재값에 따라 동작이 약간씩 달라진다. 합계 계산 예제의 sum = sum + i; 문장은 제어 변수 i의 값이 변함에 따라 sum에 누적되는 정숫값이 계속 바뀐다.

루프의 코드는 똑같지만 매 반복마다 제어 변수에 의해 동작이 달라진다. 조금씩 다른 일련의 작업을 하려면 루프 내부에서 제어 변수를 적절히 참조해야 한다. 중첩 루프에서 바깥쪽 제어 변수의 값을 안쪽 루프에서 참조하기도 한다. 다음 예제로 제어 변수의 활용 예를 살펴보자.

triangle / 실행 결과

```
class JavaTest {
    public static void main(String[] args) {
        for (int i = 1; i <= 10; i++) {
            for (int j = 0; j < i; j++) {
                System.out.print('*');
            }
            System.out.println();
        }
    }
}
```

```
*
**
***
****
*****
******
*******
********
*********
**********
```

바깥쪽 i 루프는 1 ~ 10까지 변하며 안쪽 j 루프는 i번 만큼 * 문자를 출력한다. 안쪽 j 루프의 조건식에서 i의 현재값을 참조하여 매 반복마다 j 루프의 반복 횟수가 달라진다. 이 예제의 핵심은 안쪽 루프의 조건식에서 바깥쪽 제어 변숫값을 참조한다는 점이다.

$$\text{for (int i = 1; i <= 10; i++) \{}$$
$$\text{for (int j = 0; } \boxed{j < i} \text{; j++) \{}}$$

안쪽 루프는 바깥쪽 루프의 블록 안이므로 여기서 바깥쪽 제어 변수를 참조할 수 있다. j 루프의 반복 횟수가 제어 변수 i의 값에 따라 달라져 최초 * 하나가 찍히며, 다음 줄에는 두 개가 찍히고, 다음 줄에는 세 개가 찍혀 전체적으로 삼각형이 그려진다.

제어 변수의 참조 위치가 약간 생소할 뿐 이 예제의 동작을 이해하는 것은 별로 어렵지 않다. 그렇다면 예제를 변형하여 다음과 같이 출력하는 연습을 해 보자. 일종의 실습이므로 정답을 보지 말고 먼저 코드를 작성해 본 후 자신의 생각과 같은지 맞춰 보자. 문제를 푸는 것보다 시행착오를 통해 경험치를 얻는 것이 중요하다.

```
*********        *              *
********         **             ***
*******          ***            *****
******           ****           *******
*****            *****          *********
****             ******         ***********
***              *******        *************
**               ********       ***************
*                *********      *****************
```

첫 번째 역삼각형의 예는 아주 쉽다. triangle 예제는 별의 개수가 1개, 2개, 3개 식으로 증가하는데 역삼각형으로 만들려면 10개, 9개, 8개 식으로 점점 줄여 나가면 된다. 바깥쪽 i 루프가 1 ~ 10으로 증가하는 것을 10 ~ 1로 감소시킨다.

```
for (int i = 10; i > 0; i--) {
```

두 번째 예는 공백이 먼저 나오고 별이 나중에 나온다. 한 행에 공백과 별을 각각 찍어야 하므로 i 루프 안에 두 개의 j 루프가 필요하다. 각 행에 따른 공백과 별의 개수를 도표로 그려 보자.

행	공백	별
1	9	1
2	8	2
3	7	3
10	0	10

이렇게 그려 보면 행 번호에 따른 공백과 별의 개수에 일정한 규칙을 발견할 수 있다. 매 i 루프에 대해 공백 루프는 9부터 시작해서 0까지 점점 감소하는데 i가 1일 때 9회, 2일 때 8회, 3일 때 7이 되는 식이다. 여기서 행번호 i와 공백 개수는 다음 함수로 정의된다.

```
공백의 개수 = 10 - i
```

이 개수를 공백 루프의 끝 범위로 사용한다. 별의 개수는 i와 같아 i번 찍으면 된다.

triangle2

```
class JavaTest {
    public static void main(String[] args) {
        for (int i = 1; i <= 10; i++) {
            for (int j = 0; j < 10 - i; j++) {
                System.out.print(' ');
            }
            for (int j = 0; j < i; j++) {
                System.out.print('*');
            }
            System.out.println();
        }
    }
}
```

i가 1 ~ 10까지 변하면서 10 - i개의 공백과 i개의 별을 찍기를 10번 반복하면 역삼각형 모양이 나온다. 문제는 해결했는데 공백과 별을 나누어 생각하다 보니 안쪽에 루프가 두 개라는 점이 번잡스럽다. 하나의 루프로 합치려면 j의 진행값에 따라 공백 또는 별을 출력하도록 조건문을 사용하면 된다.

triangle2_1

```
class JavaTest {
    public static void main(String[] args) {
        for (int i = 1; i <= 10; i++) {
            for (int j = 1; j <= 10; j++) {
                if (j > 10 - i) {
                    System.out.print('*');
                } else {
                    System.out.print(' ');
                }
            }
            System.out.println();
        }
    }
}
```

똑같은 문제를 여러 가지 방법으로 풀 수 있기 때문에 코드에는 정답이 없다. j 루프의 조건문에서 j가 10 − i번째를 넘어 섰으면 별을 찍고 그 이전에는 공백을 찍는다. 1행은 9열까지 공백, 10열에 별을 찍는다. 2행은 8열까지 공백, 9열 이후 별을 찍는 식이다. 바깥쪽 제어 변수의 값을 안쪽 루프의 조건문 내에서 잘 참조하였다. 이 코드를 더 압축하면 다음과 같이 짧아진다.

triangle2_2

```
class JavaTest {
    public static void main(String[] args) {
        for (int i = 1; i <= 10; i++) {
            for (int j = 1; j <= 10; j++) {
                System.out.print(j > 10-i ? '*':' ');
            }
            System.out.println();
        }
    }
}
```

if 조건문 대신 삼항 조건 연산자로 위치에 따라 출력할 문자를 판단하여 결정한다. 연산문을 잘 쓰면 루프나 조건문을 대신하기도 한다. 다음은 아주 극단적이고도 엽기적인 압축의 예인데 그냥 재미삼아 구경만 해 보자.

triangle2_3

```
class JavaTest {
    public static void main(String[] args) {
        for (int i = 1; i <= 10; System.out.println(), i++)
            for (int j = 1; j <= 10; System.out.print(j > 10-i ? '*':' '), j++);
    }
}
```

| Chapter 05 | 반복문 **129**

루프에서 하는 일이 출력문 하나뿐이므로 증감식에 같이 구겨 넣었다. 증감식이 매 루프마다 한 번씩 실행된다는 점을 응용한 것인데 과거 C 프로그래머들이 이런 압축 코드를 작성하곤 했었다. 이렇게 응용할 수도 있다는 것을 보여줄 뿐 바람직한 코드는 아니다.

세 번째 이등변 삼각형은 색달라 보이지만 행수에 따른 공백과 별의 개수의 함수 관계만 잘 파악하면 된다. 각행에 출력할 공백과 별의 개수를 도표로 그려 보자.

행	공백	별
1	9	1
2	8	3
3	7	5
10	6	19

이 도표에서 행 번호인 i와 공백의 개수, 별의 개수가 어떤 관계인지 방정식으로 도출하면 다음과 같다.

```
공백의 개수 = 10 - i
별의 개수 = i * 2 - 1
```

별의 개수는 행 번호에 따라 배로 늘어나므로 이번에는 곱셈도 들어간다. 이 방정식을 도출하는 과정은 1행의 좌표 (1,1)과 10행의 좌표 (10, 19)를 지나는 직선의 방정식을 구하는 것이다. 선형적 관계여서 두 점의 좌표만 알면 직선을 알 수 있다.

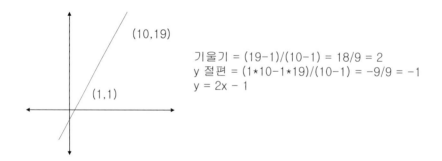

```
기울기 = (19-1)/(10-1) = 18/9 = 2
y 절편 = (1*10-1*19)/(10-1) = -9/9 = -1
y = 2x - 1
```

오랜만에 봐서 복잡해 보이는데 두 점을 지나는 직선의 방정식은 중학교 2학년 과정에 나온다. 이 공식을 루프의 조건식에 그대로 써 넣으면 된다.

triangle3

```java
class JavaTest {
    public static void main(String[] args) {
        for (int i = 1; i <= 10; i++) {
            for (int j = 0; j < 10 - i; j++) {
                System.out.print(' ');
            }
```

```
            for (int j = 0; j < i * 2 - 1; j++) {
                System.out.print('*');
            }
            System.out.println();
        }
    }
}
```

순서대로 변하는 제어 변수와 이 값에 종속적인 값의 일차 함수 관계를 잘 파악하는 문제이다. 처음에는 어려워 보이지만, 공식대로 하면 쉽게 풀리는 방정식이며 이런 문제를 자주 풀다 보면 암산으로 관계를 바로 찾아낼 수 있다.

4 무한급수

정확한 원주율을 계산하는 것은 수학자들의 오랜 숙제였다. 원주율은 비순환 무한소수여서 정확한 값을 구하기 쉽지 않다. 아주 예전에는 분수 형태의 근사값을 사용했지만, 근대에 들어 무한급수로 원주율을 찾는 여러 공식이 발견되었다. 다음은 1671년에 라이프니쯔가 발견한 원주율 계산 공식이다.

$$\pi = 4 \sum_{n=1}^{\infty} \frac{(-1)^n}{2n + 1}$$

공식으로 보면 복잡해 보이지만 풀어 써 보면 별로 어렵지 않다.

$$\pi = 4(\frac{1}{1} - \frac{1}{3} + \frac{1}{5} - \frac{1}{7} + \frac{1}{9} - \frac{1}{11} + ...)$$

무한히 반복되는 식이지만 잘 보면 규칙이 있다. 분모를 1에서 시작하여 2씩 증가하면서 한 번은 빼고 한 번은 더하기를 계속 반복한다. 횟수를 증가시킬수록 원주율에 점점 가까워지며 무한히 반복하면 진짜 원주율이 된다.

이 공식을 분모 1000까지 반복하여 for 문으로 구현해 보자. 바로 예제를 보지 말고 공식의 규칙을 관찰하여 루프에서 제어 변수를 어떻게 적용할지 고민해 보자. 정답보다는 문제를 푸는 과정을 익혀야 한다. 첫 번째 시도는 다음과 같다.

| leibniz1 | 실행 결과 |

```
class JavaTest {                                       pie = 3.139592655589785
    public static void main(String[] args) {
        double pie = 0;
        boolean plus = true;
```

```
        for (int deno = 1; deno < 1000; deno = deno + 2) {
            if (plus) {
                pie = pie + 1.0/deno;
                plus = false;
            } else {
                pie = pie - 1.0/deno;
                plus = true;
            }
        }
        pie *= 4;
        System.out.println("pie = " + pie);
    }
}
```

최종 원주율을 저장할 pie는 일단 0으로 초기화한다. 매 반복마다 한 번은 더하고 한 번은 빼므로 이 연산을 기억하기 위해 plus라는 진위형 변수를 선언한다. 분모인 deno로 루프를 돌되 int 타입이며 매 반복마다 2씩 증가한다. pie에 누적할 값은 1.0/deno이되 plus값에 따라 더하기와 빼기를 번갈아하며 매 연산마다 plus를 반대로 뒤집는다.

이 과정을 분모 1000까지 반복한 후 최종적으로 4를 곱하면 근사치가 구해진다. 대충 잘 동작하지만 코드가 너무 길다. 더할 것인지 뺄 것인지를 조건문으로 구분하는 것이 비효율적이다. 매 반복마다 1과 −1을 번갈아 곱한 후 더해도 효과는 같다. −1을 곱한 후 더하는 것이 곧 빼는 것이다. 부호를 기억할 정수형 변수 sign을 1로 초기화하고 매 반복마다 부호를 뒤집어 준다.

leibniz2

```
class JavaTest {
    public static void main(String[] args) {
        double pie = 0;
        int sign = 1;
        for (int deno = 1; deno < 1000; deno = deno + 2) {
            pie = pie + (1.0/deno) * sign;
            sign = -sign;
        }
        pie *= 4;
        System.out.println("pie = " + pie);
    }
}
```

조건문이 빠져 코드가 간단해졌지만 덧셈과 뺄셈이 섞여 있어 여전히 복잡하다. 이럴 때는 발상의 전환이 필요하다.

$$\pi = 4\left(\frac{1}{1} - \frac{1}{3}\right) + \left(\frac{1}{5} - \frac{1}{7}\right) + \left(\frac{1}{9} - \frac{1}{11}\right) + \ldots)$$

두 개의 항을 하나의 묶음으로 보면 묶음 내에서는 뺄셈을 하고 묶음끼리는 더하면 된다.

leibniz3

```
class JavaTest {
    public static void main(String[] args) {
        double pie = 0;
        for (int deno = 1; deno < 1000; deno = deno + 4) {
            pie = pie + (1.0/deno) - (1.0/(deno + 2));
        }
        System.out.println("pie = " + pie * 4);
    }
}
```

deno를 4씩 증가시키며 1.0/deno를 더하고 1.0/(deno+2)를 빼면 두 항이 한꺼번에 적용되며 이 과정을 계속 반복하였다. 부호를 토글할 필요가 없어 코드가 더 짧다. pie에 4를 곱하는 연산식도 빼 버리고 출력하기 전에 4를 곱해 한 줄 더 줄였다.

이번에는 예제를 확장하여 분모의 반복 범위에 따라 무한급수의 정확도가 어떻게 달라지는지 조사해 보자. 반복하는 작업을 또 반복해야 하니 이중 루프이다. deno의 끝값 1000을 변화시키는 바깥쪽 루프를 만들어 돌리되 한 번 실행할 때마다 10배씩 범위를 늘려 보자.

leibniz4

```
class JavaTest {
    public static void main(String[] args) {
        for (int end = 10; end <= 10000000; end = end * 10) {
            double pie = 0;
            for (int deno = 1; deno < end; deno = deno + 4) {
                pie = pie + (1.0/deno) - (1.0/(deno + 2));
            }
            System.out.println("pie = " + pie * 4 + "(" + end + "회)");
        }
    }
}
```

실행 결과	pie = 2.9760461760461765(10회) pie = 3.121594652591011(100회) pie = 3.139592655589785(1000회) pie = 3.141392653591791(10000회) pie = 3.1415726535897814(100000회) pie = 3.141590653589692(1000000회) pie = 3.1415924535897797(10000000회)

10회에서 시작하여 천만회까지 매 반복마다 end에 10을 곱해 범위를 늘려 가며 무한급수를 새로 구해 보았다. 항이 많아질수록 원주율에 점점 가까워지며 이론상 무한히 더하면 정확한 원주율이 된다.

이 실습에서 보다시피 코드에는 정답이 따로 없다. 애초의 요구대로 문제를 풀기만 하면 모두 정답이다. 다만 똑같은 결과가 나오더라도 더 효율적인 코드와 그렇지 않은 코드가 있을 뿐이다. 다음은 오일러의 무한급수를 구해 보자. 수식은 다음과 같다.

$$\frac{\pi^2}{6} = \sum_{n=1}^{\infty} \frac{1}{n^2}$$

모든 자연수 제곱의 역수를 더한 후 6을 곱하고 제곱근을 구하면 원주율이 된다. 평이하게 풀어써 보면 다음과 같다.

$$\pi = \sqrt{6\left(\frac{1}{1^2} + \frac{1}{2^2} + \frac{1}{3^2} + \frac{1}{4^2} + \frac{1}{5^2} + \frac{1}{6^2} + \frac{1}{7^2} + \cdots\right)}$$

각 항마다 어디가 변하는지 관찰해 보고 제어 변수를 적용해 보자. 제곱은 두 번 곱하면 되고, 제곱근은 Math.sqrt() 메서드로 구한다. 다음 예제는 분모에 대해 1000번까지 루프를 돌려본 것이다.

euler1

```
class JavaTest {
    public static void main(String[] args) {
        double pie = 0;
        for (int deno = 1; deno < 1000; deno++) {
            pie = pie + (1.0/(deno * deno));
        }
        pie = Math.sqrt(pie * 6);
        System.out.println("pie = " + pie);
    }
}
```

실행 결과	pie = 3.14063710098594

deno를 1부터 계속 증가시키며 제곱의 역수를 pie에 누적시킨 후 이 값에 6을 곱해 제곱근을 구했다. 다음은 반복 횟수에 따른 정확도를 관찰해 보자. 10만 이상의 제곱은 int 타입의 범위를 넘어서 오버플로우가 발생하므로 제어 변수 deno를 long 타입으로 바꿔야 한다.

```
class JavaTest {
    public static void main(String[] args) {
        for (int end = 10; end <= 10000000; end = end * 10) {
            double pie = 0;
            for (long deno = 1; deno < end; deno++) {
                pie = pie + (1.0/(deno * deno));
            }
            pie = Math.sqrt(pie * 6);
            System.out.println("pie = " + pie + "(" + end + "회)");
        }
    }
}
```

실행 결과	pie = 3.0395075895610533(10회) pie = 3.1319807472443624(100회) pie = 3.14063710098594(1000회) pie = 3.1414971543976273(10000회) pie = 3.141583104230963(100000회) pie = 3.141591698659554(1000000회) pie = 3.141592558095893(10000000회)

아니면 deno 자체는 int 타입으로 그대로 두고 제곱할 때 둘 중 하나를 잠시 (long) 타입으로 캐스팅해도 된다. 횟수가 많을수록 원주율이 정확해진다.

5-3 while

① while 문

자바는 for 문 외에도 두 가지 반복문을 더 제공한다. 유사한 일을 처리하는 기능은 같지만, 형식의 차이로 인해 용도가 약간 다르다. while 문은 조건식밖에 없어 for 문에 비해 단순하며 if 문과 기본 형식이 비슷하다. 단, if 문과 달리 한 번만 실행하는 것이 아니라 조건이 만족하는 동안 계속 실행한다.

```
while (조건식) {
    명령;
}
```

for 문은 범위를 정해 놓고 일정 횟수 반복하는데 비해 while 문은 조건이 만족할 때까지이므로 횟수가 정해져 있지 않다. 반복 횟수가 고정적이면 for 문을, 가변적일 때는 while 문을 사용한다.

while 문의 블록에는 반복할 명령을 작성한다. 루프를 탈출하려면 언젠가는 조건의 진위 여부가 바뀌어야 하며, 그래서 루프 내부에 조건에 영향을 미치는 명령이 반드시 포함된다. 그렇지 않으면 조건이 항상 참이어서 무한 루프가 된다. 명령을 반복하는 동안 언젠가는 조건이 바뀌며 이 조건이 참인 동안 루프를 실행한다.

while	실행 결과
``class JavaTest {
    public static void main(String[] args) {
        int filesize = 720;
        int download = 0;

        while (download < filesize) {
            download += 120;
            System.out.println(download + "K 다운로드중....");
        }
        System.out.println("다운로드 완료");
    }
}``` | 120K 다운로드중....
240K 다운로드중....
360K 다운로드중....
480K 다운로드중....
600K 다운로드중....
720K 다운로드중....
다운로드 완료 |

이 예제는 파일을 다운로드하는 흉내를 낸다. filesize는 다운받을 용량이고, download는 현재까지 받은 용량이다. 거대한 파일은 한 번에 다 받지 못하고 루프를 돌며 조각조각 받아 합친다. 실제 프로젝트에서는 프로그래스 바로 다운로드 과정을 보여주지만, 예제에서는 문자열로 흉내만 냈다.

네트워크 상황에 따라 다르지만 여기서는 한 번에 120K씩 받는 것으로 가정했다. 몇 번을 받을지 예측할 수 없고 다 받을 때까지 반복해야 하니 while 문이 적합하다. download 〈 filesize 조건문은 아직 덜 받았다는 뜻이며 이 상태인 동안 다운로드를 반복한다. 루프에서 download 변수를 계속 증가시켜 조건문의 진위 여부가 바뀌며 이 변수가 filesize 이상이 되면 루프를 탈출한다.

while 문은 for 문에서 초기식과 증감식을 생략한 구조이다. for 문을 while 문으로 바꿀 수 있는데 루프에 들어가기 전에 초기식을 실행하고 조건이 참인 동안 명령과 증감식을 계속 반복한다. 이렇게 바꿔 보면 for 문의 세부 동작을 더 잘 이해할 수 있다. 시작 전의 초기식, 루프의 조건식, 내부의 증감식을 ( ) 괄호 안에 잘 모아 놓은 것이 for 문이다.

```
초기식
while (조건식) {
    명령;
    증감식;
}
```

목적이 같고 형식만 달라 for 문과 while 문은 상호 대체 가능하다. while 문으로 구현한 것은 for 문으로 구현할 수 있으며 반대도 가능하다. while 문도 무한 루프를 만들 수 있는데 while(true) { } 로 하면 조건이 항상 참이어서 계속 반복한다. 다음은 for 문으로 작성한 1 ~ 100까지의 합계를 구하는 예제를 while 문으로 작성한 것이다.

while100   실행 결과

```
class JavaTest {                                          5050
    public static void main(String[] args) {
        int sum = 0;
        int i = 1;
        while (i <= 100) {
            sum = sum + i;
            i++;
        }
        System.out.println(sum);
    }
}
```

루프에 들어가기 전에 i를 1로 초기화하고 i가 100 이하인 동안 반복한다. 루프에서 sum에 i를 누적하며 i를 1 증가시킨다. 루프 내에서 i값을 변경하지 않으면 i 〈= 100 조건문은 항상 참이 되어 무한 루프가 되어 버린다. 두 예제를 비교해 보면 초기식과 증감식의 위치만 다를 뿐 반복되는 코드는 결국 같다.

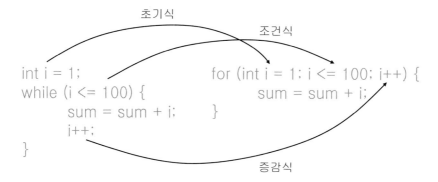

초기식

조건식

```
int i = 1;                    for (int i = 1; i <= 100; i++) {
while (i <= 100) {                sum = sum + i;
    sum = sum + i;            }
    i++;
}
```

증감식

for 문을 while 문으로 바꿀 수 있는 것과 마찬가지로 while 문도 for 문으로 변경할 수 있다. 다운로드 예제를 for 문으로 바꿔 보면 다음과 같다.

fordown

실행 결과

```
class JavaTest {
    public static void main(String[] args) {
        int filesize = 720;

        for (int download = 0; download < filesize;) {
            download += 120;
            System.out.println(download + "K 다운로드중....");
        }
        System.out.println("다운로드 완료");
    }
}
```

```
120K 다운로드중....
240K 다운로드중....
360K 다운로드중....
480K 다운로드중....
600K 다운로드중....
720K 다운로드중....
다운로드 완료
```

초기식은 for 문의 괄호 안으로 들어가고 반복할 조건은 조건식에 쓴다. 증감식은 루프 내부에 여전히 남아 있는데 먼저 증가시킨 후 메시지를 출력해야 하기 때문이다. for 문의 증감문은 루프의 명령보다 나중에 실행되므로 이 경우는 괄호 안에 넣을 수 없다.

2 do while 문

마지막 반복문인 do while 문은 while 문과 비슷하지만 명령을 먼저 실행하고 조건을 나중에 평가한다는 점이 다르다. 반복할 루프가 먼저 오고 계속 조건이 블록의 마지막에 온다.

```
do {
    명령;
} while (조건식);
```

시작 전에 조건을 점검하는 while 문은 처음부터 조건이 거짓이면 명령을 한 번도 실행하지 않는다. 이에 비해 do while 문은 명령을 일단 실행한 후 조건을 점검하므로 최소한 한 번은 실행한다. while 문은 선평가 후실행문이고, do while 문을 선실행 후평가문이다. 다음 예제는 do while 문의 전형적인 사용 예이다.

dowhile

```java
class JavaTest {
    public static void main(String[] args) {
        java.util.Scanner scaner = new java.util.Scanner(System.in);
        int num;
        int sum = 0;
        do {
            System.out.print("숫자를 입력하세요(끝낼 때 0) : ");
            num = scaner.nextInt();
            sum = sum + num;
        } while (num != 0);
        System.out.println("총 합계 = " + sum);
        scaner.close();
    }
}
```

실행 결과	숫자를 입력하세요(끝낼 때 0) : 3 숫자를 입력하세요(끝낼 때 0) : 5 숫자를 입력하세요(끝낼 때 0) : 4 숫자를 입력하세요(끝낼 때 0) : 0 총 합계 = 12

사용자로부터 숫자를 입력받아 누적 합계를 구하되 0을 입력하면 루프를 탈출하여 합계를 출력한다. 0은 숫자가 아니라 계산을 끝내라는 명령이다. 루프의 계속 실행 조건은 num이 0이 아닐때까지인데 이 조건을 평가하려면 사용자로부터 일단 num을 입력받아야 한다.

조건에 상관없이 일단 입력부터 받아야 하므로 while 문보다 do while 문이 적합하다. while 문으로 작성한다면 아직 입력도 받지 않은 상태에서 값을 평가하므로 논리적으로 말이 안 된다. 덮어 놓고 한 번은 실행해 봐야 계속 여부를 판단할 수 있다. 세 반복문의 특징을 요약해 보자.

• for 문: 반복 횟수가 정해져 있다.
• while 문: 반복 횟수가 가변적이다.
• do while 문: 먼저 실행한 후 조건을 나중에 점검한다.

세 종류의 반복문은 원론적으로 서로 대체 가능한 관계이지만 상황에 따라 가장 잘 어울리는 반복문이 있다. 그래서 적절한 반복문을 잘 선택해야 한다. 대개의 경우 for 문만 잘 사용해도 대부분의 반복을 처리할 수 있다.

3 break 문

break 명령은 루프나 switch 문의 case를 탈출한다. 반복을 계속할 수 없거나 계속할 필요가 없을 때 루프를 벗어나기 위해 사용한다. 강제로 제어를 특정 위치로 옮기는 점프문이다. 무조건 점프하는 경우는 거의 없고 통상 if 문과 함께 사용하여 일정 조건을 만족할 때 탈출한다.

break

실행 결과

```
class JavaTest {
    public static void main(String[] args) {
        int[] score = { 88, 94, 72, -8, 23 };
        for (int i = 0; i < 5; i++){
            if (score[i] < 0 || score[i] > 100) break;
            System.out.println((i + 1) + "번 학생의 성적 : " + score[i]);
        }
    }
}
```

```
1번 학생의 성적 : 88
2번 학생의 성적 : 94
3번 학생의 성적 : 72
```

score는 성적을 저장하는 정수형 배열이며 이 예제는 배열에 저장된 성적을 출력한다. 성적값은 0 ~ 100 사이에 있어야 정상인데 이 범위를 벗어나면 원본 데이터에 문제가 있다는 뜻이다. 성적이 음수이거나 100 초과이면 정상적인 처리가 불가능하므로 break 문으로 루프를 탈출하여 처리를 중단한다.

score 배열의 처음부터 순회하며 성적값을 출력하는데 1, 2, 3번 학생의 성적은 정상적이다. 4번 학생의 성적인 −8은 합당한 성적이 아니므로 더 이상 루프를 돌아 봐야 제대로 된 결과를 얻을 수 없어 break 문으로 탈출했다. 에러가 난 성적값은 물론이고 뒤쪽의 남은 값도 출력하지 않는다.

더 이상 루프를 돌 필요가 없을 때도 break 명령을 사용한다. 배열에서 특정값을 검색할 때 순서대로 읽다가 원하는 값을 찾았다면 루프를 더 돌 필요가 없다. 이럴 때도 break 명령으로 루프를 탈출하여 검색을 종료한다. 앞 절의 over100 예제에서 합계가 100을 넘는 수를 찾았을 때 break 명령을 사용했다.

break 명령은 자신이 소속된 블록 하나만 탈출한다. 중첩된 루프 내부에서 break 명령을 사용하면 이 명령이 포함된 가장 안쪽의 루프만 탈출하며 바깥쪽 루프는 계속 실행한다. 다음 구구단 출력 예제를 보자.

exitloop

실행 결과

```
class JavaTest {
    public static void main(String[] args) {
        for (int i = 1; i <= 9; i++) {
            for (int j = 1; j <= 9; j++){
                if (i == 2 && j == 3) break;
                System.out.println(i + " * " + j + " = " + i * j);
            }
            System.out.println("");
        }
    }
}
```

```
2 * 1 = 2
2 * 2 = 4

3 * 1 = 3
3 * 2 = 6
3 * 3 = 9
3 * 4 = 12
....
```

조건이 좀 인위적인데 2단 3행을 출력할 때 break 명령으로 루프를 종료하였다. 이때의 break 명령은 j 루프만 탈출하며 바깥쪽 i 루프는 계속 실행한다. 2단 3행에서 루프를 탈출하여 2단의 나머지 행은 무시하지만 바깥쪽 루프의 다음 반복 대상인 3단부터 정상적으로 출력한다.

만약 2단 3행에서 모든 작업을 다 중지하고 싶다면 바깥쪽 루프까지 한꺼번에 탈출해야 한다. 이럴 때는 탈출하고자 하는 루프에 레이블로 이름을 붙이고 break 다음에 탈출할 레이블 이름을 지정한다. 코드를 다음과 같이 수정해 보자.

exitlabel

```
class JavaTest {
    public static void main(String[] args) {
        dan:
        for (int i = 1; i <= 9; i++) {
            for (int j = 1; j <= 9; j++) {
                if (i == 2 && j == 3) break dan;
                System.out.println(i + " * " + j + " = " + i * j);
            }
            System.out.println("");
        }
    }
}
```

실행 결과

```
1 * 1 = 1
1 * 2 = 2
1 * 3 = 3
1 * 4 = 4
1 * 5 = 5
1 * 6 = 6
1 * 7 = 7
1 * 8 = 8
1 * 9 = 9

2 * 1 = 2
2 * 2 = 4
```

레이블은 코드의 한 지점을 가리키는데 명칭 규칙에 맞게 작성하고 뒤에 콜론을 붙인다. i 루프 앞쪽에 dan: 레이블로 이 루프의 이름을 dan으로 명명했다. 그리고 j 루프에서 dan 루프를 통째로 탈출할 때 break dan 명령으로 탈출한다. 2단 3행에서 모든 처리가 즉시 중지된다. 레이블을 쓰는 경우와 그렇지 않은 경우 점프 위치가 다르다.

```
for (int i =....) {
    for (int j = ...) {
        if (...) break;
        ...
    }
}
```
포함된 루프의 바깥으로

```
dan:
for (int i =....) {
    for (int j = ...) {
        if (...) break dan;
        ...
    }
}
```
레이블로 지정한 루프의 바깥으로

실전에서 다중 루프를 탈출하는 경우가 종종 있는데 C 언어는 별도의 문법이 없어 탈출 변수에 특정값을 대입하여 연쇄적으로 탈출하거나 goto 같은 무조건 분기 명령을 사용한다. 자바는 레이블로 다중 루프를 탈출하는 편리한 방법을 제공하여 중첩 횟수에 상관없이 손쉽게 탈출할 수 있다.

4 continue 문

continue 명령은 루프의 나머지 부분을 무시하고 루프 선두로 돌아가 다음 반복을 계속하는 명령이다. break와 마찬가지로 무조건 점프가 아니므로 통상 if 문과 함께 사용한다. break는 루프의 바깥으로 점프하는 데 비해 continue는 루프의 선두로 점프한다는 점이 다르다.

```
루프 선두로
for (int i = 0; i <= 100; i++) {
    if (...) continue;
    if (...) break;
}
        루프 바깥으로
```

break는 루프 자체를 완전히 종료하는 데 비해 continue는 루프의 현재 반복 하나만 종료하고 다음 반복을 계속한다.

continue	실행 결과

```
class JavaTest {
    public static void main(String[] args) {
        int[] score = { 88, 94, -1, 79, 23 };
        for (int i = 0; i < 5; i++){
            if (score[i] == -1) continue;
            System.out.println((i + 1) + "번 학생의 성적 : " + score[i]);
        }
    }
}
```

```
1번 학생의 성적 : 88
2번 학생의 성적 : 94
4번 학생의 성적 : 79
5번 학생의 성적 : 23
```

이 예제는 배열의 성적값을 출력하되 -1이 발견되면 continue 명령으로 루프 선두로 돌아간다. 3번 학생의 성적은 출력하지 않지만, 아직 루프가 끝난 것은 아니므로 4, 5번 학생의 성적은 계속 출력한다.

여기서 -1이라는 특이값은 성적 데이터가 존재하지 않는 상황인데 전학을 갔다거나 시험을 보지 않은 경우이다. 퇴학 당했거나 부정행위를 한 경우로 정의할 수도 있다. 중간의 한 명이 시험을 보지 않았다고 해서 나머지 뒤쪽 학생의 성적까지 무효한 것은 아니므로 처리는 계속해야 한다.

이럴 때는 break로 루프를 끝낼 것이 아니라 continue로 이 학생에 대한 처리만 종료하고 루프를 계속 진행한다. continue 명령도 중첩된 루프의 선두로 돌아갈 때 뒤에 레이블을 붙일 수 있지만 break에 비해 다중 루프의 선두로 돌아가는 경우는 극히 드물다.

01 for 문의 기본 형식에서 딱 한 번만 실행되는 문장은?

① 초기식

② 조건식

③ 증감식

④ 명령

02 10에서 50까지 정수의 합계를 구하여 출력하는 프로그램을 작성하라.

03 무한 루프의 정의로 올바른 것은?

① 운영체제 종료 시까지 반복되는 루프

② 프로그램 종료 시까지 반복되는 루프

③ 종료 조건을 루프 내부에서 결정하는 루프

④ 루프 안에 또 다른 루프가 있는 반복문

04 이중 루프를 사용하여 다음 삼각형을 출력하라.

```
a
bb
ccc
dddd
eeeee
ffffff
ggggggg
hhhhhhhh
iiiiiiiii
jjjjjjjjjj
```

05 for 문에 비한 while 문의 가장 큰 차이점은 무엇인가?

① 무한 루프를 만들 수 있다.

② 조건을 먼저 점검한 후 실행한다.

③ 반복 횟수가 가변적이다.

④ 반복을 중지할 조건을 지정한다.

06 실행 중인 루프를 탈출하는 명령은 무엇인가

① return

② switch

③ break

④ continue

06

_ 연산자

Java

6-1 연산자

1 산술 연산자

프로그램은 무질서한 자료(Data)를 가공하여 유용한 정보(Information)를 생성한다. 성적 처리 프로그램은 점수라는 대규모의 자료에서 총점과 평균, 석차라는 가치있는 요약 정보를 뽑아낸다. 언어가 자료를 다루는 주된 수단이 연산자(Operator)이며 피연산자를 계산하여 하나의 값을 산출한다.

자바의 연산자는 C와 유사하다. 개수는 많지만 대체로 상식과 일치하며 자주 쓰는 것은 몇 개 되지 않아 난이도는 낮은 편이다. 연산의 대상인 피연산자의 개수에 따라 단항, 이항 연산자로 분류하거나 기능별로 분류하는데, 여기서는 비슷한 동작을 하는 연산자별로 묶어 쉬운 순서대로 소개한다.

피연산자   피연산자   피연산자

a + b   c++

피연산자가 양쪽에 두 개   피연산자가 하나
이항 연산자   단항 연산자

사용 빈도가 가장 높은 것은 더하고 빼고 곱하고 나누는 산술(Arithmetic) 연산자이며 사칙 연산자 +, −, *, /와 나머지 연산자 %가 있다. 디지털 세계의 나누기 연산자와 나머지 연산자는 수학과 약간 다르다. 자바에서의 나눗셈은 피연산자의 타입에 따라 결과가 달라진다. 정수끼리 나누면 정수가 되고, 실수끼리 나누면 실수가 된다.

arithmetic   **실행 결과**

```
class JavaTest {                                          6 + 4 = 10
    public static void main(String[] args) {              6 - 4 = 2
        int a = 6, b = 4;                                 6 * 4 = 24
        System.out.println(a + " + " + b + " = " + (a + b));   6 / 4 = 1
        System.out.println(a + " - " + b + " = " + (a - b));   6 / 4 = 1.500000
        System.out.println(a + " * " + b + " = " + (a * b));
        System.out.println(a + " / " + b + " = " + (a / b));
        System.out.println(a + " / " + b + " = " + ((float)a / b));
    }
}
```

정수형 변수 a와 b를 6, 4로 초기화하고 산술 연산자로 두 값을 계산했다. 더하고 빼고 곱하는 것은 상식적이니 확인만 하고 나눗셈 결과만 유의해서 살펴보자. 6을 4로 나누면 수학적 정답은 1.5이지만 a와 b가 둘 다 정수형이므로 몫 1만 취하고 나머지 0.5는 버린다. 정수끼리 나누면 결과도 정수가 되어 소수점 이하는 잘려 나간다.

이렇게 되어 있는 이유는 사람이 일상 생활에서 쓰는 수가 자연수이며 소수점 이하까지 굳이 필요치 않기 때문이다. 예를 들어 1000원으로 400원짜리 자판기 커피 몇 잔을 뽑을 수 있는가를 계산하면 2잔이지 2.5잔이 아니다. 이런 상황을 반영하기 위해 정수끼리 나누면 정수의 몫만 계산하는 것이 자연스럽다.

소수점 이하까지 정밀하게 계산하고 싶다면 피연산자를 실수로 선언하여 실수 나눗셈을 해야 한다. 또는 피연산자 중 하나를 잠시 실수형으로 캐스팅한다. a 변수 앞에 사용된 (float)가 잠시 실수로 바꾸는 캐스트 연산자이다. 피연산자 중 하나가 실수이면 실수 나눗셈을 하여 소수점 이하까지 정확하게 계산한다.

$$6 / 4 = 1 \qquad\qquad 6.0 / 4.0 = 1.5$$

피연산자가 모두 정수면   피연산자 중 하나라도 실수면
결과도 정수   결과도 실수

나머지 연산자 %는 두 수를 나눈 후 몫은 버리고 나머지만 취한다. 예를 들어 14를 5로 나누면 몫 2와 나머지 4가 발생하는데 몫은 관심이 없고 나머지인 4만 구한다. 나머지는 몫이 정수일 때만 발생하며 실수 연산에는 발생하지 않는다. 14.0을 5.0으로 나누면 몫만 2.8로 계산할 뿐이다.

실수의 나머지 연산은 실용성이 없어 C 언어는 아예 에러로 처리한다. 그러나 자바는 실수에 대해서도 정수몫을 구하고 나머지를 취함으로써 이를 허용한다. 다음 예제는 여러 가지 피연산자에 대해 나머지 연산을 하는데 결과를 잘 살펴보자.

modular   **실행 결과**

```
class JavaTest {
    public static void main(String[] args) {
        System.out.println("6 %% 4 = " + 6 % 4);
        System.out.println("7 %% 3 = " + 7 % 3);
        System.out.println("5.0 %% 2.3 = " + 5.0 % 2.3);
        System.out.println("14 %% 2 = " + 14 % 2);
        System.out.println("15 %% 2 = " + 15 % 2);
    }
}
```

```
6 %% 4 = 2
7 %% 3 = 1
5.0 %% 2.3 = 0.40000000000000036
14 %% 2 = 0
15 %% 2 = 1
```

6을 4로 나누면 몫은 1이고 나머지는 2이다. % 연산자는 몫 1은 버리고 나머지 2를 리턴한다. 7 % 3은 7을 3으로 나누어 몫 2는 버리고 나머지 1을 계산한다.

$$6 = 4 * 1 + 2$$

몫은 얼마든간에 버린다.

나머지만 취한다.

피연산자가 실수일 때는 몫을 정수까지만 계산하고 나머지를 리턴한다. 실수 5.0을 2.3으로 나누면 정수의 몫 2를 버리고 나머지 0.4를 리턴한다. 실수 나눗셈을 하면 2.1739의 결과가 나오겠지만, 몫을 정수 수준까지만 계산하여 나머지만 구한다.

나머지 연산자는 홀짝 판별에 종종 사용되는데 2로 나눈 나머지가 0이면 짝수이고, 1이면 홀수이다. 짝수의 정의가 2의 배수 또는 2로 나누어 떨어지는 수로 정의되어 있기 때문이다. value가 짝수인지 점검하려면 다음 조건식을 사용한다.

```
if (value % 2 == 0) { .... }
```

2로 나누었는데 나머지가 없다는 것은 곧 짝수라는 뜻이다. 같은 방식으로 value % 3 == 0 조건식은 value가 3의 배수인지 판별한다.

2 대입 연산자

대입 연산자는 우변의 변숫값이나 수식의 연산 결과를 좌변의 변수에 대입한다. 가장 쉽고 지금까지 많이 사용해 보았다.

```
a = 3;
b = c * d;
k = (2 + 3) * 4;
```

a = 3 대입문에 의해 a 변수에 3이 저장되며, b에는 c와 d를 곱한 결과를 저장한다. k에는 우변 수식을 계산한 결과인 20을 대입한다. 상수식은 컴파일러가 미리 계산하여 k = 20으로 바꿔 놓는다. 암산하여 결괏값을 써 넣는다고 속도가 빨라지는 것은 아니므로 수식의 의미를 명확히 표현할 때는 컴파일러에게 시키는 것이 좋다.

대입 연산자는 변수의 값을 변경하므로 좌변의 피연산자는 값을 대입 받을 수 있어야 한다. 대입 연산자의 왼쪽에 올 수 있는 값을 좌변값(Left Value)이라고 하는데 실제 메모리를 점유하고 있고 값을 기억할 수 있는 대상이다. 변수는 완전한 좌변값이며 상수나 리터럴, 연산식은 좌변값이 아니다. 다음 대입문은 딱 봐도 에러이다.

```
3 = 5;
a + b = 12;
```

값을 변경하는 대입 연산의 좌변에 바꿀 수 없는 대상을 놓아서는 안 된다. 리터럴 3은 언제까지나 3이어서 5로 바꿀 수 없다. 변수인 a와 b는 좌변값이지만, 두 변수를 더한 a + b는 수식일 뿐 값을 저장할 능력이 없어 좌변값이 아니다. 대입 연산자뿐만 아니라 값을 변경하는 모든 연산자에는 좌변값을 사용해야 한다.

우변에는 주로 리터럴이나 다른 변수가 오지만, 복잡한 연산식이나 메서드 호출문 등 하나의 값을 리턴하는 모든 식이 올 수 있다. 다음 연산식은 a의 원래 값에 1을 더한 값을 a에 다시 대입한다. 즉, a를 1 증가시킨다.

```
a = a + 1;
```

수학에서 = 기호는 좌우변이 같은 상태(State)를 나타내는데 이 정의대로라면 위 문장은 1이 0이라는 뜻이어서 말이 안 된다. 그러나 자바에서 = 연산자는 같다는 뜻이 아니라 우변의 값을 좌변에 대입하라는 명령(Command)이다. 수학의 = 기호는 형용사인데 비해 자바의 = 기호는 동사이다.

위 연산문처럼 좌변의 피연산자가 우변의 수식에 포함되어 있을 때 복합 대입 연산자로 간략하게 표기할 수 있다. 복합 대입 연산자는 자기 자신과 피연산자를 연산하여 자신에게 다시 대입한다. 변숫값을 1 증가시키는 연산식은 += 연산자로 더 짧게 쓸 수 있다.

좌변이
우변에 또
나올 경우

$$a = a + 1; \implies a \mathrel{+}= 1;$$

생략
앞으로 보냄

자기 자신에 대해 어떤 연산을 하는가에 따라 다음 열한 가지가 있는데 웬만한 연산자에 대해 복합 대입 연산자를 거의 다 제공하는 셈이다.

```
+=  -=  *=  /=  %=  &=  |=  ^=  <<=  >>=  >>>=
```

+= 연산자는 좌변 변수를 우변 피연산자만큼 증가시킨다. -=은 감소시키며 *=은 배수로 만든다. 간단한 활용 예를 보자.

```
class JavaTest {                                          value = 5
    public static void main(String[] args) {             value = 10
        int value = 2;
        value += 3;
        System.out.println("value = " + value);
        value *= 2;
        System.out.println("value = " + value);
    }
}
```

2로 초기화한 변수 value에 3을 더하고 다시 2를 곱했다. value는 3이 더해져 5가 되었다가 2를 곱해 10이 된다. value += 3, value *= 2 연산식은 다음 두 문장을 짧게 줄여 쓴 것이다.

```
value = value + 3;
value = value * 2;
```

큰 차이 없는 것처럼 보이지만, 변수 표현식이 길면 똑같은 변수를 두 번 쓰는 것보다 훨씬 간편하다. 다음 두 수식을 보자.

```
veryLongNameVariable = veryLongNameVariable * 2;
veryLongNameVariable *= 2;
```

실무 프로젝트의 변수는 이름이 긴데 똑같은 변수를 두 번 타이프하는 것은 무척 짜증나는 일이다. 변수뿐만 아니라 배열 참조식이나 객체 멤버 참조문은 더 길고 복잡하다. 이런 표현식을 참조할 때는 대상을 한 번만 적는 복합 대입문이 편리하고 효율적이다.

3 증감 연산자

++ 증가 연산자, -- 감소 연산자는 피연산자의 값을 1만큼 증가시키거나 감소시킨다. 값을 변경하므로 피연산자는 좌변값이어야 한다. 주로 정수에 대해 사용하지만 실수나 문자형에 사용할 수도 있다. 다음 세 문장은 효과가 동일하며 모두 a의 값을 1 증가 또는 감소시킨다.

```
a = a + 1;        a = a - 1;
a += 1;           a -= 1;
a++;              a--;
```

1씩 증감시킬 일이 워낙 흔해 별도의 증감 연산자가 정의되어 있다. 별거 아닌거 같지만 굉장히 편리해서 사용 빈도가 높으며 생산성 향상에 큰 기여를 한다. 특히 for 문의 제어 변수를 증가시킬 때 많이 사용한다. 증감 연산자는 피연산자의 어느 쪽에 쓰는가에 따라 전위형과 후위형 두 가지 형식이 있다.

형식	예	설명
전위형(Prefix)	++a	변수의 값을 먼저 증가시킨 후 리턴한다.
후위형(Postfix)	a++	변수의 값을 먼저 리턴하고 증가시킨다.

단독으로 사용할 때는 둘 다 값을 1 증가시키는 똑같은 동작을 하여 아무 차이가 없지만 수식 내에서 사용할 때는 효과가 다르다. 다음 예제로 두 형식의 차이점을 연구해 보자.

increase

```
class JavaTest {
    public static void main(String[] args) {
        int value = 2;
        int a = ++value;
        System.out.println("value = " + value + ", a = " + a);

        value = 2;
        a = value++;
        System.out.println("value = " + value + ", a = " + a);
    }
}
```

실행 결과
```
value = 3, a = 3
value = 3, a = 2
```

값 2를 가지는 value를 1 증가시킨 후 a에 대입하되 한 번은 전위형을, 한 번은 후위형을 사용했다. 증가 후 value가 3이 되는 것은 같지만 이 값을 대입 받는 a의 값이 다르다. 전위형은 먼저 증가시키고 value의 값을 넘겨주지만, 후위형은 value의 원래값을 일단 넘겨 주고 나중에 증가시킨다. 전위형은 증가된 값을 리턴하지만, 후위형은 증가되기 전의 값을 리턴한다.

간단한 대입문에서는 결과를 쉽게 예측할 수 있지만, 복잡한 수식에서는 연산자의 위치에 따라 미세한 차이가 있어 혼란스러운 면이 있다. 수식 내에서는 사용을 자제하고 가급적 평이하게 풀어 쓰는 것이 좋다. 다음 두 문장은 완전히 같다.

```
for (int i = 0; i < 10; i++)
for (int i = 0; i < 10; ++i)
```

for 문의 증감식은 루프를 한 번 실행할 때마다 독립적으로 실행되므로 어떤 형태로 쓰나 차이가 없다. 사람은 동작보다 대상을 먼저 생각하기 때문에 습관적으로 후위형을 사용한다. i = i + 1 또는 i += 1이라고 써도 되지만, 막상 i++을 알고 나면 불필요하게 긴 문장은 쓰지 않게 된다. 다음 문장은 어떤 동작을 할지 예측해 보자.

```
a++++;
```

++ 연산자가 값을 1 증가시키므로 두 번 연달아 쓰면 2 증가할 것 같아 보인다. 그러나 이 구문은 에러이다. a는 좌변값이어서 ++ 연산자로 증가시킬 수 있지만, a++은 증가된 값을 표현할 뿐 저장 능력이 없으며 좌변값이 아니다. 2 증가시킬 때는 a += 2가 가장 간편하다.

4 문자열 연결

똑같은 연산자도 피연산자의 타입에 따라 동작이 달라진다. 앞에서 나누기 연산자가 정수형과 실수형에 대해 다르게 동작하는 것을 살펴보았다. 연산 대상의 내부 구조가 다르면 연산 방법이 달라지며 결과도 차이가 있다.

더하기 연산자인 +는 수치형끼리는 산술적인 덧셈을 하지만, 문자열끼리는 연결하는 역할을 한다. 문자열끼리 더할 수 없고 그럴 필요도 없어 문자열에 대한 + 연산은 연결로 정의되어 있다. 좌우변 중 하나라도 문자열이면 수치형을 문자열로 변환한 후 연결하므로 문자열과 수치형을 연이어 출력하기 편하다.

stringcat	실행 결과

```
class JavaTest {
    public static void main(String[] args) {
        System.out.println(4 + 5);
        System.out.println("영구와 " + "땡칠이");
        System.out.println("응답하라 " + 1989);
        System.out.println(1989 + " 응답하라");

        double root2 = 1.414;
        System.out.println("2의 제곱근 : " + root2);
    }
}
```

```
9
영구와 땡칠이
응답하라 1989
1989 응답하라
2의 제곱근 : 1.414
```

수치형과 문자열 또는 이 둘을 섞어서 더했는데 결과를 하나씩 살펴보자. 피연산자가 모두 수치형이면 수학적으로 더한다. 4와 5를 더하면 수치값 9이다. 피연산자가 문자열이면 더하는 대신 연결한다. 영구와 땡칠이를 더할 수 없으니 땡칠이를 영구 뒤쪽에 붙인다.

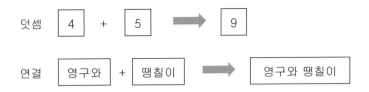

숫자와 문자를 더할 때도 수학적 덧셈은 불가능하여 숫자를 문자열로 바꾸어 연결한다. 숫자가 앞쪽에 있어도 상관없고 실수형도 잘 변환된다. 그래서 수치형을 문자열과 함께 출력할 때 변환할 필요 없이 문자열의 앞이나 뒤에 + 연산자로 붙이면 된다. 다음은 세 개 이상의 피연산자를 연쇄적으로 더하는 복잡한 예를 보자.

stringcat2	실행 결과

```
class JavaTest {
    public static void main(String[] args) {
        System.out.println("응답하라 " + 19 + 89);
        System.out.println(19 + 89 + " 응답하라");
        System.out.println("" + 19 + 89 + " 응답하라");
    }
}
```

실행 결과
```
응답하라 1989
108 응답하라
1989 응답하라
```

문자열 하나와 숫자 둘을 더하면 모두 연결된다. + 연산자는 왼쪽부터 순서대로 처리하는데 "응답하라 " + 19를 먼저 연산하여 "응답하라 19"가 되고 연이어 89를 문자열로 바꾸어 연결한다. 앞에 숫자 두 개가 있고 뒤에 문자열이 있으면 숫자끼리 수학적으로 더한 후 문자열과 연결한다.

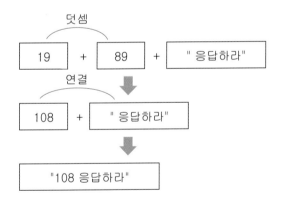

수치형 19와 89를 더해 108이 되고 이 숫자가 뒤의 문자열과 연결된다. 전부 연결하고 싶다면 숫자를 문자열로 변환하는 메서드로 타입을 변경하는 것이 원칙이지만 더 쉬운 방법이 있다. 앞에 빈 문자열을 먼저 더하면 비록 비어 있어도 문자열이어서 덧셈이 아닌 연결을 한다. 일종의 꼼수인데 간편해서 실전에서 종종 활용한다.

5 부호 연산자

부호 연산자 +, −는 피연산자의 부호를 지정하며 산술 연산자와 모양이 같다. 그러나 산술 연산자는 이항 연산자인데 비해 부호 연산자는 단항 연산자여서 피연산자의 개수로 구분 가능하다.

```
a - b                    // 피연산자가 두 개. 뺄셈 연산자
-a                       // 피연산자가 하나. 부호 연산자
```

− 부호 연산자는 피연산자의 부호를 반대로 뒤집는다.

sign / 실행 결과

```
class JavaTest {                                          8
    public static void main(String[] args) {             -8
        int value = 8;
        System.out.println(value);
        value = -value;
        System.out.println(value);
    }
}
```

8로 초기화한 변수에 − 부호 연산자를 적용하여 부호를 뒤집으면 −8이 된다. − 부호 연산자를 적용하는 것은 −1을 곱하는 것과 같다. 다음 세 수식은 모두 변수의 부호를 반대로 뒤집는다.

```
value = -value;
value = value * -1;
value *= -1;
```

피연산자를 한 번만 쓰는 *= 복합 대입 연산자가 간편하다. 절댓값을 구할 때 부호 연산자를 사용한다. 양수는 원래 값을 그대로 유지하고, 음수이면 부호를 뒤집어 양수로 만든다.

absolute / 실행 결과

```
class JavaTest {                                          8
    public static void main(String[] args) {
        int value = -8;
        if (value < 0) {
            value = -value;
        }
        System.out.println(value);
    }
}
```

+ 부호 연산자는 피연산자의 부호를 그대로 유지한다. +a는 곧 a와 같다. 사실상 아무 동작도 하지 않지만, − 부호 연산자가 있으니 대칭을 이루기 위해 존재한다. 억지로라도 실용적인 용도를 찾는다면 다음과 같은 경우이다.

int a = 87;
int b = -65;
int c = -54;
int d = 78;
int e = -94;
	int a = +87;
	int b = -65;
	int c = -54;
	int d = +78;
	int e = -94;

음수와 양수가 섞인 일련의 숫자를 나열할 때 − 부호 때문에 들쭉날쭉해 보기 좋지 않은데 이럴 때 양수에 + 부호를 써 주면 가지런해 보기에 좋다. 이런 용도로도 사용하는 경우는 드물며 사실 +87, −65의 +, −는 연산자가 아닌 리터럴의 한 부분일 뿐이다.

6-2 논리 연산자

1 비교 연산자

비교 연산자를 설명하기 전에 먼저 상등 연산자를 알아 보자. 상등(Equality) 연산자는 좌우변의 값이 같은지, 다른지 비교하여 그 결과를 boolean 타입으로 리턴한다.

연산자	설명
==	좌변과 우변이 같다.
!=	좌변과 우변이 다르다.

'다르다'는 표현은 수학에서 ≠ 기호를 쓰지만, 키보드에 없는 문자여서 !=를 사용한다. 대입 연산자 =은 기호가 하나인데 비해 상등 연산자는 ==로 기호를 두 번 쓴다. 수학의 = 기호에 해당하는 자바의 연산자는 ==이다. =은 우변값을 좌변에 대입하고 ==은 좌우변이 같은지 조사한다.

```
a = 3;                    // a에 3을 대입한다.
if (a == 3)               // a가 3인지 조사한다.
```

비교(Relational) 연산자는 좌우변 값의 크기를 비교하여 그 결과를 진위형으로 리턴한다. 수학 기호와 유사한 부등호 모양이어서 외우기 쉽고 직관적이다.

연산자	설명
<	좌변이 더 작다.
>	좌변이 더 크다.
<=	좌변이 더 작거나 같다.
>=	좌변이 더 크거나 같다.

작거나 같다, 크거나 같다는 수학에서 = 기호를 부등호 아래쪽에 표기하지만, 키보드 자판에 그런 문자가 없어 <=, >=로 풀어서 표기한다. 같거나 크다, 같거나 작다라고 하지 않으므로 =>, =<가 아니다. 부등호가 먼저 오고 등호가 뒤에 나옴을 유의하자.

상등, 비교 연산자는 두 값을 비교한다는 면에서 기능상 유사하지만, 몇 가지 차이가 있어 별도의 그룹으로 구분한다. 상등 연산자는 비교 연산자에 비해 우선순위가 낮고 참조형끼리도 비교할 수 있다는 점이 다르다.

```
if (obja == objb)
```

상등 연산자로 참조형을 비교하면 같은 주소를 가리키는지 비교하여 문자열이나 배열이 같은 객체인지 조사한다. 이에 비해 대소를 따지는 비교 연산자는 크고 작은 순서가 있는 수치값에만 사용할 수 있다. 객체는 크다, 작다의 순서를 정할 수 없어 부등 비교는 할 수 없다.

상등, 비교 연산자의 결과는 진위형이며 boolean 타입이다. 그러나 대개의 경우 변수에 대입 받기보다 if 문이나 for, while 문의 조건식에 바로 사용한다. 대입문은 단독으로 사용하는 데 비해 상등, 비교 연산문은 보통 다른 구문에 포함되어 실행 여부를 결정한다.

```
if (a == 3)                  // a가 3이면
while (t < 10)               // t가 10보다 작은 동안
```

2 논리 연산자

논리 연산자는 두 가지 이상의 조건을 평가하여 조합한다. 피연산자는 모두 boolean 타입이며 리턴 타입도 boolean이다. 조건을 조합하는 방식에 따라 다음 세 가지 연산자가 있다. 둘 다(and) 만족하는지, 둘 중 하나라도(or) 만족하는지 조사한다. &&, ||은 양변에 논리값을 취하는 이항 연산자이며, !는 하나의 논리값만 취하는 단항 연산자이다.

연산자	이름	설명
&&	and(논리곱)	양변이 모두 참일 때만 참을 리턴한다.
||	or(논리합)	양변 중 하나라도 참이면 참을 리턴한다.
!	not(논리 부정)	논리값의 평가 결과를 반대로 뒤집는다.

변수가 일정한 범위에 속하는지 조사하려면 두 가지 조건을 && 연산자로 묶어 동시에 만족하는지 점검한다. 예를 들어 value의 값이 5 ~ 10 사이에 있는지 알고 싶다면 다음 두 조건을 모두 만족해야 한다.

```
value > 5
value < 10
```

5보다는 크고 10보다는 작아야 5 ~ 10 사이에 있는 6, 7, 8, 9 중 하나이다. 수학에서는 5 < value < 10 이라는 표현으로 5와 10 사이의 범위를 표기하지만, 자바의 조건문은 피연산자가 두 개로 정해져 있어 이런 복합적인 표현을 할 수 없다. 그래서 두 조건을 개별적인 비교문으로 각각 평가한 후 논리 연산자로 합친다.

```
class JavaTest {
    public static void main(String[] args) {
        int value = 7;

        if (value > 5 && value < 10) {
            System.out.println("범위 안에 있음");
        } else {
            System.out.println("범위 안에 없음");
        }
    }
}
```

범위 안에 있음

'5보다 크다'와 '10보다 작다' 두 조건이 모두 만족해야 하므로 비교 연산문 사이에 && 논리 연산자를 쓴다. 두 조건이 모두 참이면 value는 5와 10 사이의 숫자이고, 두 조건 중 하나라도 거짓이면 전체식은 거짓이 되어 5 ~ 10 범위 바깥이다.

예제의 value는 7이므로 범위 안에 있다. 3이나 12로 바꾸면 두 조건을 동시에 만족하지 않아 범위에 포함되지 않는다. 5와 10도 범위에 포함시키려면 >, < 비교 연산자 대신 >=, <= 비교 연산자를 사용한다. 세 개 이상의 조건을 연결할 수도 있는데 다음 조건문은 5 ~ 10 사이에 있는 짝수인지 조사한다.

```
if (value > 5 && value < 10 && value % 2 == 0)
```

|| 연산자는 양쪽 조건 중 하나라도 참이면 전체식을 참으로 평가한다. 다음 조건식은 value가 짝수이거나 그렇지 않더라도 5이면 참으로 평가한다. 4, 5, 6은 모두 참이며 3이나 7은 홀수인데다 5가 아니므로 거짓이다.

```
if (value % 2 == 0 || value == 5)
```

! 단항 연산자는 논리값을 반대로 뒤집어 참은 거짓으로 바꾸고 거짓은 참으로 바꾼다. 상태를 반대로 만드는 동작을 토글(toggle)이라고 한다. ! 연산자의 동작을 평이한 if 조건문으로 풀어 쓰면 다음과 같다.

```
if (b) {
    b = false;
} else {
    b = true;
}
```

여러 줄이라 너무 긴데 b = !b; 대입문으로 진릿값을 반대로 바꾸어 대입하는 것이 훨씬 간단하다. 이 연산자는 길고 복잡한 논리식의 역을 취할 때 유용하다. 예를 들어 다음 조건문을 보자.

```
if (isMan && getMeanCredit() >= 3.5)
```

남자이고 평점이 3.5 이상인 사람을 찾는 조건문이다. 이 조건의 반대인 역조건은 다음과 같이 기술하여 남자가 아니거나 평점이 3.5 미만인 사람을 찾는 것이다.

```
if (isMan == false || getMeanCredit() < 3.5)
```

애초의 조건은 남자이고 평점 3.5 이상인 두 조건이 &&로 연결되어 있는데 역조건은 두 조건의 반대를 취한 후 ||로 연결한다. 드 모르간의 법칙(De Morgan's laws)에 의해 둘 다 참의 반대는 둘 중 하나라도 거짓인 상태이다. 또 3.5 이상의 반대 조건은 3.5 이하가 아니라 3.5 미만이라는 점도 유의하자.

참, 거짓만 다루는 부울 대수도 여러 조건을 결합하면 결코 간단하지 않다. 그나마 조건이 두 개 뿐이어서 논리식의 역을 암산할만 하지만, 더 복잡한 조건은 역조건을 만들기 쉽지 않다. 이럴 때 ! 연산자를 사용하여 전체 조건을 괄호로 묶고 반대를 취하면 간편하다.

```
if (!(isMan && getMeanCredit() >= 3.5))
```

남자이고 평점이 3.5 이상인 조건을 먼저 점검한 후 진릿값을 반대로 만들어 사용한다.

3 삼항 조건 연산자

삼항 조건 연산자는 특이하게도 피연산자를 세 개나 가진다. 조건식 하나와 두 개의 값으로 구성된다.

```
조건식 ? 참값:거짓값
```

조건식은 주로 변숫값을 비교하는 연산문이며 :의 양쪽에 참일 때의 리턴값과 거짓일 때의 리턴값을 적는다. ? 앞의 조건식을 평가하여 진위 여부에 따라 : 양쪽에 있는 두 값 중 하나를 선택한다. 선택이라는 능동적인 동작을 하므로 if else 구문을 대체할 수 있다. 다음 코드는 조건문으로 어떤 수의 절댓값을 구한다.

```
int value = -5;
int abs;

if (value > 0) {
    abs = value ;
```

```
    } else {
        abs = -value ;
    }
    System.out.println("절댓값 = " + abs);
```

양수면 value값을 그대로 대입하고, 음수면 – 부호 연산자로 부호를 뒤집어 대입한다. 원론적인 코드이지만 간단한 선택에 비해 장황해 보이는데 삼항 조건 연산자를 사용하면 if else 문을 단 한 줄로 줄일 수 있다.

```
    abs = value > 0 ? value:-value;
```

value가 양수이면 그냥 value를 선택하고 음수이면 −value를 선택한다. 단 한 줄로 절댓값을 구할 수 있어 중간 변수 abs를 굳이 선언할 필요 없이 println 문의 인수열에서 삼항 조건 연산자로 절댓값을 구해 출력하면 된다.

getabs	실행 결과

```
class JavaTest {                                              절댓값 = 5
    public static void main(String[] args) {
        int value = -5;

        System.out.println("절댓값 = " + (value > 0 ? value:-value));
    }
}
```

if else는 문장이지만 삼항 조건 연산자는 표현식이어서 수식 내에 사용할 수 있다. 연산 결과가 값이어서 수식이 들어가는 곳이면 어디든 대체 가능하다. 인수열은 물론이고 변수 초기식이나 다른 연산자의 피연산자로도 쓸 수 있다. if else 문은 표현식이 아니라 인수열에 쓸 수 없다.

```
    println(if .... else ....)
```

if 문은 선택만 하는 것이 아니라 능동적인 동작을 지정할 수 있고 여러 개의 명령을 블록으로 묶을 수 있어 범용적이지만, 값 하나를 선택하는 용도라면 삼항 조건 연산자가 더 간편하다. 다음 예제는 삼항 조건 연산자를 사용하여 변수의 홀짝수를 판별 및 출력한다.

```
join

class JavaTest {
    public static void main(String[] args) {
        int value = 3;

        System.out.println("value는 " + (value % 2 == 0 ? "짝":"홀") + "수입니다.");
    }
}
```

실행 결과	value는 홀수입니다.

2로 나눈 나머지가 0이면 짝수라고 판별한다. 삼항 조건 연산자의 ?를 '~이면'으로 읽고, :을 '~아니면'으로 읽으면 자연스럽게 읽혀지며 이해하기도 쉽다.

value가 짝수　　　　　이면　　　아니면

value % 2 == 0 ? "짝":"홀"

삼항 조건 연산자는 value값에 따라 두 문자열 중 하나를 리턴하며 그 결과를 문자열 중간에 조립하여 출력하였다. + 연산자보다 삼항 조건 연산자의 우선순위가 낮아 조건식을 괄호로 싸야 연결할 문자열을 먼저 선택한다.

6-3 캐스트 연산자

1 타입의 변환

연산자의 좌우변은 타입이 같은 것이 원칙이다. 정수형은 정수형끼리, 실수형은 실수형끼리 연산해야 하며 대입도 마찬가지이다. 그러나 불가피하게 크기나 형태가 다른 변수끼리 연산할 경우가 종종 있다.

```
byte b = 1;
short s = 2;
int i = b + s;
```

byte 타입과 short 타입을 더해 int 타입의 변수에 대입했다. + 연산자의 좌우변 타입이 일치하지 않고 = 연산자의 좌우변도 타입이 다르다. 크기가 다른 변수끼리 연산했지만 별문제 없이 처리된다. 다음은 내부 구조가 아예 다른 정수와 실수의 경우를 보자.

```
int i = 1;
float f = 3.14f;
double d = i + f;
```

정수형과 float 타입을 더해 double 타입의 변수에 대입했다. 이 코드도 이상 없이 잘 처리된다. 타입이 달라도 연산이 가능한 이유는 컴파일러가 수식 내의 작은 타입을 더 큰 타입으로 자동 변환하기 때문이다. 작은 타입을 큰 타입으로 바꾸는 것을 상승 변환이라고 한다.

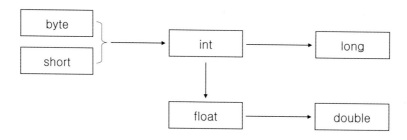

byte나 short는 수식 내에서 항상 int 타입으로 변환한 후 연산한다. 왜냐하면 32비트 머신은 32비트를 가장 잘 다루며 8비트나 16비트가 오히려 더 비효율적이기 때문이다. 그래서 정수형은 무조건 32비트로 바꾼 후 연산한다.

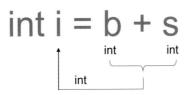

수식 내에서 b와 s는 임시로 int 타입으로 확장되며 + 연산자는 양변의 타입을 int로 일치시켜 더한다. 더한 결과는 int 타입이며 따라서 i에 문제 없이 대입할 수 있다. byte나 short로 표현할 수 있는 모든 수는 int로 표현할 수 있어 정확도의 손실이 없고 오히려 더 빠르다. 마찬가지로 정수와 실수를 연산할 때도 비슷한 일이 발생한다.

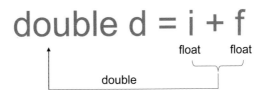

int와 float는 타입이 다르므로 int를 더 큰 타입인 float로 바꾼 후 더하며 그 결과는 float이다. float 값을 double 타입의 변수에 직접 대입할 수 없어 연산 결과를 double로 바꾼 후 변수 d에 대입한다.

작은 타입의 변수를 큰 타입의 변수에 대입하는 것은 논리적으로 문제가 없고 속도상의 이점도 있어 컴파일러가 자동 변환한다. 그래서 타입을 섞어 사용하더라도 대개의 경우 큰 문제가 없으며 신경 쓸 필요도 없다.

2 강제적 변환

상승 변환에 비해 반대의 경우는 사정이 다르다. 더 큰 타입의 값을 작은 타입의 변수에 대입할 때는 값의 손실이 발생하기 때문에 에러로 처리한다. 다음 대입문은 명백한 에러이다.

```
int i = 1234;
byte b = i;
```

32비트의 큰 값을 8비트의 작은 변수에 대입했는데 byte 타입은 1234를 저장할 능력이 없다. 값의 손실이 발생하며 논리적인 문제가 있어 컴파일러는 매정하게 에러 처리해 버린다. 그렇다면 다음 코드는 어떨까?

```
int i = 12;
byte b = i;
```

i의 값을 12로 바꾸었는데 이 값은 byte형의 변수에 충분히 저장할 수 있다. 하지만 이 코드도 에러이다. 왜냐하면 i가 현재는 12라고 해도 언제든지 변할 수 있는 변수이기 때문이다. b = i 대입문을 실행할 때는 12가 아닐 수도 있다.

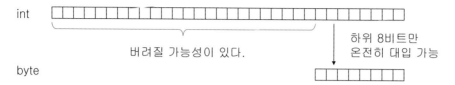

현재값보다 변수의 타입에 따른 범위가 중요하다. int에 저장 가능한 값을 byte에 항상 안전하게 대입할 수 없다. 체급이 다른 변수에 억지로 끼워 맞추려니 위험하다. 꼭 대입하려면 변수의 타입을 강제로 변환하여 양변을 맞춰야 하는데 이때 캐스트 연산자를 사용한다. 변수 앞에 괄호를 쓰고 변환할 타입을 써 준다.

```
(타입)변수
```

캐스트 연산자는 피연산자의 타입을 괄호 안의 타입으로 바꾸어 리턴한다. 주물에 쇳물을 부어 모양을 만들듯이 대상의 타입을 강제로 바꾼다는 뜻이다. 위 연산식을 다음과 같이 수정하면 잘 컴파일된다.

```
int i = 12;
byte b = (byte)i;
```

32비트의 i 변숫값을 잠시 8비트의 byte 타입으로 바꾼 후 b에 대입한다. i의 값이 12여서 아무 이상 없이 잘 대입되지만, byte의 범위보다 더 큰 값이면 정확도가 손실된다. i가 1234라는 큰 값을 가지고 있다면 강제로 8비트로 잘라내기 위해 일부 값을 버리며 때로는 위험할 수도 있다.

그러나 개발자가 캐스트 연산자로 강제 변환을 지시하면 컴파일러는 더 이상 딴지를 걸지 않는다. 개발자는 i의 값이 byte 범위에 충분히 들어온다는 것을 확신하고 (byte) 연산자를 쓴 것이다. 예를 들어 나이라든가 학년 값이라면 위험하지 않다. 개발자가 모든 것을 책임질테니 컴파일러는 시키는대로 하라는 의사 표현이다.

캐스트 연산자는 피연산자의 값을 잠시 원하는 타입으로 바꾸는 것이지 변수의 타입 자체를 바꾸는 것은 아니다. (byte)i 연산식은 byte 타입으로 변환하여 수식에 사용하지만, 변수 i 자체는 여전히 int 타입을 유지한다. 컴파일러의 자동 상승 변환으로 인해 아주 상식적인 코드가 에러 처리되는 경우가 있다. 다음 코드를 보자.

```
byte a = 1;
byte b = 2;
byte c = a + b;
```

byte 타입끼리 더해 byte 타입의 변수에 대입하는 지극히 자연스러운 코드이지만 에러 처리된다. 수식 내에서 byte 타입 변수는 연산 효율을 위해 int 타입으로 자동 확장되며 a + b 수식의 연산 결과가 int 타입이어서 byte 타입의 변수에 대입할 수 없다.

$$byte\ c = a + b$$

위 코드에서 c는 3의 값을 가져 byte 범위 안에 들어오지만, 만약 a가 100, b가 100이면 덧셈 결과는 200이 되어 byte 범위를 넘어선다. 당장은 가능할 거 같지만 잠재적으로 위험해 컴파일러는 깐깐하게 에러 처리한다. 다음과 같이 캐스팅하여 넘치는 값은 버려도 상관없다는 의사를 분명히 표현해야 한다.

```
byte c = (byte)(a + b);
```

이런 어색한 코드를 쓰고 싶지 않다면 웬만하면 정수형은 int 타입을 쓰는 것이 좋다. byte라고 해서 메모리가 절약되지도 않고 속도도 느리다. 단독으로 사용할 정수를 byte나 short로 선언할 아무런 이유가 없다. 대규모 배열이 아닌 한 정수는 무조건 int 이상을 쓴다.

여러 가지 이유로 캐스트 연산자가 꼭 필요하지만 강제적인 변환에 의해 값의 손실이 발생하며 컴파일러의 타입 체크를 방해하므로 잘못 사용하면 무척 위험하다. 캐스트 연산자를 사용한다고 해서 모든 타입을 다 바꿀 수 있는 것도 아니다. 다음 문장은 캐스팅해도 에러이다.

```
String num = "123";
int value = (int)num;
```

문자열에 저장된 "123" 숫자를 정수로 바꿔 value에 대입하면 좋겠지만, 이 코드는 동작하지 않는다. 캐스트 연산자는 수치형끼리 또는 상속 관계에 있는 객체처럼 서로 호환되는 비슷한 타입만 임시적으로 형태를 바꾸는 것이지 완전히 다른 타입으로 변환하는 것은 아니다. 문자열과 수치형을 상호 변환하려면 별도의 메서드를 사용해야 한다.

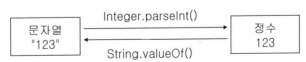

정수형 클래스인 Integer는 문자열로부터 정수를 생성하는 parseInt 메서드를 제공하며, 문자열 클래스인 String은 수치값으로부터 문자열을 생성하는 valueOf 메서드를 제공한다. 다음 예제에서 두 타입을 상호 변환해 보자.

```
class JavaTest {
    public static void main(String[] args) {
        String num = "123";
        int value = Integer.parseInt(num);
        value++;
        System.out.println("정수 = " + value);

        String str = String.valueOf(value);
        System.out.println("문자열 = " + str);

    }
}
```

```
정수 = 124
문자열 = 124
```

문자열 "123"을 Integer.parseInt 메서드로 정수로 변환하여 value에 대입했다. 문자열은 문자가 모여 있는 것인데 비해 수치형은 수학적 연산이 가능하다. 과연 그런지 ++ 연산자로 1 증가시켜 보았다. 문자열 "123"이 정수 123으로 변환되었다가 ++ 연산자에 의해 1 증가하여 124가 된다.

정수 124를 String.valueOf 메서드로 전달하면 문자열 "124"가 된다. 메서드를 호출하는 방법보다 더 간단한 방법도 있는데 "" + value 수식으로 빈 문자열과 정수를 더하면 정수가 자동으로 문자열로 변환된다.

C 언어와는 달리 boolean 타입은 정수형과 호환되지 않아 캐스팅해도 상호 변환할 수 없다. 다음 문장은 에러이다.

```
boolean isMan = true;
int i = (int)isMan;
```

진위형은 맞다, 아니다를 표현하는 값일 뿐 크다, 작다를 의미하는 수치값과는 의미가 달라 자바는 이를 명백히 금지한다. 진위형을 숫자로 강제 변환해야 하는 상황은 거의 없으며 단순한 실수인 경우가 많다.

의도상으로는 isMan이 true이면 i에 1을 대입하고, false이면 0을 대입하고 싶은 것으로 해석할 수 있는데 1이 참이고 0이 거짓이라는 것은 인위적으로 만든 약속일 뿐 수학적 진리가 아니다. 정 변환하려면 조건문이나 삼항 조건 연산자로 직접 변환해야 한다.

```
if (isMan) i = 1; else i = 0;
i = isMan ? 1:0;
```

이 문장은 개발자가 직접 true에 1을 대응시키고, false에 0을 대응시켰다. 진릿값과 정수를 어떻게 대응시킬 것인지 필요에 따라 자유롭게 결정한다. 개발자가 직접 두 값의 대응관계를 지정했으니 컴파일러가 더 이상 태클을 걸지 않는다.

다른 연산자는 다 기호로 되어 있는데 비해 캐스트 연산자는 괄호와 타입명으로 된 독특한 형태여서 연산자가 아닌 것처럼 보인다. 단순히 잠시 타입을 바꾸라는 컴파일러 지시 사항처럼 보이지만, 값을 조작해서 변경하는 능동적인 동작을 하는 연산자가 분명하다. 다음 예를 보자.

```
float a = 1.0f;
int b = (int)a;
```

실수형의 1.0을 정수형 변수 b에 대입하기 위해 1로 변환한다. 사람이 보기에 1.0과 1은 같은 값이지만 메모리에서 이 둘은 완전히 다르다. 위 코드에서 (int) 캐스트 연산자는 부호, 지수, 가수로 구성된 실수 1.0을 정수 1로 바꾸는 복잡한 동작을 한다.

6-4 우선순위

1 우선순위

한 수식에 여러 종류의 연산자를 동시에 사용하여 복잡한 계산을 한 번에 수행할 수 있다.

```
value = 2 + 3 * 4;
```

이 짧은 식에도 덧셈, 곱셈, 대입 연산자 세 개가 쓰였다. 이럴 경우 어떤 연산을 먼저 실행할 것인가에 따라 결과가 달라진다. 수학에서는 덧셈보다 곱셈을 먼저 처리하도록 정의되어 있어 value에는 14가 대입된다. 이 수식의 결과가 20이라고 생각하면 오산이다.

$$value = 2 + 3 * 4;$$

12

14

우선순위는 한 연산식에 여러 연산자가 섞여 있을 때 먼저 처리할 연산 순서를 규정한다. 도표의 위쪽에 있는 연산자가 우선순위가 높다.

연산자					결합 순서
++	--(후위형)	.	[ ]		왼쪽 우선
++	--(전위형)	부호	~ !	캐스트	오른쪽 우선
*	/	%			왼쪽 우선
+	-				왼쪽 우선
《	》	》》			왼쪽 우선
〈	〉	〈=	〉=	instanceof	왼쪽 우선
==	!=				왼쪽 우선
&					왼쪽 우선
^					왼쪽 우선
						왼쪽 우선
&&					왼쪽 우선
||					왼쪽 우선

? :		오른쪽 우선
=	복합 대입 연산자	오른쪽 우선

복잡해 보이지만 우선순위는 대체로 상식적이어서 크게 헷갈리지 않는다. 그러나 예상외의 함정을 만나는 경우도 있는데 다음 문장을 보자.

```
System.out.println(value % 2 == 0 ? "짝":"홀" + "수입니다.");
```

value가 짝수이면 "짝", 아니면 "홀"을 선택하고 그 뒤에 "수입니다."라는 문자열을 덧붙이는 코드이다. value가 홀수일 때는 잘 동작하지만, 짝수일 때는 제대로 동작하지 않는다. 삼항 조건 연산자보다 덧셈 연산자의 우선순위가 월등히 높아 컴파일러는 위 문장을 다음과 같이 해석한다.

```
System.out.println(value % 2 == 0 ? "짝":"홀수입니다.");
```

연산 순위를 조정하려면 먼저 연산할 식을 괄호로 묶어 우선순위를 높여 준다. 삼항 조건 연산식을 괄호로 묶으면 이 식을 먼저 계산한 후 그 결과와 문자열을 연결한다.

```
System.out.println((value % 2 == 0 ? "짝":"홀") + "수입니다.");
```

연산 순위가 헷갈린다거나 모호해 보인다면 괄호를 사용하여 순위를 명시적으로 지정하는 것이 좋다. 다음 예제를 보고 결과를 예측해 보자.

andor

```
class JavaTest {
    public static void main(String[] args) {
        int a = 1;
        int b = 2;
        int c = 3;
        int d = 4;

        if (a == 1 || b == 2 && c == 10 || d == 10) {
            System.out.println("진실");
        } else {
            System.out.println("거짓");
        }
    }
}
```

변수가 네 개나 되어 헷갈리는데 진릿값의 연산식으로 바꾸어 보자. 양쪽에 || 식이 있고, 가운데에 && 식이 있어 사람의 직관력은 이 조건식을 다음과 같이 해석한다.

```
(true || true) && (false || false)
```

이 식대로 하면 &&의 좌변은 true이지만, 우변이 false이므로 전체식은 false이다. 그러나 연산 순위표를 보면 ||보다는 &&의 순위가 높아 컴파일러는 이 식을 다음 순서대로 평가한다.

```
true || (true && false) || false
```

제일 좌변이 true이므로 전체식도 true이다. 예제의 출력 결과는 개발자가 의도했던 것과는 달리 '진실'이 되어 버린다. 원하는대로 조건을 점검하려면 괄호로 감싸야 하며 이렇게 하면 거짓이 출력된다.

```
if ((a == 1 || b == 2) && (c == 10 || d == 10)) {
```

다음 연산문도 흔히 많이 헷갈리는 예이다.

```
int value = 2;
value = value * 3 + 4;
```

간단한 수식이어서 결과가 10임을 쉽게 암산할 수 있다. 곱셈이 덧셈보다 우선순위가 높아 2에 3을 먼저 곱하고 4를 더한다. 좌변의 피연산자가 우변에도 있으므로 배운 티를 내기 위해 복합 대입 연산자로 바꿨다고 해 보자.

```
value *= 3 + 4;
```

똑같은 수식같지만 복합 대입 연산자의 우선순위가 꼴찌여서 완전히 다른 결과가 나온다. 3과 4가 먼저 더해져 7이 되고, 2에 이 값을 곱해 결과는 14가 된다. 이런 예상치 못한 문제가 있기 때문에 복잡한 수식에는 복합 대입 연산자를 사용하지 말아야 한다.

이 외에도 연산 우선순위에 대한 함정이 곳곳에 도사리고 있으며 숙련된 개발자도 가끔 헷갈리는 경우가 많아 항상 우선순위표를 참조해야 한다. 만약 정 헷갈리고 자신없으면 애매하다 싶은 부분에 부지런히 괄호를 감싸 주는 것이 바람직하다.

2 결합 순서

결합 순서는 같은 순위의 연산자를 한 식에 같이 사용할 때 어떤 연산부터 처리할 것인가를 지정한다. 다음 연산식의 결과를 예측해 보자.

```
int value = 4 * 5 / 2 % 3;
```

곱셈, 나눗셈, 나머지 연산자는 모두 우선순위가 같다. 이 연산자는 왼쪽 우선의 결합 순서를 가져 왼쪽에서부터 차례대로 연산한다.

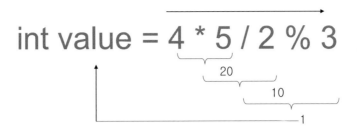

사람이 글을 읽는 방향과 같다. 만약 결합 순서를 원하는 대로 조정하고 싶다면 이때도 괄호를 사용한다. 위 식에서 2 % 3을 먼저 연산하고 싶다면 괄호로 묶는다.

```
int value = 4 * 5 / (2 % 3);
```

이렇게 되면 value에 10이 대입된다. 결합 순서에 따라서 연산 결과가 달라진다. 대부분의 연산자는 왼쪽 우선이지만, 단항, 대입 연산자는 오른쪽 우선이다. 다음 예제는 네 개의 변수에 연쇄적으로 같은 값을 대입한다.

contassign	실행 결과
| ```
class JavaTest {
    public static void main(String[] args) {
        int a, b, c, d;
        a = b = c = d = 5;
        System.out.println(c);
    }
}
``` | 5 |

모든 변수에 5가 대입되는데 이렇게 되는 이유는 대입 연산자가 오른쪽 우선으로 결합되기 때문이다. 대입할 값이 오른쪽에 있으니 오른쪽 먼저 연산하는 것이 논리상 합당하다.

$$a = b = c = d = 5;$$

d = 5가 먼저 대입되고 그 결과인 5가 리턴되며 이 값을 다시 c가 대입 받는다. 그리고 연쇄적으로 a, b도 5를 대입 받는다. 만약 대입 연산자가 왼쪽 우선으로 결합한다면 a = b가 제일 먼저 실행되는데 이렇게 되면 초기화되지도 않은 b값을 a에 대입하므로 에러이다.
```

01 다음 코드의 실행 결과는 무엇인가?

```
int a = 9;
int b = 4;
System.out.println(a / b);
```

02 정수 value가 짝수인지 점검할 때 사용하는 연산자는?

① +   ② *   ③ /   ④ %

03 다음 문장이 에러로 처리되는 이유는 무엇인가?

```
a + b = 123;
```

04 다음 중 효과가 다른 연산문은?

① a= a + 1 ② a + 1 ③ a += 1 ④ a++

05 다음 연산문을 실행한 후 a의 값은 얼마인가?

```
int value = 3;
int a = value++;
```

① 2   ② 3   ③ 4   ④ 5

06 다음 코드의 실행 결과를 적어라.

```
System.out.println(20 + 02 + "WorldCup");
```

07 변수 a가 1 초과, 9 미만이라는 조건문은?

① if (1 < a < 9)

② if (9 > a > 1)

③ if (a > 1 && a < 9)

④ if (a < 9 || a > 1)

08 우유와 베지밀 중 싼 제품을 두 개 구입할 때의 가격을 계산하는 코드를 삼항 조건 연산자를 사용하여 작성하라.

```
int milk = 2500;
int vegemil = 2350;
int price = (              );
```

09 다음 코드에서 에러가 발생하는 원인을 설명하고 해결책을 제시하라.

```
int i = 12;
byte b = i;
```

10 다른 종류의 연산자는 (   )에 따라 순서를 결정하며 같은 순위의 연산자는 (   )에 따라 순서를 결정한다.

11 괄호 안에 코드를 작성하여 국어, 영어, 수학 점수의 총점과 평균을 구하라.

```
int kor = 85, eng = 92, math = 76;
int sum = (                );
double avg = (                );
System.out.println("총점 : " + sum + " .
평균 : " + avg);
```

07

_ 배열

java

7-1 배열

1 변수의 집합

프로그램의 복잡도가 증가하면 처리할 데이터가 늘어나 많은 변수가 필요하다. 변수의 개수 제한은 없지만, 그렇다고 마구잡이로 선언하면 관리하기 어렵다. 예를 들어 다섯 개의 성적을 저장하기 위해 다섯 개의 변수를 선언했다고 해 보자.

```
int score1, score2, score3, score4, score5;
```

같은 이름을 쓸 수는 없어 score 뒤에 일련번호를 붙였다. 이런 식이면 성적 데이터가 1000개일 때 score1 ~ score1000까지 변수를 선언해야 한다. 이름을 통해 관련 변수임은 알 수 있지만 컴파일러가 보기에는 독립된 변수일 뿐이어서 반복 처리를 하기 어렵다.

유사한 데이터를 저장하는 관련 변수의 집합은 한꺼번에 선언하는데 이럴 때 사용하는 것이 배열이다. 배열(Array)은 같은 타입의 변수를 모아 놓은 변수의 집합이다. 대량의 정보를 저장할 때 사용하며 반복적인 처리가 가능하다. 자바에서 배열을 선언하는 방식은 다음 두 가지가 있다.

```
타입[ ] 배열명;
타입 배열명[ ];
```

배열 요소의 타입과 배열의 이름으로 선언하되 일반 변수와 달리 [ ] 괄호로 배열임을 명시한다. [ ]는 배열임을 표시하는 기호일 뿐이며 선언할 때 빈 괄호만 적고 크기는 할당할 때 밝힌다. [ ] 괄호는 타입 뒤에 붙일 수도 있고, 배열명 뒤에 붙일 수도 있다.

배열이라는 형식 자체가 하나의 타입이므로 타입 뒤에 [ ] 괄호를 붙이는 것이 논리적으로 맞는 선언 방법이다. int[ ] 표기가 정수형 배열 타입이라는 뜻이다. C 개발자를 위해 배열명 뒤에 [ ] 괄호를 붙이는 형식도 지원하지만 권장하지 않는다.

배열 변수는 배열 요소의 시작 위치를 가리키는 참조형 변수이며 그 자체는 대량의 데이터를 저장할 수 없다. 배열을 선언한 후 new 연산자로 정보를 저장할 공간을 할당하여 배열을 생성해야 한다. 배열 생성문은 다음과 같으며 [ ] 괄호 안에 크기를 지정한다.

```
배열명 = new 타입[크기];
```

이 문장에 의해 지정한 크기의 변수 집합이 생성되며 그 시작 위치를 배열 변수가 가리킨다. 배열에 속하는 변수를 배열 요소(Element)라고 부르며 배열 변수를 통해 읽거나 쓴다. 정수형 변수 다섯 개가 필요하다면 다음 형식으로 선언 및 할당한다.

```
int[] score;
score = new int[5];
```

정수형 요소를 가지는 score 배열을 생성하고 new 연산자에 의해 정수형 변수 다섯 개를 저장할 공간을 할당하며 대입 연산자에 의해 score 배열이 시작 위치를 가리킨다.

기본형 변수와는 달리 크기가 가변적이어서 한 번에 생성할 수 없고 선언과 할당의 과정을 거쳐야 한다. 선언과 할당을 한 줄에 할 수도 있다.

```
int[] score = new int[5];
```

배열 요소는 배열명[첨자] 형식으로 읽고 쓴다. 첨자(Index)는 배열 내의 요소 위치를 가리키는 순서값이며 0부터 시작(Zero base)한다. 배열뿐만 아니라 컴퓨터는 숫자를 셀 때 항상 0부터 시작한다. 첫 번째 요소의 첨자는 0이며 마지막 요소의 첨자는 크기보다 1 더 작다. 크기가 5인 score 배열은 score[0] ~ score[4]의 정수형 요소를 가진다. score[5]는 없음을 유의하자.

첨자로부터 배열 요소를 찾는 연산은 실행 중에 수행되므로 정수 리터럴뿐만 아니라 변수도 사용할 수 있다. n이라는 정수형 변수가 있을 때 score[n] 표현식은 n이 가리키는 첨자의 배열 요솟값을 읽는다. 이때 n은 배열의 크기에 맞는 유효한 값이어야 한다. 배열의 할당 크기는 배열 객체의 length 속성으로 읽으며 유효한 첨자는 0 ~ length-1까지이다.

배열을 구성하는 각 요소는 집합에 속해 있을 뿐 일반 변수와 차이가 없다. score[n] 변수는 int 타입의 변수와 자격이 같아 정숫값 하나를 저장하며 정수형 변수를 사용할 수 있는 곳이면 어디에나 올 수 있다. 다음 예제는 다섯 개의 성적 데이터를 배열에 저장하고 순서대로 읽어 출력한다.

scorearray	실행 결과
```class JavaTest { public static void main(String[] args) { int[] score = new int[5]; score[0] = 88; score[1] = 99;```	1번 학생의 성적 : 88 2번 학생의 성적 : 99 3번 학생의 성적 : 70 4번 학생의 성적 : 55 5번 학생의 성적 : 100

```
        score[2] = 70;
        score[3] = 55;
        score[4] = 100;

        for (int i = 0; i < score.length; i++) {
            System.out.println((i + 1) + "번 학생의 성적 : " + score[i]);
        }
    }
}
```

성적값 다섯 개를 저장할 score 배열을 선언 및 할당했다. score[0] ~ score[4]까지 다섯 개의 정수형 변수가 생성되며 각 변수에 성적 데이터를 대입하여 초기화했다. 정보가 배열에 모여 있어 첨자 범위만큼 루프를 돌면 모든 성적을 읽을 수 있다. 배열 크기인 5를 직접 쓸 수도 있지만 이렇게 하면 관리하기 번거로워진다.

```
for (int i = 0; i < 5; i++) {
```

score 배열의 크기가 늘어나면 루프의 순회 범위를 일일이 조정해야 한다. 배열만 6으로 늘리고 루프는 5 직전까지만 돌면 추가된 요소를 인식하지 못하고 무시해 버린다. 배열을 줄이면 없는 요소를 읽어 다운될 수도 있다. 배열 크기를 직접 쓰지 말고 length 속성으로 조사해야 크기가 바뀌어도 루프는 수정할 필요 없어 코드 관리에 유리하다.

이 예제에서 눈여겨 볼 문장은 배열의 첨자로 변수를 사용하는 score[i] 표현식이다. for 루프의 제어변수 i를 0 ~ 4까지 순회하며 score[i]를 읽으면 배열 요솟값이 순서대로 읽혀진다. 루프와 함께 사용할 수 있어 배열로 대용량의 데이터를 처리할 수 있다. 학생수가 30명으로 늘어나도 배열의 크기만 늘려 주면 나머지는 루프가 알아서 처리한다.

배열의 첨자는 0부터 시작하는데 비해 학생 번호는 1부터 시작하므로 첨자에 1을 더해야 학생 번호가 된다. 아니면 배열 크기를 6으로 선언하고 0번 첨자를 사용하지 않는 방법도 있다. 사람은 1부터 시작하는 자연수에 익숙한데 비해 컴퓨터는 0부터 시작하는 수 체계를 가져 헷갈린다.

2 배열 초기화

일반 변수와 마찬가지로 배열 요소도 사용하기 전에 원하는 값으로 초기화해야 한다. 별도의 지정이 없으면 모든 배열 요소를 기본값(0, false, null)으로 초기화한다. 앞 예제처럼 각 요소에 원하는 값을 일일이 대입하여 초기화하는 것도 한 방법이지만 큰 배열은 비효율적이다.

그래서 배열을 선언하면서 동시에 요소를 일괄 초기화하는 방법을 제공한다. 다음 예제는 성적 배열에 대해 초기식을 지정하여 선언, 할당 및 초기화를 한 줄에 처리하는 원칙적인 방법이다. 초기화 방법만 다를 뿐 실행 결과는 앞 예제와 같다.

```
class JavaTest {
    public static void main(String[] args) {
        int[] score = new int[]{ 88, 99, 70, 55, 100 };

        for (int i = 0; i < score.length; i++) {
            System.out.println((i + 1) + "번 학생의 성적 : " + score[i]);
        }
    }
}
```

```
1번 학생의 성적 : 88
2번 학생의 성적 : 99
3번 학생의 성적 : 70
4번 학생의 성적 : 55
5번 학생의 성적 : 100
```

배열의 초깃값은 할당문 뒤쪽에 { } 괄호와 함께 나열한다. 괄호 안에 나타나는 순서대로 각 요소에 대입한다. 초깃값의 개수를 세어 보면 배열의 크기를 알 수 있어 할당문에는 크기를 밝히지 않는다. 크기까지 밝히면 오히려 불필요한 값이라는 에러로 처리한다.

```
int[] score = new int[5]{ 88, 99, 70, 55, 100 };                    // 에러
```

크깃값과 초깃값의 개수가 일치하지 않을 때 어느쪽을 따를지 애매해 초기식이 있을 때는 크기를 생략한다. 크기를 생략해 두고 배열을 늘리고 싶을 때 초깃값을 더 적으면 된다. 크깃값뿐만 아니라 할당문인 new int[] 구문도 꼭 필요치 않아 생략 가능하다.

중복 정보

초기식을 저장하려면 할당해야 한다.

$$int[] \ score = new \ int[] \ \{ \ 88, \ 99, \ 70, \ 55, \ 100 \ \};$$

생략 가능

위 예제의 배열 초기화식은 원칙대로 작성한 것인데 이 구문을 잘 뜯어 보자. score 변수의 선언문에 정수형 배열임을 명시했으므로 할당문에 타입을 다시 밝힐 필요는 없다. 정수형 배열의 초깃값은 보나 마나 정수형이지 실수값을 주지는 않는다. 따라서 할당문의 int[] 구문은 필요치 않다.

new 연산자는 배열을 할당하라는 뜻인데 뒤쪽에 초깃값이 있어 할당문임을 알 수 있다. 메모리를 할당하지 않고 초깃값을 저장할 수는 없다. 그래서 new 연산자도 생략 가능하다. 배열을 선언과 동시에 초기화할 때는 new 연산자, 타입, 크기 등을 모두 생략하고 간략하게 쓴다.

```
int[] score = { 88, 99, 70, 55, 100 };
```

크기가 5인 정수형 배열을 할당 및 초기화한다는 것을 분명히 알 수 있으며 애매함이 없다. 간편한 초기

화는 선언과 동시에 초기화할 때만 사용할 수 있으며 선언과 초기화를 분리할 때는 초기식의 new int [ ]를 반드시 써야 한다.

```
int[] score;
score = new int[] { 88, 99, 70, 55, 100 };
```

score 배열을 선언해 놓고 새로운 배열을 할당 및 초기화하여 대입했다. 여기서 new int[ ] { } 구문은 새로운 배열을 정의하는 배열 리터럴이다. 초기식이 아닌 곳에서 배열을 생성할 때는 반드시 new 연산 자로 할당해야 하며 { 초기식 } 만으로는 메모리가 할당되지 않는다.

```
int[] score;
score = { 88, 99, 70, 55, 100 };                // 에러
```

대개의 경우 선언과 초기화를 한꺼번에 하는 것이 편리하지만, 선언 후 초기화할 때는 new 연산자를 쓴 다. 또 배열을 재초기화할 때도 선언과 할당이 분리되므로 new 연산자가 필요하다.

newarray 실행 결과

```
class JavaTest {
    public static void main(String[] args) {
        // 간편한 초기화
        int[] score = { 88, 99, 70, 55, 100 };
        for (int i = 0; i < score.length; i++) {
            System.out.print(score[i] + ", ");
        }
        System.out.println();

        // 재초기화
        score = new int[] {1, 2, 3, 4, 5, 6, 7, 8 };
        for (int i = 0; i < score.length; i++) {
            System.out.print(score[i] + ", ");
        }
    }
}
```

```
88, 99, 70, 55, 100,
1, 2, 3, 4, 5, 6, 7, 8
```

최초 score 배열을 생성할 때는 선언과 동시에 초기화하므로 간편한 초기화 방식을 사용했다. 이 상태 에서 배열을 통째로 교체할 때는 new int[ ] { } 구문으로 할당 및 초기화하여 대입한다. score를 새 배 열로 교체한다.

완전히 새로운 배열을 만드는 것이므로 모든 요소의 값을 바꿀 수 있을 뿐만 아니라 배열의 크기도 바꿀 수 있다. 그러나 배열 요소의 타입을 바꾸거나 차원을 변경할 수는 없다. score는 정수형 1차 배열로 선 언되어 실수형 배열이나 정수형 2차 배열을 가리킬 수는 없다.

메서드 내에서 배열을 재초기화하는 경우는 드물다. 그러나 메서드 간에 배열을 전달할 때는 기존 배열

을 넘기거나 아니면 인수열에서 새로운 배열을 만든다. 이때는 완전한 형식으로 배열 리터럴을 할당 및 초기화해야 한다.

```
func(new int[] { 1, 2, 3 });
```

배열 리터럴 전달

```
void func(int[] score) {
    ....
}
```

배열을 선언하면서 초기화하는 것이 아니므로 func({1, 2, 3}) 형식으로 생성할 수 없으며 반드시 new 연산자가 있어야 한다.

배열은 유사한 정보를 하나의 이름으로 모아 놓았다는 면에서 강력하다. 첨자로 변수를 쓸 수 있어 루프와 함께 사용하면 대량의 정보를 손쉽게 처리할 수 있다. 다음 예제는 배열에 성적을 저장해 놓고 성적을 처리한다.

sumarray | **실행 결과**

```
class JavaTest {
    public static void main(String[] args) {
        int[] score = { 88, 94, 72, 75, 23 };
        int sum = 0;
        for (int i = 0; i < score.length; i++){
            sum += score[i];
        }
        System.out.println("총점 : " + sum);
        System.out.println("평균 : " + (float)sum / score.length);
    }
}
```

```
총점 : 352
평균 : 70.4
```

실제 프로젝트라면 데이터베이스에서 성적값을 읽겠지만 예제에서는 편의상 임의의 성적으로 초기화했다. 합계를 구할 sum은 0으로 초기화해 두고, 제어 변수 i는 0에서 4까지 변하며 score[i], 즉 i번째 학생의 성적을 읽어 sum에 누적시킨다.

루프를 돌면 총점이 계산되며 이 값을 배열 크기로 나누면 평균이 된다. 소수점 이하를 정밀하게 계산하기 위해 sum값을 잠시 float 타입으로 캐스팅했다. 이 상태에서 학생이 늘거나 줄어도 성적 처리 코드는 영향을 받지 않는다. 100명이든 1000명이든 똑같은 코드로 성적을 처리할 수 있다.

3 2차원 배열

배열 요소의 타입에는 제한이 없어 실수나 문자열은 물론이고 객체의 배열도 가능하다. 심지어 배열도 하나의 타입이어서 배열의 요소가 될 수 있다. 예를 들어 성적값을 과목별로 모으고 이 집합을 다시 학생별로 나열하면 배열끼리 중첩되어 2차원 배열이 된다. 1차원 배열은 변수가 선형으로 죽 늘어선 모양이지만, 2차원 배열은 표 형태의 평면적인 모양이다.

2차원 이상의 배열을 다차원 배열이라고 하는데 3차, 4차 얼마든지 가능하다. 2차원 배열만 잘 다룰 수 있으면 다차원 배열도 원리는 비슷해 똑같은 방식으로 다룰 수 있다. 2차원 배열을 선언하는 형식은 다음과 같다.

```
타입[][] 배열명;
```

1차원 배열에 비해 [ ] 괄호가 두 개 붙는다. 2차원 배열도 1차원 배열과 마찬가지로 선언 후 할당해야 한다. 할당할 때도 [ ] 괄호를 두 개 쓰며 각각 행크기와 열크기를 지정한다.

```
배열명 = new 타입[행크기][열크기];
```

예를 들어 학생별, 과목별 성적을 2차원 배열에 저장한다면 다음과 같이 선언 및 할당한다.

```
int[][] score = new int[3][4];
```

배열의 총 크기는 행크기 * 열크기이다. 이 경우 score 배열은 총 12개의 정숫값을 저장할 수 있다. 2차원 배열을 초기화할 때는 전체를 { } 괄호로 감싸고, 각 행별로 { } 괄호 안에 초깃값을 나열한다. 다음 예제는 각 학생의 과목별 성적을 2차원 배열에 저장하여 출력한다.

rectangular

```java
class JavaTest {
    public static void main(String[] args) {
        int[][] score = {
                { 77, 56, 70, 82 },
                { 99, 96, 89, 88 },
                { 81, 69, 62, 80 }
        };

        for (int student = 0; student < score.length; student++) {
            System.out.print((student + 1) + "번 학생의 성적 : ");
            for (int subject = 0; subject < score[0].length; subject++) {
                System.out.print(score[student][subject] + " ");
            }
            System.out.println("");
        }
    }
}
```

score 배열은 2차원 정수형 배열로 선언했으며 1차 첨자가 학생 번호이고, 2차 첨자가 과목 번호이다. 배열의 크기는 초기식의 데이터 개수로 자동 결정한다. 초기식이 3행이므로 학생은 3명이고, 각 행의 점수가 4개씩이므로 과목수는 4개이다. 첨자가 2개이므로 가로, 세로의 셀로 구성되는 표 형식이며 내부적으로 다음과 같이 저장한다.

	1번 과목	2번 과목	3번 과목	4번 과목
1번 학생	score[0][0] 77	score[0][1] 56	score[0][2] 70	score[0][3] 82
2번 학생	score[1][0] 99	score[1][1] 96	score[1][2] 89	score[1][3] 88
3번 학생	score[2][0] 81	score[2][1] 69	score[2][2] 62	score[2][3] 80

배열에 데이터를 모아 두면 루프를 돌며 성적을 조회하거나 처리하기 쉽다. 2차원 배열이므로 전체값을 순회하려면 루프도 이중으로 중첩한다. 배열의 1차 첨자 크기는 배열 자체의 length 필드를 읽고 2차 첨자 크기는 배열 요소인 score[0]의 length 필드를 읽는다. 1차 첨자 크기는 행의 개수이며 2차 첨자 크기는 열의 개수이다.

루프를 도는 방식에 따라 다양한 정보를 뽑아낼 수 있다. 가로로 돌면 학생별 성적을 읽으며, 세로로 돌면 과목별 성적을 읽는다. 가로, 세로로 이중 루프를 돌면 전체 성적을 다 읽어 총점과 평균을 구한다. 다음 예제는 각 학생의 총점과 평균을 구해 출력하고 학급 전체의 평균도 계산한다.

sumarray2

```
class JavaTest {
    public static void main(String[] args) {
        int[][] score = {
            { 77, 56, 70, 82 },
            { 99, 96, 89, 88 },
            { 81, 69, 62, 80 }
        };

        int classsum = 0;
        for (int student = 0; student < score.length; student++) {
            int sum = 0;
            for (int subject = 0;subject < score[0].length;subject++) {
                sum += score[student][subject];
            }
            System.out.println((student + 1) + "번 => 총점 : " +
                    sum + ", " + "평균 : " + (float)sum/score[0].length);
```

```
            classsum += sum;
        }
        System.out.print("학급 전체 평균 : " + (float)classsum/(score.length * score[0].length));
    }
}
```

1번 =) 총점 : 285, 평균 : 71.25
2번 =) 총점 : 372, 평균 : 93.0
3번 =) 총점 : 292, 평균 : 73.0
학급 전체 평균 : 79.083336

루프를 도는 방향에 따라 각 과목별 총점과 평균을 구할 수도 있다. 기업이나 은행에서 관리하는 대용량의 데이터를 처리하는 기술도 이 예제의 확장이나 변형에 불과하다.

4 불규칙 배열

할당할 때 행과 열의 크기를 명시하여 모든 행의 요소 개수가 같은 배열을 직사각형(Rectangular) 배열이라고 한다. 내부 저장 모양이 직사각형 형태이며 대용량 데이터는 보통 이런 모양이다. 성적 데이터는 학생마다 과목수가 일치하므로 열의 크기가 같은 것이 자연스럽다.

그러나 모든 데이터가 다 직사각형 모양은 아니다. 예를 들어 특별활동이나 봉사활동 점수 데이터라면 학생마다 참여한 활동의 개수가 제각각이다. 평균 개수로 구성하면 모든 정보를 다 저장할 수 없고, 최대 개수로 구성하면 공간 낭비가 심하다.

이럴 때는 행별로 열의 개수를 가변적으로 할당하는데 들쭉날쭉한(Ragged) 배열 또는 불규칙 배열이라고 한다. 자바는 다차원 배열을 하나의 덩어리로 다루지 않고 배열의 배열 형태로 다루기 때문에 각 행별로 다른 크기를 가질 수 있다. 전체 배열을 할당할 때 열의 개수를 밝히지 않고 각 행별로 원하는 크기만큼 하위 배열을 개별적으로 다시 할당한다.

```
int[][] score;
score = new int[3][];

score[0] = new int[8];
score[1] = new int[2];
score[2] = new int[5];
```

2차원의 정수형 배열 score를 선언하고 이 배열을 생성할 때 new int[3][] 구문으로 행이 3개임을 밝혔다. 정수형 1차원 배열을 저장할 수 있는 크기가 3인 2차원 배열만 할당한 것이다. 이 상태에서 각 배열 요소에 대해, 즉 각 행에 대해 크기가 각각 다른 정수형 배열을 생성한다. 이 배열을 메모리에 할당한 모양은 다음과 같다.

	1번 과목	2번 과목	3번 과목	4번 과목	5번 과목	6번 과목	7번 과목	8번 과목
1번 학생	score [0][0]	score [0][1]	score [0][2]	score [0][3]	score [0][4]	score [0][5]	score [0][6]	score [0][7]
2번 학생	score [1][0]	score [1][1]						
3번 학생	score [2][0]	score [2][1]	score [2][2]	score [2][3]	score [2][4]			

오른쪽 끝이 가지런하지 않고 들쭉날쭉하여 불규칙 배열이라고 부른다. 행별로 일일이 열을 할당하는 것은 번거롭지만 꼭 필요한 만큼만 사용하여 메모리를 절약한다. 저장 방식만 다를 뿐 실행 속도는 별 차이가 없다.

불규칙 배열을 초기화하는 방법도 직사각형 배열과 동일하되 각 행별로 요소의 개수가 일정하지 않다는 점만 다르다. 초기식의 개수에 따라 열의 크기를 자동으로 결정한다. 다음 예제는 불규칙 배열을 선언 및 초기화하고 제대로 저장했는지 확인한다.

ragged

```
class JavaTest {
    public static void main(String[] args) {
        int[][] score = {
                {77, 56, 70, 82, 95, 96, 98, 82},
                {99, 96},
                {81, 69, 62, 80, 77},
        };

        for (int student = 0; student < score.length; student++) {
            System.out.print((student + 1) + "번 학생의 성적 : ");
            for (int subject = 0; subject < score[student].length; subject++) {
                System.out.print(score[student][subject] + " ");
            }
            System.out.println("");
        }
    }
}
```

실행 결과
```
1번 학생의 성적 : 77 56 70 82 95 96 98 82
2번 학생의 성적 : 99 96
3번 학생의 성적 : 81 69 62 80 77
```

직사각형 배열은 모든 행의 열 크기가 같아 첫 행의 length 속성을 대표로 읽으면 문제가 없다. 반면 불규칙 배열은 행별로 길이가 달라 score[student].length 식으로 각 행의 실제 크깃값을 읽어야 한다.

5 향상된 for 문

변수의 집합인 배열의 특성상 반복 처리가 많다 보니 배열은 for 루프와 궁합이 잘 맞다. 배열의 모든 요소를 순서대로 읽을 때는 보통 for 루프를 사용한다.

```
for (int i = 0; i < score.length; i++) {
    ....
}
```

제어 변수 i는 score 배열의 선두부터 크깃값 직전까지 순회하며 루프에서 score[i] 표현식으로 배열의 각 요소를 액세스한다. 배열 전체를 순회할 일이 빈번하기 때문에 자바 5부터 배열을 순회하는 향상된 for 문을 제공한다. 배열 요소를 하나씩 읽는다고 해서 for each 문이라고도 부른다.

```
for (타입 변수 : 배열) {
    명령
}
```

괄호 안에 제어 변수를 선언하고 : 다음에 대상 배열을 명시한다. 제어 변수의 이름은 마음대로 붙일 수 있되 타입은 배열 요소와 일치해야 한다. 배열의 첫 요소부터 순서대로 제어 변수에 대입되며 마지막 요소까지 루프를 반복한다. 이 구문으로 배열의 성적 총점을 구해 보자.

```
foreach                                              실행 결과
class JavaTest {                                     총점 : 352
    public static void main(String[] args) {         평균 : 70.4
        int[] score = { 88, 94, 72, 75, 23 };
        int sum = 0;
        for (int s : score) {
            sum += s;
        }
        System.out.println("총점 : " + sum);
        System.out.println("평균 : " + (float)sum/score.length);
    }
}
```

제어 변수 s에 score 배열의 요솟값을 순서대로 대입한다. 배열의 크기인 5회 동안 루프를 돌며 88, 94, 72, 75, 23 값이 차례로 s에 대입된다. 루프에서는 s를 sum에 누적하여 총점을 구한다.

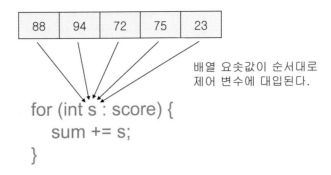

배열 요솟값이 순서대로
제어 변수에 대입된다.

```
for (int s : score) {
    sum += s;
}
```

배열의 전체 길이만큼 자동 순회하니 길이에 신경 쓸 필요 없고, 번거롭게 score[i] 첨자식을 쓸 필요 없이 제어 변수 s값만 읽으면 된다. for each 문을 풀어 쓰면 내부적으로 다음과 같이 처리되는데 첨자나 배열 길이를 숨기고 배열 요솟값인 s만 꺼내 놓은 것이다.

```
for (int i = 0; i < score.length; i++) {
    int s = score[i];
    sum += s;
}
```

for each 문의 제어 변수는 이 블록 내에서만 사용하는 지역변수이며 블록 밖으로 알려지지 않는다. 루프 내에서 배열 요솟값을 잠시 대입 받은 임시적인 사본일 뿐이어서 이 값을 바꾼다고 해서 배열 요소가 바뀌는 것은 아니다. 다음 예제를 보자.

foreachassign / 실행 결과

```
class JavaTest {
    public static void main(String[] args) {
        int[] score = { 88, 94, 72, 75, 23 };
        for (int s : score) {
            s++;
        }
        System.out.println("score[0] = " + score[0]);
    }
}
```

```
score[0] = 88
```

for each 문으로 배열을 순회하며 모든 요소의 값을 1 증가시켰다. 이때 s는 배열 요소의 사본일 뿐이어서 원본에는 영향을 주지 않는다. 루프가 끝난 후 score[0]값을 확인해 봤는데 원본값 그대로이다. for each 문은 배열 전체를 순회하는 읽기 전용 반복문이다. 배열의 일부만 읽거나 요소의 값을 변경하려면 for 루프로 순회하면서 배열 요소를 직접 조작해야 한다.

for each 문으로 2차 배열을 순회할 수도 있다. 2차 전체 배열의 요소는 1차 부분 배열이기 때문에 곧바로 정수형의 점수를 읽을 수는 없다. 중첩 루프를 구성하여 부분 배열을 먼저 읽고 부분 배열을 순회하며 점수를 읽는다. 다음 예제는 2차원 성적 테이블을 for each 문으로 순회하며 출력한다.

```
class JavaTest {
    public static void main(String[] args) {
        int[][] score = {
                    { 77, 56, 70, 82 },
                    { 99, 96, 89, 88 },
                    { 81, 69, 62, 80 }
            };

        for (int[] student : score) {
            for (int subject : student) {
                System.out.print(subject + ",");
            }
            System.out.println();
        }
    }
}
```

실행 결과	77,56,70,82, 99,96,89,88, 81,69,62,80,

score는 정수형 1차 배열을 모아 놓은 2차원 배열이다. 따라서 score를 순회할 때 제어 변수는 int[] 타입의 student로 받았으며 이 배열 안에 네 과목의 성적이 저장되어 있다. 각각의 student 배열을 다시 순회하면 이때는 정수형의 각 과목 성적을 읽는다.

186

7-2 참조형

1 메모리의 종류

참조형의 한 예인 배열을 알아 봤으니 이제 기본형과 참조형의 차이점을 연구해 보자. 배열, String을 포함해 클래스의 객체는 모두 참조형이다. 기본형에 비해 거대하고 크기가 가변적이어서 저장 위치나 관리 방식에 차이가 있다.

실행 중에 생성되는 모든 변수는 메모리에 저장된다. 메모리는 모든 프로그램이 나눠 쓰는 귀중한 자원이어서 정교하게 관리한다. 자바 가상 머신은 메모리를 세 부분으로 나누어 관리하는데 각 메모리 영역의 특성에 대해 정리해 보자.

정적 영역

자바 프로그램을 구성하는 기본 단위인 클래스가 로드되는 곳이다. 프로그램이 시작될 때는 물론이고 실행 중에도 필요한 클래스를 이 영역에 읽어 들인다. 모든 객체가 공유하는 정적 필드와 클래스의 동작을 정의하는 메서드 본체를 이 영역에 저장한다.

```
class1

static int count = 0;

void method1() {
    if (...) {
    }

    for (...) {
    }
}
```

```
class2

void method2() {
    a = b + c;
    println(...);
}

void method3(int a) {
    switch(a) {
    case 1:
        ....
        break;
```

....

소스 파일에 작성해 놓은 코드를 바이트 코드로 컴파일하여 이 영역으로 올려 실행한다. 정보가 아닌 동작을 정의하므로 한 번 컴파일하면 실행 중에 바뀌지 않으며 계속 유지된다. 변경되지 않는 코드이므로 모든 스레드가 공유한다. 스레드는 코드를 실행하는 주체이다.

스택

메서드 실행에 필요한 정보를 저장하며 스레드별로 하나씩 생성된다. 메서드를 호출할 때 스택 프레임이 생성되며 여기에 복귀 번지, 인수, 지역변수 등 실행 중에 사용하는 정보를 저장한다. 프로그램은 main에서 실행을 시작하며 메서드를 호출할 때마다 스택 위쪽으로 프레임이 계속 쌓인다.

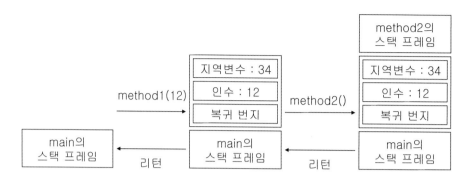

main에서 method1(12)를 호출하면 스택에 스택 프레임이 생성된다. 실행을 마치고 복귀할 번지와 호출원에서 전달한 인수값, 메서드 내부에서 선언한 지역변수가 생성되며 메서드는 실행 중에 이 정보를 사용한다. method1에서 또 다른 메서드를 호출하면 스택의 위쪽에 스택 프레임을 또 생성하여 해당 메서드의 정보를 저장한다.

method2가 실행을 마치면 스택에 저장해둔 복귀 번지를 찾아 method1로 리턴하며 method1도 똑같은 방법으로 main으로 리턴한다. 스택에 생성하는 인수, 지역변수 등은 메서드가 실행 중일 때만 유효하고 리턴하면 더 이상 필요치 않아 모두 사라진다. 스택의 크기가 넉넉해 인수나 지역변수의 개수에 제한이 없으며 메서드 호출 단계도 제약이 거의 없다.

▎ 힙

큰 객체를 생성하는 영역이다. 스택은 실행 정보를 저장하는 곳이고 크기가 1M로 제한적이어서 대용량의 객체를 저장하기에는 한계가 있다. 그래서 힙이라는 별도의 영역에 객체를 생성하고 스택에는 참조값만 저장한다. int[] ar = new int[1000]; 선언 시 스택과 힙에 변수 및 메모리가 할당된다.

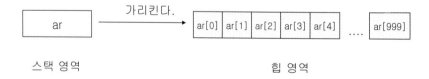

정수형 변수 1000개면 4000바이트인데 이 정도 용량을 스택에 할당하면 메서드의 호출 정보를 저장할 장소가 부족해진다. 스택도 작지는 않지만 객체는 크기 제한이 없고 수억 바이트가 될 수도 있어 메서드의 실행 정보와 함께 저장하기는 무리이다.

그래서 힙이라는 더 넓은 메모리 영역에 객체를 생성하고 그 시작 위치만 참조 변수에게 알려 준다. 배열의 실제 알맹이는 힙에 있고 스택의 ar 변수는 시작 위치만 알고 있다. 이후 ar을 통해 힙의 배열 요소를 자유롭게 읽을 수 있다. 스택은 실행 정보를 저장하는 영역이고, 힙은 대용량 객체를 저장하는 영역으로 용도가 다르다.

힙은 물리적인 메모리를 다 사용하며 운영체제가 가상 메모리, 스왑 파티션 등으로 관리하고 있어 실제로는 물리 메모리보다 더 넓다. 이렇게 풍족하니 대규모의 배열이나 객체도 충분히 수용할 수 있으며 필요한 만큼 new 연산자로 생성하면 된다. 사용이 끝난 객체는 가비지 컬렉터가 주기적으로 회수하므로 해제할 필요 없다. 할당해서 쓰고 그냥 내버려 두면 된다.

2 기본형과 참조형

기본형 변수는 크기가 작아 스택에 생성되며 변수 자체가 값을 저장한다. 참조형은 덩치가 클 뿐만 아니라 가변적이어서 실제 정보는 힙에 저장하고 변수는 그 위치인 번지만 가진다. 힙에 있는 정보를 찾을 수 있는 참조값을 가진다고 해서 참조형이라고 부른다.

저장 위치가 다름으로 인해 두 형태의 변수는 여러 가지 차이가 있다. 기본형은 크기가 고작 4바이트나 8바이트밖에 되지 않아 선언과 동시에 메모리를 할당한다. 선언이 곧 할당이어서 초깃값을 바로 저장할 수 있다. 반면 참조형은 변수 자체가 값을 저장하지 않으므로 선언만 해서는 쓸 수 없으며 new 연산자로 별도의 메모리를 할당해야 한다.

```
int i = 1234;
int[] ar = new int[10];
```

같은 타입의 다른 변수에 대입하여 사본을 만들 때의 효과도 다르다. 기본형은 완전한 복사본이 생성되어 원본과 사본이 독립적이지만, 참조형은 같은 원본을 공유한다. 다음 예제로 연구해 보자.

copyprim	실행 결과
```class JavaTest { public static void main(String[] args) { int i = 1; int i2 = i; i2 = 1000; System.out.println("i = " + i); System.out.println("i2 = " + i2); }}```	i = 1 i2 = 1000

정수형의 i 변수를 선언하고 1로 초기화한 후 i2를 i의 값으로 초기화했다. i2가 i를 대입 받음으로써 사본을 만들었는데 이 상태의 메모리 상황은 다음과 같다. i와 i2는 똑같은 값을 가질 뿐 기억장소는 별도로 할당되어 있다. 그래서 사본인 i2를 뭘로 바꾸든 원본인 i는 영향을 받지 않는다. i2에 1000을 대입한 후 두 변수의 값을 출력해 보았다. i2는 1000으로 바뀌었지만 i는 여전히 1이다.

마찬가지로 i를 바꿔도 i2는 영향을 받지 않는다. 사본을 만들 때 같은 값을 대입 받지만 사본을 뜬 후 두 변수는 완전히 독립적이며 변수가 스스로의 값을 보유한다. 반면 참조형은 사본을 변경하면 원본도 바뀐다.

copyref	실행 결과

```
class JavaTest {
    public static void main(String[] args) {
        int[] ar = { 1, 2, 3 };
        int[] ar2 = ar;

        ar2[0] = 1000;
        System.out.println("ar[0] = " + ar[0]);
        System.out.println("ar2[0] = " + ar2[0]);
    }
}
```

```
ar[0] = 1000
ar2[0] = 1000
```

크기가 3인 배열 ar을 선언 및 생성하고 같은 타입의 배열 ar2에 ar을 대입하여 사본을 만들었다. 참조 변수끼리의 대입은 힙의 내용물을 복사하는 것이 아니라 번지만 대입한다. 실제 배열은 힙에 하나밖에 없고, 두 개의 참조 변수가 같은 메모리 위치를 가리키고 있는 상태이다.

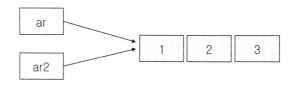

이 상태에서 ar2를 통해 배열 요소를 조작하면 원본인 ar의 값도 바뀐다. ar2[0]의 값을 1000으로 변경한 후 두 배열의 첫 번째 요소를 출력해 보면 ar[0]도 1000으로 바뀌어 있다. ar[0]를 직접 변경하지 않았지만 같은 배열을 가리키는 ar2를 통해 값이 바뀐다. 두 변수가 힙의 같은 정보를 가리키고 있으니 어느 변수로 조작해도 서로 영향을 받는다.

실제 정보가 변수 자체에 있는지 아니면 힙에 있는지에 따라 기본형과 참조형의 사본 변경 효과가 다르다. 메서드를 통해 인수를 전달할 때도 값을 전달하는 것과 참조를 전달하는 것의 차이가 발생한다. 참조형에 대해 완전히 독립적인 사본을 만들려면 clone 메서드를 재정의하여 알맹이까지 완전히 복사해야 하는데 이 부분은 차후에 다시 연구해 보기로 하자.

== 연산자로 두 변수를 비교할 때도 차이가 있다. == 연산자는 변수가 가진 값으로 상등 여부를 판별하는데 기본형은 변숫값을 직접 비교하므로 값만 일치하면 true를 리턴한다. 반면 참조형은 실제 정보의 내용을 비교하는 것이 아니라 참조하는 번지를 비교한다.

compareref	실행 결과
| ```java
class JavaTest {
    public static void main(String[] args) {
        int i = 123, i2 = 123;
        int[] ar = { 1, 2, 3 }, ar2 = { 1, 2, 3 };
        int[] ar3 = ar;

        System.out.println("i와 i2 : " + (i == i2 ? "같다":"다르다"));
        System.out.println("ar과 ar2 : " + (ar == ar2 ? "같다":"다르다"));
        System.out.println("ar과 ar3 : " + (ar == ar3 ? "같다":"다르다"));
    }
}
``` | i와 i2 : 같다<br>ar과 ar2 : 다르다<br>ar과 ar3 : 같다 |

기본형의 i와 i2는 똑같이 123이라는 값을 가지고 있어 == 연산자로 비교하면 당연히 같은 것으로 평가한다. 그러나 참조형은 크기와 타입은 물론이고 내용까지 완벽하게 일치하지만 가리키는 번지가 달라 ar과 ar2를 다르다고 평가한다. 반면 ar의 참조를 대입 받은 ar3는 같다고 평가한다. 스택의 참조 변수와 힙에 저장된 배열을 그려 보면 다음과 같다.

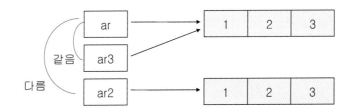

가리키는 실제 내용이 같아도 번지가 다르면 == 연산자는 false를 리턴한다. 그래서 참조형은 equals 메서드를 사용하여 내용을 비교한다. 이 부분은 클래스편에서 상세히 알아보자.

3 null 참조

참조형 변수를 선언만 하고 할당하지 않으면 이 변수는 아무것도 가리키지 않는다. 이 상태를 null이라고 하며 참조 변수만 있고 실제 정보는 없는 상태이다. 다음 코드를 보자.

```java
int[] ar;
ar[0]= 1234;
```
```

정수형 배열을 선언만 하고 new 연산자로 할당하지 않았다. 스택에 ar 참조 변수만 덩그러니 있을 뿐 정숫값을 저장할 수 있는 실제 메모리가 없다. 이 상태에서 존재하지도 않는 ar[0]에 값을 저장할 수 없으니 이 코드는 에러이다.

변수는 실행 중에 언제든지 변경할 수 있으며 참조형 변수도 다른 대상을 가리킬 수 있다. 처음에는 유효한 참조를 가지다가 어떤 이유로 null로 바뀌기도 한다. 참조형 변수가 null이면 일반적으로 에러를 의미하며 불가피한 이유로 바뀌기도 하고, 의도적으로 null을 대입하기도 한다. 다음 예제로 테스트해 보자.

null

```
class JavaTest {
    public static void main(String[] args) {
        int[] ar = { 1, 2, 3 };
        System.out.println(ar[0]);
        ar = null;
        System.out.println(ar[0]);
    }
}
```

실행
결과

```
1
Exception in thread "main" java.lang.NullPointerException
        at JavaTest.main(JavaTest.java:6)
```

크기가 3인 정수형 배열을 선언 및 초기화하고 ar[0]값을 출력했다. 최초 1을 출력하지만 null을 대입한 후에는 NullPointerException 예외가 발생한다. 참조형 변수에 null을 대입한다는 것은 이 변수를 무효화하여 사용하지 않겠다는 뜻이다. 참조 변수가 null이 되면 힙의 정보는 더 이상 읽을 수 없으며 가비지 컬렉터가 회수한다.

여기서는 의도적으로 null을 대입하여 아래쪽 코드에서 예외가 발생할 것임을 뻔히 예측할 수 있다. 실제 프로젝트에서는 메서드 간에 참조값을 주거니 받거니 하다가 예기치 못한 예외로 인해 null이 리턴되는 경우가 있다. 참조값을 사용할 때는 참조가 유효한지 점검하는 방어 코드가 필요하다.

```
if (ar != null) {
        System.out.println(ar[0]);
}
```

참조가 유효한지 점검할 때는 null 리터럴과 비교한다. null이 될 가능성이 있는 참조 변수는 사용 전에 if 문으로 유효성을 점검하거나 예외 처리 구문으로 감싸 null일 때의 상황을 처리해야 안전하다.

7-3 배열의 활용

1 작업 결과 저장

배열은 대량의 데이터를 최소한의 메모리에 저장할 수 있고 요소가 인접해 있어 액세스 속도가 빠르다. 단순한 구조로 인해 실용적 가치가 높으며 배열만 잘 활용해도 실력이 일취월장한다. 배열의 전형적인 활용 예 몇 가지를 통해 배열의 강력함을 구경해 보자.

다음 예제는 긴 문장에서 알파벳의 등장 횟수를 조사한다. 26개나 되는 알파벳의 출현 빈도를 관리해야 하므로 단순 변수로는 어렵고 배열이 필요하다. 지금까지의 예제에 비해 길고 아직 배우지 않은 메서드도 사용한다.

alphabet

```
class JavaTest {
    public static void main(String[] args) {
        String pop = "Yesterday all my troubles seemed so far away" +
                "Now it looks as though they're here to stay" +
                "Oh, I believe in yesterday" +
                "Suddenly I'm not half the man I used to be";
        pop = pop.toLowerCase();
        int[] alpha = new int[26];

        for (int i = 0; i < pop.length(); i++) {
            char ch = pop.charAt(i);
            if (ch >= 'a' && ch <= 'z') {
                alpha[ch - 'a']++;
            }
        }

        for (int i =0; i < alpha.length; i++) {
            char ch = (char)(i + 'a');
            System.out.println(ch + ":" + alpha[i]);
        }
    }
}
```

실행 결과

```
a:10
b:3
c:0
d:6
e:19
f:2
g:1
h:7
i:6
....
```

문자열 변수 pop에는 팝송 가사가 기록되어 있다. 대소문자 구분 없이 알파벳을 읽기 위해 toLowerCase 메서드로 전부 소문자로 바꾸었다. 각 알파벳의 등장 횟수를 기록하기 위해 alpha 배열을 사용한다. 저장 대상인 출현 횟수는 정수형이고 알파벳은 26자이니 new int[26]으로 할당한다. 별도의 초깃값을 주지 않으면 모든 요소를 0으로 초기화한다.

pop 배열의 선두부터 끝까지 루프를 돌며 각 위치의 알파벳을 charAt 메서드로 조사하여 문자형 변수 ch에 대입한다. 모든 문자를 다 조사할 필요는 없으니 ch가 a ~ z 사이인 알파벳만 조사한다. 공백이나 특수 문자는 셀 필요도 없고 기록할 공간도 없다. ch에 저장된 알파벳 문자 코드에서 선두 문자인 'a'를 빼면 배열상의 첨자가 된다.

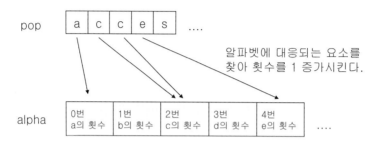

ch - 'a' 식은 a를 0에, b를 1에 대응시켜 alpha 배열의 선두부터 순서대로 a, b, c 알파벳의 기록 위치를 계산한다. 문자의 범위는 a ~ z이고, 배열의 범위는 0 ~ 25까지이므로 이 둘의 범위를 일치시키기 위해 문자값에서 'a'를 뺀다. 이 연산식이 좀 어려울 수 있는데 문자 코드와 배열 첨자를 대응시키는 것이다.

```
'a'(97)의 출현 횟수 => 0번 칸에 저장
'b'(98)의 출현 횟수 => 1번 칸에 저장
'c'(99)의 출현 횟수 => 2번 칸에 저장
 ....
```

배열에서 읽은 문자의 코드와 이 문자의 출현 횟수를 저장할 배열 첨자는 97만큼의 차이가 있으므로 문자 코드에서 97, 즉 선두 문자인 'a'를 빼면 대응되는 첨자가 구해진다. pop 문자열의 글자를 순서대로 읽으며 각 알파벳 자리의 배열 요소를 찾아 그 값을 1 증가시켰다.

다 조사한 후 alpha 배열을 순회하며 알파벳과 출현 횟수를 출력한다. 배열 첨자로부터 대응되는 알파벳 문자를 구할 때는 첨자에 'a'를 더한다. 정수는 문자 코드로 출력되므로 문자로 출력하기 위해 (char) 타입으로 캐스팅하여 ch에 대입하고 alpha 배열의 i번째 값과 함께 출력한다.

배열 하나로 26개나 되는 알파벳의 정보를 저장 및 관리할 수 있다. 각 알파벳별로 numa, numb, numc 식으로 개별 변수를 만든다면 첨자 연산을 할 수 없고 루프를 돌며 결과를 출력할 수도 없다. 배열이기 때문에 이런 대량의 작업 결과를 저장할 수 있고 손쉽게 관리할 수 있다.

다음은 작업의 중간 정보를 저장하는 또 다른 활용 예이다. MP3 플레이어는 노래를 무작위로 선택하여 들려주는 랜덤 재생 기능이 있다. 아무리 랜덤이라 하더라도 방금 들었던 노래가 또 나오는 것은 어색하며 적어도 몇 번 앞에 들었던 노래는 빼고 골라야 한다. 그러기 위해서는 앞서 선곡했던 노래가 무엇이었는지 기억해야 하는데 이럴때 배열을 사용하는 것이 적합하다.

이 중에 없는 노래를 선택한다.

일정한 크기의 정수형 배열에 앞서 선택했던 노래의 번호를 저장해 두고 다음 노래를 선택할 때 배열에 없는 것 중 하나를 고르면 이전에 들었던 노래를 다시 선택하지 않는다. 이런 방법 외에 재생할 노래 목록을 미리 배열에 작성해 놓고 순서대로 재생하는 방법도 있다.

테트리스나 애니팡 같은 퍼즐의 게임판 상태도 배열에 저장하고 배열의 데이터를 조작함으로써 게임을 진행한다. 대량의 정보를 하나의 배열에 모아 저장할 수 있고 첨자로 빠르게 읽고 쓸 수 있다는 면에서 배열은 활용도가 높은 자료 구조이다.

2 룩업 테이블

제어문 실습에서 월별 날짜수를 switch 구문으로 조사하는 예제를 만들어 보았는데 월별로 날짜가 제각각이어서 월 case마다 값을 따로 조사해야 했다. 다행히 날짜수가 같은 달이 많아 case를 통합할 수 있지만 각 달의 날수가 완전히 다르다면 12개의 case가 필요하다.

입력값에 따라 출력값이 개별적으로 다른 경우에는 switch 구문보다 배열이 효율적이다. 월별 날짜값을 배열에 미리 저장해 두고 월을 첨자로 하여 배열 요솟값을 읽으면 원하는 값을 바로 구할 수 있다. switch 문으로 작성한 예제를 배열로 작성하면 소스가 훨씬 짧아진다.

lookup
```java
class JavaTest {
    public static void main(String[] args) {
        int[] arDays = {0, 31, 28, 31, 30, 31, 30, 31, 31, 30, 31, 30, 31};
        int month = 5;

        int days = arDays[month];
        System.out.println(month + "월은 " + days + "일까지 있습니다.");
    }
}
```

실행 결과	5월은 31일까지 있습니다.

arDays 배열에 각 월별 날짜수를 초기화해 놓았다. 월은 1월부터 시작하는데 비해 배열 첨자는 0부터 시작하므로 0번 첨자는 버리기로 한다. 0번 첨자를 1월에 대응시키고 월에서 1을 뺀 첨자를 읽는 방법도 있지만 헷갈리므로 이 경우는 요소 하나를 버리는 것이 더 편리하다. 배열이 준비되었으면 월값을 첨자로 하여 배열 요소를 읽으면 된다.

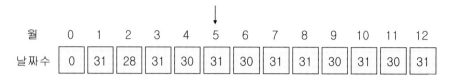

arDays[month] 표현식은 날짜 정보를 저장한 배열에서 month 위치의 값을 읽으라는 뜻이며 미리 조사해 놓은 값이어서 속도가 빠르다. 이처럼 정보의 참조를 위해 작성한 배열을 룩업 테이블(Lookup table)이라고 하는데 일종의 표라고 생각하면 된다. 정교하게 만들어 두면 원하는 값을 신속하게 찾을 수 있다.

테이블의 크기가 아무리 커도 첨자 연산이 빨라 검색은 항상 실시간이며 위치에 상관없이 일정한 속도를 보장한다. 배열 용량만큼 메모리가 소모되고 미리 데이터를 준비해야 하는 불편함이 있지만 속도상 많은 이득을 볼 수 있으며 코드를 관리하기도 쉽다. 다음은 문자열 배열로 메시지를 선택하는 예제이다.

lookup2	실행 결과

```
class JavaTest {
    public static void main(String[] args) {
        int rank = 2;
        String[] message = {
            "",
            "최고의 성적입니다. 축하합니다. ",
            "우수한 성적입니다.",
            "보통입니다.",
            "다소 부진합니다. 더 노력하세요.",
            "왜 사니?",
        };

        System.out.println(message[rank]);
    }
}
```

```
우수한 성적입니다.
```

1 ~ 5등까지 등수가 주어질 때 등수에 적합한 메시지를 출력한다. 각 등수별로 메시지가 다르므로 switch case 문을 쓰는 것이 적합하다. 그러나 매 등수마다 달라지는 것은 메시지일 뿐 출력 동작은 같다. 일일이 println 호출문을 나열하는 것보다 메시지를 배열에 저장해 두고 등수를 첨자로 하여 메시지만 선택하는 것이 더 쉽다.

message[rank] 표현식은 message 테이블에서 rank번째 메시지를 꺼낸다. 등수는 1등부터 시작하며 0등이 없으므로 배열의 0번째 요소는 빈 문자열로 초기화하여 버린다. 이번에는 요구 사항을 변경하여 등수가 아니라 0 ~ 10까지 점수가 주어지고 점수 범위에 따라 메시지가 달라진다고 해 보자.

```
class JavaTest {
    public static void main(String[] args) {
        int score = 5;
        String[] message = {
            "",
            "최고의 성적입니다. 축하합니다. ",
            "우수한 성적입니다.",
            "보통입니다.",
            "다소 부진합니다. 더 노력하세요.",
            "왜 사니?",
        };
        int[] rank = {5, 4, 4, 3, 3, 3, 2, 2, 2, 1, 1};

        System.out.println(message[rank[score]]);
    }
}
```

보통입니다.

예를 들어 3 ~ 5등까지 같은 메시지를 보여주고, 6 ~ 7등까지도 메시지가 같다고 하자. 점수와 메시지 배열의 첨자가 직접 대응되지 않지만 중간에 룩업 테이블을 하나 더 만들어 약간만 응용하면 문제가 해결된다.

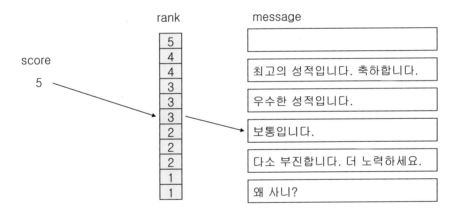

점수 5로부터 rank 배열에서 3등급임을 알아내고 message 배열에서 3등급의 메시지를 꺼내 출력했다. message[rank[score]] 표현식은 score로부터 rank[score]에 해당하는 등급을 찾고 이 등급을 첨자로 하여 message 배열에서 메시지를 찾는 것이다.

점수에 따른 등급이 배열에 기록되어 있어 수정하기 쉽고 메시지도 모아서 관리할 수 있어 편리하다. 예를 들어 현재 표에서 9점, 10점이 1등급인데 10점만 1등급으로 하고 9점은 2등급으로 내리고 싶다면 rank 배열의 초깃값을 수정하여 9점에 대응되는 값을 2로 바꾸면 된다. 코드와 데이터가 분리되어 있어 코드는 더 손델 필요가 없다.

3 미리 계산된 값

아주 복잡한 수학적 계산을 반복적으로 해야 한다면 배열에 미리 연산해 두고 결과만 꺼내 쓰는 방식으로 최적화를 수행한다. 실행 중에 룩업 테이블을 딱 한 번 만들어 두고 여러 번 재사용하는 기법이다.

예를 들어 어떤 프로그램에서 제곱근 연산을 자주 한다고 해 보자. 또는 그보다 더 복잡한 고차 방정식일 수도 있다. 실수 차원의 연산이라 느리지만 미리 연산해 놓은 결과를 꺼내 쓰는 것은 거의 시간이 들지 않는다.

roottable

실행 결과

```
class JavaTest {
    public static void main(String[] args) {
        double[] root = new double[100];

        for (int i = 0; i < 100; i++) {
            root[i] = Math.sqrt(i);
        }

        System.out.println("2의 제곱근 : " + root[2]);
    }
}
```

```
2의 제곱근 : 1.4142135623730951
```

root 실수 배열에 0 ~ 99까지의 제곱근을 미리 계산해 두었다. 이 배열을 만드는 데는 시간이 걸리지만 배열이 완성되면 읽는 속도는 환상적으로 빠르다. 2의 제곱근은 root[2] 요소를 읽어 구할 수 있으며 Math.sqrt(2) 메서드 호출로 구하는 것에 비해 최소 10배 이상 빠르다.

배열을 미리 준비하는 시간이 소요되는데 설사 준비 시간이 약간 걸리더라도 중요한 메인 루프에서 제곱근을 수백 번 호출한다면 결과는 사뭇 달라진다. 데이터베이스에서 읽는다거나 프로그램 외부에 미리 만들어 두었다면 준비 시간을 아낄 수 있다.

또는 미리 다 계산해 놓지 말고 요청이 들어올 때 계산한 결과를 저장해 두고 다음 요청 시 저장한 값을 사용하는 방법도 있다. 실시간으로 계산은 하되 한 번 계산한 것을 배열에 기록해 두는 캐시 기법이다. 이런 기법을 사용하려면 아직 배우지 않은 정적 배열과 메서드가 필요한데 구경만 해 보자.

roottable2

실행 결과

```
class JavaTest {
    static double[] root = new double[100];

    public static void main(String[] args) {
        System.out.println("2의 제곱근 : " + getRoot(2));
        System.out.println("5의 제곱근 : " + getRoot(5));
        System.out.println("2의 제곱근 : " + getRoot(2));
    }
}
```

```
2의 제곱근 : 1.4142135623730951
```

```java
    static double getRoot(int i) {
        if (root[i] == 0) {
            root[i] = Math.sqrt(i);
        }
        return root[i];
    }
}
```

root 배열을 지역변수가 아닌 정적 배열로 선언하여 값을 계속 유지하도록 하고 getRoot 메서드는 이 배열에 계산 결과를 저장한다. 최초 getRoot(2)를 호출할 때는 제곱근을 계산하여 배열에 저장한 후 리턴하지만 다음 번 getRoot(2)를 호출할 때는 저장해 둔 값을 읽는다. 한 번은 계산하지만 두 번 중복 된 계산을 하지 않아 속도를 높인다.

자주 사용하는 값을 배열에 저장해 두는 것은 가장 기본적인 최적화 기법이며 일반적인 응용 프로그램 도 흔히 사용한다. 문장을 편집하는 워드 프로세서나 편집기류는 폰트를 나열하여 문자열을 출력하고 사용자가 입력한 문자를 계속 뒤에 추가한다.

가변폭 폰트의 각 글자 폭이 제각각 달라 다음 글자의 출력 위치를 결정하려면 앞 글자의 정확한 폭을 알아야 한다. 글꼴의 크기를 실시간으로 계산하는 작업은 시간이 꽤 오래 걸리는데 이런 정보를 배열에 저장해 두고 사용하면 엄청난 시간을 절약할 수 있다.

문자코드	a	b	c	d	e	f	g	h	i	j	
글꼴 폭	56	58	49	58	52	36	60	57	21	29	.....

값 저장을 위해 배열을 사용하면 메모리를 많이 소모하지만 속도 향상 효과는 확실하다. 메모리 사용량 과 속도는 언제나 반비례 관계여서 속도를 높이고 싶으면 메모리를 더 쓰면 된다. 고도의 최적화가 필요 한 게임에서는 미리 계산된 값이 필수적이다.

4 명령행 인수

콘솔 프로그램은 명령행을 통해 작업 대상이나 옵션을 입력받는다. 자바 프로그램의 명령행 인수는 main 메서드의 인수로 전달된다.

```
public static void main(String[] args)
```

String[] 타입의 args가 바로 명령행 인수이다. 키보드로부터 임의의 문자가 입력될 수 있어 범용적인 문자열이 적합하며 옵션의 개수에 제약이 없다. 그래서 문자열 배열 타입으로 인수를 받으며 프로그램은 실행 직후에 이 배열에서 정보를 읽어 사용한다. 다음 예제는 명령행으로 전달된 정수의 총합을 구해 출력한다.

args

```
class JavaTest {
    public static void main(String[] args) {
        int sum = 0;
        for (int i = 0; i < args.length; i++) {
            sum += Integer.parseInt(args[i]);
        }

        System.out.println("총합계 = " + sum);
    }
}
```

실행 결과	C:\JavaStudy>java JavaTest 12 34 총합계 = 46 C:\JavaStudy>java JavaTest 1 2 3 4 5 총합계 = 15

합계를 구할 변수 sum을 0으로 초기화하고 args.length까지 루프를 돌며 각 인수를 읽는다. args 배열의 요소는 문자열이므로 Integer.parseInt 메서드로 정수형으로 변환하여 sum에 더한다. 모든 인수의 합을 구한 후 sum을 출력하면 합계가 계산된다. 명령행에서 테스트해 보자.

인수 사이는 공백으로 구분한다. 명령행으로 나가 실행하는 것이 귀찮다면 이클립스에서도 인수를 지정할 수 있다. Run configurations 대화상자의 Arguments 탭에 실행직후 전달할 인수를 지정한다.

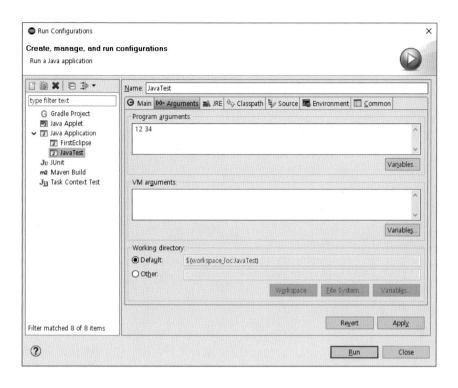

사용자가 명령행에서 12 34로 인수를 입력하면 args[0]에 "12"가, args[1]에 "34"가 저장되어 main의 인수로 전달된다.

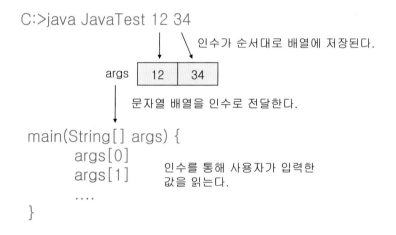

배열 형태로 전달되므로 공백으로 구분하여 얼마든지 많은 인수를 전달할 수 있다. 실수를 전달할 수도 있고 규칙을 더 정교하게 만들면 (1+2)*3 같은 복잡한 수식도 처리 가능하다. 공백이 포함된 인수를 전달할 때는 따옴표로 감싸야 한다.

과거에는 이런 식으로 명령행에서 인수를 전달받아 동작하는 프로그램이 많았으며 요즘도 서버용 테스트 프로그램은 일괄 처리를 위해 명령행 인수를 종종 사용한다. 그러나 그래픽 환경에서는 키보드로 프로그램을 실행하지 않아 명령행 인수를 사용하는 경우가 드물다.

연습문제

01 배열에 대한 설명으로 잘못된 것은?

① 동종 타입의 변수 집합이다.

② 첨자는 항상 0부터 시작한다.

③ 실행 중에 필요한 만큼 크기를 늘릴 수 있다.

④ 선언 후 별도로 할당해야 한다.

02 크기가 5인 정수형 배열 natural을 선언하고 1, 2, 3, 4, 5로 초기화하라.

03 배열 ar의 길이를 조사하는 식은?

① ar.size

② ar.size()

③ ar.length

④ ar.length()

04 2차원 배열에서 학생의 성적을 처리하는 7-1절의 sumarray2 예제를 변형하여 각 과목별 평균을 계산하는 예제를 작성하라.

05 for (int a:ar) { } 구문에 대한 설명으로 옳은 것은?

① a는 ar 배열의 첨자를 순서대로 대입 받는다.

② 루프 내부에서 a의 값을 통해 배열 요소를 변경할 수 있다.

③ 총 반복 횟수는 ar 배열의 크기와 같다.

④ 순회 중에 요소의 순서값을 알 수 있다.

06 ar 배열을 선언 및 초기화할 때 이 배열이 저장되는 위치는 어디인가?

① ar은 스택에 있고 데이터는 힙에 할당된다.

② ar은 힙에 있고 데이터는 스택에 할당된다.

③ ar과 데이터 모두 힙에 할당된다.

④ ar과 데이터 모두 스택에 할당된다.

07 기본형과 참조형의 차이점에 대한 설명으로 옳지 않은 것은?

① 기본형은 사본 변경 시 원본은 영향을 받지 않는다.

② 참조형은 사본 변경 시 원본도 같이 영향을 받는다.

③ 참조형은 ==로 비교 시 내용을 비교한다.

④ 기본형은 값 자체를 스스로 가진다.

08 참조형 변수가 아무것도 가리키지 않는 상태를 (   )이라고 한다.

Chapter

08

_ 메서드

Java

8-1 메서드

1 서브루틴

자바 프로그램은 항상 main 메서드에서 시작한다. main이 실행 시작점이며 가상 머신은 main을 호출하여 프로그램을 기동시킨다. main이 가상 머신으로부터 제어권을 넘겨받으면 원하는 모든 작업을 할 수 있다. 그러나 혼자서 모든 것을 다 처리하면 중복이 발생해 효율이 떨어진다.

samecode / 실행 결과

```
class JavaTest {
    public static void main(String[] args) {
        int sum;
        sum = 0;
        for (int i = 1; i <= 10; i++) {
            sum += i;
        }
        System.out.println("1 ~ 10 = " + sum);

        sum = 0;
        for (int i = 15; i <= 100; i++) {
            sum += i;
        }
        System.out.println("15 ~ 100 = " + sum);
    }
}
```

```
1 ~ 10 = 55
15 ~ 100 = 4945
```

main에서 1 ~ 10의 합계와 15 ~ 100의 합계를 구해 출력했다. 합계를 구하는 알고리즘은 앞에서 이미 학습해 보았다. 잘 동작하지만 비슷한 코드가 반복된다는 점에서 구조가 좋지 않다. 합계를 구할 일은 빈번한데 그럴 때마다 변수 선언하고 루프를 돌며 누적합을 구하는 것은 분명 낭비다.

똑같은 작업을 자꾸 반복하면 프로그램 덩치만 커지고 입력 양이 많아져 피곤해진다. 알고리즘을 변경하려면 반복된 모든 코드를 일일이 수정해야 하니 관리하기도 어렵다. 이럴 때는 합계를 구하는 작업을 별도의 코드 덩어리로 분리하는 것이 좋다.

204

```
class JavaTest {
    public static void main(String[] args) {
        System.out.println("1 ~ 10 = " + calcSum(1, 10));
        System.out.println("15 ~ 100 = " + calcSum(15, 100));
    }

    static int calcSum(int from, int to) {
        int sum = 0;
        for (int i = from; i <= to; i++) {
            sum += i;
        }
        return sum;
    }
}
```

```
1 ~ 10 = 55
15 ~ 100 = 4945
```

정수 범위의 합계를 구하는 메서드를 calcSum이라는 이름으로 선언하고 이 안에 루프를 돌며 누적합을 구하는 코드를 작성한다. main은 calcSum을 호출하여 작업을 시키며 calcSum은 자신의 소임을 정확히 수행하여 결과를 반환한다. main은 더 이상 합계를 구하는 작업에 신경 쓸 필요 없이 calcSum을 호출하여 그 결과만 출력한다.

```
void main() {                          int calcSum(from, to) {
    ....                                   ....
    calcSum(1, 10);                    }
    ....
}
```

컴파일러는 메서드 목록을 먼저 파악한 후 컴파일하므로 선언 순서는 상관없다. 변수는 사용하기 전에 선언해야 하지만 메서드는 그렇지 않다. 위 예제는 앞쪽의 main이 뒤쪽에 선언된 calcSum을 호출하지만 잘 컴파일된다. 사용하기 전에 함수의 원형을 밝히는 C 언어에 비해 편리한 장점이다.

합계를 구하는 코드 외에 평균을 구하는 기능, 계산 결과를 보기 좋게 출력하는 기능도 선언해 두면 필요할 때 사용할 수 있다. 전문적인 작업을 전담하는 부하 메서드를 잘 정의해 두면 main은 메서드만 호출하여 작업을 시킬 수 있다. 다음 예제는 월별 날짜수를 구하는 메서드를 정의한다.

getdays

```
class JavaTest {
    public static void main(String[] args) {
        int year = 2016;
        int month = 2;

        int days = getMonthDays(year, month);
        System.out.println(year + "년 " + month + "월은 " + days + "일까지 있습니다.");
```

```
        }

    static int getMonthDays(int year, int month) {
        int[] arDays = {0, 31, 28, 31, 30, 31, 30, 31, 31, 30, 31, 30, 31};

        if (month == 2) {
            if ((year % 4 == 0 && year % 100 != 0) || year % 400 == 0) {
                return 29;
            }
            return 28;
        } else {
            return arDays[month];
        }
    }
}
```

실행 결과	2016년 2월은 29일까지 있습니다.

getMonthDays 메서드는 앞장에서 실습했던 룩업 테이블을 활용하여 배열로부터 날짜수를 구한다. 단, 2월의 경우 년도에 따라 윤년 처리가 골치 아픈데 4의 배수는 윤년이고 100의 배수는 윤년이 아니며 400의 배수는 또 윤년이다. 이런 복잡한 계산을 메서드로 선언해 놓으면 호출하는 쪽은 년도와 월만 전달하여 날짜수를 쉽고 정확하게 구할 수 있다.

특정 기능을 전담하는 코드 덩어리를 서브루틴(Sub Routine)이라고 한다. 주 실행 흐름을 관장하는 main의 보조 역할을 수행한다는 뜻이다. 언어에 따라 명칭이 다른데 C는 함수라고 부르고, 파스칼은 프로시저라 하며, 객체지향 언어인 자바에서는 메서드라고 부른다. 메서드는 클래스에 소속된 서브루틴 이라는 뜻이되 함수와 거의 같은 의미이다. 메서드를 사용하면 다음과 같은 이점이 생긴다.

- 중복을 제거하여 소스가 짧아지고 결과 프로그램도 작아진다. 합계를 몇 번 구하든 calcSum 메서드는 하나밖에 없다.
- 코드가 한 곳에 있어 관리하기 쉽다. 알고리즘이나 요구 사항이 바뀌더라도 호출원은 그대로 두고 메서드만 수 정하면 된다.
- 메서드의 형태로 정형화되어 재사용하기 쉽다. 남이 만든 코드도 가져와 호출만 하면 된다. 이미 완성된 작은 기 능을 조립하여 복잡한 프로그램을 쉽게 완성할 수 있다.
- 상세한 알고리즘을 캡슐화한다. 윤년 규칙을 몰라도 getMonthDays만 호출하면 정확한 날짜수를 구할 수 있어 개발자는 고수준의 논리 구현에 집중할 수 있다.

구조적 프로그래밍 기법에서 함수는 프로그램의 작업 단위를 분할하는 부품 역할을 한다. 작업을 전담 하는 함수를 잘 구비하고 부품을 조립하여 프로그램을 완성하는 식이다. 객체지향 기법에서는 메서드가 클래스의 부품으로 격하되었지만, 클래스의 동작을 논리적으로 분할한다는 면에서 비슷한 역할을 한다.

메서드의 작성 문법을 익히는 것은 어렵지 않다. 그러나 프로그램의 기능을 논리적인 메서드로 분할하고 적재적소에 제대로 활용하는 것은 결코 쉬운 기술이 아니다. 거대한 작업을 함수로 나누어 역할을 분담하고 에러에 잘 대처하여 재사용하기 쉽게 만들어야 한다. 다음은 메서드를 구성하는 기본 원칙이다.

- 두 번 이상 반복되는 코드는 메서드로 분리한다.
- 한 번에 하나의 일만 한다.
- 작업 단위를 가급적 잘게 쪼갠다.
- 직관적이고 좋은 이름을 붙인다.

메서드 작성 원칙은 지식이 아닌 기술이어서 배우고 바로 터득할 수 없으며 수많은 시행착오와 경험을 요구한다. 예제 수준에서는 메서드의 위력을 느끼기 어려우며 일정 규모 이상이 되어야 메서드의 실용성을 느낄 수 있다. 상기 원칙이 당장 와 닿지 않겠지만 객체지향 환경에서도 작업 단위를 잘 나누는 것은 꼭 필요한 기술이므로 꾸준히 연습할 필요가 있다.

2 메서드

다음 장에서 클래스를 본격적으로 공부하기 전에 메서드부터 연구해 보자. 메서드는 클래스를 구성하는 한 요소이지만 그 자체만 해도 알아야 할 것이 많고 클래스와 함께 공부하기에는 부피가 너무 커 미리 알아두는 것이 좋다. 메서드를 선언하는 기본 형식은 다음과 같다.

```
[지정자] 리턴타입 메서드명(인수 목록) {
    본체: 실행할 코드
    return 반환값;
}
```

- **메서드명**: 메서드를 칭하는 이름이다. 명칭 규칙에 맞게 붙이되 기능을 잘 설명하는 이름이 좋다. 메서드는 동작을 하므로 calc, get 등의 동사로 시작하고 목적어가 따라오는 형식이 직관적이다. calcSum은 이름만 봐도 합계를 계산한다는 것을 알 수 있다.
- **리턴 타입**: 실행 후 호출원에 돌려줄 값을 지정한다. calcSum은 정수형의 합계를 리턴하므로 int로 리턴 타입을 명시했다. 리턴값이 없는 메서드는 void라고 적는다.
- **인수 목록**: 호출원으로부터 전달받는 작업 지시 사항이다. 개수 제한은 없으며 필요한 만큼 콤마로 구분하여 나열한다. 인수가 없으면 빈 괄호만 적는다. calcSum 메서드는 합계를 구할 범위의 시작값과 끝값을 from, to 인수로 전달받는다.
- **본체**: 메서드가 실행할 코드이며 여기서 작업을 처리한다. 필요한 지역변수를 선언할 수 있고 입출력문, 조건문, 반복문 등 모든 자바 코드를 사용할 수 있다. 호출원으로 값을 반환할 때는 return 명령을 사용한다.
- **지정자**: 메서드의 속성을 지정하는 여러 가지 수식어가 온다. 외부 공개 여부, 객체와의 관련성 등을 지정한다.

자바는 모든 메서드를 클래스 내에 작성하며 홀로 존재하는 전역 함수는 지원하지 않는다. 아직 클래스를 배우기 전이라 이 장에서는 static 지정자를 붙여 독립적인 메서드로 실습을 진행한다. 당장 이해되지 않더라도 메서드 자체를 연구하기 위해 static 키워드가 필요하다고 생각하면 된다. main도 같은 이유로 static이다.

동작을 기술하는 메서드는 값을 저장하는 변수에 비해 훨씬 복잡한 물건이어서 선언하는데 많은 요소가 필요하다. calcSum 메서드의 선언 형식을 분석해 보자. 간단한 동작을 처리하지만 메서드 선언에 필요한 요소가 골고루 다 포함되어 있다.

```
정수형 리턴
독립 메서드       메서드 이름       두 개의 정수형 인수를
                              전달받는다.

static int calcSum(int from, int to) {
        int sum = 0;
        for (int i = from; i <= to; i++) {          from ~ to까지
                sum += i;                           합계를 구해
        }                                           리턴한다.
        return sum;
}
```

메서드 이름은 합계를 계산한다는 의미로 calcSum으로 붙였으며, 대상 범위를 from, to 인수로 전달받는다. 본체에서 from ~ to 범위에 대해 루프를 돌며 합계를 구하고 정수형의 합계를 리턴한다. 메서드를 호출할 때는 다음 구문을 사용한다.

> 메서드명(인수)

이름으로 메서드를 호출하며 메서드에게 시킬 작업거리를 괄호 안에 인수로 전달한다. 앞 예제에서는 다음 형식으로 calcSum 메서드를 호출했다.

```
calcSum(1, 10)          // 1 ~ 10까지의 합계를 구하라.
calcSum(15, 100)        // 15 ~ 100까지의 합계를 구하라.
```

호출만 하면 인수가 지정하는 범위의 합계를 구해 리턴한다. 합계를 구하는 방법은 신경 쓸 필요 없이 원하는 범위와 함께 calcSum만 호출하면 된다. 중복이 제거되었고 재사용하기 쉬우며 알고리즘을 훌륭히 캡슐화하고 있다.

3 인수

인수는 호출원에서 메서드로 전달하는 작업 지시 사항이다. calcSum 메서드를 호출하려면 합계를 구할 범위를 밝혀야 하는데 이 정보를 from, to 인수로 전달한다. 전달하는 인수에 따라 실행 결과가 달라지며 하나의 메서드를 다양하게 활용할 수 있다.

메서드 선언문의 인수를 형식 인수(Parameter)라 하며 호출원이 전달한 값을 대입 받아 본체에서 참조할 때 사용한다. 호출할 때마다 형식 인수 값은 매번 바뀐다. calcSum 메서드는 합계의 범위를 from, to 형식 인수로 받고 본체에서 이 두 인수로 루프를 돌린다.

호출원이 메서드로 전달하는 값을 실인수(Argument)라 한다. 호출 과정에서 실인수를 형식 인수에 대입하여 본체에서 사용한다. 예제의 첫 줄에서 1과 10을 전달했는데 실인수 1을 형식 인수 from에 대입하고, 실인수 10을 형식 인수 to에 대입한다. 두 번째 줄에서 각각 15와 100을 전달했다.

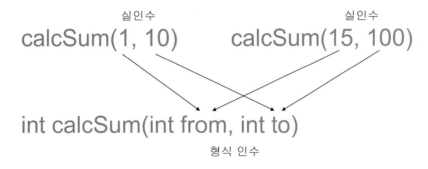

형식 인수는 호출 과정에서 실인수값을 대입 받아 본체에서 임시로 사용하는 일종의 지역변수다. 따라서 이름은 아무렇게나 지어도 상관없다. calcSum 메서드를 다음과 같이 작성해도 잘 동작한다. 형식 인수의 이름을 바꾸고 본체에서 참조하는 명칭을 같이 바꾸면 된다.

```
static int calcSum(int dog, int cow) {
    int sum = 0;
    for (int i = dog; i <= cow; i++) {
        sum += i;
    }
    return sum;
}
```

다른 변수와 겹치지 않고 명칭 규칙에 적법하다면 아무거라도 상관없다. 그러나 가급적 인수의 의미를 잘 설명하는 직관적인 이름을 붙여야 제3자가 봐도 금방 이해할 수 있다. dog, cow보다는 아무래도 from, to의 의미가 더 명확하고 직관적이다.

인수의 개수나 타입에는 제약이 없다. 일종의 지역변수여서 필요한 만큼 선언하면 된다. 작업 지시 사항이 많다면 얼마든지 많은 인수를 전달할 수 있고 별도의 지시 사항이 없다면 인수가 없어도 무방하다. 인수가 없을 때는 선언문에 빈 괄호만 적는다.

```
class JavaTest {                                              오늘은 4일입니다.
    public static void main(String[] args) {
        System.out.println("오늘은 " + getDate() + "일입니다.");
    }

    static int getDate() {
        java.time.LocalDate today = java.time.LocalDate.now();
        int day = today.getDayOfMonth();
        return day;
    }
}
```

이 예제의 getDate 메서드는 오늘이 며칠인지 조사해 리턴한다. 날짜 객체로부터 현재 날짜를 조사하고 그중 일(day) 요소만 추출하는 동작을 별도의 메서드로 정의하였다. 날짜를 조사하는 getDate 메서드의 본체 코드는 다음에 연구해 볼 것이므로 당장 몰라도 상관없다.

오늘 날짜를 구하는데 특별한 선택 사항이나 옵션이 없으니 인수는 불필요하다. 별도의 지시 사항없이 호출만 하면 알아서 동작한다. 인수를 취하지 않는 메서드라도 호출할 때는 getDate() 식으로 빈 괄호를 적어야 한다. 그냥 getDate라고 적으면 메서드인지 변수인지 구분되지 않아 메서드 호출문임을 분명히 하기 위해 빈 괄호를 붙인다.

4 리턴값

인수가 호출원에서 메서드로 전달하는 작업 지시 사항이라면 리턴값은 메서드가 작업 결과를 호출원으로 돌려주는 결괏값이다. 메서드의 입장에서 인수는 입력이고, 리턴은 출력이다. 메서드는 인수로 전달받은 작업 지시 사항을 쪼물딱거려 호출원이 요구한 결과를 리턴값으로 돌려 준다.

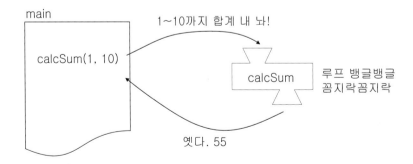

메서드가 리턴하는 값의 타입은 선언부에 명시한다. int 타입을 리턴하는 calcSum은 정수형의 sum 값을 리턴한다. 또는 int와 호환되는 byte나 short 타입을 리턴해도 상관없다. 정수를 리턴하기로 하고 실수나 문자열을 리턴하면 계약 위반이며 에러 처리된다.

```
int calcSum(int from, int to) {
    ....
    return 1.5;                          // 에러
}

int calcSum(int from, int to) {
    ....
    return "total";                      // 에러
}
```

메서드의 리턴값은 타입이 정해져 있고 딱 하나의 값만 반환한다. 그래서 메서드 호출문 자체가 하나의 값이며 이런 값이 필요한 모든 곳에 어울린다. calcSum이 정수형값을 리턴하므로 calcSum 호출문이 곧 int 타입의 값이며 따라서 정숫값을 요구하는 모든 곳에서 이 메서드를 호출할 수 있다.

```
int a = calcSum(1, 10);
int b = 3 * 5 + calcSum(5, 8);
if (c == calcSum(10, 20))
println(calcSum(1, 100))
```

정수형 변수의 대입문 우변에 올 수 있고 수식 내부에 사용할 수 있으며 조건문에서 정수형 변수와 비교할 수도 있다. 정수형 인수를 요구하는 다른 메서드의 인수 목록에도 올 수 있는데 앞서 println 메서드의 인수열에 calcSum 호출문을 넣어 합계를 출력해 보았다.

메서드의 작업 결과를 반환할 때는 return 문을 사용하며 뒤쪽에 호출원으로 돌려줄 값을 적는다. calcSum 메서드는 루프에서 구한 합계인 sum을 리턴한다.

```
return sum;
```

최종 연산 결과를 돌려주는 문장이어서 메서드의 마지막에 오는 것이 보통이다. 하지만 에러가 발생했거나 작업을 더 계속할 필요가 없을 때는 중간에 리턴할 수도 있다. 미숙한 개발자가 실수로 엉뚱한 인수를 전달할 수도 있는데 그렇더라도 메서드는 방어 코드를 작성하여 오동작을 방지해야 한다.

errorreturn   실행 결과
```
class JavaTest {                                          1 ~ 10 = 55
    public static void main(String[] args) {             15 ~ 100 = 0
        System.out.println("1 ~ 10 = " + calcSum(1, 10));
        System.out.println("15 ~ 100 = " + calcSum(15, -100));
    }

    static int calcSum(int from, int to) {
        if (from > to) {
            return 0;
        }
```

```
        int sum = 0;
        for (int i = from; i <= to; i++) {
            sum += i;
        }
        return sum;
    }
}
```

calcSum 메서드가 from ~ to 범위의 정수합을 제대로 구하려면 범위가 유효해야 한다. 엉뚱한 범위를 전달하면 의미 없는 연산을 하거나 지나치게 긴 루프를 실행할 위험이 있다. 그래서 calcSum은 연산을 시작하기 전에 범위의 유효성을 점검하여 from이 to보다 더 크면 합계 산출을 포기하고 0을 리턴한다.

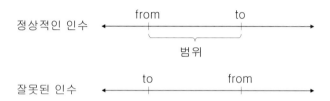

이때 0은 합계가 아니라 뭔가 잘못되었다는 신호이다. 0 대신 −1 같은 에러 코드를 리턴할 수도 있고 예외 처리 구문을 쓸 수도 있다. 메서드 중간에 return 문을 만나면 메서드 실행을 즉시 종료하며 return 문 뒤쪽의 코드는 무시한다. 인수가 잘못되었으니 루프고 뭐고 돌 필요가 없다.

calcSum 메서드는 동작이 단순해 엉뚱한 인수가 전달돼도 큰 위험은 없지만 어떤 메서드는 잘못된 인수로 인해 심각한 예외를 일으킬 수도 있다. 예를 들어 나누는 수가 0이라든가 참조형 변수가 null이면 에러가 발생하는데 이런 상황을 미연에 방지해야 한다. 에러 가능성이 있는 상황이면 실행을 즉시 중지하고 호출원으로 에러값을 리턴하여 보고한다.

호출원으로 딱히 반환할 값이 없는 메서드도 있다. 호출 시 모종의 작업을 할 뿐 보고할 사항이 없는 경우이다. 이런 메서드는 선언문의 리턴 타입을 void라고 적어 리턴할 값이 없음을 표시한다.

void

실행 결과

```
class JavaTest {
    public static void main(String[] args) {
        printSum(1, 10);
        printSum(15, 100);
    }

    static void printSum(int from, int to) {
        int sum = 0;
        for (int i = from; i <= to; i++) {
            sum += i;
```

```
1 ~ 10 = 55
15 ~ 100 = 4945
```

```
        }
        System.out.println(from +" ~ " + to + " = " + sum);
    }
}
```

이 예제의 printSum 메서드는 인수로 전달된 범위의 합계를 구해 화면에 출력한다. 계산한 합계를 메서드 내부에서 출력까지 다 해 버리니 반환할 값이 없다. 그래서 선언부의 리턴 타입을 void라고 적으며 본체에 reutrn 문이 없다.

만약 에러 처리를 위해 중간에 종료해야 한다면 이때는 리턴값 없이 단독으로 return;이라고 쓴다. void형 메서드는 타입이 없으므로 단독으로만 호출할 수 있으며 수식 내에 쓸 수는 없다. 다음과 같이 호출하면 에러이다.

```
int a = 3 + printSum(1, 10);
```

printSum(1, 10) 호출문은 내부에서 동작을 처리할 뿐 타입도 없고 값을 리턴하지도 않아 덧셈의 피연산자로 쓸 수 없다. 반드시 단독으로만 호출해야 한다. 이에 비해 리턴값이 있는 메서드는 수식 내에서 호출할 수도 있고 단독으로 호출할 수도 있다. 다음 문장은 적법하다.

```
calcSum(1, 10);
```

이렇게 하면 결과를 버릴 뿐 동작에는 이상 없다. 물론 리턴값을 받지도 쓰지도 않으니 쓸데없는 호출인 셈이다. 리턴값을 꼭 받아야 할 의무는 없고 필요할 때만 받으면 된다. 에러 코드나 연산 후의 참고 사항 등 중요하지 않은 정보를 리턴하는 메서드는 리턴값을 받지 않고 버리기도 한다.

5 메서드 제작

메서드를 구성하는 모든 요소를 다 익혔으니 여기서는 간단하게나마 메서드를 제작하는 실습을 해 보자. 이 실습은 기존의 코드를 조직화하고 재사용하기 쉽도록 포장하는 연습이다. 결과만 보지 말고 직접 메서드를 만들어 가며 제작 절차를 익히고 개량 및 응용해 보자.

앞에서 루프 실습을 하며 * 문자로 삼각형을 그리는 몇 가지 실습을 해 보았다. 같은 문자를 여러 개 나열할 일이 자주 있는데 이런 코드를 메서드로 만들어 두면 재사용하기 쉽다. triangle 예제를 변형하여 일정 개수의 * 문자를 찍는 메서드를 만들어 보자.

```
class JavaTest {
    public static void main(String[] args) {
        for (int i = 1; i <= 10; i++) {
            outStars(i);
            System.out.println();
        }
    }

    static void outStars(int num) {
        for (int i = 0; i < num; i++) {
            System.out.print('*');
        }
    }
}
```

```
*
**
***
****
*****
******
*******
********
*********
**********
```

여러 개의 별을 출력하는 동작을 하므로 메서드 이름은 outStars로 붙였다. 출력할 별의 개수를 num 인수로 받아 이만큼 루프를 돌며 별을 찍는다. 별만 찍으면 될 뿐 호출원으로 보고할 것은 없으니 리턴 타입은 void이다.

메서드를 잘 만들어 놓으면 main 함수의 부담이 줄어든다. 별 여러 개를 찍는 루프가 outStars 안으로 이동했으므로 main 함수는 이중 루프를 돌릴 필요 없이 1에서 10까지 i 루프만 돌리며 outStars(i)를 호출하고 개행만 하면 된다. 이중 루프의 안쪽 코드가 메서드 안으로 옮겨졌을 뿐 triangle 예제와 동작은 사실상 같다.

이 메서드를 활용하여 좌우가 뒤집힌 triangle2 예제도 작성해 보자. 이 예제는 별뿐만 아니라 공백도 출력하는데 outStars는 현재 별만 출력할 수 있다. 출력할 대상을 인수로 받으면 임의의 문자를 출력할 수 있어 활용성이 높아진다. 이제 별만 출력하는 것이 아니어서 메서드 이름도 outChars로 변경했다.

```
class JavaTest {
    public static void main(String[] args) {
        for (int i = 1; i <= 10; i++) {
            outChars(' ', 10 - i);
            outChars('*', i);
            System.out.println();
        }
    }

    static void outChars(char ch, int num) {
        for (int i = 0; i < num; i++) {
            System.out.print(ch);
        }
    }
}
```

```
         *
        **
       ***
      ****
     *****
    ******
   *******
  ********
 *********
**********
```

214

outChars 메서드는 ch 문자 num개를 출력하는 임무를 띤다. 임의의 문자를 원하는 개수만큼 출력하는 메서드가 완성되었으니 main은 메서드만 호출하면 된다. i 루프를 돌며 10-i개의 공백과 i개의 별을 찍고 개행하면 좌우가 뒤집힌 삼각형이 그려진다.

이 예에서 보다시피 인수가 많으면 메서드의 활용성이 증가한다. 별만 출력하는 outStars 메서드보다 임의의 문자를 출력하는 outChars의 활용성이 더 높다. 이번에는 다 출력한 후 개행하는 기능까지 outChars에 통합해 보자. 개행이 필요한 경우가 있고 아닌 경우도 있으니 진위형의 newline 인수를 받고 이 인수가 true일 때만 개행하면 된다.

outcharsnewline　　　　　　　　　　　　　　　　　　　　　　　　**실행 결과**

```
class JavaTest {
    public static void main(String[] args) {
        for (int i = 1; i <= 10; i++) {
            outChars(' ', 10 -i, false);
            outChars('*', i, true);
        }
    }

    static void outChars(char ch, int num, boolean newline) {
        for (int i = 0; i < num; i++) {
            System.out.print(ch);
        }
        if (newline) {
            System.out.println();
        }
    }
}
```

```
         *
        **
       ***
      ****
     *****
    ******
   *******
  ********
 *********
**********
```

newline 인수에 따라 개행을 통제할 수 있어 outChars의 활용성이 향상되었으며 main의 부담이 더욱 줄었다. 다만 호출할 때마다 세 개의 인수를 일일이 전달하는 것이 부담스러울 수도 있는데 이럴 때는 print, println 메서드 쌍처럼 개행 여부에 따라 별도의 메서드를 만들 수도 있다.

outcharsln　　　　　　　　　　　　　　　　　　　　　　　　　　**실행 결과**

```
class JavaTest {
    public static void main(String[] args) {
        for (int i = 1; i <= 10; i++) {
            outChars(' ', 10 -i);
            outCharsln('*', i);
        }
    }

    static void outChars(char ch, int num) {
        for (int i = 0; i < num; i++) {
            System.out.print(ch);
        }
    }
```

```
         *
        **
       ***
      ****
     *****
    ******
   *******
  ********
 *********
**********
```

```
    static void outCharsln(char ch, int num) {
        outChars(ch, num);
        System.out.println();
    }
}
```

outCharsln이 문자를 직접 출력할 필요는 없고 outChars를 호출하여 문자 출력을 처리하고 개행만 추가하면 된다. main은 두 개의 인수만 전달하되 개행 여부에 따라 호출할 메서드를 선택한다. 똑같은 기능을 제공하는 메서드 집합을 설계하는 방식도 여러 가지가 있다.

일련의 문자를 출력하는 기능을 부하 메서드가 처리해 주니 main의 논리가 더욱 단순해졌으며 응용하기도 쉽다. 위 예제에서 outCharsln 호출문의 num 인수만 바꾸면 이등변 삼각형이 그려진다.

```
public static void main(String[] args) {
    for (int i = 1; i <= 10; i++) {
        outChars(' ', 10 -i);
        outCharsln('*', i * 2 - 1);
    }
}
```

아무리 단순해 보이는 메서드도 잘 구비해 놓으면 백방으로 활용할 수 있다. outChars 메서드를 활용하여 박스 안에 문자열을 출력하는 기능을 작성해 보자.

boxmessage

```
class JavaTest {
    public static void main(String[] args) {
        outCharsln('-', 5 + 4);
        System.out.println("| Hello |");
        outCharsln('-', 5 + 4);

        outCharsln('-', 14 + 4);
        System.out.println("| Congratulation |");
        outCharsln('-', 14 + 4);
    }

    static void outChars(char ch, int num) {
        for (int i = 0; i < num; i++) {
            System.out.print(ch);
        }
    }

    static void outCharsln(char ch, int num) {
        outChars(ch, num);
        System.out.println();
    }
}
```

실행 결과

```
---------
| Hello |
---------
------------------
| Congratulation |
------------------
```

216

출력할 문자열의 양쪽에 | 수직선과 공백을 출력하고 위아래로 − 줄을 감싸면 박스 안에 문자열이 출력된다. 5 글자의 Hello을 출력하려면 좌우의 공백과 수직선의 폭까지 합쳐 9글자 길이로 − 줄을 그어야 온전히 닫힌 박스가 된다.

이렇게 코드를 만들어 놓고 보니 Hello 박스를 출력하는 코드와 Congratulation 박스를 출력하는 코드가 중복됨을 알 수 있다. 이렇게 중복되는 코드는 계속 중복될 확률이 높으니 또 메서드로 만들어 둔다.

outbox   **실행 결과**

```
class JavaTest {
    public static void main(String[] args) {
        outBox("Hello");
        outBox("Congratulation");
        outBox("Good Morning");
    }

    static void outBox(String message) {
        outCharsln('-', message.length() + 4);
        System.out.println("| " + message + " |");
        outCharsln('-', message.length() + 4);
    }

    static void outChars(char ch, int num) {
        for (int i = 0; i < num; i++) {
            System.out.print(ch);
        }
    }

    static void outCharsln(char ch, int num) {
        outChars(ch, num);
        System.out.println();
    }
}
```

```
---------
| Hello |
---------
------------------
| Congratulation |
------------------
----------------
| Good Morning |
----------------
```

메서드 이름은 outBox로 정하고 인수로 출력할 문자열을 전달받는다. 위아래 줄은 문자열의 length 메서드로 길이를 구한 후 4만큼 더해 긋는다. 출력할 메시지의 길이에 맞게 박스의 크기를 계산하는 것도 outBox가 다 알아서 처리하니 main은 메시지 문자열만 전달하면 된다.

메서드가 알고리즘을 캡슐화하니 활용하기 쉽고 필요하다면 다른 프로젝트로 가져가 재사용할 수도 있다. 개발자는 박스를 어떻게 출력할 것인가는 신경 쓸 필요 없이 어떤 메시지를 출력할 것인가만 생각하면 된다. 이래서 함수를 프로그램의 부품이라고 한다.

8-2 인수의 활용

1 인수 전달 방식

앞장에서 기본형과 참조형의 차이점을 연구하면서 사본 수정 시 효과가 다름을 알아보았다. 메서드로 인수를 전달하는 과정은 일종의 대입이며 형식 인수가 실인수의 사본이다. 따라서 인수의 타입에 따라 메서드 내에서 인수 수정 시 효과가 달라진다. 기본 타입은 값만 전달하며 형식 인수를 수정해도 실인수는 영향을 받지 않는다.

```
valuearg                                                  실행 결과

class JavaTest {                                             num = 2
    public static void main(String[] args) {
        int num = 2;
        getDouble(num);
        System.out.println("num = " + num);
    }

    static int getDouble(int value) {
        value *= 2;
        return value;
    }
}
```

getDouble 메서드는 정숫값을 전달받아 2를 곱해 두 배의 값을 리턴한다. main에서 정수형 변수 num을 2로 초기화하고 이 값을 getDouble로 전달하면 num의 현재값인 2가 형식 인수 value에 대입된다. 메서드 본체에서 value에 2를 곱해 4를 리턴한다. 이때 getDouble이 2를 곱한 대상은 형식 인수 value이지 실인수 num이 아니다. 따라서 메서드 리턴 후 num은 여전히 2이다.

사본 전달

```
int num = 2;                    getDouble(int value) {
getDouble(num);                     value *= 2;
println(num);                       return value;
                               }
```

num은 여전히 2

여기서 곱해지는 것은
value이지 num이 아니다.

메서드 호출 시 전달되는 것은 num의 현재값인 2이지 num 변수 자체가 아니다. 따라서 num과 value는 처음 값만 같을 뿐 완전히 다른 변수이다. 이 상태에서 사본인 value의 값을 지지고 볶고 어찌 하더라도 실인수 num은 요지부동이다. 인수 전달은 대입이므로 메서드 호출 시 다음 코드를 실행하는 것과 같다.

```
int num = 2;
int value = num;
value *= 2;
```

선언 단계에서 num과 value의 값이 잠시 같을 뿐 두 변수는 기억장소가 분리된 다른 변수이다. 이 상태에서 value에 2를 곱하든 100을 대입하든 num값은 변함없이 2이다. 메서드의 리턴값을 대입 받지 않으면 버려진다. getDouble 호출 후에 num이 두 배가 되기를 바랬다면 num이 리턴값을 다시 대입 받아야 한다.

```
num = getDouble(num);
```

기본형은 값으로 전달하고, 참조형은 변수의 값이 아닌 참조로 전달한다. 메서드 내에서 형식 인수가 가리키는 값을 변경하면 실인수가 가리키는 실제값도 바뀐다. 참조형의 대표격인 배열로 테스트해 보자.

refarg | 실행 결과

```
class JavaTest {
    public static void main(String[] args) {
        int[] num = { 2, 8, 6 };
        getDouble(num);
        System.out.println("num[0] = " + num[0]);
    }

    static void getDouble(int[] value) {
        value[0] *= 2;
    }
}
```

num[0] = 4

num은 크기가 3인 정수형 배열이다. 배열 요소는 힙에 있고 num은 시작 위치만 가리킨다. 이 배열을 getDouble로 전달하면 배열의 참조가 형식 인수에 대입되어 실인수와 같은 배열을 가리킨다. 이 상태에서 value의 첫 번째 요소를 두 배로 만들면 num의 첫 번째 요소도 바뀐다.

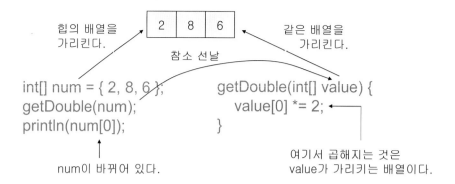

참조 호출은 실인수 자체를 조작하므로 리턴값이 따로 필요 없다. 그래서 getDouble 메서드의 리턴 타입은 void이다. 변경된 값을 돌려주는 것이 아니라 값을 변경해 주므로 makeDouble로 이름을 바꾸는 것이 적당하다. 리턴 후에 num 배열 요소의 값을 출력하면 4로 바뀌어 있다.

2 가변 인수

메서드는 선언부에 밝힌 개수의 인수만 받는다. 두 개의 정수형 인수를 받는 calcSum을 호출할 때는 반드시 두 개의 인수를 넘겨야 한다. 모자라거나 남으면 에러이다.

```
calcSum(10);                    // 에러. 인수가 부족하다.
calcSum(10, 20);                // 가능
calcSum(10, 20, 30);            // 에러. 인수가 남는다.
```

자바는 동일 타입의 인수 여러 개를 전달하는 가변 인수를 지원한다. 인수 목록의 타입명 다음에 ...이라고 쓰면 이 자리에 복수 개의 인수를 전달할 수 있다.

vararg s | **실행 결과**

```
class JavaTest {                                                3
    public static void main(String[] args) {                    10
        System.out.println(getSum(1, 2));                       34
        System.out.println(getSum(1, 2, 3, 4));
        System.out.println(getSum(8, 9, 6, 2, 9));
    }

    static int getSum(int... a) {
        int sum = 0;
        for (int i : a) {
            sum += i;
        }
        return sum;
    }
}
```

getSum 메서드는 정수형의 가변 인수 a를 받는다. 호출원에서 정숫값을 몇 개든 전달할 수 있다. 실인수 전체를 배열로 묶어 형식 인수로 전달하며 호출원은 이 배열의 length 속성으로 개수를 조사하고 배열을 순회하며 인수 목록을 읽는다.

배열의 길이에 제한이 없으니 얼마든지 많은 인수를 넘길 수 있다. main에서 getSum을 세 번 호출하는데 인수가 두 개든 네 개든 문제 없이 잘 호출된다. 100개의 인수를 넘길 수도 있고, 인수가 없어도 상관없다. 컴파일러가 인수열의 모든 값을 임시 배열로 생성하여 전달한다.

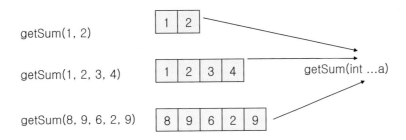

가변 인수 목록은 사실상 배열을 전달하는 것과 같아 진짜 배열을 만들어 전달해도 잘 동작한다. getSum(1, 2) 호출문은 다음 코드와 같다.

```
int[] ar = {1, 2};
getSum(ar);
```

1과 2를 요소로 가지는 배열 ar을 생성하여 전달하면 형식 인수 a에 대입된다. 별도의 배열을 선언하는 것이 귀찮다면 인수열에서 new 연산자로 임시 배열을 바로 생성하여 전달해도 상관없다. 임시 배열은 형식 인수에 잠시 대입되어 사용되다 메서드가 리턴하면 회수된다.

```
getSum(new int[] { 1, 2 })
```

가변 인수는 내부적으로 배열을 전달하므로 형식 인수를 배열 타입으로 선언할 수도 있다. getSum 메서드에서 int ... a가 아닌 int[] a로 받아도 가변 인수의 목적은 달성된다.

```
static int getSum(int[] a) {
    ....
}
```

정수 타입의 배열을 받아들이면 개수에 상관없이 인수를 받을 수 있다. 그러나 형식 인수가 배열 타입이면 진짜 배열만 전달해야 하며 요소를 나열할 수는 없다.

```
getSum(new int[] {1, 2, 3});          // 가능
getSum(1, 2, 3);                      // 에러
```

배열을 통해 가변 인수를 사용할 수 있지만, 인수열에서 임시 배열을 생성하는 것이 번거로워 별도의 가변 인수 문법을 도입했다. 선언문에 ...이라고만 밝혀 놓으면 컴파일러가 실인수 진체를 배열로 만들어 전달하는 일종의 편의 기능이다.

문자열을 서식화하여 조립하는 printf 메서드가 가변 인수를 받아들이는 대표적인 예이다. Object 타입의 가변 인수를 받아들이는데 자바의 모든 타입은 Object로부터 파생되므로 임의의 타입을 개수에 상관없이 받는다. 메서드 내부에서는 배열 요소를 하나씩 꺼내 타입을 판별하여 사용한다.

3 메서드 중복 정의

명칭은 대상을 구분하는 것이 주목적이어서 범위 내에서 유일해야 한다. 중복된 이름으로 두 개의 다른 변수를 선언할 수 없다. 다음 구문은 상식적으로 말이 안 되며 당장 에러 처리된다.

```
int value;
double value;
```

value라는 똑같은 이름으로 타입이 다른 두 개의 변수를 선언했다. 이 상태에서 value를 참조하면 어떤 변수를 칭하는지 모호하다. 그래서 한 번 사용한 변수명은 다른 변수의 이름으로 사용할 수 없다. 그러나 메서드는 변수와 달리 시그니처(Signature)로 구분한다. 시그니처는 다음 두 가지 정보로 구성된다.

• 메서드의 이름
• 인수의 타입 목록

변수는 이름으로만 구분하지만 호출을 위해 인수가 필요한 메서드는 인수 목록으로도 구분할 수 있다. 그래서 인수가 다르면 같은 이름으로 여러 개의 메서드를 정의할 수 있다. 왜 이런 장치가 필요한지 연구해 보자.

getmax | 실행 결과

```
class JavaTest {
    public static void main(String[] args) {
        System.out.println("[3, 5] = " + getMax(3, 5));
    }

    static int getMax(int a, int b) {
        if (a > b) {
            return a;
        } else {
            return b;
        }
    }
}
```

```
[3, 5] = 5
```

getMax 메서드는 두 개의 정수형 인수를 받아 큰 값을 조사해 리턴한다. 3과 5를 전달하면 5를 리턴한다. 이 상태에서 다음과 같이 호출하면 어떻게 될까?

```
getMax(3.4, 5.6)
```

인수가 double 타입으로 바뀌었는데 double 타입의 값을 int 타입으로 전달할 수 없다는 에러가 발생한다. 큰 타입을 작은 타입의 인수에 대입하면 값의 손실이 발생하기 때문이다. 이럴 때는 double 타입의 인수를 취하는 메서드를 하나 더 만들면 된다.

getmax2   실행 결과

```
class JavaTest {
    public static void main(String[] args) {
        System.out.println("[3, 5] = " + getMax(3, 5));
        System.out.println("[3.4, 5.6] = " + getMax(3.4, 5.6));
    }

    static int getMax(int a, int b) {
        if (a > b) {
            return a;
        } else {
            return b;
        }
    }

    static double getMax(double a, double b) {
        if (a > b) {
            return a;
        } else {
            return b;
        }
    }
}
```

```
[3, 5] = 5
[3.4, 5.6] = 5.6
```

메서드의 이름은 물론이고 본체의 코드까지 똑같다. 그러나 인수의 타입이 달라 실인수의 타입을 보고 어떤 메서드를 호출할지 정확하게 선택할 수 있으며 애매하지 않다. 인수가 (3, 5)이면 정수형을 취하는 getMax를 호출하고, (3.4, 5.6)이면 실수형을 취하는 getMax를 호출한다.

이처럼 같은 이름으로 여러 개의 메서드를 중복 정의하는 것을 오버로딩(Overloading)이라고 한다. 이 기능이 없다면 똑같은 작업을 하는 메서드라도 getMaxInt, getMaxDouble 식으로 일일이 다른 이름을 붙여야 한다. 메서드를 중복 정의하려면 시그니처가 달라야 하며 다음 두 경우는 중복 가능하다.

- 인수의 개수가 다르다. 정수형 두 개를 취하는 메서드와 세 개를 취하는 메서드는 호출문에서 인수 개수로 구분 가능하다. 다음 메서드는 중복 정의할 수 있다.

```
int getMax(int a, int b)
int getMax(int a, int b, int c)
```

- 인수의 타입이 다르다. 호출 구문에서 인수의 타입을 구분할 수 있으므로 어떤 메서드를 호출하는지 정확하게 판별할 수 있다. 인수 중 하나라도 타입이 다르면 된다.

```
double getMax(double a, double b)
double getMax(double a, String b)
```

그러나 리턴 타입만 다른 메서드는 중복 대상이 아니다. 리턴 타입은 시그니처에 포함되지 않는다. 다음 두 메서드는 중복 정의할 수 없다.

```
int getMax(int a, int b)
double getMax(int a, int b)
```

리턴값은 호출할 때 적용하는 것이 아니라 반환한 후에 읽는 것이어서 이 정보만으로는 어떤 메서드를 호출할지 결정할 수 없다. 다음의 경우도 중복 대상이 아니다.

```
int getMax(int a, int b)
int getMax(int x, int y)
```

형식 인수의 이름은 개발자가 임의로 붙이는 지역변수일 뿐이어서 이름이 달라도 같은 메서드이다. 시그니처에 인수의 개수나 타입은 포함되지만 인수의 이름은 포함되지 않는다. 설사 인수의 논리적인 의미가 달라도 안 된다. 컴파일러가 의미까지 구분하지는 못하며 개수나 타입만 본다. 지정자도 시그니처의 일부가 아니어서 중복 정의의 대상이 아니다.

메서드 오버로딩은 다양한 형태의 인수에 대해 동일한 작업을 처리할 때 유용하다. 예를 들어 학생을 검색하는 메서드를 만든다고 하자. 학생을 특정하는 여러 가지 방법이 있으며 검색 기준별로 메서드를 중복 정의한다. 검색 방법에 따라 인수가 달라 메서드 이름이 같아도 상관없다.

```
int findStudent(String name)          // 이름으로 찾기
int findStudent(int number)           // 학번으로 찾기
int findStudent(int dept, int serial) // 학과와 출석 번호로 찾기
```

호출하는 쪽은 보유한 정보에 따라 findStudent 메서드를 호출한다. 이름을 알고 있다면 문자열을 취하는 메서드를 호출하고, 학번을 알고 있다면 정수를 취하는 메서드를 호출한다. 컴파일러는 어떤 검색 정보를 제공하는가에 따라 실제 호출할 메서드를 선택한다. 다양한 기준에 대한 메서드가 다 제공되니 정보를 변환하거나 다른 정보를 찾을 필요가 없다.

오버로딩은 워낙 편리한 기능이어서 아주 흔하게 사용한다. System.out 클래스의 println 메서드는
자바의 모든 타입에 대해 오버로딩되어 있어 정수, 실수, 문자열 등을 모두 받아 콘솔로 출력한다. 인수
없이 개행만 하는 메서드도 있다.

```
void println(int x)
void println(double x)
void println(char x)
void println(boolean x)
void println(String x)
void println()
```

오버로딩되어 있지 않다면 타입에 따라 출력 메서드가 제각각이어서 무척 불편하다. 무엇을 출력하든
간에 개발자는 println 메서드 하나만 외우면 되니 편리하고 유사한 작업에 대해 같은 메서드를 사용해
일관성이 있다. 다음 코드도 오버로딩의 한 예이다.

```
int a = 12 + 34;
String s = "대한" + "민국";
```

똑같은 + 연산자이지만 좌우의 피연산자 타입에 따라 동작이 다르다. 연산자가 메서드라면 피연산자는
이 메서드로 전달되는 인수이며 인수의 타입에 따라 다른 코드를 실행한다. 개발자는 숫자든 문자열이
든 + 연산자로 뭔가를 더한다는 것만 기억하면 된다.

연습문제

01 서브루틴을 만드는 이유가 아닌 것은?

① 반복을 제거하여 소스가 짧아진다.

② 작업을 분리하여 실행하므로 속도가 빨라진다.

③ 코드가 정형화되어 재사용하기 쉽다.

④ 알고리즘을 캡슐화하여 논리 구현에 집중할 수 있다.

02 메서드 작성 원칙으로 옳지 않은 것은?

① 한 번에 하나의 일만 한다.

② 작업 단위를 가급적 잘게 쪼갠다.

③ 다섯 번 이상 반복되면 메서드로 분리한다.

④ 직관적인 이름을 붙인다.

03 리턴 타입이 없는 메서드의 선언부에 쓰는 키워드는?

① int

② false

③ null

④ void

04 형식 인수에 대한 설명으로 잘못된 것은?

① 함수 선언문에 나타나는 인수이다.

② 호출 과정에서 실인수의 값을 대입 받아 본체에서 사용된다.

③ 실인수와 이름이 일치해야 한다.

④ 개수와 타입의 제한이 없다.

05 리턴값에 대한 설명으로 옳은 것은?

① 리턴이 없는 메서드는 return 문을 쓸 수 없다.

② 리턴이 없는 메서드는 수식 내에서 호출할 수 없다.

③ 필요 시 여러 개의 값을 리턴할 수 있다.

④ 리턴값이 있는 메서드 호출 시 리턴값을 반드시 대입 받아야 한다.

06 참조값을 넘겨 메서드 내에서 실인수를 조작할 수 있는 인수 전달 방식을 (   )이라고 한다.

07 복수의 인수를 전달받을 때는 인수 목록에 기호 (   )를 쓴다.

08 메서드끼리 구분하는 기준이 아닌 것은?

① 메서드의 이름   ② 인수의 타입

③ 인수의 개수   ④ 리턴 타입

09 println 메서드 하나로 정수, 실수, 문자열을 모두 출력할 수 있는 문법적 이유는 무엇인가?

① 오버라이딩   ② 오버로딩

③ 참조 호출   ④ 가변 인수

10 from ~ to까지 모든 짝수의 합을 더해 리턴하는 메서드 calcSumEven을 작성하라.

09

_ 클래스

Java

9-1 클래스

1 조립식 개발

자바는 완전한 객체지향 언어다. 세상의 모든 것을 객체로 표현하고 객체를 조립하여 프로그램을 완성한다. 80년대 말 구조적 방식의 생산성 한계를 극복하고 신속한 개발과 재사용성 향상을 위해 객체지향 방식을 도입했다. 성능에는 약간 불리하지만 하드웨어의 눈부신 발전으로 인해 신속한 개발과 유지 보수 편의성이 더 중요해져 90년대 이후 대세가 되었다.

클래스와 객체는 추상적이고 난해해 선뜻 이해하기 어렵다. 한마디 정의로 명쾌하게 설명하기에는 부피가 큰 개념이어서 뜬구름 잡는 이야기처럼 들린다. 그래서 이 책은 기본 문법을 먼저 소개하여 준비 운동을 한 후 이를 바탕으로 객체에 대해 점진적으로 설명해 가는 방식을 취했다. 기본 문법을 다 익혔으니 이제 객체가 무엇인지, 왜 필요한지 차근차근 학습해 보자.

객체라는 용어는 Object를 번역한 것이며 세상에 존재하는 모든 것을 의미한다. 우리말로 옮기자면 그냥 '물건'이다. 실세계에 존재하는 사물을 디지털 세계에서 코드로 정의한 것이 바로 객체이다. 실생활에서 흔히 볼 수 있는 모든 물건은 고유의 속성(property)과 동작(behavior)을 가진다.

객체	속성	동작
자동차	색상, 년식, 연료 종류	달린다, 멈춘다
개	품종, 성별, 털 색깔	짖는다, 먹는다
사람	피부색, 키, 몸무게	말한다, 생각한다
노트북	액정 크기, CPU, 용량	부팅한다, 셧다운한다
예금	이자율, 한도	입금한다, 출금한다

모든 사물은 속성과 동작으로 구성되며 사물끼리 관계를 맺으며 세상이 돌아간다. 사람이 자동차를 타고 노트북을 사용하며 통장에 입금하면 예금 잔고가 증가하는 식이다. 프로그래밍이란 실세계를 모델링하여 현실 세계의 문제를 해결하는 것이다. 사물을 소프트웨어적인 객체로 정의하고 객체끼리의 상호작용 방식을 정의하여 프로그램을 만든다.

우리가 늘상 사용하는 프로그램을 관찰해 보면 여러 가지 객체로 구성되어 있음을 알 수 있다. 예를 들어 그림판을 보면 버튼이나 캔버스, 메뉴 등의 객체가 배치되어 있고, 이들이 상호 작용하여 그림을 그리는 기능을 구현한다. 팔레트에서 색상을 골라 캔버스에 그리면 해당 색상으로 그려지고, 슬라이더를 드래그하여 확대 배율을 조정한다.

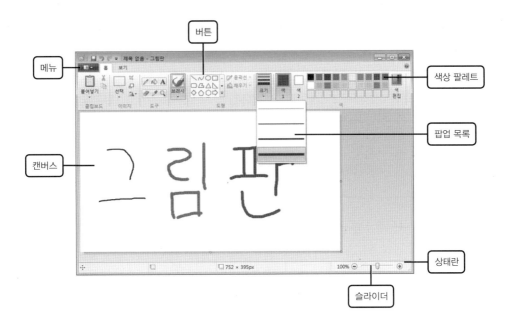

그래픽 환경에서 실행되는 모든 프로그램이 비슷하다. 화면 안의 객체를 관찰해 보면 고유의 속성과 동작이 있다. 버튼은 캡션, 색상 속성에 따라 모양이 달라지고 클릭하면 쑥 들어가는 애니메이션을 보여주며 명령을 실행한다. 캔버스는 배경색과 크기 속성이 있고 드래그하면 그리는 동작을 한다.

눈에 보이는 것뿐만 아니라 화면에 보이지 않는 무형의 객체도 있다. String은 그 자체는 눈에 보이지 않지만, 문자열을 속성으로 가지며 내용을 검색하거나 치환하는 기능을 제공한다. 이 외에도 권한이나 예금, 네트워크 연결 같은 추상적인 것도 객체다. 보이는 것이나 숨겨진 것이나 다 속성과 동작으로 구성되는 점은 같다.

객체지향 방식이란 독립적으로 동작하는 객체를 먼저 만들고 이들을 조립하여 프로그램을 완성해 나가는 방식이다. 이미 완성된 부품인 객체를 조립하는 식이라 생산성이 높고 유지 보수도 효율적이다. 객체지향을 직관적으로 표현하자면 부품 조립식이다. 조립식 개발은 하드웨어에서 먼저 시작되었다.

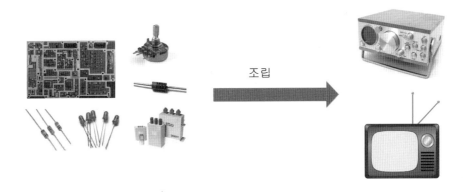

텔레비전이나 라디오를 만들 때 맨바닥부터 만드는 것이 아니라 미리 만들어진 부품을 구해 조립한다. 저항, 트랜지스터, 다이오드 같은 부품을 기판에 척척 조립하면 웬만한 기계는 불과 몇 시간 만에 뚝딱 만들 수 있어 생산성이 높다. 데스크톱 컴퓨터도 CPU, 메인보드, 케이스, 하드디스크, 메모리 등의 부품만 구하면 중학생도 한 시간이면 조립할 정도로 쉽다.

현대적인 건축도 마찬가지이다. 터를 다지고 대들보 위에 기둥을 세우고 벽체와 지붕을 올리는 예전 건축술로는 거대한 빌딩을 지을 수 없다. 공장에서 규격화된 빔과 벽체, 창틀을 만들어 와 현장에서는 조립만 한다. 중세 시대에 수백 년씩 걸려 대를 이어 짓던 거대한 건물도 요즘은 불과 1년이면 완공할 정도로 효율이 좋다.

이에 비해 소프트웨어는 항상 main부터 써 놓고 MDH 공법(맨땅에 헤딩)으로 만들다 보니 생산성이 떨어지고 하드웨어의 발전 속도를 따라가기 벅차다. 이것이 바로 소프트웨어 위기이다. 생산성 향상을 위해 소프트웨어도 조립식으로 개발해 보자는 취지로 도입한 것이 바로 객체지향 프로그래밍이다.

2 클래스

객체지향의 중심 개념인 클래스는 실세계의 사물을 표현하며 객체를 정의하는 틀이다. 사물의 속성과 동작을 코드로 표현하여 클래스를 선언한 후 클래스로부터 필요한 객체를 찍어낸다. 클래스로부터 객체를 만들므로 클래스가 객체보다 한 단계 위의 개념이다. 객체지향의 보편적 특징인 캡슐화, 추상화, 상속, 다형성을 구현하는 주체가 바로 클래스이다.

클래스는 관련 있는 변수와 메서드를 하나로 묶어 놓은 것이다. 배열은 동종 타입의 변수 집합인 데 비해 클래스는 이종 타입의 변수를 포함할 수 있고 심지어 동작을 표현하는 메서드까지 가진다. 클래스 선언문은 다음과 같다.

```
[지정자] class 이름 {
    필드 선언
    메서드 선언
}
```

지정자는 클래스의 추가적인 속성을 정의하며 필요 없을 경우 생략한다. 키워드 class 다음에 클래스의 이름을 적는데 표현할 대상을 상징적으로 나타내는 이름을 붙인다. 명칭 규칙에 맞게 지어야 하며 변수나 메서드와 구분하기 쉽도록 관례상 첫 글자를 대문자로 쓴다. 실세계의 사물을 흉내 내므로 Car, Human, Button과 같은 명사를 주로 쓴다.

{ } 괄호 안에 클래스를 구성하는 멤버를 나열한다. 필드는 속성을 표현하는 변수이며 메서드는 동작을 기술하는 함수이다. 보통 필드를 먼저 선언하고 메서드를 나중에 선언한다. 메서드의 본체 코드를 다 기술하여 선언문이 길지만 { } 괄호 안에 클래스의 모든 것이 다 포함되어 깔끔하다. 다음 예제는 자동차

클래스를 선언하고 사용한다.

car

실행 결과

```
class Car {
    String name;
    boolean gasoline;

    void run() {
        if (gasoline) {
            System.out.println("부릉부릉");
        } else {
            System.out.println("덜컹덜컹");
        }
    }
    void stop() {
        System.out.println("끼이익");
    }
}

class JavaTest {
    public static void main(String[] args) {
        Car korando = new Car();
        korando.name = "코란도C";
        korando.gasoline = false;

        korando.run();
        korando.stop();
    }
}
```

```
덜컹덜컹
끼이익
```

현실 세계의 자동차를 모델링하므로 클래스 이름은 Car로 지었다. 변수가 아닌 클래스이므로 car로 짓지 말고 첫 자를 대문자로 적는다. 자동차가 가질 수 있는 속성인 이름과 연료 종류를 필드로 선언했다. 차는 그랜저, 코란도, 캐스퍼 같은 이름이 있는데 이 정보를 name 필드에 저장한다. 연료 종류는 gasoline 필드에 저장하며 true이면 휘발유차, false이면 경유차다.

차마다 달라질 수 있는 속성을 두 개의 필드로 선언했다. 클래스 선언문에 소속되어 있을 뿐 앞에서 배운 변수 선언문과 별반 다르지 않다. 이름은 문자열이므로 String 타입이며 연료 종류는 둘 중 하나이므로 boolean 타입이다. 편의상 두 개의 속성만 정의했는데 이 외에 색상, 배기량, 년식, 탑승 인원, 기어의 종류, 트렁크 유무 등 얼마든지 많은 속성을 가질 수 있다.

동작은 메서드로 표현하는데 차는 달리고 멈춘다. 달리기 동작을 기술하는 run 메서드는 gasoline 필드에 따라 달리는 방식을 결정한다. 메서드는 같은 클래스 소속의 필드를 자유롭게 참조할 수 있다. 휘발유차는 부드럽게 나가고 경유차는 아무래도 좀 덜덜거린다. stop은 달리다가 정지하는 동작을 표현한다. 물론 이 외에도 더 많은 동작을 메서드로 포함할 수 있다.

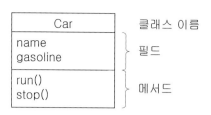

Car라는 이름으로 두 개의 속성과 두 개의 동작을 정의했다. 클래스는 실세계 사물에 대한 형틀일 뿐 그 자체가 사물은 아니다. 이 클래스 타입을 사용하려면 실제 객체를 생성해야 한다. 이는 기본 타입도 마찬가지인데 int 자체가 정수를 저장하는 것이 아니라 int 타입의 price나 score 변수를 선언해야 정수를 저장할 수 있다.

실제 자동차는 Car 타입의 객체로 만든다. 클래스는 기본형과 달리 변수를 선언한다고 해서 객체가 생성되지 않으며 new 연산자로 메모리를 할당해야 한다. main에서 Car 타입의 korando 객체를 선언한 후 new Car() 연산문으로 자동차 객체를 할당했다. 힙에 차 이름과 연료 종류를 저장하는 메모리를 할당하며 이 객체를 가리키는 참조를 korando 변수에 대입한다.

객체를 생성한 후 대입문으로 차 이름과 연료 종류를 지정하고 메서드를 호출했다. 객체의 멤버를 참조할 때는 다음 구문을 사용한다.

> 객체.멤버

이때 . 연산자는 우리말로 '~의'로 읽으면 된다. korando.name은 korando의 이름이라는 뜻이고 korando.run()은 코란도의 달리기 동작을 실행하라는 명령이다. 콘솔 환경의 한계상 문자열로 흉내만 내 썰렁하지만, 그래픽 환경이라면 진짜 자동차처럼 달리다가 멈추는 애니메이션을 멋지게 표현할 것이다. 클래스로부터 얼마든지 많은 객체를 찍어낼 수 있다.

```
object                                          실행 결과
class Car { .... }                              코란도C : 덜컹덜컹
                                                에꿍스 : 부릉부릉
class JavaTest {
    public static void main(String[] args) {
        Car korando = new Car();
        korando.name = "코란도C";
        korando.gasoline = false;
```

```
            System.out.print(korando.name + " : ");
            korando.run();

            Car equus = new Car();
            equus.name = "에꿍스";
            equus.gasoline = true;
            System.out.print(equus.name + " : ");
            equus.run();
        }
}
```

Car라는 클래스로부터 equus라는 자동차를 하나 더 만들었다. new 연산자로 객체를 새로 만들고 속성만 적당히 대입하면 된다. 같은 방식으로 마티즈, 포터, 포르쉐 등을 팍팍 찍어낼 수 있다. 에쿠스의 run 메서드를 호출하여 너 달려봐 했는데 고급차라 엔진 소리가 부드럽다.

클래스로부터 생성된 객체를 인스턴스(Instance)라고 부른다. korando나 equus는 Car의 한 예로 생성된 것이다. 인스턴스와 객체는 같은 대상을 칭하되 의미가 미세하게 다르다. 인스턴스는 클래스가 메모리에 할당된 실체라는 뜻이며, 객체(Object)는 프로그램을 구성하는 독립적인 부품을 뜻한다. 같은 뜻이지만 문맥에 따라 어울리는 용어가 있다.

이런 예는 실제 생활에서도 흔하다. 생선과 물고기, 어류는 다 같은 대상을 가리키지만, 생선은 물고기 중에도 주로 먹을 수 있는 신선한 것을 의미한다. '수족관에서 노니는 생선'이나 '어물전의 어류'라는 표현은 뜻은 통하지만 뭔가 어색하다. 인스턴스와 객체도 뜻은 같지만 사용하는 용도가 약간 다를 뿐이니 그냥 같은 뜻이라고 생각해도 무방하다.

클래스는 일종의 타입이며 변수의 형태를 정의한다. korando, equus 객체는 Car 타입의 변수로 생성되었는데 마치 int 타입으로부터 score, value 변수를 선언하는 것과 같다. int로부터 얼마든지 많은 정수를 선언할 수 있는 것처럼 Car 클래스로부터 무수한 자동차를 찍어낼 수 있다. Car 클래스는 int에 해당하는 타입이고, korando 객체는 value에 해당하는 변수이다.

int value; 선언문을 이해한다면 Car korando; 선언문도 똑같이 이해하면 된다. 다만 기본형인 정수에 비해 객체는 참조형이므로 new 연산자로 생성한다는 점만 다르다. 예제에서는 Car 클래스를 먼저 선언하고 main에서 사용했는데 꼭 순서를 지키지 않아도 상관없다. 자바는 어디에 선언되어 있건 다 찾을 수 있어 순서를 바꾸어도 잘 컴파일한다.

```
class JavaTest { .... }
class Car { .... }
```

실제 프로젝트의 클래스는 거대하고 복잡해 클래스마다 별도의 소스 파일을 작성하는 것이 보통이다. 그러나 실습 예제에서는 클래스도 작고 파일을 분리하면 번거로워 메인 소스 파일에 같이 작성하기로 한다.

3 멤버

클래스는 속성을 표현하는 필드와 동작을 기술하는 메서드로 구성된다. 이 외에도 몇 가지 요소를 더 포함하는데 클래스에 소속되는 모든 것을 통칭하여 멤버라고 한다. 언어나 시스템에 따라 필드와 메서드를 칭하는 용어가 조금씩 다르다.

자바	다른 언어
필드	멤버 변수, 속성, 상태
메서드	멤버 함수, 행위, 기능

의미상으로는 멤버 변수, 멤버 함수라는 용어가 가장 직관적이다. 이 책의 앞부분에서 변수와 함수에 대해 미리 학습했다. 필드와 메서드도 사용하는 방법은 거의 유사하지만 클래스에 소속되어 있어 약간의 차이가 있다. 클래스 소속의 필드는 메서드 소속의 지역변수에 비해 다음과 같은 점이 다르다.

• 지역변수는 메서드가 종료되면 사라지지만 필드는 소속된 객체가 존재하는 동안 값을 유지한다. 자기가 소속된 대상과 운명을 같이 한다.

• 별도의 초기식이 없을 시 지역변수는 쓰레깃값을 가지지만, 필드는 기본값으로 초기화된다. 기본값은 타입에 따라 다른데 수치형은 0, 진위형은 false, 참조형은 null이다.

• 액세스 지정자를 붙여 외부에서 사용하지 못하도록 숨길 수 있으며 정적으로 선언하면 모든 객체가 공유한다. 어떤 지정자를 붙일 수 있는지 차차 알아보자.

필드의 개수에는 제한이 없어 얼마든지 많은 필드를 포함할 수 있다. 타입에도 제약이 없어 기본형 뿐만 아니라 객체도 포함할 수 있으며 동일 타입 변수의 집합인 배열과 달리 각 필드의 타입이 달라도 상관없다.

메서드도 앞에서 배운 대로 만들고 사용하되 클래스에 소속되어 객체의 동작을 처리할 때는 static 지정자를 붙이지 않는다. 클래스를 배우기 전에는 객체와 무관한 독립적인 메서드를 만들기 위해 static 지정자를 붙였지만 이제는 그렇지 않다. Car 클래스의 run, stop 메서드는 자동차와 관련된 동작을 처리하며 독립적으로 호출하지 않고 언제나 객체와 함께 호출한다.

```
korando.run();
equus.run();
```

run 메서드 호출문 앞에 누가 달릴 것인지 객체를 밝혀야 하며 단독으로 호출할 수 없다. 외부에서 객체의 멤버를 참조할 때는 점 연산자로 누구의 멤버인지 지정한다. 앞에서 만든 예제의 코드 일부를 다시보자.

```
System.out.print(korando.name + " : ");
korando.run();
```

main 메서드에서 name 필드를 칭하면 누구의 이름인지 애매하며 run 메서드만 호출하면 누구를 동작시킬 것인지 명확하지 않다. 외부에서 name 속성과 run 메서드를 참조할 때는 korando.이나 equus.을 붙여 소속을 밝힌다. 그러나 클래스 내부에서 참조할 때는 이름만 적는다. run 메서드에서 gasoline 필드를 읽을 때는 필드 이름만으로 참조한다.

```
void run() {
    if (gasoline) {
        ....
```

클래스 내부에서는 자기 자신의 멤버를 칭함이 분명하기 때문이다. run 메서드를 호출할 때 이미 korando.run으로 호출했으므로 run 메서드에서 참조하는 gasoline은 korando의 필드이며 따라서 이 차는 덜컹덜컹 달린다.

4 클래스와 객체

세상의 모든 사물을 흉내 내는 객체는 프로그램의 부품이 된다. 그런데 왜 클래스를 정의한 후 객체를 생성하는 것일까? 객체는 이해할 수 있어도 더 상위의 클래스가 필요한 이유가 선뜻 이해되지 않는다. 멤버의 집합인 객체는 다음과 같은 문법으로 정의할 수도 있다.

```
object { 멤버 목록 } korando;
```

object라는 가상의 키워드를 도입하고 { } 안에 멤버 목록을 나열한 후 객체를 생성하면 된다. 실제로 C++ 언어는 이 방식으로 객체를 생성하는 것도 허용한다. 그러나 이 방식은 딱 하나의 객체만 생성할 수 있다. 만약 또 다른 자동차가 하나 더 필요하다고 해 보자.

```
object { 멤버 목록 } equus;
```

korando를 정의할 때 나열했던 멤버 목록을 똑같이 나열해야 하니 중복이 심하다. 멤버 목록이 몇 개 안 된다면 이 짓도 할만 하겠지만, 실제 프로젝트의 객체는 멤버가 수십, 수백 개나 된다. sorento, tivoli, ioniq 등의 차를 만들 때마다 멤버를 일일이 나열할 수 없는 노릇이다.

또한 각 객체를 따로 정의하면 연관성이 없어 관계를 형성할 수 없다. 위 코드로 객체를 만들었다면 korando와 equus가 같은 종류의 자동차라는 것을 컴파일러가 확신할 수 없으며 이렇게 되면 타입을 기반으로 하는 상속이나 다형성 등의 고차원적인 기법도 성립하지 않는다.

이런 여러 가지 이유로 객체보다 더 상위의 클래스 개념이 필요하며 일단 클래스를 정의한 후 클래스로부터 객체를 생성한다. 자바는 멤버 목록으로부터 객체를 바로 생성하는 문법을 지원하지 않으며 반드시 클래스부터 선언해야 한다.

```
class Car { 멤버 목록 };
```

Car라는 이름으로 멤버 목록을 정의한다. 클래스 자체는 메모리를 소모하지 않으며 컴파일러에게 앞으로 만들 객체의 모양만 알려 준다. 컴파일러는 클래스 선언문을 통해 객체를 찍어 낼 준비를 하며 이후부터 Car라는 이름으로 똑같은 종류의 객체를 생성한다.

```
Car korando;
Car equus;
```

멤버 목록이 클래스 선언문에 딱 한 번만 나타나 소스가 짧고 수정이나 확장하기도 쉽다. 같은 클래스로부터 생성한 객체는 같은 타입임을 쉽게 알 수 있고 하나의 변수로 같은 타입의 다른 객체를 번갈아 가리킬 수도 있다.

객체와 클래스의 관계는 붕어빵과 빵틀의 관계와 유사하다. 밀가루나 팥 같은 재료를 바로 구워 붕어빵을 만들기는 대단히 어렵다. 꼭 하겠다면 불가능하지는 않겠지만 굉장히 많은 시간이 걸리며 같은 모양으로 만들기는 거의 불가능하다.

그러나 빵틀을 먼저 만들어 놓고 빵틀에 밀가루와 팥을 넣어 구우면 붕어빵을 찍어 내는 건 누워서 떡 먹기이며 모양도 똑같다. 각 붕어빵별로 밀가루의 양이나 팥의 비율은 조금씩 차이가 있지만 어쨌거나 같은 붕어빵이며 똑같은 값에 팔 수 있다.

차가 어떤 속성을 가지는가는 클래스에 의해 결정된다. 세부 속성이 조금씩 달라도 같은 클래스로부터 생성된 객체이면 같은 타입이다. 객체 이전에 클래스라는 장치가 필요한 이유는 다음 두 가지 정도로 요약할 수 있다.

❶ 수많은 객체를 효율적으로 찍어 내기 위해
❷ 같은 종류의 객체라는 것을 확실히 하기 위해

클래스는 실세계의 사물을 묘사한다. 그러나 정확히 묘사할 필요는 없으며 프로그램의 목적에 따라 필요한 멤버만 포함하면 된다. 실세계의 자동차는 예제에서 사용하는 Car 클래스보다 훨씬 복잡한 물건이며 무수히 많은 속성이 있다. Car 클래스의 용도에 따라 필요한 멤버의 목록이 달라진다.

용도	멤버 목록
차 판매점	연식, 가격, 색상, 할인율
차 정비소	주행거리, 사고이력, 정비기록
도로 상황 관리	차번호, 최대적재량, 탑승인원수

이 책에서 예제로 사용하는 Car 클래스는 이름, 연료 필드와 달리고 멈추는 메서드만 포함한다. 이는 학습을 위한 클래스이기 때문에 직관적으로 이해하기 쉽고 짧은 코드를 사용했다.

5 Time 클래스

앞으로 실습을 원활히 하려면 다양한 종류의 실습 클래스가 필요한데 여기서 몇 개 더 구경해 보자. 실세계 사물의 특성을 분석하여 클래스로 정의하는데 각 사물을 클래스로 어떻게 표현하는지 살펴보자. 다음 예제는 시간을 표현하는 Time 클래스를 선언한다.

time | 실행 결과

```
class Time {
    boolean am;
    int hour;
    int minute;
    int second;

    void whatTime() {
        System.out.print(am ? "오전 ":"오후 ");
        System.out.println(hour + "시 " + minute + "분 " + second + "초");
    }
}

class JavaTest {
    public static void main(String[] args) {
        Time now = new Time();
        now.am = true;
        now.hour = 12;
        now.minute = 34;
        now.second = 56;

        now.whatTime();
    }
}
```

실행 결과: 오전 12시 34분 56초

시간은 시, 분, 초로 구성되며 오전/오후를 구분한다. 시간을 구성하는 각 요소를 네 개의 필드로 선언했다. 시간 객체의 기본 동작은 현재 시간을 출력하는 것이며 이 동작을 whatTime 메서드로 정의했다. main에서 Time형의 객체 now를 선언하고 속성에 시간을 대입한 후 whatTime 메서드로 출력했다.

시간을 구성하는 속성과 자신의 값을 출력하는 동작을 Time이라는 클래스에 모아 두었다. 이 외에도 지역, 24시간제, 1/1000초 단위 등의 속성을 추가할 수 있고 시간끼리 비교하거나 더하고 빼는 연산을 정의할 수 있다. 다음 예제는 사람을 클래스로 표현한다.

human	실행 결과

```
class Human {
    int age;
    String name;

    void intro() {
        System.out.println("안녕, " + age + "살 " + name + "입니다.");
    }
}

class JavaTest {
    public static void main(String[] args) {
        Human kim = new Human();
        kim.age = 29;
        kim.name = "김상형";
        kim.intro();
    }
}
```

안녕, 29살 김상형입니다.

사람도 복잡한 정보로 구성되는데 기본 정보는 나이와 이름이다. Human 클래스는 이 둘을 age, name 필드로 선언하고 자신을 소개하는 동작을 intro 메서드로 정의한다. 사람은 동물에 비해 말을 하는 특성이 있어 speak로 이름을 붙여도 될 거 같다. main에서 Human 객체 kim을 생성하고 나이와 이름 필드를 초기화한 후 화면에 출력했다.

앞에서 만든 Car 클래스와 여기서 소개한 Time, Human 클래스는 이후의 실습에 계속 사용되므로 모양을 잘 기억해 두자. 새로운 문법을 배울 때마다 클래스가 계속 확장 및 변형되는데 실습 클래스를 잘 이해하고 있어야 이후의 학습이 수월해진다.

1 생성자

new 연산자로 객체를 생성하면 모든 필드를 0, null, false 등의 기본값으로 초기화한다. 지역변수와 달리 쓰레기는 치워 주지만 그냥 0일뿐 의미 있는 값은 아니다. 객체의 용도에 맞게 초기화하기 위해 생성 후 각 필드에 원하는 값을 대입한다.

```
Car korando = new Car();
korando.name = "코란도C";
korando.gasoline = false;
```

지금까지 만든 예제는 자동차 생성 후 이름과 연료 종류를 일일이 대입하여 초기화했다. 생성 직후 매번 초기화하기는 번거롭다. 그나마 필드 개수가 적으면 할만 하지만, 필드가 늘어나고 초기화 방법이 복잡해지면 생성 후에 할 일이 너무 많다.

유효한 객체를 만들려면 초기화는 필수 과정이다. 이왕 초기화할거라면 생성 후 따로 대입하는 것보다 아예 생성할 때 객체 스스로 초기화하는 것이 편리하다. 이때는 초기화를 전담하는 생성자라는 특별한 메서드를 사용하는데 일반 메서드에 비해 다음과 같은 차이점이 있다.

❶ 메서드 이름이 클래스 이름과 같다.
❷ 초기화만 담당하므로 리턴값이 없다.

객체 생성 시에 자동으로 호출되므로 이름과 리턴에 대한 규칙이 강제적이다. 인수는 원하는 대로 받을 수 있으며 주로 필드의 초깃값을 받아 대입하는 역할을 한다. 다음 예제는 자동차 객체를 초기화하는 생성자를 정의한다.

constructor | 실행 결과

```
class Car {
    String name;
    boolean gasoline;

    Car(String aName, boolean aGasoline) {
        name = aName;
```

덜컹덜컹
끼이익

```
            gasoline = aGasoline;
        }

        void run() {
            if (gasoline) {
                System.out.println("부릉부릉");
            } else {
                System.out.println("덜컹덜컹");
            }
        }
        void stop() {
            System.out.println("끼이익");
        }
    }
}

class JavaTest {
    public static void main(String[] args) {
        Car korando = new Car("코란도C", false);

        korando.run();
        korando.stop();
    }
}
```

Car 클래스의 생성자는 Car()이며 두 개의 인수를 받아 name과 gasoline 필드에 대입한다. 이름이 Car라는 것과 리턴 타입 지정이 아예 없다는 점을 유의하자. new 연산자로 객체를 생성할 때 원하는 초깃값을 생성자로 전달하면 필드에 대입해 준다. 세 줄로 작성했던 객체 생성 및 초기화 문장이 한 줄로 짧아진다.

필드에 대입할 값이 생성자 호출문의 인수 목록으로 쏙 들어가 생성문이 간결하고 어떻게 초기화되는지 파악하기도 쉽다. 필드에 초깃값을 대입하는 생성자 코드를 클래스에 포함시켜 두고 생성 시점에 인수를 받아 실행한다. 생성자의 형식 인수 이름은 필드와 달라야 한다. 다음과 같이 작성하면 안 된다.

```
Car(String name, boolean gasoline) {
    name = name;
    gasoline = gasoline;
}
```

메서드 내에서는 지역변수가 우선이어서 필드와 같은 이름의 형식 인수를 사용하면 인수에 의해 필드가 가려진다. name = name 대입문은 자신의 값을 스스로에게 대입하는 의미 없는 동작을 하며 결국 필드는 초기화되지 않는다.

초기화 대상 변수와 초깃값의 명칭 충돌 문제라 중복만 해결하면 된다. 위 예제는 형식 인수 이름 앞에 인수(Argument)라는 의미의 a 접두를 붙였다. 접두 대신 본체에서 필드 앞에 this 키워드를 붙이는 방법도 있다.

```java
Car(String name, boolean gasoline) {
    this.name = name;
    this.gasoline = gasoline;
}
```

클래스 안에서 this는 객체 자신을 나타내며 객체의 멤버를 칭할 때 사용한다. 위 코드에서 this.name은 지금 초기화 중인 객체의 name 필드를 의미하며, 그냥 name은 생성자의 형식 인수이다. this.name = name은 인수로 받은 name 값을 객체의 name 필드에 대입한다는 뜻이다.

어떤 방법을 쓰든 인수와 필드를 구분할 수만 있으면 된다. 접두를 붙이는 방법보다 this를 사용하는 방법이 타이핑 수가 약간 많지만 직관적이다. this는 이외에도 여러 가지 용도가 있는데 차차 연구해 보자. 다음 예제는 Time 클래스의 생성자를 정의한다.

timector | 실행 결과

```java
class Time {
    boolean am;
    int hour;
    int minute;
    int second;

    Time(boolean am, int hour, int minute, int secound) {
        this.am = am;
        this.hour = hour;
        this.minute = minute;
        this.second = secound;
    }

    void whatTime() {
        System.out.print(am ? "오전 ":"오후 ");
        System.out.println(hour + "시 " + minute + "분 " + second + "초");
    }
}

class JavaTest {
    public static void main(String[] args) {
        Time now = new Time(true, 12, 34, 56);
        now.whatTime();
    }
}
```

오전 12시 34분 56초

Time의 생성자는 시간 요소를 구성하는 네 개의 필드값을 인수로 받아 각 필드에 대입한다. 단, 한 줄로 시간 객체를 초기화할 수 있어 편리하며 생성문을 보면 초기화된 시간을 바로 알 수 있어 코드를 읽기도 쉽다.

2 생성자 오버로딩

복잡한 객체는 초기화하는 방법도 다양하다. 생성자도 일종의 메서드여서 시그니처가 다르면 여러 벌로 중복 정의할 수 있다. 생성자가 여러 개 있으면 객체의 용도나 보유한 정보에 따라 선택적으로 초기화할 수 있다. 다음 예제는 Time 클래스의 생성자를 오버로딩한다.

ctorover

실행 결과

```
class Time {
    boolean am;
    int hour;
    int minute;
    int second;

    Time(boolean am, int hour, int minute, int second) {
        this.am = am;
        this.hour = hour;
        this.minute = minute;
        this.second = second;
    }

    Time(boolean am, int hour, int minute) {
        this.am = am;
        this.hour = hour;
        this.minute = minute;
        this.second = 0;
    }

    Time(int hour24, int minute) {
        this.am = hour24 < 12;
        this.hour = hour24 % 12;
        this.minute = minute;
        this.second = 0;
    }

    void whatTime() {
        System.out.print(am ? "오전 ":"오후 ");
        System.out.println(hour + "시 " + minute + "분 " + second + "초");
    }
}
```

실행 결과:
```
오전 12시 34분 0초
오후 6시 30분 0초
```

```
class JavaTest {
    public static void main(String[] args) {
        Time now = new Time(true, 12, 34);
        now.whatTime();
        Time today = new Time(18, 30);
        today.whatTime();
    }
}
```

Time이라는 똑같은 이름으로 세 개의 생성자를 오버로딩했다. 초기화 방법에 따라 필요한 인수의 개수나 타입이 다르다. 첫 번째 생성자는 모든 필드를 다 초기화하는 완벽한 버전이다. 네 개의 인수로 모든 필드를 섬세하게 초기화하지만 인수가 많아 번거롭다.

두 번째 생성자는 분까지만 대입하며 초는 0으로 가정한다. 시간값에서 초는 그리 중요하지 않아 생략하는 경우가 많다. 일상생활에서도 약속을 12시 40분으로 정하지 12시 40분 26초로 하지는 않는다. 그래서 잘 쓰지도 않는 초는 제외하고 세 개의 인수만 받는다.

마지막 생성자는 오전/오후를 별도의 인수로 전달받지 않고 24시간제의 시간값으로 자동 판별한다. 시간값이 12보다 작으면 오전이고, 12 이상이면 오후이며, 시간은 12로 나눈 나머지를 취한다. 시, 분 두 개의 인수만 전달하면 된다.

main에서 두 개의 시간 객체를 각각 다른 방법으로 초기화하여 출력했는데 정상적인 시간값으로 잘 출력된다. 18시 30분은 오후 6시 30분으로 표현한다. 상황에 따라 초기화 방법을 선택할 수 있다는 면에서 편리하지만, 생성자끼리 중복되는 코드가 많다.

```
Time(boolean am, int hour, int minute, int second) {
    this.am = am;
    this.hour = hour;
    this.minute = minute;
    this.second = second;
}
```
                                                              완전히 같다.
```
Time(boolean am, int hour, int minute) {
    this.am = am;
    this.hour = hour;
    this.minute = minute;
    this.second = 0;
}
```

두 개의 생성자는 초 필드 초기화 여부만 다를 뿐 오전/오후, 시, 분의 값을 대입하는 코드가 일치한다. 질적으로 다른 초기화가 아니라 일부 생략이나 자동 계산 정도의 차이인데 이럴 때는 생성자끼리 호출하여 중복을 제거한다. 생성자에서 다른 생성자를 호출할 때는 this를 사용한다.

```
class Time {
    ....
    Time(boolean am, int hour, int minute) {
        this(am, hour, minute, 0);
    }

    Time(int hour24, int minute) {
        this(hour24 < 12, hour24 % 12, minute);
    }
    ....
```

```
오전 12시 34분 0초
오후 6시 30분 0초
```

두 번째 생성자는 첫 번째 생성자를 호출하되 second 인수 대신 0을 전달한다. 세 번째 생성자는 두 번째 생성자를 호출하되 시간으로부터 am값을 판별하고 시간을 12로 나눈 나머지로 정규화하여 전달한다. 전달받은 정보를 가공하여 다른 생성자를 호출하는 것이다.

new Time(true, 12, 34) 생성문에 의해 두 번째 생성자가 호출되며 여기서 초의 값을 0으로 하여 첫 번째 생성자를 호출한다. am, 시, 분은 원하는 대로 초기화되고, 초는 0으로 리셋된 시간 객체를 생성한다. new Time(18, 30) 생성문은 인수가 두 개이므로 세 번째 생성자를 호출한다. 여기서 상위의 생성자를 다음 순서대로 호출한다.

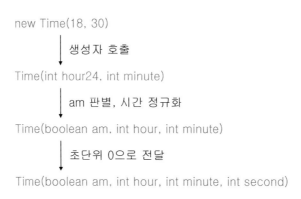

필드를 초기화하는 진짜 코드는 한 생성자에만 작성하고 나머지는 인수로 전달받은 값을 가공해 넘기는 식이다. 중복 코드가 제거되어 간략하며 초기화의 주요 논리가 한 곳에 집중되어 관리에도 유리하다. 사용자는 객체를 만들 때 원하는 생성자를 골라 호출할 수 있다. 다음 두 생성문의 효과는 완전히 같다.

```
new Time(true, 12, 34)
new Time(true, 12, 34, 0)
```

생성자를 중복 정의하지 않더라도 사용자가 초 필드를 알아서 0으로 넘기면 되지 않을까? 그렇기는 하지만 인수를 네 개 적는 것과 세 개 적는 것은 편의성이 다르다. 초를 0으로 적는 것 정도는 좀 귀찮은 수준이지만 다음 생성문은 사용자가 직접 변환하기 쉽지 않다.

```
new Time(18, 30)
new Time(false, 6, 30, 0)
```

18시라는 시간을 오후 6시로 바꿔야 하고 초값은 0으로 전달해야 한다. 이런 귀찮은 암산을 대신해 주기 위해 생성자를 일일이 오버로딩시켜 놓는다. 생산성을 조금이라도 향상시키려면 객체를 최대한 쓰기 쉽게 만들어야 한다.

클래스의 내부가 복잡해지고 성능이 희생되더라도 쉽고 직관적이어야 객체를 척척 조립하여 프로그램을 신속하게 만들 수 있다. 클래스를 만드는 개발자 한 명이 100만큼의 수고를 더하더라도 사용하는 사람 1000명이 1만큼만 편해져도 전체적으로 이득이다. 이것이 객체지향의 철학이다.

3 디폴트 생성자

new 연산자는 객체를 생성하면서 인수 목록에 맞는 생성자를 호출하여 초기화까지 처리한다. 다음 호출에 의해 Car(String, boolean), Time(boolean, int, int) 생성자가 각각 호출되어 자동차와 시간 객체를 만든다.

```
new Car("코란도C", false)
new Time(true, 12, 34);
```

그렇다면 생성자를 정의하기 전에 만들었던 예제에서 Car 객체나 Time 객체를 생성하는 문장은 어떤 생성자를 호출할까?

```
new Car()
new Time()
```

괄호가 있는 것으로 봐서 분명히 생성자 호출문인데 인수가 없다. 생성자를 정의하지 않았음에도 객체가 잘 생성되었다. 이 코드가 동작하는 이유는 컴파일러가 디폴트 생성자를 자동으로 만들어 주기 때문이다.

인수가 없는 생성자를 디폴트 생성자라고 하며 인수없는 생성자(no arg constructor)라고도 부른다. 전달받은 정보가 없어 아무 동작도 하지 않으며 모든 필드를 기본값으로 초기화한다. 최초의 Car 클래스 예제는 별도의 생성자를 정의하지 않았지만, 다음 생성자가 자동으로 정의되어 자동차 객체를 만들 수 있었다.

```
Car(){ }
```

컴파일러가 디폴트 생성자를 만들어 주는 이유는 개발자가 생성자를 정의하지 않더라도 최소한 기본값으로 객체를 생성할 수 있어야 하기 때문이다. 컴파일러의 이 서비스는 생성자가 하나도 없을 때만 제공되며 다른 생성자가 있으면 디폴트 생성자를 정의하지 않는다. 그래서 다음 코드는 에러 처리된다.

```
class Car {
    String name;
    boolean gasoline;

    Car(String name, boolean gasoline) {
        this.name = name;
        this.gasoline = gasoline;
    }
    ....
}

Car korando = new Car();
korando.name = "코란도C";
korando.gasoline = false;
```

Car(String, boolean) 생성자가 있으니 컴파일러는 디폴트 생성자를 정의하지 않으며 따라서 new Car() 문장은 호출할 생성자를 찾지 못한다. 클래스를 만든 개발자가 자동차를 만들 때는 이름과 연료 종류를 반드시 지정하라는 것을 명시했으므로 컴파일러가 디폴트 생성자를 만들 이유가 없다.

이 클래스의 사용자는 반드시 new Car("소나타", true) 식으로 이름과 연료를 밝혀야 한다. 만약 인수 없이 객체를 생성하고 싶다면 모든 생성자를 없애 컴파일러가 디폴트 생성자로 정의하도록 하거나 아니면 디폴트 생성자도 오버로딩하여 인수 없이 객체를 생성할 수 있음을 명시해야 한다.

defctor	실행 결과

```
class Car {                                    부릉부릉
    String name;                               덜컹덜컹
    boolean gasoline;

    Car() {
    }

    Car(String name, boolean gasoline) {
        this.name = name;
        this.gasoline = gasoline;
    }

    void run() {
        if (gasoline) {
            System.out.println("부릉부릉");
        } else {
            System.out.println("덜컹덜컹");
        }
```

```
        }

    void stop() {
        System.out.println("끼이익");
    }
}

class JavaTest {
    public static void main(String[] args) {
        Car sonata = new Car("소나타", true);
        sonata.run();

        Car korando = new Car();
        korando.name = "코란도C";
        korando.gasoline = false;
        korando.run();
    }
}
```

두 개의 생성자가 오버로딩되어 있다. Car(String, boolean) 생성자를 호출하여 필드를 원하는 방식으로 초기화하는 것이 이상적이다. 이 생성자 외에도 인수를 받지 않는 디폴트 생성자도 직접 정의해 두어 new Car() 호출문으로 객체를 생성할 수 있다. 이 경우 필드는 기본값으로 초기화되며 객체 생성 후 원하는 값을 직접 대입해야 한다.

Car 클래스는 워낙 단순해 디폴트 생성자가 별반 할 일이 없고 인수를 받지 않아 필드를 초기화할 수도 없다. 복잡한 클래스는 필드 초기화 외에도 네트워크 연결이나 데이터베이스 오픈 등의 작업이 필요한데 이런 작업은 인수 없이도 할 수 있어 디폴트 생성자가 처리한다.

디폴트 생성자는 객체 자동 생성이나 직렬화 등에 꼭 필요하며 이런 클래스는 디폴트 생성자가 필수이다. 자세한 것은 관련 부분에서 알아보기로 하고 여기서는 개발자가 생성자를 정의하지 않으면 인수 없는 디폴트 생성자가 자동으로 정의된다는 것만 이해하고 넘어가자.

4 생성자의 특수성

생성자는 코드를 실행한다는 면에서 분명 메서드이지만 맡은 임무가 초기화로 정해져 있다는 면에서 특수하며, 일반 메서드와는 다음과 같은 차이점이 있다.

- 생성자는 객체 생성 시에 new 연산자에 의해 자동으로 호출된다. 컴파일러가 생성자를 찾으려면 이름이 고정적이어야 하고 클래스 이름과 같은 이름을 쓴다.

- 초기화만 하므로 리턴의 개념이 없다. 리턴할 값이 없고 리턴값을 받아줄 대상도 없으며 리턴 타입을 명시할 필요가 없다. 심지어 void라고 적을 필요도 없다.

- 생성자는 객체를 생성할 때 딱 한 번만 호출할 수 있다. 하는 일이 초기화이므로 사실 두 번 호출할 필요가 없다. 초기화라는 말 자체가 일회적인 개념이다.
- 객체를 생성할 때 외에 생성자를 직접 호출할 수 있는 방법은 없다. 단, 예외적으로 생성 중에 생성자끼리는 상호 호출 가능하다.
- 나중에 상속편에서 다시 알아보겠지만 생성자는 해당 클래스만을 위해 존재하므로 자식 클래스로 상속되지 않는다.

이런 특수성 때문에 생성자는 메서드로 분류하지 않고 그냥 생성자라고 부르며 클래스 다이어그램을 그릴 때 따로 그린다. 생성자에서 다른 생성자를 호출할 때는 기본 초기화 후에 추가 초기화를 하는 것이 논리에 맞아 반드시 첫 줄에서 우선적으로 호출해야 한다. 가령 필드값 일부를 먼저 초기화한 후 다른 생성자를 호출한다고 해 보자.

```
Time(boolean am, int hour, int minute) {
        am = false;
        this(am, hour, minute, 0);
}
```

이런 코드를 허용하면 먼저 수행한 초기화가 나중에 호출한 생성자에 의해 효력이 없어지거나 무의미해진다. 그래서 다른 생성자를 먼저 호출하여 기본 초기화를 수행한 후 더 필요한 초기화를 하도록 되어 있으며 this 구문이 첫 줄 이후에 오면 에러이다.

생성과 초기화라는 동작은 본질적으로 일회적이다. 딱 한 번만, 그것도 객체가 만들어질 때만 호출할 수 있다. 만약 객체 생성 후에도 생성자를 마음대로 호출할 수 있다면 객체 내부에서 다음 코드가 가능해진다.

```
this("제네시스", true);
```

이렇게 되면 코란도가 갑자기 제네시스가 되어 다른 객체로 탈바꿈해 버린다. 완전히 다른 객체가 필요하다면 아예 새로운 객체를 하나 더 만드는 것이 옳지 기존 객체를 재초기화하는 것은 대개의 경우 불필요하며 바람직하지도 않다. 그래서 생성자를 임의로 호출하는 것은 허용하지 않는다.

만약 굳이 재초기화 기능을 넣고 싶다면 방법이 전혀 없는 것은 아니다. 사용하던 객체를 처음 상태로 되돌린다거나 깨끗한 상태로 리셋하는 경우는 실무에서 종종 있다. 이럴 때는 초기화 코드를 생성자에 두지 말고 별도의 초기화 전담 메서드를 따로 만든다.

```
class Car {
    String name;
    boolean gasoline;

    Car(String name, boolean gasoline) {
        init(name, gasoline);
    }

    void init(String name, boolean gasoline) {
        this.name = name;
        this.gasoline = gasoline;
    }

    void run() {
        if (gasoline) {
            System.out.println("부릉부릉");
        } else {
            System.out.println("덜컹덜컹");
        }
    }
    void stop() {
        System.out.println("끼이익");
    }
}

class JavaTest {
    public static void main(String[] args) {
        Car korando = new Car("코란도C", false);
        korando.run();
        korando.stop();

        korando.init("제네시스", true);
        korando.run();
        korando.stop();
    }
}
```

```
덜컹덜컹
끼이익
부릉부릉
끼이익
```

생성자가 하던 초기화를 init 메서드로 업무 이관하고 생성자는 init를 호출하여 초기화를 수행한다. init는 일반 메서드이므로 객체 생성 후에 호출하여 객체를 재초기화할 수 있다. main에서 코란도로 생성한 차를 제네시스로 바꾸어 보았다.

생성자 자체는 한 번만 호출할 수 있다는 제약이 있어 여러 번 호출 가능한 일반 메서드로 초기화 코드를 옮긴 것뿐이다. 문법적 제약도 응용만 하면 피해갈 수 있다. 단, 문법이 아무 이유 없이 금지하는 것은 아니므로 가급적 문법의 범위 안에서 코드를 작성하는 것이 바람직하다. 꼭 필요하고 합당한 이유가 있을 때만 이런 기법을 사용해야 한다.

9-3 멤버 초기화

1 명시적 초기화

필드를 초기화하는 공식적인 방법은 생성자이지만 그 외에도 더 간편한 방법이 있다. 기본형은 지역변수를 선언하듯이 = 연산자와 함께 초깃값을 바로 지정하면 된다. 선언문에 초깃값을 지정하는 방법을 명시적 초기화(explicit initialization)라고 한다.

expinit

실행 결과

```java
class Time {
    boolean am = true;
    int hour = 12;
    int minute = 0;
    int second = 0;

    Time() { }

    Time(boolean am, int hour, int minute, int secound) {
        this.am = am;
        this.hour = hour;
        this.minute = minute;
        this.second = secound;
    }

    void whatTime() {
        System.out.print(am ? "오전 ":"오후 ");
        System.out.println(hour + "시 " + minute + "분 " + second + "초");
    }
}

class JavaTest {
    public static void main(String[] args) {
        Time midnight = new Time();
        midnight.whatTime();

        Time now = new Time(false, 3, 23, 0);
        now.whatTime();
    }
}
```

실행 결과
```
오전 12시 0분 0초
오후 3시 23분 0초
```

필드 선언문에서 각 시간 요소에 초깃값을 지정하여 오전 12시 정각, 즉 자정으로 초기화했다. 객체를 힙에 할당할 때 명시적 초깃값을 필드에 대입한다. 디폴트 생성자는 아무것도 하지 않아 초깃값을 유지하며 인수를 받는 생성자는 전달받은 값으로 명시적 초깃값을 변경한다.

예제에서 두 개의 객체를 생성한다. midnight 객체는 디폴트 생성자를 호출하여 자정으로 초기화하고 now 객체는 네 개의 시간 요소를 모두 전달하여 원하는 값으로 초기화했다. 명시적 초깃값은 객체가 힙에 할당될 때의 초깃값일 뿐 언제든지 다른 값으로 바꿀 수 있다.

필드의 개수가 수십 개나 되면 생성자에서 일일이 초기화하기 번거롭다. 객체마다 특별히 달라질 필요가 없는 필드는 무난한 값으로 명시적 초기화하는 것이 편리하다. 선언문에서 일단 초기화하고 필요한 부분만 다른 생성자나 메서드로 다시 초기화한다.

2 초기화 블록

명시적 초기화는 대입의 형태를 취하므로 우변은 주로 리터럴이다. 컴파일 중에 값을 결정할 수 있는 표현식만 올 수 있으며 문장을 실행할 수는 없다. 복잡한 수식이나 메서드 호출문은 불가능하며 조건문이나 루프 같은 것도 사용할 수 없다.

초깃값을 계산해야 할 때는 초기화 블록을 사용한다. 초기화 블록은 클래스 선언문에 { } 블록으로 작성하며 별도의 이름은 없다. 객체를 할당한 직후에 이 블록이 호출되어 필드를 초기화한다. 클래스 내의 위치는 아무래도 상관없지만, 제일 먼저 호출된다는 면에서 다른 메서드보다 더 위쪽에 두는 것이 보기 좋다.

initblock | **실행 결과**

```
class Time {
    boolean am;
    int hour;
    int minute;
    int second;

    // 초기화 블록
    {
        java.time.LocalTime now = java.time.LocalTime.now();
        hour = now.getHour();
```

오후 6시 8분 48초

```java
        if (hour )= 12) {
            hour -= 12;
            am = false;
        } else {
            am = true;
        }
        minute = now.getMinute();
        second = now.getSecond();
    }

    void whatTime() {
        System.out.print(am ? "오전 ":"오후 ");
        System.out.println(hour + "시 " + minute + "분 " + second + "초");
    }
}

class JavaTest {
    public static void main(String[] args) {
        Time now = new Time();
        now.whatTime();
    }
}
```

초기화 블록에서 LocalTime 클래스를 사용하여 현재 시간을 조사한다. 시간 객체는 자정보다 현재 시간이 무난하고 실용적이다. 실행 시점의 시간을 조사하고 시간값에 따라 오전인지 오후인지 판별해야 하므로 단순한 대입으로는 어렵고 코드가 필요하다. 이런 초기화 코드를 작성하는 곳이 초기화 블록이다.

초기화 블록은 객체 할당 직후에 호출되며 생성자에서 다른 초깃값으로 변경할 수 있다. 모든 생성자에서 공유해야 할 코드를 초기화 블록에 작성해 두면 코드의 중복을 방지할 수 있다. 복잡한 객체 초기화나 대규모 배열에 정보를 미리 조사하는 경우 초기화 블록이 실용적이다. 초기화 블록을 여러 개 선언할 수 있는데 이 경우 위에서부터 순서대로 실행한다.

3 초기화 순서

초기화 방법이 이렇게 다양한 이유는 단계마다 가능한 동작의 한계와 편의성이 다르기 때문이다.

- **명시적 초기화**: 대입 형식이라 간편하나 기본형만 초기화할 수 있다.
- **초기화 블록**: 복잡한 초기화도 가능하지만, 객체별로 다르게 초기화할 수 없다.
- **생성자**: 인수를 전달받아 객체별 초기화가 가능하다.

초기화의 복잡도에 따라 가장 간편한 방법을 선택한다. 초기화 방법이 많다 보니 여러 개의 초기화 코드가 동시에 존재할 수 있는데 이 경우 순서가 정해져 있다.

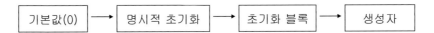

컴파일러가 정의한 기본값이 가장 먼저 적용되고 명시적 초기화, 초기화 블록, 생성자 순으로 호출하면서 초기화를 진행한다. 예제를 만들어 테스트해 보자.

initorder	실행 결과

```
class InitTest {
    int field = 1;          // 명시적 초기화

    {
        field = 2;          // 초기화 블록
    }

    InitTest() {
        field = 3;          // 생성자
    }
}

class JavaTest {
    public static void main(String[] args) {
        InitTest init = new InitTest();
        System.out.print(init.field);
    }
}
```

```
3
```

정수형의 field를 선언하고 세 군데서 이 필드를 초기화하였다. 이 경우 가장 나중에 실행되는 생성자의 초깃값이 최후로 적용되며 객체 생성 후 field값을 찍어 보면 3이다. 생성자를 주석 처리하면 field는 앞 순서인 초기화 블록에 의해 2가 되며 초기화 블록도 주석 처리하면 명시적으로 초기화한 1이 된다. 만약 명시적 초깃값도 주석 처리하고 필드만 선언하면 어떻게 될까?

```
int field;
```

이렇게 되면 컴파일러의 기본값으로 초기화하는데 수치형은 0, 문자열은 "", 객체는 null, 진위형은 false이다. 대개의 경우 0은 의미 없는 값이므로 어느 단계에서건 원하는 값으로 초기화하는 것이 보통이다.

궁극의 초기화 방법은 객체별로 마음대로 초기화할 수 있는 생성자이다. 코드를 작성해야 하니 번거롭지만, 유연성은 높다. 모든 객체에 공통적인 값이나 단순한 리터럴로 초기화한다면 앞 순서의 더 간편한 방법을 선택하는 것이 편리하다.

01 클래스에 대한 설명으로 잘못된 것은?

① 키워드 class로 선언한다.

② 실세계의 사물을 표현한다.

③ 첫 자를 대문자로 표기하는 것이 관례이다.

④ 다른 타입의 변수 집합이며 동작은 표현할 수 없다.

02 클래스에 속하는 변수를 칭하는 용어가 아닌 것은?

① 필드   ② 속성

③ 행위   ④ 상태

03 지역변수와 비교한 필드의 특성이 아닌 것은?

① 객체가 존재하는 동안 값을 유지한다.

② 별도의 초기식이 없으면 쓰레깃값을 가진다.

③ 외부에 대해 숨길 수 있다.

④ 메서드가 아닌 클래스에 소속된다.

04 클래스를 먼저 선언한 후 객체를 생성하는 이유가 아닌 것은?

① 상속, 다형성을 구현하기 위해

② 같은 종류의 객체라는 것을 확실히 하기 위해

③ 다수의 객체를 편리하게 생성하기 위해

④ 타입이 다른 변수를 포함하기 위해

05 생성자의 특징이 아닌 것은?

① 객체를 만든다.

② 클래스와 이름이 같다.

③ 리턴값이 없다.

④ 객체 생성 후 직접 호출할 수는 없다.

06 this에 대한 설명으로 옳지 않은 것은?

① 객체의 소속 클래스를 밝힌다.

② 객체 자신의 멤버를 칭할 때 사용한다.

③ 생성자에서 다른 생성자를 호출할 때 사용한다.

④ 메서드 내에서 호출 객체를 의미한다.

07 디폴트 생성자에 대한 정의로 옳은 것은?

① 모든 멤버를 초기화하는 생성자

② 인수가 없는 생성자

③ 모든 객체에 대해 자동으로 호출되는 생성자

④ 컴파일러가 항상 만들어 주는 생성자

08 초기화 블록에 대한 설명으로 옳은 것은?

① 멤버에 대한 단순한 대입만 가능하다.

② 생성자 호출 후에 자동으로 실행된다.

③ 객체별로 다르게 초기화할 수 있다.

④ 연산문이나 메서드 호출 등의 복잡한 초기화도 가능하다.

10

_ 캡슐화

java

10-1 캡슐화

1 액세스 지정자

클래스에 소속된 필드는 칭할 때 소속 객체를 밝힌다는 차이만 있을 뿐 값을 저장하는 기능은 일반 변수와 같다. 외부에서 자유롭게 읽고 쓸 수 있다 보니 다음과 같은 엉뚱한 코드를 작성할 가능성이 있다.

```
Time now = new Time();
now.hour = 34;
now.minute = 80;
now.second = 99;
```

시, 분, 초의 범위를 벗어난 값을 대입했다. 분은 0 ~ 59까지만 가능한데 80을 대입해도 아무 이상 없다. 컴파일러는 minute 필드가 정수형이라는 것만 알 뿐 논리적인 의미는 모르니 정수 범위의 값을 순순히 대입할 수밖에 없다. 34시 80분 99초는 상식적으로 말이 안 되며 now 객체는 시간값으로 부적합한 쓰레기이다.

무효한 객체를 고의로 만들지는 않겠지만 초보 개발자의 황당한 실수나 버그로 인해 엉뚱한 값을 대입할 가능성은 있다. 무효한 객체는 이후 어떤 문제를 일으킬지 알 수 없는 시한폭탄이 되어 안정성을 위협한다. 더 심각한 것은 문제를 일으킨 곳과 말썽이 생기는 곳이 달라 잘못을 즉시 알 수 없다는 점이다. 거대한 기계도 사소한 부품 하나가 잘못되면 제 역할을 할 수 없다.

이런 문제가 발생하는 원인은 멤버가 외부로 공개되어 있어 누구나 찝쩍댈 수 있기 때문이다. 안전성 확보를 위해 중요한 멤버를 아무나 건드리지 못하도록 숨길 필요가 있다. 고의든 실수든 잘못된 방법으로 객체를 조작하더라도 이를 거부하고 무결성을 지키도록 방어해야 한다.

객체가 부주의한 사용으로부터 오동작을 방지하기 위해 멤버를 숨기는 것을 정보 은폐(Information Hiding)라고 한다. 멤버 선언문에 액세스 지정자를 붙여 공개 범위를 지정한다. 선언하면 바로 사용할 수 있는 일반 변수와 달리 필드는 액세스 지정자에 따라 사용 가능성을 제한한다.

	클래스 내부	패키지 내부	서브 클래스	패키지 외부
public	O	O	O	O
protected	O	O	O	서브 클래스만
디폴트	O	O	X	X
private	O	X	X	X

선언문의 지정자와 액세스 위치에 따라 공개 여부가 달라진다. 클래스 내부에서는 모든 멤버를 자유롭게 액세스할 수 있다. 자기 자신의 정보이니 마음대로 읽고 쓰는 게 당연하다. 공개 범위가 가장 넓은 public 지정자는 어디에서나 액세스를 허가한다. 주로 외부에서 참조하는 멤버를 public으로 지정한다.

반면 가장 높은 은폐 수준인 private 지정자는 외부로 일체의 정보를 공개하지 않는다. 클래스 밖에서 이 멤버를 읽고 쓸 수 없음은 물론이고 심지어 존재도 알려지지 않아 이런 멤버가 있는지도 모른다. 클래스가 내부적으로만 사용하는 꼭꼭 숨겨 놓은 멤버이다.

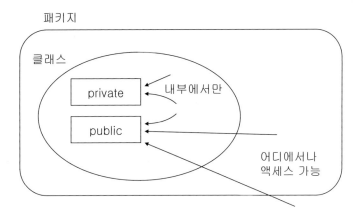

중간 단계인 protected는 패키지 내부이거나 상속에 의한 자식 클래스만 액세스할 수 있다. 지정자를 생략하면 디폴트가 적용되어 패키지 내부에서는 자유롭게 액세스할 수 있지만, 외부에서는 액세스를 금지한다. 지금까지의 예제는 지정자를 붙이지 않아 패키지 내에서 공개한 것과 같다. 이 두 지정자는 상속과 패키지까지 알아본 후에 다시 보기로 한다.

public과 private 지정자를 통해 정보 은폐의 필요성과 효과에 대해 연구해 보자. Time 클래스에 액세스 지정자를 적용하여 외부에서 값을 함부로 변경하지 못하도록 방어 코드를 작성한다. 필드는 숨기고 이 필드를 액세스하는 메서드만 외부로 공개하여 무의미한 값이 대입되지 않도록 한다.

accessor

```
class Time {
    private boolean am;
    private int hour;
    private int minute;
    private int second;

    Time(int hour, int minute, int second) {
        setHour(hour);
        setMinute(minute);
        setSecond(second);
    }

    public int getHour() {    return hour; }
```

```java
    public void setHour(int hour) {
        if (hour >=0 && hour <= 23) {
            this.am = hour < 12;
            this.hour = hour % 12;
            if (this.hour == 0) this.hour = 12;
        }
    }

    public int getMinute() { return minute; }
    public void setMinute(int minute) {
        if (minute >=0 && minute <= 59) {
            this.minute = minute;
        }
    }

    public int getSecond() { return second; }
    public void setSecond(int second) {
        if (second >=0 && second <= 59) {
            this.second = second;
        }
    }

    void whatTime() {
        System.out.print(am ? "오전 ":"오후 ");
        System.out.println(hour + "시 " + minute + "분 " + second + "초");
    }
}

class JavaTest {
    public static void main(String[] args) {
        Time now = new Time(12, 34, 56);
        now.whatTime();
        // now.hour = 34;                       // 에러
        now.setHour(34);;                       // 거부
        now.setSecond(-25);                     // 거부
        now.whatTime();
        now.setHour(10);;                       // 가능
        now.setMinute(45);                      // 가능
        now.whatTime();
    }
}
```

실행 결과	오후 12시 34분 56초 오후 12시 34분 56초 오전 10시 45분 56초

258

내부의 주요 필드를 private로 지정하여 숨겼으므로 외부에서는 조작할 수 없다. 대신 이 필드를 읽고 쓰는 getter, setter 메서드를 제공하되 이 메서드는 public이다. 숨겨진 필드를 대신 읽고 쓰는 메서드를 액세서(Accessor)라고 부른다. 필드는 숨기고 액세서만 공개함으로써 조건에 맞는 값만 받아들인다.

값을 읽는 것은 큰 문제가 되지 않아 getter는 필드값을 리턴하는 식으로 작성한다. 이에 비해 값을 변경하는 setter는 조건을 검사하여 유효한 값만 대입한다. setMinute 메서드는 인수로 받은 minute 값이 0 ~ 59 범위 안의 유효한 값일 때만 this.minute를 변경하고 그 외의 경우는 무시한다.

hour, second 멤버도 비슷한 방식으로 엉뚱한 값이 들어오지 않도록 방어한다. 생성자도 필드를 직접 대입하지 않고 setter를 호출한다. 생성자는 필드를 직접 조작할 수 있지만 일관된 관리를 위해 값을 변경하는 창구를 일원화하였다. 액세서를 통해서만 값을 변경할 수 있어 객체의 유효성을 항상 보장한다.

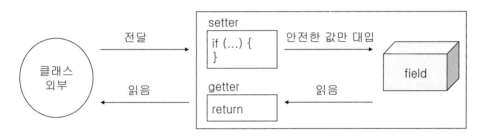

main에서 Time 객체 now를 오후 12시 34분 56초로 생성했다. main은 Time 클래스의 외부여서 숨겨진 필드를 직접 액세스할 수 없다. now.hour를 읽거나 쓰면 에러로 처리한다. 대신 setHour 메서드를 호출하여 간접적으로 값을 변경하되 유효한 값만 받아 들인다. setHour(34)를 호출하여 34시로 변경하려 해도 메서드 내부에서 이 값을 거부한다.

setMinute(88)이나 setSecond(−25) 같은 호출문도 아무 효과가 없다. 물론 setHour(10), setMinute(45) 같은 유효한 값은 정상적으로 처리되어 잘 변경된다. 메서드가 정상적인 값만 받아들이므로 객체는 무결성을 유지하며 전체적으로 안정성이 개선된다.

액세서의 원리는 간단하지만 일일이 만들기는 무척 번거롭다. 메서드 이름이 필드 이름과 유사하고 본체에서 하는 일도 거의 비슷한데 매번 입력하기 귀찮다. 이럴 때는 이클립스의 코드 생성 기능이 편리하다.

메뉴에서 [Source] – [Generate Getters and Setters] 항목을 선택한다. 액세서로 보호할 필드를 선택하고 [OK] 버튼을 클릭하면 메서드의 기본 뼈대를 만들어 준다. hour 필드에 대한 액세서는 다음과 같이 생성된다.

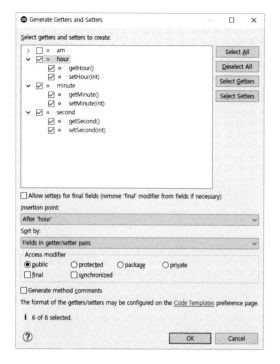

```java
public int getHour() {
    return hour;
}

public void setHour(int hour) {
    this.hour = hour;
}
```

읽고 쓰는 기본 코드만 작성해 주는데 여기에 규칙을 추가하여 코딩한다. getter는 웬만해서는 수정할 일이 없고 통상 setter에 조건문이나 부효과 처리를 작성한다.

2 부효과 처리

액세서는 메서드이므로 임의의 코드를 작성하여 섬세한 조건 점검은 물론 능동적인 동작도 가능하다. 잘못된 값으로부터 필드를 방어할 뿐만 아니라 필드 변경 시 같이 조치해야 할 작업까지 처리한다. 값 하나가 변경됨으로써 부차적으로 처리할 작업을 부효과(Side effect)라고 하는데 바로 앞 예제의 setHour 메서드가 좋은 예이다.

시간값인 hour 필드가 변경되면 12시 이전인가 이후인가에 따라 am 필드의 값도 같이 조정해야 한다. setHour 메서드는 인수로 전달된 24시간제의 시간을 12시간제로 조정하되 hour가 12시 미만이면 am을 true로 변경하는 추가적인 조치를 수행한다.

또한 자정은 0시라는 표현보다 오전 12시라는 표현이 더 익숙하므로 12로 변경한다. 무효한 값으로부터 필드를 방어할 뿐만 아니라 필드 변경 시 수행해야 할 모든 작업을 완벽하게 처리하여 객체의 무결성을 지킨다. 그래서 setHour 메서드로 시간을 변경하면 오전 16시나 오후 0시 따위의 무효한 상태가 되지 않는다.

부효과 처리를 위해 액세서가 다른 필드까지 변경할 필요가 있다. 다음 예제의 Range 클래스는 어떤 범위를 표현한다. 학생의 출석 번호 범위일 수도 있고 텍스트 편집기에서 선택 블록의 오프셋 범위일 수도 있다.

sideeffect

```java
class Range {
    private int from;
    private int to;

    Range(int from, int to) {
        setFrom(from);
        setTo(to);
    }

    public int getFrom() { return from; }

    public void setFrom(int from) {
        this.from = from;
        if (to < from) {
            to = from;
        }
    }

    public int getTo() { return to; }

    public void setTo(int to) {
        this.to = to;
        if (from > to) {
            from = to;
        }
    }

    public void outRange() {
        System.out.println(from + " ~ " + to);
    }
}

class JavaTest {
    public static void main(String[] args) {
        Range range = new Range(2, 6);
        range.outRange();
        range.setFrom(8);
        range.outRange();
    }
}
```

실행 결과	2 ~ 6 8 ~ 8

시작과 끝 위치인 두 개의 정수 필드 from, to를 선언하고 두 필드값 사이를 범위로 표현한다. 범위란 원론적으로 시작 위치가 끝 위치보다 작거나 같아야 한다. 이 조건이 맞지 않으면 무효하나.

10 ~ 20이나 5 ~ 38은 합당하지만, 20 ~ 10이나 9 ~ 1의 범위는 잘못된 것이며 무효한 객체가 어떤 말썽을 일으킬지 예측하기 어렵다. 이 범위를 사용하는 곳에서 다음 코드로 루프를 돌 것이다.

```
for (int i = from; i < to; i++) { .... }
```

이 루프가 정상적으로 실행되려면 from이 더 앞쪽이어야 한다. from이 더 크다면 정수형의 최대 범위인 40억 번이나 반복되는데 이는 원하는 결과가 아니다. Range 클래스의 set 액세서는 객체가 이런 잘못된 상태가 되지 않도록 부효과를 잘 처리한다.

대표적으로 setFrom 메서드만 분석해 보자. 인수로 받은 from을 from 필드에 일단 대입한다. 그리고 from과 to 필드값을 비교해 보고 from이 더 크다면 to도 from에 맞추어 같이 이동한다. setTo 메서드는 비슷한 원리로 from을 to에 맞춘다. 예제에서는 2 ~ 6까지의 범위를 가지는 객체를 생성한 후 setFrom(8)을 호출해 보았다.

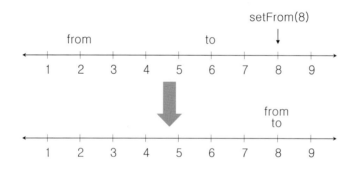

to가 6인 상황에서 from만 8로 변경하면 범위는 8 ~ 6이 되어 무결성이 깨진다. 이를 방지하기 위해 to도 8로 변경하여 길이가 0이더라도 범위의 조건은 최소한 만족하도록 했다. 이 외에도 무결성을 지키는 방법은 여러 가지가 있는데 필요에 따라 선택하면 된다.

to를 강제로 from에 맞추는 대신 from을 to에 맞추는 방법도 생각할 수 있다. 2 ~ 6범위일 때 setFrom(8) 호출문에 대해 to를 8로 바꾸지 않고 from을 to값인 6에 맞추어도 무결성은 지켜진다. 그러나 호출자의 의도를 무시했다는 면에서 앞쪽 방법보다 좋지는 않다. 무효한 값은 아예 무시해 버리거나 아니면 예외를 던져 잘못된 값임을 적극적으로 알리는 방법도 가능하다.

3 캡슐화의 효과

객체의 안전을 좌우하는 중요한 멤버라면 알아서 건드리지 않으면 될 것을 왜 군이 문법적인 지정자까지 동원하여 강제적으로 감추는 걸까? 이런 강력한 장치가 필요한 이유는 클래스를 만드는 사람과 쓰는 사람이 다르기 때문이다. 객체지향의 주요 목적 중 하나는 개발자의 요구 숙련도를 떨어뜨려 누구나 조립할 수 있도록 하여 생산성을 높이는 것이다.

이 목적을 달정하기 위해 캡슐화는 꼭 필요한 안전장치다. 하드웨어 조립 방식을 소프트웨어에 적용하기 위해 도입한 것이 객체이다. 객체가 제대로 된 부품이 되려면 하드웨어 부품에 상당하는 안전성이 요구된다. 실제 하드웨어 부품에 비유하여 소프트웨어 부품인 객체가 왜 캡슐화를 잘해야 하는지 연구해 보자.

사용 편의성

캡슐화는 사용자가 군이 알 필요 없는 정보를 숨겨 난이도를 낮춘다. 마우스는 센서, 버튼, 휠, 무선 송수신부 등의 부품으로 구성되며 내부에는 센서의 정보를 처리하는 CPU와 작업용 메모리도 있다. 사용자는 이 많은 부품이 어떻게 동작하고, 움직임을 어떻게 인식하는지 모르며 심지어 그런 부품이 있는지도 모른다.

사용자가 알고 있는 정보란 움직이면 커서가 이동하고 버튼을 누르면 클릭된다는 것뿐이다. 센서가 어떤 식으로 방향과 거리를 계산하고 컴퓨터와 통신

하는지 몰라도 상관없으며 공개된 조작법(인터페이스)만 알면 된다. 마우스가 정보 은폐를 잘 하고 있어 누구나 부담 없이 쓸 수 있다.

센서와 기판이 공개되어 있고 그런 것까지 알아야 쓸 수 있다면 마우스 활용 기사 자격증 같은 게 생길지도 모른다. 일상생활에서 늘 사용하는 텔레비전, 냉장고, 세탁기도 정보를 적절히 숨기고 꼭 필요한 기능만 공개하여 버튼을 누르는 것만으로 쉽게 활용할 수 있다.

소프트웨어 부품인 객체도 마찬가지다. 사용자가 군이 몰라도 되는 것은 가급적 숨겨야 하며 안전에 치명적인 핵심 부분은 아예 존재를 드러낼 필요가 없다. 여기서 사용자란 객체를 조립하는 응용 프로그램 개발자를 의미한다. 예를 들어 동영상을 재생하는 클래스가 있다고 하자.

```
class MoviePlayer {
    private 버퍼;
    private 헤더;
    private 압축 해제();
    private 사운드 추출();
    private 영상 변환();
    ....
```

```
    public load(파일);
    public play();
    public stop();
}
```

동영상의 구조는 상상을 초월할 정도로 복잡하다. 코덱도 천차만별이고 압축 알고리즘도 난해하다. 내부적으로 버퍼, 헤더 등의 필드가 있고 압축 해제, 사운드 추출 메서드도 필요하다. 그러나 정작 사용자에게 필요한 것은 복잡한 알고리즘이 아니라 동영상을 재생하는 것뿐이다. 이 클래스를 사용하는 개발자는 공개된 멤버를 호출하여 원하는 작업을 수행한다.

```
MoviePlayer mp = new MoviePlayer();
mp.load("극한 직업.avi");
mp.play();
```

동영상 재생 객체를 생성하고 파일을 읽어 재생하면 된다. 영상과 사운드를 어떻게 출력하는지 몰라도 상관없으며 화면에 동영상만 잘 나오면 장땡이다. 이렇게 복잡한 클래스도 최소한의 기능만 공개하여 캡슐화함으로써 사용법은 극단적으로 쉬워진다.

▌ 안정성

객체를 사용하는 모든 사람이 숙련자는 아니며 생초보도 많다. 객체의 복잡도가 증가하면 사용하기 어렵고 숙련자도 실수할 가능성이 커진다. 부품은 그 자체로 완벽해야 한다. 어디에 어떤 식으로 사용하더라도 자신의 역할을 충실히 잘 수행하며 오동작을 최소화해야 한다.

자동차를 예로 들어 보자. 액셀을 밟으면 연료양을 조절하는 스로틀 밸브가 열리고 엔진 회전수가 빨라져 가속한다. 사용자에게 공개된 것은 액셀뿐이며 스로틀 밸브나 엔진은 직접 조작할 수 없도록 숨겨져 있다. 만약 스로틀 밸브가 사용자에게 공개되어 있다면 터무니없이 많은 연료를 쏟아부어 엔진이 터져 버릴 것이며 이것은 바람직한 공개가 아니다.

페달을 밟으면 연료 공급

엔진이 한 번에 태울 수 있는 양을 초과하는 연료를 주입해서는 안 된다. 사용자는 오직 액셀을 통해서만 연료량을 안전하게 조작할 수 있으며 숨겨진 부품은 건드릴 수 없다. 이런 정보 은폐는 합리적이며 누구도 자유를 구속한다고 투덜대지 않는다.

MoviePlayer 클래스의 버퍼나 헤더가 공개되어 있다면 이 정보를 잘못 조작하여 동영상이 재생되지 않거나 다운될 수도 있다. 사용법을 제대로 숙지하지 못한 사용자 과실로 전가하는 것은 무책임하다. 비숙련 사용자가 실수하고 싶어 안달이 났어도 도저히 그럴 수 없도록 철저히 방어해야 한다. 사용자는 오로지 public 멤버를 통해서만 객체를 안전하게 사용할 수 있다.

하드웨어도 약간의 제약을 두어 안정성을 확보하는 예는 흔하다. 대부분의 케이블은 비대칭으로 설계되어 있어 반대로 꽂으면 들어가지 않는다. CPU나 메모리의 핀도 비대칭 구조로 되어 있어 정해진 방향으로 꽂아야 한다. 사용자의 실수까지 고려하여 최악의 상황을 방지한다. 소프트웨어 부품도 안전성을 위해 치명적인 멤버는 반드시 숨겨야 한다.

▌개선 용이성

내부적인 멤버를 숨겨야 하는 또 다른 이유는 기능을 안정적으로 개선하고 사용자의 기존 지식을 최대한 보호하기 위해서이다. 숨겨진 기능은 사용자가 애초에 알지도 못하고 쓰지도 않았으니 자유롭게 업그레이드할 수 있다.

MoviePlayer의 압축 알고리즘을 개선하여 속도가 월등히 빨라졌다고 하자. 사용자는 압축 해제 코드를 직접 호출하지 않았으므로 사용 방법은 여전히 유효하며 기존 코드도 잘 컴파일된다. 다만 빨라진 알고리즘으로 인해 속도만 개선될 뿐이다.

이에 비해 공개된 멤버가 변경되면 사용법이 바뀌어 기존 클래스와 호환되지 않는다. 사용자의 지식은 무효가 되어 다시 배워야 하며 기존 코드도 새 인터페이스에 맞게 수정해야 한다. 공개된 부분을 수정하는 것이 이토록 번거롭기 때문에 애초에 사용자와 직접적인 인터페이스를 이루지 않는 부분은 최대한 숨기는 것이 유리하다.

실생활의 물건도 이 원칙을 지킨다. 마우스는 움직여 커서를 옮기고 버튼을 눌러 클릭하는 사용법만 지키면 나머지는 자유롭게 수정할 수 있다. 볼을 굴리건, 레이저로 감지하건 상관없고 버튼을 스위치로 만들건 터치로 만들건 사용법이 바뀌는 것은 아니다. 정보 은폐를 잘해 두어 은폐된 부분을 자유롭게 업그레이드할 수 있다.

이 외에도 정보를 숨겨할 할 이유는 많다. 개발자라고 해서 다 같은 수준이 아니다. 클래스 라이브러리는 고도로 숙련된 최상급의 개발자가 만들지만, 이 클래스를 사용하는 개발자는 완전 쌩초보일 수도 있다. 실무 개발자도 라이브러리 제작자 입장에서는 비숙련 사용자이므로 헷갈리지 않도록 직관적으로 만들어야 하며 이를 위해 캡슐화를 적극적으로 적용해야 한다.

10-2 정적 멤버

1 인스턴스 멤버

필드는 객체가 생성될 때마다 각각의 메모리를 할당받으며 따라서 객체별로 다른 값을 가질 수 있다. 다음과 같이 세 개의 Car 객체를 생성했다고 해 보자.

```
Car korando = new Car("코란도C", false);
Car equus = new Car("에꿍스", true);
Car pride = new Car("프라이드", true);
```

힙에 세 개의 Car 객체가 생성되며 각 객체는 이름과 연료 종류를 저장하기 위한 자신만의 필드를 가진다.

객체끼리 서로 독립적이고 각자의 메모리가 있어 한 객체의 값을 바꿔도 다른 객체는 영향을 받지 않는다. korando의 이름을 뭘로 바꾸든 equus의 name 필드는 여전히 "에꿍스"이다. 이처럼 객체별로 할당되는 필드를 인스턴스 필드라고 하며 별도의 수식어 없이 그냥 필드라고 칭하면 인스턴스 필드를 의미한다.

객체별로 고유한 속성을 저장하는 필드에 비해 메서드는 공통적인 동작을 정의하므로 객체별로 따로 가질 필요가 없다. 필드는 값이 실행 중에 수시로 바뀌지만 메서드는 코드 내용이 바뀌지 않는다. 그래서 메서드는 클래스가 로드되는 정적 영역에 딱 한 번만 할당되어 배치되며 모든 객체가 공유한다. 정적 영역을 메서드 영역이라고도 부른다.

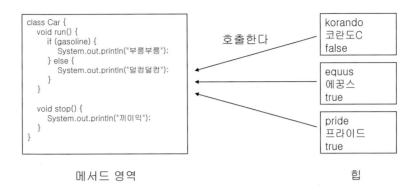

메서드 영역   힙

Car 클래스의 달리는 기능이나 Time 클래스의 시간 출력 기능은 객체에 따라 달라지지 않는다. 모든 Car 객체는 run 메서드를 공유하며 모든 Time 객체는 whatTime 메서드를 공유한다. 자동차 객체마다 run 메서드를 따로 가질 필요는 없으니 메서드는 정적 영역에 딱 하나만 있다.

다만 메서드 내부에서 각 객체의 필드를 참조하기 때문에 동작이 약간씩 달라진다. 그렇다면 메서드에서 참조하는 필드가 누구의 필드인지 어떻게 알까? run 메서드는 gasoline 필드에 따라 달리는 방식을 결정하는데 어떤 객체의 필드값을 읽는 것일까?

```
void run() {
    if (gasoline)
    ....
}
```

메서드의 동작은 인수에 의해 결정되는데 인수가 일정하면 동작도 일정할 수밖에 없다. 동일한 입력에 대해 항상 같은 출력이 나오는 것이 원칙이다. calcSum(1, 10)은 언제나 55를 리턴하며 인수가 바뀌어야 합계가 달라진다.

인수를 받지 않는 run 메서드의 동작은 항상 같아야 한다. 이 코드만으로는 누구의 gasoline 필드를 참조할지 결정할 수 없다. 연료 종류로부터 달리는 방식을 결정하려면 호출 객체가 누구인지 추가적인 정보가 더 필요하며 다음과 같이 작성해야 한다.

```
void run(Car who) {
    if (who.gasoline)
    ....
}

run(korando);
run(equus);
```

Car 타입의 객체 who를 인수로 받아야 이 객체의 gasoline 필드를 읽어 딜컹딜컹 달릴지, 부릉부릉 달릴지 결정할 수 있다. run 메서드를 호출할 때는 달릴 대상을 인수로 전달해야 한다. 좀 어색해 보이지만 이 코드가 맞으며 파이썬 언어는 이런 식으로 메서드를 작성한다.

run뿐만 아니라 클래스에 속한 모든 메서드는 호출 객체를 인수로 전달받아야 한다. 그러나 일일이 호출 객체를 인수로 받는 것은 귀찮을 뿐만 아니라 실수할 위험도 있다. 어차피 누가 작성해도 똑같은 코드라면 컴파일러가 대신해 주는 것이 간편하다.

컴파일러는 모든 메서드에 대해 호출 객체를 암시적 인수로 전달하며 이름은 this로 고정되어 있다. 메서드 내에서 this는 자기 자신을 의미하며 멤버 참조문은 this를 통해 호출 객체의 멤버를 읽는다. 그렇다면 컴파일러는 this를 어디서 구할까? 메서드 호출문 앞에 항상 호출 객체를 명시하여 객체.메서드() 식으로 호출하는데 이 문장에서 . 앞의 객체가 this가 된다.

호출 객체가 암시적으로 전달되므로 run(korando) 식으로 인수를 전달하지 않으며 korando.run() 식으로 호출 객체를 앞에 적는다. 메서드 앞의 호출 객체가 this이다. 메서드는 this를 통해 호출한 객체를 알 수 있으며 참조할 멤버를 정확히 찾아 객체별로 다른 동작이 가능하다.

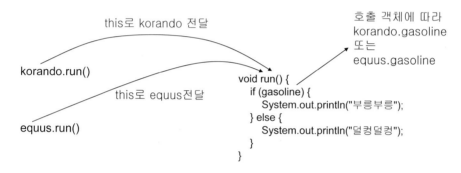

korando.run()으로 호출하면 run 메서드로 korando의 참조가 전달되며 여기서 gasoline 필드를 읽으면 korando.gasoline이다. equus.run()으로 호출하면 똑같은 run 메서드를 호출하지만, 이때는 equus.gasoline 필드를 읽는다. 호출 메서드는 같지만, 호출 객체에 따라 참조하는 필드가 달라 코란도는 덜컹덜컹 달리고 에쿠스는 부릉부릉 달린다.

2 정적 필드

인스턴스 필드는 객체에 소속되어 각 객체의 속성값을 가진다. 이에 비해 정적 필드는 개별 객체에 속하지 않고 한 단계 위의 클래스에 소속되어 모든 객체가 공유한다. 정적 필드가 왜 필요한지 다음 예제를 보며 연구해 보자. 왜 필요한지 알면 정의도 자연스럽게 이해된다.

carnum	실행 결과
```class Car { String name; boolean gasoline;```	코란도C : 1 에꿍스 : 1 프라이드 : 1

```
        int carNum;

    Car(String aName, boolean aGasoline) {
        name = aName;
        gasoline = aGasoline;
        carNum++;
    }
}

class JavaTest {
    public static void main(String[] args) {
        Car korando = new Car("코란도C", false);
        System.out.println(korando.name + " : " + korando.carNum);

        Car equus = new Car("에꿍스", true);
        System.out.println(equus.name + " : " + equus.carNum);

        Car pride = new Car("프라이드", true);
        System.out.println(pride.name + " : " + pride.carNum);
    }
}
```

Car 클래스에 차의 출고 대수를 저장하는 carNum 필드를 추가했다. 생성자에서 새로운 객체를 만들 때마다 이 값을 1 증가시킨다. 객체를 생성할 때마다 1 증가시키므로 제대로 동작할 것 같지만 실행 결과는 전혀 딴판이다. main에서 carNum이 제대로 증가하는지 출력해 봤는데 언제나 1이다.

그 이유는 carNum 필드가 각 객체에 속하기 때문이다. 객체를 생성할 때마다 새로운 메모리가 할당되며 기본값인 0으로 초기화했다가 생성자에서 1 증가한다. carNum은 전체 차의 개수가 아니라 개별 차를 생성한 횟수일 뿐이며 각 차를 만들 때마다 한 번씩 증가시키니 항상 1일 수밖에 없다.

차 전체의 출고 대수를 기억하는 값이 각각의 차에 존재하는 것은 논리적으로 말이 안 되기 때문에 이 필드는 객체에 있어서는 안 되며 더 상위의 클래스에 딱 하나만 존재해야 한다. 딱 하나만 있고 모든 객체가 공유하는 필드를 정적 필드라고 하며, 인스턴스 필드의 반대 의미로 클래스 필드라고도 부른다. 클래스 필드는 선언문에 static 키워드를 붙인다.

static	실행 결과

```
class Car {                              생성전 : 0
    String name;                         코란도C : 1
    boolean gasoline;                    에꿍스 : 2
    static int carNum;                   프라이드 : 3

    Car(String aName, boolean aGasoline) {
        name = aName;
        gasoline = aGasoline;
        carNum++;
```

```
        }
    }

class JavaTest {
    public static void main(String[] args) {
        System.out.println("생성전 : " + Car.carNum);

        Car korando = new Car("코란도C", false);
        System.out.println(korando.name + " : " + Car.carNum);

        Car equus = new Car("에꿍스", true);
        System.out.println(equus.name + " : " + Car.carNum);

        Car pride = new Car("프라이드", true);
        System.out.println(pride.name + " : " + Car.carNum);
    }
}
```

carNum 필드에 static 지정자를 붙여 정적으로 선언했다. 이렇게 되면 carNum 필드는 클래스에 소속되며 모든 객체가 공유한다. 차 객체를 만들 때마다 생성자에서 carNum 필드를 1씩 증가시키면 생성된 차 개수를 알 수 있다. main에서 세 대의 차를 생성하면서 매번 carNum 필드를 출력했는데 정상적으로 잘 증가한다.

객체 카운트는 정적 필드가 필요한 이유를 보여 주는 전형적인 예이다. 왜 이런 것이 필요하고 어떻게 동작하는지는 한 번에 이해하기 어려운 개념인데, 일반 필드에 비해 정적 필드는 어떤 점이 다른지 연구해 보자.

❶ 정적 필드는 개별 객체가 아닌 클래스에 속하며 딱 하나밖에 없다. carNum 정적 필드는 korando 나 equus가 아닌 Car 클래스에 소속되며 모든 객체가 공유한다. 같은 클래스 소속의 객체는 이 필드를 자유롭게 읽고 쓸 수 있으며 한 객체가 값을 변경하면 다른 객체도 변경된 값을 읽는다.

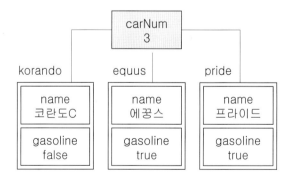

❷ 정적 필드를 참조할 때는 "클래스.필드"의 표기법을 사용한다. Car.carNum 식으로 앞에 소속 클래스 이름을 붙인다. 객체와 완전히 상관없는 정보는 아니어서 korando.carNum, equus.carNum

으로 읽는 것도 허용한다. 이때 korando, equus 명칭은 객체 소속이라는 뜻이 아니라 이 객체가 소속된 클래스를 밝히는 역할만 한다. 두 가지 방법으로 정적 필드를 읽을 수 있는 셈이다.

```
Car.carNum                        // 클래스에 속한 필드
korando.carNum                    // 객체의 소속 클래스에 속한 필드
```

객체.필드로 써도 컴파일러는 해당 객체의 소속 클래스를 조사하는 서비스를 해 준다. 그러나 인스턴스 필드로 오해할 소지가 있어 권장하지 않는다. Car.carNum으로 표기하면 누가 봐도 정적 필드임을 금방 알 수 있다. 편의상 객체로부터 참조하는 것을 허용하지만 논리적으로 옳지 않아 경고 처리한다.

❸ 정적 필드는 클래스 소속이며 클래스가 로드되면 바로 생성된다. 그래서 객체가 없어도 사용할 수 있다. 위 예제에서 보다시피 main에서 처음 carNum 필드를 출력할 때 자동차 객체를 하나도 생성하지 않았다. 클래스 로드 시 carNum은 0으로 초기화되며 생성자를 한 번도 호출하지 않아 0의 값이 출력된다.

정적(Static)이라는 용어가 다소 학술적이고 비직관적이어서 어려워 보인다. 정적이라는 용어는 객체가 생성될 때 동적으로 할당되는 것이 아니라 클래스가 로드될 때 미리 할당된다는 뜻이다. 의미상으로는 "공유 멤버"라는 명칭이 더 직관적이고 이해하기 쉽다.

3 정적 초기화 블록

정적 필드도 사용하기 전에 적당한 값으로 초기화해야 한다. 앞 예제의 carNum은 객체 생성 개수이며 기본값인 0이 무난하지만, 0이 아닌 다른 값으로 시작해야 한다면 원하는 값을 대입해야 한다. 예를 들어 carNum이 출고되는 차의 일련번호이고 1000부터 시작한다고 가정해 보자. 다음과 같이 생성자에서 초기화하면 제대로 동작할까?

```
Car(String aName, boolean aGasoline){
    name = aName;
    gasoline = aGasoline;
    carNum = 1000;
    carNum++;
}
```

이렇게 하면 객체가 생성될 때마다 1000으로 초기화된 후 1 증가하니 항상 1001이다. 일반 필드는 생성자가 최적의 초기화 시점이지만 모든 객체가 공유하는 정적 필드는 그렇지 않다. 객체가 생성되기 전에 초기화해야 하며 이런 용도로는 명시적 초기화가 적합하다.

```
class Car {
    String name;
    boolean gasoline;
    static int carNum = 1000;

    ....
```

```
생성전 : 1000
코란도C : 1001
에꽁스 : 1002
프라이드 : 1003
```

정적 필드의 명시적 초기화는 클래스를 로드할 때 딱 한 번만 실행한다. 이후 객체를 생성할 때마다 1씩 증가하여 원하는 대로 동작한다. 명시적으로 초기화하기 어려운 복잡한 정보라면 static { } 형태의 정적 초기화 블록을 사용한다. 명시적 초기화 대신 정적 초기화 블록 안에 대입문을 넣어도 효과는 같다.

```
class Car {
    String name;
    boolean gasoline;
    static int carNum;

    static {
        carNum = 1000;
    }
    ....
```

carNum은 단순한 정수형이므로 명시적 초기화가 간편하다. 그러나 복잡한 객체나 배열이라면 명시적 초기화로는 어렵다. 만약 carNum의 초기 일련번호를 서버에 접속해 조사한다면 메서드 호출이 필요하다. 이럴 때 정적 초기화 블록을 사용한다.

```
static {
    carNum = getLastSerialNumber();
}
```

정적 초기화 블록에서는 메서드 호출이나 루프, 조건문을 실행할 수 있고 복잡한 계산도 가능하다. { } 괄호로 작성하는 일반 초기화 블록은 객체 생성 시마다 호출되므로 생성자에서 초기화하는 것과 같은 문제가 발생하여 이 경우에는 적합하지 않다.

다음은 정적 필드의 또 다른 예를 보자. 다음 예제의 Bus 클래스는 버스 객체를 표현한다. 요즘 버스는 탑승 거리에 따라 요금 차이가 있어 모든 정거장의 정보를 가지고 있어야 한다. 실용적인 예를 들다 보니 필요한 정보가 많아 간략하게 만들어도 소스가 길다.

```
class Bus {
    static Station[] arInfo;

    static {
```

```
        arInfo = new Station[7];
        arInfo[0] = new Station("경희대학교", 0, 0);
        arInfo[1] = new Station("청량리", 4, 200);
        arInfo[2] = new Station("제기동", 7, 100);
        arInfo[3] = new Station("답십리", 12, 200);
        arInfo[4] = new Station("금호동", 16, 200);
        arInfo[5] = new Station("옥수", 18, 150);
        arInfo[6] = new Station("압구정", 23, 300);
    }

    void printFare(int from, int to) {
        int fare = 500;
        for (int i = from; i <= to; i++) {
            fare += arInfo[i].fare;
        }
        System.out.println(arInfo[from].name + " ~ " +
            arInfo[to].name + "까지의 요금은 " + fare + "원입니다.");
    }
}

// 정거장 정보
class Station {
    String name;              // 정거장 이름
    int distance;            // 누적 거리
    int fare;                // 구간 요금

    Station (String name, int distance, int fare) {
        this.name = name;
        this.distance = distance;
        this.fare = fare;
    }
}

class JavaTest {
    public static void main(String[] args) {
        Bus bus1 = new Bus();
        bus1.printFare(1, 5);

        Bus bus2 = new Bus();
        bus2.printFare(2, 4);
    }
}
```

실행 결과	청량리 ~ 옥수까지의 요금은 1350원입니다. 제기동 ~ 금호동까지의 요금은 1000원입니다.

Station 클래스는 이름, 거리, 구간 요금 등의 정거장 정보를 표현한다. Bus 클래스는 Station의 배열 arInfo를 필드로 가진다. 요금을 계산하는 printFare 메서드는 arInfo의 정보를 참고하여 기본

요금 500원과 두 정거장 사이의 구간 요금을 합산해 출력한다. main에서 두 대의 버스 객체를 생성하고 시험 주행한 후 요금을 출력했다.

이 예제의 구조를 잘 분석해 보자. 정거장 정보는 버스 객체마다 다르지 않고 모든 버스에 똑같이 적용된다. 공유 정보여서 개별 버스가 가질 필요 없이 Bus 클래스에 딱 하나만 있으면 된다. bus1이나 bus2나 똑같은 경로를 움직이며 참조하는 정거장 정보는 같다. 그래서 arInfo는 static이다. 이 필드가 static이 아니면 어떻게 될까?

```
Station[] arInfo;
{
    arInfo = new Station[7];
    ....
}
```

arInfo 선언문과 초기화 블록의 static 키워드를 빼고 컴파일해도 일단은 잘 동작한다. 그러나 버스마다 똑같은 정보를 매번 생성하니 메모리 소모가 많고 초기화 속도도 느려 엄청난 낭비가 발생한다. 모든 버스가 공유하는 정보이므로 static으로 선언하여 Bus 클래스에 딱 한 벌만 두고 정적 초기화 블록에서 한 번만 초기화하는 것이 합리적이다.

위 예제는 편의상 Station 객체를 일일이 생성하여 배열에 채우는데 데이터베이스에서 읽거나 네트워크에서 다운로드 받는 것이 더 현실적이다. 공유 정보 저장을 위해 정적 필드가 필요하고 정적 필드를 자유롭게 초기화하기 위해 정적 초기화 블록이 필요하다.

4 정적 메서드

정적 메서드도 정적 필드와 개념상 유사하다. 특정 객체의 동작을 처리하는 것이 아니라 클래스 전체에 대한 전반적인 처리를 담당한다. 메서드 선언문 앞에 static 지정자를 붙인다.

staticmethod

```
class Car {
    String name;
    boolean gasoline;
    static int carNum;

    Car(String aName, boolean aGasoline) {
        name = aName;
        gasoline = aGasoline;
        carNum++;
    }

    static void resetNum() {
```

```
            carNum = 0;
        }

        static void printNum() {
            System.out.println("현재 출고 대수 : " + carNum);
        }

        void run() {
            if (gasoline) {
                System.out.println("부릉부릉");
            } else {
                System.out.println("덜컹덜컹");
            }
        }
    }

class JavaTest {
    public static void main(String[] args) {
        Car.printNum();
        Car pride = new Car("프라이드", true);
        Car korando = new Car("코란도C", false);
        Car.printNum();
        Car.resetNum();
        Car equus = new Car("에꿍스", true);
        Car.printNum();
    }
}
```

실행 결과	현재 출고 대수 : 0 현재 출고 대수 : 2 현재 출고 대수 : 1

출고 대수를 리셋하는 resetNum, 출력하는 printNum을 정적 메서드로 선언했다. carNum 필드가 정적이니 이를 조작하는 메서드도 정적이다. 정적 메서드를 호출할 때는 Car.printNum() 식으로 클래스 이름으로 호출한다. 클래스에 소속되는 정적 메서드는 객체 소속인 일반 메서드에 비해 다음과 같은 차이가 있다.

❶ 객체와 연관되지 않아 객체가 없어도 호출할 수 있다. main의 선두에서 Car 객체를 생성하기도 전에 printNum을 호출했다. 출고된 차가 없더라도 클래스명으로 호출할 수 있다.

❷ 정적 메서드는 정적 필드만 참조할 수 있으며 일반 필드는 참조할 수 없다. printNum에서 name이나 gasoline 필드를 참조하면 정적 멤버에서 비정적 멤버를 참조할 수 없다는 에러가 발생한다.

```
static void printNum() {
    System.out.println("현재 출고 대수 : " + carNum);
    System.out.println("차이름 : " + name);
}
```

클래스로부터 호출하는 printNum은 호출 객체인 this가 없다. 따라서 name 필드가 어떤 객체의 이름을 칭하는지 알 수 없으며 객체가 없는 상태에서 호출할 경우 아예 name 필드가 존재하지도 않는다.

❸ 정적 메서드는 정적 메서드만 호출할 수 있으며 일반 메서드는 호출할 수 없다. 이유는 정적 필드를 참조할 수 없는 것과 같다. 정적 멤버는 정적 멤버끼리만 어울린다. printNum에서 run 메서드를 호출했다고 해 보자.

```
static void printNum(){
    System.out.println("현재 출고 대수 : " + carNum);
    run();
}
```

run은 gasoline 필드를 참조하여 달리는 방식을 결정하는데 정적 필드가 아니다. 따라서 printNum에서 gasoline 필드를 직접 읽을 수 없으며 이를 참조하는 메서드를 호출해도 안 된다. 인스턴스 메서드인 run을 호출하려면 호출 주체인 this를 전달해야 하는데 printNum은 this가 없으니 run을 호출할 수 없다.

정적 메서드는 클래스 소속이며 정적 멤버만 참조 및 호출할 수 있다. 반면 일반 메서드에서 정적 멤버를 참조하는 것은 가능하다. 위 코드를 보면 비정적 멤버인 생성자에서 carNum 정적 필드를 증가시킨다. 정적 멤버는 모든 객체가 같이 사용하는 공유 멤버이므로 객체에서도 사용할 수 있다.

5 독립적인 메서드

정적 필드는 딱 하나밖에 없고 모든 객체가 같이 사용하는 '공유 정보'이다. 이에 비해 정적 메서드는 의미가 좀 다르다. 메서드는 어차피 정적 영역에 한 번만 로드되며 모든 객체가 같이 호출하는 것이어서 원래부터 공유의 대상이다.

정적 메서드는 객체와 상관없는 '독립적인 메서드'로 이해하는 것이 직관적이다. 여기서 독립적이라는 말의 의미는 객체로부터 호출하지 않고 객체를 전혀 생성하지 않은 상태에서도 호출할 수 있다는 뜻이다. 특정 객체와 상관없는 클래스 전반적인 동작을 처리하는 역할을 한다.

utilmethod

```
class Hello {
    static void morning(){
        System.out.println("좋은 아침");
    }
    static void lunch(){
        System.out.println("점심 먹었어?");
    }
```

실행 결과

```
좋은 아침
점심 먹었어?
술 한잔 어때
```

```
    static void evening() {
        System.out.println("술 한잔 어때");
    }
}

class JavaTest {
    public static void main(String[] args) {
        Hello.morning();
        Hello.lunch();
        Hello.evening();
    }
}
```

이 예제의 세 메서드는 아침, 점심, 저녁 인사를 하는데 단순한 인사말을 출력할 뿐 객체의 고유한 정보를 참조하지 않는다. 그래서 정적으로 선언했으며 객체를 생성할 필요 없이 Hello.메서드 형식으로 호출한다.

아침 인사를 하고 싶다고 해서 굳이 Hello 객체를 만들 필요가 없다. 객체로부터 정적 메서드를 호출하는 것도 허용은 하지만 적절치 않은 호출이라는 경고가 발생한다. 어디까지나 표기상의 편의를 위해 허용하는 것이라 객체를 일부러 만들 필요는 없다.

```
Hello hello = new Hello();
hello.morning();
```

이 예제에서 Hello 클래스는 세 개의 정적 메서드를 하나의 범주로 묶는 네임스페이스 역할만 한다. 완벽한 객체지향 언어인 자바에서는 메서드가 홀로 존재할 수 없고 클래스에 속해야 한다. 그래서 일단 클래스를 선언하고 그 안에 정적 메서드를 선언한다. 지금까지 지겹도록 사용해 왔던 println도 정적 메서드이다.

```
System.out.println("좋은 아침");
```

이 구문에서 out는 System 클래스의 정적 필드이다. 그래서 System 객체를 생성하지 않아도 out 객체를 사용할 수 있다. 또 println은 out의 정적 메서드여서 객체를 생성할 필요가 없다. 문자열을 출력할 때 소속만 밝히고 호출하면 된다.

정적 메서드는 아무 때나 호출할 수 있다는 면에서 사실상 전역 메서드와 비슷하다. Math 클래스가 이런 구조인데 이 안에 sin, cos, abs 같은 정적 메서드가 잔뜩 들어 있다. 수학 계산을 하자고 Math 객체를 만들 필요는 없으며 언제든지 Math.sin() 식으로 호출하면 된다.

앞 장에서 메서드의 기초를 연구하고 실습할 때도 모두 static으로 선언하여 독립적인 기능만 작성했다. 그때는 클래스를 배우기 전이었고 main이 static이므로 여기서 호출하는 메서드는 당연히 static일 수밖에 없다. 학습 순서상 메서드 작성 방법을 먼저 소개하다 보니 독립적인 메서드로 만들었다.

6 main 메서드

정적 메서드까지 배웠으니 지금까지 설명을 보류하고 사용했던 main 메서드를 살펴보자. 자바 프로그램의 시작점(Entry Point)인 main이 바로 정적 메서드이다. 클래스를 배우기 전에는 왜 이런 모양인지 설명할 수 없었지만 이제 모두 설명할 수 있다.

```
public static void main(String[] args) {
}
```

main 메서드는 자바 가상 머신에 의해 호출되어 프로그램을 기동하는 임무를 띤다. main이 제어를 넘겨 받으면 이 안에서 다른 객체를 만들고 메서드를 호출한다. 만약 main이 정적 메서드가 아닌 일반 메서드라면 객체를 먼저 생성한 후 호출해야 한다.

```
JavaTest app = new JavaTest();
app.main(args);
```

그러나 아직 가상 머신으로부터 제어를 넘겨받기 전이므로 이 코드를 실행할 기회가 없다. 객체가 있어야 메서드를 호출하고 첫 메서드가 기동해야 객체를 만들 수 있는 순환적인 문제가 있다. 이 순환의 고리를 끊는 방법이 바로 static이다.

프로그램을 기동하는 첫 메서드는 객체 없이 호출해야 하니 main은 static일 수밖에 없다. 또 프로그램 외부인 자바 가상 머신에서 호출하니 public이어야 하며 리턴할 값이 없으니 void이다. 이런 이유로 public static void라는 긴 수식어가 붙는다. 자바를 처음 배울 때는 무척 어려운 구문이었지만 이제는 왜 이런 수식어가 필요한지 이해될 것이다.

정적 메서드도 홀로 존재할 수 없으므로 반드시 클래스에 속해야 한다. 보통은 예제명과 같은 클래스에 main 메서드를 작성하지만, 반드시 그래야 하는 것은 아니며 아무 클래스에나 main이 있기만 하면 된다. Car 클래스를 생성하는 첫 예제를 약간 변형해 보자. Car라는 이름으로 예제를 생성하고 Car.java 파일의 Car 클래스 안에 main 메서드를 선언했다.

staticmain	실행 결과
| ```
class Car {
    String name;
    boolean gasoline;

    Car(String aName, boolean aGasoline) {
        name = aName;
        gasoline = aGasoline;
    }

    void run() {
        if (gasoline) {
``` | 덜컹덜컹<br>끼이익 |
```

```
            System.out.println("부릉부릉");
        } else {
            System.out.println("덜컹덜컹");
        }
    }
    void stop() {
        System.out.println("끼이익");
    }

    public static void main(String[] args) {
        Car korando = new Car("코란도C", false);

        korando.run();
        korando.stop();
    }
}
```

이렇게 해도 문제 없이 실행된다. 어느 클래스에 있건 main 정적 메서드가 존재하면 자바 가상 머신은 이 메서드를 호출하여 프로그램을 기동시킨다. 그러나 이렇게 하면 main이 자신이 속한 클래스의 객체를 생성하는 어색한 상태가 되고 클래스의 재활용성이 떨어진다. 그래서 별도의 응용 프로그램 클래스를 만들고 이 안에 main 메서드를 둔다.

10-3 상수 멤버

1 상수 필드

일반 필드는 변수여서 실행 중에 언제든지 값을 바꿀 수 있다. 이에 비해 final 지정자를 붙인 상수 필드는 한 번 값이 정해지면 변경할 수 없다. 실행 중에는 값을 변경할 수 없어 생성자에서 반드시 초기화해야 한다. 다음 예제를 보자.

final

```java
class Notebook {
    final String CPU;
    int memory;
    int storage;

    Notebook(String CPU, int memory, int storage) {
        this.CPU = CPU;
        this.memory = memory;
        this.storage = storage;
    }

    void upgrade(int memory, int storage) {
        this.memory = memory;
        this.storage = storage;
        // this.CPU = "Super Strong 16 Core 8.5GHz";
    }

    void printSpec() {
        System.out.print("CPU = " + CPU);
        System.out.print(" ,Memory = " + memory);
        System.out.println(" ,Storage = " + storage);
    }
}

class JavaTest {
    public static void main(String[] args) {
        Notebook Sens = new Notebook("Intel Core i7", 4, 500);
        Notebook XNote = new Notebook("AMD 라이젠", 2, 320);
        Sens.printSpec();
        XNote.printSpec();
```

```
            Sens.upgrade(8,750);
            Sens.printSpec();
        }
    }
}
```

```
CPU = Intel Core i7 ,Memory = 4 ,Storage = 500
CPU = AMD 라이젠 ,Memory = 2 ,Storage = 320
CPU = Intel Core i7 ,Memory = 8 ,Storage = 750
```

Notebook 클래스는 노트북을 표현하며 CPU와 메모리, 저장 장치로 구성된다. 노트북은 처음 만들 때 주요 사양이 결정된다. 메모리와 저장 장치는 출고 후에도 업그레이드할 수 있지만 CPU는 교체 불가능한 부품이다. 그래서 CPU 필드에 final 지정자를 붙여 상수임을 명시했으며 상수 필드는 관습적으로 전부 대문자로 작성한다.

상수 필드라고 해서 모든 객체가 다 같은 값을 가지는 것은 아니다. 그래서 클래스 선언문에 명시적으로 초기화하지 않았으며 생성자에서 개별 객체마다 초기화한다. 즉, CPU 필드는 한 번 정해지면 바꿀 수 없지만 인스턴스별로 다른 값을 가질 수는 있다. main에서 두 대의 노트북 객체를 생성하고 업그레이드도 해 보았다.

Sens 노트북은 생성 후에 upgrade 메서드로 메모리와 저장 장치를 바꾸었다. 그러나 상수로 선언된 CPU는 일단 출고하면 변경할 수 없다. upgrade 마지막 줄의 주석을 풀면 에러로 처리된다. 아무리 돈이 많아도 최신 CPU로 교체할 수 없으며 정 바꾸고 싶으면 노트북을 새로 사는 수밖에 없다. 즉, 객체를 새로 만들어야 한다.

2 정적 상수 필드

CPU 필드는 비록 상수지만 인스턴스별로 다른 값을 가질 수 있으며 그래서 객체에 소속된다. 이에 비해 모든 객체가 같은 값을 가지는 필드는 클래스에 두는 것이 좋으며 이럴 때 static 지정자를 붙인다. 정적 상수로 선언하면 클래스에 딱 하나의 값만 존재하며 모든 객체가 이 값을 공유한다. 선언할 때 명시적으로 초기화하여 생성 이전에 초기화한다.

staticfinal
```
class Notebook {
    final String CPU;
    int memory;
    int storage;
    static final long GIGA = 1073741824L;

    Notebook(String CPU, int memory, int storage) {
```

```
        this.CPU = CPU;
        this.memory = memory;
        this.storage = storage;
    }

    void upgrade(int memory, int storage) {
        this.memory = memory;
        this.storage = storage;
        // this.CPU = "Super Strong 16 Core 8.5GHz";
    }

    void printSpec() {
        System.out.print("CPU = " + CPU);
        System.out.print(" ,Memory = " + memory * GIGA + "바이트");
        System.out.println(" ,Storage = " + storage * GIGA + "바이트");
    }
}

class JavaTest {
    public static void main(String[] args) {
        Notebook Sens = new Notebook("Intel Core i7", 4, 500);
        Notebook XNote = new Notebook("AMD 라이젠", 2, 320);
        Sens.printSpec();
        XNote.printSpec();
    }
}
```

실행 결과	CPU = Intel Core i7 ,Memory = 4294967296바이트 ,Storage = 536870912000바이트
	CPU = AMD 라이젠 ,Memory = 2147483648바이트 ,Storage = 343597383680바이트

용량을 바이트 단위로 표시하기 위해 GIGA라는 상수를 선언했다. 기가는 2의 30승이며 10억이라는 큰 값이다. GIGA 자체는 정수형의 범위에 포함되지만 다른 값과 곱해지면 범위를 넘어설 수 있어 long 타입으로 선언했다. printSpec에서 용량에 GIGA를 곱해 출력한다. 수식 내에서 직접 1073741824L 리터럴을 사용해도 상관없지만 상수를 쓰면 읽기 편하고 코드 관리도 쉽다.

GIGA 용량은 노트북별로 다르지 않아 객체마다 이 필드를 둘 필요가 없다. 그래서 static으로 선언하여 클래스에 두었다. 객체별로 따로 존재하는 CPU 필드와 상수라는 면에서 같지만, 클래스에 딱 하나만 있고 모든 객체가 공유한다는 점이 다르다.

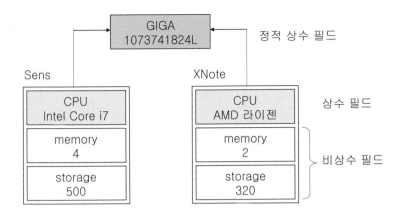

정적 상수는 객체와 무관하므로 생성자에서 초기화할 수 없다. 반드시 클래스 선언문에 명시적으로 초기화해야 한다. 그렇지 않으면 의미 있는 값으로 초기화할 기회가 없다. 또는 정적 초기화 블록을 사용하는데 이 경우 더 복잡한 초기화도 가능하다.

```
static final long GIGA;
static {
    GIGA = 1073741824L;
}
```

두 종류의 상수는 실행 중에 값을 변경할 수 없다는 점만 같고 나머지 특성은 달라 용도에 맞게 사용해야 한다.

지정자	소속	초기화	특징
final	객체	생성자	객체마다 다른 값을 가진다.
static final	클래스	명시적 초기화	모든 객체가 공유한다.

만약 다른 클래스에서 GIGA 상수를 사용할 수 있도록 외부로 공개하고 싶다면 public 지정자도 붙인다.

```
public static final long GIGA = 1073741824L;
```

자바 라이브러리에 이런 식으로 선언된 상수가 많다. 원주율값인 Math.PI도 같은 형식으로 3.141592653589793으로 정의되어 있어 원주율이 필요할 때 누구나 언제든 사용할 수 있다.

앞 절에서 Bus 클래스를 만들면서 기본요금 500원을 리터럴로 바로 사용했는데 이는 바람직하지 못한 방법이다. 기본요금은 여러 번 사용되니 상수로 정의하여 가독성을 높이는 것이 좋다. 모든 버스에서 기본요금은 같으므로 정적 상수 필드로 선언하는 것이 이상적이다.

```
class Bus {
    static Station[] arInfo;
    final static int BASIC_FARE = 500;
    ....
    void printFare(int from, int to) {
        int fare = BASIC_FARE;
    ....
```

final 키워드는 필드뿐만 아니라 메서드나 클래스에도 적용할 수 있다. 다음 장에서 상속까지 알아본 후 다시 연구해 보자.

연습문제

01 액세스 지정자가 아닌 것은?

① private   ② final
③ public   ④ protected

02 멤버값을 변경하는 세터(Setter)의 역할이 아닌 것은?

① 숨겨진 필드의 값을 대신 변경한다.
② 조건에 맞지 않는 값은 거부한다.
③ 멤버값 변경에 따른 부효과를 처리한다.
④ 여러 가지 멤버의 값을 조합하여 리턴한다.

03 캡슐화의 목적이 아닌 것은?

① 사용 편의성 향상
② 안정성 향상
③ 성능 향상
④ 개선 용이성 향상

04 인스턴스 멤버에 대한 설명을 옳은 것은?

① 필드는 모든 객체가 공유한다.
② 메서드는 객체별로 따로 가진다.
③ 필드는 객체가 생성될 때마다 별도의 메모리를 할당받는다.
④ 한쪽 객체의 필드를 변경하면 다른 객체도 영향을 받는다.

05 메서드 내에서 객체 자신을 칭하는 키워드는 (　　　　)이며 이 키워드로 자신의 멤버를 참조한다.

06 정적 필드의 특성이 아닌 것은?

① 객체를 하나 이상 생성해야 참조할 수 있다.
② 클래스에 소속되며 모든 객체가 공유한다.
③ 클래스명.필드의 방식으로 참조한다.
④ 생성자 호출 이전에도 참조할 수 있다.

07 정적 메서드에서 참조 또는 호출 가능한 것은?

① 인스턴스 필드
② 정적 필드
③ 생성자
④ 정적 초기화 블록

08 main 메서드의 완전한 원형을 써라.

09 모든 객체가 공유하며 더 이상 변경할 수 없는 필드의 속성으로 적당한 것은?

① static
② final
③ private final
④ static final

11

_상속

11-1 상속

1 클래스의 확장

뭐든지 한번 잘 만들어 놓으면 재활용하기 쉽다. 발표 자료나 이력서도 처음 만들기가 어렵지 포맷을 완성해 두면 다음부터 거저먹기다. '복사 후 수정' 작전은 일상적으로 사용하는데 친구 리포트를 약간 수정하여 제출해 본 경험은 누구나 있다. 그대로 베끼면 들통나니 순서나 그림을 바꾸고 특히 학번과 이름은 기필코 바꿔야 한다.

코드도 재활용하는 경우가 빈번하며 개발자에게 Copy & Paste는 익숙하고 편리한 무기이다. 기존의 코드와 유사하거나 약간 확장된 정도라면 일단 가져온 후 고쳐 쓰는 것이 효율적이다. 코드 조각을 재활용하기도 하고 메서드를 변형해서 쓰기도 한다.

클래스는 속성과 동작을 캡슐화하여 재활용성이 탁월하다. 실세계의 요구가 자주 바뀌므로 기능을 더하거나 변경하는 경우도 많다. 이럴 경우 전통적으로 Copy & Paste라는 방법을 주로 사용했었다. 일단 복사해 놓고 뜯어고치는 것이다. 예를 들어 Human이라는 잘 만들어진 클래스를 확장하여 Student 클래스를 만든다고 해 보자.

사람을 표현하는 Human 클래스는 이름과 나이 속성을 가지고 있으며, 소개하는 동작을 한다. 이렇게 선언된 Human의 소스를 그대로 복사하여 이름만 Student로 변경하면 똑같은 클래스가 만들어진다. 이 상태에서 새로운 멤버를 추가하면 Human을 확장한 새 클래스가 된다.

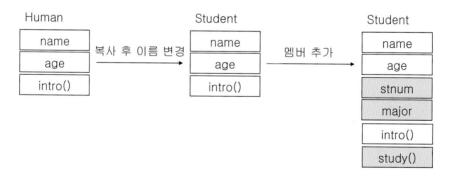

원본인 Human은 그대로 남아 있고 이를 복사한 Student는 기능을 확장한다. 학생은 일반적인 사람에 비해 학번과 전공이 있고 공부하는 동작을 한다. 복사 후 수정은 멋진 재활용 방법이고 누구에게나 익숙하지만, 너무 단순해서 몇 가지 한계가 있다.

첫 번째로, 원본 클래스의 선언문이 확장본에 반복된다는 점에서 낭비가 있다. 위 예를 보면 Human의 name, age, intro()가 Student에 똑같이 반복된다. 2차, 3차 확장본을 계속 만들면 낭비가 반복되며 원본이 거대할수록, 복사의 단계가 깊을수록 심해진다.

객체지향 언어는 클래스 확장을 위해 상속 기법을 사용한다. 상속은 원본의 멤버를 복사하는 동작을 컴파일러가 대신해 주는 기법이다. 선언문에 상속받을 클래스만 밝히면 원본의 모든 멤버가 자동 복사되어 추가할 멤버만 더 선언하면 된다. 복사 후 수정 방법에 비해 선언문의 중복이 없다.

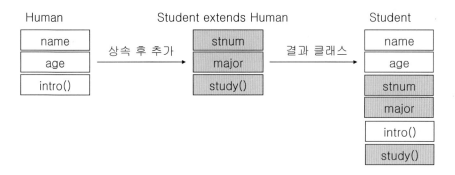

두 번째로, 복사 후 수정은 원본과 확장본의 관계가 끊어져 관리가 어렵다. 복사 동작은 소스 편집 중에 수작업으로 이루어지며 일단 복사하면 완전히 분리된다. 이 상태에서 원본을 변경하면 확장본을 다시 복사하거나 똑같이 수정해야 하는 번거로움이 있다.

반면 상속은 컴파일 중에 복사하므로 원본이 바뀌면 확장본도 자연스럽게 변경된다. A, B 두 개의 멤버를 가진 Parent를 확장하여 Child를 만들고, C 멤버를 추가한 상태에서 A 멤버의 이름이나 타입을 변경한다고 해 보자. 복사 후 수정은 양쪽을 같이 편집해야 하지만, 상속한 경우는 원본의 A만 변경하면 확장본에 자동 적용된다.

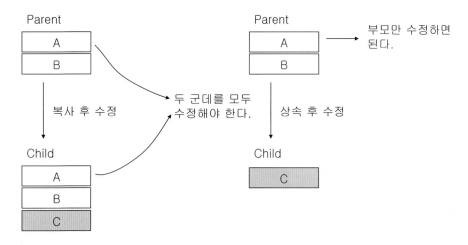

새로운 멤버 D를 추가할 때도 상속 관계에서는 Parent에만 D를 선언하면 Child에 같이 선언하는 효과가 있다. 수작업으로 복사한 경우 양쪽에 모두 추가해야 하니 번거롭다. 복사 후 수정에 비해 상속은 코드를 유지, 보수하기 쉽다.

상속은 부모의 모든 멤버를 물려받아 자식 클래스를 선언하는 기법이다. 개념적인 이해를 위해 복사 후 수정하는 방식과 비교하여 장단점을 살펴봤는데 단순히 몸 좀 편해 보자는 작전이 아니라 차원이 다른 기법이다. 상속에 의한 효과는 다음 세 가지가 있다.

❶ 기존의 클래스를 재활용한다.
❷ 공통되는 부분을 부모 클래스에 정의함으로써 코드의 관리 편의성을 높인다.
❸ 부모, 자식 간의 계층을 형성하여 객체 집합에 다형성을 부여한다.

상속 기법을 사용하면 재활용성이나 관리 효율성은 물론이고 클래스 계층에 의한 다형성이라는 고차원의 장점까지 추가로 누릴 수 있다.

2 상속

상속은 원본 클래스로부터 확장된 새로운 클래스를 정의하고 두 클래스의 관계를 형성한다. 상속하는 원본 클래스를 슈퍼 클래스라고 하며, 상속받아 새로 만들어지는 클래스를 서브 클래스라고 한다. 언어에 따라 상속 관계의 위아래 클래스를 칭하는 명칭이 다르다.

자바	다른 언어
슈퍼(Super)	기반(Base), 부모(Parent), 상위
서브(Sub)	파생(Derived), 자식(Child), 하위

자바 공식 문서는 슈퍼 클래스, 서브 클래스라는 용어를 사용하지만, 이 책에서는 가장 직관적인 부모, 자식이라는 용어를 대신 사용한다. 상속 구문은 다음과 같다.

```
class 자식 extends 부모 {
    추가 멤버
}
```

자식 클래스 이름 뒤에 extends 키워드를 쓰고 부모 클래스의 이름을 적는다. 부모 클래스를 확장하여 자식 클래스를 정의한다는 의미이다. 이 선언문에 의해 자식은 부모의 모든 멤버를 물려받는다. 다음 예제는 사람 클래스 Human으로부터 학생 클래스 Student를 상속한다.

```
class Human {
    int age;
    String name;

    Human(int age, String name) {
        this.age = age;
        this.name = name;
    }

    void intro() {
        System.out.println("안녕, " + age + "살 " + name + "입니다.");
    }
}

class Student extends Human {
    int stnum;
    String major;

    Student(int age, String name, int stnum, String major) {
        super(age, name);
        this.stnum = stnum;
        this.major = major;
    }

    void study() {
        System.out.println("하늘천 따지 검을현 누를황");
    }
}

class JavaTest {
    public static void main(String[] args) {
        Human kim = new Human(29, "김상형");
        kim.intro();
        Student lee = new Student(42, "이승우", 9312345, "경영");
        lee.intro();
        lee.study();
    }
}
```

실행 결과	안녕, 29살 김상형입니다. 안녕, 42살 이승우입니다. 하늘천 따지 검을현 누를황

Human 클래스는 나이 정보인 age, 이름 정보인 name 필드와 자신을 소개하는 intro() 메서드를 캡슐화하고 생성자는 두 개의 인수를 받아 필드를 초기화한다. 실세계의 사람은 더 복잡하지만 간결함을 위해 멤버수를 최소로 모델링했다.

학생은 사람이 가지는 모든 멤버를 가지며 여기에 학번과 전공 속성이 추가되고 공부하는 동작이 가능하다. 학생도 일종의 사람이므로 이름과 나이를 가지고 자기 소개를 할 수 있다. 그래서 Student 클래스는 처음부터 다시 만들 필요 없이 Human으로부터 상속받는다.

키워드 extends의 의미는 클래스를 확장한다는 뜻이며 부모의 모든 멤버를 복사하라는 지시 사항이다. Human의 모든 멤버가 Student로 복사되며 상속 후 더 필요한 멤버를 추가로 선언했다.

Student의 생성자는 네 개의 인수를 전달받아 그중 상속받은 두 개의 멤버는 Human의 생성자에게 넘겨 초기화를 위임한다. 부모의 생성자를 호출할 때는 키워드 super를 사용하며 상속받은 멤버를 먼저 초기화한 후 자신의 멤버를 초기화한다.

Human 타입의 객체 kim을 생성하고 소개해 보니 나이와 이름을 잘 출력한다. Student 타입의 객체 lee를 생성하여 소개해 보고 공부도 시켜 보았다. Student 클래스에는 나이와 이름이 선언되어 있지 않지만, lee는 상속받은 이름과 나이를 가지며 자기 소개도 멋지게 해낸다.

Student 클래스가 name, age를 직접 선언한 것은 아니지만, extends 구문에 의해 Human의 모든 멤버를 물려받기 때문에 lee가 자기 소개를 할 수 있다. extends Human 구문에 의해 Student는 age, name 필드와 intro 메서드를 그대로 물려받는다. 상속의 예를 하나 더 보자.

```
truck

class Car { .... }

class Truck extends Car {
    int ton;

    Truck(String name,int ton) {
        super(name, false);
```

```
            this.ton = ton;
    }

    void load() {
        System.out.println("짐을 싣는다.");
    }
}

class JavaTest {
    public static void main(String[] args) {
        Truck porter = new Truck("포터", 1);
        porter.run();
        porter.load();
    }
}
```

실행 결과	덜컹덜컹 짐을 싣는다.

이 예제는 일반적인 차를 상속하여 짐을 싣는 트럭을 정의한다. Truck은 Car로부터 상속받으며 최대
적재량인 ton 속성과 짐을 싣는 load 동작을 추가한다.

트럭은 이름이 있고, 달릴 수도 멈출 수도 있다. 트럭은 보통 경유를 사용하므로 생성자에서 gasoline
필드를 무조건 false로 초기화한다. main에서 Truck 객체 porter를 생성하고 짐을 잘 싣는지 테스트
해 보았다.

3 재상속

상속을 받은 자식 클래스로부터 새로운 클래스를 또 상속할 수 있다. 상속의 깊이에 제약이 없어 필요한
만큼 계속 클래스를 확장시켜 나가면 된다. 다음 예제는 Student 학생 클래스로부터 Graduate 대학
원생 클래스를 파생시킨다.

```
class Human { .... }
class Student extends Human { .... }

class Graduate extends Student {
    String thesis;

    Graduate(int age, String name, int stnum, String major, String thesis) {
        super(age, name, stnum, major);
        this.thesis = thesis;
    }

    void research() {
        System.out.println("궁시렁 궁시렁. 뭘 연구해야 떼돈을 벌까?");
    }
}

class JavaTest {
    public static void main(String[] args) {
        Graduate park = new Graduate(35, "박대희", 95001122, "전산", "웹 보안에 대한 연구");
        park.intro();
        park.study();
        park.research();
    }
}
```

실행 결과	안녕, 35살 박대희입니다. 하늘천 따지 검을현 누를황 궁시렁 궁시렁. 뭘 연구해야 떼돈을 벌까?

대학원생은 학부생에 비해 논문이라는 속성을 추가로 가지며 공부만 하는 것이 아니라 독창적인 연구도 수행한다. 그래서 Student로부터 상속받은 후 thesis 필드와 research 메서드를 추가했다.

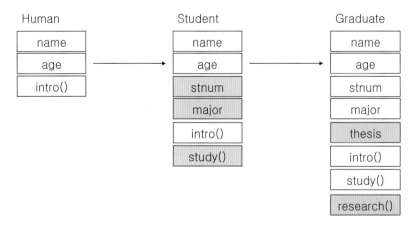

대학원생 객체 park을 생성한 후 메서드를 호출해 보았다. park은 Human과 Student로부터 상속받은 모든 필드를 가지며 intro, study 메서드가 있어 소개도 하고 공부도 한다. 물론 자신의 고유 필드도 있고 연구를 수행하는 research 메서드도 잘 동작한다. 대학원생으로부터 멤버를 더 추가하여 석사, 박사를 파생시킬 수도 있다. 클래스 상속 관계를 그려 보면 다음과 같다.

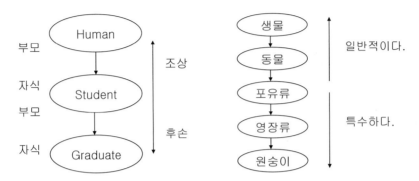

이 예에서 보다시피 클래스 간의 관계는 상대적이다. Student는 Human의 입장에서 보면 자식이지만 Graduate의 입장에서 보면 부모이다. Graduate에게 Human은 할아버지다. 상속 관계에서 더 위쪽에 있는 클래스를 통칭하여 조상이라고 하며 아래쪽에 있는 클래스를 통칭하여 후손이라고 한다. Human에게 Student와 Graduate는 모두 후손이다.

간단하게 이차 상속까지만 해 보았는데 수십 단계로 상속하는 경우가 허다하다. 오른쪽 그림은 동물의 상속 계층이며 아래로 내려올수록 멤버가 점점 늘어나 확장(extends)된다. 위쪽에 있는 클래스는 멤버 수가 적어 일반적이고 포괄적인 대상을 표현한다. 아래쪽으로 내려갈수록 더 많은 속성과 동작을 추가하여 특수해진다. 동물보다는 원숭이가 더 복잡한 존재이다.

4 멤버 초기화

부모는 모든 멤버를 자식에게 물려주지만, 예외적으로 생성자는 상속하지 않는다. 부모를 초기화하는 방법과 자식을 초기화하는 방법이 질적으로 달라 상속받아도 쓸 수 없다. 대신 자식 생성자에서 부모 생성자를 호출하여 상속받은 멤버를 초기화하도록 부탁한다.

자식 생성자에서 부모 생성자를 호출할 때는 super 키워드를 사용한다. 컴파일러는 super 호출 구문의 인수 목록을 보고 시그니처에 맞는 생성자를 호출한다. 앞 예제에서 대학원생 객체 park을 생성할 때 어떤 과정을 거쳐 park의 필드가 초기화되는지 내부 호출 과정을 들여다보자.

new 연산자가 Graduate의 생성자를 호출하며 다섯 개의 인수를 전달한다. Graduate는 super 키워드로 부모 클래스인 Student의 생성자를 호출하여 물려받은 네 개의 인수를 넘긴다. 원래 자기 것이 아니어서 직접 초기화하지 못하고 물려준 부모에게 위임한다.

Student의 생성자도 마찬가지로 Human의 생성자를 호출하여 물려받은 age, name 필드의 초기화를 부탁한다. Human은 전달받은 인수로 age, name 필드를 초기화하여 리턴한다. Student의 생성자는 부모 초기화 후 자신의 고유 필드인 stnum과 major를 초기화하고 리턴한다. Graduate는 자신의 고유 멤버인 thesis만 초기화하면 된다.

어차피 초기화에 필요한 모든 인수를 다 전달받았고 모든 멤버를 상속받았으니 굳이 super의 생성자를 호출할 필요 없이 직접 대입해도 될 것 같다. 위 예제의 Student 생성자에서 age와 name을 직접 대입해도 별문제없다.

```java
Student(int age, String name, int stnum, String major){
    this.age = age;
    this.name = name;
    this.stnum = stnum;
    this.major = major;
}
```

그러나 Human에 이미 작성되어 있는 코드가 중복되었고 차후 두 멤버에 대한 초기화 방법이 변경되면 두 곳을 수정해야 하는 번거로움이 있다. 물려받은 필드에 대한 초기화 방법은 부모가 잘 알고 있으니 직접 건드리는 것보다 애초의 소유자에게 넘기는 것이 합리적이다.

296

자식 클래스에서 부모의 생성자를 호출할 때는 반드시 첫 줄에서 호출해야 한다. 다음과 같이 자신의 멤버를 먼저 초기화하고 super를 나중에 호출하면 에러이다.

```
Student(int age, String name, int stnum, String major) {
    this.stnum = stnum;
    this.major = major;
    super(age, name);
}
```

자식은 부모에 의존적이어서 자식 필드는 부모 필드의 값에 따라 영향을 받을 수 있지만 반대는 성립하지 않는다. 부모는 자식과 상관없이 그 자체로 완벽한 클래스여서 먼저 초기화하는 것이 합당하며 그래서 super는 반드시 첫 줄에 와야 한다.

자식은 부모를 통해 물려받은 멤버를 초기화하되 부모의 생성자 중 어떤 것을 호출할 것인지 초기화 방법을 선택할 수는 있다. 부모의 생성자가 여러 개라면 자식은 필요에 따라 또는 보유한 정보에 따라 호출하고 싶은 생성자를 선택한다.

super

```
class Human {
    int age;
    String name;

    Human(int age, String name) {
        this.age = age;
        this.name = name;
    }

    Human(float birth, String name) {
        this(0, name);
        java.time.LocalDate now = java.time.LocalDate.now();
        this.age = now.getYear() - (int)birth + 1;
    }

    void intro() {
        System.out.println("안녕, " + age + "살 " + name + "입니다.");
    }
}

class Student extends Human {
    int stnum;
    String major;

    Student(int age, String name, int stnum, String major) {
        super(age, name);
        this.stnum = stnum;
        this.major = major;
```

```
        }

        Student(float birth, String name, int stnum, String major) {
            super(birth, name);
            this.stnum = stnum;
            this.major = major;
        }

        void study() {
            System.out.println("하늘천 따지 검을현 누를황");
        }
    }

    class JavaTest {
        public static void main(String[] args) {
            Student kim = new Student(39, "노정란", 9908123, "건축");
            kim.intro();
            Student bae = new Student(1989.10f, "백지영", 1125034, "간호");
            bae.intro();
        }
    }
```

실행 결과	안녕. 39살 노정란입니다. 안녕. 30살 백지영입니다.

사람의 나이를 표현할 때 24살 식으로 직접 알려줄 수도 있고, 1989년 10월생 식으로 생일을 알려줄 수도 있다. 초기화 방법의 개수만큼 생성자를 제공하는데 날짜는 원래 Date 개체로 표현하지만 번거로워 float 타입의 년.월 형태로 받았다. 좀 어색한 면이 있는데 int 타입은 오버로딩 조건이 성립하지 않아 쓸 수 없으며 꼭 쓰려면 String, int로 순서를 바꿀 수는 있다. 생일을 받는 생성자는 올해 년도에서 생년을 빼고 1을 더해 나이를 계산한다.

자식 클래스인 Student는 부모의 생성자 중 어떤 것을 호출할 것인지 선택한다. 첫 번째 인수가 float이면 날짜를 받는 Human 생성자를 호출하고, int이면 나이를 받는 Human 생성자를 호출한다. Student도 두 개의 생성자를 갖는데 각 생성자에서 super를 호출할 때 시그니처에 따라 대응되는 부모의 생성자를 결정한다.

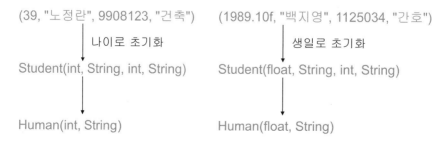

298

main에서 두 가지 방식으로 Student 객체를 생성했는데 인수 목록에 따라 호출되는 생성자 계열이 다르다. 인수 목록으로 객체의 생성자를 결정하고 호출하는 부모 생성자도 달라진다.

5 클래스 계층도

하나의 클래스로부터 파생되는 클래스의 개수에 제한이 없어 얼마든지 많은 자식 클래스를 파생시킬 수 있다. 사람에 학번이라는 속성과 공부하는 동작을 추가해 학생이 되었듯이 필요한 멤버를 추가하여 다른 클래스를 만들 수도 있다.

multisub

```
class Human { .... }
class Student extends Human { .... }

class Soldier extends Human {
    int milnum;

    Soldier(int age, String name, int milnum) {
        super(age, name);
        this.milnum = milnum;
    }

    void fight() {
        System.out.println("따콩 따콩. 앞으로 전진!!!");
    }
}

class Thief extends Human {
    String item;
    int star;

    Thief(int age, String name, String item, int star) {
        super(age, name);
        this.item = item;
        this.star = star;
    }

    void steal() {
        System.out.println("살금살금~~ 후다닥~~");
    }
}

class JavaTest {
    public static void main(String[] args) {
        Student lee = new Student(35, "이율곡", 150629, "주자학");
```

```
        lee.study();

        Soldier kang = new Soldier(45, "강감찬", 12345);
        kang.fight();

        Thief hong = new Thief(15, "홍길동", "부자집", 2);
        hong.steal();
    }
}
```

실행 결과	하늘천 따지 검을현 누를황 따콩 따콩. 앞으로 전진!!! 살금살금~~ 후다닥~~

이 예제는 사람으로부터 학생, 군인, 도둑놈을 파생시킨다. 군인과 도둑놈도 이름과 나이가 있는 사람의 일종이다. 군인은 군번 속성을 가지며 전투하는 능력이 있다. 도둑은 자주 훔치는 전문 종목과 교도소에 드나든 전력이 있으며 물건을 훔치는 기술을 보유한다. 사람 클래스에 이런 멤버를 추가하여 세 개의 자식 클래스를 파생시켰으며 main에서 객체를 하나씩 만들어 보았다.

학생은 책을 읽고 군인은 싸우며 도둑은 훔치다가 발각되면 도망간다. 이런 식으로 경찰, 정치인, 주부, 거지 등 모든 종류의 인간을 파생시킬 수 있다. 위 예제의 클래스 계층도는 다음과 같다. 학생, 군인, 도둑은 인간이라는 공동 조상으로부터 파생되며 일부 같은 속성을 공유하는 형제 관계이다.

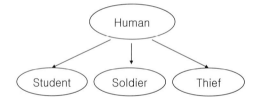

상속의 개수나 깊이에 제한이 없어 클래스 계층이 엄청나게 복잡해질 수 있다. 하나의 클래스로부터 가지를 뻗어 나가다 보면 나무 모양의 관계가 형성되는데 이런 상속 관계를 그린 것을 클래스 계층도라고 한다. 생물로부터 시작하는 가상의 클래스 계층도를 그려 보자.

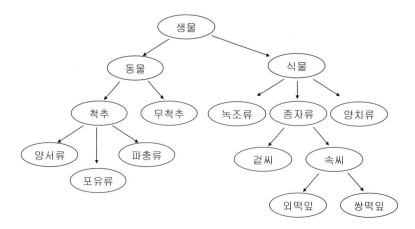

계층도의 제일 위에 있는 클래스를 루트(root)라고 하며 모든 클래스에 공통적인 멤버를 가진다. 생물의 경우 세포, 호흡한다, 번식한다와 같은 가장 일반적인 멤버를 가진다. 점점 더 많은 속성과 동작이 추가되어 하위 클래스를 파생하며 아래로 내려갈수록 더 특수하고 구체적인 클래스가 된다.

실제 상용 라이브러리의 클래스 계층도는 상상을 초월할 정도로 복잡하다. 다음은 MFC라는 클래스 라이브러리의 계층도이다. 자주 쓰는 것만 간략히 요약한 것이며 실제로는 훨씬 더 방대하다.

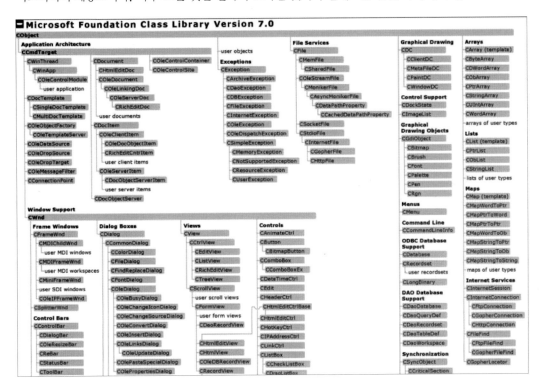

이런 계층을 정확하고 빠르게 이해하려면 위쪽의 부모 클래스부터 순서대로 학습해야 한다. 부모를 잘 이해하면 파생 클래스를 공부하는 것은 식은 죽 먹기이고, 계층을 잘 파악해 두어야 원하는 속성과 동작을 잽싸게 검색하여 활용할 수 있다.

11-2 멤버 재정의

1 재정의

자식은 부모의 모든 속성을 물려받아 비슷한 특성을 보이며, 모든 동작을 물려받기 때문에 부모가 하는 것은 다 할 수 있다. 학생, 도둑, 군인은 모두 사람의 종류로 이름과 나이가 있고 자기를 소개하는 능력이 있다. 부모의 모든 멤버를 상속받는 것이 자연스러우며 원하는 것만 선택적으로 상속받지 않는다.

그러나 자식은 부모와 정확히 같지 않아 약간 다르게 동작하기도 한다. 동작 자체는 상속받지만 동작하는 방식이 약간 다를 수 있다. 이럴 때는 부모로부터 상속받은 메서드를 다시 작성하여 수정한다. 자식이 부모의 메서드를 수정하는 것을 메서드 재정의(Overriding)라고 한다.

override

```
class Human { .... }

class Student extends Human {
    int stnum;
    String major;

    Student(int age, String name, int stnum, String major) {
        super(age, name);
        this.stnum = stnum;
        this.major = major;
    }

    void intro() {
        System.out.println(major + "학과 " + stnum + "학번 " + name + "입니다.");
    }

    void study() {
        System.out.println("하늘천 따지 검을현 누를황");
    }
}

class JavaTest {
    public static void main(String[] args) {
        Human kim = new Human(29, "김상형");
        kim.intro();
        Student lee = new Student(42, "이승우", 9312345, "경영");
```

```
        lee.intro();
    }
}
```

사람은 이름, 나이 정도의 정보밖에 없어 '몇 살 아무개' 식으로 자기를 소개한다. 그러나 학생은 학번과 전공이라는 추가 정보가 있어 더 자세히 소개할 수 있다. Student는 부모와 다른 방식으로 동작하기 위해 상속받은 intro 메서드를 다시 정의하여 자신의 학과와 학번, 이름을 출력한다.

intro 메서드는 Human에도 있고 Student에도 있다. 자식이 부모의 메서드와 같은 이름으로 메서드를 다시 정의하면 자식 객체에 대해서는 재정의한 메서드를 호출한다. main에서 Human 객체 kim과 Student 객체 lee를 생성하고 각 객체에 대해 intro 메서드를 호출했는데 두 객체가 출력하는 내용이 다르다.

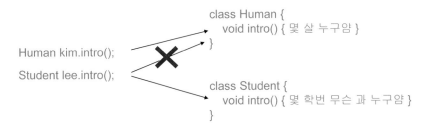

Human 타입의 kim 객체는 당연히 Human의 intro를 호출한다. Student가 intro 메서드를 재정의하지 않았다면 lee 객체도 부모의 intro 메서드를 호출한다. 그러나 Student는 별도의 intro 메서드를 재정의하여 자신이 정의한 intro를 호출한다. 군인이나 도둑도 소개하는 방법이 독특하며 이럴 경우도 Soldier, Thief 클래스에 intro 메서드를 각각의 방법으로 재정의한다.

부모와 동작이 조금이라도 다르다면 어떤 메서드든 재정의할 수 있다. 대학원생의 공부하는 방법이 학부생과 다르다면 study 메서드를 재정의하면 된다. 자식이 부모의 메서드를 재정의하면 이 메서드는 숨겨지는데 정 부모의 메서드를 호출하려면 super 키워드를 사용한다. 예를 들어 Student의 intro에서 나이와 이름을 먼저 밝힌 후 학번과 학과를 출력하려면 다음과 같이 한다.

```
void intro() {
    super.intro();
    System.out.println(major + "학과 " + stnum + "학번 " + name + "입니다.");
}
```

super.intro()는 부모의 intro를 의미하며 구체적으로 Human의 intro이다. 부모의 intro 메서드를 먼저 호출하여 이름과 나이를 출력한 후 자신의 코드를 실행하여 학과와 학번을 연이어 출력한다. 자식의 동작이 부모와 완전히 다르지 않고 부모의 동작을 포함한다면 부모의 메서드를 호출한 후 추가 동작을 처리하는 식이다. 생성자와 달리 super.intro()를 나중에 호출해도 상관없다.

```
void intro() {
    System.out.println(major + "학과 " + stnum + "학번 " + name + "입니다.");
    super.intro();
}
```

자신의 동작을 먼저 실행하고 부모의 메서드를 호출했다. 재정의에 의해 부모의 메서드는 가려지지만 super 키워드를 통해 필요할 때 언제든지 호출할 수는 있다.

2 재정의 조건

재정의는 부모가 이미 정의한 메서드의 동작을 자식 클래스에 맞게 다시 정의하여 수정하는 것이다. 똑같은 메서드를 다시 만드는 것이라 굉장히 간단하지만, 재정의하는 데도 몇 가지 상식적인 조건이 있다.

❶ 부모의 메서드와 같은 시그니처로 자식의 메서드를 정의한다. 메서드 이름이 같아야 하며 인수 목록도 완전히 일치해야 한다. 부모의 intro 메서드를 다음과 같이 재정의해서는 안 된다.

```
void intro(String hello)
void Intro()
```

인수 목록이 다르거나 대소문자 구성이 일치하지 않으면 재정의가 아니라 별도의 메서드를 추가한 것이다. 에러는 발생하지 않지만, 재정의가 아니어서 자식 클래스의 동작은 수정되지 않는다.

❷ 오버로딩과 달리 재정의는 리턴 타입도 완전히 일치해야 한다. 리턴 타입이 다르면 호출 후의 처리가 달라 일관성이 없어진다.

```
int intro()
```

intro 메서드가 int 타입을 리턴한다면 내부에 return 문이 있어야 하고 이 메서드를 호출하는 곳에서 정숫값을 대입 받으려 할 것이다. 상속 계층의 메서드는 리턴 타입까지 완전히 일치해야 사용하는 코드도 일관되게 적용할 수 있다.

❸ 액세스 지정자는 보통 그대로 유지하여 재정의한다. 꼭 원한다면 변경할 수 있되 더 공개하는 쪽만 가능하며 공개 범위를 좁힐 수는 없다. 다음 코드는 에러이다.

```
class Human {
    void intro() { }
}
```

```
class Student extends Human {
    private void intro() { }
}
```

부모가 intro 메서드를 디폴트 액세스 지정자로 정의하여 같은 패키지 내에서 공개했다. 이 상태에서 자식이 이 메서드를 혼자만 쓰겠다고 private로 바꿔서는 안 된다. 조상이 이 정도 범위는 공개하겠다고 결심했다면 후손은 최소한 그 범위 이상은 공개해야 한다.

이런 규칙이 있는 이유는 다형성 때문이다. 부모 타입의 변수로 호출 가능한 메서드는 자식 객체에서도 언제나 호출 가능해야 한다. 즉, 부모가 공개한 것을 자식이 숨기는 것은 안 된다. 반대의 경우는 성립하지 않아 부모가 숨겨 놓은 메서드를 자식이 공개하는 것은 가능하다. 타입 캐스팅과 연관된 어려운 얘기여서 다형성까지 알아본 후 다시 연구해 보자.

❹ 부모의 메서드가 지정한 예외는 재정의한 메서드도 똑같이 지정해야 한다. 또는 재정의한 메서드가 부모의 메서드보다 더 좁은 범위의 예외만 던져야 한다. 이 규칙은 예외를 배운 후에 다시 살펴보자.

요약하자면 재정의할 때는 메서드 이름, 인수 목록, 액세스 지정자, 예외 목록 등을 정확하게 맞추어야 한다. 사소한 오타 하나로도 완전히 다른 효과가 나타날 수 있어 어렵다기보다는 귀찮은 면이 있다. 부모의 메서드 선언문을 그대로 복사해 오거나 아니면 개발툴의 도움을 받는 것이 좋은데 팝업 메뉴에서 [Source] − [Override/Implement Methods...] 항목을 선택한다.

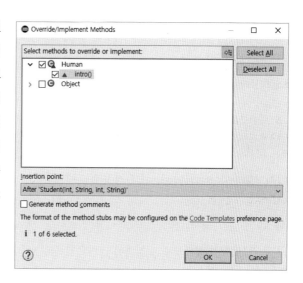

부모 클래스의 목록과 재정의 대상 메서드 목록이 나타난다. 이 중 원하는 메서드를 선택한 후 [OK] 버튼을 클릭하면 기본 뼈대를 만들어 준다.

```
@Override
void intro() {
    // TODO Auto-generated method stub
    super.intro();
}
```

부모의 메서드와 똑같은 원형으로 메서드를 작성하고 실수 방지를 위한 애노테이션까지 붙여 준다.

@Override는 재정의한 메서드임을 분명히 하고 시그니처가 일치하는지 감시해 준다. 메서드 본체의 주석을 지우고 원하는 코드를 작성하면 된다.

3 상속 금지

필드에 final 지정자를 붙이면 실행 중에 변경할 수 없는 상수가 된다. 클래스와 메서드에도 final 지정자를 붙일 수 있는데 의미는 비슷하다.

- final 클래스: 상속을 허락하지 않는다. 이대로만 사용해야 한다.
- final 메서드: 재정의를 허락하지 않는다. 부모의 메서드를 그대로 사용해야 한다.

클래스와 메서드에 대해서는 각각 상속과 재정의를 금지한다. 마지막이라는 사전적 의미대로 더 이상 수정하지 말라는 뜻이다. 다음 두 코드는 모두 에러이다.

```
final class Parent {                    class Parent {
    int field;                              int field;
    void method() { }                       final void method() { }
}                                       }

class Child extends Parent {            class Child extends Parent {
                                            void method() { }
}                                       }
```

왼쪽 코드는 Parent에 final 지정자가 붙어 있어 이 클래스로부터 Child를 파생시킬 수 없다. final 지정자를 없애면 물론 아무 이상 없이 상속된다. 오른쪽 코드는 method에 final 지정자가 붙어 있어 자식은 부모의 메서드를 상속받아 사용할 수 있을 뿐 재정의하여 수정할 수 없다. final 지정자를 없애거나 Child에서 메서드를 재정의하지 않으면 정상적으로 컴파일된다.

굳이 이런 문법까지 동원해가며 강력하게 수정을 금지하는 이유는 안전성과 보안성을 확보하기 위해서이다. 부모의 기능을 마음대로 뜯어 고쳐서는 안 되는 경우가 있고 굳이 그럴 필요 없는 경우도 있다.

Math 클래스가 대표적인 final인데 수학 함수의 의미나 동작은 고정적이어서 상속받을 필요가 전혀 없다. 제곱근이나 삼각 함수의 정의는 만고불변의 진리여서 수정할 경우가 없고 수정해서도 안 된다. String 클래스도 기능이 워낙 안정적이어서 final로 선언하여 더 이상 확장할 수 없도록 되어 있다. 이런 기본 클래스의 동작이 바뀌거나 변형되면 일관성이 훼손된다.

금융이나 보안 분야는 핵심 클래스를 임의로 뜯어 고칠 수 없도록 방어해야 한다. 돈을 관리하는 클래스를 아무나 상속받아 기능을 추가하거나 수정하도록 방치하면 심각한 문제가 발생한다. 이런 민감한 클래스는 애초에 작성할 때부터 더 이상 건드리지 못하도록 아예 자물쇠를 꽁꽁 채워 버려야 한다. 그게 바로 final이다.

4 상속과 포함

상속으로 형성된 부모 자식 관계를 IS A 관계라고 표현하는데 군이 번역하자면 '일종의'라는 뜻이다. 이런 이름이 붙은 이유는 클래스 간의 관계를 영어로 다음과 같이 표현하기 때문이다.

Student is a Human.
Graduate is a Student.
Truck is a Car.

학생은 일종의 사람이며 사람이 할 수 있는 모든 동작을 할 수 있다. 학생은 사람이 가진 나이와 이름 정보가 있고 소개도 가능하다. 마찬가지로 트럭은 일종의 차이며 차의 모든 기능을 물려받는다. 부모의 기능을 모두 상속받은 후 추가 기능을 정의하므로 자식은 최소한 부모의 기능은 가능한 셈이다. 지금까지의 예제에서 상속 관계의 모든 클래스는 IS A 관계이다.

상속 외에도 클래스를 재활용하는 방법이 있는데 바로 포함이다. 포함(Containment)은 한 클래스의 객체를 다른 클래스의 멤버로 선언하여 객체끼리 중첩하는 기법이다. 필드의 타입에 제한이 없어 객체도 다른 클래스의 필드가 될 수 있다. 클래스가 객체를 소유한다고 해서 HAS A 관계라고 한다. 다음 예제는 Human이 Notebook 객체를 포함한다.

contain

```java
class Notebook {
    final String CPU;
    int memory;
    int storage;

    Notebook(String CPU, int memory, int storage) {
        this.CPU = CPU;
        this.memory = memory;
        this.storage = storage;
    }

    void printSpec() {
        System.out.print("CPU = " + CPU);
        System.out.print(" ,Memory = " + memory);
        System.out.println(" ,Storage = " + storage);
    }
}

class Human {
    int age;
    String name;
    Notebook book;

    Human(int age, String name, String CPU, int memory, int storage) {
```

```
            book = new Notebook(CPU, memory, storage);
            this.age = age;
            this.name = name;
        }

    void intro() {
        System.out.println("안녕, " + age + "살 " + name + "입니다.");
        System.out.print("나의 노트북 : ");
        book.printSpec();
    }
}

class JavaTest {
    public static void main(String[] args) {
        Human kim = new Human(29, "김상형", "i7 Core", 8, 2000);
        kim.intro();
    }
}
```

실행 결과	안녕, 29살 김상형입니다. 나의 노트북 : CPU = i7 Core ,Memory = 8 ,Storage = 2000

Human 클래스에 Notebook 타입의 book 객체를 필드로 선언했다. Human의 생성자는 new 연산자로 book 객체를 생성하며 intro 메서드는 book의 printSpec 메서드를 호출하여 노트북 정보를 출력한다. main에서 Human 객체 kim을 생성하여 소개하면 노트북 정보까지 출력한다.

사람이 노트북 객체 book을 소유한 상태이며 노트북이 사람에 소속되어 있는 이런 관계를 포함이라고 부른다. 포함 기법으로 Notebook 객체를 Human 클래스의 부품으로 활용한 예이다. 상속과 포함은 어느 정도 대체 가능해서 이 예제를 상속 기법으로 만들 수도 있다. Human 클래스를 다음과 같이 수정해 보자.

contain2

```
....
class Human extends Notebook {
    int age;
    String name;

    Human(int age, String name, String CPU, int memory, int storage) {
        super(CPU, memory, storage);
        this.age = age;
        this.name = name;
    }

    void intro() {
        System.out.println("안녕, " + age + "살 " + name + "입니다.");
        System.out.print("나의 노트북 : ");
```

```
        printSpec();
    }
}
....
```

Notebook으로부터 Human을 상속받으면 노트북을 구성하는 모든 멤버가 Human에도 선언된다. Human의 생성자에서 super 구문으로 노트북의 생성자를 호출하여 관련 필드를 초기화하며 intro 메서드는 상속받은 printSpec 메서드를 호출하여 노트북 정보를 출력한다.

상속 기법으로도 Human이 노트북의 관련 정보를 모두 가질 수 있어 동작은 이상 없으며 앞 예제와 실행 결과는 같다. 두 예제에서 Human 객체 kim이 내부적으로 어떻게 생성되는지 분석해 보자. 포함되는 멤버의 목록은 같지만 구조가 다르다.

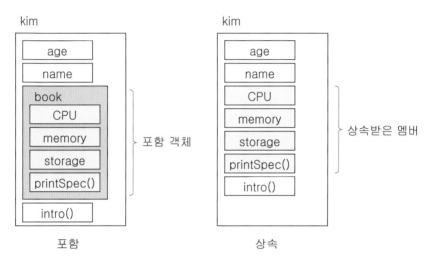

포함은 사람이 노트북을 book 필드로 소유하며 book을 통해 노트북의 멤버에 액세스한다. 정보 재사용이라는 목적은 달성했지만, 중첩 객체의 필드를 직접 액세스하지 못하고 book.printSpec() 식으로 한 단계 더 거쳐야 한다. 또한 상속 계층에 의한 다형성의 이점이 없다. 상속 기법은 사람이 노트북의 멤버를 물려받아 소유하며 마치 원래 자신의 것인 양 사용한다.

어떤 기법을 사용하나 Human에서 Notebook 객체를 재활용하는 것은 마찬가지이다. 그러나 이 경우는 포함이 자연스러우며 상속은 부자연스럽다. 사람이 노트북을 소유하는 관계이지 사람이 일종의 노트북은 아니다. 다음 영어 문장 중 어떤 것이 이 두 클래스의 관계에 적합한지 생각해 보자.

```
Human is a notebook.
Human has a notebook.
```

사람과 노트북의 관계는 HAS A 관계이며 따라서 상속보다는 포함이 더 어울린다. 상속이 부적합한 이유는 현실의 사람은 노트북을 업무용, 게임용으로 두 대 이상 가질 수도 있기 때문이다. 포함은 멤버 개수에 제한이 없어 이런 상황을 자연스럽게 모델링할 수 있다.

```
class Human {
    Notebook workbook;
    Notebook gamebook;
```

그러나 상속 기법은 같은 클래스를 두 번 상속할 수 없어 이 상황을 표현할 수 없다. 사람이 노트북을 두 개 갖는(HAS) 것은 가능하지만, 사람이 두 번 노트북이 되지(IS)는 못한다. 클래스의 관계를 잘 분석해 보고 IS A 관계인지 HAS A 관계인지 잘 파악해야 한다. 관계를 잘못 설정하면 부자연스러워 차후 다형성을 발휘할 수 없는 논리적인 문제가 발생한다.

포함과 상속이 서로 대체성이 있는 관계이므로 앞에서 만들었던 상속 예제도 포함으로 구현 가능하다. 두 기법을 명확히 비교해 보기 위해 좀 억지스럽지만 Student가 Human을 포함하는 예제를 만들어 보자.

containhuman

```
class Human { .... }

class Student {
    Human human;
    int stnum;
    String major;

    Student(int age, String name, int stnum, String major) {
        human = new Human(age, name);
        this.stnum = stnum;
        this.major = major;
    }

    void intro() {
        System.out.println(major + "학과 " + stnum + "학번 " + human.name + "입니다.");
    }

    void study() {
        System.out.println("하늘천 따지 검을현 누를황");
    }
}

class JavaTest {
    public static void main(String[] args) {
        Student lee = new Student(42, "이승우", 9312345, "경영");
        lee.intro();
    }
}
```

실행 결과	경영학과 9312345학번 이승우입니다.

Student 클래스가 Human을 상속받는 대신 Human 타입의 객체 human 필드를 포함하고 생성자에서 human 객체를 초기화한다. 이렇게 해도 Student는 human 필드를 통해 age, name 필드를 읽을 수 있고 intro 메서드를 호출할 수 있다. Student 자체에는 name 필드가 없지만 name 필드를 가진 human 객체를 소유하고 있어 이름 정보가 있는 셈이며 intro 메서드에서 human.name으로 이름 필드를 읽어 출력했다.

어쨌건 간에 Student에서 Human 클래스의 정보를 재활용했지만, 이 경우는 다소 억지스럽고 부자연스럽다. 사람의 신상 정보가 학생에게 소속된다(HAS A)기 보다는 학생이 일종의 사람인 관계(IS A)이기 때문이다. Student is a Human이라는 표현이 자연스러우므로 사람과 학생은 상속 관계로 구현하는 것이 논리상 합당하다.

연습문제

01 상속의 효과가 아닌 것은?

① 기존의 클래스를 재활용한다.

② 공통부분을 부모 클래스에 정의하여 관리 편의성을 높인다.

③ 관계를 형성하여 다형성을 부여한다.

④ 하나의 클래스로부터 여러 개의 객체를 쉽게 생성할 수 있다.

02 부모로부터 자식 클래스를 파생하여 선언 할 때는 ( ) 키워드를 사용한다.

03 자바 상속의 특징이 아닌 것은?

① 하나의 클래스로부터 얼마든지 많은 클래스를 파생시킬 수 있다.

② 여러 개의 클래스로부터 하나의 클래스를 파생시킬 수 있다.

③ 상속받은 클래스로부터 또 다른 클래스를 파생시킬 수 있다.

④ 상속을 계속할수록 멤버수가 점점 늘어난다.

04 자식의 생성자에서 부모의 생성자를 호출 할 때는 ( ) 키워드를 사용한다.

05 메서드 재정의 조건으로 옳지 않은 것은?

① 인수의 개수와 타입이 일치해야 한다.

② 메서드의 이름도 일치해야 한다.

③ 리턴 타입은 달라도 상관없다.

④ 액세스 지정자는 더 공개하는 것만 가능하다.

06 대상에 따른 final 지정자의 효과로 옳지 않은 것은?

① 필드: 더 이상 변경할 수 없다.

② 메서드: 재정의할 수 없다.

③ 클래스: 상속할 수 없다.

④ 생성자: 외부에서 호출할 수 없다.

07 상속에 의한 부모 자식 관계를 IS A 관계라고 하며 ( )에 의해 객체를 다른 클래스에 중첩한 관계를 HAS A 관계라고 한다.

12

_ 다형성

Java

12-1 다형성

1 객체의 참조

참조형 변수는 값을 직접 가지지 않고 객체가 저장된 힙의 위치를 갖는다. Human 타입의 kim 변수를 선언하고 Human 객체를 생성하여 대입했을 때 메모리 모양은 다음과 같다. 힙에는 age, name 필드가 할당되어 실제 객체가 생성되며 스택의 kim 변수는 객체의 위치를 가리킨다.

이때 kim 변수의 선언 타입과 힙에 생성되어 있는 실제 객체의 타입 간 관계를 연구해 보자. 은근히 복잡한데 이 관계에 대한 확고한 이해가 객체지향의 꽃인 다형성의 기초이므로 정신을 집중해서 연구해 봐야 한다. 다음 예제는 연구를 위한 간단한 클래스 계층을 형성한다.

animal   실행 결과

```
class Animal {
    void move() { System.out.println("왔다리 갔다리"); }
}

class Dog extends Animal {
    void bark() { System.out.println("멍멍"); }
}

class Dove extends Animal {
    void fly() { System.out.println("퍼득 퍼득"); }
}

class JavaTest {
    public static void main(String[] args) {
        // 좌우의 타입이 맞는 경우
        Animal animal = new Animal();
        animal.move();
```

```
왔다리 갔다리
왔다리 갔다리
```

```
        // 부모 타입에 자식 객체 대입
        Animal dog = new Dog();
        dog.move();
        // dog.bark();

        // 자식 타입에 부모 객체 대입
        // Dove dove = new Animal();
        // dove.fly();
    }
}
```

직관적인 계층 파악을 위해 메서드로만 구성했다. 동물은 스스로 이동 가능하니 Animal 클래스는 move 메서드를 가진다. 이동하는 기본 동작 외에 개는 짖는 동작이 가능하며, 비둘기는 날아다닐 수 있다. Animal로부터 Dog와 Dove를 파생하여 bark와 fly 메서드를 추가했다.

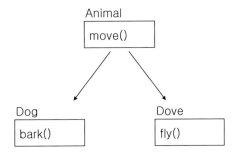

이 클래스 계층으로 객체 변수와 실제 객체 간의 관계를 연구해 보자. 다음 대입문은 모두 지극히 상식적이며 아무 이상 없이 잘 실행된다.

```
Animal animal = new Animal();
Dog dog = new Dog();
Dove dove = new Dove();
```

Animal 타입의 animal 변수를 선언하고 new 연산자로 Animal 타입의 객체를 생성하여 대입했다. 좌우변의 타입이 일치하니 아무 문제가 없다. 아래의 두 줄도 마찬가지로 좌우변의 타입이 일치한다.

이렇게 생성된 animal 객체로 move 메서드를 호출하면 잘 움직인다. 이처럼 변수와 실제 객체의 타입이 일치하는 것이 정상적이다. 그러나 클래스 간의 관계는 이보다 복잡해서 다음과 같은 중요한 규칙이 적용된다.

규칙 1. 부모 타입의 참조 변수는 자식 객체를 가리킬 수 있다

좌우의 타입이 달라도 상속 관계에 있는 부모 타입 변수로 자식 객체를 가리키는 것은 허용한다. 왜냐하면 부모, 자식은 IS A 관계여서 자식은 부모가 할 수 있는 모든 동작을 할 수 있기 때문이다. 이런 이유로 main의 다음 코드는 정상적으로 컴파일된다.

```
Animal dog = new Dog();
dog.move();
// dog.bark();
```

여기서부터 슬슬 헷갈리므로 대입문의 좌우변 타입을 주의 깊게 살펴보자. dog는 Animal 타입으로 선언되었지만 Dog 타입의 객체를 대입 받았다.

좌우변의 타입이 다르지만 부모가 자식을 가리킬 수 있다는 규칙에 의해 이 대입문은 적법한 문장으로 컴파일된다. dog는 Animal로 선언되었지만, new Dog()로 생성된 객체는 자식이므로 대입 가능하다. 변수와 객체의 타입이 다를 경우 다음 규칙이 적용된다.

규칙 2. 호출 가능한 메서드는 참조 변수의 타입을 따른다

실제 가리키는 객체는 중요하지 않고 변수가 선언된 타입에 따라 호출 가능한 메서드를 결정한다. 위 예에서 dog는 실제로는 Dog 객체를 가리키지만, Animal 타입이어서 Animal 클래스에 선언된 move를 호출할 수 있다. 개는 일종의 동물이니 당연히 이동 가능하다.

그러나 dog 변수로는 Dog의 메서드인 bark를 호출할 수 없다. 실제로는 Dog 객체를 가리키고 있지만, Animal 타입으로 선언되어 컴파일러가 보기에는 개가 아니라 동물이다. 따라서 Animal 타입의 dog로는 Dog의 메서드인 bark를 호출할 수 없으며 주석 처리되어 있다. 물론 dog가 Dog 타입으로 선언되었다면 bark도 호출할 수 있다.

Animal 타입으로 선언된 dog 변수로는 Animal 클래스에 선언된 메서드만 호출할 수 있으며 동물이 할 수 있는 동작만 가능하다. 그래서 Animal 타입의 변수로 Animal 파생 클래스의 객체를 대입 받는 것은 항상 안전하다. 개든 비둘기든 일종의 동물이며 언제나 이동 가능하므로 Animal 타입의 변수가 자식 객체를 대입 받아도 문제가 없다.

다음은 반대의 경우를 보자. main의 끝에서 Dove 타입의 변수 dove를 선언하고 Animal 타입의 객체를 생성하여 대입하였다. 자식 타입의 변수가 부모 타입의 객체를 가리키도록 한 것인데 이는 문법이 허락하지 않는다.

```
// Dove dove = new Animal();
// dove.fly();
```

이 대입을 허락한다면 dove 변수로 fly 메서드를 호출할 수 있는데 모든 동물이 다 날 수 있는 것은 아니다. dove.fly() 구문 자체는 에러가 아니지만, dove 변수가 실제 가리키는 객체는 Animal이어서 날 수 없으며 실행 중에 논리적 오류가 발생한다. 자식이 할 수 있는 모든 것을 부모는 다 할 수 없기 때문에 자식 타입의 변수로 부모 객체를 가리키는 것은 허용하지 않는다.

간단한 클래스 계층을 통해 연구해 봤는데 그래도 헷갈린다. 다음 구문을 일단 외워 두고 실습을 계속 진행해 보자. **부모 타입의 변수로 자식 객체를 가리킬 수 있으며 이 경우 변수의 선언 타입에 맞는 메서드만 호출할 수 있다.**

2 객체 캐스팅

캐스트 연산자는 변수의 타입을 임시로 변경한다. 객체도 캐스트 연산자로 타입을 바꿀 수 있되 아무 상관없는 객체끼리 변경할 수는 없고 상속 관계에 있을 때만 캐스팅할 수 있다. 부모 객체를 자식 타입으로 바꾸거나 반대의 경우가 이에 해당한다. 객체 간의 캐스팅은 방향에 따라 다음 두 가지가 있다.

- **업 캐스팅**: 자식 타입 객체를 부모 타입으로 변경한다. 항상 안전하다.
- **다운 캐스팅**: 부모 타입 객체를 자식 타입으로 변경한다. 위험할 수 있다.

클래스 계층도는 보통 부모를 더 위에 그리며 개념적으로 선조를 더 위쪽으로 생각한다. 그래서 조상 타입으로 변환하는 것을 업 캐스팅, 후손 타입으로 변환하는 것을 다운 캐스팅이라고 한다.

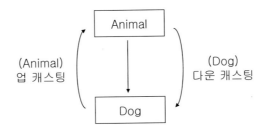

캐스팅 방향에 따라 안전성의 차이가 있는데 다음 예제로 연구해 보자. 컴파일되지 않는 코드는 주석 처리하였다.

```
animal2
```
```
class Animal {
    void move() { System.out.println("왔다리 갔다리"); }
```

```
    }

class Dog extends Animal {
    void bark() { System.out.println("멍멍"); }
}

class Dove extends Animal {
    void fly() { System.out.println("퍼득 퍼득"); }
}

class JavaTest {
    public static void main(String[] args) {
        Animal animal = new Animal();
        Dog dog = new Dog();

        // 업 캐스팅
        Animal up = (Animal)dog;
        up.move();
        // up.bark();

        // 다운 캐스팅
        Dog down = (Dog)animal;
        down.move();
        down.bark();
    }
}
```

<table>
<tr><td>실행
결과</td><td>왔다리 갔다리
Exception in thread "main" java.lang.ClassCastException: Animal cannot be cast to Dog
        at JavaTest.main(JavaTest.java:25)</td></tr>
</table>

동물 객체 animal과 개 객체 dog를 생성해 두었다. 이 상태에서 Animal 타입의 변수 up에 dog를 대입하되 좌우변의 타입이 맞지 않아 dog를 부모 타입인 Animal로 캐스팅했다. 개를 부모 타입인 동물로 바꾸었으니 업 캐스팅이다.

up의 선언 타입이 Animal이므로 이 변수로는 move만 호출할 수 있다. 현재 개를 가리키고 있는데 개는 당연히 이동할 수 있으니 문제 될 게 없다. 그러나 실제 개를 가리키고 있더라도 선언 타입이 Animal이어서 bark는 호출할 수 없다. 이 구문의 주석을 풀면 컴파일 에러로 처리된다.

불가능한 동작은 컴파일 단계에서 에러 처리되며 가능한 동작만 허가하므로 업 캐스팅은 언제나 안전하다. 개는 일종의 동물이며 동물이 할 수 있는 것은 다 할 수 있어 동물 타입의 변수에 대입해도 항상 안전하다. 그래서 업 캐스팅은 캐스트 연산자를 생략하고 바로 대입할 수 있다.

```
Animal up = dog;
```

대입 후에 up 변수로 무슨 짓을 하더라도 문제될 것이 없어 컴파일러는 암시적 변환을 허용한다. 그래서 업 캐스팅은 캐스트 연산자를 굳이 쓸 필요가 없으며 부모 타입의 변수로 자식 객체를 가리킬 수 있다.

다음은 다운 캐스팅을 보자. Dog 타입의 변수 down에 동물 객체 animal을 대입하되 좌우 타입이 달라 Dog로 강제 캐스팅했다. 상속 관계이므로 문법적으로 캐스팅은 가능하지만 굉장히 위험하다. animal은 동물이므로 이동할 수는 있지만 개가 아니어서 짖을 수는 없다. 따라서 animal 객체로 bark 메서드를 호출할 수 없다.

그럼에도 불구하고 컴파일러는 대입문과 bark 메서드 호출문을 정상으로 컴파일한다. 왜냐하면 down이 Dog 타입이므로 bark를 호출할 수 있다고 생각하기 때문이다. 하지만 animal 객체에는 bark 메서드가 없어 다운 캐스팅에서 예외가 발생한다.

정확한 예외 발생 위치는 자바의 버전이나 컴파일 옵션에 따라 약간씩 달라질 수 있다. 중요한 것은 강제적인 다운 캐스팅에 의해 컴파일 중에 이상을 미리 발견하지 못했다는 점이다. 문법만 따지면 이상 없는 코드이지만 실행 중에 문제가 발생하기 때문에 위험하다.

3 instanceof

때로는 위험하고 심지어 프로그램을 먹통으로 만들어 버릴 수도 있는 다운 캐스팅을 허가하는 이유는 뭘까? 위험하더라도 문법이 지원하는 이유는 꼭 필요한 경우가 있기 때문이다. 다형성을 실현하기 위해 대표 타입을 사용하는 경우가 많고 조건만 맞추면 안전하게 사용할 수도 있다. 다음 예제를 보자.

instanceof | **실행 결과**

```
class Animal {
    void move() { System.out.println("왔다리 갔다리"); }
}

class Dog extends Animal {
    void bark() { System.out.println("멍멍멍"); }
}

class Dove extends Animal {
    void fly() { System.out.println("퍼득 퍼득"); }
}

class JavaTest {
    public static void main(String[] args) {
        Dog happy = new Dog();
        testAnimal(happy);
    }

    static void testAnimal(Animal animal) {
        Dog mydog = (Dog)animal;
        mydog.move();
        mydog.bark();
    }
}
```

실행 결과:
```
왔다리 갔다리
멍멍멍
```

예제의 testAnimal 메서드는 동물의 건강 상태를 점검한다. 점검 대상인 동물을 Animal 타입의 인수로 전달받지만 주로 개를 검사하는 경우가 많다고 하자. 그래서 인수로 받은 animal 객체를 Dog 타입으로 다운 캐스팅한 후 move와 bark를 각각 호출하여 잘 이동하고 잘 짖는지 테스트한다. 동물을 개로 강제로 바꿨으니 bark도 이상 없이 호출할 수 있다.

main에서 Dog 타입의 객체 happy를 생성하고 이 객체를 testAnimal로 전달했다. 메서드 호출 시인수 전달은 대입이다. 부모 타입의 형식 인수 animal이 자식 타입의 실인수 happy를 대입 받을 수있어 다음과 같이 업 캐스팅할 필요가 없다. 그냥 개를 던지면 메서드가 알아서 동물로 받는다.

```
testAnimal((Animal)happy);
```

main에서 개를 전달했으므로 testAnimal에서 인수로 받은 animal을 다시 Dog로 다운 캐스팅해도안전하다. 전달받은 happy는 분명 개가 맞으니 다운 캐스팅하면 멍멍멍 짖기도 잘한다. 이럴 때 다운캐스팅이 필요하다. 다운 캐스팅은 객체가 캐스팅하는 타입이 확실하므로 컴파일러에게 더 이상 태클을걸지 말라고 지시하는 것이다.

물론 testAnimal이 Dog 타입을 받으면 캐스팅할 필요가 없어 문제는 더 간단해진다. 그러나 메서드는 범용적으로 작성해야 활용성이 높아 가급적 일반적인 타입을 받는 것이 유리하다. 만약 testAnimal로 전달된 인수가 Dog가 아닌 다른 것이라면 어떻게 될까? 가령 비둘기를 던져 준다면 어찌될지 main 아래쪽에 다음 코드를 추가해 보자.

```
public static void main(String[] args) {
    Dog happy = new Dog();
    testAnimal(happy);

    Dove donald = new Dove();
    testAnimal(donald);
}
```

비둘기 객체 donald를 생성하여 testAnimal로 전달했다. 비둘기도 일종의 동물이므로 testAnimal의 인수로 전달할 수 있으며 문법적으로 합당하여 이상 없이 컴파일된다. 그러나 donald는 개가 아니어서 (Dog)로 캐스팅할 수 없다. 비둘기와 개는 상속 관계가 아닌 형제 관계일 뿐이다.

설사 캐스팅 가능하다 하더라도 비둘기는 짖지 못하니 bark도 호출할 수 없다. 인수로 받은 animal이개라고 확신하고 Dog 타입으로 다운 캐스팅했는데 그렇지 않았던 것이다. 이 문제를 해결하려면 객체의 타입을 판별해야 하며 이럴 때 instanceof 연산자를 사용한다.

```
객체 instanceof 타입
```

instanceof는 좌변의 객체가 우변의 타입이 맞는지 조사하여 진위형을 리턴한다. 객체의 정적인 선언 타입을 보는 것이 아니라 실제 가리키고 있는 타입을 점검하여 객체가 우변 타입이면 true를 리턴한다. 이 연산자를 사용하면 변수의 실제 타입에 따라 다른 코드를 작성할 수 있다.

```
class Animal {
    void move() { System.out.println("왔다리 갔다리"); }
}

class Dog extends Animal {
    void bark() { System.out.println("멍멍멍"); }
}

class Dove extends Animal {
    void fly() { System.out.println("퍼득 퍼득"); }
}

class JavaTest {
    public static void main(String[] args) {
        Dog happy = new Dog();
        testAnimal(happy);

        Dove donald = new Dove();
        testAnimal(donald);
    }

    static void testAnimal(Animal animal) {
        animal.move();
        if (animal instanceof Dog) {
            Dog mydog = (Dog)animal;
            mydog.bark();
        }
        if (animal instanceof Dove) {
            Dove mydove = (Dove)animal;
            mydove.fly();
        }
    }
}
```

instanceof2

실행 결과

```
왔다리 갔다리
멍멍멍
왔다리 갔다리
퍼득 퍼득
```

동물의 동작인 move 메서드는 그냥 호출해도 항상 안전하다. 어떤 동물이든 animal 변수에 대입되었다는 것은 이동 가능하다는 뜻이다. bark 메서드는 인수로 전달된 animal이 Dog 타입일 때만 호출할 수 있다. animal이 과연 Dog 타입인지 instanceof 연산자로 점검한 후 확실할 때만 (Dog)로 다운 캐스팅하여 bark 메서드를 호출한다.

안심Touch

```
if (animal instanceof Dog) {
        Dog mydog = (Dog)animal;
        mydog.bark();
}
```

너 개야?

잠시 개가 되어 봐

짖어 봐

임시 변수를 쓸 필요 없이 캐스팅과 메서드 호출을 한 번에 처리할 수도 있다. 캐스트 연산자보다 . 연
산자의 우선순위가 높아 캐스팅을 먼저 한 후 메서드를 호출한다.

```
((Dog)animal).bark();
```

비둘기도 마찬가지 방식으로 타입이 맞을 때만 다운 캐스팅하여 fly 메서드를 호출한다. 실행 중에 타
입을 점검해 보고 안전할 때만 캐스팅했으니 testAnimal로 어떤 동물을 전달하든 이상 없이 잘 동작
한다.

이 예제는 대표 타입의 효용성을 잘 보여 준다. 부모가 자식을 대표하기 때문에 testDog, testDove를
따로 만들 필요 없이 testAnimal로 모든 Animal 파생 객체를 한꺼번에 다룰 수 있다. instanceof
연산자의 좌우변은 반드시 상속 관계에 있어야 하며 캐스팅이 가능한 타입이어야 한다.

```
if (animal instanceof Car) { ... }
```

animal이 Car 타입인지 점검하고자 했는데 이 문장은 false를 리턴하는 것이 아니라 컴파일 에러이
다. animal은 자동차와 아무런 상관이 없으며 상속 관계에 있지도 않다. 억지로라도 캐스팅할 수 있는
관계가 아니어서 이 연산문은 애초에 에러이다.

4 instanceof 패턴 매칭

상속 관계에 있는 객체 집합을 다룰 때 instanceof 연산자와 캐스트 연산자는 굉장히 실용적이다. 다
만, 타입을 확인한 후 지역변수를 선언하고 캐스팅을 따로 해야 한다는 점에서 번거롭다. JDK 16부터
는 타입 확인과 변수 선언, 캐스팅까지 한 번에 수행할 수 있도록 패턴 매칭 구문이 도입되어 훨씬 편리
해졌다.

```
if (변수 instanceof 타입 캐스팅변수)
```

C#이나 Haskell(함수형 프로그래밍 언어)의 문법을 그대로 도입한 것이다. instanceof 연산문의 끝
에 캐스팅 변수를 사용하면 타입을 점검한 후 해당 타입의 지역변수를 선언하고 대입까지 해 준다. 괄호
안에서 이 변수를 사용하기만 하면 된다. 앞 예제는 다음과 같이 더 짧게 쓸 수 있다.

```java
class Animal {
    void move() { System.out.println("왔다리 갔다리"); }
}

class Dog extends Animal {
    void bark() { System.out.println("멍멍멍"); }
}

class Dove extends Animal {
    void fly() { System.out.println("퍼득 퍼득"); }
}

class JavaTest {
    public static void main(String[] args) {
        Dog happy = new Dog();
        testAnimal(happy);

        Dove donald = new Dove();
        testAnimal(donald);
    }

    static void testAnimal(Animal animal) {
        animal.move();
        if (animal instanceof Dog mydog) {
            mydog.bark();
        }
        if (animal instanceof Dove mydove) {
            mydove.fly();
        }
    }
}
```

animal instanceof Dog mydog 구문은 animal이 Dog 타입이면 이 변수를 Dog로 캐스팅하여 mydog에 대입하라는 뜻이다. 타입 확인 및 변수 선언, 캐스팅까지 완벽하게 다 처리했으므로 if 블록 안에서는 mydog 변수를 안전하게 사용할 수 있다.

animal이 Dog 타입이 아니면 if 조건이 거짓이어서 mydog 변수는 생성되지 않으며 블록 안의 코드도 실행하지 않는다. 개가 아니라면 Dove 타입인지 보고 타입에 맞는다면 mydove로 캐스팅한다. 만약 Dog나 Dove 중 어떤 타입도 아니라면 아무 일도 일어나지 않는다.

5 동적 바인딩

상속 관계에 있는 부모 자식 간에는 캐스팅이 가능해서 변수의 선언 타입과 실제 가리키는 객체의 타입이 다른 경우가 빈번하다. 다음 코드가 그 예이다.

```
Human lee = new Student(...);
lee.intro();
```

lee 변수의 선언 타입은 Human이고 실제 가리키는 것은 Student 객체이다. 각 클래스의 intro 메서드가 정의되어 있을 때 lee.intro()는 과연 어떤 메서드를 호출할까? Human의 intro를 호출할 수도 있고 Student의 intro를 호출할 수도 있다. 호출문으로부터 실제 호출할 메서드를 결정하는 것을 바인딩이라고 하는데 다음 두 가지 방법이 있다.

- **정적(static) 바인딩**: 변수의 선언 타입을 따른다. 변수 선언문을 보고 호출할 메서드를 바로 선택할 수 있어 컴파일할 때 호출할 메서드를 결정한다. 위 예의 경우 lee가 Human 타입이므로 Human.intro를 호출한다. 이른 (early) 바인딩이라고도 부른다.
- **동적(dynamic) 바인딩**: 변수의 타입이 아닌 실제 가리키는 객체에 따라 호출할 메서드를 결정한다. 변수는 실행 중에 수시로 바뀌므로 컴파일 중에 호출할 메서드를 결정할 수 없다. 위 예의 경우 lee가 Student 타입의 객체를 가리키므로 Student.intro를 호출한다. 지연된(late) 바인딩이라고도 부른다.

변수의 선언 타입(정적 타입)과 참조하는 타입(동적 타입)이 불일치할 때 변수의 타입을 따를 것인가, 아니면 실제 가리키는 객체의 타입을 따를 것인가의 차이가 있다.

정적 바인딩은 컴파일 중에 모든 것을 결정할 수 있어 구현이 쉽고 빠르지만, 정확성이 떨어진다. 동적 바인딩이 더 정확하지만 실행 중에 호출할 메서드를 찾아야 하니 복잡하고 느리다. 자바는 속도보다 정확성에 무게를 두어 무조건 동적 바인딩을 사용한다. 변수의 타입은 중요치 않으며 실제 가리키는 객체에 따라 호출할 메서드를 결정한다.

경쟁 언어인 C++은 바인딩 방식을 선택할 수 있는데 기본은 정적 바인딩이며 virtual 키워드를 붙여 가상으로 선언한 메서드에 대해서만 동적 바인딩을 사용한다. 성능을 최우선시하는 C++은 꼭 필요할 때만 동적 바인딩을 사용한다. 두 가지 방식을 모두 지원하며 상황에 따라 바인딩 방식을 선택해야 하니 C++이 더 배우기 어려운 것이다.

동적 바인딩은 다형성의 기초이다. 다형성이란 똑같은 구문이지만 상황에 따라 다르게 동작하는 것을 의미한다. 실제 가리키는 객체에 따라 구체적인 동작이 결정된다. 다음 예제로 다형성의 예를 구경해 보자.

dynamic

```
class Human { .... }
class Student extends Human { .... }

class JavaTest {
    public static void main(String[] args) {
        Human kim = new Human(29, "김상형");
        Student lee = new Student(42, "이승우", 9312345, "경영");

        introHuman(kim);
        introHuman(lee);
    }

    static void introHuman(Human who) {
        who.intro();
    }
}
```

실행 결과	안녕, 29살 김상형입니다. 경영학과 9312345학번 이승우입니다.

Human과 Student가 상속 계층을 이루며 intro 메서드를 재정의했다. main에서 사람 객체 kim과 학생 객체 lee를 각각 하나씩 생성했다. introHuman 메서드는 사람을 인수로 전달받아 소개하는 기능을 수행한다. 인수는 사람이어야 하니 대표 타입인 Human으로 받으며 Human의 모든 파생 타입 객체를 다 받을 수 있다.

introHuman 메서드로 사람 객체 kim을 전달해 보기도 하고 학생 객체 lee를 전달해 보기도 했다. 전달한 객체는 형식 인수 who로 받는데 이때 메서드의 본체에서 호출하는 who.intro는 과연 누구의 메서드일까? 실행해 보면 각 클래스의 intro 메서드를 정확하게 호출한다.

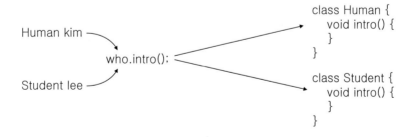

who가 kim 객체를 받았을 때는 Human의 intro 메서드를 호출한다. 반면 lee 객체를 받았을 때는 Student의 intro 메서드를 호출한다. 똑같은 who.intro() 호출문이지만, 누구를 가리키는가에 따라 호출 메서드가 달라진다. 코드의 모양은 똑같지만 상황에 따라 결과가 달라지는 것, 이것이 바로 다형성이다.

클래스의 계층을 형성해 두면 부모 타입의 변수로 파생 클래스의 모든 객체를 받을 수 있다. 부모 타입은 후손을 위한 대표 타입이 되며 이 타입의 변수로 메서드를 호출하면 객체의 실제 타입에 맞는 메서드를 호출한다. 도둑놈이나 군인이나 사람의 일종이기만 하면 다 introHuman으로 전달할 수 있으며 타입에 맞는 정확한 intro 메서드를 찾아 호출한다.

12-2 다형성의 활용

1 객체의 집합

다형성은 공동의 조상을 가진 객체 집합을 다룰 때 위력을 발휘한다. 객체의 타입이 달라도 뿌리가 같다면 하나의 코드로 모든 객체를 조작할 수 있다. 다음 예제는 사람으로부터 파생된 세 개의 자식 클래스를 정의하며 사람의 배열을 관리하는 방법을 보여 준다.

objectgroup

```
class Human { .... }
class Student extends Human { .... }

class Soldier extends Human {
    int milnum;

    Soldier(int age, String name, int milnum) {
        super(age, name);
        this.milnum = milnum;
    }

    void intro() {
        System.out.println("충성. 군번 : " + milnum + "입니다.");
    }
}

class Thief extends Human {
    String item;
    int star;

    Thief(int age, String name, String item, int star) {
        super(age, name);
        this.item = item;
        this.star = star;
    }

    void intro() {
        System.out.println(item + " 전문 털이범 전과 " + star + "범입니다.");
    }
}
```

```
class JavaTest {
    public static void main(String[] args) {
        Human[] arHuman = {
                    new Human(29, "김상형"),
                    new Student(42, "이승우", 9312345, "경영"),
                    new Soldier(45, "강감찬", 12345),
                    new Thief(15, "홍길동", "부자집", 2),
        };

        dumpGroup(arHuman);
    }

    static void dumpGroup(Human[] group) {
        for (Human h : group) {
            h.intro();
        }
    }
}
```

실행 결과	안녕, 29살 김상형입니다. 경영학과 9312345학번 이승우입니다. 충성. 군번 : 12345입니다. 부자집 전문 털이범 전과 2범입니다.

main에서 Human 타입의 배열 arHuman을 선언하고 각각 다른 타입의 객체 네 개로 초기화했다. 이 배열의 타입이 왜 Human인가 하면 Human으로부터 파생된 모든 객체를 저장할 수 있기 때문이다. 학생의 배열이나 군인의 배열이 아니라 사람 비스무리한 모든 객체를 집합적으로 저장하려면 공동의 조상인 Human 타입이어야 한다.

학생이나 군인이나 도둑놈까지도 일종의 사람이므로 Human 배열의 요소로 저장할 수 있다. 상속 계층에 있는 클래스의 객체만 한 배열에 저장할 수 있으며 Dog나 Car 객체는 저장할 수 없다. dumpGroup 메서드는 이 배열을 group 형식 인수로 전달받아 배열 요소를 순회하며 각 객체에 대해 intro 메서드를 호출한다.

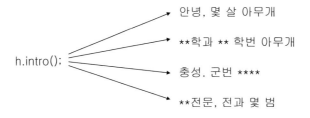

사람의 정보를 출력하는 코드는 똑같이 h.intro()이지만, h가 어떤 객체인가에 따라 실제 호출하는 메서드가 달라진다. 각 객체는 자신의 intro 메서드를 정확하게 찾아 정보를 출력한다. 클래스 계층을 잘 구성하고 메서드를 재정의해 놓으면 똑같은 코드로 각 객체의 다양한 동작을 처리할 수 있다. 객체지향의 이런 특성을 다형성이라고 한다.

만약 클래스 계층이라는 개념이 없고 다형성도 지원하지 않는다면 하나의 배열로 각각 다른 타입의 객체 집합을 저장할 수 없다. 객체 타입에 따라 arStudent, arSoldier 배열을 따로 만들어야 하며 배열이 분리되면 집합적인 처리를 한 번에 수행할 수 없다. 이 집합을 관리하는 코드도 정확한 메서드를 호출하기 위해 객체의 타입을 판별하여 일일이 분기해야 한다.

```java
for (Human h : group) {
    switch (h의 타입) {
    case Human : Human.intro() 호출; break;
    case Student: Student.intro() 호출; break;
    case Soldier: Soldier.intro() 호출; break;
    case Thief: Thief.intro() 호출; break;
    }
}
```

이 얼마나 번거롭고 귀찮은 일인가? 게다가 타입이 늘어나면 코드를 일일이 수정해야 하는 번거로움이 있다. 다형성은 코드를 작성할 때 존재하지 않았던 타입까지도 기존의 코드로 동작시키는 놀라운 면모를 보여 준다. 과연 그런지 위 예제에 Graduate 클래스를 더 선언하고 배열에 대학원생 객체도 추가해 보자.

```java
objectgroup2
....
class Graduate extends Student {
    String thesis;

    Graduate(int age, String name, int stnum, String major, String thesis) {
        super(age, name, stnum, major);
        this.thesis = thesis;
    }

    void intro() {
        System.out.println(thesis + " 논문을 쓰고 있는 대학원생입니다.");
    }
}

class JavaTest {
    public static void main(String[] args) {
        Human[] arHuman = {
                new Human(29, "김상형"),
                new Student(42, "이승우", 9312345, "경영"),
                new Soldier(45, "강감찬", 12345),
                new Thief(15, "홍길동", "부자집", 2),
                new Graduate(35, "박대희", 95001122, "전산", "웹 보안에 대한 연구"),
        };
```

```
        dumpGroup(arHuman);
    }

    static void dumpGroup(Human[] group) {
        for (Human h : group) {
            h.intro();
        }
    }
}
```

실행 결과	안녕. 29살 김상형입니다. 경영학과 9312345학번 이승우입니다. 충성. 군번 : 12345입니다. 부자집 전문 털이범 전과 2범입니다. 웹 보안에 대한 연구 논문을 쓰고 있는 대학원생입니다.

Student로부터 파생된 Graduate 클래스를 선언하고 intro 메서드를 대학원생에 맞게 재정의하여 어떤 논문을 쓰고 있는지 출력하였다. 대학원생도 간접적으로 Human을 상속받으므로 분명히 사람의 일종이며 arHuman 배열에 저장할 수 있다.

이 실험에서 놀라운 것은 새로운 클래스가 추가되었음에도 dumpGroup 메서드는 단 한 글자도 손대지 않았다는 점이다. 애초에 이 메서드를 만들 때 Graduate 클래스를 고려한 것도 아닌데 기가 막히게 잘 동작한다. 심지어 dumpGroup 메서드가 이진 형태로 컴파일되어 있어도 이상 없이 잘 동작한다.

이것이 가능한 이유는 동적 바인딩이 컴파일 중이 아닌 실행 중에 호출할 메서드를 찾기 때문이다. 애초에 Human과 호환되는 모든 객체를 처리하도록 작성했기 때문에 컴파일할 때 없던 클래스도 Human의 후손이면 이상 없이 다룰 수 있다. 청소부, 프로그래머, 대통령 등 어떤 클래스를 추가하더라도 Human의 상속 계층에 속하면 이 메서드의 코드는 그대로 사용할 수 있다.

2 객체 집합의 예

컴퓨터가 가장 잘 하는 일은 유사한 일을 반복하는 것이며 그래서 객체 집합을 다루는 작업은 굉장히 흔하고 일반적이다. 프로그램의 규모가 커지면 복잡한 클래스 계층을 형성하고 객체끼리 상호작용한다. 실용적인 예제를 제작해 보면서 생생한 경험을 체득하면 더없이 좋겠지만, 시간이 오래 걸리고 부가 기능이 많이 들어가 핵심을 살펴보기 어렵다.

잘 만들어진 실제 프로그램을 관찰해 보며 객체 집합을 어떻게 관리하는지 내부를 상상해 보자. 굳이 구현해 보지 않더라도 동작하는 것을 살펴보면 이런 류의 프로그램을 어떻게 만드는지 감을 잡을 수 있다. 일종의 간접 경험을 해 보는 것이다. 다음은 파워포인트 슬라이드이다.

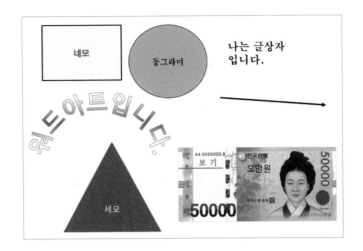

슬라이드에 네모, 동그라미, 텍스트, 사진 등 여러 종류의 객체를 배치한다. 각 객체는 고유의 특성이 있지만, 도형이라는 면에서 공통점이 있다. 소스를 볼 수는 없어도 내부 구조를 대충 유추해 볼 수 있는데 아마도 다음과 유사한 클래스 계층이 구성되어 있을 것이다.

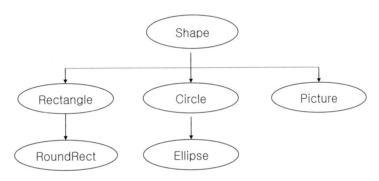

모든 도형을 포괄하는 가장 일반적인 Shape 클래스를 루트로 하여 아래쪽으로 무수히 많은 자식 클래스가 파생된다. Shape는 모든 도형이 가져야 할 속성과 메서드를 정의한다. 도형은 화면에 자신을 그리고 이동할 수 있으며 크기 변경도 가능하다.

```
class Shape {
    void draw(){}
    void move(int x, int y){}
    void resize(int w, int h){}

    ....
}
```

사용자는 슬라이드에서 여러 개의 도형을 선택하여 조작한다. 다른 종류의 도형도 같이 선택할 수 있으니 선택 목록은 루트인 Shape 타입의 배열에 저장한다. 이 배열을 arSel이라고 하자. 사용자가 도형을 선택하면 이 배열에 도형의 참조가 기록되며 마우스로 드래그하면 움직이거나 크기를 변경한다. 선택 도형의 크기를 변경하는 코드는 다음과 같이 작성한다.

```
or (Shape s : arSel) {
    s.resize(w, h);
}
```

arSel 배열을 순회하며 도형 객체를 하나씩 꺼내 resize 메서드를 호출한다. 크기를 바꾸는 구체적인 방법은 도형별로 다르다. 네모는 폭과 높이 속성을 받아들여 변경하고, 원은 둘 중 작은 값을 반지름으로 설정한다. 글상자는 변경된 폭에 맞게 문자열을 재정렬하며, 사진은 비트맵 픽셀수를 조정한다.

클래스 계층이 잘 구축되어 있고 각 도형이 특성에 맞게 resize 메서드를 재정의해 두었다면 resize 메서드만 호출해도 다형적으로 동작하여 각자 알아서 크기를 변경한다. 이동이나 그리기 동작도 마찬가지로 도형별로 잘 정의되어 있어 호출만 하면 기가 막히게 동작한다.

파워포인트의 도형 개수는 수백 개에 이르며 외부의 클립아트까지 더하면 거의 무한대이다. 그러나 아무리 많아도 코드가 다형적으로 동작하여 관리에 별 어려움은 없다. 새로운 도형을 추가하더라도 기존의 클래스 계층에 맞게 작성하면 이미 작성해 놓은 관리 코드와 잘 어울린다.

이런 예를 보면 공통의 부모가 어떤 역할을 하는지, 왜 계층을 구성해야 하는지 알 수 있다. 대표 타입이 있어 배열에 저장할 수 있고 공통의 기능이 무엇인지 정의할 수 있다. 부모 타입으로 객체 집합을 조작할 때는 공통적인 기능만 사용할 수 있다. arSel 배열로는 Shape가 지원하는 동작만 가능하다.

사진과 글상자를 같이 선택하고 문자열을 편집하거나 폰트를 변경할 수는 없다. 폰트는 텍스트 객체에만 적용되며 사진은 폰트를 쓰지 않는다. 실제 프로젝트에는 기능별로 중간 단계의 부모가 존재하는 더 복잡한 계층을 형성한다. 프로그램은 선택된 객체 집합에 따라 사용 가능한 동작만 활성화하며 이 방식이 자연스럽고 직관적이다.

다음은 가장 실용적인 프로그램인 워드 프로세서를 살펴보자. 글만 나열되는 단조로워 보이는 문서도 내부적으로는 문단의 배열이며 이 안에도 클래스 계층이 있다. 워드 프로세서도 객체지향적으로 만들기에 적합한 구조이다.

문단은 텍스트, 이미지, 도표 등 다양한 종류의 객체를 포함한다. 서로 달라 보이는 객체도 공통적인 특성이 있으며 따라서 공동의 조상으로부터 파생되어 계층을 구성한다. 이런 계층에 의해 한꺼번에 선택해 놓고 복사, 삭제 등의 동작이 가능해진다.

게임이나 사무용 프로그램의 내부도 잘 관찰해 보면 비슷해서 모든 것을 객체로 표현할 수 있다. 프로그램의 요구 사항을 분석하여 필요한 클래스를 추상화, 캡슐화하여 정의하고 클래스 간의 관계를 계층화하는 것은 어려운 작업이며 오랜 경험과 통찰을 필요로 한다. 이런 설계를 잘하는 사람이 객체지향의 고수이다.

3 객체 교체

다형성은 실행 중에 정확한 메서드를 선택하는 능력이다. 이 기능을 잘 활용하면 호환되는 객체를 상황에 따라 교체해 가며 사용할 수 있다. 다음 예제는 배달원을 모델링한 것이다.

delivery
```java
class Transport {
    void ride() {
        System.out.print("이동한다");
    }
}

class Bike extends Transport {
    void ride() {
        System.out.print("따르릉 따르릉");
    }
}
```

```java
    }

class AutoBike extends Transport {
    void ride() {
        System.out.print("빠라바라 빠라밤");
    }

    void bikeshow() {
        System.out.println("앞 바퀴 들고 부르릉...");
    }
}

class SkyKongKong extends Transport {
    void ride() {
        System.out.print("콩콩콩콩");
    }

    void rotate() {
        System.out.println("공중회전 묘기");
    }
}

class DeliveryMan {
    void delivery(Transport tran, String food) {
        tran.ride();
        System.out.println(" 타고 가서 " + food + "를 배달합니다.");
    }
}

class JavaTest {
    public static void main(String[] args) {
        DeliveryMan kang = new DeliveryMan();
        kang.delivery(new Bike(), "짜장면");
        kang.delivery(new AutoBike(), "피자");
        kang.delivery(new SkyKongKong(), "햄버그");
    }
}
```

실행 결과	따르릉 따르릉 타고 가서 짜장면를 배달합니다. 빠라바라 빠라밤 타고 가서 피자를 배달합니다. 콩콩콩콩 타고 가서 햄버그를 배달합니다.

음식을 고객에게 전달하는 배달원은 신속 정확한 배달을 위해 걸어 다니지 않고 뭔가를 타고 다닌다. Transport 클래스는 이동 수단을 표현하며 ride 메서드로 사람과 물건을 실어나르는 기능을 제공한다. 별별 희한한 이동 수단이 많은데 Transport로부터 파생된 클래스 계층을 구성한다. Transport 파생 클래스는 공통적으로 ride 메서드를 구현하고, 그 외 클래스별로 추가 기능을 가지는데 오토바이는 까불거리는 쇼 기능이 있고, 스카이콩콩은 공중회전이 가능하다.

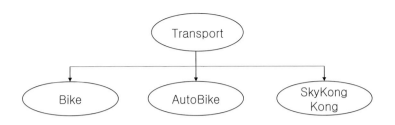

DeliveryMan 클래스는 배달원을 표현하며 delivery 메서드는 탈것과 음식을 인수로 받아 열심히 배달 업무를 수행한다. 탈것의 타입이 Transport로 되어 있어 필요에 따라 이동 수단을 선택하여 타고 다닐 수 있다. Transport 파생 클래스는 여러 가지가 있지만 공통적으로 ride 메서드를 지원하기 때문이다.

각 탈것마다 이동하는 방법은 다형적으로 조금씩 다르지만 타고 다닌다는 면에서 기능적으로 호환된다. 배달을 위해서는 ride 메서드만 필요하며 그 외의 추가 기능이 필요치는 않으니 delivery 메서드는 대표 타입인 Transport 인수를 받으면 된다. 오토바이의 바이크쇼 기능이나 스카이콩콩의 공중회전 기능은 배달에 필수적인 기능이 아니다.

main에서 배달원 강군 객체를 만든 후 강군에게 이것저것 배달시켜 보았다. 자전거를 주나 오토바이를 주나 성실하게 잘 배달하며 스카이콩콩을 타고도 잘 다닌다. Transport 호환 타입이고 ride 메서드만 정의되어 있다면 헬리콥터나 잠수함 심지어 항공모함까지도 타고 다닐 수 있다. 만약 배달 음식도 클래스 계층을 구성한다면 같은 방식으로 교체할 수 있다.

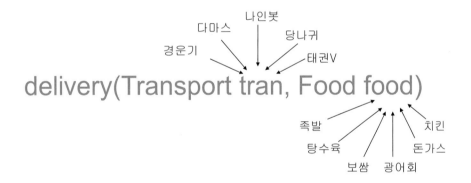

이런 식으로 조합을 취하면 하나의 메서드가 처리할 수 있는 경우의 수는 기하급수적으로 늘어나며 극단적으로 유연해진다. 최소한의 코드로도 엄청난 일을 할 수 있으며 관리하기도 쉽다. 객체는 프로그램을 구성하는 부품이며 다형성에 의해 부품끼리 서로 호환됨으로써 필요에 따라 쉽게 교체할 수 있다.

여기까지 여러분은 객체지향의 꽃이라 할 수 있는 다형성에 대해 연구해 보았다. 이해를 위한 간단한 예제만 분석해 봐서 아직 막강한 파워나 극한의 실용성을 느끼긴 어렵지만, 실무에서는 엄청난 위력을 발휘한다. 다형성을 이해하기 위한 문법이 꽤나 복잡한 편인데 다시 한번 간략하게 정리해 보자.

❶ 부모 타입의 변수는 자식 객체를 가리킬 수 있다.

❷ 객체로 호출 가능한 메서드 종류는 객체의 선언 타입을 따른다.

❸ 메서드를 호출하면 선언 타입이 아닌 객체의 타입을 따른다.

이런 문법을 제대로 활용하기 위해 추상화, 캡슐화를 통해 클래스를 모델링하고, 상속을 통해 복잡한 클래스 계층을 구성한다. 표현하는 사물의 특성에 따라 메서드를 재정의해 두면 다형성이 기가막히게 잘 동작한다.

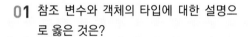

연습문제

01 참조 변수와 객체의 타입에 대한 설명으로 옳은 것은?

① 좌우변의 타입이 반드시 일치해야 한다.

② 자식 타입의 참조 변수로 부모 객체를 가리킬 수 있다.

③ 호출 가능한 메서드는 참조 변수의 타입을 따른다.

④ 변수의 타입과 상관없이 가리키는 객체의 메서드를 호출할 수 있다.

02 업 캐스팅에 대한 설명으로 옳은 것은?

① 부모 타입의 객체를 자식 타입으로 변경한다.

② 타입이 맞지 않아 위험할 수 있다.

③ 캐스트 연산자를 생략해도 무방하다.

④ HAS A 관계일 때만 사용할 수 있다.

03 instanceof 연산자의 형식은?

① 객체 instanceof 타입

② 타입 instanceof 타입

③ 객체 instanceof 객체

④ 타입 instanceof 객체

04 호출할 메서드를 선택하는 바인딩에 대한 설명으로 옳지 않은 것은?

① 선언 타입을 따르는 방식을 정적 바인딩이라 한다.

② 실제 가리키는 객체를 따르는 방식을 동적 바인딩이라 한다.

③ 정적 바인딩은 빠르지만 정확도가 떨어진다.

④ 동적 바인딩은 간편하고 효율적이다.

05 똑같은 코드지만 호출 객체가 누구인가에 따라 실제 실행할 메서드가 달라지는 객체 지향의 특성을 (   )이라고 한다.

06 다형성을 발휘하기 위한 조건이 아닌 것은?

① 상속　　　　　② 재정의

③ 캡슐화　　　　④ 동적 바인딩

13

_ 인터페이스

Java

13-1 추상 클래스

1 추상화

상속은 부모의 속성을 자식에게 물려주는 것이니 순서상 부모를 먼저 정의해야 한다. 그러나 상위의 부모를 정의하려면 자식의 공통 속성을 잘 파악해야 하는데 웬만한 경험으로는 한 번에 계층을 완성하기 어렵다. 왜냐하면 자식을 만들어 봐야 어떤 속성이 공통인지 파악할 수 있기 때문이다.

실제 모델링할 때는 자식 클래스의 집합을 먼저 만들고 공통된 속성을 추출하여 부모를 정의하는 것이 더 쉽다. 사람의 사고는 특수한 것으로부터 일반성을 추출하는 것에 더 익숙하기 때문이다. 사물의 공통 속성을 뽑아 클래스 계층을 만드는 과정을 추상화라고 한다.

익숙한 실생활의 물건을 대상으로 추상화 과정을 실습해 보자. 문방구 관리 프로그램을 작성한다면 문구점에서 파는 제품을 클래스로 표현해야 한다. 각종 문구류의 특성을 파악하고 업무를 분석하여 다음과 같은 클래스를 만들었다.

연필	볼펜	공책	배터리
모델명	모델명	모델명	모델명
제조사	제조사	제조사	제조사
가격	가격	가격	가격
굵기	굵기	두께	볼트
심종류	색상	종이색상	용량
지우개포함	잉크종류		

이렇게 클래스로 만들어 놓고 보니 제품마다 중복되는 속성이 많다. 모든 제품은 모델명이 있고 제조사와 가격에 대한 정보가 있다. 예를 들어 모나미 153 볼펜 500원짜리라는 식이다. 모든 클래스가 이 속성을 개별적으로 보유할 필요는 없으니 공통 속성을 뽑아 부모 클래스를 정의하고 부모로부터 상속받는 것이 구조상 바람직하다.

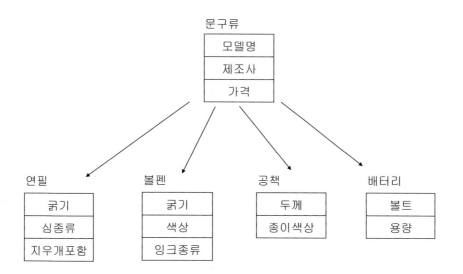

문방구의 모든 제품을 대표하는 루트 클래스에 문구류라는 이름을 붙였다. 공통 속성이 부모쪽으로 옮겨져 자식 클래스는 간단해지며 모든 문구류를 칭하는 대표 타입이 생겼다. 이 상태에서 연필과 볼펜을 보면 굵기라는 공통 속성이 발견되는데 이 속성을 가지는 필기류 클래스를 정의하고 연필과 볼펜을 그 하위에 둔다.

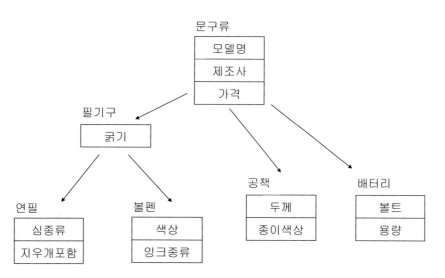

클래스 구조는 복잡해졌지만 계층을 형성하여 코드 관리는 더 쉬워진다. 개업 1주년 기념으로 가격 파괴 대잔치를 한다면 모든 제품에 할인율 정보가 필요하다. 계층이 없다면 각 클래스에 할인율 속성을 일일이 추가해야 하지만, 계층이 잘 구성되어 있으면 루트 클래스인 문구류에만 추가하면 된다.

루트 이하의 모든 클래스에 할인율 필드가 자동으로 상속된다. 볼펜과 연필에 대해서만 할인 행사를 한다면 필기구 클래스에 할인율을 추가한다. 속성만 봐도 이 정도 장점이 있으며 메서드까지 고려하면 다형성의 혜택까지 누릴 수 있다. 그래서 애써 클래스 계층을 구성하는 것이다.

2 공동의 조상

클래스를 하나씩 만들어 보며 추상화의 예를 실습해 보자. 국민 게임인 스타크래프트에는 많은 유닛이 등장하여 전투를 수행하는데 마린, 질럿, 뮤탈 유닛을 클래스로 정의해 보자.

스타크래프트를 해 보지 않았더라도 비슷한 다른 게임을 떠올려 보면 된다. 시뮬레이션 게임은 거의 다 비슷하다. 다음은 첫 번째 예제이다.

star

```
class Marine {
    void move() { System.out.println("아장아장"); }
    void attack() { System.out.println("두두두두두"); }
    void bunker() { System.out.println("쏙~ 숨었지롱"); }
}

class Zealot {
    void move() { System.out.println("뒤뚱뒤뚱"); }
    void attack() { System.out.println("우갸 우갸 챙챙"); }
}

class Mutal {
    void move() { System.out.println("퍼득 퍼득"); }
    void attack() { System.out.println("삼지창 휙휙"); }
}

class JavaTest {
    public static void main(String[] args) {
        Marine marine = new Marine();
        marine.move();
        marine.attack();
        Zealot zealot = new Zealot();
        zealot.move();
        zealot.attack();
    }
}
```

실행 결과

```
아장아장
두두두두두
뒤뚱뒤뚱
우갸 우갸 챙챙
```

게임에 등장하는 모든 유닛은 지정한 좌표로 이동할 수 있고 적군을 만나면 공격한다. 유닛별로 추가 동작이 더 있는데 마린은 벙커에 쏙 들어가 짱박히는 기능이 있다. 위 예제의 클래스는 각 유닛이 할 수 있는 동작을 메서드로 표현한다. 그래픽 환경이라면 생동감 넘치는 애니메이션으로 표현하겠지만 콘솔 환경이라 문자로 흉내만 낸다.

main에서 마린과 질럿 객체를 만들어 이동 및 공격해 봤다. 잘 동작하지만 개별적인 클래스로 정의되어 있어 객체의 집합을 다루기 어렵다. 공동의 조상이 없어 독립적인 클래스일 뿐 상호 연관성이 없다. 시그니처가 같은 메서드를 가지고 있지만, 컴파일러가 보기에는 우연히 같을 뿐 이 클래스들 간에 어떤 관계가 있는지 파악할 수 없다.

Marine
move
attack
bunker

Zealot
move
attack

Mutal
move
attack

계층을 구성하려면 공동의 멤버를 추려 부모 클래스를 정의하고 상속받아야 한다. 세 유닛이 모두 가지고 있는 move, attack 메서드를 상위의 Unit 클래스에 선언하고 각 클래스는 Unit으로부터 상속받는다.

unit

```
class Unit {
    void move() { System.out.println("이동"); }
    void attack() { System.out.println("공격"); }
}

class Marine extends Unit {
    void move() { System.out.println("아장아장"); }
    void attack() { System.out.println("두두두두두"); }
    void bunker() { System.out.println("쏙~ 숨었지롱"); }
}

class Zealot extends Unit {
    void move() { System.out.println("뒤뚱뒤뚱"); }
    void attack() { System.out.println("우갸 우갸 챙챙"); }
}

class Mutal extends Unit {
    void move() { System.out.println("퍼득 퍼득"); }
    void attack() { System.out.println("삼지창 휙휙"); }
}

class JavaTest {
    public static void main(String[] args) {
```

실행 결과

```
아장아장
두두두두두
뒤뚱뒤뚱
우갸 우갸 챙챙
퍼득 퍼득
삼지창 휙휙
```

```
    Unit[] arUnit = {
            new Marine(),
            new Zealot(),
            new Mutal(),
    };

    for (Unit u : arUnit) {
        u.move();
        u.attack();
    }
  }
}
```

루트인 Unit에 move와 attack 메서드를 선언한다. 유닛별로 이동 및 공격하는 방식이 달라 자식 클래스는 이 메서드를 실제 유닛에 맞게 재정의한다. 이렇게 하면 Unit을 루트로 하는 계층이 형성되며 후손 클래스는 형제 관계가 되어 다형성의 이점을 누릴 수 있다.

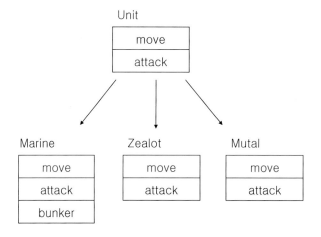

사용자는 게임판을 드래그해서 각각 다른 유닛을 한꺼번에 선택한다. 공동의 조상인 Unit이 하위 클래스를 대표하므로 Unit 타입의 arUnit 배열에 Unit 파생 객체를 집합적으로 저장할 수 있다. 공동의 조상이 없다면 각 유닛별로 배열을 만들고 일일이 루프를 돌아야 하니 무척 불편하다.

main에서 arUnit 배열에 마린, 질럿, 뮤탈 세 개의 객체를 저장하고 루프를 돌며 각 유닛의 move와 attack을 호출했다. 배열에 저장된 모든 객체는 Unit의 후손이므로 move, attack 메서드가 정의되어 있으며 이 호출문이 다형적으로 동작한다. 유닛별로 메서드를 재정의해 놓았기 때문에 각자의 방법으로 이동하며 공격한다.

이 예제는 복수개의 유닛에 대해 이동, 공격 명령을 내렸을 때의 동작을 다형적으로 처리하는 활용 예이다. 다른 종류의 유닛을 같이 선택했을 때는 공통적으로 내릴 수 있는 최소한의 명령만 수행할 수 있다. 마린과 파이어뱃을 같이 벙커에 넣을 수는 있지만, 마린과 탱크를 벙커에 넣지는 못한다. Unit 배열에 대해 처리할 수 있는 명령은 Unit의 메서드뿐이며 유닛별 고유 동작은 처리할 수 없다.

342

3 추상 메서드

앞 예제의 Unit 클래스를 잘 살펴보면 뭔가 어색하다. Unit은 루트 클래스의 역할을 하는 대표 타입일 뿐 실제로 게임에 등장하지 않는다. 실존하는 객체가 아니어서 move와 attack 메서드를 구체적으로 정의할 수 없다.

컴파일을 위해 기본 동작을 정의해 놓았지만 Unit 타입의 객체를 만들 일이 없고 메서드를 호출할 일도 없어 사실 불필요한 코드이다. Unit의 move와 attack은 모든 후손이 이동하고 공격할 수 있음을 의미할 뿐이며 Unit 자체는 구체적인 동작을 할 수 없다.

Unit의 move, attack처럼 너무 일반적이어서 동작을 정의할 수 없는 메서드를 추상 메서드라고 한다. 추상적이라는 것은 미완성이나 불완전하다는 뜻이다. 마린의 move는 아장아장 걷는 동작을 구체적으로 표현하며, 질럿의 move도 뒤뚱뒤뚱 움직임을 잘 묘사한다. 그러나 Unit은 대표 타입일 뿐 실제 객체를 표현하지 않아 move 메서드를 정의할 마땅한 방법이 없다.

추상 메서드는 abstract 지정자를 붙이며 { } 블록 없이 세미콜론으로 끝맺어 본체를 생략한다. 동작은 정의하지 않고 멤버로 포함될 뿐이다. 추상 메서드가 있으면 클래스도 추상이 되며 선언문에 abstract 키워드를 붙인다. 앞 예제의 Unit 클래스 선언문을 다음과 같이 수정해도 똑같이 동작한다.

```
abstract
```

```
abstract class Unit {
    abstract void move();
    abstract void attack();
}
....
```

메서드 선언문에 abstract 지정자를 명시하여 추상 메서드로 선언하고 move와 attack의 어색한 본체 코드는 제거했다. 멤버 중 추상 메서드가 있어 Unit 클래스도 추상이다. Unit의 후손은 자신의 특성에 맞게 부모의 미완성 메서드를 구체적으로 완성한다. 부모의 동작이 아예 정의되지 않아 재정의보다 구현이라는 표현이 더 적합하다.

실행해 보면 앞 예제와 똑같이 동작한다. 그렇다면 굳이 추상 메서드로 선언하는 이유는 뭘까? 메서드를 추상으로 선언하면 후손에게 구현을 강제하는 효과가 있다. 추상 메서드를 구현하지 않으면 꼭 필요한 동작 중 하나를 수행할 수 없어 제대로 된 유닛이 아니다. 가령 Marine 클래스를 다음과 같이 작성했다고 해 보자.

```
class Marine extends Unit {
    void attack() { System.out.println("두두두두두"); }
    void bunker() { System.out.println("쏙~ 숨었지롱"); }
}
```

move 메서드를 구현하지 않았다. 부모 클래스가 반드시 구현하라고 선언해 놓은 메서드를 누락하여 다음과 같은 에러가 발생하며 컴파일을 거부한다.

```
The type Marine must implement the inherited abstract method Unit.move()
```

Marine은 Unit으로부터 상속받은 move 추상 메서드를 반드시 구현해야 한다는 뜻이다. 부모 클래스인 Unit은 이동 및 공격을 구현하라고 강제하는데 Marine은 이동할 수 없어 유닛의 요건을 충족하지 못했으며 구현해야 할 메서드를 빼 먹었으니 논리적인 문제가 발생한다.

부모의 메서드를 재정의할 것인가는 자식이 선택적으로 결정한다. 그러나 부모의 미완성 메서드를 재정의하지 않고 그대로 상속받아 사용한다면 자식도 의미 없는 동작을 하게 된다. Unit이 추상이 아니고 Marine이 move를 재정의하지 않았을 때의 동작을 예상해 보자.

```java
class Unit {
    void move() { System.out.println("이동"); }
    void attack() { System.out.println("공격"); }
}
class Marine extends Unit {
    void attack() { System.out.println("두두두두두"); }
    void bunker() { System.out.println("쏙~ 숨었지롱"); }
}
```

문법적으로는 아무 문제가 없어 컴파일은 잘 된다. Marine이 move를 재정의하지 않았지만, 부모의 move를 상속받아 그냥 "이동"이라는 추상적인 동작을 할 뿐이다. 마린은 실제 유닛이므로 움직임이 구체적이어야 하는데 그렇지 못하며 프로그램도 미완성 상태가 되어 버린다.

일반 메서드는 재정의 여부가 선택적이지만 추상 메서드는 강제적이어서 반드시 구현해야 한다. 부모가 요구한 추상 메서드를 구현하지 않으면 자식 객체는 제대로 동작할 수 없다. 컴파일러는 이런 불완전한 코드에 대해 에러를 내고 컴파일을 거부해 구현을 강제한다.

4 추상 클래스

추상 메서드가 하나라도 있으면 클래스는 반드시 추상이어야 한다. 추상 클래스는 미완성이며 따라서 객체를 만들 수 없다. 메서드 중 일부의 동작이 정의되지 않아 객체를 만들어 봐야 제대로 동작하지도 않는다. 만약 다음과 같은 코드를 허용한다고 해 보자.

```
class Unit {
    abstract void move();
    abstract void attack();
}
Unit unit = new Unit();
```

멤버 중 추상 메서드가 있는데 클래스는 추상이 아니라면 unit 객체를 생성할 수 있다. 이 상태에서 unit.move()를 호출하면 어떤 동작을 할까? 실행할 코드가 정의되어 있지 않으며 동작을 구체화할 수 없어 이 호출문은 무효하다. 그래서 아예 추상 메서드가 있는 클래스는 객체를 생성할 수 없도록 추상으로 선언해야 한다.

예제의 Unit은 계층도상의 루트 타입일 뿐 실제 존재하는 유닛이 아니어서 객체를 만들 수 없다. 그래서 추상 메서드가 단 하나라도 있으면 클래스도 반드시 추상이어야 한다. 추상 클래스로부터 객체를 생성하면 인스턴스화 할 수 없음(Cannot instantiate) 에러가 발생한다.

추상 메서드가 없더라도 객체화를 금지하고 싶다면 클래스를 추상으로 선언한다. 예를 들어 정적 메서드만 잔뜩 정의된 클래스는 굳이 객체로 만들 필요가 없다. 정적 메서드편에서 예를 든 class Hello가 좋은 예이다.

```
abstract class Hello {
    static void morning() {
        System.out.println("좋은 아침");
    }
    static void lunch() {
        System.out.println("점심 먹었어?");
    }
    static void evening() {
        System.out.println("술 한잔 어때");
    }
}
```

이렇게 선언하는 것이 옳다. 그렇지 않으면 new Hello() 구문으로 객체를 만들 수 있다. Hello는 메서드의 집합을 정의하는 클래스일 뿐 속성이 없어 객체를 만들 필요가 없다. 아예 만들지 못하도록 금지해 버리는 것이 바람직하다. 같은 이유로 Math도 추상 클래스이다. 수학 메서드만 잔뜩 들어 있으며 정적 메서드는 객체 없이도 호출 가능하니 Math 객체를 만들 이유가 없다.

추상 클래스는 객체를 만들기 위한 틀이라기보다 하위의 자식 클래스를 정의하기 위한 공통의 기능을 가지는 틀이다. 모든 클래스가 공통으로 가져야 할 멤버의 목록을 정의하고 대표 타입으로 사용한다. 추상이라는 말 자체가 다소 어려운데 좀 더 직관적인 예로 동물의 계층을 생각해 보자.

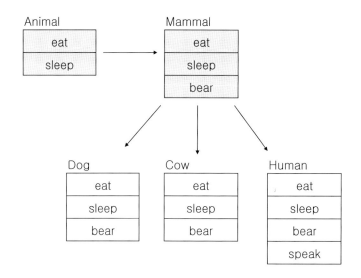

이 계층에서 개나 소는 실세계에 존재하는 사물이며 객체를 만들 수 있다. 먹고, 자고, 번식하고 모든 동작이 구체적이다. 그러나 동물이나 포유류는 분류의 하나일 뿐 실제 동물이 아닌 추상적인 개념이다. 먹고, 잔다는 동작을 할 수 있다는 것만 표현할 뿐 구체적인 동작을 정의할 수 없다. 이런 클래스가 추상이다.

문방구 예제의 문구류와 필기구도 추상 클래스로 선언하는 것이 옳다. 연필이나 볼펜은 제조사가 있고 가격도 확정적이지만 문구류 자체에는 가격이 존재하지 않는다. 그냥 가격이라는 필드가 있음을 정의할 뿐이다. 또 앞 장에서 보인 객체 교체 예에서 Transport 클래스도 추상으로 선언하는 것이 자연스럽다.

```
abstract class Transport {
    abstract void ride();
}
```

자전거나 오토바이는 분명 타고 다닐 수 있는 교통수단이며 ride 메서드가 구체적이다. 그러나 이들의 루트 클래스인 Transport는 막연하고 개념적인 탈것을 대표할 뿐 실제로 타고 다니는 것은 아니다. 그래서 ride 메서드가 추상이며 따라서 Transport 클래스도 추상이어야 한다. 추상의 개념을 배우기 전이라 어쩔 수 없이 일반 클래스로 작성했지만 어색한 코드이다.

5 sealed

sealed 키워드는 상속받을 후손 클래스를 제한한다. 임의의 클래스나 인터페이스를 상속받아 기능을 자유롭게 확장할 수 있는 것이 원칙이지만 일부에 대해서만 상속을 제한할 때 이 키워드를 사용한다. 사용 형식은 다음과 같다.

```
sealed class(또는 interface) 클래스명 permits 후손목록 { }
```

클래스 선언문의 permits 절에 미리 명시한 후손 클래스만 상속을 받을 수 있다. 상속받을 대상을 분명히 지정하여 확장을 제한해 두면 미래에 선언될 알 수 없는 후손에 대해서 더 이상 신경 쓸 필요가 없다. 클래스로부터 계층 구성은 허용하되 아무에게나 개방하지 않고 일부만 허가하여 폐쇄적인 계층을 생성한다.

이전에도 상속을 제한하는 몇 가지 문법이 있었다. final은 상속을 금지하여 아예 계층을 구성하지 못하도록 하는데 permits 목록이 비어 있는 sealed 클래스와 같다. 생성자의 액세스 지정자를 패키지 내부로 제한하는 방법도 있다. 다른 패키지 소속의 클래스는 상속받을 수 없는 제약이 생기지만 같은 패키지 내에서는 무제한으로 상속 가능하다는 문제가 있다.

sealed 키워드는 외부에서 자유롭게 액세스는 가능하지만 아무나 확장하지 못하도록 제한하는 공식적인 문법이며 JDK 17에서 새로 도입하였다. 다음 예제는 Language 클래스로부터 개발 언어를 파생하되 딱 세 개의 언어만 인정한다.

sealed

```java
abstract sealed class Language permits Java, Cpp, CSharp { }
final class Java extends Language { }
final class Cpp extends Language { }
final class CSharp extends Language { }
// final class Python extends Language { }

public class JavaTest {
    public static void main(String[] args) {
        Language lang_java = new Java();
        outLanguageName(lang_java);
    }

    public static void outLanguageName(Language lang)
    {
        if (lang instanceof Java) {
            System.out.println("자바");
        } else if (lang instanceof Cpp) {
            System.out.println("C++");
        } else if (lang instanceof CSharp) {
            System.out.println("C#");
        }
    }
}
```

실행 결과	자바

Language 클래스는 봉인되어 있고 Java, Cpp, CSharp 세 후손에 대해서만 상속을 허용한다. 허가받은 후손은 extends Language 구문으로 언어의 일반적인 기능을 상속받은 후 원하는 대로 확장할 수 있다. 그러나 허가받지 않은 Python 클래스가 Language로부터 상속받으려고 하면 컴파일 에러로 처리한다.

특정 클래스의 후손을 제한해 두면 파생 객체 집합을 다루는 논리가 단순해지고 관리하기도 편리하다. outLanguageName 메소드가 인수로 받는 lang 객체의 종류는 허가받은 세 가지밖에 없음이 명백하므로 세 타입만 점검해 보면 된다. if 문 마지막에 else가 필요 없고 이후에도 이 메서드를 확장할 필요는 없다.

객체지향의 원칙에 따라 상속받은 클래스로부터 또 다른 클래스를 파생시킬 수 있다. 이렇게 되면 1차 후손은 제한되지만 2차 이후부터는 또 다른 클래스 계층이 생성된다. 추가 파생을 제어하기 위해 후손 클래스를 정의할 때 다음 셋 중 하나의 키워드를 반드시 지정해야 한다. 디폴트 지정자가 없어 생략하면 에러 처리된다.

- final: 더 이상 파생할 수 없다.
- sealed: 지정한 후손에 대해서만 파생을 허가한다.
- non-sealed: 제한 없이 파생시킬 수 있다.

위 예제의 세 언어는 모두 final로 선언하여 더 이상의 파생을 금지했다. 그러나 키워드를 변경하면 추가 파생을 허가하거나 파생 정도를 제한할 수도 있다. 다음 예는 후손 클래스 앞의 키워드에 따라 손자 클래스의 파생 여부가 달라진다.

```
abstract sealed class Language permits Java, Cpp, CSharp { }

final class Java extends Language { }
sealed class Cpp extends Language permits C11, C20 { }
non-sealed class CSharp extends Language { }

// Java는 더 이상 파생 불가
// final class OpenJava extends Java { }

// Cpp로부터는 두 개의 클래스 파생 가능
final class C11 extends Cpp { }
final class C20 extends Cpp { }

// CSharp로부터는 임의의 클래스 파생 가능
final class CSharpCore extends CSharp { }
```

Java 클래스는 final이므로 더 이상 파생할 수 없다. Cpp 클래스는 C11, C20으로 제한적인 파생만 가능하며 C14, C17 클래스는 파생시킬 수 없다. CSharp 클래스는 제한 없이 임의의 클래스를 파생시킬 수 있다.

permits로 상속을 허가받은 후손 클래스도 각각 자신으로부터의 상속 가능성을 일일이 지정해야 한다. 이 키워드를 잘 조합하면 1차 파생 또는 2차 파생까지만 가능한 클래스 계층을 원하는 대로 만들 수 있다.

상속을 허가받은 후손 클래스는 아무 곳에나 선언할 수 없고 부모와 가까운 곳에 있어야 한다. 부모와 같은 모듈에 있거나 익명 모듈이면 같은 패키지 소속이어야 한다. 이름 있는 모듈 내에 있다면 Language와 Java, Cpp, CSharp이 각각 다른 패키지에 소속되어도 상관없지만, 굳이 이렇게 만들 이유는 거의 없다.

컴파일러 구조상, 컴파일 절차상 컴파일 단위가 다른 패키지에 대해 상속 가능성을 일일이 통제하는 것은 비효율적이다. 같은 소스 파일 안에 부모와 자식 클래스를 모두 선언하는 것이 이상적이다. 상속을 제한해 가며 폐쇄적인 계층을 구성한다는 것은 미리 필요한 집합을 완성해 두고 이 집합만 사용하겠다는 뜻이므로 한꺼번에 선언하는 것이 보통이다.

안심Touch

13-2 인터페이스

1 인터페이스

추상 클래스라고 해서 추상 메서드로만 구성되는 것은 아니며 일반 메서드나 필드도 가질 수 있다. 추상 클래스는 후손 클래스의 공통 기능을 정의하는 역할을 한다. 만약 공통적인 구현까지 제공한다면 일반 멤버도 포함할 수 있다. Unit 클래스를 다음과 같이 작성해 보자.

```
abstract class Unit {
    abstract void move();
    abstract void attack();
    int health = 100;
    void minusHealth() {
        if (health > 0) {
            health--;
        } else {
            die();
        }
    }
    void die() {
        System.out.println("으으음~~");
    }
}
```

health 필드는 유닛의 체력값이다. 최초 100으로 초기화하며 공격받으면 점점 감소하다가 0이 되면 죽는다. minusHealth 메서드는 체력을 감소시키며 die 메서드가 사망을 처리하는데 구체적인 구현 코드가 정의되어 있어 추상이 아니다. 루트인 Unit이 정의한 멤버여서 모든 후손 클래스가 공유하며 맷집의 차이에 따라 재정의할 수도 있다.

일반 멤버도 있지만 두 개의 추상 메서드가 있어 Unit은 여전히 추상 클래스이며 구현이 완전하지 않아 객체를 생성할 수 없다. 요컨대, 추상 클래스는 추상 메서드가 있거나 abstract 지정자로 선언한 클래스이며 일반 멤버도 가질 수 있다.

이에 비해 인터페이스는 모든 메서드가 추상이며 구현 코드는 가지지 않는다. 추상 클래스보다 정도가 더 높은 완전 추상 클래스라고 할 수 있다. 멤버의 집합이라는 면에서 클래스와 비슷하지만, 문법적 자격이 다르며 용도의 차이도 있어 class 키워드가 아닌 interface 키워드로 정의한다. 인터페이스는 클래스와 같은 레벨이어서 첫 자를 대문자로 쓴다. Unit 클래스는 구현이 전혀 없어 클래스보다 인터페이스가 더 어울린다.

```
interface Unit {
    public abstract void move();
    public abstract void attack();
}
```

인터페이스에 속한 메서드는 구현 코드가 없어 항상 추상이다. 또한 내부적인 처리를 하는 것이 아니라 외부에서 호출 가능한 메서드를 정의하므로 필히 공개해야 한다. 후손이 메서드를 재정의해야 하니 final이어서도 안 된다. 그래서 인터페이스의 메서드는 항상 public abstract일 수밖에 없다. 번거롭게 지정자를 일일이 붙이지 않아도 컴파일러는 인터페이스의 메서드를 항상 공개된 추상으로 인식한다. 따라서 지정자를 생략할 수 있으며 보통은 간략하게 시그니처만 밝힌다.

```
interface Unit {
    void move();
    void attack();
}
```

인터페이스는 구현이 없어 필드를 가질 수 없다. 변수는 구체적인 동작 구현에 사용하는 것이어서 추상적인 인터페이스와 어울리지 않는다. 초기화할 필드가 없고 객체를 만들 수도 없어 생성자나 초기화 블록도 필요치 않다. 그러나 상수는 가질 수 있다. 모든 유닛에 공통으로 적용할 체력값을 정의한다면 다음과 같이 선언한다.

```
interface Unit {
    int HEALTH = 100;
    void move();
    void attack();
}
```

상수이므로 대문자로 쓰며 반드시 초기화해야 한다. 정수형 필드 같아 보이지만 앞에 public static final이 생략되어 있다. 지정자가 없어도 항상 정적 공개 상수이다. 인터페이스에 정의한 상수는 후손 클래스가 공유하며 HEALTH라는 명칭으로 바로 참조할 수 있다. 외부에서 참조할 때는 Unit.HEALTH로 앞에 소속 인터페이스를 밝힌다.

인터페이스는 추상 메서드와 상수만 가지는 제한된 클래스이다. 자바 8에서 스트림 지원과 호환성 유지를 위해 인터페이스의 의미가 약간 확장되어 더 많은 멤버를 가질 수 있게 되었다. 복잡한 얘기이므로 원론적인 인터페이스에 대해 먼저 연구해 보고 확장 기능은 따로 알아보자.

2 인터페이스의 다형성

인터페이스는 클래스와 자격이 거의 같은 일종의 타입이다. 인터페이스로부터 클래스를 파생시킬 수도 있는데 이때는 상속 대신 구현이라는 용어를 사용한다. 구체적인 구현을 물려주는 것이 아니라 추상적인 메서드의 목록만 전달하고 후손 클래스가 내용을 채워 동작을 구체화한다는 뜻이다.

클래스가 객체를 만드는 틀이라면, 인터페이스는 클래스를 만드는 틀이다. 앞에서 만들었던 스타크래프트 예제를 인터페이스로 다시 작성해 보자. 일반 클래스나 추상 클래스로 만들었던 예제는 어디까지나 중간 과정일 뿐이며 이 예제가 문법적으로 완성된 완벽한 버전이다.

interface

```java
interface Unit {
    void move();
    void attack();
}

class Marine implements Unit {
    public void move() { System.out.println("아장아장"); }
    public void attack() { System.out.println("두두두두두"); }
    public void bunker() { System.out.println("쏙~ 숨었지롱"); }
}

class Zealot implements Unit {
    public void move() { System.out.println("뒤뚱뒤뚱"); }
    public void attack() { System.out.println("우갸 우갸 챙챙"); }
}

class Mutal implements Unit {
    public void move() { System.out.println("퍼득 퍼득"); }
    public void attack() { System.out.println("삼지창 휙휙"); }
}

class JavaTest {
    public static void main(String[] args) {
        Unit[] arUnit = {
                new Marine(),
                new Zealot(),
                new Mutal(),
        };

        for (Unit u : arUnit) {
            u.move();
            u.attack();
        }
    }
}
```

실행 결과는 같지만 몇 가지 중요한 차이점이 있다. Unit을 interface로 선언했으며 모든 클래스는 Unit으로부터 상속받는다. 인터페이스로부터 클래스를 파생할 때는 extends 키워드 대신 implements 키워드를 사용하여 확장이 아니라 구현임을 분명히 한다. 다음 선언문은 Unit의 추상 메서드를 Marine이 구체적으로 구현한다는 뜻이다.

인터페이스의 메서드를 구현할 때는 반드시 public 지정자를 붙인다. 자식은 부모의 공개수준보다 높은 액세스 지정자만 사용할 수 있으며 부모가 공개한 것을 자식이 숨길 수 없다. 인터페이스의 메서드는 무조건 public이므로 이를 구현할 때도 반드시 public이어야 한다.

인터페이스 파생 클래스는 문법적 강제에 의해 모든 추상 메서드를 완벽하게 구현하여 인터페이스가 요구한 기능을 모두 수행할 수 있다. 인터페이스는 클래스의 부모가 되며 후손 객체를 가리키는 타입이다. 인터페이스로 객체를 생성하는 것은 불가능하지만 인터페이스 타입의 변수로 후손 클래스의 객체를 가리킬 수는 있다.

```
Unit unit = new Marine();
```

좌우의 타입이 다르지만, 이 대입문은 적법하다. 부모는 자식을 가리킬 수 있으므로 Unit 타입의 변수 unit으로 Marine 객체나 Zealot 객체를 가리킬 수 있다. 그래서 Unit 타입의 배열 arUnit에 파생 클래스의 객체 집합을 저장할 수 있다. Unit 타입의 변수로는 Unit 인터페이스에 속한 메서드만 호출할 수 있으며 객체의 고유한 동작은 처리할 수 없다.

인터페이스와 클래스에 의해 계층이 완성되면 코드를 확장하기 쉬워진다. 새로운 종족이 추가되더라도 계약만 잘 지킨다면 기존의 코드는 전혀 건드릴 필요가 없다. 과연 그런지 위 예제에 새로운 SuperMan 클래스를 추가해 보자.

```
class SuperMan implements Unit {
    public void move() { System.out.println("슈우우웅~~~"); }
    public void attack() { System.out.println("빠직빠직"); }
}
```

SuperMan 클래스 선언문에 implements Unit이라고 되어 있으며 Unit의 move와 attack을 잘 구현했다. 구현 방식은 클래스의 자유이며 슈퍼맨은 마린이나 질럿과 달리 이동하는 방법과 공격하는 방식이 색다르다.

꼭 Unit으로부터만 클래스를 파생시켜야 하는 것은 아니며 중간의 어느 클래스든 확장하여 새로운 클래스를 만들 수 있다. 만들고자 하는 클래스와 가장 유사한 클래스를 선택하면 된다. 다음은 Marine을 상속받아 비슷한 유닛인 Firebat을 만들어 보자.

```java
class Firebat extends Marine {
    public void attack() { System.out.println("화르르르~~"); }
}
```

클래스끼리의 상속이어서 extends 키워드를 사용하며 모든 메서드를 재정의할 필요는 없다. 파이어뱃은 마린과 이동하는 방식은 비슷하고 공격하는 방식만 다르니 move는 그대로 사용하고 attack만 재정의했다. 이런 식으로 클래스 계층을 확장해 나간다. 최종 예제는 다음과 같다.

superman	실행 결과
| ```java
....
class SuperMan implements Unit {
    public void move() { System.out.println("슈우우웅~~~"); }
    public void attack() { System.out.println("빠직빠직"); }
}

class Firebat extends Marine {
    public void attack() { System.out.println("화르르르~~"); }
}

class JavaTest {
    public static void main(String[] args) {
        Unit[] arUnit = {
                new Marine(),
                new Zealot(),
                new Mutal(),
                new SuperMan(),
                new Firebat(),
        };

        for (Unit u : arUnit) {
            u.move();
            u.attack();
        }
    }
}
``` | 아장아장<br>두두두두두<br>뒤뚱뒤뚱<br>우갸 우갸 챙챙<br>퍼득 퍼득<br>삼지창 획획<br>슈우우웅~~~<br>빠직빠직<br>아장아장<br>화르르르~~ |

arUnit 배열에 SuperMan 객체와 Firebat 객체를 추가하여 다섯 개의 유닛에 대해 이동 및 공격을 해 보았는데 기가 막히게 잘 동작한다. 유닛 집합의 동작을 처리하는 아래쪽의 for 루프는 단 한 글자도 바꾸지 않았는데 슈퍼맨과 파이어뱃도 잘 이동하고 공격한다.

심지어 기존 코드가 이미 컴파일되어 있어도 상관없다. 왜냐하면 컴파일 중이 아닌 실행 중에 move나 attack 메서드를 다형적으로 선택하기 때문이다. 이런 것을 보고 유지 보수성이 뛰어나다고 하며 그래
```

서 객체지향의 생산성이 월등히 높다.

3 계약

인터페이스는 메서드의 목록으로 구성된 일종의 계약서이며 이를 상속받은 클래스는 모든 메서드를 의무적으로 구현해야 한다. 그렇지 않으면 구체 클래스가 될 수 없고 객체를 생성할 수도 없다. 앞 예제의 Marine 클래스 선언문을 다시 보자.

```
class Marine implements Unit
```

이 구문에서 implements Unit은 Marine 클래스가 Unit에 선언된 모든 추상 메서드를 다 구현한다는 것을 보장한다. 게임 유닛이 되려면 move와 attack은 반드시 구현해야 하며 이동과 공격을 구체적으로 정의해야 게임판 위에 나타날 수 있다. Unit 인터페이스는 두 메서드를 구현할 것을 강제하는 역할을 한다. 만약 Tank 클래스를 다음과 같이 작성했다고 해 보자.

```
class Tank implements Unit {
    public void attack() { System.out.println("콰광 콰광"); }
    public void seige() { System.out.println("끼이익, 철컹"); }
}
```

Unit 인터페이스를 구현한다고 선언해 놓고는 move 메서드를 누락했다. 이렇게 되면 탱크는 Unit의 계약을 위반한 것이며 유닛의 자격을 얻지 못한다. 이동 기능이 없으면 전투를 수행할 수 없다. 컴파일러는 이런 코드에 대해 에러 메시지로 응징하며 개발자는 자신의 실수를 금방 알 수 있다. 컴파일 중에 에러를 즉시 알 수 있어 안전하다.

별도의 문서를 작성하여 move와 attack을 반드시 구현하라고 협박하는 것보다 컴파일러의 에러 메시지가 더 확실하고 강력한 지시 사항이다. 계약을 지키지 않으면 컴파일을 거부해 버리니 고의든 실수든 추상 메서드를 누락할 수 없다. 인터페이스에 선언된 추상 메서드는 무조건 구현해야 한다.

인터페이스에 의한 계약은 디바이스 드라이버나 플러그인 등 여러 곳에 활용한다. 운영체제는 디바이스 드라이버가 구현해야 할 메서드 목록을 인터페이스로 제공하고 드라이버 제작자는 이를 구현함으로써 약속된 메서드로 운영체제와 통신한다. 이클립스 플러그인도 비슷한 방식으로 동작한다. 가장 쉬운 예는 탐색기의 팝업 메뉴인데 7zip 압축 프로그램의 팝업 메뉴를 보자.

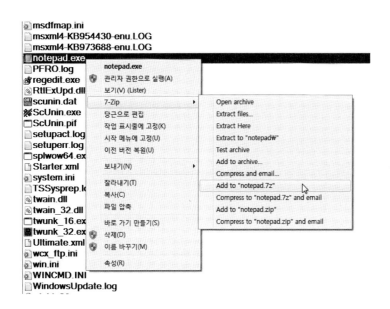

프로그램을 설치하면 애초에 운영체제가 제공하지 않던 기능이 팝업 메뉴에 나타나는데 어떻게 이런 것이 가능한 걸까? 이는 탐색기와 응용 프로그램 제작자 사이에 인터페이스라는 계약이 있기 때문이다. 탐색기 제작자는 인터페이스를 정의하고 응용 프로그램 제작자는 인터페이스를 구현한다. 실제 인터페이스는 굉장히 복잡하지만 예시를 위해 단순화해 보았다.

```
interface PopupMenu {
    String getMenuName();            // 메뉴 목록에 출력할 캡션
    void popupList();                // 메뉴를 띄워라
    void runCommand(int index);      // 메뉴 항목을 실행하라
}
```

마우스 오른쪽 버튼을 클릭할 때 탐색기는 설치된 모든 플러그인의 getMenuName을 호출하여 캡션을 묻는다. 플러그인은 getMenuName을 구현해야 할 의무가 있어 이 메서드가 반드시 있다. 사용자가 메뉴를 클릭하면 popupList를 호출하여 메뉴를 펼치고 메뉴 항목을 선택하면 runCommand를 호출하여 선택된 항목을 가르쳐 준다. 프로그램은 탐색기가 호출하는 메서드를 실행하여 압축 또는 해제 작업을 수행한다.

탐색기 제작자와 압축 프로그램 제작자는 서로 일면식도 없고 만난 적도 없는데 이런 마법같은 일이 가능한 이유는 인터페이스에 의한 계약 덕분이다. 탐색기에 팝업 메뉴를 띄우고 싶은 프로그램은 이 계약을 준수할 것을 약속하며 탐색기는 적당한 때에 인터페이스의 메서드를 호출하도록 구현되어 있어 마치 하나의 프로그램인 것처럼 돌아간다.

인터페이스는 구현해야 할 메서드의 목록과 시그니처만 제공할 뿐 구체적인 구현까지 간섭하는 것은 아니다. 팝업 메뉴 인터페이스의 runCommand 메서드는 정수형의 항목 첨자를 전달하기로 약속되어 있을 뿐이며 메뉴 항목 선택 시 어떤 동작을 할 것인가는 응용 프로그램의 자유이다.

4 인터페이스 상속

인터페이스도 클래스와 마찬가지로 상속 계층을 구성하되 인터페이스끼리만 상속받으며 클래스로부터 상속받을 수는 없다. 클래스는 구현이 포함되어 있어 인터페이스의 부모가 될 수 없으며 인터페이스가 클래스보다 더 상위의 개념이다. 계약 사항이 세분화되면 인터페이스 계층도 복잡해진다. Unit 인터페이스를 확장해 새로운 인터페이스를 정의해 보자.

extendunit

```java
interface Unit {
    void move();
    void attack();
}

interface Hideable extends Unit {
    void hide();
}

interface Healing extends Unit {
    void heal();
}

class DarkTempler implements Hideable {
    public void move() { System.out.println("스믈 스믈"); }
    public void attack() { System.out.println("슉슉, 낫질"); }
    public void hide() { System.out.println("안보이지롱"); }
}

class Medic implements Healing {
    public void move() { System.out.println("쫄래 쫄래"); }
    public void attack() { System.out.println("치지지직"); }
    public void heal() { System.out.println("마린씨 일루와"); }
}

class JavaTest {
    public static void main(String[] args) {
        DarkTempler dt = new DarkTempler();
        dt.hide();

        Medic medic = new Medic();
        medic.heal();
    }
}
```

실행 결과

```
안보이지롱
마린씨 일루와
```

Hideable 인터페이스는 Unit의 메서드 목록을 상속받는다. 인터페이스끼리의 상속은 구현이 아닌 추가여서 implements가 아닌 extends 키워드를 사용한다. 일단 부모의 메서드를 상속받은 후 자신의 고유 메서드를 더 추가한다. Hideable은 hide 메서드를 추가하며 이 인터페이스를 구현하는 유닛은 숨는 기능을 가진다.

Healing 인터페이스도 Unit으로부터 상속받으며 다른 유닛을 치료하는 heal 메서드를 추가한다. Hideable과 Healing 인터페이스는 Unit을 상속받고 각각 하나씩의 메서드를 추가하여 세 개의 메서드를 가진다. 이 인터페이스를 구현하는 클래스는 세 개의 메서드를 모두 정의해야 한다. 예제에서는 DarkTempler 클래스와 Medic 클래스를 정의했으며 계층도는 다음과 같다.

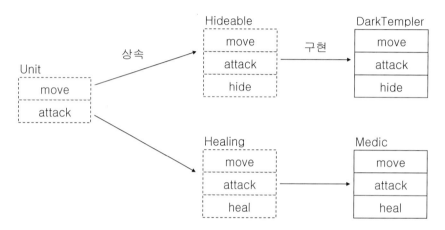

main에서 DarkTempler와 Medic 객체를 각각 하나씩 생성하고 hide와 heal 메서드를 호출했다. 물론 이들도 일종의 Unit이므로 이동이나 공격도 가능하다. DarkTempler는 Hideable 인터페이스의 후손이므로 dt 객체를 다음과 같이 선언해도 상관없으며 이 상태로도 잘 숨는다.

```
Hideable dt = new DarkTempler();
```

또한 dt도 Unit의 일종이므로 Unit 타입으로 선언할 수도 있다. 그러나 이렇게 선언하면 hide 메서드가 Unit에 선언된 것이 아니어서 dt.hide() 호출문에서 에러가 발생한다. 호출하고자 하는 메서드를 포함한 인터페이스 타입으로 선언해야 한다.

인터페이스 상속은 개념적으로 클래스 상속과 같으며 부모의 메서드 목록을 그대로 물려받고 더 필요한 메서드를 추가하는 것이다. 다만 구현을 포함하지 않아 메서드를 재정의할 수 없으며 그냥 목록만 물려받는다. 대규모 라이브러리는 인터페이스 계층도 꽤나 복잡하게 나타난다.

5 다중 상속

다중 상속은 여러 개의 부모 클래스로부터 상속받아 하나의 클래스를 정의하는 기법이다. 현실 세계에는 다중 상속의 예가 많은데 우리도 엄마와 아빠의 다중 상속 결과물이다. 다음 두 개의 클래스를 보자.

```java
class HandPhone {
    void call() { System.out.println("전화를 건다."); }
    void receive() { System.out.println("전화를 받는다."); }
}

class Camera {
    void takepicture() { System.out.println("찰칵. 사진을 찍는다."); }
}
```

전화를 걸고 받는 기능이 있는 핸드폰과 사진을 찍는 카메라가 있다. 이 둘의 기능을 합쳐 하나로 만들면 핸드폰 카메라가 된다.

```java
class HandPhoneCamera extends HandPhone, Camera
```

이 클래스로 전화를 하고 사진도 찍을 수 있는 멋진 객체를 만들 수 있다. C++에서는 이 구문이 가능해 여러 개의 클래스를 합쳐 새로운 클래스를 만들기도 한다. 그러나 다중 상속은 득만큼 실도 많아 C++ 개발자도 사용을 꺼리는 문법이다. 과다하게 복잡해 코드를 관리하기 어렵고 부모의 멤버가 중복될 경우 애매함이 발생한다.

자바는 설계 초기부터 말썽 많은 다중 상속을 배제하여 단일 상속만 지원하며 extends 절에는 딱 하나의 부모 클래스만 적을 수 있다. 합당한 이유로 다중 상속을 제외했지만 다른 언어에 있는 기능이 없으니 C++ 추종자가 자바의 단점으로 지적하기도 한다. 다중 상속이 말썽 많은 기능인 것은 분명하지만 실무에서는 꼭 필요한 경우도 있다.

자바도 다중 상속을 아예 지원하지 않는 것은 아니며 인터페이스를 이용하여 다중 상속의 효과는 낼 수 있다. 구체적으로 구현된 메서드를 상속할 수 없고 공통의 필드를 제공할 수 없지만 인터페이스를 통해 메서드 목록은 다중 상속할 수 있다. extends 절과 달리 implements 절에는 얼마든지 많은 인터페이스를 콤마로 구분하여 나열할 수 있다.

다중 상속을 하려면 부모 클래스 중 하나만 빼고 인터페이스로 바꾸어야 한다. 주요 기능을 제공하는 클래스를 상속받고 부가적인 기능은 인터페이스로 정의하여 메서드 목록을 상속받는 방식이다. 상속받은 후 추상 메서드는 자식 클래스가 직접 구현한다. 위 예의 경우는 두 개의 메서드를 가지는 핸드폰을 클래스로 두고 카메라 기능을 인터페이스로 바꾸는 것이 합리적이다.

```
class HandPhone {
    void call() { System.out.println("전화를 건다."); }
    void receive() { System.out.println("전화를 받는다."); }
}

interface Camera {
    void takepicture();
}

class HandPhoneCamera extends HandPhone implements Camera {
    public void takepicture() { System.out.println("찰칵. 사진을 찍는다."); }
}

class JavaTest {
    public static void main(String[] args) {
        HandPhoneCamera myphone = new HandPhoneCamera();
        myphone.call();
        myphone.takepicture();
    }
}
```

```
전화를 건다.
찰칵. 사진을 찍는다.
```

HandPhone의 기능을 확장하면서 Camera의 기능을 구현하였다. 상속을 받는 extends 구문이 먼저 오고 구현문인 implements가 뒤에 오는데 순서를 반드시 지켜야 한다. 상속과 구현을 동시에 하다 보니 클래스 선언문이 길다.

class HandPhoneCamera extends HandPhone implements Camera

HandPhone의 기능을 구현 상속받아 전화를 걸고 받는 메서드는 바로 사용할 수 있다. 상속받은 메서드를 재정의해도 상관없다. Camera의 기능은 인터페이스를 상속받아 후손 클래스에서 구현하여 구체적인 코드를 작성한다.

인터페이스를 이용한 다중 상속 기법 외에도 포함 기법을 사용하여 비슷한 효과를 낼 수 있다. 하나는 상속받고, 하나는 내부의 필드로 정의하면 된다. 상속과 포함 기법을 같이 사용하는 것이다. 이 경우는 둘 다 클래스여도 상관없다.

```
class HandPhone {
    void call() { System.out.println("전화를 건다."); }
    void receive() { System.out.println("전화를 받는다."); }
}
```

360

```
class Camera {
    void takepicture() { System.out.println("찰칵. 사진을 찍는다."); }
}

class HandPhoneCamera extends HandPhone {
    Camera camera = new Camera();
}

class JavaTest {
    public static void main(String[] args) {
        HandPhoneCamera myphone = new HandPhoneCamera();
        myphone.call();
        myphone.camera.takepicture();
    }
}
```

HandPhone으로부터 상속받고 Camera는 내부에 camera 필드로 포함한다. Camera의 기능을 사용할 때는 camera 필드를 통해 takepicture 메서드를 호출한다. 실행 결과는 같지만, 논리적으로 합당한 모델링인지 잘 생각해야 한다. 핸드폰이면서 카메라가 될 수도 있고, 카메라를 가진 핸드폰이 될 수도 있는데 어떤 것이 적합한지는 경우에 따라 다르다.

HandPhoneCamera는 일종의 핸드폰이며 HandPhone과는 IS A 관계여서 HandPhone 타입의 변수로 이 객체를 대입 받을 수 있다. 그러나 Camera와는 HAS A 관계이며 카메라 기능을 가졌을 뿐 카메라는 아니어서 Camera 타입의 변수로 대입 받을 수 없다. 포함은 IS A 관계가 성립하지 않으며 계층을 구성하지 않아 다형성의 이점이 없다.

인터페이스는 개수에 상관없이 상속받을 수 있다. 핸드폰 카메라에 MP3 기능까지 더하면 음악을 재생하는 기능이 추가되며 요즘 많이 쓰는 스마트폰 비스무리한 것이 된다. 다음 예제는 하나의 클래스와 두 개의 인터페이스로부터 상속받는 SmartPhone 클래스를 정의한다.

smartphone

```
class HandPhone {
    void call() { System.out.println("전화를 건다."); }
    void receive() { System.out.println("전화를 받는다."); }
}

interface Camera {
    void takepicture();
}

interface Mp3 {
    void play();
}
```

```
class SmartPhone extends HandPhone implements Camera, Mp3 {
    public void takepicture() { System.out.println("찰칵. 사진을 찍는다."); }
    public void play() { System.out.println("띵가 띵가. 음악 재생"); }
}

class JavaTest {
    public static void main(String[] args) {
        SmartPhone galaxy = new SmartPhone();
        galaxy.call();
        galaxy.takepicture();
        galaxy.play();
    }
}
```

실행 결과	전화를 건다. 찰칵. 사진을 찍는다. 띵가 띵가. 음악 재생

implements 절에 두 개의 인터페이스를 콤마로 구분하여 나열했다. 인터페이스에 속한 모든 메서드를 상속받는다. 클래스 선언문에 메서드 순서가 중요하지 않듯이 상속받는 인터페이스의 순서도 중요하지 않다. 인터페이스를 상속받은 클래스는 모든 추상 메서드를 구현해야 한다. main에서 SmartPhone 객체 galaxy를 생성하고 각 기능을 순서대로 호출해 보았다.

모든 기능이 훌륭하게 잘 동작한다. 인터넷 접속 기능, GPS 수신 기능 등도 얼마든지 추가할 수 있다. 다중 상속이 말썽 많은 것은 분명한 사실이지만, 실무에서 유용하게 사용되는 예도 분명히 있다. 문법의 간결함을 위해 다중 상속을 제외했지만, 이런 단점을 인터페이스 상속으로 멋지게 만회한다.

13-3 인터페이스 확장

1 인터페이스의 문제점

현실의 요구 사항이 바뀌면 견고한 문법도 불가피하게 수정해야 한다. 자바 8에서 람다, 스트림 기법을 도입하면서 인터페이스 기능이 확장되었으며 문법이 약간 부자연스러워졌다. 이 절에서는 자바 8의 변경된 문법에 대해 알아보되 원론적인 프로그래밍 기법과는 거리가 있다. 대충 구경만 해 두고 차후 람다, 스트림을 배울 때 천천히 살펴보는 것이 좋다.

인터페이스는 문법이 강제하는 계약이며 쌍방이 지키기로 한 약속이다. 상속받는 쪽은 모든 메서드를 다 구현해야 하며 인터페이스는 이미 정한 메서드 목록을 바꾸지 말아야 한다. Unit 인터페이스에 die 라는 메서드를 추가해 보자. 싸우다 죽는 것은 모든 유닛의 공통된 동작이며 따라서 Unit 인터페이스에 추가할 만하다.

```
interface Unit {
    void move();
    void attack();
    void die();
}
```

문제는 원래 없던 메서드가 추가되어 계약 내용이 바뀌었다는 점이다. Marine, Zealot 등의 하위 클래스는 계약을 잘 지켰지만 die 메서드가 추가되는 즉시 계약을 위반한 꼴이 되어 컴파일되지 않는다. 조상의 변절로 인해 멀쩡하던 후손 클래스가 객체를 생성할 수 없는 불구가 되어 버렸다.

여러 가지 방법으로 이 문제를 해결할 수 있지만 모두 완벽하지 않고 임시 땜질식이다. 가장 쉬운 방법은 Unit은 그대로 두고 Unit2를 새로 상속받아 만드는 것이다. 이전의 클래스는 그냥 내버려 두고 새로 만드는 클래스는 Unit2를 구현하면 확장할 수 있다. 그러나 이런 식이면 Unit3, Unit4도 계속 만들어야 하니 지저분해지고 쓰는 사람도 헷갈린다.

가장 깔끔한 방법은 Marine, Zealot이 die 메서드를 구현하여 새로운 계약에 맞추는 것이다. 그러나 멀쩡하던 클래스를 일일이 뜯어고쳐야 하니 번거로우며 그나마도 직접 만든 클래스에 한해서만 가능하다. 인터페이스를 공개한 상태에서 누군가가 Unit으로부터 Goliat, Hydra 등의 클래스를 만들었다면 이들에게 연락하여 수정하도록 해야 하는데 현실적으로 불가능하다.

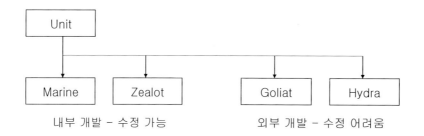

자바 표준 라이브러리인 Collection 인터페이스를 들쑤셔 놓고 세계의 모든 개발자에게 수정 사항을 적용하라고 한다면 데모나 불매 운동이 일어날 것이다. 기능 개선도 좋지만, 기존에 습득한 지식을 보호하는 것도 중요하다. 인터페이스를 통한 계약이 강제적이고 워낙 깐깐해서 한 번 정한 인터페이스를 수정하는 것은 거의 불가능하다.

이에 비해 클래스의 메서드는 완전한 구현을 하며 재정의를 강제하지 않으니 새로 추가해도 하위 클래스가 그대로 상속받을 수 있어 별 영향을 받지 않는다. 상위 클래스에 있던 메서드를 없애 버리거나 시그니처를 바꾸지 않는 한 클래스의 기능을 추가하는 것은 비교적 자유롭다.

확정된 인터페이스는 호환성 유지를 위해 가급적 바꾸지 말아야 한다. 자바 라이브러리는 지금까지 이 원칙을 잘 지켜 왔지만, 처음부터 완벽할 수는 없었다. 시대가 바뀌면 요구 사항도 바뀌고 질적으로 다른 방법이 도입되기 마련이라 인터페이스도 변화를 거부하기 어려워졌다. 그래서 자바 8에서 인터페이스에 메서드를 추가할 수 있는 다음 두 가지 장치를 도입했다.

- **디폴트 메서드**: 인터페이스에 기본 구현 코드를 작성한다.
- **정적 메서드**: 인터페이스로부터 호출 가능한 공통의 코드를 작성한다.

이 두 기능을 사용하면 인터페이스가 구현 코드를 가져 서브 클래스에서 굳이 재정의하지 않아도 된다. 좀 억지스러운 면이 있어 인터페이스의 원래 정의와 맞지 않지만, 하위 호환성을 유지한 채로 인터페이스를 확장하기 위해 어쩔 수 없는 선택이었다.

② 디폴트 메서드

디폴트 메서드는 본체를 가지고 구현을 정의하는 인터페이스 소속의 메서드이다. 추상이 아니어서 하위 클래스가 꼭 구현하지 않아도 상관없으며 재정의는 할 수 있다. 상속에 의해 모든 파생 클래스에 기본 구현이 적용된다는 의미로 디폴트 메서드라고 부른다.

일반 클래스의 메서드를 작성하는 방법과 같되 선언문에 default 지정자를 붙여 본체가 있음을 밝힌다. default 키워드가 있으면 인터페이스의 메서드도 추상이 아니며 본체를 가진다. Unit에 die 디폴트 메서드를 추가해 보자. 모든 후손 유닛의 죽는 방법이 같다면 인터페이스가 기본 동작을 구현하고 후손은 이 메서드를 상속받아 사용한다.

defmethod

```
interface Unit {
    void move();
    void attack();
    default void die() { System.out.println("꽥꼬닥"); }
}

class Marine implements Unit {
    public void move() { System.out.println("아장아장"); }
    public void attack() { System.out.println("두두두두두"); }
    public void bunker() { System.out.println("쏙~ 숨었지롱"); }
}

class Zealot implements Unit {
    public void move() { System.out.println("뒤뚱뒤뚱"); }
    public void attack() { System.out.println("우갸 우갸 챙챙"); }
    public void die() { System.out.println("으아악"); }
}

class JavaTest {
    public static void main(String[] args) {
        new Marine().die();
        new Zealot().die();
    }
}
```

실행 결과

```
꽥꼬닥
으아악
```

die 메서드는 move나 attack과 달리 default 지정자와 본체가 정의되어 있다. Unit을 상속받는 클래스는 die 메서드의 구현을 상속받으니 군이 구현할 필요 없으며 재정의하여 동작을 수정할 수는 있다. Marine은 die를 구현하지 않지만 상위의 인터페이스가 이미 구현한 동작을 물려받으며, Zealot 클래스는 die를 재정의했다.

main에서 두 개의 객체를 생성한 후 죽였다. 두 객체 모두 자신의 방법대로 잘 죽는다. die 디폴트 메서드는 인터페이스에 기능을 추가한 것이지 계약을 변경한 것은 아니어서 기존의 클래스가 영향을 받지 않는다. 이미 작성되어 있는 Unit의 다른 서브 클래스도 이상 없이 잘 컴파일된다.

인터페이스는 원래 추상 메서드의 목록만 제공하여 후손 클래스가 구현해야 할 의무 사항을 강제하는 문법적 장치였다. 구체적으로 구현을 가지지 않음으로써 다중 상속의 문제를 회피하고 후손에게 구현의 자유를 부여하였으며 그동안 원론적인 역할에 충실했다. 그런데 자바 8에서 갑자기 디폴트 메서드를 도입하여 구현을 가질 수 있도록 바뀌었다.

원칙을 파괴하면서까지 인터페이스에 이런 대대적인 수술이 가해진 이유는 유용해서라기보다 기존의 코드를 충격 없이 확장하는 방법이 필요했기 때문이다. 사실 구현이 필요하다면 처음부터 인터페이스로 선언하지 말고 클래스로 만들었어야 옳다. 하지만 이미 정착되어 대중적으로 사용되는 인터페이스가 많고 요구가 늘어남에 따라 호환성을 유지하면서 확장할 필요가 생겼다.

자바 8의 라이브러리는 디폴트 메서드를 적극 활용하여 기존의 인터페이스를 확장한다. Collection 인터페이스에 스트림으로 전환하는 다음 메서드가 추가되었으며 구현까지 정의되어 있다. 따라서 ArrayList, LinkedList 등의 모든 서브 클래스가 이 메서드를 상속받아 스트림 처리를 할 수 있게 되었다.

```
default Stream<E> stream()
```

인터페이스에 구현을 포함하지 않고 이런 기능을 추가하려면 너무 번거롭다. 하위의 모든 컬렉션 클래스에 메서드를 일일이 추가해야 하니 거의 불가능에 가깝다. 디폴트 메서드는 최상위의 Collection 인터페이스에 딱 하나의 기본 구현을 정의함으로써 이 문제를 손쉽게 해결한다.

또한, 디폴트 메서드는 불필요한 빈 메서드를 일일이 구현하는 번거로움을 해소한다. 인터페이스에 선언된 모든 메서드를 다 구현해야 구체 클래스가 되는데 때로는 딱히 필요치 않은 메서드도 있다. 예를 들어 AWT의 WindowListener 인터페이스에는 일곱 개의 추상 메서드가 있다.

```
void windowActivated(WindowEvent e)
void windowClosed(WindowEvent e)
void windowClosing(WindowEvent e)
void windowDeactivated(WindowEvent e)
....
```

윈도우가 활성화될 때, 닫힐 때, 닫히기 직전에 각각의 핸들러 메서드가 마련되어 있다. 처리할 이벤트가 하나뿐이더라도 모든 핸들러를 다 구현해야 한다. 비록 비어 있더라도 계약 사항이라 어쩔 수 없다. 이것이 번거로워 모든 핸들러에 대해 빈 구현을 제공하는 WindowAdapter라는 클래스를 제공하고 이를 상속받아 원하는 핸들러만 재정의하는 편법을 사용했다.

이런 어색한 방법을 제공했던 이유는 인터페이스가 구현을 가질 수 없기 때문이다. 이제는 인터페이스에 디폴트 메서드를 둘 수 있으므로 서브 클래스가 모든 메서드를 다 구현할 의무가 없어졌으며 사실상 WindowAdapter는 불필요해졌다. 물론 과거와의 호환성을 위해 없애 버리기는 어렵지만, 앞으로는 디폴트 메서드를 활용하여 더 쉽게 구현할 수 있다.

3 정적 메서드

자바 8부터는 인터페이스에 정적 메서드를 정의할 수 있다. 정적 메서드는 객체 소속이 아니며 인터페이스에 소속되어 모든 객체가 공유하는 유틸리티 메서드이다. 구현이 있더라도 소속만 인터페이스일 뿐 자식 클래스가 구현할 의무는 없다.

인터페이스가 정적 메서드를 가지지 못할 합당한 이유는 없지만 메서드의 목록만 가져야 한다는 원칙에 집착하다 보니 금지했다. 그러나 자바 8에서 디폴트 메서드로 구현을 포함하도록 했으니 정적 메서드도 더 이상 금지할 명분이 없어졌다. Unit에 moveAttack 정적 메서드를 추가해 보자.

```
interface Unit {
    void move();
    void attack();
    static void moveAttack(Unit u) {
        u.move();
        u.attack();
    }
}

class Marine implements Unit {
    public void move() { System.out.println("아장아장"); }
    public void attack() { System.out.println("두두두두두"); }
    public void bunker() { System.out.println("쏙~ 숨었지롱"); }
}

class JavaTest {
    public static void main(String[] args) {
        Unit m = new Marine();
        Unit.moveAttack(m);
    }
}
```

실행 결과

```
아장아장
두두두두두
```

정적 메서드이므로 static 키워드를 붙이며 본체 코드도 작성한다. 유닛은 이동 중에 적을 만나면 공격할 수 있는데 이 동작은 모든 유닛에 공통적인 것이므로 아예 최상위 인터페이스에 정적 메서드로 선언했다.

이동 중 공격을 위해 지정한 좌표까지 이동하며 만나는 모든 적을 공격하는 코드를 작성하되 예제에서는 적이 없어 편의상 move와 attack만 순서대로 호출했다. 정적 메서드여서 호출할 때 객체 이름이 아니라 인터페이스 이름으로 호출하며 대상 유닛은 인수로 전달한다. main에서 Marine 객체를 만들어 이동하면서 공격해 보았다.

모든 후손이 공유하는 기능을 제공하는 정적 메서드는 public으로 공개하는 것이 보통이다. 그러나 자바 9부터는 인터페이스 내부에서만 사용하는 기능을 private로 숨길 수도 있다. 예를 들어 유닛의 이동 경로를 찾는 유틸리티 메서드를 작성해 두고 moveAttack에서만 호출한다면 굳이 외부로 공개할 필요가 없다.

```
private static void getPath(Unit u) {
}
```

안심Touch

비공개 메서드는 후손에게 공개되지 않아 인터페이스 내부에서만 사용할 수 있다. 인터페이스가 코드를 가질 수 있게 되고 그러다 보면 반복되는 코드가 생길 수 있으니 내부에서만 사용할 비공개 메서드가 필요해졌다.

인터페이스에 정적 메서드를 선언할 수 없던 시절에는 인터페이스에 공통적인 동작을 별도의 클래스로 정의했다. 예를 들어 Collection의 공통 연산인 정렬이나 검색 기능을 Collections(뒤의 s에 유의) 클래스에 작성했으며 이 클래스 안에 sort, fill, binarysearch 메서드를 정적으로 선언했다.

새로 만든다면 Collections 클래스는 불필요하며 Collection 안에 관련 알고리즘을 정적으로 구현하는 것이 바람직하다. 인터페이스 따로, 유틸리티 기능 구현 따로여서 지저분했는데 통합하니 깔끔하고 쓰기도 쉽다. 그러나 지금은 하위 호환성 유지를 위해 이 구조를 그대로 지킬 수밖에 없다. 이미 잘 쓰고 있는 자바 라이브러리를 뜯어고칠 수는 없는 노릇이다.

4 다중 구현 상속

클래스와 인터페이스는 분명히 구분되며 역할과 용도가 확실히 달랐다. 그러나 자바 8에서 인터페이스가 구현을 가지게 됨으로써 둘 사이의 경계가 애매해졌다. 현재의 인터페이스는 추상 클래스와 비슷해서 추상 메서드와 구체 메서드를 모두 가질 수 있다.

그러나 아직도 분명한 차이점이 있다. 클래스는 필드를 가질 수 있지만, 인터페이스는 오로지 메서드로만 구성되며 정적 상수 필드만 가질 수 있다. 또 다른 차이점은 인터페이스는 클래스와는 달리 다중 상속이 가능하다는 점이다. 앞에서 클래스와 인터페이스를 조합하여 복잡하게 만들었던 다중 상속 예제를 인터페이스로 만들면 깔끔해진다.

multiinherit2

```java
interface HandPhone {
    default void call() { System.out.println("전화를 건다."); }
    default void receive() { System.out.println("전화를 받는다."); }
}

interface Camera {
    default void takepicture() { System.out.println("찰칵. 사진을 찍는다."); };
}

class HandPhoneCamera implements HandPhone, Camera {
}

class JavaTest {
    public static void main(String[] args) {
        HandPhoneCamera myphone = new HandPhoneCamera();
```

```
        myphone.call();
        myphone.takepicture();
    }
}
```

실행 결과	전화를 건다. 찰칵. 사진을 찍는다.

이 예제의 HandPhone과 Camera는 interface 키워드로 정의했지만, default 키워드로 구현 메서드를 가진다. 클래스 정의문의 implements 절에 얼마든지 많은 인터페이스를 나열할 수 있으니 다중 구현 상속도 가능하다. 두 인터페이스를 상속받는 HandPhoneCamera는 아무런 코드 없이 상속만으로 모든 기능을 물려받아 전화도 잘 걸고 사진도 잘 찍는다.

인터페이스와 디폴트 메서드를 이용한 다중 상속은 원래 의도했던 효과는 아니다. 오히려 더 골치 아픈 문제를 야기하는 결과를 초래하고 말았다. 여러 개의 인터페이스를 상속받고 그중 이름이 같은 메서드가 있을 경우 애매함이 발생한다. 다음 코드를 보자.

```
interface A {
    default void print() { System.out.println("인쇄한다."); }
}

interface B {
    default void print() { System.out.println("출력한다."); }
}

class C implements A, B { }
```

A와 B가 똑같은 시그니처로 print라는 디폴트 메서드를 구현했으며 본체의 코드는 다르다. 클래스 C는 A와 B를 동시에 상속받는데 둘 다 인터페이스이므로 문법적으로 합당하다. 그러나 이 상태에서 C 클래스의 객체가 print 메서드를 호출하면 과연 어떤 print를 선택할까? 이런 애매한 상황을 위해 자바는 다음과 같은 우선순위 규칙을 마련해 놓았다.

❶ 클래스와 인터페이스가 같은 메서드를 정의하면 클래스가 우선이다.
❷ 인터페이스끼리 같은 메서드를 정의하면 가까운 조상이 우선이다.

그러나 위 코드는 둘 다 인터페이스이고 둘 다 바로 위의 조상이어서 애매한 상황이다. C에서 print를 호출하면 어떤 메서드를 원하는지 정확히 알 수 없어 컴파일러는 에러로 처리한다.

```
Duplicate default methods named print with the parameters () and () are inherited from the types B and A
```

똑같은 시그니처를 가지는 print 메서드가 두 조상 인터페이스에 동시에 선언되어 있어 어떤 메서드를 호출할지 결정할 수 없다는 뜻이다. 이전에도 이런 경우가 있었지만 추상 메서드끼리 충돌이 발생해도 구현이 없어 문제되지 않았다. 누구로부터 상속을 받았건 하위의 클래스가 구체적으로 구현하니 애매하지 않다.

그러나 디폴트 메서드는 구현이 있기 때문에 어떤 구현을 선택해야 하는지의 문제가 발생한다. 이 문제를 꼭 해결하려면 C에서 중복된 메서드를 재정의하고 여기서 누구의 메서드를 호출할 것인지 다음 구문으로 분명히 밝힌다.

```
parent.super.method(....)
```

super 키워드 앞에 어떤 조상을 의미하는지 인터페이스명을 명확하게 밝히는 것이다. 다음 코드는 이상 없이 컴파일된다.

| superinterface | 실행 결과 |
```
interface A {                                              인쇄한다.
    default void print() { System.out.println("인쇄한다."); }
}

interface B {
    default void print() { System.out.println("출력한다."); }
}

class C implements A, B {
    public void print() {
        A.super.print();
    }
}

class JavaTest {
    public static void main(String[] args) {
        C c = new C();
        c.print();
    }
}
```

C의 print에서 A.super.print()를 호출했다. C 객체에 대해 print를 호출하면 A로부터 상속받은 print 메서드를 호출함을 밝혔다. 이렇게 하면 애매하지 않아 컴파일 가능하다. B.super.print()를 호출하면 물론 "출력한다."라는 메시지가 나타난다.

위 예제는 다중 상속의 가장 쉬운 문제를 보여 주는데 이 외에도 굉장히 골치 아프고 민감한 문제가 많다. 실전에서 거의 발생하지 않지만 드물게라도 발생할 수 있어 규칙을 마련하여 해결책을 제시할 수밖에 없다. 자바도 나름 복잡한 해결책을 제시하지만, 상세히 다루지 않기로 한다.

다중 상속은 말썽이 많고 논란도 많은 기능이다. 그나마 자바에서는 메서드만 충돌하며 일부러 예를 만들지 않는 한 빈도도 낮다. 반면 C++은 필드도 충돌할 수 있어 말썽의 여지가 더 많다. 다중 상속이 무조건 비판받을 기능은 아니며 실용적으로 사용되는 예도 있다. 자잘한 클래스를 만들어 놓고 조합해서 필요한 것만 골라 쓸 수 있어 때로는 유용하게 쓰이기도 한다.

자바는 애초부터 다중 상속을 문법에서 제외했다. 그러나 인터페이스의 버전 관리를 위해 디폴트 메서드가 도입되고 구현이 가능해짐으로써 자연스럽게 다중 구현 상속도 가능해졌다. 원래 의도한 결과가 아니므로 가능하다 하더라도 다중 상속은 여전히 기피해야 할 대상이다. 문제 해결 방법을 배우는 것보다는 문제를 일으키지 않는 편이 더 바람직하다.

연습문제

01 추상 메서드의 정의는 무엇인가?

① 부모의 기본 구현을 모든 후손이 공유하는 메서드

② 본체의 코드가 없는 메서드

③ 인수가 없는 메서드

④ 리턴값이 없는 메서드

02 추상 클래스에 대한 설명으로 옳지 않은 것은?

① 추상 메서드가 있으면 클래스도 추상이어야 한다.

② 추상이 아닌 메서드도 가질 수 있다.

③ 추상 메서드가 없어도 abstract로 지정하면 추상 클래스가 된다.

④ 객체를 생성할 수 없다.

03 인터페이스 소속의 메서드가 가지는 기본 지정자는 무엇인가?

① abstract

② public abstract final

③ abstract final

④ public abstract

_ 패키지

Java

14-1 패키지

1 클래스 파일

자바 컴파일러는 소스 파일 하나에 대해 목적 파일을 만드는 것이 아니라 클래스 하나에 대해 클래스 파일을 각각 따로 만든다. Car 클래스 예제는 소스 파일은 하나이지만, 두 개의 클래스가 정의되어 있어 bin 폴더에 두 개의 클래스 파일을 생성한다.

```
Car.class
JavaTest.class
```

이 파일 안에 클래스를 컴파일한 바이트 코드가 들어 있다. 자바 가상 머신은 필요할 때 클래스를 로드하여 객체를 생성하고 메서드를 호출하는 동적 로딩을 지원한다. 그러기 위해서는 파일 단위가 아닌 클래스 단위로 컴파일해야 한다. 실제 프로젝트에서는 클래스별로 소스 파일을 각각 작성하는 것이 이상적이다.

01_ 프로젝트를 만들어 보자. 이클립스 메뉴에서 [File] – [New] – [Java Project] 항목을 선택하여 새 프로젝트를 만들고 이름은 CarTester로 지정한다.

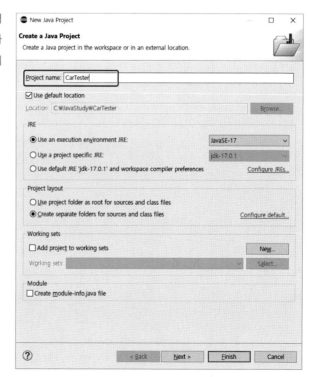

02_ 프로젝트 탐색기의 src 노드에서 팝업 메뉴를 열고 [New] - [Class] 항목을 선택하여 CarTester 클래스를 생성하되 아래쪽의 main 메서드 생성 옵션을 선택한다.

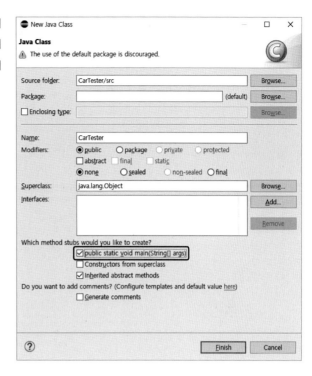

03_ CarTester.java 파일이 생성되며 편집창에 CarTester 클래스와 main 메서드의 뼈대가 미리 입력되어 있다. 메서드 안쪽에 다음 코드를 작성한다.

CarTester

```java
public class CarTester {
    public static void main(String[] args) {
        Car korando = new Car();
        korando.name = "코란도C";
        korando.gasoline = false;

        korando.run();
        korando.stop();
    }
}
```

Car 객체를 생성하고 메서드를 호출해 봄으로써 자동차가 잘 굴러가는지 테스트하는 간단한 코드이다. 아직 Car 클래스를 정의하지 않아 일시적으로 에러 메시지가 출력된다.

04_ Car 클래스는 별도의 파일에 정의해 보자. 팝업 메뉴에서 [New] – [Class] 항목을 선택하고 Car 클래스의 소스 파일을 작성한다. 이름만 Car로 입력하고 나머지는 디폴트를 받아들인다.

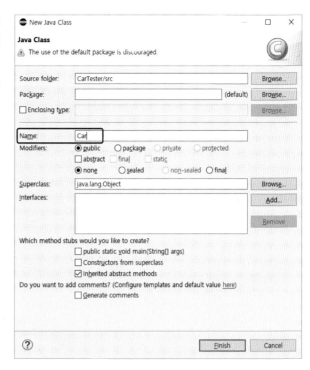

05_ 편집창에 Car.java 파일이 열리면 다음 소스를 입력하여 Car 클래스를 정의한다. 앞에서 이미 다 실습했던 익숙한 클래스이다.

Car

```java
public class Car {
    String name;
    boolean gasoline;

    void run() {
        if (gasoline) {
            System.out.println("부릉부릉");
        } else {
            System.out.println("덜컹덜컹");
        }
    }
    void stop() {
        System.out.println("끼이익");
    }
}
```

실행 결과	덜컹덜컹 끼이익

06_ 두 파일을 작성한 후 실행하면 CarTester 클래스의 main 메서드에서 Car 객체를 생성하여 잘 동작한다. CarTester 클래스와 Car 클래스가 다른 파일에 정의되어 있지만 같은 디렉터리에 있어 서로를 찾을 수 있다. bin 폴더에 다음 두 개의 클래스 파일을 생성한다.

```
Car.class
CarTester.class
```

한 소스 파일에 같이 있건 별도의 소스 파일에 나누어 정의하건 클래스별로 하나씩 클래스 파일을 만든다. 클래스끼리 중첩되는 복잡한 형태도 있는데 이 경우에도 내부 클래스는 별도의 파일로 컴파일한다. 소속된 외부 클래스 이름을 접두로 붙여 "외부클래스명$내부클래스명" 식으로 파일을 만든다. 예를 들어 Human 클래스에 소속된 Name 클래스의 경우 다음 파일을 생성한다.

```
Human$Name.class
```

이름이 없는 익명 클래스는 "소속클래스$일련번호" 형식으로 클래스 파일명을 만든다. 익명 클래스가 하나밖에 없다면 1번이며 계속 1씩 증가하는 번호가 붙는다.

```
JavaTest$1.class
```

내부 클래스나 익명 클래스까지도 클래스당 파일 하나의 원칙을 지킨다. 실행 중에 클래스를 동적으로 로드하려면 클래스별로 컴파일해야 한다. 클래스 파일명은 가상 머신이 사용하며 코드에서 직접 참조하지 않아 개발자가 굳이 이런 규칙까지 알 필요는 없다. 하지만 안드로이드 같은 특수한 개발환경에서는 클래스 파일명을 참조하는 경우가 있어 대충은 알아 두어야 한다.

실무 프로젝트는 클래스가 거대하고 개수도 많아 클래스당 별도의 소스 파일로 관리하는 것이 정석이다. 그러나 학습용 예제에서 클래스마다 소스를 일일이 만드는 것은 너무 번거로운 일이다. 파일이 분리되어 있으면 내용을 파악하기 어려워 편의상 한 파일에 관련 클래스를 모두 작성하는 방식을 취한다.

2 **명칭의 고유성**

코드에서 사용하는 명칭은 서로 구분 가능해야 하므로 고유한 이름을 가져야 한다. 같은 이름으로 두 개의 변수를 선언할 수 없음은 상식적이다. 그러나 소속이 다르면 같은 이름을 사용할 수 있다. 다른 클래스의 멤버끼리 이름이 중복되는 것은 상관없다.

```
class A {
    int value;
}
```

```
class B {
    double value;
}
```

필드를 칭할 때 a.value, b.value 식으로 소속 객체를 밝히므로 누구의 필드를 칭하는지 분명히 알 수 있다. 클래스는 명칭을 담는 네임스페이스이며 그 안에서는 외부의 명칭에 신경 쓸 필요 없이 멤버 이름을 자유롭게 붙일 수 있다. 그렇다면 클래스는 어떨까? 클래스도 이름으로 구분하며 프로젝트 전체에 알려지므로 고유한 이름을 가져야 한다. 다음 코드는 에러이다.

```
class Human { ....}
class Human { ....}
```

클래스의 이름도 유일해야 하는데 예상외로 골치 아픈 문제가 많다. 혼자 수행하는 프로젝트라면 중복되지 않게 이름을 붙이지만, 팀 프로젝트는 개발자끼리 우연히 같은 이름을 쓸 소지가 다분하다. 또한 외부 라이브러리의 클래스와 이름이 중복되는 경우도 빈번하다.

이름 중복을 해결하기 위한 근본적인 방안이 필요하다. 필드를 클래스에 소속시키듯 클래스도 더 큰 범위에 소속시켜야 하는데 이런 기능을 제공하는 것이 패키지이다. 패키지는 클래스와 인터페이스를 담는 통이며 소속 패키지가 다르면 명칭이 같아도 패키지 경로로 구분할 수 있다.

패키지 선언문은 소스의 처음에 다음 구문으로 선언하며 이후 선언되는 모든 클래스가 패키지에 포함된다. 어떤 코드보다 앞에 있어야 하며 패키지 선언문보다 앞에 올 수 있는 것은 주석밖에 없다. 소스 파일 하나에 대해 딱 한 번만 선언할 수 있다.

```
package 이름;
```

패키지는 포함된 클래스의 성격을 잘 설명하는 이름을 붙인다. 그러나 패키지 이름도 마음대로 붙일 수 있는 명칭이다 보니 이 또한 충돌할 가능성이 있다. utility나 network, graphic 같은 이름은 워낙 일반적이고 누구나 사용하는 것이어서 충돌 가능성이 농후하다.

같은 회사 내부라면 팀끼리 패키지명을 미리 약속하거나 충돌 발생 시 조정할 수 있지만, 여러 회사의 연합 프로젝트는 패키지명을 일일이 협의하기 어렵다. 게다가 제3자 라이브러리와 충돌하면 조정할 방법이 없다. 결국 문제는 다시 원점으로 돌아와 버리는데 그 만큼 고유한 이름을 붙이는 것이 어렵다.

그래서 패키지명을 작성하는 관행을 정해 놓고 준수한다. 여러 단어를 조합하되 각 단어 사이에 점을 넣어 단계를 구분하며 유일성을 보장하기 위해 도메인명을 권장한다. 도메인은 국제기구에 의해 전세계적인 유일성을 보장하여 충돌 위험이 거의 없다.

도메인명은 유일성을 확보하면서도 만든 주체를 명시하는 효과가 있어 패키지명으로 쓰기에 제격이다. 도메인은 앞쪽에 좁은 범위가 오고 뒤에 국가명이 오지만, 패키지명은 반대로 뒤집어 넓은 범위를 앞에 둔다. 예를 들어 soensoft.co.kr 회사는 다음과 같이 패키지명을 작성한다.

```
package kr.co.soensoft;
```

soensoft가 회사명이고 kr이 국가명인데 넓은 범위의 국가명을 앞에 둔다. 이 회사의 개발자는 회사 패키지명 뒤에 자신의 id를 적어 kr.co.soensoft.kim, kr.co.soensoft.lee 따위로 개인 패키지명을 사용하며 그 아래에 용도나 프로젝트명에 따라 세부 패키지명을 더 만들 수 있다. 다음은 패키지명을 만드는 규칙이다.

- 패키지명의 각 단계는 고유한 명칭이므로 명칭 규칙에 맞아야 한다. 대소문자를 구분하며, 예약어를 사용할 수 없고 숫자로 시작해서도 안 된다. 회사명이 double이라고 해서 kr.double 따위로 지을 수는 없다.
- 첫 번째 식별자가 java인 패키지는 JDK에 의해 시스템용으로 예약되어 있어 개인 개발자는 이 명칭을 쓰지 말아야 한다.
- 패키지명은 전부 소문자를 쓰는 것이 관례이다. 거의 반강제적이므로 대문자는 일체 사용해서는 안 된다. 대소문자를 구분하는 파일 시스템은 SOENSOFT와 soensoft 디렉터리가 동시에 존재할 수 있는데 혼란을 방지하기 위해 전부 소문자로 쓴다.

패키지명을 지정하지 않으면 이름이 없는 디폴트 패키지(unnamed package)를 사용하며 별도의 디렉터리를 구성하지 않고 src 폴더에 소스 파일을 생성한다. 지금까지의 실습에서는 패키지명을 밝히지 않았는데 디폴트 패키지를 사용한 셈이다. 예제 수준에서는 디폴트 패키지만 해도 충분하지만 실제 프로젝트에서는 패키지를 조직적으로 잘 구성해야 한다.

③ PackageTest

패키지를 만들고 사용하는 실습을 해 보자. 코드보다는 구성 파일을 생성하는 절차와 디렉터리 구조를 익히는 것이 중요해 직접 프로젝트를 만들어 봐야 한다.

01_ 이클립스 메뉴에서 [File] – [New] – [Java Project] 항목을 선택하여 새로운 프로젝트를 만든다. 프로젝트명만 PackageTest로 입력하고 나머지 옵션은 디폴트를 받아들인다. [Finish] 버튼을 클릭하면 클래스가 하나도 없는 빈 프로젝트가 만들어진다.

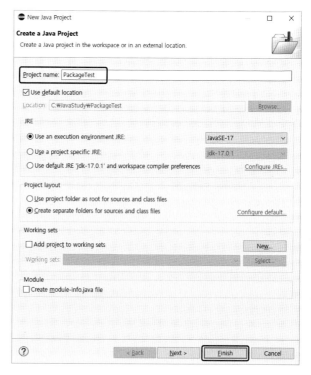

02_ 패키지 탐색기의 src 노드에서 팝업 메뉴를 열고 [New] – [Class] 항목을 선택하여 PackageTest 클래스를 생성한다. Package란에 kr.soen을 입력하여 패키지 이름을 지정하고, 클래스 이름은 PackageTest로 입력했으며, 아래쪽의 main 옵션도 선택한다. 패키지만 따로 만들 수 있지만, 소스 파일을 만들 때 같이 만드는 것이 편리하다. [Finish] 버튼을 클릭한다.

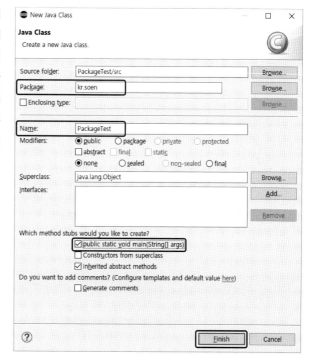

03_ 다음 소스를 생성하여 편집창에 열릴 것이다. 지금까지의 예제와는 달리 소스 선두에 package kr.soen; 패키지 선언문이 있다. 프로젝트 탐색기를 보면 kr.soen 패키지 안에 PackageTest.java 파일이 위치한다.

04_ 다른 패키지에 클래스를 또 만들어 보자. 패키지 탐색기의 src 노드에서 [New] – [Class] 항목을 선택하여 클래스를 만든다. 유틸리티 메서드를 저장할 클래스를 만들기 위해 UtilClass라는 이름을 주었다. 개발자의 성이 김가라 패키지 명 뒤에 kim을 더했는데 김과장이 만든 클래스를 이 패키지에 저장한다는 뜻이다.

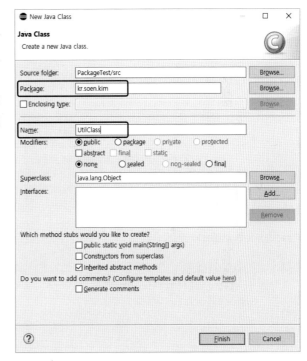

05_ 편집창에 다음 메서드를 작성한다. 메서드가 호출되는 것을 확인하기 위해 문자열만 하나 출력한다. 외부의 다른 패키지에서 사용할 클래스는 반드시 public 속성으로 선언하여 공개해야 하며 메서드도 public이어야 한다.

UtilClass

```
package kr.soen.kim;

public class UtilClass {
    public static void utilMethod() {
        System.out.println("김과장의 유틸리티");
    }
}
```

06_ 이 상황에서 같은 프로젝트의 팀원인 박대리도 자신의 유틸리티 클래스를 만든다고 해 보자. 팀원마다 필요로 하는 기능이 다르니 각자 취향대로 클래스를 만든다. 팝업 메뉴의 [New] – [Class] 항목을 선택하여 다음 클래스를 추가한다. Package란에는 kr.soen.park이라고 적어 박대리가 만든 패키지임을 명시한다. 박대리도 유틸리티 메서드를 모아두는 클래스라는 의미로 UtilClass라는 이름을 붙였는데 김과장이 만든 클래스와 우연히 이름이 같다. 실습을 위해 의도적으로 같은 이름을 붙였는데 실제 프로젝트에서도 이런 상황은 빈번히 발생한다.

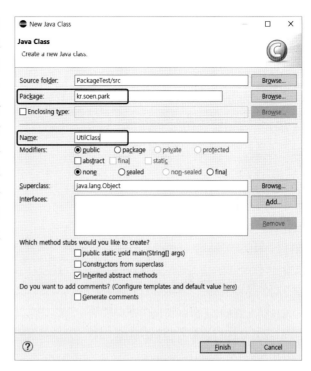

07_ 소스에 다음 메서드를 작성한다.

UtilClass

```
package kr.soen.park;

public class UtilClass {
    public static void utilMethod() {
        System.out.println("박대리의 유틸리티");
    }
}
```

클래스 이름이 똑같고 심지어 메서드 이름까지 똑같다. 그러나 소속된 패키지가 달라 상호 구분할 수 있다. 메인에서 이 메서드를 호출해 보자.

PackageTest

```
package kr.soen;

public class PackageTest {

    public static void main(String[] args) {
        kr.soen.kim.UtilClass.utilMethod();
        kr.soen.park.UtilClass.utilMethod();
    }
}
```

실행 결과

```
김과장의 유틸리티
박대리의 유틸리티
```

패키지에 속해 있는 클래스는 앞에 소속 패키지를 밝혀야 한다. 그렇지 않으면 현재 패키지에서 찾기 때문에 정의되지 않은 클래스라는 에러가 발생한다. 똑같은 UtilClass라도 앞에 붙어 있는 패키지 경로에 따라 어떤 클래스인지 알 수 있어 정확한 메서드를 호출한다.

패키지를 사용하여 이름 충돌 문제를 멋지게 해결했다. 패키지 내에서는 외부의 명칭에 신경 쓸 필요 없이 자유롭게 이름을 붙일 수 있다. 이클립스로 프로젝트를 만들 때는 대화상자를 통해 패키지 경로를 지정하지만 명령행으로 컴파일할 때는 −d 옵션으로 클래스 파일을 생성할 디렉터리를 지정하거나 컴파일 후에 개발자가 직접 디렉터리 구조를 만들어야 한다.

4 디렉터리 구조

자바 소스 파일을 컴파일하면 클래스 이름으로 된 이진 파일을 생성한다. 그래서 클래스 이름과 클래스를 정의하는 파일명이 일치해야 한다. 예를 들어 PackageTest 클래스는 PackageTest.java 파일에 저장하는 것이 원칙이다. 이 파일의 클래스 이름을 파일명과 다르게 변경하면 에러이다.

```
public class PackageTest2 {
    ....
}
```

반대로 파일명을 클래스명과 다르게 바꿔도 역시 에러 처리된다. 클래스명과 파일명이 반드시 일치해야 하는 이유는 클래스를 로드할 때 파일명으로 검색하기 때문이다. Car 클래스를 참조하면 Car.java를 로드하는 식이다.

클래스를 파일로 저장하는 것에 비해 패키지는 디렉터리를 구성한다. 패키지명을 구성하는 각 요소 하나가 디렉터리 하나를 생성한다. 패키지별로 디렉터리 경로가 달라 같은 이름의 클래스 파일을 저장할 수 있다. 앞에서 작성한 PackageTest 프로젝트의 디렉터리 구조는 다음과 같으며 UtilClass.java 파일이 두 개지만 위치가 다르다.

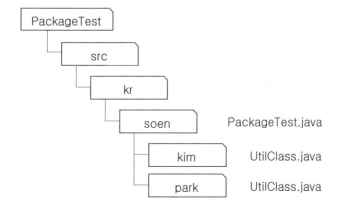

탐색기로 프로젝트의 디렉터리 구조를 직접 확인할 수 있다. 이클립스의 Navigator 뷰에서도 물리적인 디렉터리 구조를 볼 수 있는데 디폴트로 이 뷰는 숨겨져 있어 [Window] – [Show view] 메뉴에서 [Navigator] 항목을 선택해야 보인다. 패키지 탐색기는 구성 파일을 논리적으로 보여 주는데 비해 내비게이터는 물리적인 구조를 있는 그대로 보여 준다.

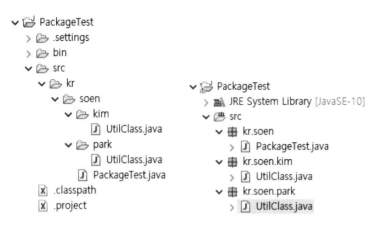

이름이 같은 두 개의 UtilClass.java 소스 파일이 각각 다른 디렉터리에 있다. 소스 파일뿐만 아니라 bin 폴더 안에도 똑같은 디렉터리 구조를 생성하며 패키지명으로 된 서브 디렉터리에 컴파일한 클래스 파일을 저장한다.

클래스 이름은 소스 파일과 같고, 패키지명은 소스를 저장하는 디렉터리 경로와 같다. 따라서 이들을 변경하려면 파일명과 디렉터리 경로도 같이 변경해야 한다. 예를 들어 박대리가 퇴사하고 이대리에게 업무를 인수인계하여 kr.soen.park 패키지를 kr.soen.lee로 변경하고 싶다고 하자. 패키지 선언문만 다음과 같이 바꾸면 될까?

```
package kr.soen.lee;
```

패키지명은 바뀌지만 실제 이 파일이 들어 있는 src/kr/soen/park 폴더는 그대로여서 디렉터리 경로와 패키지 이름이 불일치해 클래스 파일을 찾지 못한다. 패키지명을 변경하려면 폴더명을 변경하고, 패키지 선언문, 참조문도 모조리 수정해야 한다.

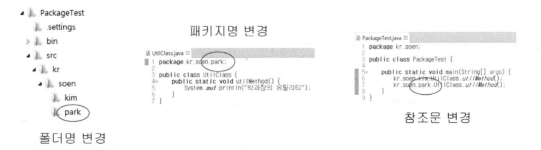

그나마 패키지 레벨이 같으면 이름만 변경하면 되지만 kr.soen.park.old 따위로 깊이가 바뀌면 실제로 디렉터리를 만들어 파일을 옮겨야 한다. 클래스명까지 바뀌면 파일 이름도 일일이 바꿔야 한다. 필요한 모든 조치를 한 후 컴파일하면 bin 폴더 아래의 디렉터리도 자동으로 갱신한다.

전부 수작업이라 성가시기도 하고 하나라도 빠뜨리면 제대로 컴파일되지 않는다. 다행히 뻔한 작업이라 개발툴이 대신 해 준다. 이클립스의 패키지 이름 변경 기능을 사용하면 폴더명은 물론 패키지 선언문 및 참조문을 일괄 변경해 준다. 패키지 탐색기의 kr.soen.park 노드에서 팝업 메뉴를 열고 [Refactor] – [Rename] 항목을 선택한다.

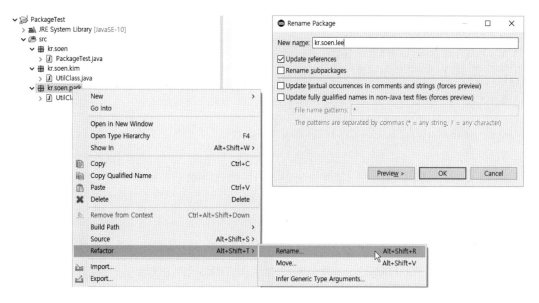

이 대화상자에서 패키지 경로를 변경하면 이클립스가 필요한 모든 조치를 취한다. 디렉터리 레벨이 바뀌어도 정확하게 바꿔 주며 폴더명, 파일명뿐만 아니라 패키지 선언문, 참조문까지 몽땅 수정하여 바로 컴파일 가능하다.

다음 실습을 위해 kr.soen.park으로 원상 복구 시켜 놓도록 하자. 사실 패키지명을 변경하는 경우는 그리 흔하지 않다. 처음 패키지명을 정할 때 잘 정하고 가급적이면 변경하지 않는 것이 이상적이다. 이 실습을 통해 패키지가 디렉터리 경로라는 것을 이해하는 것이 중요하다.

14-2 패키지 액세스

1 클래스의 액세스 지정자

액세스 지정자는 클래스 자체에도 붙인다. 클래스는 완전히 숨길 필요가 없고 패키지 간에 상속하지 않아 private나 protected 지정자는 의미가 없으며 public 액세스 지정자 딱 하나만 붙일 수 있다. 이 액세스 지정자를 붙이는가 아닌가에 따라 클래스의 액세스 범위가 달라진다.

- **public 클래스**: 패키지 바깥으로 알려지며 외부에서 객체를 생성할 수 있다. 프로젝트 전체에서 사용 가능한 공개 클래스이다.
- **default 클래스**: 지정자를 생략하면 디폴트 액세스 지정자가 적용되며 이 경우 패키지 내에서만 사용할 수 있다. 패키지 간에는 공유하지 않는다.

PackageTest 예제의 UtilClass는 모두 public이며 마법사가 소스를 만들 때부터 아예 public 지정자를 미리 붙여 놓았다. 클래스는 원래 부품으로 사용하기 위해 선언하는 것이니 공개하는 것이 합당하다. kim 패키지의 UtilClass 앞에 있는 public 지정자를 잠시 제거해 보자.

```
package kr.soen.kim;

class UtilClass {
    ....
```

액세스 지정자를 바꾸어도 클래스 선언문 자체는 에러가 아니다. 하지만 이 클래스를 사용하는 PackageTest.java에서 kim 패키지의 UtilClass가 보이지 않아 객체를 생성할 수 없다는 에러가 발생한다.

```
The type kr.soen.kim.UtilClass is not visible
```

public 지정자가 없어 외부 패키지에서 이 클래스를 사용할 수 없다. 다른 패키지에서 사용할 클래스는 반드시 public 액세스 지정자를 붙여야 한다. 지금까지 실습용으로 만든 예제 클래스는 디폴트 패키지 안에서만 사용하므로 public 지정자를 붙이지 않았다.

다음 예제는 kr.soen.choi 패키지에 있는 Car 객체를 생성하고 테스트한다. 앞에서 실습한 대로 패키지 안에 소스 파일을 작성하면 된다.

```
Car
```

```java
package kr.soen.choi;

public class Car {
    String name;
    boolean gasoline;

    public Car(String aName, boolean aGasoline) {
        name = aName;
        gasoline = aGasoline;
    }

    public void run() {
        if (gasoline) {
            System.out.println("부릉부릉");
        } else {
            System.out.println("덜컹덜컹");
        }
    }

    public void stop() {
        System.out.println("끼이익");
    }
}
```

지금까지 실습에 사용하던 Car 클래스와 같되 디폴트 패키지가 아닌 별도의 패키지 안에 포함시켰고 public 액세스 지정자를 붙였다는 것만 다르다. 이 클래스는 kr.soen 패키지의 PackageCarTester 클래스에서 사용한다.

```
PackageCarTester                                        실행 결과
```

```java
package kr.soen;                              부릉부릉
                                              끼이익
public class PackageCarTester {
    public static void main(String[] args) {
        kr.soen.choi.Car tivoli = new kr.soen.choi.Car("티볼리", true);
        tivoli.run();
        tivoli.stop();
    }
}
```

외부 패키지의 Car 클래스로 tivoli 객체를 생성한 후 달려 보고 멈추어 보았다. 클래스명 앞에 패키지 명이 붙어 있을 뿐 일반적인 객체 생성문과 같다. Car 클래스가 다른 패키지에 정의되어 있어도 public 클래스여서 객체가 잘 생성된다. Car 클래스 선언문 앞에 public을 빼 클래스를 숨기면 찾지 못한다. 뿐만 아니라 생성자의 public 액세스 지정자를 빼도 에러이다.

```
Car(String aName, boolean aGasoline) { }
```

이렇게 되면 Car 클래스 자체는 외부로 알려지지만, 생성자가 숨겨져 객체를 생성할 수 없다. 외부에서 사용할 클래스는 생성자도 public이어야 한다. 마찬가지로 run, stop 등의 일반 메서드도 외부에서 호출하려면 public으로 선언한다. 무조건은 아니고 외부 패키지에서 이 메서드를 필요로 하는가 아닌가에 따라 선택하되 패키지 내에 공개한다면 전체 공개가 합당하다.

자바의 소스 파일명은 클래스 이름을 따라가는데 정확하게는 public 클래스 이름과 일치해야 한다. 따라서 소스 파일 하나당 public 클래스는 딱 하나만 있어야 한다. public이 아닌 클래스는 얼마든지 있어도 상관없다. 자동차를 더 조직적으로 구성하기 위해 세부 부품을 별도의 클래스로 정의하고 싶다면 Car.java 소스 파일에 각 부품을 클래스로 정의한다.

```
public class Car { .... }
class Handle { }
class Brake { }
class Wheel { }
```

아마도 Handle이나 Brake 객체가 Car 클래스에 포함되는 구조일 것이다. 만약 Handle 클래스를 외부에서도 사용한다고 해 보자. 외부로 공개할 클래스이므로 public만 붙이면 될 것 같다.

```
public class Car { .... }
public class Handle { }
....
```

그러나 이 선언문은 "소스 하나당 public 클래스 하나"의 규칙을 어겨 에러이다. public 클래스를 별도의 파일로 만들라는 안내문이 나타난다. 꼭 Handle 클래스를 외부로 공개하고 싶다면 방법은 간단하다. Car.java에 빌붙지 말고 Handle.java 소스 파일을 만들어 독립하면 된다.

```
The public type Handle must be defined in its own file
```

그렇다면 소스 파일 하나당 public 클래스 하나라는 강제 규칙이 꼭 필요한 이유는 무엇일까? 사실 문법만을 놓고 따져 본다면 군이 그래야 할 필연적인 이유는 없다. 하지만 자바의 클래스 로딩 절차가 클래스 이름으로부터 파일을 찾도록 되어 있어 이런 규칙이 필요하다. 클래스를 가급적 잘게 분할해 놓으면 로드의 효율성이 좋아진다.

이런 규칙이 없을 때도 과거의 개발자들은 소스 파일 하나당 하나의 클래스를 작성하는 원칙을 지켰다. 컴파일 속도를 높이기 위한 이유도 있었고 한 파일에 여러 클래스를 작성하는 것은 득보다 실이 많았기 때문이다. 자바는 개발자의 바람직한 습관을 문법에 포함시켜 강제적인 규칙으로 정립하였다.

2 import

패키지는 네임스페이스를 제공함으로써 명칭 충돌을 멋지게 해결하지만, 너무 잘게 나눠 놓으면 클래스의 소속이 길어 번거로워진다. 클래스의 완전한 이름은 소속 패키지의 모든 경로를 포함한다. 자동차 클래스를 쓸 때마다 kr.soen.choi.Car라고 써야 하니 불편하고 오타 발생 확률도 높다. 실무의 패키지는 무척 복잡하며 수십 자가 넘기도 한다.

import 문은 소스에서 사용할 클래스의 패키지 경로를 미리 밝혀 놓는 선언문이다. 클래스를 임포트하면 컴파일러가 경로를 미리 파악해 두어 클래스명만으로 사용할 수 있다. 패키지 선언문 바로 다음에 오며 임포트할 클래스 개수만큼 여러 번 사용할 수 있다. Car 클래스를 자주 사용한다면 다음과 같이 import 문을 적는다.

```
package kr.soen;

import kr.soen.choi.Car;

public class PackageCarTester {
    public static void main(String[] args) {
        Car tivoli = new Car("티볼리", true);
        tivoli.run();
        tivoli.stop();
    }
}
```

import 문에 의해 컴파일러는 Car 클래스가 kr.soen.choi 패키지에 선언되어 있음을 미리 파악한다. 코드에서 Car 클래스 이름만 밝히면 앞에 소속 패키지 경로인 kr.soen.choi.을 알아서 붙여 준다. 만약 choi 패키지의 모든 클래스를 다 임포트하고 싶다면 * 기호를 사용한다.

```
import kr.soen.choi.*;
```

이 선언문에 의해 choi 패키지에 소속된 클래스의 경로를 모두 파악해 둔다. 현재는 choi 패키지 안에 Car밖에 없지만 Handle, Brake 등의 클래스가 있어도 이 임포트문 하나로 다 사용할 수 있다. 표준 자바 라이브러리의 패키지는 *로 몽땅 임포트하는 것이 편리하다. * 기호는 해당 패키지의 모든 클래스를 의미할 뿐 서브 패키지까지 임포트하는 것은 아니다.

```
import kr.soen.*
```

이렇게 한다고 해서 kr.soen에 속한 kim, park 패키지의 모든 클래스를 다 임포트하지는 않는다. * 기호는 모든 클래스를 의미할 뿐 모든 패키지를 의미하지는 않아 패키지별로 import 문을 따로 작성해야 한다. * 기호로 통째로 임포트하는 것은 편리하지만 너무 거대한 패키지는 이름 충돌 가능성이 커진다. 이럴 때는 꼭 필요한 클래스만 선별적으로 임포트하는 것이 좋다.

import는 어디까지나 편의를 위해 제공하는 기능일 뿐 완벽하지는 않아 또 다른 충돌을 야기할 수 있다. PackageTest 예제에서 kim, park 패키지의 UtilClass를 편리하게 사용하기 위해 다음과 같이 임포트했다고 해 보자.

```
package kr.soen;

import kr.soen.kim.UtilClass;
import kr.soen.park.UtilClass;

public class PackageTest {
    public static void main(String[] args) {
        UtilClass.utilMethod();
        UtilClass.utilMethod();
    }
}
```

UtilClass의 소속이 두 군데여서 그냥 UtilClass라고 하면 어떤 것을 의미하는지 애매해진다. 임포트한 명칭끼리 충돌하면 어쩔 수 없이 둘 중 하나만 임포트하고 나머지는 전체 패키지 경로를 밝혀야 한다. 이런 경우가 흔하지 않지만 라이브러리를 과다하게 쓰다 보면 가끔 발생하기도 한다.

```
package kr.soen;

import kr.soen.kim.UtilClass;

public class PackageTest {
    public static void main(String[] args) {
        UtilClass.utilMethod();
        kr.soen.park.UtilClass.utilMethod();
    }
}
```

임포트는 컴파일 과정에서 적용하는 선언문이다. import 문이 많으면 컴파일 속도가 약간 느려질 뿐 최종 실행 파일의 속도와는 상관없다. 임포트한 상태에서 이름이 충돌하지 않는다면 가급적 import 문을 사용하여 소스에서 클래스를 짧게 칭하는 것이 편리하다.

아무런 임포트 지정이 없더라도 Object, String, System 등 언어의 기본적인 클래스를 정의하는 java.lang.*는 항상 임포트한다. 즉, 별도의 선언이 없어도 다음 구문은 항상 선언되어 있는 셈이며 기본 클래스는 언제나 사용 가능하다.

```
import java.lang.*;
```

프로젝트가 커질수록 라이브러리를 많이 사용하며 새로운 클래스를 쓸 때마다 import 문을 작성하는 것은 번거로운 일이다. 게다가 패키지 경로가 워낙 길어 정확하게 적기도 어렵다. 이클립스에서 Ctrl +

Shift + O 단축키를 누르면 소스에서 사용하는 모든 클래스에 대해 import 문을 자동으로 작성해 준다.

3 패키지와 액세스 지정자

패키지까지 다 연구해 봤으니 이제 액세스 지정자 전체를 복습해 보자. public과 private는 완전 공개, 완전 비공개라 이해하기 쉽고, protected는 상속 관계인지에 따라, 디폴트 액세스 지정자는 같은 패키지 여부인가에 따라 액세스 가능성이 달라진다. AccessTest 예제는 이 모든 것을 테스트해 보기 위해 의도적으로 만든 것이다. 먼저 메인 소스를 보자.

AccessTest

```java
package kr.soen;

import kr.soen.library.*;

public class AccessTest {
    // 패키지 외부에서는 public 메서드만 호출 가능하다.
    public static void main(String[] args) {
        Util.mpublic();
        // Util.mprivate();
        // Util.mprotected();
        // Util.mdefault();
    }
}

class SubUtil extends Util {
    // 다른 패키지라도 상속 관계에 있으면 protected 메서드는 호출할 수 있다.
    void submethod() {
        Util.mpublic();
        // Util.mprivate();
        Util.mprotected();
        // Util.mdefault();
    }
}
```

| 실행 결과 | public method |

kr.soen 패키지에 소속되어 있으며 kr.soen.library 패키지에 작성한 Util 클래스의 메서드를 호출한다. 코드에서 주석 처리한 것은 액세스가 허용되지 않는다는 뜻이다. library 패키지의 Util 클래스는 다음과 같이 작성해 두었다.

```
package kr.soen.library;

public class Util {
    public static void mpublic() { System.out.println("public method"); }
    private static void mprivate() { System.out.println("private method"); }
    protected static void mprotected() { System.out.println("protected method"); }
    static void mdefault() { System.out.println("default method"); }

    // 같은 클래스에서는 모든 메서드를 호출할 수 있다.
    void method() {
        mpublic();
        mprivate();
        mprotected();
        mdefault();
    }
}

class UseUtil {
    // 같은 패키지 내의 클래스라도 private는 호출할 수 없다.
    void method() {
        Util.mpublic();
        // Util.mprivate();
        Util.mprotected();
        Util.mdefault();
    }
}
```

Util 클래스에는 액세스 지정자별로 메서드를 작성해 두었으며 알아보기 쉽도록 m 다음에 액세스 지정자를 명시했다. 이 메서드를 내부, 외부, 자식 클래스에서 각각 호출해 보았다. 이 예제를 통해 다음 사실을 꼼꼼히 확인하고 넘어가자.

- Util 클래스 내부의 메서드인 method에서는 액세스 지정자에 상관없이 모든 메서드를 다 호출할 수 있다. 자기 것을 자기가 부르니 제한할 이유가 없다.
- 다른 패키지인 AccessTest 클래스에서는 Util의 public 메서드만 호출할 수 있다. 공개된 메서드 외에는 전부 숨겨진 것으로 간주한다.
- 자식 클래스인 SubUtil에서는 public 외에도 protected 메서드를 더 호출할 수 있다. 비록 패키지가 다르더라도 부모, 자식 관계여서 이를 허용한다.
- 같은 패키지에 속한 UseUtil 클래스는 private를 제외한 모든 메서드를 호출할 수 있다. 상속 관계가 아니더라도 소속이 같으면 protected 메서드를 호출할 수 있고 디폴트 액세스 지정자의 메서드도 호출 가능하다.

main에서 호출 가능한 메서드는 결국 public 메서드 뿐이므로 출력은 딱 한 줄밖에 없다. 이 호출이 가능한 이유는 Util 클래스가 public이고, mpublic 메서드도 public이기 때문이다.

14-3 모듈화

1 자바 패키지의 문제

객체지향에서 세부 구현을 숨기는 캡슐화는 필수적인 기법이다. 자바의 캡슐화를 구현하는 주체는 클래스이며 필수 기능만 공개하여 편의성을 높이고 내부를 감추어 자유로운 업그레이드를 보장한다. 자바 프로그램은 수많은 클래스가 각자의 역할을 수행하고 상호작용하는 식으로 구성한다.

숱하게 많은 클래스를 기능별로 분류하여 패키지에 담는다. 패키지는 클래스를 그룹핑하고 이름 충돌을 방지하여 대규모의 프로젝트를 조직적으로 구성하고 관리하는 역할을 한다. 클래스와 패키지만으로도 실무 프로젝트에 부족함이 없었고 오랫동안 모두 잘 적응하였다. 그러나 자바가 점점 더 다양한 곳에 사용되고 규모가 커짐에 따라 여러 가지 골치 아픈 문제가 발생하기 시작했다.

첫째, 패키지의 캡슐화는 완벽하지 않다. 클래스는 액세스 지정자로 멤버의 공개 여부를 마음대로 지정하는데 비해 패키지의 정보 은폐는 약하다. 클래스를 숨길 수는 있지만, 공개 또는 비공개 둘 중 하나만 선택할 수 있어 여러 패키지에서 공용으로 사용할 클래스를 외부에 대해 숨길 수 없다. 다음 예를 보자.

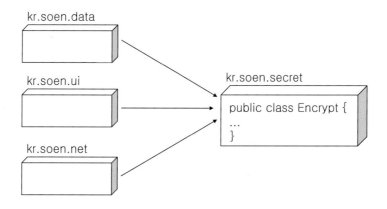

이 라이브러리는 정보를 관리하고 사용자를 대면하고 네트워크로 입출력하는 여러 가지 기능을 제공하며 기능별로 패키지를 구성한다. 라이브러리 전체에서 공통적으로 사용하는 암호화 기능을 kr.soen. secret 패키지의 Encrypt 클래스로 정의했다. 세 패키지에서 자유롭게 사용하기 위해 Encrypt는 public이어야 한다.

공용으로 사용할 클래스를 공개하면 라이브러리 내부뿐만 아니라 외부에서도 자유롭게 사용할 수 있다. 클래스는 패키지 내부로 숨길 수 있시만, 패키지는 숨겨 두고 내부에서만 사용할 방법이 없다. 이럴 때 는 문서나 가이드를 통해 내부용 패키지는 사용하지 말라고 부탁 또는 협박하는 수밖에 없는데 모든 개 발자가 이런 권장 사항을 다 지키는 것은 아니다.

이런 예는 자바 플랫폼에도 있는데 sun.*로 시작된 비밀 패키지(자바 11에서 완전히 제거되었다)는 문 서도 없고 사용하지 말라는 권고도 있지만, 개발자는 성능상의 이점이나 시스템 접근을 위해 비문서화 (Undocument)된 클래스를 귀신같이 알아내어 공공연히 사용했다. 사용자가 내부 기능을 직접 사용하 면 이후 자유롭게 유지, 보수할 수 없다. 그래서 문법적으로 완전히 숨길 수 있는 강한 캡슐화(Strong Encapsulation)가 필요해졌다.

둘째, 빌드 단계에서 프로그램 구동에 필요한 모든 클래스가 다 있는지 확인할 수 없다. 자바는 동적 로 딩을 통해 필요한 클래스를 실행 중에 로드한다. 덕분에 시작이 빠르고 생성할 클래스를 선택할 수 있지 만, 실행 직후에는 누락 사실을 바로 알 수 없다는 문제가 있다. 암호화를 위해 여러 가지 알고리즘을 필 요에 따라 골라 사용할 수 있다고 하자.

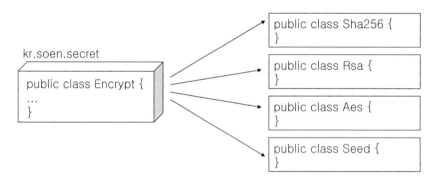

디폴트 알고리즘은 Sha256으로 되어 있고 대개의 경우는 큰 문제가 없다. 잘 실행되다가 사 용자가 알고리즘을 Seed로 바꾸면 실행 중에 이 클래스를 찾는다. 있으면 다행이지만 없으면 NoClassDefFoundError가 발생하며 다운되어 버린다. 클래스 누락을 방지하려면 실행 중에 로드되 는 클래스가 다 있는지 수작업으로 일일이 확인하는 수밖에 없다.

이런 골치 아픈 문제를 해결하기 위해 외부 의존성을 관리하는 빌드 툴이 많이 발표되었지만, 완벽한 유 효성을 보장하지 못한다. 규모가 커지면 어떤 클래스가 실행 중에 로드될지 예측하기 어렵고 라이브러 리가 사용하는 클래스까지 완벽하게 점검하기 어렵다. 외부 도구에 의존하던 기능을 언어가 확실하게 제공하여 구성의 신뢰성(reliable configuration)을 확보할 필요가 생겼다.

같은 클래스의 중복 포함이나 버전 간의 미묘한 차이도 골치 아픈 문제가 된다. 팀 프로젝트에서는 각자 쓰는 클래스가 달라 똑같거나 유사한 클래스가 여러 번 포함되기도 한다. 가상 머신이 어떤 것을 로드할 지 예측하거나 통제하기 어려운데 이 문제를 JAR Hell이라고 한다. 클래스 집합끼리 꼬여 지옥같은 상 황이 벌어진다.

셋째, 런타임이 거대해져 배포가 어려워졌다. 초기의 자바 플랫폼은 라이브러리의 모든 클래스를 rt.jar 라는 단 하나의 파일에 통합하여 배포했다. rt는 런타임(Run Time)이라는 뜻이며 자바 프로그램을 실행하기 위한 모든 클래스를 포함한 자바 플랫폼 그 자체이다. 단일 파일이라 배포하기 쉽고 별문제가 없었다.

그러나 자바 버전이 올라가면서 rt.jar는 용량 60M에 2만 개의 클래스를 포함하는 초대형 런타임이 되었고 앞으로는 더 늘어날 것이 뻔하다. PC에서는 별 무리가 없지만 임베디드 장비에 설치하기에는 너무 거대하다. 게다가 단일 파일이라 불필요한 것까지 한꺼번에 배포할 수밖에 없다. 손목시계나 가습기에 멀티 스레드나 네트워크 기능이 필요할 리가 없지 않은가?

배포의 문제로 인해 최근 대두되는 사물인터넷(IoT)에 활용하기 부담스럽고 자바의 발전을 가로막는 중대한 결함이 되었다. 이 문제를 해결하기 위한 첫 시도는 자바 8에서 도입한 컴팩트 프로파일이다. 용도에 따라 3단계의 런타임 구성을 만들고 가장 작은 크기는 10M까지 줄여 이전보다는 많이 좋아졌다.

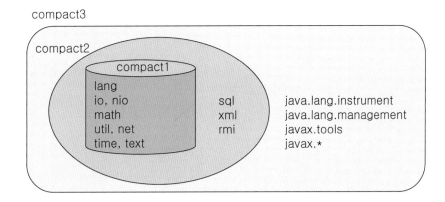

하지만 고작 3단계에 불과해 선택이 어렵고 작은 집합을 선택하면 꼭 필요한 것이 없어 아쉬운 경우가 있다. 에어백을 달려면 럭셔리 모델 이상을 선택해야 하는 자동차 회사의 옵션과 비슷하다. 원론적으로 꼭 필요한 클래스만 추려 원하는 런타임을 생성하고 런타임과 프로그램을 같이 배포할 수 있어야 한다. 자바 9는 런타임을 더 잘게 나누고 jlink로 실제 사용하는 기능만 모아 이미지를 생성하는 기능을 제공한다.

세상에 완벽한 것은 없고 처음부터 완벽할 수도 없다. 자바의 패키지는 거의 완벽했지만 상황이 바뀌고 새로운 응용 분야가 생김으로써 한계를 드러냈다. 이런 여러 가지 문제를 해결하기 위해 도입한 것이 모듈화다. 패키지보다 상위의 모듈을 만들고 모듈별로 패키지를 나누어 넣음으로써 캡슐화를 달성하고 필요에 따라 조합하는 기법이다.

자바 플랫폼 전체를 재구성하는 급진적인 변화여서 반대가 많았고 자바 7에서 도입하려 했으나 숱한 진통을 겪다가 자바 9에서 비로소 적용하였다. 초안은 마련되었지만, 버전 관리 문제 등 아직 해결되지 않은 문제가 있어 전문가들도 논쟁 중이며 앞으로도 계속 바뀔 예정이다. 다행히 상위의 구조가 바뀌었을 뿐 하위의 문법이 그대로여서 실제 코딩에는 큰 영향을 주지 않는다.

2 모듈

모듈화의 이점을 얻으려면 모든 것을 모듈 안에 넣어야 한다. 여기서는 모듈을 생성하고 사용하는 간단한 예제를 만들어 보자. 안그래도 복잡한데 코드까지 복잡할 필요는 없으니 덧셈을 수행하는 클래스를 만들어 본다. 개발툴의 지원이 완벽하지 않아 폴더 구조를 직접 만들고 명령행에서 컴파일해야 한다.

실습을 위해 JavaStudy 폴더 아래에 moduletest 프로젝트 폴더를 생성하고 이 안에 관련 파일을 작성한다. 자바는 프로젝트를 폴더 단위로 관리하며 이 안에 소스와 컴파일 결과를 같이 저장한다. 소스 저장을 위해 src 폴더를 만들고 이 안에 다음 폴더와 파일을 생성한다. 최대한 단순하게 만들어도 열 개의 폴더와 네 개의 파일이 필요하다.

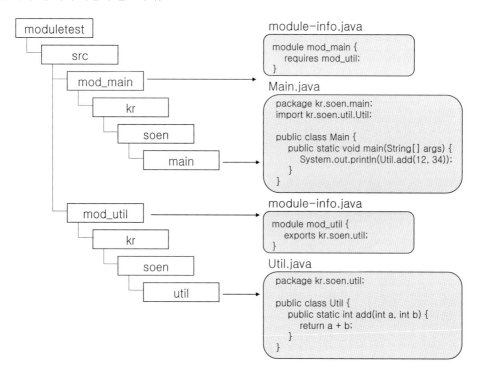

main 메서드를 가지는 mod_main 모듈과 Util 클래스를 가지는 mod_util 모듈을 작성했다. 이 구조대로 디렉터리와 파일을 완벽하게 만들기는 무척 귀찮은 일이다. 직접 만들어 보는 것이 좋지만 바쁘다면 배포 예제의 moduletest.zip 파일로 실습해 보자.

모듈은 자신의 이름과 같은 폴더에 저장하며 패키지와는 달리 도메인 형식의 이름을 붙이더라도 서브 폴더를 구성하지 않는다. 즉, mod_util 모듈은 mod_util 폴더에 저장하며 모듈명이 kr.soen.util이면 폴더명도 kr.soen.util이다. 모듈 루트에는 다음 형식의 모듈 기술자(Module descriptor)를 작성한다.

```
module 모듈 이름 {
    requires 필요한 모듈
    exports 공개할 패키지
}
```

모듈 기술자의 파일명은 module-info.java로 고정되어 있다. module 키워드로 시작하며 다음 세 가지 정보를 기록한다.

- **모듈 이름**: 모듈도 프로그래밍 가능한 객체여서 명칭 규칙에 맞는 이름을 붙인다. 중복을 피하기 위해 kr.soen. main 식으로 패키지와 유사한 도메인 방식의 이름을 권장한다. 예제에서는 패키지와의 혼동을 방지하고 모듈임을 확실히 보이기 위해 의도적으로 짧은 이름을 사용했다.
- **requires 문(입력)**: 이 모듈이 요구하는 모듈의 목록을 지정한다. 예를 들어 암호화 기능을 사용한다면 해당 기능을 제공하는 모듈의 이름을 적는다. 필요한 모듈이 없으면 제대로 동작할 수 없어 에러 처리된다.
- **exports 절(출력)**: 이 모듈이 외부로 공개하는 패키지를 지정한다. public으로 공개한 클래스라도 소속 패키지를 공개해야 외부에서 사용할 수 있다. exports 문 뒤에 to 모듈명 식으로 대상을 지정하여 특정 모듈에게만 공개할 수도 있다.

모듈 기술자는 이름, 입력, 출력 등의 메타 데이터를 작성하여 모듈 간의 의존성을 정의한다. 입력은 모듈 단위이고 출력은 패키지 단위임을 유의하자. 필요한 기능은 모듈 단위로 통 크게 지정하고 공개할 기능은 패키지 단위로 섬세하게 지정하기 위해서이다.

mod_main 모듈은 mod_util 모듈을 사용한다고 선언하고, mod_util은 kr.soen.util 패키지를 외부로 공개하였다. Util 클래스는 두 정수의 합을 구해 리턴하는 add 메서드를 제공하며 main에서 이 메서드를 호출하여 덧셈의 결과를 출력한다. mod_main이 mod_util에 의존하는 관계이며 mod_util이 있어야 mod_main이 제대로 실행된다.

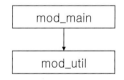

모듈 폴더 안에 패키지를 작성하고 패키지 안에 클래스의 소스 파일을 작성한다. 패키지가 클래스를 담는 통이라면 모듈은 패키지를 담는 통이다. 패키지는 이름을 구성하는 요소별로 서브 디렉터리를 구성하고 제일 안쪽 폴더에 클래스 소스 파일을 저장한다. kr.soen.main 패키지 안에 Main.java 파일을 생성하고 kr.soen.util 패키지 안에 Util.java 파일을 작성했다.

이제 이 프로젝트를 컴파일해 보자. 모듈의 루트 폴더를 알려 주어야 하는데 이때는 -- module-source-path 옵션을 사용한다. 두 모듈이 모두 src 폴더에 있으므로 src를 지정하며 컴파일러는 src 아래의 모든 모듈을 찾아 컴파일한다. 출력 폴더는 -d 옵션으로 지정하는데 컴파일 결과를 bin 폴더에 저장하도록 했다. 명령행에서 다음 명령을 입력하여 컴파일한다.

```
C:\JavaStudy\moduletest>javac --module-source-path src -d bin src/mod_main/kr/soen/main/Main.java
src/mod_util/kr/soen/util/Util.java
```

소스 파일이 Main.java와 Util.java 두 개밖에 없어 직접 경로를 지정했는데 실제 프로젝트에서는 소스가 여러 개이다. 이럴 때는 --module 옵션으로 컴파일할 모듈을 지정하면 포함된 모든 소스를 컴파일한다.

```
C:\JavaStudy\moduletest>javac --module-source-path src -d bin --module mod_main,mod_util
```

폴더 구조나 코드에 에러가 없으면 아무런 출력 없이 프롬프트가 다시 나타난다. 에러 발생 시 에러 메시지의 내용대로 코드를 수정한다. bin 폴더에 src 폴더와 똑같은 구조의 디렉터리가 생성되며 모든 *.java 파일은 *.class가 된다. module-info.java 파일도 module-info.class가 되는데 실행 중에 가상 머신이 이 정보를 참조한다.

모듈을 실행할 때는 --module-path 옵션(또는 -p)으로 모듈이 저장된 폴더를 알려 주고 -module 옵션(또는 -m)으로 main 메서드를 가진 클래스의 경로를 지정한다. 모듈이 여러 개이므로 어느 모듈에 있는 main이 시작점인지 알려 주어야 한다.

```
C:\JavaStudy\moduletest>java --module-path bin --module mod_main/kr.soen.main.Main
46
```

12와 34를 더한 46이 나타나면 모든 것이 정상적이다. mod_util에서 kr.soen.util 패키지를 공개했고 mod_main에서 이 패키지의 Util 클래스의 add 메서드를 호출하여 덧셈을 수행했다. mod_util을 다른 프로젝트에 재사용하려면 이 모듈을 가져가면 된다.

이 상태에서 소스를 조금씩 수정하여 문제를 만들어 보면서 모듈의 기능을 테스트해 보자. mod_util의 module-info.java 파일에서 exports 문장을 삭제한 후 컴파일하면 다음 에러 메시지가 출력된다.

```
src\mod_main\kr\soen\main\Main.java:2: error: package kr.soen.util is not visible
import kr.soen.util.Util;
         ^
 (package kr.soen.util is declared in module mod_util, which does not export it)
1 error
```

mod_util에서 공개하지 않은 패키지의 클래스는 임포트할 수 없다는 뜻이다. mod_main에서 Util 클래스를 사용하는데 비록 이 클래스가 public이지만 exports 문에 명시적으로 공개하지 않아 외부 모듈에서 읽을 수 없다. 모듈 간에 완벽한 정보 은폐가 가능하다.

이 예제에는 mod_util에 Util 클래스 하나밖에 없지만, 만약 Util을 보조하는 UtilSub 내부 클래스가 있다면 public으로 공개해도 상관없다. 모듈 기술자의 exports 문에 명시적으로 소속 패키지를 공개하지 않는 한 모듈 내부에만 공개되며 외부에서는 이 클래스를 읽을 수 없다. 외부에서 참조할 수 없으니 자유롭게 업그레이드할 수 있다.

이번에는 mod_main 모듈의 module-info.java의 requires 문을 삭제해 보자. mod_util에서 공개해 놓았지만, mod_main이 요청하지 않았다는 에러 메시지가 출력된다. 명시적으로 요청한 모듈만 사용할 수 있다.

```
src\mod_main\kr\soen\main\Main.java:2: error: package kr.soen.util is not visible
import kr.soen.util.Util;
          ^
  (package kr.soen.util is declared in module mod_util, but module mod_main does not read it)
1 error
```

Util 클래스가 public이 아니거나 add 메서드가 public이 아니어도 비슷한 문제가 발생한다. 공개, 요청, 액세스 지정자 등이 완벽해야 제대로 동작하며 숨겨 놓은 클래스를 찾아 쓸 방법이 없다. 캡슐화의 수준이 패키지보다 강력하다.

다음은 bin 폴더에서 Util.class 파일을 삭제해 보자. 구성이나 배포 과정에서 클래스 파일 하나를 누락한 경우를 가정한 것인데 대형 프로젝트에서는 이런 사고가 종종 발생한다. 실행하자마자 다음 에러 메시지가 나타난다.

```
Error occurred during initialization of boot layer
java.lang.module.FindException: Error reading module: bin\mod_util
Caused by: java.lang.module.InvalidModuleDescriptorException: Package kr.soen.util not found in
module
```

실행 중에 다운되는 것이 아니라 실행 직후에 누락된 모듈을 바로 알 수 있어 구성상의 문제를 즉시 파악할 수 있다. 배포할 때 구성의 신뢰성을 확인할 수 있어 잠재적인 위험이 없다. 지금 당장 개발자 눈앞에서 잘 실행된다면 고객 눈앞에서도 잘 실행된다.

3 직소 프로젝트

문법이 모듈화를 도입했으니 자바 플랫폼인 JDK도 보조를 맞추어 모듈화해야 한다. 20년간 잘 사용해온 거대한 플랫폼을 기능에 따라 분류하여 모듈로 재구성하는 것은 엄청난 작업이다. 모듈 간의 의존성을 정의해야 하고 하위 호환성도 확보하고 미래지향적인 설계까지 고려해야 하니 생각보다 훨씬 까다로운 작업이다.

자바 플랫폼 자체를 모듈화하는 작업을 직소(Jigsaw) 프로젝트라고 한다. 기능별로 모듈을 잘게 나누

면 꼭 필요한 모듈만 직소 퍼즐처럼 짜 맞추어 용도에 꼭 맞게 런타임을 재구성할 수 있다. 또 모듈의 강한 캡슐화 기능으로 내부 패키지를 완벽하게 숨겨 투명한 업그레이드가 가능해진다.

이 어려운 분류 작업을 자바 9에서 완성하였다. 모듈 구조는 명령행에서 java 명령으로 확인한다. --list-modules 명령으로 모듈의 목록을 조사하며 -d 명령으로 모듈의 내부를 들여다본다.

```
C:\JavaStudy>java --list-modules
java.base@17.0.1
java.compiler@17.0.1
java.datatransfer@17.0.1
....
C:\JavaStudy\moduletest>java -d java.base
java.base@17.0.1
exports java.io
exports java.lang
....
```

이 정보를 통해 플랫폼이 어떻게 분할되어 있고 각 모듈이 참조하는 모듈과 공개 패키지 목록을 상세히 알 수 있다. 직접 조사하는 것이 번거롭다면 공식 도움말에서 모듈의 내부 구조를 들여다 보자. API Documents의 왼쪽 상단에서 모듈을 선택하면 포함된 패키지 목록을 보여주고 패키지를 고르면 내부의 클래스 목록이 나타난다.

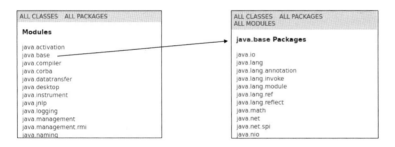

자바 플랫폼의 루트 모듈은 java.base이며 다음 주요 패키지가 포함되어 있어 타입 정의, 입출력, 수학 연산 등의 기본 기능을 제공한다.

```
java.lang
java.util
java.math
java.io
```

모듈의 이름이 의미하듯이 언어의 기본 기능을 제공하며 모든 모듈은 java.base의 기능을 필요로 하는 의존 관계이다. 반면 java.base는 다른 모듈을 참조하지 않고 혼자 동작할 수 있는 유일한 모듈이다. 자바의 주요 패키지가 포함되어 있어 java.base만 해도 웬만한 클래스는 사용할 수 있다.

java.lang 패키지는 따로 임포트하지 않아도 쓸 수 있는 것처럼 java.base 모듈은 requires 문에 명시하지 않아도 자동으로 의존 관계가 성립한다. 기본 모듈이 없으면 아무것도 할 수 없으니 이 모듈은 항상 요청하는 것으로 간주한다. 앞서 만든 예제에서 kr.soen.main 모듈은 java.base를 직접 요청하지 않고도 println 메서드를 호출하였다.

사용 빈도가 낮은 패키지는 각자의 모듈에 포함된다. xml 관련 패키지는 java.xml에, sql 관련 패키지는 java.sql에 포함되며 rmi, corba, graphic, swing 등 각각의 모듈 안에 관련 패키지를 배치했다. 모듈끼리는 의존성을 가지며 의존 관계는 모듈 그래프로 표현한다.

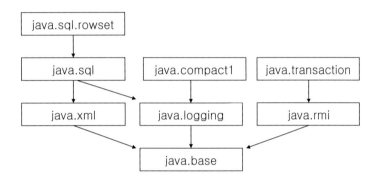

화살표가 향하는 쪽으로 의존적이다. 예를 들어 java.xml을 사용하려면 java.base 모듈이 있어야 하며 java.sql은 java.xml을 필요로 한다. 모든 모듈은 직간접적으로 java.base에 의존적이다. 위 그림은 핵심 모듈만 그린 것이며 자바 플랫폼의 전체 모듈 그래프는 이보다 훨씬 복잡하다.

java.base 외의 모듈을 사용하려면 모듈 기술자에 requires 문을 작성하는 것이 원칙이다. 예를 들어 java.util.logging 패키지의 Logger 클래스를 사용하려면 이 패키지가 포함된 java.logging 모듈에 대한 requires 문이 있어야 한다. xml이나 sql 관련 클래스도 마찬가지이다. moduletest 예제의 Main.java에 다음 코드를 추가해 보자.

```
package kr.soen.main;
import kr.soen.util.Util;
import java.util.logging.Logger;

public class Main {
    public static void main(String[] args) {
        System.out.println(Util.add(12, 34));
        Logger log = Logger.getLogger(Main.class.getName());
        log.info("Program Start");
    }
}
```

Logger 클래스를 임포트하고 객체를 생성했지만 이 클래스를 찾을 수 없다는 에러가 발생한다. Logger 클래스는 java.base가 아닌 별도의 모듈에 포함되어 있어 요청해야만 사용할 수 있다. 모듈 기술자를 다음과 같이 수정하면 문제가 해결된다.

```
module mod_main {
    requires mod_util;
    requires java.logging;
}
```

자바 9 이후의 프로젝트는 어떤 기능이 어떤 모듈에 포함되어 있는지 숙지하고 필요한 모듈을 요청해야 사용할 수 있다. 이런 식이라면 모듈이 없었던 시절에 작성한 코드는 어떻게 되는 걸까? 실습용으로 만든 JavaTest 예제에 Logger 클래스를 사용해 보자.

defmodule

```
import java.util.logging.Logger;

class JavaTest {
    public static void main(String[] args) {
        Logger log = Logger.getLogger(JavaTest.class.getName());
        log.info("Program Start");
        log.warning("watch out");
    }
}
```

실행 결과	5월 23, 2018 8:13:35 오후 JavaTest main 정보: Program Start 5월 23, 2018 8:13:35 오후 JavaTest main 경고: watch out

이 프로젝트는 모듈을 정의하지 않고 모듈 기술자도 없다. Logger가 포함된 모듈을 requires 하지 않았지만, import만 해도 잘 실행된다. 이렇게 되는 이유는 이름 없는 모듈을 자동으로 생성하며 이 모듈은 자바 플랫폼의 모든 모듈을 요청한 것으로 간주하기 때문이다.

하위 호환성을 유지하기 위한 특단의 조치가 있어 모듈 도입 이전의 코드도 이상 없이 잘 컴파일된다. 모듈화라는 큰 기능이 추가되었지만, 자바는 여전히 하위 호환성을 잘 지키고 있다. 물론 모듈화에 의한 이점을 누릴 수는 없다.

모듈화는 결국 가야 할 길이지만 기존 프로젝트를 모듈로 만들 필요까지는 없다. 너무 어렵고 귀찮은 일이며 웬만한 대규모 프로젝트가 아닌 한 모듈화로 인해 얻을 수 있는 것도 많지 않다. 모듈화는 아직도 진행 중이므로 잘 돌아가는 기존 프로젝트는 가급적 그냥 두고 새로 만드는 프로젝트만 모듈화를 적용하는 것이 합리적이다.

15

_ 시스템 라이브러리

Java

15-1 Object

1 루트 클래스

자바 SDK는 거대한 자바 API 시스템 라이브러리를 포함한다. 기본적인 자료 구조와 자주 사용하는 알고리즘을 제공하며 네트워크, 그래픽, 데이터베이스 등 실무용 기능까지 대거 망라하고 있다. 매 업그레이드마다 신기술도 발 빠르게 제공한다.

자바 API만 잘 활용해도 기본 코드를 일일이 작성할 필요가 없고 비싼 외부 라이브러리를 구입하지 않아도 대부분의 기능을 쓸 수 있다. 이 방대한 라이브러리를 잘 활용하려면 API 구조를 미리 파악해 두어야 하며 레퍼런스를 잘 활용해야 한다.

자바 클래스 라이브러리의 루트 클래스는 Object이며 모든 클래스가 Object로부터 파생된다. 클래스 선언문에 extends 절이 없더라도 컴파일러는 Object로부터 상속받는 것으로 간주한다. 지금까지 실습으로 만들었던 Car, Human 클래스의 선언문은 실제 다음과 같다.

```
class Human extends Object {
 }
```

별도의 부모 클래스를 지정한 경우도 계층을 따라 올라가면 시작은 항상 Object이며 모든 클래스는 간접적으로 Object를 상속받는다. 따라서 자바의 모든 클래스는 Object의 후손이며 Object의 멤버를 공유하고 Object의 메서드를 호출할 수 있다. Object는 모든 후손 클래스에 공통적으로 필요한 기본 기능의 목록을 제공한다.

자주 사용하는 중요한 기능을 정의하므로 Object 자체를 잘 연구해 둘 필요가 있다. Object는 메서드만 가지며 필드는 단 하나도 포함하지 않는다. 왜냐하면 루트의 필드는 모든 후손에게 상속되어 메모리소모가 심하기 때문이다. 메서드는 총 아홉 개이며 이 중 wait 메서드는 세 개의 버전으로 오버로딩되어 있다.

메서드	설명
toString	객체의 상태를 문자열로 리턴한다.
equals	다른 객체와 비교하여 같은지 조사한다.
hashCode	객체의 해시 코드를 리턴한다.
clone	사본을 작성한다.

finalize	객체가 제거될 때 호출되어 자원을 정리한다.
getClass	객체의 클래스 정보를 실행 중에 조사한다.
notify	객체를 기다리는 스레드를 깨운다.
notifyAll	객체를 기다리는 모든 스레드를 깨운다.
wait	현재 스레드를 대기 상태로 만든다.

Object는 후손 클래스에서 재정의할만한 메서드를 제공할 뿐 그 자체는 특별한 기능이 없다. 따라서 Object 객체를 생성할 일은 거의 없으며 만들어 봐야 써먹을 데도 없다. 다만 루트인 만큼 모든 클래스의 대표 타입 자격을 가지며 Object 타입의 변수는 모든 변수를 대입 받을 수 있다.

Object의 메서드는 대부분 무난한 디폴트 구현을 제공하지만 모든 클래스에 적합하지는 않아 필요에 따라 적당히 재정의해야 한다. Object의 메서드를 순서대로 알아보되 동기화 관련 메서드는 스레드와 함께 연구해 보기로 하자.

2 toString

toString 메서드는 객체의 상태를 문자열로 리턴한다. 이 문자열은 객체의 상태를 설명하며 출력, 디버깅, 로그 등의 용도로 사용한다. toString이 루트에 정의되어 있어 자바의 모든 객체는 문자열 형태로 표현할 수 있다. 정수나 실수 같은 기본형 변수는 물론이고 객체도 문자열로 변환 가능해 println 메서드로 모든 변수를 다 출력할 수 있다.

tostring

```
class Human {
    int age;
    String name;

    Human(int age, String name) {
        this.age = age;
        this.name = name;
    }
}

class JavaTest {
    public static void main(String[] args) {
        int i = 1234;
        System.out.println(i);

        Human kim = new Human(29, "김상형");
        System.out.println(kim);
    }
}
```

실행 결과

```
1234
Human@15db9742
```

값 1234를 가지는 정수형 변수 i를 출력하면 이 변수의 toString 메서드를 호출하여 문자열로 화면에 출력한다. 정수도 화면에 "1234" 식으로 문자열 형태로 찍어야 그 값을 확인할 수 있는데 println이 변수의 toString을 호출하여 문자열로 바꿔 주는 것이다.

Human 객체도 println 메서드로 전달하면 화면에 출력된다. Human 타입을 받는 println 메서드는 없지만 Human이 Object의 후손이며 Object가 toString을 정의하고 있어 이상 없이 컴파일된다. 그러나 Human 객체에 대한 출력문은 설명적이지 않아 어떤 종류의 사람인지 파악할 수 없다. Object의 toString 메서드는 클래스 이름과 16진 해시 코드의 조합을 출력한다.

```
getClass().getName() + '@' + Integer.toHexString(hashCode())
```

사용자가 정의한 클래스는 아주 많은 필드를 가지는데 그중 어떤 필드가 중요한 정보인지 판별하기 어려워 기본 toString 메서드는 유용한 정보를 보여줄 수 없고 객체끼리 구별 가능한 고유한 표식만 보여 준다. 설명적인 문자열을 출력하고 싶다면 toString 메서드를 재정의하여 객체 판별에 용이한 정보를 리턴해야 한다.

humanstring	실행 결과

```
class Human {
    int age;
    String name;

    Human(int age, String name) {
        this.age = age;
        this.name = name;
    }

    public String toString() {
        return age + "세의 " + name;
    }
}

class JavaTest {
    public static void main(String[] args) {
        int i = 1234;
        System.out.println(i);

        Human kim = new Human(29, "김상형");
        System.out.println(kim);

        String str = "범인 : " + kim;
        System.out.println(str);
    }
}
```

```
1234
29세의 김상형
범인 : 29세의 김상형
```

사람을 특정하는 데는 나이와 이름이 가장 적합하다. Human 클래스는 toString 메서드를 재정의하여 age와 name 필드를 조합한 문자열을 리턴함으로써 사람의 신상 정보를 노출한다. 더 복잡한 클래스는 여러 필드의 값을 조합하거나 계산하여 대량의 결과를 리턴한다.

Object는 직접적인 기능은 없지만 재정의할만한 메서드의 목록을 제공한다. Object의 toString이 public이어서 재정의할 때도 반드시 public이어야 한다. 이제 println으로 Human 객체를 출력하면 toString 메서드가 리턴하는 나이와 이름이 출력되어 어떤 사람인지 바로 알아볼 수 있다.

다른 문자열에 + 연산자로 연결할 때도 toString 메서드가 호출되어 뒤쪽에 덧붙여진다. 강제적인 사항은 아니지만 toString 메서드를 잘 정의해 놓으면 디버깅이나 로그 정보 기록 시에 유용하므로 클래스 특성에 맞게 재정의해 두는 것이 좋다.

배열, File, Date 등의 표준 클래스는 toString을 적절히 재정의하여 자신의 값을 문자열로 출력하는 기능을 제공한다. 그래서 별도의 변환을 하지 않더라도 화면이나 파일로 출력하면 대충의 정보를 확인할 수 있다.

3 equals

기본형끼리 상등성을 비교할 때는 == 연산자를 사용하며 값이 같으면 true를 리턴한다. 반면 객체에 대해서는 값이 아닌 참조가 같은지만 본다. 두 객체가 같은 대상을 가리킬 때 true를 리턴하며 설사 내용이 완전히 같아도 참조가 다르면 다른 객체로 판별한다. 클래스의 어떤 필드가 중요한지 결정할 수 없고 모든 필드를 다 비교해 볼 수도 없기 때문이다.

equals

```
class Human {
    int age;
    String name;

    Human(int age, String name) {
        this.age = age;
        this.name = name;
    }
}

class JavaTest {
    public static void main(String[] args) {
        Human kim = new Human(29, "김상형");
        Human lee = new Human(43, "이승우");
        Human kimcopy = kim;
        Human kim2 = new Human(29, "김상형");
```

```
            System.out.println("kim == lee : " + (kim == lee ? "같다":"다르다"));
            System.out.println("kim == kimcopy : " + (kim == kimcopy ? "같다":"다르다"));
            System.out.println("kim == kim2 : " + (kim == kim2 ? "같디":"다르다"));
        }
    }
```

Human 타입의 객체 여러 개를 생성하고 == 연산자로 비교하여 결과를 출력했다. 코드와 출력 결과를 잘 비교해 보자. kim과 lee는 나이도 다르고 이름도 달라 당연히 다른 객체이다. kim의 사본인 kimcopy는 kim과 똑같은 대상을 가리키고 있어 같은 객체로 평가된다. 여기까지는 아주 상식적이라 이해하기 쉽다.

제일 이상한 것은 kim과 kim2의 비교 결과이다. 나이도 같고 이름도 같지만 참조하는 실체가 달라 두 객체는 다르다고 평가한다. == 연산자로 객체를 비교하면 가리키는 대상이 같은지만 보고 내용까지 보지 않는다. 사실 == 연산자는 어떤 필드가 사람의 주요 정보인지도 모른다.

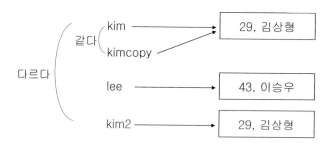

객체끼리 참조가 아닌 실제 내용으로 비교할 수 있는 별도의 방법이 필요한데 이것이 바로 equals 메서드이다. equals 메서드는 두 객체의 내용을 비교하여(참조를 비교하는 게 아니라) 같은지 평가한다. 객체끼리 비교할 일이 많으므로 Object에 이 메서드가 미리 포함되어 있다. == 연산자 대신 equals 메서드로 비교해 보자.

```
System.out.println("kim.equals(lee) : " + (kim.equals(lee) ? "같다":"다르다"));
System.out.println("kim.equals(kimcopy) : " + (kim.equals(kimcopy) ? "같다":"다르다"));
System.out.println("kim.equals(kim2) : " + (kim.equals(kim2) ? "같다":"다르다"));
```

비교 방법을 바꾸었지만, 결과는 앞 예제와 같다. 이렇게 되는 이유는 Object 클래스에 포함된 equals 메서드의 기본 동작이 다음과 같이 정의되어 있으며 사실상 == 연산자와 같기 때문이다.

```
public boolean equals(Object obj) {
    return (this == obj);
}
```

객체를 비교하는 방법은 클래스마다 고유해 클래스가 비교하는 방식을 스스로 정의해야 하며 이 역할을 하는 것이 바로 equals 메서드이다. 정확한 비교를 위해 Object로부터 상속받은 equals 메서드를 재정의하여 객체의 고유성을 결정하는 필드를 비교해야 한다.

humanequals

```java
class Human {
    int age;
    String name;

    Human(int age, String name) {
        this.age = age;
        this.name = name;
    }

    public boolean equals(Object obj) {
        if (obj instanceof Human) {
            Human other = (Human)obj;
            return (age == other.age && name.equals(other.name));
        } else {
            return false;
        }
    }
}

class JavaTest {
    public static void main(String[] args) {
        Human kim = new Human(29, "김상형");
        Human lee = new Human(43, "이승우");
        Human kimcopy = kim;
        Human kim2 = new Human(29, "김상형");

        System.out.println("kim.equals(lee) : " + (kim.equals(lee) ? "같다":"다르다"));
        System.out.println("kim.equals(kimcopy) : " + (kim.equals(kimcopy) ? "같다":"다르다"));
        System.out.println("kim.equals(kim2) : " + (kim.equals(kim2) ? "같다":"다르다"));
    }
}
```

실행 결과	kim.equals(lee) : 다르다 kim.equals(kimcopy) : 같다 kim.equals(kim2) : 같다

equals 메서드는 비교 대상을 obj 인수로 받아 자기 자신인 this와 비교한 결과를 리턴한다. 비교 대상은 당연히 같은 타입의 객체여야 하는데 호출원에서 엉뚱한 객체를 넘길 수도 있어 instanceof 연산자로 타입을 먼저 체크하는 방어 코드가 필요하다. Human 타입의 객체가 아니라면 더 비교할 필요도 없이 false를 리턴한다.

타입이 맞다면 obj를 Human 타입으로 캐스팅한 후 이름과 나이 필드를 각각 비교하여 결과를 리턴한다. 이름과 나이가 둘 다 일치하면 같은 객체이며 둘 중 하나라도 다르면 같은 객체가 아니다. equals를 재정의한 후 실행해 보면 kim과 kim2를 같은 객체로 평가한다.

어떤 필드를 비교할 것인가는 클래스마다 다르다. 이름과 나이만으로 동명이인을 구분할 수 없어 가급적 많은 필드를 비교하는 것이 정확하다. Human 클래스에 성별, 혈액형, 키와 같은 정보가 있다면 다 비교해 봐야 정확하다.

클래스마다 필드 목록이 고유하고 상등성을 비교하는 방법이 달라 equals 메서드도 클래스마다 각각 정의해야 한다. equals에서 어떤 식으로 상등성을 비교할 것인가는 클래스의 구조와 필드 목록에 따라 자유롭게 선택할 수 있되 최소한 수학적 보편성은 만족해야 한다.

- 자기 자신과 비교할 때는 항상 true이다. a.equals(a)는 언제나 true를 리턴해야 한다.
- 교환 비교 결과가 같아야 한다. a.equals(b)는 b.equals(a)와 같다.
- 비교 결과가 일관되야 한다. a와 b를 여러 번 비교해도 항상 결과가 같아야 한다.
- 전이성을 만족해야 한다. a와 b가 같고 b와 c가 같으면 a와 c도 당연히 같다.
- null과 비교하면 항상 false를 리턴한다.

상식적으로 쉽게 이해할 수 있는 규칙이다. 정확한 비교가 필요한 클래스는 equals 메서드를 재정의하고 반드시 equals 메서드로 비교해야 한다. String, Date 등의 클래스도 모두 내용을 비교하도록 재정의되어 있다.

```
stringdate

class JavaTest {
    public static void main(String[] args) {
        String korea = "대한민국";
        String korea2 = new String("대한민국");

        System.out.println("== 비교 : " + (korea == korea2 ? "같다":"다르다"));
        System.out.println("equals 비교: " + (korea.equals(korea2) ? "같다":"다르다"));
    }
}
```

실행 결과	== 비교 : 다르다 equals 비교: 같다

두 개의 문자열 korea와 korea2가 선언되어 있고 내용은 같다. korea2를 new 연산자로 초기화한 이유는 컴파일러의 최적화를 회피하기 위해서이다. 리터럴로 초기화할 시 같은 문자열에 대해 같은 참조를 리턴하도록 되어 있는데 korea2를 강제로 힙에 생성하기 위해 new 연산자를 사용했다. 내용이 같은 두 변수를 만든 후 == 연산자와 equals 메서드로 비교해 보았다.

korea와 korea2를 ==로 비교하면 메모리상의 위치가 달라 같지 않다고 나온다. 이에 비해 equals로 비교하면 위치에 상관없이 내용이 같아 같은 객체라고 나온다. 그래서 문자열끼리 비교할 때는 == 연산자가 아닌 equals 메서드로 비교해야 한다. 초보자에게는 다소 헷갈리는 내용이며 숙련자도 가끔 착각하는 경우가 있다. 앞 예제에서 name 필드를 비교할 때도 equals 메서드를 호출했다.

강제적인 것은 아니지만 equals를 재정의하면 hashCode 메서드도 같이 재정의할 것을 권장한다. 해시는 값을 검색하는데 사용하는 키값이며 내용이 같으면 해시도 같아야 한다. 일반적인 용도의 클래스라면 해시를 정의하지 않아도 별 상관없지만, 해시 컬렉션에 저장할 때는 해시 코드를 반드시 정의해야 한다.

4 getClass

getClass 메서드는 객체의 클래스 정보를 조사하는 Class 객체를 리턴한다. Class 객체는 대상 객체의 정보를 구하는 다수의 메서드를 제공한다.

메서드	설명
String getName()	클래스의 이름을 조사한다.
Field[ ] getDeclaredFields()	선언된 필드 목록을 조사한다.
Method[ ] getDeclaredMethods()	선언된 메서드 목록을 조사한다.
Constructor⟨?⟩[ ] getConstructors()	생성자 목록을 조사한다.
Class⟨?⟩[ ] getClasses()	포함된 클래스 목록을 조사한다.
Field[ ] getFields()	상속받은 것을 포함하여 공개된 필드 목록을 조사한다.
Method[ ] getMethods()	상속받은 것을 포함하여 공개된 메서드 목록을 조사한다.
Class⟨? super T⟩ getSuperclass()	슈퍼 클래스에 대한 정보를 조사한다.
boolean isEnum()	열거 타입인지 조사한다.
boolean isInterface()	인터페이스인지 조사한다.
boolean isPrimitive()	기본 타입인지 조사한다.

클래스의 이름은 물론이고 필드 목록, 메서드 목록을 죄다 조사할 수 있다. 또한 슈퍼 클래스를 조사하여 상속 계층을 거슬러 올라가며 모든 선조에 대한 목록까지 알아낸다. Class 객체를 통해 소스에서 사람이 읽을 수 있는 모든 정보를 실행 중에 조사할 수 있다. 다음 예제는 소스에서 선언한 Human 클래스의 정보를 Class 객체를 통해 실행 중에 조사하여 출력한다.

getclass

```
import java.lang.reflect.*;

class Human {
    int age;
```

```
    String name;

    Human(int age, String name) {
        this.age = age;
        this.name = name;
    }

    void intro() {
        System.out.println("안녕. " + age + "살 " + name + "입니다.");
    }
}

class JavaTest {
    public static void main(String[] args) {
        Human kim = new Human(29, "김상형");

        Class cls = kim.getClass();
        System.out.println("클래스 이름 = " + cls.getName());
        System.out.println("슈퍼 클래스 = " + cls.getSuperclass().getName());

        System.out.print("필드 : ");
        Field[] fields = cls.getDeclaredFields();
        for (Field F : fields) {
            System.out.print(F.getName() + " ");
        }

        System.out.println();
        System.out.print("메서드 : ");
        Method methods[] = cls.getDeclaredMethods();
        for (Method M : methods) {
            System.out.print(M.getName() + " ");
        }
    }
}
```

실행 결과	클래스 이름 = Human 슈퍼 클래스 = java.lang.Object 필드 : age name 메서드 : intro

Human 객체 kim을 선언하고 kim의 getClass 메서드를 호출하여 cls 객체를 구했다. 객체를 생성해 놓지 않았다면 클래스 이름으로 Class 객체를 구하는데 클래스명.class 표현식을 사용한다. 다음과 같이 클래스 정보를 구해도 결과는 동일하다.

```
Class cls = Human.class;
```

cls를 구했으면 이 객체의 메서드를 통해 클래스의 모든 정보를 낱낱이 조사할 수 있다. 대표적인 몇 가지 정보만 뽑아 콘솔로 출력했는데 소스에 있는 명칭이 그대로 보인다. 클래스의 이름이나 멤버의 이름은 컴파일 중에만 사용하고 이진 파일로 번역하면 알아낼 수 없는 것이 일반적이다.

예를 들어 int value = 5;라는 선언문에 의해 값 5를 실행 중에 사용할 수 있지만, 그 값을 저장한 변수 이름이 value였는지는 별로 중요하지 않다. 자바는 가상 머신이 클래스를 로드할 때 모든 정보를 가지는 Class 객체를 미리 생성해 놓기 때문에 이런 정보를 조사할 수 있다. 네이티브 언어에서는 꿈도 꾸기 어려운 기능이다.

C++도 RTTI 기능으로 실행 중에 클래스 정보를 조사하는 방법을 제공하지만, 옵션을 켜야 사용할 수 있고 성능 감소가 심하다. C#은 리플렉션이라는 이름으로 클래스의 정보 조사 기능을 제공한다. 자바도 이 기능을 리플렉션이라고 부른다. 리플렉션은 코드의 실행보다 관리나 유지에 주로 사용한다.

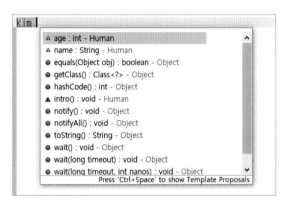

이클립스는 리플렉션을 통해 객체의 멤버 목록, 메서드의 인수 목록을 알아내고 도움말을 제공한다. 소스창에서 kim.까지만 찍으면 멤버 목록이 좍 나열되는데 리플렉션에 의해 실시간 조사한 정보이다.

5 clone

참조형 변수끼리 대입하면 같은 대상을 가리키며 이 상태에서 사본을 변경하면 원본도 같이 바뀐다. 이런 특성은 앞에서 여러 번 살펴보았는데 두 참조 변수가 같은 대상을 가리키고 있기 때문이다. 독립적인 사본을 만들 때는 clone 메서드를 사용하는데 완전한 사본을 만들어 그 복사본을 리턴한다.

clone	실행 결과

```
class JavaTest {
    public static void main(String[] args) {
        int[] ar = { 1, 2, 3, 4, 5 };
        int[] ar2 = ar.clone();

        ar2[0] = 1000;
    }
}
```

```
ar[0] : 1
ar2[0] : 1000
```

```
        System.out.println("ar[0] : " + ar[0]);
        System.out.println("ar2[0] : " + ar2[0]);
    }
}
```

배열의 사본을 만들기 위해 대입 연산자 대신 clone 메서드를 호출했다. 이후 ar과 ar2는 완전히 분리되어 서로의 변경에 영향을 받지 않는다. ar2[0]에 뭘 대입하더라도 ar[0]는 원래값인 1을 유지한다. ar2 = ar; 문장으로 대입했다면 한쪽을 바꾸면 다른 쪽도 같이 바뀐다.

대입 연산자로 대입했을 때와 clone 메서드로 사본을 만들었을 때의 메모리 내부 모양을 그려 보자. 대입은 하나의 배열을 두 개의 변수가 공유하지만, 사본을 뜬 경우는 각자의 배열을 따로 가진다. 그래서 사본을 변경해도 원본이 영향을 받지 않는다.

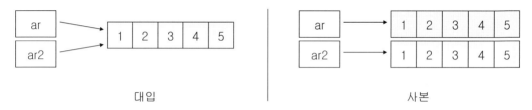

대입   사본

배열뿐만 아니라 Vector, ArrayList 등의 컬렉션도 clone 메서드를 재정의하여 같은 방식으로 사본을 만든다. 사용자 정의 클래스도 사본 제작을 지원하려면 clone 메서드를 재정의하여 자신의 멤버를 복사하는 코드를 작성한다. Human 클래스에 사본을 작성하는 기능을 추가해 보자.

humanclone / 실행 결과

```
class Human {
    int age;
    String name;

    Human(int age, String name) {
        this.age = age;
        this.name = name;
    }

    public Object clone() {
        return new Human(age, name);
    }
}

class JavaTest {
    public static void main(String[] args) {
        Human kim = new Human(29, "김상형");
        Human kim2 = (Human)kim.clone();
```

```
kim.name : 김상형
kim2.name : 이순신
```

```
        kim2.name = "이순신";

        System.out.println("kim.name : " + kim.name);
        System.out.println("kim2.name : " + kim2.name);
    }
}
```

Human의 clone 메서드에서 new 연산자로 새로운 Human 객체를 만들되 자신의 age와 name 값을 전달하여 똑같은 사본을 생성한다. 생성자가 잘 정의되어 있어 new 연산자로 새로운 객체를 만들기만 하면 된다. clone 메서드는 Object 타입을 리턴하므로 받는 쪽에서 원하는 타입으로 캐스팅하여 대입한다.

kim2 객체는 kim과 똑같은 값을 가지는 사본이며 별도의 힙에 분리되어 서로 독립적이다. 사람은 정보가 많지 않아 복제가 간단한데 더 복잡한 클래스는 복사에 꼭 필요한 필드만 추려내거나 현재 상태까지도 복제하는 처리가 필요하다. 위 예제는 개념적 이해를 위해 작성한 것이며 정확하게는 다음과 같이 구현해야 한다.

humanclone2

```
class Human implements Cloneable {
    int age;
    String name;

    Human(int age, String name) {
        this.age = age;
        this.name = name;
    }

    public Object clone() {
        try {
            return super.clone();
        }
        catch(CloneNotSupportedException e) {
            return null;
        }
    }
}

class JavaTest {
    public static void main(String[] args) {
        Human kim = new Human(29, "김상형");
        Human kim2 = (Human)kim.clone();

        kim2.name = "이순신";

        System.out.println("kim.name : " + kim.name);
```

```
        System.out.println("kim2.name : " + kim2.name);
    }
}
```

아무나 객체의 사본을 뜨는 것은 보안상 위험할 수 있으니 클래스 제작자가 사본 작성을 허용해야 한다. 사본 작성이 가능한 클래스라는 것을 분명히 표시하기 위해 Cloneable 인터페이스를 상속받았다. 이 인터페이스는 비어 있고 구현할 메서드도 없지만, 복제를 허용한다는 것을 분명히 한다. Object의 clone 메서드는 클래스가 Cloneable 인터페이스를 구현하지 않으면 예외를 던져 복제를 허용하지 않는다. 내부에서는 아마 다음과 같은 조건문을 사용할 것이다.

```
if (this instanceof Cloneable)
```

인터페이스는 메서드 목록을 제공하는 것이 원래의 기능이지만 Cloneable은 메서드 목록보다는 클래스의 특성을 밝히는 역할을 한다. 인터페이스 상속과 실시간 타입 조사 문법이 잘 구비되어 있어 이런 목적으로도 인터페이스를 활용할 수 있다.

재정의된 clone 메서드에서 super의 clone을 호출하여 사본을 작성하되 예외가 발생할 수 있으므로 try, catch 문으로 감싼다. Object의 clone은 자바 코드가 아니라 운영체제의 코드를 사용하여 메모리를 할당하고 멤버를 복사하는 작업을 고속으로 수행한다. 생성자로 객체를 직접 생성하는 것보다 월등히 빠르다.

clone의 기본 구현은 멤버끼리 일대일로 대입하는데 이를 얕은 복사(Shallow copy)라고 한다. 멤버의 값을 그대로 복사하는데 기본형은 값 복사로 완전한 사본을 만들 수 있지만 참조형은 그렇지 않다. 클래스 안에 기본값만 있다면 얕은 복사로도 사본을 만들 수 있지만, 참조형 멤버가 있다면 문제가 달라진다.

Human 안에 Notebook 객체나 Car 객체가 있을 경우 참조형 멤버도 별도의 사본을 떠야 한다. 객체를 넣기는 번거롭고 소스가 길어지므로 간단하게 배열을 넣어 보자. score 배열은 크기 3의 점수값을 가지는데 1, 2, 3으로 초기화했다.

deepclone

실행 결과

```
class Human implements Cloneable {
    int age;
    String name;
    int[] score = new int[] { 1, 2, 3};

    Human(int age, String name) {
        this.age = age;
        this.name = name;
    }

    public Object clone() {
```

```
kim.score[0] : 999
kim2.score[0] : 999
```

```
            try {
                return super.clone();
            }
            catch(CloneNotSupportedException e) {
                return null;
            }
        }
    }

class JavaTest {
    public static void main(String[] args) {
        Human kim = new Human(29, "김상형");
        Human kim2 = (Human)kim.clone();

        kim2.score[0] = 999;

        System.out.println("kim.score[0] : " + kim.score[0]);
        System.out.println("kim2.score[0] : " + kim2.score[0]);
    }
}
```

clone 메서드는 사본을 복사하도록 잘 작성해 두었다. main에서 kim2 사본을 뜨고 kim2의 점수를
변경했는데 원본인 kim의 점수도 같이 바뀐다. 이렇게 되는 이유는 객체의 멤버는 값이 복사되지만
score 멤버는 여전히 같은 참조를 가리키고 있기 때문이다.

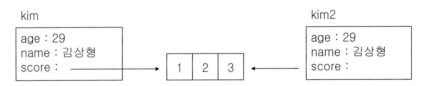

문제를 해결하려면 score 참조형 멤버에 대해서는 별도의 사본을 만들어 메모리를 완전히 분리해야 한
다. clone 메서드만 다음과 같이 수정한다.

deepclone2

실행 결과
```
kim.score[0] : 1
kim2.score[0] : 999
```

```
    ....
    public Object clone() {
        try {
            Human other = (Human)super.clone();
            other.score = this.score.clone();
            return other;
        }
        catch(CloneNotSupportedException e) {
            return null;
        }
    }
}
    ....
```

객체의 사본을 먼저 뜨고 score 멤버에 대해 별도의 배열을 더 만들었다. 이렇게 사본을 뜨면 두 객체가 완전히 분리된다. 이제 main에서 kim2의 점수를 조작해도 원본의 점수는 변화 없다.

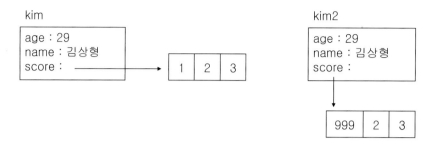

배열이나 객체는 완전한 사본을 만들어야 하는데 비해 문자열은 참조형이지만 값만 복사해도 사본이 잘 만들어진다. 위 예제에서 name 필드는 얕은 복사를 했지만 사본이 잘 만들어지는데, 이는 문자열이 변경되는 즉시 별도의 사본을 만들도록 시스템이 특별히 지원하기 때문이다.

6 finalize

new 연산자로 생성한 객체는 힙에 생성된다. 메모리가 무한하지 않아 다 사용한 객체는 제거해야 하는데 가비지 컬렉터가 주기적으로 미사용 객체를 찾아 메모리를 회수하기 때문에 자바에는 객체를 삭제하는 별도의 명령이 없다. 메모리 회수가 자동으로 수행되어 메모리 누수를 걱정할 필요가 없으며 객체를 생성해서 사용하기만 하면 된다.

가비지 컬렉션 기능이 없는 다른 언어 개발자 입장에서는 무척 부러운 기능이다. 그러나 쓰레기 수집 기능은 메모리에만 국한되며 그 외의 자원은 수작업으로 해제해야 한다. 예를 들어 네트워크에 연결하여 통신하는 클래스라면 연결하는 동작과 연결을 끊는 동작이 필요하다.

finalize	실행 결과

```
class Network {
    void connect(){
        System.out.println("연결되었습니다.");
    }

    void disconnect(){
        System.out.println("연결이 끊어졌습니다.");
    }
}

class JavaTest {
    public static void main(String[] args) {
        communication();
```

실행 결과:
연결되었습니다.
연결이 끊어졌습니다.

```
    }

    static void communication() {
        Network net = new Network();
        net.connect();
        // 네트워크 통신
        net.disconnect();
    }
}
```

communication 메서드에서 Network 객체를 생성하고 연결 및 해제했다. net 객체는 communication 메서드의 지역변수여서 이 메서드를 종료할 때 사라진다. 객체가 없어지면 더 이상 통신할 수 없으니 리턴하기 전에 연결을 끊는 것이 당연하다.

disconnect 메서드 호출을 깜박 잊었거나 예외가 발생해서 이 메서드가 호출되지 않으면 어떻게 될까? net 객체 자체는 가비지 컬렉터에 의해 회수되지만 연결된 통신은 아무도 끊어주지 않아 계속 연결된 채로 남아 있다. 그래서 메모리 회수와는 별도로 추가 정리 코드가 필요하다.

Object의 finalize 메서드는 객체가 사라질 때 호출되며 뒷정리를 수행한다. 메모리 관련 정리는 할 필요가 없지만, 통신 연결, 권한 획득, DB 오픈 등의 준비 작업을 했다면 객체가 사라지기 전에 정리해야 한다. 이런 정리 코드를 작성하는 곳이 finalize 메서드이다.

finalize2

```
class Network {
    void connect() {
        System.out.println("연결되었습니다.");
    }

    void disconnect() {
        System.out.println("연결이 끊어졌습니다.");
    }

    protected void finalize() throws Throwable {
        super.finalize();
        disconnect();
    }
}

class JavaTest {
    public static void main(String[] args) {
        communication();
        System.gc();
        System.runFinalization();
    }
}
```

```
    static void communication(){
        Network net = new Network();
        net.connect();
    }
}
```

finalize 메서드를 재정의하여 disconnect 메서드를 호출했다. finalize 메서드는 코드에서 호출하는 것이 아니며 호출해서도 안 된다. 시스템이 적당한 때에 알아서 호출하기 때문에 public일 필요가 없으며 protected 액세스 지정을 해야 한다. 자신의 자원을 정리하기 전에 부모의 finalize를 호출하여 부모의 자원부터 정리하는 것이 원칙이다.

정리 코드를 작성해 두었으니 객체를 제거할 때 연결도 자동으로 끊어질 것이다. 그러나 finalize 메서드를 작성했다고 해서 코드를 즉시 실행하는 것은 아니다. 가비지 컬렉터의 호출 시점은 가상 머신이 결정하며 한가할 때 정리한다. 이 메서드가 호출되는 상황을 확인해 보려면 System.gc 메서드를 호출하여 강제로 쓰레기 수집을 지시해야 한다.

쓰레기 수집을 강제 지시하면 객체를 즉시 제거한다. 그러나 강제로 수집하라고 해도 finalize 메서드가 바로 호출된다는 보장은 없으며 여러 가지 내부적인 사정에 의해 유보되거나 연기될 수도 있다. 즉시 자원을 정리하려면 runFinalization 메서드도 같이 호출해야 한다. communication 메서드에서 disconnect 메서드를 호출하지 않지만 정상적으로 연결이 잘 끊어진다.

자바는 메모리 관리 기능이 훌륭하고 신뢰성이 높아 편리하다. 비메모리 관련 정리는 동기적으로 수행할 필요가 있어 언제 호출될지도 모르는 finalize 메서드를 사용하는 경우는 드물다. 위 예제는 동작 방식을 보이기 위해 의도적으로 작성한 것일 뿐 실제 프로젝트에서는 명시적인 자원 정리 메서드를 만들고 예외 처리 구문 등을 통해 적극적으로 정리하는 방식이 바람직하다.

15-2 박싱과 언박싱

1 박싱

자바의 타입은 크게 기본형과 참조형으로 나누어지는데 특성이 워낙 달라 섞어서 사용하기 어려우며 문제가 생기는 경우가 종종 있다.

```
int i = 1234;
String str = i.toString();
System.out.println(str);
```

이 코드의 의도는 정수형 변수 i에 담긴 1234 값을 문자열로 바꾸어 출력하는 것이다. 양쪽의 타입이 달라 str = i; 식으로 바로 대입할 수 없다. 그래서 i.toString()으로 정수를 문자열로 바꾼 후 대입하려했는데 이 구문도 될 것 같지만 역시 안 된다.

자바의 모든 클래스는 Object의 후손이지만 이는 어디까지나 참조형의 경우에만 그렇다. 기본 타입의 변수는 객체가 아니기 때문에 Object의 후손도 아니며 toString 메서드도 지원하지 않는다. 만약 정수가 Object의 후손이라면 1234.toString() 같은 구문도 가능해야 하는데 보다시피 뭔가 어색하지 않은가?

이 문제의 근본 원인은 str = i; 대입문의 좌변은 참조형이고, 우변은 기본형이라는 데 있다. 대입이 가능하려면 양쪽의 타입을 맞추어야 한다. str은 대입을 받는 쪽이니 바꿀 수 없고 기본형인 i를 참조형으로 바꾸어야 하는데 이럴 때 래퍼 클래스를 사용한다. 래퍼(Wrapper) 클래스는 기본형의 값을 감싸는 참조형이며 각 기본형에 대해 다음 래퍼 클래스를 제공한다.

기본 타입	래퍼 클래스
byte	Byte
short	Short
char	Character
int	Integer
long	Long
float	Float
double	Double
boolean	Boolean

기본 타입과 철자는 거의 같되 약자 대신 단어 전체를 다 쓰며 첫 자가 대문자이다. 사용 방법은 거의 비슷하니 Integer 위주로 연구해 보자. 래퍼 클래스의 생성자로 기본형의 변수나 리터럴을 전달하면 이 값을 감싸는 참조형 객체를 힙에 생성한다.

이렇게 생성한 래퍼는 객체이므로 Object의 후손이며 Object의 모든 메서드를 호출할 수 있다. 단, 값을 감싸기만 할 뿐이며 연산을 위한 수치형 타입이 아니어서 기본형처럼 값을 변경하거나 증감시킬 수는 없다. 래퍼를 사용하면 정수를 문자열로 쉽게 바꿀 수 있다.

```
intbox                                                      실행 결과
class JavaTest {                                   1234
    public static void main(String[] args) {
        int i = 1234;
        Integer wrapint = new Integer(i);
        String str = wrapint.toString();
        System.out.println(str);
    }
}
```

Integer의 생성자로 정수형 변수 i를 전달하여 wrapint 객체를 생성하면 메모리에 다음 객체를 생성한다. Integer의 객체는 힙에 생성되어 1234 값을 가지며 이 객체를 스택의 wrapint 참조형 변수가 가리키고 있는 상황이다.

wrapint 객체는 참조형이며 이 객체의 toString 메서드를 호출하여 문자열로 변환한 후 출력했다. 변환 과정을 연구하기 위한 예제이며 출력만을 목적으로 한다면 그냥 i를 println으로 바로 전달하는 것이 더 간편한데 사실 println 내부에서 위와 유사한 코드를 실행한다. 생성자를 호출하는 대신 더 간편한 방법으로 래퍼 객체를 생성할 수 있다. 다음 세 코드는 모두 효과가 같다.

```
Integer wrapint = new Integer(i);
Integer wrapint = i;
Integer wrapint = Integer.valueOf(i);
```

래퍼 객체에 기본형 변수를 바로 대입하는 것이 더 간편하다. valueOf 정적 메서드는 생성자와 기능이 거의 같지만 같은 값에 대해 래퍼를 또 생성하면 힙에 이미 생성한 래퍼를 돌려주어 메모리를 절약하는 효과가 있다. 자바 9 이후에는 이 방식을 더 권장하여 생성자 호출을 경고로 처리하여 사용 자제를 유도한다. 래퍼의 생성자는 문자열로 된 값도 받아들인다.

```
class JavaTest {
    public static void main(String[] args) {
        Integer wrapint = new Integer("629");
        String str = wrapint.toString();
        int i = Integer.parseInt(str);
        System.out.println(i);
    }
}
```

```
629
```

"629" 문자열 리터럴을 Integer의 생성자로 전달하여 정수 래퍼로 변환해서 저장한다. 래퍼 객체의 toString을 호출하면 래퍼가 가진 정수를 문자열로 바꾸어 문자열 변수에 대입할 수 있다. 문자열을 다시 기본형 값으로 바꿀 때는 각 래퍼의 다음 정적 메서드를 사용한다.

```
static int parseInt(String s [, int radix])
static long parseLong(String s [, int radix])
static float parseFloat(String s)
static double parseDouble(String s)
```

문자열 str에서 정숫값을 다시 추출하여 출력했다. 이때 출력되는 629는 정수형의 값이다. 위 코드는 문자열을 정수로, 정수를 다시 문자열로, 그리고 문자열에서 다시 정수를 추출하는 쓸데없는 짓을 하고 있다. 하지만 이런 타입 변환을 꼭 해야 하는 경우가 있다. 다음 예제를 보자.

```
class JavaTest {
    public static void main(String[] args) {
        String a = "12", b = "34";
        System.out.println(a + b);
        System.out.println(Integer.parseInt(a) + Integer.parseInt(b));
    }
}
```

```
1234
46
```

명령행 인수나 사용자가 직접 입력한 정보는 문자열이어서 기본 타입으로 변환해야 한다. a에 "12"가, b에 "34"가 저장된 상태에서 두 값을 더하고 싶을 때 a + b 하면 될 것 같지만, 문자열끼리 연결되어 "1234"가 될 뿐 산술적인 덧셈은 하지 않는다. parseInt 메서드로 문자열에서 정수를 추출하여 더해야 한다. parseInt 메서드로 추출한 정숫값은 연산식에 사용할 수 있다.

2 언박싱

기본형을 참조형으로 변환하는 것을 박싱(Boxing)이라고 하는데 값을 박스로 포장하여 객체로 만든다는 뜻이다. 이와 반대로 참조형을 기본형으로 변환하는 것을 언박싱(Unboxing)이라고 한다. 언박싱은 래퍼에 저장되어 있는 기본형의 값을 다시 끄집어 내는 것이며 다음 메서드를 호출한다.

메서드	설명
byteValue	byte 타입으로 추출한다.
shortValue	short 타입으로 추출한다.
intValue	int 타입으로 추출한다.
longValue	long 타입으로 추출한다.
floatValue	float 타입으로 추출한다.
doubleValue	double 타입으로 추출한다.
charValue	char 타입으로 추출한다.
booleanValue	boolean 타입으로 추출한다.

이 메서드는 모든 래퍼 클래스에 정의되어 있어 꼭 저장된 타입으로만 언박싱해야 하는 것은 아니다. 박싱할 때는 정수로 넣고 언박싱할 때는 실수로 빼낼 수도 있다.

```
unbox                                              실행 결과
class JavaTest {                              629
    public static void main(String[] args) {  3
        Integer wrapint = new Integer(629);
        int i = wrapint.intValue();
        System.out.println(i);

        Double wrapdouble = new Double("3.14");
        int di = wrapdouble.intValue();
        System.out.println(di);
    }
}
```

위쪽 코드는 629 리터럴을 래퍼에 넣었다가 다시 빼낸다. 래퍼의 값을 다시 정수형으로 바꾸고 싶으면 intValue 메서드를 호출한다. 두 번째 코드는 실수를 래퍼에 넣어 놓고 정수 타입으로 빼낸다.

언박싱 과정에서 소수점 이하가 떨어져 나가고 정수부만 추출한다. 래퍼를 사용하면 타입끼리 변환이 가능한데 굳이 이렇게 해야 할 이유는 없다. 실수형을 정수형으로 바꾸고 싶었다면 그냥 캐스트 연산자를 사용하는 것이 더 편리하다.

3 자동 박싱

박싱과 언박싱은 대개의 경우 자동으로 수행되어 직접 해야 할 경우는 드물다. 컴파일러가 필요하다고 판단할 때 알아서 박싱과 언박싱을 수행하는데 이 기능을 자동 박싱(Auto boxing)이라고 한다. 자동 박싱의 예는 어디서나 흔히 볼 수 있는데 대표적인 예가 다음 메서드 호출문이다.

```
System.out.println(i);
```

지금까지 계속 사용해 왔던 문장인데 여기서 박싱이 일어난다. 콘솔에 문자열을 출력하는 println은 정수를 문자열로 바꾼 후 출력한다. 내부에서 i를 Integer 객체로 포장한 후 toString 메서드를 호출하여 문자열로 바꾸는 처리를 수행한다. 다음은 자동 언박싱이 일어나는 예이다.

```
int i = wrapint;
```

정수형 변수에 정수 래퍼를 대입하면 래퍼에 저장된 값을 꺼내 대입한다. 굳이 intValue 메서드를 호출하지 않아도 래퍼의 값을 잘 추출한다. 꼭 필요한 곳에 대해 컴파일러가 알아서 박싱과 언박싱을 처리하므로 기본형과 참조형을 섞어서 사용해도 큰 무리 없이 잘 실행된다.

래퍼는 기본형의 값을 감싸는 참조 타입이지 수학적인 수치를 저장하는 값이 아니어서 증감시킬 수 없으며 연산에 직접 사용할 수 없다. 그러나 자동 박싱에 의해 이것이 가능한 것처럼 보이기도 한다. 다음 예제의 동작을 연구해 보자.

autobox	실행 결과

```
class JavaTest {
    public static void main(String[] args) {
        Integer a = new Integer(3);
        Integer b = new Integer(4);
        int c = a + b;
        System.out.println(c);

        Integer d = new Integer(12);
        d++;
        System.out.println(d);
    }
}
```

```
7
13
```

두 개의 정수 래퍼를 + 연산자로 더해 정수형 변수 c에 대입했다. 참조형인 래퍼는 + 연산자와 함께 쓸 수 없는 것이 원칙이지만, 컴파일러는 이 구문에서 a와 b에 대해 자동 언박싱을 수행하여 수치형값을 꺼낸 후 더한다. 결국, 이 연산문은 내부적으로 다음과 같이 처리된다.

```
int c = a.intValue() + b.intValue();
```

아래쪽의 코드는 12라는 정숫값을 가진 d 래퍼를 1 증가시킨다. 래퍼에 대해 ++ 연산자를 적용하는 것도 말이 안 되지만 자동 언박싱과 박싱이 동시에 일어나 이 구문이 가능해진다. 컴파일러는 d++을 다음과 같이 처리한다.

```
d = new Integer(d.intValue() + 1);
```

d에 저장된 정숫값을 언박싱한 후 여기에 1을 더하고 그 결과를 다시 박싱하여 d에 다시 대입함으로써 결국 d에 저장된 값이 1 증가한다.

4 래퍼의 멤버

래퍼에는 대응되는 타입의 특성을 설명하는 여러 가지 상수가 정의되어 있다. 다음은 Integer 클래스에 정의되어 있는 상수인데 다른 타입의 래퍼도 비슷하다.

상수	설명
BYTES	차지하는 바이트 수
SIZE	차지하는 비트 수
MIN_VALUE	표현할 수 있는 최솟값
MAX_VALUE	표현할 수 있는 최댓값
TYPE	Class 객체

이 상수를 통해 타입의 크기와 표현 범위를 상세히 조사할 수 있다. 이 정보는 언어 스펙에 분명히 명시되어 있지만, 플랫폼에 따라 약간씩 차이가 있어 직접 조사하는 것이 정확하다. 다음 예제는 정수 타입의 여러 가지 정보를 조사하여 출력한다.

intinfo

```
class JavaTest {
    public static void main(String[] args) {
        System.out.printf("int 타입의 크기 = %d, 최솟값 = %d, 최댓값 = %d\n",
                Integer.SIZE, Integer.MIN_VALUE, Integer.MAX_VALUE);
        System.out.printf("short 타입의 크기 = %d, 최솟값 = %d, 최댓값 = %d\n",
                Short.SIZE, Short.MIN_VALUE, Short.MAX_VALUE);
        System.out.printf("long 타입의 크기 = %d, 최솟값 = %d, 최댓값 = %d\n",
                Long.SIZE, Long.MIN_VALUE, Long.MAX_VALUE);
    }
}
```

같은 정수라도 크기에 따라 표현 범위가 다르다. Integer와 Long에 정의되어 있는 toBinaryString 정적 메서드는 기본형 값을 2진수로 출력한다. 이 메서드를 사용하면 변수의 내부 포맷을 들여다볼 수 있다. 실수는 2진수로 바로 출력할 수 없어 Integer나 Long으로 바꾼 후 출력한다. 부동 소수점의 비트 구조를 연구할 때 아주 유용한 기능이다.

binarystring

```
class JavaTest {
    public static void main(String[] args) {
        System.out.println(Integer.toBinaryString(1234));
        System.out.println(Integer.toBinaryString(Float.floatToRawIntBits(0.1f)));
    }
}
```

실행 결과	10011010010 111101110011001100110011001101

실수는 값의 범위뿐만 아니라 지수의 범위도 상수로 정의되어 있다. 다음 예제로 두 실수 타입의 기본 정보를 조사해 보자. Float보다는 Double의 지수 범위가 넓다.

floatinfo

```
class JavaTest {
    public static void main(String[] args) {
        System.out.printf("Float의 크기 = %d, 지수 최솟값 = %d, 지수 최댓값 = %d\n",
                Float.SIZE, Float.MIN_EXPONENT, Float.MAX_EXPONENT);
        System.out.printf("Double의 크기 = %d, 지수 최솟값 = %d, 지수 최댓값 = %d\n",
                Double.SIZE, Double.MIN_EXPONENT, Double.MAX_EXPONENT);
    }
}
```

실행 결과	Float의 크기 = 32, 지수 최솟값 = -126, 지수 최댓값 = 127 Double의 크기 = 64, 지수 최솟값 = -1022, 지수 최댓값 = 1023

실수 타입에는 아주 특별한 세 개의 상수가 정의되어 있다. NaN은 수가 아니라는 뜻(Not a Number) 이며, NEGATIVE_INFINITY, POSITIVE_INFINITY는 음양으로 무한대의 값을 의미한다. 다음 예제로 이 상수의 의미에 대해 연구해 보자.

```
class JavaTest {
    public static void main(String[] args) {
        System.out.println(3.14/0.0);
        System.out.println(-3.14/0.0);
        System.out.println(Math.sqrt(-2));
    }
}
```

```
Infinity
-Infinity
NaN
```

정수를 0으로 나누는 연산은 수학적으로 불가능한 연산이라는 예외가 발생한다. 이에 비해 실수를 0으로 나누면 무한대가 되는데 자바는 이 상태를 표현하기 위해 음양으로 두 개의 무한대 상수를 정의한다. 양수를 0으로 나누면 양의 무한대가 되며, 음수를 0으로 나누면 음의 무한대가 된다.

NaN은 숫자가 아닌 상태를 의미하는데 대표적인 예가 음수의 제곱근이다. 음수의 제곱근은 존재하지 않아 이를 구하는 연산은 에러이며 이 상태를 표현하는 값이 바로 NaN이다. 또한 "1.23a" 식으로 숫자가 아닌 문자열을 수치형으로 변환할 때도 NaN을 리턴한다. 실수가 무한대인지, 유효한 값인지 조사할 때는 Double의 다음 메서드를 사용한다.

```
boolean isInfinite()
static boolean isFinite(double d)
boolean isNaN()
static boolean isNaN(double v)
```

Double 객체에 대해 바로 호출할 수 있는 메서드도 있고, 임의의 double 값에 대해 조사하는 정적 메서드도 있다. 다음은 isNaN 메서드의 사용 예이다.

```
class JavaTest {
    public static void main(String[] args) {
        double d = Math.sqrt(-2);
        if (Double.isNaN(d)) {
            System.out.println("숫자가 아님");
        } else {
            System.out.println("숫자가 맞음");
        }
    }
}
```

```
숫자가 아님
```

-2의 제곱근을 제대로 계산했는지 isNaN 메서드로 조사했다. 음수의 제곱근은 없으니 숫자가 아니라고 나오는 것이 정상이다. NaN 여부를 조사할 때 다음과 같이 직접 비교하면 안 된다.

```
if (d == Double.NaN) {
```

NaN은 수가 아니라 일종의 상태여서 NaN과 수치값을 비교하면 결과는 무조건 false이다. 심지어 다음 문장도 false로 평가된다.

```
if (Double.NaN == Double.NaN) {
```

== 연산자의 좌우변이 완전히 일치해도 비교 결과는 false여서 비상식적이다. NaN은 일종의 에러 상황인데 에러가 발생하는 이유는 여러 가지가 있다. 똑같은 이유로 발생한 에러가 아닐 수도 있어 NaN을 NaN과 비교해도 다른 것으로 평가한다. 비교 연산자로는 NaN 여부를 정확히 판단하기 어려워 isNaN이라는 별도의 메서드를 제공한다.

15-3 System

1 출력

System 클래스는 운영체제와 관련된 기능을 제공한다. 아무리 운영체제에 독립적인 자바라고 해도 하위 운영체제에 대한 정보를 조사하거나 저수준 기능을 직접 사용하는 경우가 있다. System은 자바 가상 머신이 실행되는 기반 운영체제와 직접 통신하여 콘솔 입출력을 수행하고 프로세스를 관리하는 기능과 몇 가지 유틸리티 메서드를 제공한다.

System의 모든 멤버는 정적으로 선언되어 있어 객체를 따로 만들 필요 없이 System.멤버 식으로 사용한다. 가장 기본적인 기능은 콘솔로 문자열을 입출력하는 것인데 다음 세 개의 정적 필드를 사용한다.

```
InputStream in
PrintStream out
PrintStream err
```

InputStream과 PrintStream은 콘솔로의 입출력 기능을 제공하는 클래스이되 자세한 것은 차후 배우기로 하고 지금은 사용법 위주로만 알아보자. in은 표준 입력 장치인 키보드로부터 문자열을 입력받으며, out은 표준 출력 장치인 모니터로 문자열을 출력한다.

err 필드는 표준 에러 출력 장치를 의미하는데 보통은 모니터이다. 에러 메시지와 일반적인 출력을 구분하기 위해 에러 출력 객체를 제공하는데 별도의 에러 콘솔이 없다면 err는 out과 같다. 명령행에서 〉기호로 표준 출력과 표준 에러를 재지향하면 에러 메시지만 별도의 파일로 출력할 수 있어 디버깅 시에 유용하다.

문자열과 변수를 같이 출력할 때는 + 연산자로 연결하여 긴 문자열을 만든 후 println으로 출력한다. 간단한 형식은 println만으로도 충분하지만, 변수가 많고 서식이 복잡하면 일일이 연결하기 번거롭고 편집도 어렵다. 이럴 때는 서식화된 출력을 하는 printf 메서드가 효율적이다.

```
PrintStream printf(String format, Object... args)
```

format 인수가 출력할 문자열이며 이 안에 %와 서식을 삽입해 놓으면 서식 위치에 뒤쪽의 인수를 삽입하여 출력한다.

printf

```
class JavaTest {
    public static void main(String[] args) {
        int i = 123;
        double d = 3.14;
        String str = "문자열";
        System.out.printf("i = %d, d = %f, str = %s\n", i, d, str);
    }
}
```

실행 결과	i = 123, d = 3.140000, str = 문자열

printf로 세 개의 변수를 한꺼번에 출력했다. 서식 문자열 내에 %d, %f, %s 같은 서식을 삽입하여 대응되는 i, d, str 변수를 원하는 위치에 출력한다. 변수의 출력 위치나 형태를 편집하기 쉽고 소스를 읽기도 좋다.

$$printf("i = \%d, d = \%f, str = \%s\backslash n", i, d, str)$$

기본적인 원리는 C의 printf와 동일하지만 사용할 수 있는 서식이나 플래그는 조금씩 차이가 있다. 서식과 뒤쪽의 인수는 나타나는 순서대로 일대일로 대응하는 것이 보통이지만 서식 사이에 인수 첨자를 n$ 형식으로 지정하면 특정 인수와 대응한다. 다음 예제를 보자.

printfindex

```
class JavaTest {
    public static void main(String[] args) {
        int i = 123;
        double d = 3.14;
        String str = "문자열";

        System.out.printf("i = %3$d, d = %2$f, str = %1$s\n", str, d, i);
        System.out.printf("정수 = %1$d, i = %1$d", i);
    }
}
```

실행 결과	i = 123, d = 3.140000, str = 문자열 정수 = 123, i = 123

%3$d는 세 번째 인수의 값을 이 자리에 출력하라는 뜻이다. 뒤쪽의 인수가 꼭 순서대로 나오지 않아도 첨자로 대응할 인수를 지정할 수 있다. 인수 첨자는 순서를 바꾸기 위한 것이라기보다 한 인수를 문자열

내에 여러 번 사용할 때 실용적이다.

$$\text{"i = \%3\$d, d = \%2\$f, str = \%1\$s\textbackslash n", str, d, i}$$

두 번째 출력문은 i값을 두 번 출력하되 인수열에 i는 한 번만 쓰고 문자열 내에서 %1$d로 두 번 사용했다.

%와 서식 문자 사이에는 폭 지정, 출력 방식을 지정하는 플래그가 들어가며 총 자릿수와 정렬 방식, 선행 제로 여부, 실수 유효 자릿수 등을 지정한다. 다음 예제는 정수와 실수를 여러 가지 방식으로 출력한다. 서식 문자열 내의 _ 문자는 여백과 자릿수 확인을 위해 삽입하였다. 서식에 따라 출력 포맷이 어떻게 바뀌는지 잘 관찰해 보자.

printfformat　　　　　　　　　　　　　　　　　　**실행 결과**

```
class JavaTest {
    public static void main(String[] args) {
        int i = 123;
        double d = 3.14159265;
        System.out.printf("__%d__\n", i);
        System.out.printf("__%5d__\n", i);
        System.out.printf("__%-5d__\n", i);
        System.out.printf("__%05d__\n", i);
        System.out.printf("__%6.2f__\n", d);
        System.out.printf("__%8.4f__\n", d);
    }
}
```

```
__123__
__  123__
__123  __
__00123__
__  3.14__
__  3.1416__
```

%d는 정수의 자릿수만큼만 차지하여 123 숫자 길이에 맞게 세 자리로 출력한다. %5d는 최소한 5문자 폭을 차지하도록 하여 i가 3자리지만 강제로 5자리를 차지하고 앞쪽 두 칸은 여백으로 남겨둔다. 자릿수가 가변적인 숫자를 오른쪽으로 가지런히 정렬할 때는 전체 자릿수를 강제 지정하는 것이 좋다. %-5d는 숫자를 왼쪽으로 정렬하며 %05d는 여백에 선행 제로를 붙인다.

실수는 %와 f 사이에 전체 자릿수와 소수점 이하 자릿수를 지정한다. %총자릿수.유효자릿수f 식이다. %6.2f로 지정하면 총 여섯 자리이고 소수점 이하 두 자리만 출력하라는 뜻이다. 그래서 3.14159265는 3.14까지만 출력한다. %8.4f는 소수점 이하 네 자리까지 반올림 처리하여 출력한다.

총 8 자리

8.4f　　　　　　　__ 3.1416 __

소수점 이하
4자리까지

지원 가능한 서식 문자, 플래그 등에 대한 더 상세한 정보는 레퍼런스를 참고하되 이 정도만 알아도 printf는 무난하게 사용할 수 있다. 오래된 구형이지만 익숙하고 편리해서 println과 + 연산자를 쓰는 것보다 printf가 더 직관적이다. 하지만 서식 인수의 짝이 맞지 않으면 예외를 일으킨다는 면에서 안정성은 떨어진다. 위 예에서 %f를 %d로 바꾸면 당장 다운되어 버린다.

편리함에 대한 반대 급부로 서식을 잘못 사용했을 때의 위험이 있어 초기의 자바는 printf 메서드를 제외했다. 그러나 여러 변수를 문자열 사이 사이에 끼워 출력할 때 이 방법이 가장 직관적이어서 자바 1.5부터 뒤늦게 도입되었다. 안정성이고 뭐고 간에 편의성도 무시할 수 없어 사람들이 익숙하게 잘 쓰던 것은 제공할 수밖에 없다.

2 실행 제어

System의 다음 메서드는 현재 프로세스를 강제 종료한다.

```
void exit(int status)
```

인수로 정수 타입의 종료 코드를 전달한다. 정상적인 종료는 0을 리턴하고 에러 발생 시 -1을 리턴하는 것이 관행이다. 또는 호출원과 약속하여 의미 있는 값을 리턴할 수도 있다. 가령 특정값을 조사하는 프로세스라면 결괏값을 종료 코드로 리턴하는 식이다.

자바 프로그램은 main에서 시작하여 main이 끝날 때 종료하는 것이 보통이며 가장 자연스럽다. 그러나 치명적인 에러나 작업 완료 등의 이유로 실행 중에 종료할 때도 있는데 이때는 exit 메서드를 호출한다. exit 호출 즉시 아래쪽의 코드는 무시하며 프로그램을 즉시 종료한다.

```
if (에러 발생) {
        System.exit(-1);
}
```

다음 메서드는 메모리가 지극히 부족하거나 프로그램이 한가할 때 가비지 컬렉터를 기동하여 쓰레기를 수집한다.

```
void gc()
```

가비지 컬렉터는 시스템이 한가한 시간에 알아서 실행하도록 되어 있어 특수한 상황이 아닌 한 이 메서드를 호출하지 말아야 한다. 자동으로 수집하도록 되어 있는데 강제로 명령을 내리면 오히려 성능이 떨어진다. 쓰레기 수집기가 동작하면 당장 수행해야 할 다른 작업이 늦어져 사용자의 요구에 즉시 반응하지 못한다.

가비지 컬렉터에 의해 객체를 제거할 때 finalize 메서드를 호출하는데 메모리 회수보다는 정리 작업만 하고 싶을 때 다음 메서드를 호출하여 예정된 finalize 메서드를 즉시 실행한다.

```
void runFinalization()
```

시스템은 이때 쓰레기 수집 대상 객체의 finalize 메서드를 호출하여 정리 작업을 수행한다. 이 메서드를 호출하여 강제 정리하는 경우는 무척 드물다.

3 시간 측정

다음 메서드는 시스템의 현재 시간을 조사한다. 조사되는 값은 우리가 흔히 쓰는 시간 포맷이 아니라 1970년 1월 1일 자정을 기준으로 경과한 에폭 타임(Epoch time)이며 단위는 1/1000초이다. 시간 단위가 정밀해 리턴 타입은 long 타입이다.

```
long currentTimeMillis()
```

친숙한 시, 분, 초 형식이 아닌 일차원의 경과 시간이어서 시간 조사용으로는 잘 사용하지 않는다. 대신 연산이 용이해 두 실행 지점 간의 측정에 주로 사용한다. 다음 프로그램은 문자열을 만 번 출력하는 시간을 측정한다.

checktime	실행 결과

```
class JavaTest {                                              ....
    public static void main(String[] args) {                  9997번째 줄
        long start = System.currentTimeMillis();              9998번째 줄
        for (int i = 0; i < 10000; i++) {                     9999번째 줄
            System.out.println(i + "번째 줄");                0.065 초 걸림
        }
        long end = System.currentTimeMillis();
        System.out.println((end-start)/1000.0 + " 초 걸림");
    }
}
```

for 루프를 돌며 문자열을 만 번 출력하는데 컴퓨터가 고속이어도 콘솔이 느려 얼마간의 시간이 걸린다. 작업 시작 전에 현재 시간을 조사하여 start 변수에 대입해 놓는다. 그리고 작업 완료 시의 시간을 end 변수에 구해 두 값의 차이를 계산하면 경과 시간을 알 수 있다.

경과 시간의 단위가 1/1000초로 정밀하여 초 단위로 변환하기 위해 실수 1000.0으로 나누었다. 시스템 속도에 따라 결과는 달라진다. 다음 예제는 삽입 정렬 알고리즘으로 30만 건의 자료를 정렬하는 시간을 측정한다.

```
class JavaTest {
    static void InsertionSort(byte ar[], int num) {
        int i, j;
        byte temp;
        for (i = 1; i < num; i++) {
            for (temp = ar[i], j = i; j > 0; j--) {
                if (ar[j - 1] > temp) {
                    ar[j] = ar[j - 1];
                } else {
                    break;
                }
            }
            ar[j] = temp;
            if (i % 10000 == 0) {
                System.out.println(i + "번째 정렬 중");
            }
        }
    }

    public static void main(String args[]) {
        final int num = 300000;
        long start = System.currentTimeMillis();
        byte ar[] = new byte[num];
        for (int i = 0; i < num; i++) {
            ar[i] = (byte) (Math.random() * 255);
        }
        InsertionSort(ar, num);
        long end = System.currentTimeMillis();
        System.out.println((end-start)/1000.0 + " 초 걸림");
    }
}
```

```
....
280000번째 정렬 중
290000번째 정렬 중
21.38 초 걸림
```

30만 건을 정렬하려면 꽤 오랜 시간이 걸린다. 자바 프로그램은 21초가 걸린 것으로 조사되는데 네이티브 언어는 이보다 더 빠르게 실행된다. 과거에는 C 언어에 비해 2.5배 정도 느렸으나 요즘은 컴파일러의 성능이 좋아져 큰 차이가 없다.

반복되는 특정 루프가 너무 느릴 때 이 메서드로 시간을 측정해 보고 성능 최적화에 활용한다. 스크린세이버나 일정 시간 후에 실행되는 컨트롤 애니메이션에도 사용한다. 모바일 환경은 배터리 절약을 위해 사용자가 관심을 보이지 않으면 동작을 즉시 중지하는데 이때 아이들 타임 추출에도 유용하다.

다음 메서드는 10억분의 1초 단위로 현재 시간을 조사한다. 자바 1.5 버전에서 새로 추가되었으며 시스템이 고해상도 타이머를 내장한 경우에만 사용할 수 있다. 정밀도가 훨씬 높아 더욱 섬세한 측정이 가능하다.

```
long nanoTime()
```

앞의 만 번 출력 예제를 이 메서드로 측정하고 나누는 수를 10억으로 변경하면 0.062342874라는 더 정확한 값이 나온다. 극히 짧은 시간을 측정할 때 유용하지만 일반적으로 1/1000초도 해상도가 충분해 많이 사용하지는 않는다.

4 배열 복사

다음 메서드는 배열끼리 요소를 복사한다. 배열 요소를 복사하려면 원하는 부분에 대해 루프를 돌며 요소끼리 직접 대입하는 것이 원론적이지만 시간이 오래 걸리며 큰 배열을 요소 단위로 복사하는 것은 성능에도 불리하다. 그래서 System 클래스는 더 효율적인 배열 복사 메서드를 제공한다. 이 메서드는 배열 전체 또는 일부를 고속으로 복사한다.

```
void arraycopy(Object src, int srcPos, Object dest, int destPos, int length)
```

다섯 개의 인수를 취하는데 원본 배열과 시작 위치, 대상 배열과 시작 위치, 그리고 복사할 길이다. 대상 배열은 미리 할당되어 있어야 하며 충분한 길이여야 한다. 다음 예제는 배열의 사본을 만든다.

arraycopy	실행 결과
| ```
class JavaTest {
    public static void main(String[] args) {
        int[] ar = { 1, 2, 3, 4, 5 };
        int[] ar2 = new int[5];

        System.arraycopy(ar, 0, ar2, 0, ar.length);

        for (int a : ar2) {
            System.out.print(a + " ");
        }
    }
}
``` | 1 2 3 4 5 |

ar의 처음부터 ar2의 처음으로 원본의 길이인 5개를 모두 복사한다. 즉, 배열의 완전한 복사본을 하나더 만든 것이다. 일부만 복사할 수도 있고 원본과 대상의 위치를 다르게 할 수도 있다.

arraycopy2	실행 결과
| ```
class JavaTest {
    public static void main(String[] args) {
        int[] ar = { 1, 2, 3, 4, 5 };
        int[] ar2 = new int[5];

        System.arraycopy(ar, 1, ar2, 2, 2);
``` | 0 0 2 3 0 |

```
            for (int a : ar2) {
                System.out.print(a + " ");
            }
        }
    }
}
```

ar 배열의 1번째부터 ar2의 2번째 요소 위치로 딱 두 개의 요소만 복사한다. 꼭 대응되는 위치의 요소 끼리만 복사하는 것은 아니다.

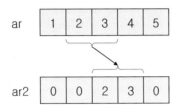

원본과 대상 배열이 같을 수도 있어 같은 배열의 일부분을 다른 곳으로 옮길 수 있다.

arraycopy3	실행 결과

```
class JavaTest {                                    1 2 3 4 3 4 5 8 9
    public static void main(String[] args) {
        int[] ar = { 1, 2, 3, 4, 5, 6, 7, 8, 9 };

        System.arraycopy(ar, 2, ar, 4, 3);

        for (int a : ar) {
            System.out.print(a + " ");
        }
    }
}
```

ar 배열의 2번째 요소에서 세 개분을 4번째 위치로 옮긴다. 3, 4, 5가 4번째에서 다시 반복되며 원래 있던 5와 6은 덮여 사라진다. 이 경우 복사할 원본과 대상이 겹치는 오버랩 상황이 되는데 arraycopy는 임시 배열을 사용하여 복사할 원본이 덮이지 않도록 지능적으로 작업을 수행한다.

System.arraycopy 메서드 외에 Arrays 클래스의 다음 정적 메서드로 배열의 전체 또는 일부를 복사할 수 있다. 배열 요소의 타입별로 오버로딩되어 있는데 대표적으로 정수형 배열의 경우만 보자.

```
static int[] copyOf(int[] original, int newLength)
static int[] copyOfRange(int[] original, int from, int to)
```

원본 배열과 길이를 주면 배열 전체를 복제하고 원본 배열과 시작, 끝 위치를 지정하면 일부만 복제한다. 내부에서 새로운 배열을 생성하여 리턴하므로 미리 할당할 필요는 없다. 다음 예제로 이 메서드를 테스트해 보자.

```
import java.util.*;

class JavaTest {
    public static void main(String[] args) {
        int[] ar = { 1, 2, 3, 4, 5 };
        int[] ar2 = Arrays.copyOf(ar, ar.length);
        for (int a : ar2) {
            System.out.print(a + " ");
        }
        System.out.println();

        int[] ar3 = Arrays.copyOfRange(ar, 1, 3);
        for (int a : ar3) {
            System.out.print(a + " ");
        }
    }
}
```

```
1 2 3 4 5
2 3
```

ar 배열 전체를 복사하여 ar2 배열을 생성했으며 1 ~ 3번째 요소만 추출하여 ar3 배열을 생성했다. 범위의 원칙에 의해 끝 위치인 3번째 요소는 제외하고 1, 2번째 요소 2개만 복사한다. ar2와 ar3를 내부에서 생성하여 리턴하므로 할당할 필요 없이 배열 타입의 변수로 대입 받으면 된다.

16

_ 유틸리티 클래스

Java

16-1 String

1 생성자

String 클래스는 문자열을 표현한다. 참조형이지만 컴파일러의 특별한 지원에 의해 기본형처럼 사용할 수 있다. 사용법이 굉장히 쉬운 편이지만, 메모리 관리 방식이 독특하여 특성을 잘 파악하고 주의사항을 숙지해야 성능 저하 없이 안전하게 쓸 수 있다.

생성자는 무려 열다섯 개나 있는데 디폴트 생성자, 복사 생성자는 물론이고 문자나 바이트 배열로부터 생성할 수 있고 배열의 일부만 취할 수도 있다. 모든 생성자를 다 알 필요는 없으니 자주 사용하는 몇 가지만 구경해 보고 나머지는 필요할 때 레퍼런스를 참고하자.

```
String()
String(byte[] bytes)
String(char[] value)
String(String original)
String(StringBuffer builder)
```

취하는 인수를 보면 어떤 식으로 초기화하는지 알 수 있다. 단순히 문자열 리터럴을 대입하는 방식으로도 초기화할 수 있어 생성자를 사용하는 경우는 흔하지 않다. 문자 배열을 문자열로 바꾸거나 유니코드가 아닌 인코딩 방식의 문자열을 읽어 들일 때 정도만 생성자를 사용한다. 다음은 String 객체를 생성하는 몇 가지 방법이다.

stringctor	실행 결과
``class JavaTest {
    public static void main(String[] args) {
        String str = new String("아름다운");
        System.out.println(str);

        String str2 = "우리나라";
        System.out.println(str2);

        char[] ar = { 'k', 'o', 'r', 'e', 'a' };
        String str3 = new String(ar);
        System.out.println(str3);
``` | 아름다운
우리나라
korea
4 |
```

```
        System.out.println("대한민국".length());
    }
}
```

String 객체를 생성하는 원론적인 방법은 new 연산자로 생성자를 호출하는 것이며 인수로 초기화에 사용할 문자열 리터럴을 전달한다. 다른 객체를 생성 및 할당하는 방법과 같으며 str 문자열을 이 방법으로 생성했다.

사용 빈도가 높아 리터럴을 대입하는 간편한 방식도 허용한다. str2 문자열은 "우리나라" 리터럴을 = 기호 다음에 적어 초기화했다. 생성자로 문자의 배열을 전달하면 문자 요소로 구성된 문자열을 생성한다. str3은 문자의 집합인 ar 배열의 다섯 글자를 모아 korea 문자열로 초기화한다.

문자열 리터럴도 String 객체로 취급되므로 String의 모든 메서드를 호출할 수 있다. "대한민국" 리터럴에 대해 length() 메서드를 호출하면 길이인 4를 리턴한다. String 클래스의 문자열 관련 메서드를 하나씩 연구해 보자. 다음 메서드는 문자열의 기본적인 정보를 조사한다.

```
int length()
boolean isEmpty()
char charAt(int index)
```

length 메서드는 문자열의 길이를 조사한다. 유니코드 문자의 개수를 조사하며 한글도 하나의 문자로 취급한다. isEmpty는 문자열이 비어 있는지 조사한다. if (str.length() == 0) 조건으로 길이가 0인지 보면 되지만, isEmpty는 비어 있는지만 점검하기 때문에 훨씬 빠르다.

charAt은 index 위치의 문자 하나를 조사한다. index는 항상 0부터 시작하며 첫 번째 문자가 0번이고 마지막 문자는 문자열의 길이보다 하나 더 작다. index 인수는 0 ~ length()-1 범위 안에 있어야 한다.

stringlength

실행 결과

```
class JavaTest {
    public static void main(String[] args) {
        String str = "아름다운 우리나라";
        System.out.println("길이 : " + str.length());
        System.out.println("2번째 문자 : " + str.charAt(2));
    }
}
```

길이 : 9
2번째 문자 : 다

문자열 변수를 하나 선언하고 length 메서드로 길이를 조사했다. 한글만 보면 여덟 글자로 보이지만 가운데 공백도 하나의 문자여서 총 아홉 글자이다. charAt 메서드로 2번째 문자를 조사했다. 우리가 흔히 쓰는 서수 표현인 첫 번째, 두 번째는 1을 기점으로 하지만, 1번째, 2번째라는 표현은 0을 기점으로 하는 것이 관행이다.

아	름	다	운		우	리	나	라
0번째	1번째	2번째	3번째	4번째	5번째	6번째	7번째	8번째

자바에서 배열이나 문자열의 시작은 항상 0부터(Zero Base)이므로 2번째 문자는 "름"이 아닌 "다"임을 유의하자.

2 비교

다음 메서드는 두 문자열을 비교한다. 대소문자 구분 여부에 따라 상등, 대소를 비교하는 네 개의 메서드를 제공한다. 내용이 아닌 참조만 점검하는 == 연산자로는 정확히 비교할 수 없으며 〈, 〉 부등 비교는 수치형에만 쓸 수 있다. 문자열의 내용을 비교할 때는 연산자 대신 메서드를 사용한다

```
boolean equals(Object anObject)
boolean equalsIgnoreCase(String anotherString)
int compareTo(String anotherString)
int compareToIgnoreCase(String str)
```

equals 메서드는 두 문자열이 같은지 비교하며 compareTo 메서드는 어떤 문자열이 더 앞쪽인지 조사한다. 이름 뒤에 IgnoreCase가 붙은 메서드는 대소문자를 구분하지 않는다.

strcompare	실행 결과

```
class JavaTest {
    public static void main(String[] args) {
        String str1 = "KOREA";
        String str2 = "korea";

        System.out.println(str1.equals(str2) ? "같다":"다르다");
        System.out.println(str1.equalsIgnoreCase(str2) ? "같다":"다르다");

        String apple = "Apple";
        String orange = "Orange";
        int Result = apple.compareTo(orange);
        if (Result == 0) {
            System.out.println("같다");
        } else if (Result 〈 0) {
            System.out.println("Apple이 더 앞쪽");
        } else if (Result 〉 0) {
            System.out.println("Apple이 더 뒤쪽");
        }
    }
}
```

```
다르다
같다
Apple이 더 앞쪽
```

442

str1과 str2 문자열은 내용이 같고 대소문자 구성만 다르다. equals는 철자가 같아도 대소문자 구성에 따라 다른 문자열로 평가한다. 반면 equalsIgnoreCase는 철자만 같으면 같은 문자열로 평가한다. 영문은 대소문자 구분 여부에 따라 정확한 메서드로 비교해야 한다. 한글은 대소문자의 개념이 없어 equals로 평이하게 비교하면 된다.

compareTo는 사전순으로 정렬할 때의 전후 관계를 조사하며 정수형을 리턴한다. 두 문자열이 같으면 0을, 호출 문자열이 더 앞쪽이면 음수, 호출 문자열이 더 뒤쪽이면 양수를 리턴한다. Apple과 Orange를 대소 비교하면 알파벳 순서가 빠른 Apple이 더 앞쪽이다.

문자의 대소 비교는 곧 문자 코드의 크고 작음을 의미한다. 단어를 사전순으로 나열했을 때 더 앞쪽에 오는 문자가 작은 것으로 평가한다. compareToIgnoreCase는 대소문자 구분을 무시하고 사전순으로 비교한다. 제품 코드나 사람 이름 등은 사용자가 대소문자에 신경 쓰지 않고 입력하는 경우가 많아 대소문자를 무시하는 것이 좋다.

3 검색

검색 메서드는 문자열에서 문자 하나 또는 부분 문자열을 검색한다. 앞쪽이나 뒤쪽의 시작 방향에 따라 검색 메서드를 선택하며 두 번째 옵션 인수로 검색 시작 위치를 지정한다. 시작 위치를 생략하면 처음부터 또는 끝에서부터 검색을 시작한다. 발견 위치를 리턴하되 없으면 −1을 리턴한다.

```
int indexOf(int ch [,int fromIndex])
int lastIndexOf(int ch [,int fromIndex])
int indexOf(String str [,int fromIndex])
int lastIndexOf(String str [,int fromIndex])
```

indexof

```
class JavaTest {
    public static void main(String[] args) {
        String str = "String Search Method of String Class";

        System.out.println("앞쪽 t = " + str.indexOf('t'));
        System.out.println("뒤쪽 t = " + str.lastIndexOf('t'));
        System.out.println("앞쪽 z = " + str.indexOf('z'));
        System.out.println("앞쪽 String = " + str.indexOf("String"));
        System.out.println("뒤쪽 String = " + str.lastIndexOf("String"));
    }
}
```

실행 결과

```
앞쪽 t = 1
뒤쪽 t = 25
앞쪽 z = -1
앞쪽 String = 0
뒤쪽 String = 24
```

긴 영문 문장에서 알파벳과 부분 문자열을 여러 가지 방법으로 검색해 보았다. 알파벳 t는 여러 번 나타나는데 앞에서 검색하면 앞쪽의 t를 찾고, 뒤에서 검색하면 뒤쪽의 t를 찾는다. 알파벳 z는 없어 -1을 리턴한다.

앞에서 검색   뒤에서 검색

뒤에서부터 찾더라도 리턴되는 검색 위치는 항상 앞에서부터의 순서값이다. 뒤쪽에서 t를 찾으면 뒤쪽에서 10번째가 아닌 앞쪽에서 25번째로 리턴한다. 부분 문자열 String의 위치도 앞에서 찾는가, 뒤에서 찾는가에 따라 검색 위치가 다르다. 다음 두 메서드는 문자열의 앞부분과 뒷부분이 특정 문자열인지 조사하여 진위형 값을 리턴한다.

```
boolean startsWith(String prefix)
boolean endsWith(String suffix)
```

indexOf나 lastIndexOf로 부분 문자열을 검색해서 처음이나 끝이 맞는지 확인할 수도 있지만, 이 메서드는 진위형을 리턴하므로 조건문에 바로 사용할 수 있어 간편하다.

startswith   **실행 결과**
```
class JavaTest {
    public static void main(String[] args) {
        String[] files = {
                "girl.jpg",
                "boy.png",
                "child.avi",
                "school.jpg",
                "book.gif"
        };

        for (String s : files) {
            if (s.endsWith(".jpg")) {
                System.out.println(s);
            }
        }
    }
}
```

실행 결과:
```
girl.jpg
school.jpg
```

다섯 개의 파일 중 확장자가 .jpg인 파일만 골라낸다. 배열을 순회하며 각 문자열에 대해 endsWith 메서드로 끝부분이 ".jpg"인지 조사하면 된다. startsWith 메서드로 문자열 앞부분을 점검하면 사람 이름 목록에서 성이 "김"인 사람만 골라낸다.

4 변경

문자열 변경 메서드는 문자열을 조작하여 내용을 변경한다. 다음과 같은 메서드가 있는데 어떤 변경을 가하는지 메서드 이름으로부터 쉽게 알 수 있다.

메서드	설명
String toLowerCase()	영문자를 모두 소문자로 변경한다. 대소문자 규칙은 디폴트 로케일을 따른다. 로케일을 별도의 인수로 지정할 수도 있다.
String toUpperCase()	영문자를 모두 대문자로 변경한다.
String trim()	앞뒤의 불필요한 공백을 제거한다.
String concat(String str)	문자열을 연결한다.
String replace(char oldChar, char newChar)	문자열 내의 모든 oldChar 문자를 newChar로 치환한다.
String replace(CharSequence target, CharSequence replacement)	부분 문자열을 찾아 다른 문자열로 치환한다.
String replaceFirst(String regex, String replacement)	처음 검색되는 부분 문자열을 치환한다.
String replaceAll(String regex, String replacement)	부분 문자열을 모두 찾아 치환한다. 검색 문자열은 정규 표현식이다.

변경 메서드는 문자열 자체를 직접 변경하는 것이 아니라 변경한 새로운 문자열을 리턴한다는 점을 유의하자. 대표적으로 가장 쉬운 대소문자 변환 메서드를 테스트해 보자.

changecase	실행 결과

```
class JavaTest {
    public static void main(String[] args) {
        String str = "Kim Sang Hyung";

        System.out.println(str.toLowerCase());
        System.out.println(str.toUpperCase());

        // 문자열 자체를 변경하는 것은 아니다.
        str.toUpperCase();
        System.out.println(str);

        // 문자열을 변경하려면 다시 대입 받아야 한다.
        str = str.toUpperCase();
        System.out.println(str);
    }
}
```

```
kim sang hyung
KIM SANG HYUNG
Kim Sang Hyung
KIM SANG HYUNG
```

대소문자가 섞여 있는 str 문자열을 각각 소문자와 대문자로 바꾸어 출력했다. 모두 소문자로 바꾸거나 모두 대문자로 바꾸어 출력한다. 여기까지만 보면 아주 쉽다. toUpperCase 메서드는 문자열 자체를 대문자로 변경하는 것이 아니라 원본은 그대로 두고 대문자로 구성된 새로운 문자열을 리턴한다는 점을 주의하자.

str에 대해 toUpperCase 메서드를 호출한다고 해서 str이 모두 대문자로 바뀌는 것은 아니며 원래의 내용을 유지한다. str 자체는 그대로 두고 str의 내용을 읽어 대문자로 구성된 새 문자열을 만들어 리턴할 뿐이다. 세 번째 출력 결과를 보면 str은 전혀 변경되지 않았다. 만약 str 자체를 대문자로 바꾸고 싶다면 변경된 결과를 자신이 다시 대입 받는다.

```
str = str.toUpperCase();
```

이렇게 하면 str로부터 대문자로 변경한 새 문자열을 str이 다시 대입 받아 참조하는 문자열이 바뀐다. 자바의 String 객체는 최초 생성된 후 내용이 절대 바뀌지 않는다. 즉, 자바의 String 객체는 최초 초기화된 후 항상 읽기 전용이다. 다음 코드를 보자.

```
String str = "Java";
str = "자바";
```

str을 "Java"로 초기화한 후 "자바"를 대입했다. str의 내용이 바뀌는 것 같지만, str 변수가 참조하는 문자열이 바뀌는 것이다. str은 어디까지나 문자열을 가리키는 참조 변수일 뿐이다. 대입에 의해 대상 문자열을 변경하는 것이 아니라 새로운 문자열을 가리킬 뿐이다.

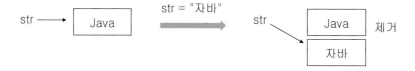

참조 변수가 가리키지 않는 문자열 객체는 더 이상 쓸모가 없어 가비지 컬렉터가 제거한다. 모든 문자열 변경 메서드는 호출 객체는 그대로 두고 변경된 결과를 새 문자열 객체로 만들어 리턴한다.

trim 메서드는 앞뒤의 불필요한 공백을 제거한다. 사용자가 입력한 문자열은 의미 없는 공백이 있는 경우가 많은데 저장이나 비교 전에 제거하는 것이 좋다. concat 메서드는 문자열을 연결하는데 + 연산자를 사용하는 것과 효과가 같다.

```
class JavaTest {
    public static void main(String[] args) {
        String str = "    Kim Sang Hyung    ";

        System.out.println(str.trim());
        System.out.println(str.trim().concat(" BABO"));
    }
}
```

```
Kim Sang Hyung
Kim Sang Hyung BABO
```

앞뒤로 공백이 있는 문자열을 trim으로 정리했으며 concat으로 뒤에 문자열을 덧붙였다. 대부분의 문자열 메서드는 변경된 String을 리턴하므로 메서드를 연쇄적으로 호출할 수 있다. trim이 리턴한 객체에 대해 concat을 바로 호출하여 잘라낸 문자열 뒤에 또 뭔가를 덧붙였다. concat도 String을 리턴하므로 다른 문자열 처리 메서드를 연쇄적으로 호출할 수 있다.

```
str.trim().concat(....).toUpperCase().replace (....)
```

replace* 메서드는 문자나 문자열을 찾아 내용을 치환한다. 원래 문자열과 치환되는 문자열의 길이가 달라도 상관없다.

replace

```
class JavaTest {
    public static void main(String[] args) {
        String str = "독도는 일본땅이다. 대마도는 일본땅이다.";
        System.out.println(str.replace("일본", "한국"));
        System.out.println(str.replaceFirst("일본", "한국"));
    }
}
```

실행 결과	독도는 한국땅이다. 대마도는 한국땅이다.
	독도는 한국땅이다. 대마도는 일본땅이다.

replace 메서드는 모든 문자열을 찾아 변경하며 replaceFirst는 첫 번째 문자열만 변경한다. replaceFirst와 replaceAll 메서드는 인수로 정규식을 사용하여 더 복잡한 치환을 처리할 수 있다. 다음 메서드는 문자열의 일부를 잘라 새로운 문자열 객체를 만든다.

```
String substring(int beginIndex [, int endIndex])
```

시작점에서 끝점 바로 직전까지 추출하며 끝점을 생략하면 끝까지 추출한다. 끝점 자체는 부분 문자열에 포함되지 않음을 유의하자.

```
class JavaTest {
    public static void main(String[] args) {
        String str = "0123456789";
        System.out.println(str.substring(3,7));

        String name = "제 이름은 <김한결>입니다.";
        int st, ed;
        st = name.indexOf('<');
        ed = name.indexOf('>');
        System.out.println(name.substring(st+1,ed));
    }
}
```

```
3456
김한결
```

0 ~ 9의 숫자로 이루어진 문자열에서 3에서 7까지 추출했다. 3은 포함되지만 7은 포함되지 않는다. 아래쪽 코드는 문자열에서 < > 괄호 안의 내용을 추출한다. <와 >의 위치를 찾아 부분 문자열을 추출하되 < 자체는 내용에 포함되지 않아 시작점보다 한 칸 더 뒤쪽에서 추출을 시작한다. >는 추출 대상이 아니므로 >의 위치를 끝점으로 전달하면 > 이전의 문자까지 정확하게 추출한다.

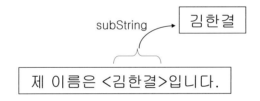

문자열은 참조형이면서 기본형과 유사한 특성을 보인다. 참조형 변수는 사본이 원본과 같은 대상을 가리킬 때 사본을 변경하면 원본도 같이 변경되지만, 문자열은 예외적으로 동작한다. 다음 예제를 보자.

```
class JavaTest {
    public static void main(String[] args) {
        String s = "korea";
        String s2 = s;

        s2 += " fighting";

        System.out.println("s = " + s);
        System.out.println("s2 = " + s2);
    }
}
```

```
s = korea
s2 = korea fighting
```

s2를 s의 사본으로 초기화하고 s2에 문자열을 덧붙였다. 원본인 s도 바뀔 거 같지만 s2만 바뀌며 원본은 영향을 받지 않는다. 이렇게 되는 이유는 문자열은 읽기 전용이며 변경할 때 별도의 사본을 생성하기

때문이다. 최초 s2가 s를 대입 받을 때는 같은 문자열을 가리키지만, 내용이 바뀌면 새로운 객체를 생성하도록 되어 있어 원본인 s는 영향을 받지 않는다.

이런 특성에 의해 문자열은 참조형이면서도 기본형처럼 사용할 수 있다. 문자열 필드에 대해 깊은 복사를 하지 않아도 변경 직전에 새로운 메모리를 할당하는 식이라 깊은 복사를 한 것과 같은 효과가 나타난다.

5 토큰 분할

문자열은 길이 제한이 없고 특별한 형식 없이 임의의 정보를 표기할 수 있어 범용적이다. 한 문자열에 여러 가지 정보를 통합 저장하는데, 이때 각 자료 사이에 구분자 기호를 삽입한다. 예를 들어 디렉터리 경로 문자열을 보자.

```
user/data/app/local
```

최종 디렉터리에 이르는 경로 정보를 표현하며 각 디렉터리 사이에 / 구분자가 있다. 구분자로 구분된 부분 문자열을 토큰이라고 한다. 경로 문자열은 디렉터리 이름이 토큰이다. 다음 메서드는 통합 문자열에서 토큰을 분리한다.

```
String[] split(String regex, [int limit])
```

첫 번째 인수 regex는 구분자를 표현하는 정규 표현식이며 간단하게 구분자 문자라고 생각하면 된다. 두 번째 인수 limit는 전체 문자열을 몇 개의 토큰으로 나눌 것인가를 지정하는데 생략 시 0이 적용되어 모든 토큰을 추출한다. limit를 지정하면 이 개수만큼만 추출하며 나머지 뒤쪽은 모두 하나로 합친다. 추출된 토큰은 문자열의 배열로 리턴한다.

split	실행 결과
```class JavaTest {\n public static void main(String[] args) {\n String city = "서울,대전,대구,부산";\n String[] token = city.split(",");\n\n for (String s : token) {\n System.out.println(s);\n }\n }\n}```	서울 대전 대구 부산

콤마 구분자로 도시명이 저장된 city 문자열에서 각각의 도시명을 분리하여 출력했다. 콤마를 구분자로 하여 split 메서드를 호출하면 토큰의 배열이 리턴되며 루프로 배열을 순회하면서 네 개의 도시를 출력했다. 다음 메서드는 split 메서드와 반대로 구분자를 문자열 사이에 끼워 넣어 전체 문자열을 조립한다.

```
static String join(CharSequence delimiter, CharSequence... elements)
static String join(CharSequence delimiter, Iterable<? extends CharSequence> elements)
```

첫 번째 인수로 구분자를 주고, 두 번째 인수로 각각의 문자열이나 문자열 컬렉션을 전달하면 구분자를 삽입한 문자열을 조립하여 리턴한다.

join

```
import java.util.*;

class JavaTest {
    public static void main(String[] args) {
        String path = String.join("/", "user", "data", "app", "local");
        System.out.println(path);

        String seoul = "서울", daejun = "대전", daegu = "대구", busan = "부산";
        String city = String.join(",", seoul, daejun, daegu, busan);
        // String city = seoul + "," + daejun + "," + daegu + "," + busan;
        System.out.println(city);

        List<String> subway = Arrays.asList("서울역", "남영", "용산", "노량진");
        System.out.println(String.join(" -> ", subway));
    }
}
```

실행 결과	user/data/app/local 서울,대전,대구,부산 서울역 -> 남영 -> 용산 -> 노량진

디렉터리 구분자와 함께 서브 디렉터리 목록을 전달하여 하나의 경로로 합쳤다. 도시명과 콤마를 전달하면 도시명 사이에 콤마가 삽입된 문자열이 만들어진다. + 연산자로 일일이 구분자를 끼워 넣을 수 있지만 불편하다. 문자열의 리스트를 전달하면 모든 요소 사이에 구분자를 삽입한다. 구분자는 문자가 아닌 문자열이어서 여러 문자를 삽입할 수 있다.

6 StringBuffer

String 객체는 상수의 성질을 가지며 한 번 정해지면 내용을 변경할 수 없다. 이렇게 되어 있는 이유는 문자열을 변경할 일이 예상보다 빈번하지 않기 때문이다. 부득이하게 변경할 때는 객체의 내용이 바뀌는 것이 아니라 변경된 새로운 객체를 생성한다. 따라서 빈번하게 변경할 때는 성능이 떨어진다.

자주 변경하는 문자열에 대해 String 대신 사용할 수 있는 별도의 클래스를 제공하는데 이것이 StringBuffer이다. StringBuffer는 일종의 문자 배열이며 메모리를 자동으로 관리하여 삽입, 삭제, 추가를 고속으로 처리한다. 속도 차가 얼마나 나는지 직접 테스트해 보자. 다음 예제는 빈 String 객체를 생성한 후 알파벳 A에서 z까지 덧붙이기를 1000번 반복한다.

atoz

```java
class JavaTest {
    public static void main(String[] args) {
        long start = System.currentTimeMillis();
        String str = "";
        for (int i = 0; i < 1000; i++) {
            for (char ch = 'A'; ch <= 'z'; ch ++) {
                str += ch;
            }
            str += '\n';
        }
        System.out.println(str);
        System.out.println((System.currentTimeMillis()-start)/1000.0 + "초");
    }
}
```

실행 결과	ABCDEFGHIJKLMNOPQRSTUVWXYZ[\]^_`abcdefghijklmnopqrstuvwxyz 1.867초

+= 연산자로 문자를 계속 붙이면 원하는 문자열이 생성되는데 최종 문자열과 걸린 시간을 출력했다. 컴퓨터 성능에 따라 차이가 있는데 대략 2초면 엄청난 세월이다. 문자를 덧붙일 때마다 새로운 문자열이 생성되니 느릴 수밖에 없으며 이전 객체까지 삭제해야 하니 가비지 컬렉터에게도 부담을 준다. 이번에는 똑같은 예제를 StringBuffer 클래스로 만들어 보았다.

atoz2

```java
class JavaTest {
    public static void main(String[] args) {
        long start = System.currentTimeMillis();
        StringBuffer str = new StringBuffer();
        for (int i = 0; i < 1000; i++) {
            for (char ch = 'A'; ch <= 'z'; ch ++) {
                str.append(ch);
            }
            str.append('\n');
        }
        System.out.println(str);
        System.out.println((System.currentTimeMillis()-start)/1000.0 + "초");
    }
}
```

+= 연산자 대신 append 메서드로 문자를 덧붙인다. 문자를 추가하면 메모리를 더 할당할 뿐 새로운 객체를 만들지 않아 실행하자마자 결과를 바로 출력한다. 문자열 변경 횟수가 늘어나면 두 예제의 속도 차는 엄청나게 벌어진다. 그래서 자주 변경할 문자열은 String 클래스를 쓰는 것보다 StringBuffer 클래스를 쓰는 것이 속도상 유리하다.

다음은 StringBuffer 클래스의 주요 메서드이다. 추가, 삽입, 삭제, 대체 등 문자열 편집 기능을 제공한다. 문자나 문자열뿐만 아니라 정수, 실수 등의 타입에 대해서도 오버로딩되어 있어 임의의 자료를 조립할 수 있다.

```
StringBuffer append(char c)
StringBuffer insert(int offset, String str)
StringBuffer delete(int start, int end)
StringBuffer replace(int start, int end, String str)
```

String과 StringBuffer는 똑같이 문자열을 다루지만 사용하는 목적이 완전히 다르다. String은 문자열을 표현하는 것이 목적이고, StringBuffer는 문자열을 조작하는 것이 목적이다. 두 객체는 직접 대입할 수 없으며 변환을 거쳐야 한다. String 객체를 StringBuffer로 바꾸려면 StringBuffer의 생성자로 전달한다. 반대의 경우는 StringBuffer 객체의 toString 메서드를 호출한다.

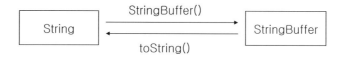

StringBuilder도 StringBuffer와 같되 멀티 스레드를 지원하지 않는 구형이다. StringBuffer는 여러 개의 스레드에서 동시에 사용해도 문제없도록 되어 있지만 대신 동기화 처리가 필요해 미세하게 느리다. 한 스레드에서만 문자열을 조작한다면 StringBuilder가 약간 유리하지만, 굳이 구분하는 것보다 일관되게 StringBuffer만 쓰는 것이 바람직하다.

7 추가 메서드

자바 버전이 올라가면서 문자열 메서드를 하나둘씩 추가하고 있다. 예제만 보면 바로 이해할 수 있을 정도로 쉬우므로 간단한 예제만 보이기로 한다.

```
String repeat(int n)
```

문자열을 n번 반복한다. 보통 두 번 이상 반복하되 n이 0이면 빈 문자열을 리턴하며, 1이면 원래 문자열을 리턴한다. n이 음수이면 예외로 처리하며 빈 문자열은 아무리 반복해도 역시 빈 문자열이다. 다음 예제는 대한민국에 대해 만세 삼창을 한다. 띄어쓰기를 고려하여 뒤쪽에 공백을 미리 넣어 주어야 한다.

repeat

```java
public class JavaTest {
    public static void main(String[]args) {
        String home = "대한민국 ";
        String hurrah = "만세! ";
        System.out.println(home + hurrah.repeat(3));
    }
}
```

실행 결과	대한민국 만세! 만세! 만세!

```
boolean isBlank()
```

문자열이 비어 있는지 조사한다. isEmpty는 단순히 문자열 길이가 0인지만 보는데 비해 isBlank는 내용까지 확인한다. 공백이나 탭, 개행은 보이는 문자가 아니므로 이런 것만 있을 때는 빈 것으로 판별한다. 다음 예제로 두 메서드의 차이점을 확인해 보자.

isBlank

실행 결과

```java
public class JavaTest {
    public static void main(String[] args) {
        String text = "\t \n";
        System.out.println("isEmpty : " + text.isEmpty());
        System.out.println("isBlank : " + text.isBlank());
    }
}
```

```
isEmpty : false
isBlank : true
```

text 문자열은 탭, 공백, 개행 문자로만 구성되어 있다. 길이가 0은 아니어서 isEmpty는 비어 있지 않다고 판별한다. 그러나 탭이나 공백은 어차피 출력해 봐야 보이지 않으며 실제 내용은 없는 셈이다. isBlank는 길이가 아닌 내용을 보고 비어 있는지 아닌지 판단한다.

사용자가 입력한 문자열이 실제 내용을 가지고 있는지 판별할 때는 isBlank 메서드를 사용하는 것이 바람직하다. 공백만 하나 쳐 넣었다면 내용을 입력하지 않은 것으로 판별하고 재입력을 요구해야 한다.

```
String strip()
```

앞뒤의 불필요한 공백을 제거한다. 사용자가 직접 입력한 문자열에는 불필요한 공백이 들어가 정확한 비교가 어려운데 이럴 때는 여분 공백을 제거하는 것이 좋다.

```
strip                                                         실행 결과
public class JavaTest {                                   #    korea    #
    public static void main(String[] args) {              #korea#
        String text = "   korea   ";
        System.out.println("#" + text + "#");
        System.out.println("#" + text.strip() + "#");
    }
}
```

strip 메서드는 양쪽 공백을 모두 제거하며 stripLeading은 앞쪽만, stripTrailing은 뒤쪽 공백만 제거한다. 비슷한 동작을 하는 trim 메서드가 있는데 strip은 유니코드가 정의하는 공백을 모두 제거한다는 점에서 더 정확하다.

```
Stream〈String〉 lines()
```

개행 문자를 기준으로 각 줄을 분할하여 문자열의 배열로 만든다. 리턴 타입이 Stream〈String〉이어서 각 줄을 순회하기 편리하다. 다음 예제는 3행으로 구성된 문자열을 줄 단위로 분해하여 출력한다.

```
lines                                                         실행 결과
import java.util.stream.Stream;                           apple
                                                          orange
public class JavaTest {                                   banana
    public static void main(String[] args) {
        String text = "apple\norange\banana";
        Stream〈String〉 fruits = text.lines();
        fruits.forEach(System.out::println);
    }
}
```

Stream〈String〉 타입 대신 var로 선언해도 되며 그것도 귀찮으면 fruits 중간 변수 없이 분할 후 바로 순회해도 된다.

```
text.lines().forEach(System.out::println);
```

최신 함수인 만큼 순회 방법도 최신 문법인 스트림을 지원한다. 어차피 분할했다면 순회는 필수이므로 아예 스트림으로 리턴한다. 지금 당장은 좀 어려워 보이겠지만 스트림을 익히면 다방면으로 활용할 수 있다.

```
String indent(int n)
```

여러 줄로 된 문자열의 각 줄 선두에 n만큼의 공백을 삽입하여 들여쓰기한다. n이 음수이면 앞쪽 공백을 최대 n개만큼 제거하여 내어 쓰되, 공백이 n개 이하이면 남은 공백을 모두 제거한다. 다음 예제는 HTML 문서를 4칸 안쪽으로 들여 쓴다.

indent	실행 결과

```
public class JavaTest {
    public static void main(String[] args) {
        String text = "<body>\n<p>sample</p>\n</body>";
        System.out.println(text);
        System.out.println(text.indent(4));
    }
}
```

```
<body>
<p>sample</p>
</body>
    <body>
    <p>sample</p>
    </body>
```

내부적으로 line 메서드를 호출하여 각 줄을 분해한 후 앞쪽에 공백을 삽입하여 다시 합친다. text 문자열은 다음과 같이 바뀐다.

```
"    <body>\n    <p>sample</p>\n    </body>\n"
```

앞쪽에 공백을 삽입하는 것 외에 줄 끝부분을 정규화하여 모든 줄에 개행 코드를 추가하며 마지막 줄에도 개행이 들어간다.

```
<R> R transform(Function<? super String, ? extends R> f)
```

문자열을 변형하며 변형 동작을 처리하는 함수를 인수로 받는다. 이 함수는 문자열을 인수로 받아 임의의 변환을 수행한 후 결과를 리턴한다. 리턴 타입이 꼭 문자열일 필요는 없다. 임의의 함수를 지정할 수 있지만, 보통은 람다식으로 짧게 동작만 기술한다.

transform	실행 결과

```
public class JavaTest {
    public static void main(String[] args) {
        String text = "korea";
        System.out.println(text.transform(t -> t + " hello"));
        String num = "12";
        System.out.println(num.transform(Integer::parseInt) * 2);
    }
}
```

```
korea hello
24
```

첫 번째 함수는 입력 문자열 t를 받아 뒤에 hello를 덧붙인 문자열을 리턴한다. 이런 함수를 람다식으로 정의하고 transform 메서드로 전달하면 문자열에 대해 함수를 호출한 결과를 리턴한다. korea 문자열에 대해 적용하면 korea hello가 리턴된다.

두 번째 함수는 문자열을 정수로 변환해 준다. 과연 정수가 맞는지 2를 곱해 연산해 보았다. 문자열 "12" 가 transform에 의해 숫자 12가 되고 2를 곱한 24를 출력한다. 함수를 인수로 받으므로 어떠한 동작이든 가능하다.

16-2 Math

1 수학 메서드

Math 클래스는 수학 연산 메서드를 제공한다. 자바의 연산자로도 간단한 연산은 충분하지만 정밀한 계산이 필요할 때는 Math의 메서드를 활용한다. 복잡한 알고리즘이 라이브러리에 구비되어 있으며 실수 연산도 CPU의 하드웨어 코드를 활용하여 극한의 성능을 보장한다.

Math 클래스는 java.lang 패키지 소속이며 임포트하지 않아도 언제든 사용할 수 있다. 모든 메서드가 정적이어서 객체를 생성할 필요 없으며 Math.메서드() 식으로 호출한다. Math는 자연로그 E와 원주율 PI를 정적 상수로 정의한다.

```
public static final double E
public static final double PI
```

이 두 값이 필요할 때 언제든지 Math.E, Math.PI로 참조한다. 실제 어떤 값으로 정의되어 있는지 출력해 보면 익히 알려진 유명한 두 개의 상수가 나타난다. 원주율은 삼각 함수나 원 관련 알고리즘을 구현할 때 자주 사용한다.

mathconst	실행 결과
```class JavaTest { public static void main(String[] args) { System.out.println(Math.E); System.out.println(Math.PI); }}```	2.718281828459045 3.141592653589793

연산 메서드를 용도별로 순서대로 구경해 보자. 외울 필요는 없으며 목록만 봐 두고 필요할 때 찾아 쓰는 작전이 좋다. 다음 메서드는 절댓값과 최솟값, 최댓값 또는 부호를 조사한다.

메서드	설명
int abs(int a)	절댓값을 구한다.
int min(int a, int b)	a와 b 중 작은 값을 리턴한다.
int max(int a, int b)	a와 b 중 큰 값을 리턴한다.
double signum(double d)	d가 0이면 0, 음수면 −1, 양수면 1을 리턴한다.

도표에는 int 타입에 대한 메서드만 소개했는데 네 가지 수치형 타입에 대해 중복 정의되어 있다. 대표적으로 abs 메서드를 보면 다음 네 개의 버전이 있으며 인수와 리턴 타입이 다를 뿐 사용하는 방법은 모두 같다.

```
int abs(int a)
double abs(double a)
float abs(float a)
long abs(long a)
```

이 간단한 메서드조차도 적재적소에 사용하면 코드를 압축하여 가독성을 높이는 데 큰 도움이 된다. 다음은 정수화 메서드이다.

메서드	설명
double ceil(double a)	a를 올림한다(수직선상의 오른쪽값).
double floor(double a)	a를 내림한다(수직선상의 왼쪽값).
long round(double a)	a와 가장 가까운 정숫값을 구한다.
double rint(double a)	a와 가장 가까운 정수를 실수 타입으로 리턴한다.

간단하게 ceil은 올림, floor는 내림이라고 할 수 있는데 정확하게는 수직선상에서 좌우로 가장 가까운 정수를 찾는다. 기계적으로 소수부를 잘라 버리는 것과는 다르다.

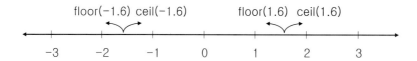

ceil은 인수로 주어진 숫자의 바로 오른쪽값을 찾아 올림 처리하고, floor는 왼쪽값을 찾아 내림 처리한다. 양수인 경우는 올림, 내림이라고 생각해도 무방하지만, 음수인 경우 상식과 달라 주의가 필요하다.

floor

```
class JavaTest {
    public static void main(String[] args) {
        System.out.println("왼쪽 = " + Math.floor(1.6));
        System.out.println("왼쪽 = " + Math.floor(-1.6));
        System.out.println("오른쪽 = " + Math.ceil(1.6));
        System.out.println("오른쪽 = " + Math.ceil(-1.6));
        System.out.println("자름 = " + (int)1.6);
        System.out.println("자름 = " + (int)-1.6);

        System.out.println("반올림 = " + Math.round(1.6));
        System.out.println("반올림 = " + Math.round(1.4));
    }
}
```

실행 결과
```
왼쪽 = 1.0
왼쪽 = -2.0
오른쪽 = 2.0
오른쪽 = -1.0
자름 = 1
자름 = -1
반올림 = 2
반올림 = 1
```

floor(1.6)은 내림이어서 단순히 실수부를 버리고 정수부만 취해 1로 계산한다. 그러나 음수인 경우는 수직선상의 왼쪽 수를 찾아 floor(−1.6)이 −2가 된다. 내림값은 원래값보다 작아야 하므로 −1.6의 내림값은 −1이 아니라 −2임을 유의하자. ceil도 마찬가지로 수직선상의 가장 가까운 오른쪽 정수를 찾는다. 1.6의 올림은 2지만 −1.6의 올림은 −2가 아니라 −1이다.

floor, ceil 메서드 대신 (int) 캐스트 연산자로 소수점 이하를 버리는 방법도 있다. 그러나 캐스트 연산자는 수학적 연산을 하지 않고 부호와 상관없이 소수부를 기계적으로 잘라 버린다. 소수점 첫째 자리에서 반올림하는 round가 가장 합리적인 정수화 방법이다.

특정 소수점 위치에서 반올림하고 싶다면 원하는 자리가 소수점 첫 번째 자리가 되도록 곱한 후 반올림하고 다시 곱한 값으로 나눈다. 다음 예제는 소수점 이하 4번째 자리에서 반올림하는 과정을 보인다.

```
round                                              실행 결과
                                              123.457
class JavaTest {
    public static void main(String[] args) {
        double value = 123.456789;

        double value1000 = value * 1000;
        double valueround = Math.round(value1000);
        double value3 = valueround / 1000.0;

        System.out.println(value3);
    }
}
```

value에 1000을 곱해 소수점을 오른쪽으로 세 칸 이동한 후 round로 소수점 이하를 잘라내고 다시 1000으로 나눈다. 원하는 자리까지 정수부로 올려 반올림하고 다시 소수부로 내리는 식이다.

$$123.456789 \xrightarrow{*1000} 123456.789 \xrightarrow{round} 123457 \xrightarrow{/1000} 123.457$$

곱하고 나누는 수에 따라 반올림 위치가 결정된다. pow 메서드를 활용하면 원하는 자릿수에서 반올림하는 메서드를 만들 수 있는데 잠시 후 실습해 보자.

2 삼각 함수

삼각 함수는 중등 수학 과정에서 배운 것이라 대부분 익숙하겠지만 역함수와 쌍곡선 함수까지 있어 학교에서 배운 것보다는 종류가 훨씬 많다.

메서드	설명
double sin(double a)	삼각 함수 sin을 계산한다. 인수 a는 라디안 값이다.
double cos(double a)	삼각 함수 cos을 계산한다.
double tan(double a)	삼각 함수 tan를 계산한다.
double sinh(double x)	쌍곡선 사인
double cosh(double x)	쌍곡선 코사인
double tanh(double x)	쌍곡선 탄젠트
double asin(double a)	아크 사인
double acos(double a)	아크 코사인
double atan(double a)	아크 탄젠트
double atan2(double y, double x)	아크 탄젠트2
double toRadians(double angdeg)	각도를 라디안으로 변환한다.
double toDegrees(double angrad)	라디안을 각도로 변환한다.

실생활에서는 주로 각도를 사용하지만, 삼각 함수는 모두 라디안값을 인수로 취한다. 다행히 각도와 라디안을 상호 변환하는 toRadians 메서드를 제공한다.

radian

```
class JavaTest {
    public static void main(String[] args) {
        System.out.println("45도 = " + Math.toRadians(45));
        System.out.println("1 라디안 = " + Math.toDegrees(1));
        System.out.println("3.14 라디안 = " + Math.toDegrees(Math.PI));
    }
}
```

실행 결과
```
45도 = 0.7853981633974483
1 라디안 = 57.29577951308232
3.14 라디안 = 180.0
```

참고로 라디안은 원주가 반지름과 같아지는 각도이다. 다음 예제는 15도 단위로 각도를 증가시키며 사인값을 출력한다.

sin

```
class JavaTest {
    public static void main(String[] args) {
        for (double d = 0; d <= 90; d += 15) {
            System.out.println("sin(" + d + ") = " +
                        Math.sin(Math.toRadians(d)));
        }
    }
}
```

실행 결과
```
sin(0.0) = 0.0
sin(15.0) = 0.25881904510252074
sin(30.0) = 0.49999999999999994
sin(45.0) = 0.7071067811865475
sin(60.0) = 0.8660254037844386
sin(75.0) = 0.9659258262890683
sin(90.0) = 1.0
```

각도를 0 ~ 90까지 15도씩 증가시키되 sin 함수가 요구하는 라디안으로 바꿔 전달했다. 값만 잔뜩 나열되어 결과가 썰렁한데 그래픽 환경에서는 원이나 부드럽게 휘어지는 포물선을 그릴 수 있다.

3 지수 함수

지수 함수는 거듭승이나 제곱, 빗변의 길이를 구한다. 딱히 어려운 함수는 아니지만 상세한 수학적 의미에 대해서는 수학 서적을 참고하자.

메서드	설명
double pow(double a, double b)	거듭승을 계산한다.
double sqrt(double a)	제곱근을 계산한다.
double cbrt(double a)	세제곱근을 계산한다.
double hypot(double x, double y)	x제곱 + y제곱의 제곱근을 계산한다.
double log(double a)	자연 로그를 계산한다.
double log10(double a)	상용 로그를 계산한다.
double log1p(double x)	(1+x)의 자연 로그를 계산한다.
double exp(double a)	a의 e승을 리턴한다.
double copySign(double magnitude, double sign)	부호는 sign의 값을 취하고 값은 magnitude의 값을 취한다.

pow 메서드를 이용하면 10의 거듭승을 쉽게 구할 수 있는데 이 메서드를 이용해서 반올림할 자리를 선택하는 메서드를 만들어 보자.

roundnth

실행 결과

```
class JavaTest {
    public static void main(String[] args) {
        System.out.println(roundNtn(123.456789, 0));
        System.out.println(roundNtn(123.456789, 1));
        System.out.println(roundNtn(123.456789, 2));
        System.out.println(roundNtn(123.456789, 3));
        System.out.println(roundNtn(123.456789, 4));
    }

    public static double roundNtn(double value, int n) {
        double multi = Math.pow(10, n);
        return Math.round(value * multi)/multi;
    }
}
```

```
123.0
123.5
123.46
123.457
123.4568
```

roundNth 메서드의 두 번째 인수로 반올림 후 남겨둘 소수점의 위치를 전달하면 이 위치보다 한 칸 더 아래쪽에서 반올림을 수행한다. 방법은 간단하다. 10의 n승을 구해 두고 이 값을 곱해 반올림하고 다시 나누어 원래 크기로 돌아가면 된다.

hypot 메서드는 $\sqrt{x^2+y^2}$ 을 구하는데 피타고라스의 정리에 따라 직각 삼각형의 빗변 길이를 구하는 공식이다. 이 메서드로 두 점간의 거리를 구하는데 두 값의 제곱을 더한 후 제곱근을 직접 구해도 결과는 같다. 다음 예제는 밑변과 높이가 각각 3, 4인 직각 삼각형의 빗변 길이를 구한다.

hypot   실행 결과

```
class JavaTest {                                                빗변 = 5.0
    public static void main(String[] args) {
        int x = 3;
        int y = 4;
        double c = Math.hypot(x, y);
        // double c = Math.sqrt(x * x + y * y);
        System.out.println("빗변 = " + c);
    }
}
```

4 난수

어떤 값이 나올지 예측할 수 없는 수를 난수라고 한다. 알지도 못하는 수가 왜 필요하냐면 게임에서 적군의 이동이나 MP3 플레이어의 노래 선곡을 무작위로 선택하기 위해서이다. 움직임을 예측할 수 있다면 재미가 없고 노래도 계속 같은 순서로 나오면 지겹다. Math 클래스의 다음 메서드가 난수를 생성한다.

```
double random()
```

이 메서드는 0 이상 1 미만의 실수, 그러니까 0.0 ~ 0.9999 사이의 수 하나를 무작위로 골라 리턴한다. 과연 그런지 이 메서드를 다섯 번 호출해 보자.

random   실행 결과

```
class JavaTest {                                             0.19709456809884163
    public static void main(String[] args) {                0.5794192665211841
        for (int i = 0; i < 5; i++) {                       0.38327849899560373
            System.out.println(Math.random());              0.7696194589587042
        }                                                   0.8810430607574111
    }
}
```

예측할 수 없는 난수여서 실행할 때마다 생성하는 수가 다르다. 실수 난수보다 특정 범위의 정수 난수가 더 실용적인데 주사위를 던진다면 1 ~ 6 사이의 값이 나와야 하고, 화투패라면 1 ~ 12 사이의 값이 필

요하다. 난수의 범위를 조정하려면 생성된 난수를 적당히 곱하고 더한다. 다음 예제는 1 ~ 12까지의 정수 난수를 얻는다.

```
class JavaTest {
    public static void main(String[] args) {
        for (int i = 0; i < 5; i++) {
            System.out.println((int)(Math.random() * 12) + 1);
        }
    }
}
```

random2

실행 결과
```
9
8
5
11
10
```

생성된 난수를 여러 단계로 조정하여 원하는 범위로 만든다. random이 리턴한 0 ~ 1 사이의 값에 12를 곱하면 0 ~ 12 미만의 실수가 되며 이 값을 (int)로 캐스팅하면 0 ~ 11 범위의 정수가 된다. 여기에 1을 더하면 1 ~ 12 사이의 정수가 만들어진다. 곱셈으로 범위를 늘리고 덧셈으로 평행 이동시킨다. 연산 순서에 따라 난수의 범위가 어떻게 달라지는지 연구해 보자.

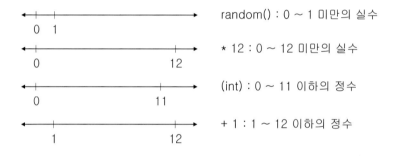

단순한 연산이지만 일일이 조작하여 범위를 맞추는 것은 성가시다. java.util 패키지에 선언된 Random 클래스를 사용하면 난수 생성 메서드를 통해 원하는 범위의 난수를 쉽게 얻을 수 있다. 더 고급 기능을 제공하지만 객체를 생성해야 한다는 면에서 약간 번거롭다. 생성자부터 보자.

```
Random([long seed])
```

난수의 시작점을 인수로 지정하되 생략하면 알아서 적당한 값으로 설정한다. 보통은 디폴트 생성자로 자동 시작점을 사용하는 것이 무난하지만, 테스트 목적으로 일정한 순서의 난수를 얻고자 할 때는 시작점을 지정한다. 객체를 생성한 후 다음 메서드로 원하는 난수를 얻는다.

```
int nextInt()
int nextInt(int n)
long nextLong()
double nextDouble()
```

0 ~ n 미만의 정수 난수를 리턴하는 nextInt(int n)가 가장 실용적이다. 다음 예제는 0 ~ 9까지의 난수 다섯 개를 생성하여 출력한다.

```
import java.util.Random;

class JavaTest {
    public static void main(String[] args) {
        Random R = new Random();
        for (int i = 0; i < 5; i++) {
            System.out.println(R.nextInt(10));
        }
    }
}
```

실행 결과
```
2
4
1
6
2
```

매 실행 시마다 출력하는 난수가 다르다. setSeed 메서드로 중간에 시작점을 변경하고 nextGaussian 메서드로 균일하게 분포된 난수를 얻는다. 난수의 용도에 따라 일정한 패턴이 필요한 경우도 있고 범위 내의 수가 골고루 출현해야 하는 경우도 있다.

여러 가지 방식으로 난수를 만들 수 있지만, 현실적으로 가장 유용한 경우는 일정 범위의 정수 난수이다. Random 클래스는 범위 내의 난수를 생성하는 기능을 제공하지 않는데 다음과 같이 만들어 사용하면 된다. getRandom 메서드는 a ~ b 사이의 정수 난수를 골라 리턴한다.

getrandom

```
class JavaTest {
    public static void main(String[] args) {
        for (int i = 0; i < 5; i++) {
            System.out.println(getRandom(5, 10));
        }
    }

    static int getRandom(int a, int b) {
        return (int)(Math.random() * (b - a)) + a;
    }
}
```

실행 결과
```
7
5
7
8
6
```

방법은 앞에서 알아본 것과 비슷하다. Math.random이 생성한 난수에 범위의 차를 곱하고 시작값을 더하면 된다. main에서 5 ~ 9 사이의 난수를 생성하도록 호출했는데 이때 곱해지는 값은 4이며 더해지는 값은 5이다.

16-3 날짜와 시간

1 Calendar

일상 생활에서 늘 사용하는 날짜와 시간은 예상외로 복잡하다. 년월일시분초의 6차원 정보일 뿐만 아니라 각 자릿수의 진법도 제각각이고 오전/오후, 요일, 윤년의 개념, 음력/양력 등 꽤나 복잡한 형태를 띠고 있다. 단순한 숫자가 아니어서 기본형으로는 표현하기 어려우며 클래스로 표현한다.

자바의 날짜, 시간 관련 클래스는 여러 번 개정되었다. 최초 자바 1.0과 함께 만든 날짜 클래스는 Date였는데 너무 성급하게 만들어 국제화를 고려하지 못했고 여러모로 불편한 점이 많았다. 그래서 곧 폐기되었으며 실제로도 거의 사용하지 않는다. 그러나 완전히 없애지는 못해 지금까지도 약간의 흔적이 남아 있다.

JDK 1.1부터 Calendar 클래스를 도입했다. Calendar 클래스는 날짜와 시간에 관한 여러 가지 상수와 기능을 제공하지만, 그 자체는 추상이어서 객체를 생성할 수 없다. 국가나 지역에 따라 역법이 다양하여 실제 사용하는 달력을 표현하려면 더 구체적이어야 한다. 우리가 흔히 사용하는 양력은 GregorianCalender 클래스로 표현한다. 생성자는 다음과 같다.

```
GregorianCalendar()
GregorianCalendar(int year, int month, int dayOfMonth, [int hourOfDay, int minute, int second])
```

인수로 날짜를 전달하되 시간까지 같이 지정할 수 있다. 인수가 없으면 현재 시간으로 초기화한다. 컴퓨터 시스템은 국제표준시인 GMT 시간을 사용하는데 디폴트 생성자는 이 값을 현재 지역 시간으로 바꾸어 초기화한다. 다음 메서드는 저장된 시간을 각 요소별로 분리한다.

```
int get(int field)
```

인수로 원하는 요소를 지정하면 해당 날짜, 시간 요소를 리턴한다. 시간을 구성하는 요소는 Calendar 클래스에 상수로 정의되어 있다.

상수	설명
YEAR	년
MONTH	월. 1월이 0이다.
DATE , DAY_OF_MONTH	날짜. 첫째 날이 1일이다.
AM_PM	오전(AM) 또는 오후(PM)
HOUR	시간. 0 ~ 11의 값을 가지며 자정과 정오는 12가 아닌 0의 값을 가진다.
MINUTE	분
SECOND	초
MILLISECOND	1/1000초
HOUR_OF_DAY	24시간제의 시간
DAY_OF_WEEK	요일. 각 요일에 대해 SUNDAY, MONDAY 등의 상수가 정의되어 있다.

각 요소에 따라 값의 의미가 조금씩 다르고 일관성이 없어 주의가 필요하다. 일은 1부터 시작하는데 비해 월은 0부터 시작하여 MONTH가 3이면 실제로는 4월을 의미한다. 달력 객체를 얻은 후 get 메서드로 요소를 뽑아 문자열로 조립하면 현재 날짜와 시간을 출력할 수 있다.

calendar

```java
import java.util.*;

class JavaTest {
    public static void main(String[] args) {
        GregorianCalendar today = new GregorianCalendar();
        System.out.printf("%d년 %d월 %d일 %s %d시 %d분 %d초",
                today.get(Calendar.YEAR),
                today.get(Calendar.MONTH) + 1,
                today.get(Calendar.DATE),
                today.get(Calendar.AM_PM) == Calendar.AM ? "오전":"오후",
                today.get(Calendar.HOUR),
                today.get(Calendar.MINUTE),
                today.get(Calendar.SECOND));
    }
}
```

실행 결과	2022년 2월 23일 오전 1시 24분 28초

월 요소는 반드시 1을 더해야 한다는 점을 유의하자. 날짜 요소를 일일이 문자열로 포맷팅하는 것은 무척 귀찮다. 그래서 날짜와 시간을 보기 좋게 문자열로 변환하는 SimpleDateFormat 도우미 클래스를 제공한다. 생성자로 포맷 문자열을 전달하는데 패턴 문자로 형식을 지정한다.

패턴	설명
y	년
M	월
d	일
a	오전, 오후
E	요일
H	24시간제의 시간(0 ~ 23)
k	24시간제의 시간(1 ~ 24)
K	12시간제의 시간(0 ~ 11)
h	12시간제의 시간(1 ~ 12)
m	분
s	초
S	1/1000초

대소문자에 따라 의미가 다르며 패턴은 표기 횟수에 따라 결과가 달라진다. 예를 들어 분을 나타내는 m 은 한 번만 쓰면 5, 28 등으로 선행제로 없이 표기하지만, mm으로 두 번 쓰면 05, 09 등 선행제로를 포함하여 두 자리를 차지한다. 패턴을 만든 후 다음 메서드로 날짜를 포맷팅한다.

```
String format(Date date)
```

인수로 Date 타입의 객체를 요구한다. Calendar 객체로부터 Date 타입의 객체를 구할 때는 getTime() 메서드를 호출한다. Date 클래스는 이미 폐기되었지만 중간 타입으로 여전히 사용한다. 다음 예제는 현재 날짜를 포맷팅하여 출력한다.

today

```
import java.text.SimpleDateFormat;
import java.util.GregorianCalendar;

class JavaTest {
    public static void main(String[] args) {
        GregorianCalendar today = new GregorianCalendar();
        SimpleDateFormat sdf = new SimpleDateFormat("yyyy년 M월 d일 a hh:mm:ss");
        String result = sdf.format(today.getTime());
        System.out.println(result);
    }
}
```

실행 결과	2015년 2월 23일 오전 12:58:44

yyyy를 써 4자리 년도로 표시하며 월, 일은 한 자리씩만 써 선행제로가 나타나지 않는다. 포맷을 yy년

MM월 dd일로 바꾸면 출력 형식이 달라진다. 포맷을 잘 만들어 놓으면 여러 개의 날짜 객체를 일관된 형식으로 출력할 수 있다. 그러나 패턴이 예상외로 복잡하고 헷갈려 익숙해지기 쉽지 않다. 한 번만 출력하려면 printf로 직접 조립하는 것이 간편하다.

2 날짜 간의 연산

Calendar 객체는 내부적으로 시간을 1차원화하여 저장하는데 1970년 1월 1일 자정으로부터 경과한 시간인 에폭 타임(Epoch Time)을 사용한다. 단위가 1/1000초여서 정밀도는 굉장히 높지만 2022년을 에폭 타임으로 표현하면 1조6400억이라는 무지막지한 수가 된다.

이렇게 큰 수에서 날짜의 각 요소를 추출하기는 굉장히 번거롭다. 다행히 이런 복잡한 추출 작업을 대신 수행하는 get 메서드가 있다. 에폭 타임은 출력이 번거로운 대신 날짜 간의 연산은 쉽고 빠르다. 날짜끼리 연산할 때는 다음 메서드를 호출한다.

```
void add(int field, int amount)
void roll(int field, int amount)
```

add는 현재 날짜에서 특정 요소를 더해 새로운 날짜를 만든다. 음수를 주면 뺄 수도 있다. 날짜의 한 요소가 증감하면 다른 요소도 영향을 받는다. 예를 들어 분이 60을 넘으면 시간에 자리 넘침이 발생하며, 날이 31 이상을 넘으면 월이 바뀐다. add 메서드는 자리 넘침을 잘 처리한다.

반면 roll 메서드는 자리 넘침을 처리하지 않고 지정한 요소만 증감시킨다. 단, 예외적으로 월을 변경할 때 그 달의 말일보다 일이 더 크면 마지막 값으로 조정한다. 예를 들어 3월 31일에서 월을 2로 변경하면 2월 31일이 존재하지 않아 28일로 강제 조정한다. 다음 예제는 오늘 날짜 이후 100일이 언제인지 조사하여 출력한다.

after100

```
import java.util.*;

class JavaTest {
    public static void main(String[] args) {
        GregorianCalendar today = new GregorianCalendar();
        System.out.printf("오늘 날짜 : %d월 %d일\n",
                    today.get(Calendar.MONTH) + 1,
                    today.get(Calendar.DATE));
        today.add(Calendar.DATE, 100);
        System.out.printf("100일 후는 %d월 %d일입니다.\n",
                    today.get(Calendar.MONTH) + 1,
                    today.get(Calendar.DATE));
    }
}
```

현재 날짜를 조사하고 DATE 요소에 100을 더하면 100일 후의 날짜가 된다. 100을 더하는 것은 100일 후를 의미하는 것이지 100일째를 의미하는 것은 아님을 주의하자. 아기 100일 잔치나 애인이랑 사귄 지 100일 파티는 시작일을 1일로 보기 때문에 99일 후에 하는 것이 맞다. 사람은 컴퓨터와 달리 1부터 수를 세므로 '오늘부터 우리 1일째'라고 하지 '0일째'라고 하지 않는다.

입대 후 며칠이나 지났는지, 수능이 며칠 남았는지 계산할 때 등 두 날짜 사이의 간격을 구해야 하는 경우도 있다. 라이브러리가 이를 공식 지원하지 않아 직접 연산해야 한다. 이때는 에폭 타임을 경유하여 뺄셈과 나눗셈을 한다. 다음은 내 생일을 기준으로 태어난 지 며칠이나 지났는지 조사한다.

birth

```java
import java.util.*;

class JavaTest {
    public static void main(String[] args) {
        GregorianCalendar birth = new GregorianCalendar(1970, 8, 1);
        GregorianCalendar today = new GregorianCalendar();
        long diff = today.getTimeInMillis() - birth.getTimeInMillis();
        long days = diff / (24 * 60 * 60 * 1000);
        System.out.println("오늘은 태어난지 " + days + "일째");
    }
}
```

생일과 오늘 날짜를 구해 놓고 getTimeInMillis() 메서드로 각 날짜의 에폭 타임을 구한다. 그리고 오늘 날짜에서 생일을 빼면 경과한 시간이 구해지는데 이 값은 1/1000초 단위이므로 하루에 해당하는 값으로 나누면 경과한 날짜가 계산된다. 단위가 커서 그렇지 간단한 산수이다. 편의상 생일은 하드코딩했는데 실행 중에 사용자로부터 입력받으면 범용성이 높아진다.

3 지역 날짜

Calendar 클래스도 충분히 쓸 만하지만 윤초를 제대로 다루지 못하는 문제가 있고 항상 수정 가능해 위험한 면이 있다. 상수의 의미도 비직관적이어서 숙련자도 자주 실수할 만큼 충분히 헷갈리게 되어 있다. 자바 8은 몇 가지 개선 사항을 적용하여 완전히 새로운 LocalDate, LocalTime 클래스를 도입했다.

LocalDate는 지역의 시간을 표현할 뿐 시간대(Time Zone) 정보는 포함하지 않는다. 단지 우리가 살고 있는 곳의 현재 시간을 표현할 뿐이다. 한 번 값이 정해지면 더 이상 편집할 수 없어 안전하며 멀티 스레드 환경에도 문제 없다. 지역 시간 객체를 생성할 때는 다음 두 개의 정적 메서드 중 하나를 호출한다.

```
static LocalDate now()
static LocalDate of(int year, Month month, int dayOfMonth)
```

now는 현재 지역 시간을 조사하여 설정하며 of는 년, 월, 일 값을 인수로 전달하여 날짜를 초기화한다. 각 시간 요소를 조사할 때는 다음 메서드를 호출한다.

```
int getYear()
Month getMonth()
int getMonthValue()
int getDayOfMonth()
DayOfWeek getDayOfWeek()
```

getMonth는 Month 열거형값을 리턴하는데 비해, getMonthValue는 1 ~ 12의 숫자로 된 값을 리턴한다. 1부터 시작하는 값이라 바로 사용할 수 있다.

LocalTime 클래스는 지역 시간을 표현한다. 년월일 대신 시분초를 저장한다는 것만 다를 뿐 LocalDate 클래스와 특성이 유사하다. 시간 표현 단위는 1/10억 초이되 저장만 그럴 뿐 정밀도가 그렇게까지 높지는 않다. 다음 정적 메서드로 시간 객체를 생성한다.

```
static LocalTime now()
static LocalTime of(int hour, int minute, int second, int nanoOfSecond)
```

현재 시간으로 초기화할 수도 있고 시분초 정보를 전달할 수도 있다. 시간 요소를 추출할 때는 다음 메서드를 호출한다. 0 ~ 23, 0 ~ 59 사이의 시간, 분, 초를 정수로 리턴하므로 바로 출력하면 된다.

```
int getHour()
int getMinute()
int getSecond()
int getNano()
```

단, 오전 오후는 따로 구분하지 않아 시간값으로부터 유추해서 사용한다. 시간값이 12를 넘으면 오후이다. 다음 예제는 이 두 클래스를 사용하여 현재 날짜와 시간을 출력한다.

localtime

```java
import java.time.LocalDate;
import java.time.LocalTime;

class JavaTest {
    public static void main(String[] args) {
        LocalDate today = LocalDate.now();
```

```
        LocalTime now = LocalTime.now();
        System.out.printf("%d년 %d월 %d일 %d시 %d분 %d초",
                today.getYear(),
                today.getMonthValue(),
                today.getDayOfMonth(),
                now.getHour(),
                now.getMinute(),
                now.getSecond());
    }
}
```

실행 결과	2021년 11월 29일 21시 11분 27초

날짜 시간 클래스가 나누어져 있어 두 객체를 따로 생성한 후 시간 요소를 추출하는 메서드로 원하는 값을 구해 포맷팅한다. 코드가 좀 길지만 직관적이고 쉽다. 날짜와 시간끼리 계산하는 메서드도 잘 구비되어 있다. 대표적으로 날짜와 분을 더하고 빼는 메서드만 소개하는데 다른 요소에 대한 메서드도 모두 제공한다.

```
LocalDate plusDays(long daysToAdd)
LocalDate minusDays(long daysToSubtract)
LocalTime plusMinutes(long minutesToAdd)
LocalTime minusMinutes(long minutesToSubtract)
```

지역 시간과 지역 날짜는 한 번 설정하면 변경할 수 없는 읽기 전용이며 연산 결과 새로운 객체를 리턴한다. 초기화 후 상수 성질을 가지는 String 객체와 유사하다. 다음 예제는 오늘부터 100일 후 날짜를 계산하여 출력한다.

day100

```
import java.time.LocalDate;

class JavaTest {
    public static void main(String[] args) {
        LocalDate today = LocalDate.now();
        LocalDate after100 = today.plusDays(100);
        System.out.printf("100일 후는 %d월 %d일입니다.",
                after100.getMonthValue(),
                after100.getDayOfMonth());
    }
}
```

실행 결과	100일 후는 9월 4일입니다.

plusDays 메서드로 날짜를 더한 새로운 객체를 받아 출력했다. 애인과 100일 파티할 때는 99를 더해야 함을 유의하자.

16-4 record

1 변수의 집합

record는 변경 불가능한 변수의 집합을 정의하는 간편 클래스이다. 다른 언어의 튜플(Tuple)과 유사하되 멤버에 이름을 지정할 수 있고 유효성 점검이 가능하다는 면에서 수준이 더 높다. 값의 집합을 다룬다는 면에서 C 언어의 구조체와도 용도가 비슷하다.

JDK 14에서 처음 제안했다가 JDK 16에서 완성했으니 대략 1년 정도 충분한 논의를 거쳐 도입했다. 클래스는 속성과 동작, 그리고 다양한 요소를 포함하는 범용적인 타입이지만 제대로 만들려면 이것저것 요구하는 것이 많다. 예를 들어 x, y로 구성된 좌푯값을 클래스로 정의하려면 다음 요소가 모두 필요하다.

pointrecord

```
class Point
{
    // 좌표를 저장할 변수
    private final int x;
    private final int y;

    // 기본 생성자
    Point(int x, int y) {
        this.x = x;
        this.y = y;
    }

    // 변수를 읽어줄 액세서
    int x() { return x; }
    int y() { return y; }

    // 상등 비교
    public boolean equals(Object other) {
        if (other instanceof Point == false) return false;
        return ((Point)other).x == x && ((Point)other).y == y;
    }

    // 해시 코드
    public int hashCode() {
        return y * 10000 + x;
```

```java
        }

        // 문자열화
        public String toString() {
            return "Point(" + x + "," + y + ")";
        }
    }

public class JavaTest {
    public static void main(String[] args) {
        // 생성
        Point pt = new Point(123, 456);
        // 문자열화하여 출력
        System.out.println(pt);
        // 개별 멤버값 읽기
        int x = pt.x();
        int y = pt.y();
        System.out.println("x = " + x + ",y = " + y);
        // 상등 비교
        Point pt2 = new Point(123, 456);
        System.out.println(pt.equals(pt2));
    }
}
```

실행 결과	Point(123,456) x = 123,y = 456 true

2차원 평면의 한 지점을 가리키는 역할을 하므로 클래스 이름은 Point로 주었다. Point 타입으로 좌표를 생성, 관리하려면 최소한 다음 멤버를 구비해야 한다.

- 평면상의 좌표를 표현하기 위해 x, y 축의 거리가 각각 필요하다. 핵심 필드여서 private 액세스 지정으로 보호하며, 한번 초기화하면 변경할 수 없도록 final 속성을 부여했다.

- 외부에서 값을 변경할 수 없으므로 생성할 때 초기화해야 한다. 기본 생성자는 필드 개수만큼 인수를 전달받아 모든 필드를 초기화한다.

- 외부에서 좌푯값을 읽을 수 있도록 멤버명과 같은 액세서 메서드를 제공한다. 읽기 전용이므로 쓰기 액세서는 필요치 않다.

- 같은 타입의 메서드끼리 상등 비교하는 equals 메서드와 해시 맵에 저장할 때의 식별자를 정의하는 hashCode 메서드가 필요하다.

- 디버깅이나 진단의 편의를 위해 객체 상태를 문자열로 출력하는 toString 메서드를 정의한다.

이런 복합 타입은 값을 표현하는 것 자체가 목적이기 때문에 상수(Immutable) 객체로 정의하는 것이 편리하고 안전하다. String을 한번 초기화하면 절대로 변경하지 않는 것과 같은 이유이며 레코드도 이 원칙에 맞게 생성 후에는 읽기 전용이다. 최소한 이 정도는 갖추어야 제대로 된 클래스이며 실용적으로도 불편하지 않다.

단 두 개의 값을 묶기 위해 갖추어야 할 것이 지나치게 많을 뿐만 아니라 생성자나 액세서 등은 형태가 뻔해 누가 만들어도 똑같다. equals나 toString도 멤버의 개수나 타입에 따라 약간씩 형태가 달라질 뿐 만드는 방법은 상식적이며 귀찮은 작업일 뿐이다. 자바의 이런 특성에 대해 '말이 많다(verbose)', 또는 '격식적(ceremony)'이라고 평가한다.

순수 객체지향을 표방하다 보니 뻔한 코드라도 일일이 적을 수밖에 없어 개발자의 시간과 노력을 낭비하는 셈이다. 좌푯값 외에도 몇 가지 값을 모아 단순한 집합을 표현해야 하는 경우가 예상외로 많다.

날짜: 년, 월, 일
시간: 시, 분, 초
범위: 시작, 끝
선 속성: 색상, 굵기, 모양

이런 간단한 타입도 일일이 클래스로 정의하고 관련 장치를 다 구비해야 한다. 문법상 다 필요하지만 뻔한 코드를 매번 작성하는 것은 번거롭고도 피곤한 일이다. 이런 뻔한 클래스를 손쉽게 정의하기 위해 도입한 문법이 record이다.

2 record

record는 복합 타입을 클래스로 정의하는 간편 문법이다. 레코드라는 용어는 여러 개의 값을 모아 더 큰 대상을 표현하는 변수의 집합이라는 뜻이다. 기본 형식은 다음과 같다.

```
record 이름(필드 목록) { }
```

예약어 record로 시작하며 타입 이름을 주고 ( ) 괄호 안에 값을 구성하는 멤버 목록을 기술한다. ( ) 안의 멤버 목록을 헤더(header)라고 부른다. 레코드를 구성하는 개별값의 목록이며 객체의 상태를 정의한다.

레코드 정의에 필요한 멤버를 자동으로 생성하므로 본체는 보통 비워 두지만 필요하다면 코드를 작성할 수도 있다. 앞 예제에서 만들었던 Point 클래스를 record로 정의해 보자. 클래스 선언문을 record 선언문으로 바꾸면 된다.

```
record Point(int x, int y) {}

public class JavaTest {
    public static void main(String[] args) {
        // 간단하게 생성
        Point pt = new Point(123, 456);
        // 문자열화하여 출력
        System.out.println(pt);
        // 개별 멤버값 읽기
        int x = pt.x();
        int y = pt.y();
        System.out.println("x = " + x + ",y = " + y);
        // 상등 비교
        Point pt2 = new Point(123, 456);
        System.out.println(pt.equals(pt2));
    }
}
```

```
Point[x=123, y=456]
x = 123,y = 456
true
```

30줄 이상의 클래스 선언문이 단 한 줄의 레코드 선언문으로 바뀌었지만 실행 결과는 같다. record Point(int x, int y) {} 선언문은 정수형의 x와 정수형의 y를 묶어 Point 클래스를 정의하고 생성자, 액세서, toString, equals 등을 암시적으로 정의한다. toString의 결과 포맷이 조금 다를 뿐 똑같이 동작한다.

단, 한 줄의 선언문으로 좌표를 표현하기 위한 모든 장치를 다 갖추었다. 레코드는 내부에 여러 개의 값을 가지지만 외부에서 보기에는 하나의 객체일 뿐이다. 일반 변수와 마찬가지로 인수로 전달할 수 있고 리턴값으로 반환할 수도 있다.

```
record Point(int x, int y) {}

public class JavaTest {
    public static void main(String[] args) {
        Point pt = new Point(100, 150);
        Point pt2 = GetMidPoint(pt);
        System.out.println(pt2);
    }

    public static Point GetMidPoint(Point pt) {
        return new Point(pt.x() /2 , pt.y() /2);
    }
}
```

```
Point[x=50, y=75]
```

GetMidPoint는 인수로 받은 좌표의 절반 좌표를 생성하여 리턴한다. pt 인수 하나로 (x, y) 좌표를 한꺼번에 받을 수 있고 또 새로운 Point 객체를 만들어 리턴할 수도 있다. 마치 int나 String을 다루 듯이 객체를 주고 받을 수 있어 편리하다.

레코드를 복합값의 표현 수단으로만 활용하려면 딱 여기까지만 알면 된다. 헤더에 멤버 목록을 나열하 는 것 이상 더 할 필요가 없다. 자바 문법도 레코드를 이 수준으로만 활용할 것을 권장한다. 그러나 더 복잡한 형태로 사용하려면 본체에 약간의 코드를 더 작성해야 한다.

3 기본 생성자

일반 클래스는 생성자를 정의하지 않으면 인수를 받지 않는 디폴트 생성자(Default Constructor)를 정의한다. 이에 비해 레코드는 모든 필드를 초기화하는 기본 생성자(Canonical Constructor)를 자 동으로 생성한다.

기본 생성자는 new 연산식의 인수대로 필드를 초기화하되 일부 인수를 생략하고 본체에 대입문을 직 접 작성하지 않더라도 생성자의 마지막에 인수 대입문을 내부적으로 생성한다. 생략한 코드까지 자동으 로 생성해 주는 이유는 생성자 외에는 멤버를 초기화할 방법이 없기 때문이다.

기본 생성자가 이런 식으로 정의되어 있기 때문에 생성자 내부에서 인수의 유효성을 점검하거나 변형을 가할 수 있다. 예를 들어 좌표 공간이 양수 영역만 유효하다면 음수의 좌표로 초기화해서는 안 된다. 기 본 생성자에서 x, y 인수를 받아 대입하기 전에 조건을 점검하여 유효한 값으로 변경할 수 있다. 다음은 원론적인 코드이다.

```
Point(int x, int y) {
    if (x < 0) x = 0;
    if (y < 0) y = 0;
    this.x = x;
    this.y = y;
}
```

초깃값으로 전달받은 x나 y가 음수라면 초기화하기 전에 0을 대입하여 원점을 가리키도록 했다. Point pt = new Point(-123, 456);에 의해 pt는 (0, 456)으로 초기화된다. 또는 값을 강제로 바꾸는 대신 예외를 던져 잘못된 인수임을 적극적으로 알리는 것도 한 방법이다.

```
if (x < 0 || y < 0) throw new IllegalArgumentException("no negative");
```

기본 생성자는 인수를 받지 않아도 x, y 인수를 받고 인수를 필드에 대입하는 문장을 생성자 끝에 자동 으로 생성하므로 본체에서는 유효성만 점검하면 된다. 생성자 본체에서 조건에 따라 변경한 값으로 초 기화한다. 다음과 같이 축약된 형태로 기본 생성자를 정의해도 효과는 같다.

476

```
record Point(int x, int y) {
    Point {
        if (x < 0) x = 0;
        if (y < 0) y = 0;
    }
}

public class JavaTest {
    public static void main(String[] args) {
        Point pt = new Point(-123, 456);
        System.out.println(pt);
    }
}
```

실행 결과	Point[x=0, y=456]

이 생성자는 인수를 받지 않지만, 객체를 생성할 때는 여전히 new Point(-123, 456) 형식으로 모든 필드의 초깃값을 전달한다. 이때 -123, 456이 각각 형식 인수 x, y로 전달되며 기본 생성자의 마지막에 대입하는 코드를 넣어 준다. 따라서 그 전에 유효성을 점검하는 코드를 작성하면 된다.

Point가 유효한 좌표가 되려면 x, y는 반드시 초기화해야 하며 모든 필드에 대한 초기화가 필수이다. 어차피 필요한 코드이고 형식이 정해져 있으므로 생성자가 인수를 생략해도 컴파일러는 숨겨진 인수를 받아 대입하는 코드를 작성한다.

대입은 항상 생성자의 끝에서 수행하며 그 전에 유효성을 점검하거나 원하는 대로 변형할 기회를 제공한다. 컴파일러가 기본 생성자를 정의하는 이유는 이해할 수 있지만 직접 정의하지 않은 코드가 삽입된다는 점에서 비직관적이다.

4 제약 사항

레코드를 도입한 목적은 복합값을 간편하게 정의하여 편리하게 사용하자는 것이다. 그러나 개발자는 문법이 허락하는 한에서 다양한 변형을 시도하려는 경향이 있고 간단하게 정의했다가도 필요에 따라 확장하는 경우도 있다.

간편성을 목적으로 도입한 문법은 많은 것을 생략하고 자동으로 생성하는 코드가 많다. 컴파일러가 코드를 작성하기 때문에 개발자가 직접 작성하는 코드와 충돌이 발생한다. 레코드는 결국 클래스이지만 진짜 클래스에 비해 확장성이 떨어지며 문법상의 많은 제약이 있다.

- 레코드의 부모 클래스는 Record로 정해져 있다. 다른 클래스로부터 상속받을 수 없으며 선언문에 extends를 쓸 수 없다.
- 레코드는 항상 final이며 추상으로 정의할 수 없다. 즉, 레코드끼리도 상속받아 기능을 확장할 수 없다. 멤버가 다르면 레코드를 따로 정의해야 한다.
- 레코드의 필드는 항상 final이며 초기화 후 읽기만 가능하다. 레코드는 값의 표현에만 집중(immutable by default)할 뿐 값의 변화에 대한 동작까지 정의하지는 않는다.
- 레코드는 헤더에서 정의한 필드만 가지며 본체에 필드를 추가 선언할 수 없다. Point 내부에 Z 좌표를 저장하는 int z; 변수를 더 선언할 수 없다는 얘기다. 3차원 좌표가 필요하다면 Point3D 레코드를 따로 정의해야 한다. 단, static 필드는 가질 수 있다.
- 인스턴스 메서드는 정의할 수 있다. 메서드를 가질 수 있으므로 인터페이스로부터 상속받을 수 있다. static 메서드도 가능하다. 그러나 다른 언어의 코드로 기술하는 네이티브 메서드는 포함할 수 없다.
- 레코드를 다른 클래스 안에 선언하여 중첩할 수 있다. 단, 이 경우 레코드는 자동으로 static이 된다. Point 레코드를 JavaTest 클래스 안쪽에 선언해도 상관없다. 메서드 내의 지역 레코드로 선언할 수도 있다. main 메서드 내부에서만 사용한다면 main 안쪽에 선언한다.

레코드가 불변값의 집합임을 이해한다면 이런 제한도 쉽게 이해할 수 있다. 도입 취지를 넘어서려면 규칙이 난해해질 수밖에 없다. static 필드나 메서드 정의, 인터페이스로부터의 상속은 별다른 충돌이 없어 가능은 하지만 이런 기능도 가급적 사용하지 않는 것이 좋다.

만약 위 제한 중 하나라도 불편하게 느껴진다면 이때는 레코드를 쓰지 말아야 한다. 멤버를 마음대로 선언하거나 상속받고 확장까지 가능하게 만들고 싶다면 클래스라는 훌륭한 문법이 있다. 클래스는 모든 것이 가능하다.

레코드는 딱 record 이름(값 목록) {} 까지만 활용하는 것이 이상적이다. 자바 제안서에도 이런 용도로만 사용하라고 명시되어 있으며, 정 더 사용하려면 기본 생성자에서 유효성 점검과 정규화 정도만 사용할 것을 권장한다.

17

_ 컬렉션

17-1 컬렉션 프레임워크

1 컬렉션

프로그램 규모가 커지면 관리할 정보가 많아진다. 단순 변수나 객체로는 정보를 효율적으로 다룰 수 없어 더 정교한 자료 구조와 알고리즘을 동원한다. 대규모의 자료를 그룹으로 묶어 관리하는 객체를 컬렉션(Collection)이라고 하며 다수의 변수를 담는다고 해서 컨테이너(Container)라고도 부른다.

기본 컬렉션인 배열만 해도 단일 변수보다 활용성이 월등히 높다. 그러나 구조가 단순하고 고정 크기여서 가변 크기의 자료를 다룰 수 없다는 약점이 있다. 컬렉션은 배열과 유사하지만 실행 중에 메모리를 재할당하여 가변적인 자료를 저장할 수 있으며 관리 알고리즘까지 포함한다.

자료 구조와 알고리즘은 실무 활용도가 높아 반드시 익혀야 하는 중요한 기술이다. 옛날에는 개발자가 프로젝트에 맞게 자료 구조를 직접 만들고 최적화해서 사용했지만, 요즘은 성능, 효율, 신뢰성을 모두 만족하는 라이브러리가 많아 사용법만 익혀도 충분하다.

자바의 자료 구조 클래스는 몇 번의 혁신을 거쳤다. 초기의 Vector, HashTable, Stack 클래스는 멀티 스레드에 취약하고 일관성이 없어 폐기되었다. JDK 1.2는 일관성을 확보한 컬렉션 프레임워크를 도입하였으며 JDK 1.5는 제네릭을 적용하여 안전성까지 확보했다.

현재는 안정화된 제네릭 컬렉션 프레임워크를 사용한다. 프레임워크라고 부르는 이유는 조직적이고 범용적으로 설계했다는 뜻이다. 확장성을 충분히 고려했고 알고리즘까지 포괄한다. 유틸리티 수준을 넘어 라이브러리보다 한 급 위라는 뜻이다. 프레임워크는 다음 세 가지로 구성된다.

- **인터페이스**: 컬렉션을 표현하는 추상적인 기능을 정의한다. 기능의 목록만 정의할 뿐 구현은 포함하지 않아 커스텀 컬렉션 제작까지 지원한다.
- **구현**: 컬렉션의 기본적인 기능을 구현하며 실무에서 가장 많이 사용하는 부분이다. 구현만으로도 충분히 실용적이지만 상속받아 확장할 수도 있다.
- **알고리즘**: 정렬, 검색 등 컬렉션에 대한 실용적인 연산을 제공한다. 다형적으로 설계되어 하나의 메서드를 여러 종류의 컬렉션에 일관되게 적용한다.

자료 관리와 알고리즘은 프레임워크가 책임지므로 개발자는 프로그램의 고유한 코드에 전념할 수 있다. 최고의 개발자들이 심혈을 기울여 작성했고 현장에서 수십 년간 검증 및 개선하여 성능이 탁월하며 신뢰성도 높다. 인터페이스 단계부터 계층을 잘 구성하여 구조적으로 우수하다.

워낙 잘 만든 프레임워크여서 대충 배워 실무에 바로 써 먹기는 쉽다. 그러나 기능이 많은 만큼 복잡해 클래스 계층을 파악하는데 꽤 오랜 시간이 소요되며 커스텀 자료까지 저장할 정도로 자유 자재로 확장 하려면 상당한 노력이 필요하다. 여기서는 사용법 위주로 연구해 보자.

2 계층도

자바의 컬렉션 프레임워크는 java.util 패키지에 인터페이스와 추상 클래스로 구성된 복잡한 계층으로 되어 있다. 빈번히 사용하는 클래스 위주로 정리해 보면 다음과 같다.

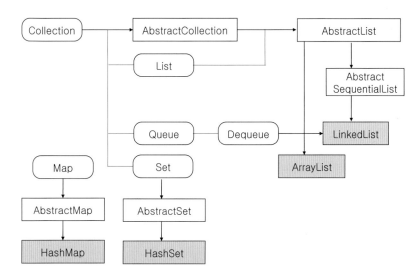

이 계층도에서 둥근 사각형으로 된 것은 인터페이스이며 컬렉션 관리 메서드의 목록을 제공한다. 이름 이 Abstract로 시작하는 클래스는 컬렉션의 기본 구현을 제공한다. 누가 구현하나 똑같을 수밖에 없는 뻔한 코드를 미리 작성해 두어 커스텀 컬렉션 구현을 지원한다.

컬렉션을 제대로 사용하려면 이 계층 구조의 각 인터페이스와 클래스가 어떤 기능을 제공하는지 순서대 로 살펴보고 대충의 목록을 파악해야 한다. 양이 많아 시간이 오래 걸리지만 레퍼런스를 통해 계층 구조 를 한 번쯤 훑어 보면 전체 구조를 파악하는 데 많은 도움이 된다.

실제 프로젝트에 사용하는 컬렉션은 음영으로 표시해 놓은 말단에 있는 클래스이다. 커스텀 컬렉션을 만들지 않는 한 이 클래스의 사용 방법만 제대로 익혀도 큰 무리는 없다. 컬렉션은 관리하는 자료의 특 성에 따라 다음과 같이 분류한다.

- **리스트**: 순서가 있고 중복 가능하다.
- **집합**: 순서가 없고 중복 불가능하다.

- **맵**: 키와 값의 쌍을 저장한다. 키는 중복될 수 없지만, 값은 중복될 수 있다.
- **큐**: 임시적인 값을 저장하며 삽입, 추출 기능을 제공한다.

저장할 자료의 특성에 따라 적당한 컬렉션을 선택해서 사용한다. 이 중 리스트의 사용 빈도가 가장 높으며 그중에서도 동적 배열에 해당하는 ArrayList를 압도적으로 많이 사용한다.

3 Collection

컬렉션 프레임워크의 루트는 Collection 인터페이스이며 모든 컬렉션이 가지는 일반적인 기능의 목록을 선언한다. 구현은 없고 메서드 선언문만 있으며, 요소의 중복 여부, 순서 유지 여부에 따라 하위의 클래스가 적당히 구현한다.

인터페이스의 메서드는 컬렉션을 관리하는 기능의 목록이되 모든 서브 클래스가 반드시 구현해야 하는 것은 아니다. 옵션으로 분류된 일부 고급 기능은 꼭 필요치 않다면 생략해도 상관없다. 다만 추상 메서드 구현은 문법상 요구되므로 미사용 시 지원하지 않는다는 예외를 던지도록 되어 있다.

일부 메서드가 옵션인 이유는 컬렉션에 따라 선택적으로 구현하고 커스텀 컬렉션을 만들기 쉽도록 하기 위해서이다. 컬렉션마다 천차만별로 다른 메서드 목록을 따로 정의하면 구현도 어려울 뿐만 아니라 변종이 너무 많아진다. 그래서 일반적인 기능의 목록을 정의하되 컬렉션은 자신이 꼭 필요로 하는 메서드만 구현한다.

Collection이 정의하는 주요 메서드 목록을 하나씩 살펴보자. 컬렉션 본연의 기능은 자료를 관리하는 것이며 가장 기본적인 동작은 자료를 넣고 빼는 것이다. 이 동작은 다음 메서드가 수행한다.

```
boolean add(E e)
boolean remove(Object o)
boolean contains(Object o)
```

컬렉션에 자료를 추가하고, 삭제하고, 포함 여부를 검사하는 메서드이다. 다음은 컬렉션 전체를 관리하는 메서드이다.

```
int size()
void clear()
boolean isEmpty()
Object[] toArray()
⟨T⟩ T[] toArray(T[] a)
Iterator⟨E⟩ iterator()
```

크기를 조사하고 컬렉션을 비우거나 빈 컬렉션인지 조사하는 메서드이다. 컬렉션의 데이터를 일반 배열로 변환하며 반복자를 구해 전체 컬렉션을 순회한다. 컬렉션이라면 당연히 있어야 할 상식적인 메서드이다. 다음 메서드는 여러 개의 요소를 한꺼번에 고속으로 처리한다.

```
boolean addAll(Collection<? extends E> c)
boolean removeAll(Collection<?> c)
boolean containsAll(Collection<?> c)
```

이 메서드를 어떻게 구현할 것인가는 구체적인 서브 클래스에 따라 달라지는데 Collection은 하위의 컬렉션을 위해 충분히 범용적으로 설계해 두었다. 예를 들어 add 메서드를 보자. 자료를 추가하면 그냥 뒤에 덧붙이므로 굳이 리턴값이 필요 없지만 boolean 타입을 리턴한다.

중복을 허용하는 리스트는 add가 무조건 성공이어서 사실상 리턴값이 필요 없다. 그러나 중복값을 허용하지 않는 집합은 이미 들어 있는 값을 또 추가하면 false를 리턴한다. Collection은 두 컬렉션을 모두 고려하여 add 메서드의 리턴값을 boolean으로 선언해 놓았다.

Collection으로부터 파생되는 List, Set 인터페이스는 각 컬렉션에 맞는 추가 메서드를 정의한다. 예를 들어 순서가 있는 컬렉션인 List 인터페이스는 위치를 통해 요소를 액세스하는 get, set 메서드를 제공한다. 상위의 인터페이스에 선언된 메서드를 먼저 익힌 후 컬렉션 클래스를 공부하는 것이 순서상 맞지만 너무 번거로우니 말단의 실무 클래스 위주로 연구해 보자.

17-2 ArrayList

1 동적 배열

리스트는 자료의 순서가 있고 중복을 허용하는 컬렉션이며 시퀀스(Sequence)라고도 부른다. 단순하고 실용성이 높아 컬렉션 중 사용 빈도가 가장 높다. ArrayList, LinkedList 두 개의 주요 클래스가 구현되어 있는데 먼저 ArrayList에 대해 연구해 보자.

요소를 인접한 메모리에 저장한다는 면에서 배열과 유사하지만, 요소의 개수에 따라 동적으로 크기를 늘릴 수 있고 배열 중간에도 삽입, 삭제가 자유롭다. 그래서 동적 배열이라고 부른다. 생성자는 다음과 같다.

```
ArrayList<E>()
ArrayList<E>(int initialCapacity)
ArrayList(Collection<? extends E> c)
```

제네릭 클래스이며 <> 괄호 안에 저장할 데이터의 타입을 파라미터로 밝힌다. 정수형을 저장한다면 E 자리에 Integer라고 쓰고, Human 객체를 저장한다면 Human이라고 쓴다. 순서상 제네릭을 먼저 알아야 하지만 너무 복잡해 컬렉션을 익힌 후 제네릭을 정리하는 것이 더 쉽다. 디폴트 생성자는 크기 10의 배열을 초기 할당한다. 정수형의 자료를 저장한다면 다음과 같이 컬렉션 객체를 생성한다.

```
ArrayList<Integer> arNum = new ArrayList<Integer>();
```

ArrayList<Integer>가 정수형 동적 배열 타입이다. 이 선언에 의해 정숫값 10개를 저장할 수 있는 메모리를 할당한다.

arNum

생성 시 할당하는 크기는 10개이지만, 어차피 실행 중에 필요한 만큼 늘어나므로 초기 크기는 중요하지 않다. 하지만 매번 재할당하면 속도가 느려지므로 대용량의 자료를 관리한다면 메모리를 미리 충분히 할당해 놓는 것이 유리하다. 두 번째 생성자는 초기 할당할 크기를 지정한다.

세 번째 생성자는 다른 컬렉션으로부터 배열을 생성한다. 컬렉션의 사본을 만들거나 다른 종류의 컬렉션을 동적 배열로 변환할 때 사용한다. 요소를 추가할 때는 다음 메서드를 호출한다.

```
boolean add(E e)
void add(int index, E element)
```

위쪽의 add는 배열의 끝에 요소를 추가하며 Collection 인터페이스에 정의되어 있다. 아래쪽의 add 는 index 인수로 지정한 위치에 요소를 삽입하며 List 인터페이스에 정의되어 있다. 추가는 모든 컬렉 션에 다 적용되지만, 중간에 삽입하는 기능은 순서 있는 컬렉션에만 적용된다.

같은 이름의 메서드도 기능에 따라 소속이 다른데 정확한 소속을 알아 두면 컬렉션 계층을 활용하는데 유리하지만, 레퍼런스에 기록되어 있어 굳이 구분할 필요 없이 그냥 ArrayList의 기능이라고 생각해 도 무방하다. add 메서드를 계속 호출하면 추가한 순서대로 요소를 차례대로 저장한다.

arraylist

```
import java.util.*;

class JavaTest {
    public static void main(String[] args) {
        ArrayList<Integer> arNum = new ArrayList<Integer>();
        arNum.add(1);
        arNum.add(2);
        arNum.add(3);
        arNum.add(4);
        arNum.add(5);
        arNum.add(2, 100);
        for (Integer i : arNum) {
            System.out.print(i + " ");
        }
    }
}
```

| 실행
결과 | 1 2 100 3 4 5 |

최초 컬렉션을 생성한 시점에는 비어 있으며 add 메서드로 초기 요소를 채운다. 4까지 추가한 상태에 서 5를 추가하면 제일 뒤에 5가 덧붙여지고 2번째 자리에 100을 삽입하면 뒤쪽의 요소는 자동으로 한 칸씩 뒤로 이동한다.

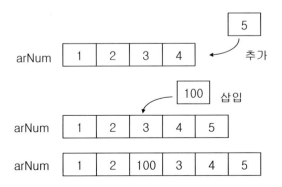

자료가 제대로 들어갔는지 for 문으로 배열을 덤프해 보았다. 일반 for 문으로 루프를 돌며 get 메서드로 요소를 읽을 수도 있다. ArrayList의 요소는 힙에 동적으로 할당되기 때문에 참조형만 가능하다. 기본형을 저장하려면 래퍼 클래스로 박싱한다. ArrayList⟨int⟩는 허용하지 않아 int를 래핑하는 Integer 타입의 컬렉션을 대신 사용한다. 삽입할 때 Integer 객체를 생성하여 add 메서드로 전달하는 것이 원칙이다.

```
arNum.add(new Integer(1));
```

그러나 요소를 추가할 때마다 래퍼 객체를 생성하자면 굉장히 번거롭다. 다행히 add(1)이라고 호출해도 자동 박싱에 의해 내부적으로 래퍼 객체를 생성한 후 추가하므로 정수 리터럴을 바로 써도 상관없다.

동적 배열이 정적 배열과 다른 점은 개수의 제한이 없다는 점이다. 초기 크기에 상관없이 얼마든지 많은 요소를 저장할 수 있다. 10개 이상을 저장하면 배열 크기가 실행 중에 자동으로 늘어난다. 과연 그런지 30개의 난수를 컬렉션에 저장해 보자.

listsize

```
import java.util.*;

class JavaTest {
    public static void main(String[] args) {
        ArrayList⟨Integer⟩ arNum = new ArrayList⟨Integer⟩();
        for (int i = 0; i < 30; i++) {
            arNum.add((int)(Math.random() * 10));
        }
        for (Integer i : arNum) {
            System.out.print(i + " ");
        }
    }
}
```

실행 결과	8 9 9 0 5 7 9 0 0 1 2 8 1 7 6 4 9 7 8 4 1 1 6 9 4 9 4 4 2 6

최초 디폴트인 10의 크기로 생성하지만 11번째 요소를 삽입할 때 재할당되어 늘어나며 요소를 추가할 때마다 계속 커진다. 그래서 동적 배열이라고 부르며 일반 배열에 비해 개수에 신경 쓸 필요 없이 안심하고 쓸 수 있다.

arNum 컬렉션 변수의 타입 선언문과 new 연산자에 ArrayList⟨Integer⟩가 두 번 중복되어 있는데 자바 10 이후부터는 지역변수의 타입을 추론하는 기능이 추가되어 간편하게 다음과 같이 선언하면 된다.

```
var arNum = new ArrayList⟨Integer⟩();
```

오른쪽 new 연산자의 할당 대상을 보면 arNum의 타입을 추론할 수 있어 변수를 선언할 때는 타입을 생략하고 간단하게 var라고만 적으면 된다. 편리하지만 너무 최신 문법이라 아직은 호환성에 문제가 있다.

2 배열 관리

배열의 현재 크기를 조사할 때는 size 메서드를 호출하며 배열이 비어 있는지만 알고 싶을 때는 isEmpty 메서드를 호출한다.

```
int size()
boolean isEmpty()
```

비어 있다는 것은 요소 개수가 0이라는 것과 같으므로 size() == 0 조건문으로 조사할 수도 있다. 그러나 큰 배열은 개수를 전부 세는 시간이 오래 걸려 isEmpty 메서드가 빠르고 간편하다.

순서 있는 컬렉션인 리스트는 위치값으로 요소를 액세스한다. 위치값은 일반 배열의 첨자와 같되 [] 연산자는 쓸 수 없고 메서드를 호출한다. 배열의 요소를 읽거나 변경할 때는 다음 두 메서드를 사용한다.

```
E get(int index)
E set(int index, E element)
```

get 메서드로 읽고자 하는 요소의 첨자를 지정한다. 이때 첨자는 배열의 크기보다 작아야 하며 범위를 벗어나면 IndexOutOfBounds 예외가 발생한다. set은 첨자 위치의 요소를 다른 것으로 교체한다. 요소를 삭제할 때는 다음 메서드를 사용한다.

```
E remove(int index)
boolean remove(Object o)
void removeRange(int fromIndex, int toIndex)
void clear()
```

첨자를 지정하여 한 요소만 삭제하거나 삭제할 값을 지정하여 검색한 후 삭제한다. 중간의 요소를 삭제하면 뒤쪽의 요소를 앞으로 이동시켜 빈 공간을 메꾼다. removeRange 메서드는 일정 범위 안의 요소 여러 개를 한꺼번에 삭제하며, clear 메서드는 모든 요소를 삭제하여 비운다. 다음 두 메서드는 배열에서 요소를 찾는다.

```
int indexOf(Object o)
int lastIndexOf(Object o)
```

검색할 요소를 인수로 전달하면 이 요소가 발견되는 위치를 리턴하고, 없으면 −1을 리턴한다. indexOf는 배열의 앞쪽부터 검색하며, lastIndexOf는 뒤쪽에서부터 검색한다. 똑같은 요소가 여러 개 있을 때 검색 메서드에 따라 결과가 달라진다. 다음 예제는 문자열 컬렉션에 문자열을 저장하고 일부를 삭제 및 변경한다.

listedit	실행 결과

```java
import java.util.*;

class JavaTest {
    public static void main(String[] args) {
        ArrayList<String> arName = new ArrayList<String>();
        arName.add("전두환");
        arName.add("김영삼");
        arName.add("김대중");
        arName.add(1,"노태우");
        for (String s : arName) {
            System.out.println(s);
        }

        System.out.println("==========");
        arName.remove(2);
        arName.set(2,"원더걸스");
        for (String s : arName) {
            System.out.println(s);
        }
        if (arName.indexOf("노태우") != -1) {
            System.out.println("있다");
        } else {
            System.out.println("없다");
        }
    }
}
```

```
전두환
노태우
김영삼
김대중
==========
전두환
노태우
원더걸스
있다
```

ArrayList<String> 타입은 문자열을 저장하는 동적 배열 타입이며 이 타입의 arName 배열을 선언하고 초기화했다. add 메서드로 전두환, 김영삼, 김대중을 차례로 추가한다. 노태우를 1번 위치에 삽입했는데 0번 전두환과 1번 김영삼 사이에 노태우가 끼어들며 뒤쪽의 김영삼과 김대중은 한 칸씩 뒤로 밀린다.

arName	전두환	김영삼	김대중

arName	전두환	노태우	김영삼	김대중

배열을 순회하면 역대 대통령 순으로 출력한다. 다음은 remove 메서드로 2번 요소를 삭제했는데 김영

삼이 사라지면 뒤쪽 요소가 한 칸씩 앞으로 이동하여 김대중이 2번 요소가 된다. set 메서드로 2번 요소를 원더걸스로 바꾸었다. 김영삼은 사라지고 김대중은 원더걸스로 바뀐다.

마지막으로 indexOf로 노태우 요소가 아직 있는지 점검해 보았다. 추가, 삽입, 삭제, 순회 등은 배열의 가장 기본적 연산이므로 사용법을 잘 익혀 두어야 한다. 문자열이나 일반 배열의 연산과 유사하다.

3 벌크 처리

요소 단위로 하나씩 처리하는 컬렉션 메서드를 반복적으로 수천, 수만 번 호출하면 느리다. 벌크 처리는 대량의 자료를 묶음으로 한꺼번에 관리하는 기법이다. 컬렉션에 초깃값을 줄 때는 일일이 add하는 것보다 Arrays 클래스의 다음 메서드로 초기 요소를 한꺼번에 저장하는 것이 편리하다.

```
public static <T> List<T> asList(T... a)
```

제네릭 메서드라 원형이 좀 복잡한데 인수 목록에 T 타입의 초깃값을 콤마로 구분하여 나열하면 리스트 컬렉션을 생성하여 리턴한다.

aslist
```
import java.util.*;

class JavaTest {
    public static void main(String[] args) {
        List<Integer> list = Arrays.asList(11, 22, 33, 44, 55);
        for (int i : list) {
            System.out.print(i + " ");
        }
    }
}
```

실행 결과	11 22 33 44 55

리턴 타입이 ArrayList보다 더 상위의 타입인 List<T>여서 ArrayList 변수에 바로 대입할 수는 없다. asList로 만든 리스트를 ArrayList의 생성자로 넘겨 초기화하면 되는데 제네릭 구문이다 보니 길고 복잡하다. 자바 10 이상을 쓴다면 선언 타입을 생략하고 var로 써도 된다.

```
ArrayList<Integer> list = new ArrayList<Integer>(Arrays.asList(11, 22, 33, 44, 55));
var list = new ArrayList<Integer>(Arrays.asList(11, 22, 33, 44, 55));
```

벌크 연산을 수행하는 메서드는 인수로 다른 컬렉션을 전달받아 컬렉션끼리 연산한다.

```
boolean addAll([int index], Collection<? extends E> c)
boolean removeAll(Collection<?> c)
boolean retainAll(Collection<?> c)
boolean containsAll(Collection<?> c)
```

addAll 메서드는 두 개의 컬렉션을 합치는데 쉽게 말해 합집합을 만든다.

addall

```
import java.util.*;

class JavaTest {
    public static void main(String[] args) {
        ArrayList<Integer> arNum = new ArrayList<Integer>(Arrays.asList(1, 2, 3));
        ArrayList<Integer> arNum2 = new ArrayList<Integer>(Arrays.asList(4, 5, 2));

        arNum.addAll(arNum2);
        for (Integer i : arNum) {
            System.out.print(i + " ");
        }
    }
}
```

실행 결과	1 2 3 4 5 2

1, 2, 3이 저장된 컬렉션에 4, 5, 2가 저장된 컬렉션을 합친 후 덤프했다. 리스트는 요소의 중복을 허용하므로 2가 두 개 있어도 상관없으며 무조건 뒤쪽에 덧붙인다. 벌크 처리하지 않고 요소 하나씩 추가하려면 루프를 돌아야 한다.

```
for (int n : arNum2) {
    arNum.add(n);
}
```

개수가 적을 때는 별 차이를 느낄 수 없지만, 대량의 데이터를 추가할 때는 엄청난 차이가 있다. 하나씩 추가하면 매번 메모리를 점검하고 재할당하며 컬렉션 정보도 일일이 갱신하니 느릴 수밖에 없다. 반면 벌크 처리는 모든 동작을 한 번에 완료하여 빠르다.

벌크 연산은 스레드에 안전하지 않아 처리 중에 다른 스레드에서 대상 컬렉션을 변경할 때의 효과는 예측할 수 없다. 벌크 연산은 원본을 직접 변경하므로 처리 후 원본이 변경되는 문제가 있다. 원본을 유지하고 싶다면 다른 컬렉션으로부터 새로운 컬렉션을 만드는 생성자를 활용하여 사본을 뜬 후 사본에 대해 연산한다.

```
ArrayList<Integer> arCopy = new ArrayList<Integer>(arNum);
```

490

이 코드는 arNum의 사본으로 arCopy를 생성한다. arCopy를 어떻게 바꾸더라도 원본인 arNum은 원래의 요소를 유지한다.

removeAll 메서드는 컬렉션끼리 차집합을 구한다. 원본 컬렉션의 값 중 대상 컬렉션에 있는 모든 요소를 제거하며 중복 요소도 마찬가지이다. retainAll 메서드는 두 컬렉션의 교집합을 구한다. 두 컬렉션에 공통으로 존재하는 요소만 남고 나머지는 제거한다. 원본 컬렉션의 중복 요소는 중복된 채로 남는다. containsAll 메서드는 대상 컬렉션의 모든 멤버가 원본에도 있는지 조사하여 부분집합인지 점검한다. 다음 예제로 집합을 관리하는 세 메서드를 테스트해 보자.

removeall

```java
import java.util.*;

class JavaTest {
    public static void main(String[] args) {
        ArrayList<Integer> arNum = new ArrayList<Integer>(Arrays.asList(1, 2, 3, 4));
        ArrayList<Integer> arNum2 = new ArrayList<Integer>(Arrays.asList(2, 3));

        System.out.print("차집합 => ");
        ArrayList<Integer> arNumRemove = new ArrayList<Integer>(arNum);
        arNumRemove.removeAll(arNum2);
        for (Integer i : arNumRemove) {
            System.out.print(i + " ");
        }

        System.out.print("\n교집합 => ");
        ArrayList<Integer> arNumRetain = new ArrayList<Integer>(arNum);
        arNumRetain.retainAll(arNum2);
        for (Integer i : arNumRetain) {
            System.out.print(i + " ");
        }

        System.out.print("\n부분집합 => ");
        if (arNum.containsAll(arNum2)) {
            System.out.print("부분집합임");
        } else {
            System.out.print("부분집합이 아님");
        }
    }
}
```

실행 결과	차집합 => 1 4 교집합 => 2 3 부분집합 => 부분집합임

이상의 벌크 처리 메서드는 Set 컬렉션에도 그대로 적용되지만, 동작이 약간씩 다르다. Set은 중복을 허용하지 않아 교집합을 구하면 중복을 제거한다.

4 배열의 변환

컬렉션은 크기 변화가 자유롭고 여러 가지 관리 메서드가 있어 편리하지만 일반 배열보다는 크고 무겁다. 단순히 값의 집합만 표현하려면 일반 배열로 변환하는데 이때는 toArray 메서드를 사용한다.

```
Object[] toArray()
T[] toArray(T[] a)
```

Object의 배열을 리턴하는 메서드와 지정한 타입의 배열을 리턴하는 메서드가 정의되어 있다. 다음 예제는 정수형 컬렉션을 정수형 배열로 전환한 후 잘 복사되었는지 덤프한다.

toarray

```
import java.util.*;

class JavaTest {
    public static void main(String[] args) {
        ArrayList<Integer> arNum = new ArrayList<Integer>(Arrays.asList(12, 34, 56));

        Integer[] ar = new Integer[arNum.size()];
        arNum.toArray(ar);
        for (int a : ar) {
            System.out.print(a + " ");
        }
    }
}
```

실행 결과	12 34 56

컬렉션 크기만큼의 정수형 배열을 할당하고 toArray 메서드로 arNum 컬렉션을 ar 배열로 변환했다. 배열 크기가 충분하지 않으면 toArray가 컬렉션 크기에 맞게 배열을 할당한다. 배열을 미리 할당하지 않아도 상관없지만 실행 중에 메모리를 할당하면 성능에 불리하여 미리 할당하는 것이 좋다. 배열이 컬렉션보다 클 경우 굳이 줄이지는 않고 남는 요소를 null로 채운다.

toArray 메서드의 인수로 전달되는 배열이 컬렉션보다 작다면 새로운 크기의 배열을 할당하여 리턴한다. 이 동작을 이용하려면 정수형의 임시 배열을 생성하여 전달하되 크기를 0으로 지정한다. 인수로 전달되는 임시 배열은 요소의 타입을 밝히는 역할만 하므로 크기는 0으로 주어 내부적으로 할당하도록 지시한다. 배열 할당 및 변환을 다음 한 줄로 처리해도 결과는 같다.

```
Integer[] ar = arNum.toArray(new Integer[0]);
```

Object 배열로 전환하는 메서드를 사용한다면 코드는 다음과 같아진다. 타입이 정해져 있지 않아 인수를 전달할 필요는 없지만 이 배열에서 정숫값을 읽으려면 캐스팅해야 하는 불편함이 있다.

492

```
Object[] ar = arNum.toArray();
for (Object a : ar) {
    System.out.println(a);
}
```

trimToSize 메서드는 컬렉션의 할당 크기를 요소 개수에 맞춘다. 10개를 할당했더라도 3개만 들어 있으면 나머지 7개를 버려 메모리를 절약한다. 물론 잘라 냈더라도 새로 요소를 추가하면 또 늘어난다. 컬렉션이 불필요하게 커졌을 때 미사용 메모리를 회수하는 용도로 사용하지만 남는 것은 거의 문제되지 않아 이 메서드를 사용하는 경우는 드물다.

5 배열의 뷰

다음 메서드는 배열의 일부로 서브 배열을 생성한다.

```
List<E> subList(int fromIndex, int toIndex)
```

인수로 시작값과 끝값을 주는데 범위의 원칙에 의거하여 시작 위치는 포함하며 끝 위치는 포함하지 않는다. 리턴되는 서브 배열은 원본 배열을 보여 주는 일종의 뷰 역할을 하며 뷰를 통해 원본을 읽거나 변경할 수 있다. 별거 아닌 거 같지만 뷰를 통해 작업하면 예상외로 편리한 점이 많다.

sublist

```
import java.util.*;

class JavaTest {
    public static void main(String[] args) {
        ArrayList<Integer> arNum = new ArrayList<Integer>(Arrays.asList(1, 2, 3, 4, 5));

        List<Integer> sub = arNum.subList(1, 4);
        for (Integer i : sub) {
            System.out.print(i + " ");
        }
        System.out.println();

        arNum.set(2, 100);
        for (Integer i : sub) {
            System.out.print(i + " ");
        }
        System.out.println();

        sub.set(1, 200);
        for (Integer i : arNum) {
```

```
                System.out.print(i + " ");
            }
            System.out.println();

            sub.clear();
            for (Integer i : arNum) {
                System.out.print(i + " ");
            }
        }
    }
}
```

실행 결과	2 3 4 2 100 4 1 2 200 4 5 1 5

정수형 변수 다섯 개를 arNum에 저장해 놓고 1 ~ 4까지 서브 배열을 생성하여 sub 뷰에 저장했다.
이 뷰는 원본의 1번째 요소에서 3번째 요소까지 가리키는 상태이다.

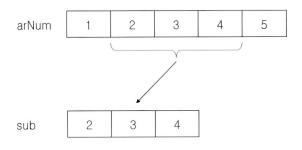

서브 뷰도 일종의 리스트여서 모든 연산을 수행할 수 있다. 순회하면서 덤프하면 원본의 가리키는 부분
을 출력한다. 뷰는 사본이 아니라 원본을 가리키고 있는 상태여서 원본이 바뀌면 같이 바뀐다. arNum
의 두 번째 요소를 100으로 변경하면 sub의 대응되는 요소도 100으로 바뀐다. 반대로 뷰의 요소를 변
경하면 원본의 요소도 바뀐다. 뷰의 첫 번째 요소를 200으로 변경하면 대응되는 원본의 두 번째 요소도
200이 된다.

뷰의 이런 특성을 활용하면 원본 뷰에 대한 범위 연산을 편리하게 수행할 수 있다. 일정 범위의 요소
를 제거하고 싶다면 해당 범위를 가리키는 뷰를 만든 후 뷰에 대해 clear 메서드를 호출한다. 위 예제
에서 sub의 요소를 제거하면 원본의 1 ~ 3까지 요소가 제거된다. 범위를 지정하여 제거하는 동작은
removeRange 메서드로도 할 수 있다.

일부 메서드는 범위에 대한 지정을 할 수 없어 항상 전체 컬렉션을 대상으로 한다. 예를 들어 특정 요소
를 검색하는 indexOf 메서드나 lastIndexOf 메서드는 검색 시작 방향만 지정할 수 있을 뿐 범위는
지정할 수 없다. 1000명의 사람이 저장된 컬렉션에서 256 ~ 500번째 사람 중에 이름이 '김철수'인 사람
을 찾는다면 다음과 같이 한다.

```
int ch = arName.subList(256, 500).indexOf("김철수");
```

원하는 범위에 대해 뷰를 생성하고 뷰를 검색하면 범위 내에 원하는 요소가 있는지 정확히 찾을 수 있다. 뷰에 대한 검색 결과는 뷰의 순서값이며 원본의 순서값과 다름을 주의해야 한다. 검색뿐만 아니라 정렬, 섞기, 대체 등의 모든 알고리즘을 뷰에 대해 수행할 수 있다.

뷰는 어디까지나 원본의 일부를 잠시 보여 주는 것일 뿐이다. 요소의 값이 변경되는 것은 상관없지만 원본의 구조가 변경되어서는 안 된다. 뷰가 가리키고 있는 원본의 요소를 추가하거나 변경하면 뷰는 무효가 되며 이 상태에서 뷰를 참조하면 예외가 발생한다.

sublist2

```java
import java.util.*;

class JavaTest {
    public static void main(String[] args) {
        ArrayList<Integer> arNum = new ArrayList<Integer>(Arrays.asList(1, 2, 3, 4, 5));

        List<Integer> sub = arNum.subList(1, 4);
        arNum.remove(2);
        for (Integer i : sub) {
            System.out.print(i + " ");
        }
    }
}
```

원본에 대해 1 ~ 4 범위의 뷰를 생성해 놓고 원본의 2번째 요소를 제거하면 원본이 뷰 생성 시점과 달라 뷰는 무효이며, 이 상태에서 뷰를 참조하면 ConcurrentModificationException 예외가 발생한다. 뷰는 원본에 대한 알고리즘을 적용할 때 일시적으로만 사용해야 한다.

17-3 LinkedList

1 연결 리스트

컬렉션 중 가장 빈번히 사용하는 ArrayList는 요소를 인접한 메모리에 저장하여 굉장히 빠르다. 첨자에 요소 타입의 크기를 곱하면 원하는 값을 바로 구할 수 있어 개수나 위치에 상관없이 속도가 일정하다. 또한 요소 외에 부가 정보가 없어 메모리 효율이 뛰어나다.

그러나 ArrayList는 요소의 인접 상태를 유지하기 위해 중간에 삽입, 삭제할 때 뒤쪽의 요소를 이동시켜야 하는 약점이 있다. 중간에 삽입하면 뒤로 밀어야 하고, 삭제하면 앞으로 당겨야 한다. 읽고 쓰기는 빠르지만, 삽입, 삭제가 느려 자주 변경하는 자료 관리에는 성능상 불리하다.

LinkedList는 이런 단점을 보완한 자료 구조이다. 요소를 힙에 할당하여 저장하되 링크로 서로 연결하여 앞뒤 순서를 기억한다. 중간에 요소를 삽입, 삭제하더라도 메모리를 이동할 필요 없이 링크만 조작하면 되니 삽입, 삭제 속도가 빠르다. 그러나 임의 위치의 요소를 읽으려면 처음부터 순서대로 링크를 따라가는 식이라 읽기 속도는 느리다.

ArrayList와 LinkedList는 내부 알고리즘은 다르지만, 중복 가능한 순서 있는 자료의 집합을 저장한다는 면에서 대체 가능하다. 메모리 사용량이 다르고 액세스 속도차가 있을 뿐이다. 둘 다 List 인터페이스의 후손인 형제 관계여서 메서드 목록도 비슷하되 LinkedList는 첫 위치에 삽입하거나 첫 위치의 요소를 읽는 메서드를 추가로 제공한다.

```
void addFirst(E e)
E getFirst()
```

이 메서드도 사실 add(0, e), get(0)와 동일하여 특별한 것은 아니다. 이렇게 유사하기 때문에 ArrayList로 만든 예제를 LinkedList로 대체할 수 있다. 다음 예제는 연결 리스트로 역대 대통령을 저장해 놓고 다시 출력한다.

linkedlist
```
import java.util.*;

class JavaTest {
    public static void main(String[] args) {
```

```
        LinkedList<String> arName = new LinkedList<String>();
        arName.add("전두환");
        arName.add("김영삼");
        arName.add("김대중");
        arName.add(1,"노태우");

        for (String s : arName) {
            System.out.println(s);
        }
    }
}
```

실행 결과	전두환 노태우 김영삼 김대중

앞 절에서 ArrayList로 만들었던 예제를 LinkedList 예제로 작성한 것인데 소스를 비교해 보면 컬렉션 클래스의 이름만 바뀌었을 뿐 나머지 코드는 같다. 그만큼 두 클래스의 기능이 유사하다는 뜻이며 실제 프로젝트에서도 필요에 따라 두 컬렉션을 바꿔 가며 쓴다. 그래서 컬렉션 관련 객체는 구현 클래스의 타입보다 더 상위의 인터페이스 타입으로 선언할 것을 권장한다.

```
 List<String> arName = new LinkedList<String>();
```

arName 객체를 LinkedList의 상위 인터페이스인 List 타입으로 선언해도 동작에는 전혀 이상 없다. 최초 삽입, 삭제가 빈번해 LinkedList를 썼는데 막상 프로젝트를 해 보니 읽기 속도가 느려 중간에 ArrayList로 변경하고 싶다면 객체 선언문은 그대로 두고 생성자 호출문만 변경하면 된다.

```
 List<String> arName = new ArrayList<String>();
```

메서드로 컬렉션을 전달할 때도 가급적이면 상위의 인터페이스 타입으로 인수를 전달하는 것이 좋다. ArrayList 타입으로 받는 것보다는 List 타입이나 Collection 타입으로 받으면 전달 가능한 인수의 범위가 넓어 범용적이다. 이 책의 예제는 유지 보수성보다는 직관적인 이해를 위해 클래스 타입을 사용하지만, 실무에서는 가급적 추상 타입을 사용할 것을 권장한다.

계층적 설계에 의해 두 컬렉션의 메서드 구성이 거의 비슷해 교체가 쉽다. 그러나 내부적으로 요소를 저장 및 관리하는 방식은 상당히 다르다. ArrayList는 연속적인 메모리 공간에 일렬로 저장하는데 비해 LinkedList는 임의의 메모리 위치에 저장하되 서로 링크로 연결한다.

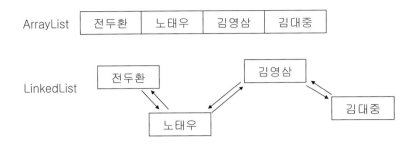

이 상태에서 중간에 한 요소를 삽입하거나 삭제한다고 해 보자. ArrayList는 뒤쪽 요소를 이동시켜 인접 상태를 유지하는데, LinkedList는 기존 요소를 이동할 필요 없이 링크만 조작하면 된다. 이 정도 규모에서는 속도 차를 실측하기 어렵지만 수만 건 이상 된다면 차이가 많이 난다.

그러나 LinkedList는 읽는 속도가 느리다는 치명적인 약점이 있다. 중간의 임의 요소를 바로 찾을 수 없고 선두에서부터 링크를 따라가며 읽기 때문에 get 메서드가 비효율적으로 동작한다. 요소가 네 개밖에 없어 차이를 느낄 수 없지만 백 개 정도만 되도 차이가 벌어지며 수만 개 정도면 심각하게 느려진다.

일반적으로 읽기 동작이 빈번하면 ArrayList가 적합하고, 삽입, 삭제가 빈번하면 LinkedList를 쓰는 것이 유리하다. 그러나 실제 프로젝트에서는 읽기 빈도가 쓰기보다 월등히 높고 컴퓨터 성능의 개선으로 메모리 이동으로 인한 성능 저하가 덜 심각해졌다. 대부분의 경우 ArrayList가 더 좋은 성능을 보여 주며 활용도가 높아 실무에서는 ArrayList를 주로 사용한다.

2 반복자

LinkedList는 항상 링크를 따라 이동하기 때문에 느리다. for 루프로 요소를 순회하면 형태상으로는 단순 루프이지만, 내부에 헤더부터 i번째 요소까지 링크를 따라가는 코드가 있어 실제로는 이중 루프이다. 문제를 해결하려면 마지막 읽은 위치를 저장해 두었다가 다음 위치로 빠르게 이동하면 되는데 이런 목적으로 제공하는 것이 반복자이다.

반복자는 마지막 읽은 위치를 내부적으로 저장해 두고 이 정보를 이용하여 다음 요소를 빠르게 찾는다. 또한 LinkedList와 ArrayList의 액세스 방식을 통일함으로써 일관된 코드로 자료를 관리할 수 있다. 모든 컬렉션은 Iterable 인터페이스를 구현하며 다음 메서드로 반복자를 구한다.

```
Iterator<E> iterator()
```

반복자는 Iterator 인터페이스를 구현하며 요소를 순서대로 읽는 메서드를 제공한다.

메서드	설명
boolean hasNext()	다음 요소가 있는지 조사한다. 끝이면 false를 리턴한다.
E next()	다음 요소를 읽는다.
void remove()	next로 읽은 요소를 삭제한다.

다음 예제는 반복자를 이용하여 링크드 리스트를 순회한다. iterator 메서드로 문자열 타입의 반복자 it를 구한 후 hasNext가 true를 리턴하는 동안 next로 요소를 순서대로 꺼낸다. next는 더 읽을 요소가 없을 때 예외를 발생시키므로 hasNext로 다음 요소가 있는지 미리 점검해야 한다.

iterator

```java
import java.util.*;

class JavaTest {
    public static void main(String[] args) {
        List<String> arName = new LinkedList<String>();
        arName.add("전두환");
        arName.add("김영삼");
        arName.add("김대중");
        arName.add(1,"노태우");

        Iterator<String> it = arName.iterator();
        while (it.hasNext()) {
            System.out.println(it.next());
        }
    }
}
```

실행 결과

```
전두환
노태우
김영삼
김대중
```

실행 결과는 같지만 반복자가 현재 위치를 기억하기 때문에 for 루프를 도는 방식에 비해 속도는 월등히 빠르다. 뿐만 아니라 반복자는 컬렉션의 액세스 방식을 표준화하여 자료 구조를 ArrayList로 변경해도 잘 동작한다. 그래서 반복자로 액세스하면 자료 구조를 바꿔가며 사용할 수 있다.

ListIterator는 Iterator를 상속받아 기능을 개선한 것이며, Iterator에 비해 역방향으로도 이동할 수 있고 순회 중 값 변경, 현재 위치 조사 등 몇 가지 기능을 더 제공한다. List 인터페이스의 다음 메서드로 구한다.

```java
ListIterator<E> listIterator([int index])
```

반복자의 시작 위치를 인수로 전달할 수 있는데 생략하면 선두에서부터 시작한다. 추가 메서드는 다음과 같다.

메서드	설명
boolean hasPrevious()	이전 요소가 있는지 조사한다. 처음이면 false를 리턴한다.
E previous()	이전 요소를 읽는다.
int previousIndex()	이전 요소의 순서값을 읽는다.
int nextIndex()	다음 요소의 순서값을 읽는다.
void set(E e)	next나 previous로 읽은 요소의 값을 변경한다.
void add(E e)	next로 읽은 앞쪽이나 previous로 읽은 뒤쪽에 새로운 요소를 삽입한다.

다음 예제는 컬렉션의 끝으로 이동한 후 역순으로 요소를 읽어 출력한다.

reverseit

실행 결과

```java
import java.util.*;

class JavaTest {
    public static void main(String[] args) {
        List<String> arName = new ArrayList<String>();
        arName.add("전두환");
        arName.add("김영삼");
        arName.add("김대중");
        arName.add(1,"노태우");

        ListIterator<String> it = arName.listIterator(arName.size());
        while (it.hasPrevious()) {
            System.out.println(it.previous());
        }
    }
}
```

```
김대중
김영삼
노태우
전두환
```

listIterator 메서드로 컬렉션의 크기를 전달하면 제일 끝 요소 위치에 맞추어진다. 이 상태에서 hasPrevious가 false를 리턴할 때까지 previous로 이전 요소를 읽으면 역방향으로 나열된다.

next와 previous를 번갈아 호출해가며 앞뒤로 자유롭게 이동할 수 있다. 단, 앞뒤의 요소가 있는지 먼저 확인해야 한다. 반복자로 순회 중에 요소를 변경하거나 삽입, 삭제할 수도 있지만, 효과가 비직관적이고 주의 사항이 많아 실용성이 떨어진다.

3 알고리즘

Collections 클래스(뒤쪽의 s에 유의, Collection이 아님)는 컬렉션에 적용되는 일반적인 알고리즘 메서드를 제공한다. 대부분 정적 메서드여서 객체를 생성할 필요 없이 바로 호출할 수 있으며 다형적으로 설계되어 있어 여러 컬렉션에 두루 적용된다. 실제로는 임의 접근이 가능한 리스트용 알고리즘이 대부분이다. 가장 일반적인 알고리즘인 정렬부터 알아보자.

```
static <T extends Comparable<? super T>> void sort(List<T> list)
static <T> void sort(List<T> list, Comparator<? super T> c)
```

위쪽 메서드는 컬렉션만 인수로 취하되 컬렉션의 요소가 비교 가능한 타입임을 의미한다. 요소의 자연스러운 순서대로 정렬하는데 보통은 오름차순이다. 아래쪽 메서드는 별도의 비교자로 비교 순서를 임의로 지정한다. 컬렉션은 수정 가능해야 하며 정렬은 요소의 순서만 바꾸는 것이어서 크기는 변하지 않는다.

sortlist

```
import java.util.*;

class JavaTest {
    public static void main(String[] args) {
        ArrayList<String> arName = new ArrayList<String>();
        arName.add("장보고");
        arName.add("김유신");
        arName.add("강감찬");
        arName.add("을지문덕");

        for(String name : arName) {
            System.out.print(name + " ");
        }

        System.out.println();
        Collections.sort(arName);
        // 역순정렬
        // Collections.reverse(arName);

        for(String name : arName) {
            System.out.print(name + " ");
        }
    }
}
```

실행 결과	장보고 김유신 강감찬 을지문덕 강감찬 김유신 을지문덕 장보고

한국의 명장들을 컬렉션에 저장해 놓고 sort 메서드로 컬렉션 객체를 전달하여 정렬했다. 오름차순으로 잘 정렬한다. 역순으로 정렬하고 싶다면 별도의 비교 객체를 만들어 전달하는데 그보다 더 간단한 방법은 오름차순으로 정렬해 놓고 reverse 메서드로 순서를 뒤집는 것이다. 위 예제의 주석문을 해제하면 내림차순으로 정렬한다.

```
static void shuffle(List⟨?⟩ list, [Random rnd])
```

shuffle은 요소를 무작위로 섞는다. 첫 번째 인수로 대상 컬렉션을 전달하고, 두 번째 인수로 난수 발
생기를 전달하되 생략 시 기본 난수 알고리즘을 사용한다. 일정한 난수를 얻으려면 별도의 난수 발생기
를 생성하여 전달한다. 다음 예제는 장군들 이름을 난수로 무작위로 섞은 후 출력한다.

shuffle

```
import java.util.*;

class JavaTest {
    public static void main(String[] args) {
        ArrayList⟨String⟩ arName = new ArrayList⟨String⟩();
        arName.add("장보고");
        arName.add("김유신");
        arName.add("강감찬");
        arName.add("을지문덕");

        Collections.shuffle(arName);

        for(String name : arName) {
            System.out.print(name + " ");
        }
    }
}
```

실행 결과	장보고 을지문덕 강감찬 김유신

요소의 순서가 무작위로 바뀐다. 이 외에도 많은 알고리즘 메서드를 제공하는데 간략하게 소개만 하기
로 한다.

```
static ⟨T⟩ int binarySearch(List⟨? extends Comparable⟨? super T⟩⟩ list, T key)
static void rotate(List⟨?⟩ list,int distance)
static void swap(List⟨?⟩ list, int i, int j)
static ⟨T⟩ void fill(List⟨? super T⟩ list, T obj)
static ⟨T extends Object & Comparable⟨? super T⟩⟩ T min(Collection⟨? extends T⟩ coll)
static ⟨T extends Object & Comparable⟨? super T⟩⟩ T max(Collection⟨? extends T⟩ coll)
```

각각 이분 검색, 회전, 교체, 채움, 최솟값, 최댓값을 찾는다. 제네릭으로 인해 굉장히 복잡해 보이지만
(내부 동작도 복잡하다), 사용법은 이름만큼이나 간단하다.

4 Stack

스택은 나중에 들어온 자료가 먼저 나오는 LIFO(Last In First Out: 후입선출) 방식으로 동작하는 자료 구조이다. 흔히 동전통에 비유하며 임시적인 자료를 저장하는 용도로 사용한다. 스택은 말단에서만 삽입 삭제가 일어나 배열 형식으로 구현하는 것이 효율적이다.

스택 기능을 제공하는 Stack 클래스는 Vector로부터 파생되는데 Vector는 ArrayList의 구형 버전이다. Vector 클래스는 더 이상 사용을 권장하지 않지만 예전의 클래스 구조를 함부로 변경하기 어려워여전히 Stack의 슈퍼 클래스로 남아 있다. 배열의 모든 기능을 제공하며 스택을 관리하는 다음 메서드를 추가로 제공한다.

메서드	설명
E push(E item)	스택에 자료를 집어 넣는다.
E pop()	스택에서 자료를 빼낸다.
E peek()	스택 상단의 자료를 보기만 하고 제거하지는 않는다.
boolean empty()	스택이 비어 있는지 조사한다.
int search(Object o)	스택에서 자료의 위치를 찾아 리턴한다.

최초 스택을 생성했을 때는 비어 있으며 push 메서드로 자료를 집어 넣는다. 저장된 자료는 pop 메서드로 언제든지 뺄 수 있다.

stack

```
import java.util.*;

class JavaTest {
    public static void main(String[] args) {
        Stack<String> stack = new Stack<String>();
        stack.push("호랑이");
        stack.push("사자");
        stack.push("꼬끼리");

        while(stack.empty() == false) {
            System.out.println(stack.pop());
        }
    }
}
```

실행 결과

```
꼬끼리
사자
호랑이
```

문자열 스택을 생성하고 세 개의 문자열을 저장했다. 다시 빼내면 저장했던 역순으로 추출한다. Stack 은 원론적인 스택 기능은 잘 제공하지만 다소 오래된 자료 구조이며 기능이 너무 단순하다.

개선된 기능을 사용하고 싶다면 양방향에서 삽입, 삭제가 가능한 Deque 인터페이스를 구현하는 것이 좋은데 addFirst, addLast 등의 메서드로 처음과 끝에 삽입한다. 이 인터페이스를 구현한 ArrayDeque 클래스가 Stack을 대체한다.

```java
import java.util.*;

class JavaTest {
    public static void main(String[] args) {
        Deque<String> stack = new ArrayDeque<String>( );
        stack.push("호랑이");
        stack.push("사자");
        stack.push("꼬끼리");
        stack.addLast("기린");

        while(stack.isEmpty() == false) {
            System.out.println(stack.pop());
        }
    }
}
```

```
꼬끼리
사자
호랑이
기린
```

Stack과 마찬가지로 push, pop 메서드를 제공하는데 push는 addFirst와 같고, pop은 removeFirst와 같다. 스택의 고유 기능 외에도 addLast, removeLast 등의 메서드로 스택의 끝에서 자료를 삽입, 삭제할 수 있다. 예제에서는 기린을 스택의 제일 끝에 삽입했다.

5 Queue

큐는 스택과 반대로 먼저 들어온 자료가 먼저 나오는 FIFO(First In First Out: 선입선출) 방식으로 동작하는 자료 구조이다. 큐 방식의 동작을 구현하기 위한 Queue 인터페이스가 정의되어 있으며 다음 메서드를 제공한다.

메서드	설명
boolean offer(E e)	자료를 저장한다.
E poll()	자료를 빼낸다. 큐가 비어 있으면 null이 리턴된다.
E peek()	자료를 읽기만 하고 제거하지는 않는다. 큐가 비어 있으면 null이 리턴된다.
E remove()	poll과 같되 큐가 비어 있을 때 예외를 발생시킨다.
E element()	peek와 같되 큐가 비어 있을 때 예외를 발생시킨다.

큐는 동작을 정의하는 인터페이스만 선언되어 있을 뿐 이를 구현하는 클래스는 없다. 대신 큐의 동작을 완벽하게 구현하는 다른 자료 구조가 많아 이 중 하나를 골라 사용한다. Queue 인터페이스를 구현하는 클래스 중 LinkedList가 가장 간단하다. 양쪽에서 삽입과 삭제가 발생하는 큐는 배열보다 연결 리스트가 더 효율적이다.

```
import java.util.*;

class JavaTest {
    public static void main(String[] args) {
        LinkedList<String> queue = new LinkedList<String>();
        queue.offer("호랑이");
        queue.offer("사자");
        queue.offer("꼬끼리");

        while(queue.isEmpty() == false) {
            System.out.println(queue.poll());
        }
    }
}
```

```
호랑이
사자
꼬끼리
```

LinkedList로 문자열 타입의 큐를 생성하고 세 개의 문자열을 저장한 후 다시 빼내 보았다. 저장한 순서대로 다시 읽혀진다. LinkedList 대신 ArrayDeque나 PriorityQueue 클래스를 사용해도 무방하며 이 경우 더 많은 기능을 사용할 수 있다. 원론적인 큐의 기능만 필요하다면 LinkedList가 제일 무난하다.

17-4 해시

1 HashMap

해시는 빠른 검색을 위해 정해진 규칙에 따라 일정한 장소에 데이터를 저장하는 자료 구조이다. 자료의 순서가 없고 키의 중복을 허락하지 않는다. 일반적인 컬렉션과는 달리 내부 구조가 독특해 Collection 으로부터 상속받지 않고 독자적인 계층을 구성한다.

대용량의 버킷을 마련해 놓고 해시 코드에 따라 버킷 번호를 선택해 저장한다. 검색할 때는 해시 코드를 구하는 간단한 연산으로 원하는 값을 신속하게 구한다. 맵을 관리하는 주요 메서드는 Map 인터페이스에 선언되어 있으며 HashMap 클래스가 이를 구현한다.

```
HashMap<K, V>
```

두 개의 제네릭 타입을 인수로 취하는데 K는 키의 타입이고, V는 값의 타입이다. 정수를 키로 하여 문자열 데이터를 저장한다면 HashMap⟨Integer, String⟩ 타입의 객체를 생성한다. 주요 메서드는 다음과 같다.

메서드	설명
V put(K key, V value)	값을 저장한다.
V get(Object key)	키로부터 값을 얻는다.
void clear()	맵을 비운다.
boolean containsKey(Object key)	키가 있는지 조사한다.
boolean containsValue(Object value)	값이 있는지 조사한다.
V remove(Object key)	키를 제거한다.
V replace(K key, V value)	키를 찾아 값을 교체한다.

객체를 생성한 후 put 메서드로 키와 값의 쌍을 해시에 저장한다. 만약 키가 이미 있다면 중복 삽입하지 않고 값만 갱신한다. get 메서드로 키를 전달하면 원하는 값을 빠른 속도로 검색한다. 저장 위치를 찾는 연산으로 인해 삽입 속도는 느리지만, 검색 속도는 환상적으로 빠르다. 다음 예제는 과자의 이름을 키로 하여 가격을 저장한다. 이름이 키이고 가격이 값이므로 타입 파라미터는 ⟨String, Integer⟩이다.

hashmap

```
import java.util.*;

class JavaTest {
    public static void main(String[] args) {
        HashMap<String,Integer> Snack = new HashMap<String,Integer>();
        Snack.put("오징어 땅콩", 2500);
        Snack.put("죠리퐁", 1900);
        Snack.put("핫브레이크", 450);
        Snack.put("빼빼로", 900);

        String MySnack = "죠리퐁";
        System.out.println(MySnack + "의 가격은 " + Snack.get(MySnack));
    }
}
```

실행 결과	죠리퐁의 가격은 1900

항목이 몇 개 안 되어 이 정도로는 해시의 빠른 검색 속도를 실감하기 어렵다. 항목의 개수가 아무리 많아도 거의 실시간으로 검색하는데 수억 개가 넘어도 검색 시간은 순간이다. 대신 키와 값의 쌍을 일일이 저장하므로 메모리를 많이 소모한다. 백과사전이나 인명부처럼 자료의 수가 많고 검색 속도가 빨라야 하는 데이터 저장에 적합하다.

2 해시 코드

해시는 버킷이라는 통을 준비해 두고 이 통에 데이터를 저장한다. 디폴트 생성자는 16개의 버킷을 준비하며 데이터가 많아지면 알아서 버킷 개수를 늘린다. 처음부터 넉넉한 버킷을 준비하려면 별도의 인수로 버킷 개수를 지정한다. 버킷이 많을수록 충돌 빈도가 줄어 검색 속도는 향상되지만, 메모리를 더 많이 사용한다.

해시는 주소록과 비슷하다. 주소록에 가나다순으로 태그를 붙여 놓고 이름 첫 자에 따라 저장하는 것과 같다. 김씨, 강씨는 ㄱ 태그에 저장하고, 박씨, 백씨는 ㅂ 태그에 저장하는 식이다. 주소록을 잘게 나눌수록 충돌 횟수는 줄어들지만, 주소록이 두꺼워진다.

검색 속도를 높이려면 데이터가 버킷에 골고루 들어가야 하는데 그러기 위해 사용하는 값이 해시이다. 해시는 데이터의 고윳값이며 어느 버킷에 데이터를 저장할 것인가를 결정한다. Object의 hashCode 메서드는 데이터를 저장한 주솟값을 정수로 변경한 것이며 대개의 경우 이 주솟값을 사용하면 골고루 분산된다.

그러나 사용자가 만든 클래스는 똑같은 객체라도 주솟값이 다르면 다른 객체로 인식되는 문제가 있다.

객체의 값이 같다면 같은 해시 코드를 리턴해야 하지만, 주소가 다르면 다른 해시를 리턴한다. 다음 예제를 보자.

```java
import java.util.*;

class Human {
    int age;
    String name;

    Human(int age, String name) {
        this.age = age;
        this.name = name;
    }
}

class JavaTest {
    public static void main(String[] args) {
        HashMap<Human,Integer> donate = new HashMap<Human,Integer>();
        donate.put(new Human(42, "김기남"), 10000);
        donate.put(new Human(24, "박수빈"), 20000);
        donate.put(new Human(20, "박수현"), 5000);
        donate.put(new Human(11, "최상미"), 8000);

        Human park = new Human(20, "박수현");
        System.out.println(park.name + "씨의 기부금 = " + donate.get(park));
    }
}
```

실행
결과
```
박수현씨의 기부금 = null
```

사람에 따라 기부한 금액을 해시맵에 저장했다. Human 타입이 키이고, 기부금인 정수가 값이다. 20세의 박수현씨는 5000원을 기부한 것으로 저장했다. 그러나 새로 park 객체를 생성하여 해시맵에서 기부금을 조사해 보면 null이다.

이렇게 되는 이유는 해시에 추가할 때 생성한 임시 객체 new Human(20, "박수현")과 조사를 위해 새로 생성한 park 객체의 주솟값이 다르기 때문이다. 주소가 다르니 해시 코드가 다르고 따라서 처음 삽입한 객체를 검색할 수 없다. 이 문제를 해결하려면 이름과 나이가 같으면 동일한 해시 코드를 리턴하도록 hashCode 메서드를 재정의해야 한다.

```java
class Human {
    ....
    public int hashCode() {
        return name.length() + age;
```

508

```
        }

    public boolean equals(Object obj) {
        if (obj instanceof Human) {
            Human other = (Human)obj;
            return (age == other.age && name.equals(other.name));
        } else {
            return false;
        }
    }
}
```

| 실행 결과 | 박수현씨의 기부금 = 5000 |

이름 글자수와 나이를 더해 해시 코드를 정의했다. 이렇게 되면 이름과 나이가 같은 객체는 같은 해시 코드를 가진다. 해시로 버킷을 찾되 같은 버킷에 여러 개의 키가 저장되어 있으면 equals 메서드로 키를 비교한다. 따라서 해시에 저장할 데이터는 hashCode 메서드와 equals 메서드를 같이 재정의해야 한다.

주소가 달라도 이름과 나이가 일치하면 같은 객체로 인정해야 제대로 검색된다. 위 예제의 Human 클래스는 아주 단순한 방법으로 해시 코드를 정의했는데 검색 속도를 높이려면 최대한 충돌이 적게 발생하는 알고리즘을 찾아야 한다. 이는 객체의 자료 특성에 따라 달라진다.

3 HashSet

HashSet 클래스는 집합을 표현한다. 집합이란 일정한 조건을 가지는 데이터의 모임이며 순서가 없고 중복을 허용하지 않는다. 집합에 저장할 데이터의 타입을 파라미터 인수로 밝히는데 예를 들어 이름값에 대한 집합이면 HashSet⟨String⟩ 타입을 쓴다.

Collection 인터페이스의 후손이며 add, remove 메서드로 데이터를 추가하거나 삭제한다. 단, add로 추가한다고 해서 무조건 데이터를 저장하는 것이 아니라 집합에 없는 데이터만 저장한다. 집합의 특성상 이미 존재하는 데이터는 중복 추가하지 않으며 false를 리턴한다.

집합은 순서가 없어 특정 데이터를 읽는 방법은 제공하지 않는다. 다만 contains 메서드로 해당 데이터가 포함되어 있는지 조사할 수 있으며 반복자로 모든 데이터를 읽을 수는 있다. 다음 예제는 강원도에 속하는 자치 단체의 이름을 집합으로 정의한 후 출력한다.

```
import java.util.*;

class JavaTest {
    public static void main(String[] args) {
        HashSet<String> kangwon= new HashSet<String>();
        kangwon.add("춘천시");
        kangwon.add("철원군");
        kangwon.add("정선군");
        kangwon.add("강릉시");
        kangwon.add("화천군");
        kangwon.add("춘천시");

        Iterator<String> it = kangwon.iterator();
        while (it.hasNext()) {
            System.out.println(it.next());
        }
    }
}
```

```
정선군
춘천시
강릉시
화천군
철원군
```

이름은 문자열이므로 HashSet〈String〉 타입의 kangwon 객체를 생성하였으며 여기에 자치 단체의 이름을 저장했다. 춘천시를 두 번 삽입했지만 집합에는 하나만 들어간다. 집합에 저장한 이름을 반복자로 순회하며 모두 출력했다.

춘천은 한 번만 저장되었고, 추가한 순서와 출력 순서는 별반 상관이 없다. 추가 순서를 유지하고 싶다면 LinkedHashSet 서브 클래스를 사용한다. HashSet 클래스도 데이터의 저장 위치를 결정하기 위해 해시값을 사용하므로 직접 정의한 클래스를 집합에 저장할 때는 hashCode, equals 메서드를 재정의해야 한다.

이 외에도 많은 컬렉션 클래스가 있다. HashTable은 HashMap과 거의 유사하되 멀티 스레드에도 안전하게 사용할 수 있다. Properties는 키와 값이 모두 String 타입으로 고정된 해시맵이다. 이진 트리를 사용하여 검색 속도를 극대화한 TreeSet과 TreeMap도 있다. 이 클래스의 특성과 활용법은 자바 언어의 문법보다는 자료 구조론에 속한다. 각 클래스의 구조나 차이점을 정확히 알아보려면 별도의 학습이 더 필요하다. 약간씩 특성이 다를 뿐 사용하는 방법은 비슷하므로 필요할 때 레퍼런스를 참고하자.

18

_ 제네릭

Java

18-1 제네릭

1 제네릭 컬렉션

자바 5 이전에는 컬렉션에 Object 타입을 저장했다. Object는 가장 일반적인 타입이어서 모든 후손 객체를 다 저장할 수 있다. 그러나 선언 타입과 실제 저장하는 타입이 일치하지 않아 여러 가지 불편과 위험이 따른다. 동적 배열인 ArrayList를 타입 인수없이 사용해 보자. 요즘은 제네릭을 쓰지만 역호환성 때문에 아직도 이런 코드를 지원한다.

rawarraylist   실행 결과

```
import java.util.*;

class JavaTest {
    public static void main(String[] args) {
        ArrayList arNum = new ArrayList();
        arNum.add(1);
        arNum.add("문자열");
        int value = (int)arNum.get(0);
        // int temp = (int)arNum.get(1);
        System.out.println(value);
    }
}
```

실행 결과: `1`

arNum 배열을 하나 생성하고 숫자 1과 문자열을 저장했다. 컴파일은 무사히 잘 되지만 경고가 다섯 개나 발생한다. 숫자나 문자열이나 다 Object의 후손이므로 ArrayList에 같이 저장할 수 있지만, 요소를 꺼낼 때 일일이 캐스팅해야 하는 불편함이 있다. 0번째의 정수 1을 꺼내기 위해 (int)로 캐스팅했는데 이 캐스팅을 빼면 에러이다.

```
int value = arNum.get(0);
```

arNum에 저장한 데이터는 Object 타입이어서 정수형 변수에 바로 대입할 수 없다. 개발자가 정수를 저장했다는 것을 분명히 알고 있지만 좌우의 타입이 달라 반드시 캐스팅해야 한다. 불편한 것은 물론이고 캐스팅을 잘못하면 실행 중에 예외가 발생한다. 위 예제에 주석 처리된 다음 코드의 주석을 풀어 보자.

```
int temp = (int)arNum.get(1);
```

배열의 1번째에 문자열을 저장해 놓고 개발자가 잠시 착각하여 정수형으로 캐스팅해서 읽었다. 문자열이 정수가 될 수 없으니 실행 중에 예외를 일으키며 다운되어 버린다. 이 코드가 위험한 이유는 컴파일 중에 잘못을 발견할 수 없다는 것이다. arNum에 임의의 데이터를 넣을 수 있지만 해당 요소가 어떤 타입일지 알 수 없어 컴파일러는 위험을 예측하지 못한다.

타입 불일치에 의한 캐스팅의 불편과 잘못된 캐스팅으로 인한 위험을 제거하기 위해 자바 5에 새로 등장한 개념이 제네릭이다. 제네릭(Generic)은 클래스를 인수화하여 임의의 타입에 대해 동작하는 일반적인 알고리즘을 구현한다. 이 예제를 제네릭 버전으로 바꿔 보자.

genarraylist / 실행 결과

```
import java.util.*;

class JavaTest {
    public static void main(String[] args) {
        ArrayList<Integer> arNum = new ArrayList<Integer>();
        arNum.add(1);
        // arNum.add("문자열");
        int value = arNum.get(0);
        System.out.println(value);
    }
}
```

1

arNum 객체를 ArrayList 대신 ArrayList〈Integer〉 타입으로 생성하여 정수형만 저장한다는 것을 명시한다. 제네릭의 타입 인수는 참조형만 가능하여 int 타입 대신 Integer 타입을 사용한다. 그러나 값을 저장하거나 꺼낼 때는 자동 박싱에 의해 정수 리터럴을 사용해도 무방하다.

이 배열에는 정수형만 저장할 수 있으며 다른 타입의 데이터를 저장하면 컴파일 타임에 에러 처리된다. 주석 처리된 문장의 주석을 풀어 보면 문자열 타입은 저장할 수 없다는 에러 메시지가 나타난다.

The method add(Integer) in the type ArrayList〈Integer〉 is not applicable for the arguments (String)

컬렉션에 어떤 데이터를 저장할지 컴파일 타임에 미리 알 수 있어 잘못된 타입을 애초에 허용하지 않는다. 컴파일 중에 실수를 미리 알 수 있다는 것은 굉장히 중요한 장점이며 코드의 안전성 및 생산성 향상에 큰 기여를 한다.

배열에 저장한 모든 데이터가 정수형임이 확실하니 요소를 읽을 때 캐스팅할 필요가 없어 편리하며 잘못 캐스팅할 위험도 없어 안전하다. 제네릭을 사용할 때의 이점은 다음 두 가지이다.

❶ 컴파일 시 타입을 체크할 수 있다.
❷ 캐스팅할 필요가 없어 편의성과 안전성이 향상된다.

제네릭의 주 활용처는 컬렉션이며 컬렉션을 위해 제네릭 문법이 등장했다고 해도 과언이 아니다. 사용만을 목적으로 한다면 여기까지만 알아도 무방하다. 또한 자바를 처음 공부한다면 이하의 내용은 다소 학술적이므로 차후에 자바에 대한 경험을 어느 정도 쌓은 후에 공부하는 것이 좋다. 제네릭 클래스를 직접 만들거나 좀 더 깊은 곳까지 알고 싶다면 계속 읽어 보자.

2 제네릭 타입

제네릭 타입의 동작 방식과 내부를 알아보기 위해 제네릭 클래스를 직접 만들어 보고 제네릭이 왜 필요한지 연구해 보자.

| intbox | 실행 결과 |

```
class IntBox {
    int value;
    IntBox(int value) { this.value = value; }
    int get() { return value; }
    void set(int value) { this.value = value; }
}

class DoubleBox {
    double value;
    DoubleBox(double value) { this.value = value; }
    double get() { return value; }
    void set(double value) { this.value = value; }
}

class JavaTest {
    public static void main(String[] args) {
        IntBox bi = new IntBox(1234);
        int biv = bi.get();
        System.out.println(biv);

        DoubleBox bd = new DoubleBox(56.78);
        double bdv = bd.get();
        System.out.println(bdv);
    }
}
```

실행 결과
```
1234
56.78
```

~Box 클래스는 특정 타입의 변수 하나를 저장하는 래퍼로서 값을 저장하는 필드와 생성자, 액세서로 구성되어 있다. 예제에서는 편의상 하나의 값만 저장했는데 내부 필드를 배열로 바꾸면 여러 개의 값을 저장할 수 있다. 크기가 1로 고정된 컬렉션인 셈인데 이 클래스를 확장하고 관리 메서드를 추가하면 실제로 컬렉션이 된다.

정수 박스에 정수를 넣고, 실수 박스에 실수를 넣은 후 다시 읽어 출력했다. 원래 넣었던 값을 잘 출력한다. 이 예제의 IntBox는 자바의 Integer 래퍼와 유사하다. 정수형을 저장하는 IntBox에는 정수만 저장할 수 있으며 실수를 저장하면 에러이다.

```
IntBox bi = new IntBox(12.34);
```

값을 실제 저장하는 value 필드의 타입과 생성자가 받아 들이는 실인수의 타입이 다르기 때문이다. 그래서 저장하는 값에 따라 매 타입별로 클래스를 일일이 만들어야 하는데 클래스 개수가 무한대여서 현실적으로 이것은 불가능하다. 이 문제에 대한 과거의 해결책은 가장 최상위의 Object 타입을 활용하여 임의의 데이터를 저장하는 것이었다.

objectbox · 실행 결과

```
class ObjectBox {
    Object value;
    ObjectBox(Object value) { this.value = value; }
    Object get() { return value; }
    void set(Object value) { this.value = value; }
}

class JavaTest {
    public static void main(String[] args) {
        ObjectBox bi = new ObjectBox(1234);
        int biv = (int)bi.get();
        System.out.println(biv);

        ObjectBox bd = new ObjectBox(56.78);
        double bdv = (double)bd.get();
        System.out.println(bdv);
    }
}
```

```
1234
56.78
```

Object는 정수와 실수는 물론이고 문자열까지 대입할 수 있는 가장 최상위의 루트여서 모든 데이터를 다 저장할 수 있다. 그러나 보다시피 읽을 때 캐스팅이 필요하고 실제 저장된 타입과 다르게 캐스팅하면 예외가 발생하는 위험이 있다. 값을 저장한다는 본연의 기능에는 충실하지만 타입 안정성이 없다. 이런 문제를 해결하기 위해 도입한 것이 바로 제네릭이다.

genbox · 실행 결과

```
class Box<T> {
    T value;
    Box(T value) { this.value = value; }
    T get() { return value; }
    void set(T value) { this.value = value; }
```

```
1234
56.78
```

```
    }

class JavaTest {
    public static void main(String[] args) {
        Box<Integer> bi = new Box<Integer>(1234);
        int biv = bi.get();
        System.out.println(biv);

        Box<Double> bd = new Box<Double>(56.78);
        double bdv = bd.get();
        System.out.println(bdv);
    }
}
```

Box라는 클래스를 정의하되 타입 인수 T를 받아들여 클래스 선언문에 이 타입을 사용하고 객체를 선언할 때 실제 타입을 밝힌다. 정수 박스는 Box〈Integer〉 타입을 사용하고, 실수 박스는 Box〈Double〉 타입을 사용한다. 제네릭 타입을 정의해 두면 Box〈Short〉, Box〈Human〉 등 임의의 타입에 대해 적용할 수 있다.

제네릭이란 일반적이라는 뜻이며 타입 인수로 전달한 임의의 타입에 대해 잘 동작한다. 값을 꺼낼 때 캐스팅하지 않아도 되며 잘못 캐스팅하면 컴파일 에러로 처리하여 안전하다. 실습 편의상 주로 클래스를 만들어 보고 설명도 클래스 위주로 하는데 제네릭 클래스에 적용되는 모든 문법은 제네릭 인터페이스에도 동일하게 적용된다.

3 타입 인수

메서드의 인수처럼 제네릭의 타입 인수도 두 가지가 있다. 정의할 때는 짧고 간단한 이름을 쓰고, 선언할 때는 실제 적용할 타입을 전달한다.

• 형식 타입 인수(Type Parameter): 제네릭을 정의할 때 임의의 타입을 받을 수 있음을 표기하는 인수이며 클래스명 뒤의 〈 〉 괄호 안에 쓴다. 클래스명과 분명히 구분하기 위해 대문자 하나로 된 간략한 이름을 사용한다. 인수의 의미에 따라 주로 다음과 같은 이름을 사용한다.

인수명	설명
T	Type
E	Element
K	Key
V	Value
N	Number

- **실 타입 인수(Type Argument)**: 제네릭 클래스의 객체를 생성할 때 전달하는 타입이며 클래스명 뒤의 〈 〉 괄호 안에 실제 타입을 기술한다. 클래스 선언문의 형식 타입 인수 개수대로 실 타입 인수를 전달하며 실 타입 인수가 형식 타입 인수 자리에 대체된다.

앞에서 만든 Box 제네릭은 형식 타입 인수로 T를 사용했는데 임의의 타입을 받아 들인다는 뜻으로 짧게 썼다. 클래스 본체에서 이 타입을 적용하는 모든 곳에 형식 타입 인수를 쓴다. value 필드의 타입, 생성자의 인수, get의 리턴값, set의 인수 등에 형식 타입 인수 T를 사용했다.

제네릭 클래스로부터 객체를 생성할 때 클래스 이름 뒤에 〈 〉 괄호와 실 타입 인수를 전달하면 형식 타입 인수가 실 타입 인수로 대체된다. 마치 메서드의 형식 인수를 통해 실인수의 값이 전달되는 것과 같다. 예를 들어 Box〈Integer〉 타입의 객체 a를 생성하면 다음 클래스를 선언하는 것과 개념적으로 유사하다.

```
Box<Integer> bi = new Box<Integer>(1234)
```
실 타입 인수가 형식 타입 인수로 전달됨

모든 T가 Integer로 대체된다.

```
class Box<T> {
    T value;
    Box(T value) { this.value = value; }
    T get() { return value; }
    void set(T value) { this.value = value; }
}
```

```
class Box<Integer> {
    Integer value;
    Box(Integer value) { this.value = value; }
    Integer get() { return value; }
    void set(Integer value) { this.value = value; }
}
```

제네릭의 모든 T가 실 타입 인수로 대체되어 정수형을 저장하는 클래스가 된다. 이처럼 제네릭을 적용한 Box〈Integer〉를 파라미터화된 타입(Parameterized type)이라고 하며 하나의 타입으로 간주한다. Double이나 Human을 전달하여 선언한 Box〈Double〉, Box〈Human〉도 파라미터화된 타입이다.

자바의 제네릭에 대응되는 C++의 개념은 템플릿이며 도입 목적이 같고 사용 방법도 유사하다. 그러나 이 둘은 큰 차이가 있는데 템플릿은 실 인수에 따라 클래스의 복사본을 생성하지만 제네릭은 그렇지 않다. 자바의 제네릭 타입은 딱 한 번만 컴파일하여 하나의 클래스 파일로 저장한다. 일반 클래스와 컴파일 방법이 같다. 과연 그런지 다음 예제로 테스트해 보자.

gencompile

```
class Box〈T〉 {
    T value;
    Box(T value) { this.value = value; }
    T get() { return value; }
    void set(T value) { this.value = value; }
}

class JavaTest {
    public static void main(String[] args) {
        Box〈Integer〉 bi = new Box〈Integer〉(1234);
        Box〈Double〉 bd = new Box〈Double〉(56.78);
        System.out.println(bi.getClass() == bd.getClass());
    }
}
```

실행 결과

```
true
```

정수형 박스 bi와 실수형 박스 bd를 생성하고 두 객체의 클래스를 비교하면 같은 것으로 조사한다. 즉, 실 타입 인수가 무엇이든 Box⟨T⟩의 코드는 딱 하나뿐이다. 그래서 C++에 비해 메모리 낭비가 없다. 제네릭 클래스도 참조형이므로 객체를 생성할 때 new 연산자를 사용한다. 이때 객체의 타입과 new 연산자의 타입은 보통 일치한다. 다음 선언문을 보자.

```
Box⟨Integer⟩ bi = new Box⟨Integer⟩(1234);
```

bi가 Box⟨Integer⟩ 타입이므로 new 연산자의 타입도 Box⟨Integer⟩이다. 너무 당연하지만 길고 복잡해서 몇 가지 간편한 표기법을 지원한다. 이 선언문에서 뒤쪽의 실 타입 인수 Integer는 꼭 필요치 않다. 그래서 자바 7부터 실 타입 인수를 생략하고 빈 괄호만 써 주면 된다.

```
Box⟨Integer⟩ bi = new Box⟨⟩(1234);
```

이렇게 써도 Box⟨ ⟩ 괄호에 들어갈 타입을 컴파일러가 추론하여 Integer를 써넣는다. ⟨ ⟩ 빈 괄호만 적어 놓는 방법을 다이아몬드 표기법이라고 한다. 타입 인수가 여러 개이고 복잡할 때 편리하다. 타입을 생략할 수 있다고 해서 아예 ⟨ ⟩ 괄호까지 생략하면 안 된다.

```
Box⟨Integer⟩ bi = new Box(1234);                    // 경고
```

이렇게 되면 Box를 로타입(Raw Type)으로 인식하여 경고가 발생한다. 반드시 빈 괄호를 써서 이 자리에 타입이 필요함을 밝혀야 한다. 자바 10 이후에는 지역변수의 타입을 추론하는 기능이 추가되어 변수의 타입을 var라고 더 짧게 쓸 수 있다.

```
var bi = new Box⟨⟩(1234);
```

초깃값의 리터럴이 정수형이니 ⟨ ⟩ 괄호 안의 실 타입 인수는 Integer임을 추론할 수 있고 new 연산자의 대상이 Box⟨Integer⟩이니 bi의 타입도 자동으로 Box⟨Integer⟩일 수밖에 없다. 컴파일러가 점점 똑똑해져 표기법은 간편해졌지만 아직까지는 호환성에 불리하다.

메서드의 인수 개수에 제약이 없듯이 제네릭의 타입 인수 개수에도 제약이 없다. 보통 하나의 타입만 취하지만 여러 개의 타입 인수를 받아들일 수 있다. 자바 라이브러리의 해시맵이 두 개의 타입 인수를 받는다.

```
public class HashMap⟨K,V⟩
```

해시는 키와 값의 쌍을 저장하는데 두 타입이 각각 다를 수 있어 타입 인수도 두 개여야 한다. 세 개 이상도 얼마든지 가능하지만 현실적으로는 두 개 정도만 사용한다.

4 로타입

제네릭은 코드가 복잡해지는 단점이 있지만 타입 안정성이 높고 사용 편의성도 훌륭하다. 그러나 이 좋은 제네릭에도 치명적인 약점이 있다. 자바의 초기 버전부터 지원하던 것이 아니라 비교적 늦게 자바 5부터 도입하여 제네릭 이전의 코드와 이후의 코드가 혼재하는 상황이다.

제네릭 이전에 ArrayList를 잘 써 먹고 있었는데 제네릭을 도입했으니 모두 ArrayList⟨T⟩로 바꾸라고 강제할 수는 없다. 그래서 자바는 역 호환성을 위해 타입 인수를 빼고 클래스명만 사용하는 로타입(Raw Type) 개념을 도입했다. ArrayList⟨T⟩의 로타입은 ArrayList이며 이 둘을 같이 사용할 수 있다. 과연 그런지 우리가 직접 만든 Box⟨T⟩ 타입으로 테스트해 보자.

```
rawtype                                                실행 결과

class Box⟨T⟩ {                                        1234
    T value;
    Box(T value) { this.value = value; }
    T get() { return value; }
    void set(T value) { this.value = value; }
}

class JavaTest {
    public static void main(String[] args) {
        Box rb = new Box(1234);
        int rbv = (int)rb.get();
        System.out.println(rbv);
    }
}
```

클래스 선언문에는 Box⟨T⟩ 제네릭으로 선언했지만, 실제 사용할 때는 그냥 Box 타입으로 객체 rb를 생성했다. 컴파일은 되지만 안전하지 않다는 경고가 발생한다. Box는 제네릭인데 왜 로타입으로 사용하느냐는 뜻이며 타입 인수를 사용하라고 권한다.

```
Box is a raw type. References to generic type Box⟨T⟩ should be parameterized
```

로타입은 타입 인수가 없어 제네릭 이전의 클래스와 같은 특성을 보인다. 위 예제의 Box는 타입에 대한 정보가 없어 Object를 저장하므로 값을 읽을 때 캐스팅이 필요하다. 또한 캐스팅을 잘못하면 다운되는 위험성도 있다. 다음 코드는 예외를 일으킨다.

```
String a = (String)rb.get();
```

보다시피 로타입은 캐스팅도 해야 하고 실수하면 예외를 일으킨다. 그러나 이런 위험한 코드를 에러로 처리하지 않고 가벼운 경고로 처리할 수밖에 없는 이유는 Box⟨T⟩ 이전의 Box 타입을 사용하던 코드도 컴파일해야 하기 때문이다. 위험하지만 과거 소스를 위해 어쩔 수 없는 선택이다.

더 골치 아픈 문제는 로타입과 제네릭을 섞어서 사용할 수 있어야 한다는 점이다. 과거 소스의 일부에 제네릭을 적용할 수 있고 최신 소스도 과거의 모듈과 자료를 주고받기 위해 로타입을 써야 한다. 그래서 자바는 두 형식을 섞어서 사용하는 규칙을 마련했다. 앞으로 제네릭만 사용할 것이라면 이하의 내용은 골치만 아플 뿐 실용성이 없어 몰라도 상관없다.

로타입의 객체와 제네릭 타입의 객체를 상호 대입할 수 있는데 경우에 따라 경고 발생 여부가 다르다. 대입할 수 있다는 것은 곧 인수로 전달할 수 있다는 뜻이다. 먼저 로타입의 객체로 제네릭 타입의 객체를 대입 받아 보자.

　　　　　　　　　　　　　　　　　　　　　　　　　　　　　실행 결과

```
class Box<T> {                                                    5678
    T value;
    Box(T value) { this.value = value; }
    T get() { return value; }
    void set(T value) { this.value = value; }
}

class JavaTest {
    public static void main(String[] args) {
        Box raw = new Box(1234);
        Box<Integer> para = new Box<Integer>(5678);
        raw = para;
        int value = (int)raw.get();
        System.out.println(value);
    }
}
```

raw 타입의 변수에 para 타입의 객체를 대입했다. 타입이 다르지만 잘 대입되며 심지어 경고도 발생하지 않는다. 왜냐하면 para 객체에 저장 가능한 모든 데이터는 raw 객체에도 저장할 수 있기 때문이다. 단, raw 객체는 타입 정보가 없어 읽을 때 반드시 캐스팅해야 한다.

그러나 캐스팅을 잘못하면 예외를 일으키며 다운된다. 로타입을 쓴 개발자는 이런 불편함을 이미 알고 있지만, 호환성 때문에 어쩔 수 없이 쓴 것이어서 컴파일러가 더 개입할 필요는 없다. 다음은 반대의 경우이다.

　　　　　　　　　　　　　　　　　　　　　　　　　　　　　실행 결과

```
class Box<T> {                                                    1234
    T value;
    Box(T value) { this.value = value; }
    T get() { return value; }
    void set(T value) { this.value = value; }
}

class JavaTest {
```

```
    public static void main(String[] args) {
        Box raw = new Box(1234);
        Box<Integer> para = new Box<Integer>(5678);
        para = raw;
        int value = para.get();
        System.out.println(value);
    }
}
```

para 타입의 변수에 raw 타입의 객체를 대입했다. 에러는 발생하지 않지만, 이 경우는 다음과 같은 경고가 발생한다.

Type safety: The expression of type Box needs unchecked conversion to conform to Box<Integer>

Box 로타입 객체에 대해서는 변환 시 체크할 수 없어 안전하지 않다는 경고이다. raw 안에 애초에 뭐가 저장되어 있었는지 확실하지 않다. para는 타입 정보가 있어 캐스팅하지 않고도 값을 읽을 수 있으며 raw에 저장된 값이 정상적으로 잘 출력된다.

그러나 만약 Box에 문자열이 저장되어 있었다면 어떻게 될까? raw의 생성자로 문자열을 저장해 보자. raw는 Object를 저장하므로 정수나 문자열이나 다 저장할 수 있으며 컴파일 중에는 에러를 발견할 수 없다.

Box raw = new Box("문자열");

그러나 이 객체를 대입 받은 para는 자신이 가리키는 객체에 정수가 들어 있다고 철석같이 믿고 있어 변환 시 타입 체크를 생략한다. 제대로 만든 파라미터 타입 객체라면 타입을 체크할 필요가 전혀 없다. 그러나 태생적으로 불안정한 로타입을 대입 받아 예외를 일으키고 다운되어 버린다.

그래서 위험하다는 경고가 발생하는 것이다. 만약 이 경고가 귀찮다면 설정에서 꺼 버릴 수도 있다. 로타입은 역호환성을 위해 불가피하게 지원하는 것일 뿐이며 구형 코드를 위해서 아직도 가끔 필요한 경우가 있다. 앞으로는 사용을 자재하고 가급적이면 제네릭 타입을 사용해야 한다.

5 제네릭 메서드

제네릭 메서드는 타입 파라미터를 받아들인다. 제네릭 클래스와 개념은 유사하지만, 타입 파라미터의 범위가 메서드 내부로 국한된다는 점이 다르다. 생성자를 포함하여 정적, 비정적 메서드 모두 제네릭일 수 있다. 제네릭 메서드의 타입 인수는 리턴 타입 앞의 < > 괄호 안에 표기하며 호출할 때도 타입을 밝힌다. 다음 예제로 제네릭 메서드의 선언 방식과 개념을 살펴보자.

```
class JavaTest {
    static 〈T〉 void print(T a) {
        System.out.println(a);
    }

    public static void main(String[] args) {
        JavaTest.〈Integer〉print(1234);
        JavaTest.〈String〉print("문자열");
    }
}
```

```
1234
문자열
```

print 메서드는 임의의 T 타입에 대한 인수 a를 전달받아 이 값을 콘솔로 출력하는 간단한 동작을 한다. 인수 a의 타입은 메서드를 호출할 때 실 타입 인수로 결정된다. 정수나 문자열이나 다 잘 출력된다.

호출 구문의 실 타입 인수 지정문이 복잡하고 어색해 보인다. 다행히 메서드로 전달하는 실인수의 타입으로부터 유추할 수 있어 생략 가능하며 보통 메서드와 같이 자연스럽게 호출할 수 있다. 정적 메서드끼리의 호출이므로 JavaTest.도 생략할 수 있다.

```
JavaTest.print(1234);
JavaTest.print("문자열");
```

제네릭 메서드의 본체는 인수로 전달받는 모든 타입에 대해 동작하는 코드만 작성해야 한다. 위 예제는 println 메서드가 임의의 타입을 받으므로 이상 없이 잘 동작하지만 간단한 연산자만 사용해도 컴파일이 안 된다. 다음 코드를 보자.

```
static 〈T〉 T abs(T a) {
    if (a 〉 0) {
        return a;
    } else {
        return -a;
    }
}

〈T〉 T max(T a, T b) {
    if (a 〉 b) {
        return a;
    } else {
        return b;
    }
}
```

절댓값을 찾거나 둘 중 큰 값을 조사하는 메서드를 제네릭으로 작성했는데 〉 연산자가 모든 타입에 대해 동작하지 않아 제네릭이 될 수 없다. C++은 템플릿이 인스턴스화되기 전까지 문법 점검을 미루어 일단 컴파일이 가능하다. 그러나 잘못된 타입을 쓰면 실행 중 에러가 발생하며 개발자가 알아서 메서드 본체와 호환되는 타입을 사용해야 한다.

반면 자바는 파라미터를 제한하지 않는 한 모든 타입에 대해 동작 가능한 코드만 인정하여 더 엄격하다. 그래서 제네릭 메서드의 타입 인수는 메서드 본체에서 직접 사용되는 경우가 흔하지 않으며 주로 인수의 타입을 결정하는 용도로 사용된다.

genarg	실행 결과
| ```java
import java.util.ArrayList;

class JavaTest {
    static <T> void dumpArray(ArrayList<T> ar) {
        for (T a : ar) {
            System.out.println(a);
        }
    }

    public static void main(String[] args) {
        ArrayList<String> yoil = new ArrayList<String>();
        yoil.add("일요일");
        yoil.add("월요일");
        JavaTest.<String>dumpArray(yoil);

        ArrayList<Integer> score = new ArrayList<Integer>();
        score.add(98);
        score.add(72);
        JavaTest.<Integer>dumpArray(score);
    }
}
``` | 일요일<br>월요일<br>98<br>72 |

dumpArray 메서드는 ArrayList〈T〉 타입을 전달받아 콘솔로 덤프한다. 메서드 본체에서는 배열을 순회하며 요소를 꺼내 출력한다. 인수로 받을 배열의 요소 타입이 제각각이어서 타입 인수가 필요하며 호출할 때 어떤 타입의 배열인지 밝혀야 한다.
```

18-2 제네릭의 계층

1 바운드 타입

제네릭의 형식 타입 인수 T 자리에는 임의의 타입이 올 수 있다. 그러다 보니 이 타입을 사용하는 모든 코드는 임의의 T 타입에 대해 적법해야 한다. 단, 하나라도 특정한 타입을 가정한 코드는 컴파일할 수 없다. 앞서 예로 든 다음 메서드를 보자.

```
⟨T⟩ T max(T a, T b) {
    if (a ⟩ b) {
        return a;
    } else {
        return b;
    }
}
```

인수로 전달받은 두 객체 a와 b의 값을 비교하여 큰 값을 찾는 상식적인 코드이지만, 에러로 처리된다. 왜냐하면 ⟩ 연산자가 모든 타입에 대해 유효하지 않기 때문이다. Human 타입의 객체 kim과 lee를 생성해 놓고 kim ⟩ lee로 비교하면 과연 어떤 기준으로 비교할지 애매하다.

이런 문제가 발생하는 이유는 T가 임의의 클래스여서 적용 범위가 너무 광범위하기 때문이다. 메서드의 본체 코드가 특정한 타입이나 그 서브 타입만을 대상으로 할 때는 타입 인수의 범위를 제한해야 한다. 사용할 수 있는 타입이 제한된 타입 인수를 바운드 타입(bound type)이라고 하며 다음과 같은 형식으로 지정한다.

```
⟨T extends upper⟩
```

extends 키워드 다음에 제한을 둘 클래스나 인터페이스를 지정하면 지정한 타입이나 그 서브 타입만 올 수 있다. 즉, T extends upper라는 표현식은 upper를 포함한 서브 클래스만을 의미한다. upper 가 인터페이스인 경우라도 바운드 타입을 지정할 때는 implements 키워드 대신 extends 키워드를 사용한다.

위의 메서드를 바운드 타입으로 제대로 작성해 보자. 둘 중 큰 값을 가려내려면 두 값을 비교할 수 있어야 하며 그러기 위해서는 Comparable⟨T⟩ 인터페이스를 구현해야 한다. 이 인터페이스의

compareTo 메서드는 두 값의 대소 관계에 따라 양수나 음수 또는 0을 리턴하여 값의 대소를 판단한다.

comparable / 실행 결과

```
class JavaTest {
    static ⟨T extends Comparable⟨T⟩⟩ T max(T a, T b) {
        if (a.compareTo(b) ⟩ 0) {
            return a;
        } else {
            return b;
        }
    }

    public static void main(String[] args) {
        int result = JavaTest.max(1, 2);
        System.out.println(result);
    }
}
```

2

max 메서드의 타입 인수 T는 반드시 Comparable⟨T⟩ 인터페이스를 구현한 타입이어야 한다. 제네릭 인터페이스를 구현하는 제네릭 클래스를 칭하다 보니 ⟨ ⟩ 괄호가 중첩되어 무척 복잡해 보인다. 심하면 삼중으로 중첩되기도 해 가독성이 떨어지고 어렵다.

본체에서는 수치형만 비교하는 ⟩ 연산자 대신 객체에 대해서도 쓸 수 있는 compareTo 메서드로 두 객체의 대소를 비교한다. main에서는 1과 2 중 큰 값을 찾아 출력하는데 원래는 다음과 같이 메서드로 전달되는 실 타입 인수를 밝혀야 하지만 추론 가능하므로 생략했다.

```
int result = JavaTest.⟨Integer⟩max(1, 2);
```

Integer는 대소 비교가 가능하고 Comparable⟨T⟩ 인터페이스를 구현하므로 max 메서드로 전달할 수 있으며 대부분의 수치형 타입은 이 인터페이스를 지원한다. Double이나 Float는 물론이고 String 객체에 대해서도 이 메서드를 호출할 수 있다. 그러나 다음 코드는 에러이다.

```
Human man = JavaTest.max(new Human(23, "연아"), new Human(34, "태희"));
```

Human 클래스의 객체는 대소를 비교할 방법이 없기 때문이다. Human이 Comparable⟨T⟩ 인터페이스를 구현하여 나이순으로 비교하는 메서드를 제공한다면 이 코드도 컴파일할 수 있다.

바운드 타입을 사용하면 실 타입 인수가 제한되므로 허용되는 타입에 대해서는 메서드를 자유롭게 호출할 수 있다. 다음 코드를 보자.

```
class Human {
    void intro() { System.out.println("나 사람"); }
}
```

```
class Student extends Human {
    void intro() { System.out.println("나 학생"); }
}

class Box<T> {
    T value;
    Box(T value) { this.value = value; }
    T get() { return value; }
    void set(T value) { this.value = value; }
    void intro() {
        value.intro();
    }
}
```

사람과 학생 클래스가 있고 이 객체를 저장하는 Box 제네릭을 선언했다. Box는 사람이나 학생을 저장하며 소개를 출력하는 intro 메서드를 정의한다. 언뜻 보기에는 될 것 같지만 value.intro( ) 구문이 에러이다.

왜냐하면 Box의 형식 타입 인수 T는 바운드되지 않아 임의의 타입이 올 수 있는데 모든 클래스가 intro 메서드를 지원하지 않기 때문이다. 문제를 해결하려면 Box가 받아들이는 타입 인수 T를 intro 메서드를 지원하는 클래스로 제한한다.

bound | 실행 결과

```
class Human {
    void intro() { System.out.println("나 사람"); }
}

class Student extends Human {
    void intro() { System.out.println("나 학생"); }
}

class Box<T extends Human> {
    T value;
    Box(T value) { this.value = value; }
    T get() { return value; }
    void set(T value) { this.value = value; }
    void intro() {
        value.intro();
    }
}

class JavaTest {
    public static void main(String[] args) {
        Human h = new Human();
        Box<Human> bh = new Box<Human>(h);
```

실행 결과:
```
나 사람
나 학생
```

```
        bh.intro();

        Student s = new Student();
        Box⟨Human⟩ bs = new Box⟨Human⟩(s);
        bs.intro();
    }
}
```

Box가 받을 수 있는 타입을 Human 서브 클래스로 제한함으로써 이 클래스 내부에서 T 타입의 intro 메서드를 이상 없이 호출할 수 있다. 다음 코드는 에러이다. String 클래스는 Human과 아무 연관이 없고 intro 메서드도 없어 Box에 저장할 수 없다.

```
Box⟨String⟩ bs = new Box⟨String⟩("문자열");
```

바운드 타입은 & 기호로 구분하여 여러 클래스나 인터페이스에 대해 지정할 수 있다. 여러 개의 바운드를 지정하면 목록의 모든 타입에 대한 서브 타입만 허용한다. 보통 클래스 하나와 인터페이스 여러 개를 바운드로 지정하는데 클래스가 목록의 제일 처음에 와야 한다. A, B, C 세 개의 타입을 바운드로 지정하고 싶다면 다음과 같이 한다.

```
⟨T extends A & B & C⟩
```

이렇게 하면 세 가지 타입을 모두 지원하는 경우로만 제한한다. A 클래스 또는 그 후손 클래스가 B, C 인터페이스를 지원해야만 T로 전달할 수 있다.

2 서브 타입

부모 타입의 객체가 자식 객체를 대입 받을 수 있으며 이는 다형성의 근간이 되는 중요한 문법이다. 이 관계를 연구해 보기 위해 익숙한 클래스를 활용해 보자.

```
Human h = new Human();
Student s = new Student();
h = s;
// s = h;
```

상속 관계에 있는 Human과 Student 객체를 각각 생성한 상태에서 부모 타입 변수 h에 자식 타입 객체 s를 대입했다. h로 가능한 동작은 s로 모두 가능하여 합당한 대입이다. 그러나 반대의 대입인 s = h는 s가 가능한 모든 동작을 h가 다 지원하지 않아 불가능하다. 여기까지는 익히 잘 아는 내용이다. 그렇다면 제네릭의 경우는 어떨까?

```
Human h = new Human();
Student s = new Student();
Box<Human> bh = new Box<Human>(s);
```

Human을 저장하는 bh 객체에 Student 객체 s를 저장했다. Student가 Human의 서브 타입이므로 이 코드도 합당하다. Box<Human>은 Human과 그 서브 타입 객체를 저장하기 때문이다. 단, 서브 타입 객체를 다시 읽을 때는 캐스팅이 필요하다.

```
Student kim = (Student)bh.get();
```

사실 생성자를 통해 필드에 대입하는 것은 객체끼리 대입하는 것과 같아 상속 관계의 객체끼리 대입하는 코드와 형태만 다를 뿐 같은 코드라고 할 수 있다. 다음은 제네릭 타입의 경우를 보자. 여기서부터는 좀 복잡하고 헷갈린다.

```
Human h = new Human();
Student s = new Student();
Box<Human> bh = new Box<Human>(h);
Box<Student> bs = new Box<Student>(s);
// bh = bs;
```

Human을 저장하는 bh와 Student를 저장하는 bs 객체를 생성해 놓고 bh에 bs를 대입했다. 이 코드는 허락하지 않으며 컴파일 에러이다. Human과 Student는 부모 자식 관계이지만 Box<Human>과 Box<Student>의 관계는 그렇지 않다.

실 타입 인수가 상속 관계여서 언뜻 생각하기에는 부모 자식 관계 같지만, 두 클래스는 전혀 상관없으며 IS A 관계가 아니다. 이것이 제네릭에서 가장 이해하기 어려운 내용이며 왜 그런지 이유를 정확하게 이해해야 한다. bh = bs 대입이 가능해진다면 다음과 같은 코드를 작성할 수 있다.

```
bh.set(h);
Student k = bs.get();
```

bh 객체에 Human 객체를 저장하는 것은 당연히 가능하다. 그러나 bh가 실제로는 bs를 대입 받았으므로 이때의 Human 객체는 bs에 저장된다. 이 상태에서 bs에 저장된 객체를 꺼낸다고 해 보자. bs는 Box<Student> 타입이므로 더 볼 것도 없이 Student 객체가 읽혀지며 따라서 Student 타입의 객체 k로 대입 받았다.

그러나 불행히도 Student 객체에 저장된 것은 Human 타입의 h이며 여기서 캐스팅 예외가 발생하고 프로그램은 다운되어 버린다. 위의 두 코드는 논리적으로 아무 이상이 없지만, bh가 bs를 대입 받도록 허락한 bh = bs 대입문이 문제의 원인이다. 이런 이유로 Box<Human>과 Box<Student>는 IS A 관계가 아니며 extends 키워드로 상속을 받은 것도 아니다.

Box가 너무 단순해서 잘 이해가 안 된다면 실제 프로젝트에 사용되는 컬렉션으로 테스트해 보자. 아주 단순하게 만들었지만, 상황이 복잡하므로 코드를 주의 깊게 봐야 한다.

```java
gensubtype

import java.util.ArrayList;

class Human {}
class Student extends Human {}

class JavaTest {
    public static void main(String[] args) {
        ArrayList<Human> ah = new ArrayList<Human>();
        ArrayList<Student> as = new ArrayList<Student>();

        ah.add(new Human());
        as.add(new Student());
        ah.add(new Student());

        // ah = as;
        ah.add(new Human());
        Student k = as.get(1);
    }
}
```

사람 배열 ah와 학생 배열 as를 생성하고 ah에 객체 두 개, as에 객체 하나만 저장했다. 여기서 세 번째 추가문은 ah 배열에 Student 객체를 저장했는데 아무 이상 없이 잘 저장된다. 왜냐하면 Human과 Student는 상속 관계이기 때문이다.

그러나 ah에 as를 대입하는 것은 안 된다. 이 코드의 주석을 제거해 보면 다음과 같은 에러 메시지가 출력된다. ArrayList〈Human〉과 ArrayList〈Student〉는 상속 관계가 아니기 때문이다.

```
Type mismatch: cannot convert from ArrayList<Student> to ArrayList<Human>
```

만약 ah = as 대입문을 허락한다면 ah를 통해 as에 Human 객체를 추가할 수 있으며 이는 Student 만 저장하는 ArrayList〈Student〉 타입과 맞지 않다. 이런 잠재적인 위험이 있기 때문에 대입을 금지한다.

여기까지 예제를 곁들여 상세하게 설명했지만 웬만큼 정신 집중을 하지 않으면 헷갈리기만 한다. 결론을 요약하자면 Child와 Parent가 상속 관계라 할지라도 Generic〈Child〉와 Generic〈Parent〉는 상속 관계가 아니다.

3 와일드카드

제네릭의 서브 타입 관계가 복잡하고 제약이 많아 좀 더 유연한 타입이 필요하다. 예를 들어 Box⟨Human⟩과 Box⟨Student⟩는 상속 관계가 아니지만, 이 둘을 모두 받을 수 있는 메서드를 선언하고 싶다고 하자. 그러려면 Box의 실 타입 인수 자리에 Human으로부터 상속받는 임의 타입을 지정할 수 있어야 한다. 이 표현은 다음과 같다.

```
⟨? extends Human⟩
```

여기서 ?가 와일드카드이며 알 수 없는 임의의 타입을 의미한다. 뒤쪽에 extends Human으로 제한했으므로 Human으로부터 파생된 임의의 타입이라는 뜻이다.

wildcard	실행 결과

```
class Human {
    void intro() { System.out.println("나 사람"); }
}

class Student extends Human {
    void intro() { System.out.println("나 학생"); }
}

class Box⟨T⟩ {
    T value;
    Box(T value) { this.value = value; }
    T get() { return value; }
    void set(T value) { this.value = value; }
}

class JavaTest {
    static void printMan(Box⟨? extends Human⟩ box) {
        box.get().intro();
    }
    public static void main(String[] args) {
        Human h = new Human();
        Box⟨Human⟩ bh = new Box⟨Human⟩(h);
        printMan(bh);

        Student s = new Student();
        Box⟨Student⟩ bs = new Box⟨Student⟩(s);
        printMan(bs);
    }
}
```

실행 결과:
```
나 사람
나 학생
```

예제의 printMan 메서드는 Human 서브 타입을 저장하는 Box 객체 box를 받는다. 이 인수로 Box⟨Human⟩, Box⟨Student⟩ 등을 모두 전달받을 수 있다. 본체에서는 이 박스에 저장된 객체를 꺼내 intro 메서드를 호출한다. Box에 저장된 객체는 Human의 서브 타입이므로 intro 메서드를 안전하게 호출할 수 있다.

이처럼 extends 키워드로 부모를 제한하는 것을 위쪽 제한 와일드카드(Upper bounded wildcard)라고 한다. 부모로부터 파생된 임의의 타입이 이 자리에 올 수 있다. 반대로 아래쪽 자식을 제한하는 것을 아래쪽 제한 와일드카드(Lower bounded wildcard)라고 하는데 다음 형식으로 지정한다.

```
<? super child>
```

child 클래스의 모든 부모 타입이 이 자리에 올 수 있다. 예를 들어 Box⟨? super Student⟩ 타입은 Student 자체는 물론이고 부모 타입인 Human, Object 등도 해당된다. Student 객체를 대입 받을 수 있는 모든 타입을 다 허용한다는 뜻이다.

와일드카드에 extends나 super 키워드를 쓰지 않고 ⟨?⟩ 기호만 사용하면 제한이 없는 와일드카드(Unbounded wildcard)가 되며 알 수 없는 타입을 의미한다. ⟨?⟩ 자리에 임의의 타입을 허용하되 이렇게 되면 특정 클래스의 메서드는 호출하지 못한다. printMan을 다음과 같이 수정해 보자.

```
static void printMan(Box<?> box) {
    box.get().intro();
}
```

inrto( ) 메서드가 존재하지 않는다는 에러 메시지가 나타난다. 알 수 없는 ? 타입에는 intro 메서드가 없다. 제한 없는 와일드카드는 Object의 기능만 사용하거나 타입 인수의 기능을 전혀 필요치 않는 경우에 사용한다. 예를 들어 ArrayList⟨?⟩로 받아 size, clear 등의 메서드로 배열 자체만 조작한다면 요소의 타입이 무엇이건 상관없다.

안심Touch

MEMO

19

_ 예외 처리

Java

19-1 예외 처리

1 예외 처리 구문

예외는 프로그램 실행 중에 발생하는 비정상적인 상황이다. 오탈자나 문법적 실수 등 컴파일 중에 발견할 수 있는 문제는 바로 수정할 수 있어 예외가 아니다. 컴파일을 무사히 완료했더라도 실행 중에 예기치 못한 조건이나 특이한 상황에 의해 예외가 발생한다. 자바는 실행 중에 발생할 수 있는 비정상적인 상황을 다음 두 가지로 구분한다.

- 에러(Error): 메모리가 부족하거나 스택이 가득 찬 정도의 치명적인 상황이며 복구 불가능하여 더 이상 실행을 계속할 수 없다. 불가항력적이라 프로그램을 아무리 견고하게 작성해도 어쩔 수 없다.
- 예외(Exception): 읽고자 하는 파일이 없거나 계산식을 수행할 수 없는 정도의 경미한 오류이며, 오류 조건을 제거하면 계속 실행할 수 있다.

에러는 가상 머신이나 메모리 등 외부 환경으로 발생하는 문제여서 프로그램이 어찌할 수 없지만, 예외는 발생 조건을 미리 걸러낸다거나 발생한 후에 조치할 수 있다. 안정적인 프로그램은 어떠한 상황에서도 계속 실행할 수 있도록 발생 가능한 모든 예외를 적절히 처리해야 한다.

C나 파스칼 같은 과거의 언어는 예외를 조건문으로 처리했지만, C++ 이후의 언어는 예외 블록을 구성하여 언어 차원에서 예외 처리를 지원한다. 예외는 특수한 경우에 드물게 발생하는 것이 아니라 평이한 실행 중에도 발생할 수 있어 문법이 지원한다. 예외 블록의 기본 형식은 다음과 같다.

```
try {
    예외가 발생할만한 코드
}
catch (예외 객체) {
    예외 처리
}
finally {
    리소스 해제
}
```

예외 발생 가능성이 있는 코드를 try 블록으로 감싼다. 실행 중에 예외가 발생하면 catch 블록으로 점프하며 어떤 예외가 발생했는지 예외 객체가 전달된다. 여러 가지 예외가 발생할 수 있다면 필요한 만큼

catch 블록을 작성한다. catch 블록은 인수로 예외 객체를 전달받는데 예외 타입에 맞는 catch 블록으로 점프한다. 예외를 처리한 후 try 블록 다음을 계속 실행하며 예외가 발생하지 않으면 catch 블록은 무시한다.

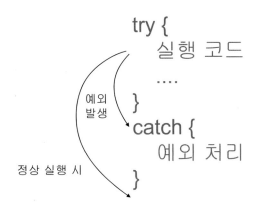

finally 블록에는 예외 발생과 상관없이 항상 실행할 코드를 작성하는데 필요 없을 시 생략한다. 주로 리소스 해제 코드를 작성하는데 가비지 컬렉터가 메모리를 관리하므로 finally 블록을 사용하는 경우는 흔하지 않다. 다음 예제로 예외를 처리하는 방식을 연구해 보자.

divideex

```
class JavaTest {
    public static void main(String[] args) {
        int a, b, c;
        a = 2;
        b = 0;
        c= a / b;
        System.out.println("c = " + c);
        System.out.println("프로그램 실행 완료");
    }
}
```

실행 결과	Exception in thread "main" java.lang.ArithmeticException: / by zero at JavaTest.main(JavaTest.java:6)

세 개의 정수를 선언하고 나눗셈을 하여 결과를 출력한다. 문법상으로 문제가 없어 컴파일 에러는 발생하지 않지만 실행해 보면 0으로 나누기 산술 예외가 발생한다. 어떤 수를 0으로 나누는 것은 수학적으로 정의되지 않은 연산이라 아무리 고성능 컴퓨터라도 처리할 수 없다.

a / b 구문은 예외로 처리되며 뒤쪽의 코드를 실행하지 못해 실행 완료 메시지는 출력되지 않는다. 실행을 중단해 버리면서까지 예외 메시지를 출력하는 것은 반드시 처리하라는 뜻이며 발생 이유와 위치까지 친절하게 알려 준다. 모든 예외를 처리하여 사용자 눈에는 띄지 말아야 한다.

소스를 보면 b에 0을 대입하는 코드가 있어 예외 발생을 예측할 수 있지만, 이는 어디까지나 의도적으로 만든 상황일 뿐이다. 변수는 여러 단계의 메서드 호출을 통해 인수로 전달되어 실행 시점에 어떤 값을 가질지 미리 알 수 없다.

사용자가 입력할 수도 있고 네트워크나 DB에서 읽을 수도 있다. 코드를 아무리 정교하게 짜도 컴파일러는 문법만 점검할 뿐 미래를 예측할 수는 없다. 예외가 발생할만한 조건을 걸러내서 위험한 코드는 실행하지 않도록 해야 한다. 다음 예제는 전통적인 if 문으로 예외를 방지한다.

ifdivide	실행 결과

```
class JavaTest {
    public static void main(String[] args) {
        int a, b, c;
        a = 2;
        b = 0;
        if (b != 0) {
            c= a / b;
            System.out.println("c = " + c);
        }
        System.out.println("프로그램 실행 완료");
    }
}
```

프로그램 실행 완료

나누는 수인 b가 0이 아닐 때만 나눗셈을 하며 b가 0이면 아무것도 하지 않는다. 문제가 될만한 코드는 아예 실행하지 않도록 조건 점검을 미리 해 본다. 연산은 못했지만 프로그램이 다운되지 않으며 뒤쪽의 코드도 무사히 잘 실행된다.

전통적인 if 조건문도 예외 처리 방법의 하나이지만 여러 가지 한계가 있다. 예외 발생 전에 선제적으로 조건을 점검하여 예외를 일으키는 코드를 실행하지 않도록 해야 하며 예외 발생 지점에서 즉시 점검해야 한다. 또 if 문은 원래 조건에 따른 분기 명령인데 예외 처리를 if 문으로 하면 두 가지 경우가 분리되지 않아 소스가 지저분해지는 부작용도 있다.

그래서 더 체계적인 예외 처리 구문을 도입하였다. if 문은 예외를 피해 가는 방법이고, 예외 처리 구문은 예외가 발생한 후에도 처리할 수 있으며 깊은 함수 호출문에서 발생한 예외까지 잡아낸다. 또한 일반적인 조건문과 예외 처리 구문이 확실하게 분리되어 코드의 구조가 향상되고 유지 보수에도 유리하다. 이 예제를 try, catch 구문으로 바꿔 보자.

trydivide	실행 결과

```
class JavaTest {
    public static void main(String[] args) {
        int a, b, c;
        a = 2;
        b = 0;
        try {
```

0으로 나누기 예외 발생
프로그램 실행 완료

```
            c = a / b;
            System.out.println("c = " + c);
        }
        catch (java.lang.ArithmeticException e) {
            System.out.println("0으로 나누기 예외 발생");
        }
        System.out.println("프로그램 실행 완료");
    }
}
```

나눗셈 연산식을 try 블록으로 감쌌다. 연산 중에 예외가 발생하면 산술 예외를 처리하는 catch 블록
으로 점프하여 0으로 나누기 예외가 발생했음을 출력한다. 예외를 무사히 처리하고 다음 코드를 계속
실행한다.

당장 보기에는 if 문보다 복잡해 보이지만 까다롭고 골치 아픈 예외 상황을 처리할 수 있다. if 문은 예
외를 방지하기만 할 뿐 예외 발생 시 별도의 조치를 취하지 않는 데 비해 예외 처리 구문은 메시지를 출
력하거나 예외 상황을 적극적으로 해결하기도 한다.

예외 구문을 작성할 때는 try 블록으로 묶을 범위를 잘 정해야 하는데 관련된 모든 문장을 try 블록에
묶는다. 산술 예외는 나눗셈 과정에서만 발생할 뿐 변수 출력문은 예외가 발생할만한 구문이 아니다. 그
렇다고 해서 결과 출력문을 try 블록 밖으로 빼서는 안 된다.

```
try {
    c = a / b;
}
catch (java.lang.ArithmeticException e) {
    System.out.println("0으로 나누기 예외 발생");
}
System.out.println("c = " + c);
```

이렇게 하면 예외 발생 시에도 변수 출력문을 실행하여 정의하지도 않은 c 값을 출력한다. c의 값을 계
산하는 문장과 그 값을 출력하는 문장은 하나의 묶음이며 둘 다 실행하거나 둘 다 실행하지 말아야 하므
로 모두 try 블록 안에 작성해야 한다.

2 예외 객체

예외 객체는 발생한 예외에 대한 정보를 가진다. 과거의 언어는 정수 형식의 에러 코드를 리턴하는 식으
로 어떤 상황인지 알렸으나 자바는 더 발전된 방법인 예외 객체를 전달한다. 에러 코드에 비해 더 상세
한 정보를 표현할 수 있으며 정보를 구하는 메서드나 예외를 해결하는 메서드까지 포함한다. 자바의 예
외 클래스 계층은 다음과 같다.

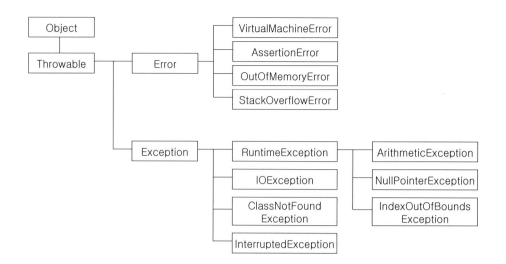

모든 예외는 Exception으로부터 파생되며 예외 클래스의 이름은 모두 ~Exception으로 끝난다. 이 계층에서 RuntimeException으로부터 파생되는 예외는 주로 단순한 실수에 의해 발생하며 예외 발생 사실만 알면 언제든 수정할 수 있다. 널 객체를 사용했다거나 배열의 첨자가 범위를 벗어난 경우 등이다.

이런 예외는 발생 즉시 오류를 알 수 있고 수정도 간단해 큰 문제가 되지 않는다. 런타임 예외도 원칙대로라면 try 블록을 구성하는 것이 좋지만, 배열을 읽을 때나 나눗셈을 할 때마다 매번 블록을 구성하면 너무 번거롭다. 예외가 발생하지 않는다는 확신이 있다면 예외 처리를 생략해도 무방하다. 예를 들어 다음 문장은 예외 발생 가능성이 거의 없다.

```
for (int i = 0; i < ar.length; i++) {
    System.out.println(ar[i]);
}
```

배열의 크기 직전까지 첨자를 읽어 범위를 벗어날 일이 없다. 이런 코드에 대해서는 굳이 배열 범위 초과 예외를 처리하지 않아도 상관없다. try 블록을 생략할 수 있는 예외를 언체크드 예외(Unchecked Exception)라고 하며 선택적으로 처리한다.

이에 비해 Exception으로부터 파생되는 체크드 예외(Checked Exception)는 반드시 try 블록을 구성해야 하며 그렇지 않으면 컴파일을 거부한다. 프로그램이 불안정해질 수 있으니 반드시 처리하라는 뜻이며 강제적이다. 다음 예제는 프로그램 시작 직후 3초간 시간을 지연시키는 동작을 한다.

sleep	실행 결과

``
class JavaTest {
    public static void main(String[] args) {
        System.out.println("프로그램 시작");
        try {
``
	프로그램 시작
	프로그램 끝

```
            Thread.sleep(3000);
        }
        catch (InterruptedException e) {
            System.out.println("예외 발생");
        }
        System.out.println("프로그램 끝");
    }
}
```

실행 시간을 지연시키는 sleep 메서드는 쉬는 동안 언제든 외부에서 인터럽터를 걸 수 있으며 이때 InterruptedException 예외를 던진다. 이 예외는 체크드여서 try 블록으로 감싸야 하여 생략하면 아예 컴파일조차 되지 않는다. 일일이 예외를 처리해야 한다는 점은 불편하지만, 안전을 위해 컴파일러가 깐깐하게 구는 것이다.

체크드 예외의 대표적인 예는 파일 입출력이다. 파일은 언제든 손상될 수 있어 당장 잘 실행된다고 하여 예외 처리를 생략하면 치명적인 결과를 초래할 수 있다. 파일 입출력 시 발생하는 IOException은 체크드 예외이며 반드시 try 블록으로 감싸 파일이 없거나 입출력 중 에러가 발생하는 상황을 처리해야 한다.

catch 블록의 인수로 예외에 대한 상세한 정보를 가지는 예외 객체가 전달된다. 이 정보는 예외 객체의 메서드를 통해 언제든 구할 수 있다. 다음 메서드는 예외가 발생한 원인을 문자열로 리턴한다.

```
String getMessage()
```

catch 블록에서 예외 객체의 이 메서드를 통해 예외의 원인을 조사하는데 대개의 경우 콘솔로 출력하여 찍어 본다.

exmessage   실행 결과

```
class JavaTest {                                       / by zero
    public static void main(String[] args) {           프로그램 실행 완료
        int a, b, c;
        a = 2;
        b = 0;
        try {
            c= a / b;
            System.out.println("c = " + c);
        }
        catch (java.lang.ArithmeticException e) {
            System.out.println(e.getMessage());
        }
        System.out.println("프로그램 실행 완료");
    }
}
```

예외 스스로 제공하는 설명 문자열이 개발자가 작성하는 에러 메시지보다 더 정확하다. 예외 객체가 리턴한 메시지를 출력하기만 해도 0으로 나누어 발생한 예외임을 알 수 있다. 이 외에도 상세한 예외 정보를 출력하는 메서드가 있는데 잠시 후 알아보자.

3 여러 개의 예외 처리

여러 가지 예외가 동시에 발생할 수 있는 상황이라면 예외의 종류에 따라 여러 개의 catch 블록을 나열한다. 다음 예제는 세 개의 catch 블록을 가진다.

multicatch

```
class JavaTest {
    public static void main(String[] args) {
        int a, b, c;
        a = 5;
        b = 2;
        int[] ar = {1,2,3,4,5};

        try {
            c= a / b;
            System.out.println("c = " + c);
            ar[5] = 100;
        }
        catch (java.lang.ArithmeticException e) {
            System.out.println("0으로 나누기 예외 발생");
        }
        catch (ArrayIndexOutOfBoundsException e) {
            System.out.println("첨자가 배열 범위를 넘어섰습니다.");
        }
        catch (Exception e) {
            System.out.println(e.getMessage());
        }
        System.out.println("프로그램 실행 완료");
    }
}
```

실행 결과	c = 2 첨자가 배열 범위를 넘어섰습니다. 프로그램 실행 완료

이 예제는 나누기 연산과 배열 첨자 연산을 한다. b가 0이 아니므로 정수 나눗셈은 잘 실행된다. 그러나 ar 배열의 5번 첨자를 액세스하여 배열 범위 초과 예외가 발생한다. ar 배열은 크기가 5이므로 유효한 첨자는 0 ~ 4이다.

발생 가능한 예외의 타입에 따라 여러 개의 catch 블록을 작성하여 예외별로 적합한 처리를 한다. 이 상태로 실행하면 나눗셈은 제대로 되지만 배열 범위를 넘어서는 예외가 발생한다. b를 0으로 바꾸면 배열 첨자 예외 이전에 산술 예외가 발생하여 배열 액세스문은 실행되지 않으며 바로 산술 예외 catch 문으로 점프해 버린다.

어떤 예외든 프로그램이 직접 처리하고 있어 try 블록 이후의 코드는 정상적으로 실행된다. 예외를 처리하지 않으면(Unhandled Exception) 가상 머신이 처리하며, 그 결과 프로그램을 강제 종료한다. 아래쪽의 연산 완료 메시지는 출력되지 않으며 미저장 문서는 잃어버린다.

예외 객체 간에도 다형성이 성립되어 부모 타입의 예외 객체가 자식 타입의 예외 객체를 받을 수 있다. 위 예제에서 ArithmeticException이나 ArrayIndexOutOfBoundsException은 둘 다 RuntimeException의 후손이므로 두 예외를 하나의 catch 블록으로 처리해도 상관없다.

polyex

```java
class JavaTest {
    public static void main(String[] args) {
        int a, b, c;
        a = 5;
        b = 2;
        int[] ar= {1,2,3,4,5};

        try {
            c= a / b;
            System.out.println("c = " + c);
            ar[5] = 100;
        }
        catch (java.lang.RuntimeException e) {
            System.out.println("실행 중 예외 발생");
        }
        catch (Exception e) {
            System.out.println(e.getMessage());
        }
        System.out.println("프로그램 실행 완료");
    }
}
```

실행 결과	c = 2 실행 중 예외 발생 프로그램 실행 완료

두 예외 모두 일종의 RuntimeException이므로 이 블록에서 다 받는다. 앞 예제보다 예외의 원인을 구분하지 않아 상세함은 떨어진다. 예외가 발생하면 catch 블록의 위에서부터 순서대로 예외 객체의 타입을 점검하며 이 중에 가장 먼저 일치하는 catch 블록을 선택한다. 예외 타입 점검 시 instanceof 연산자를 사용하며 부모 타입의 예외를 발견하면 먼저 선택한다.

안심Touch

예외 블록이 catch 문을 찾는 방법은 switch case 문과 비슷하다. 그래서 catch 블록은 가급적 위쪽에 특수한 예외를 배치하고 뒤로 갈수록 일반적인 예외를 처리한다. 제일 아래쪽에는 모든 예외에 해당되는 Exception이 배치되어 나머지 예외를 다 처리한다. 앞 예제의 catch 블록을 다음과 같은 순서로 작성하면 어떻게 될까?

```
catch (Exception e) { .... }
catch (java.lang.ArithmeticException e) { .... }
catch (ArrayIndexOutOfBoundsException e) { .... }
```

이렇게 하면 어떤 예외가 발생하든 첫 번째 catch 블록을 선택한다. 산술 예외나 배열 범위 초과 예외나 모두 Exception의 일종이기 때문에 아래쪽의 catch 블록은 절대 선택하지 않으며 있으나 마나이다. 컴파일러는 순서가 잘못된 catch 블록을 에러로 처리한다. 자식 타입의 예외를 먼저 처리한 후 부모 타입을 처리하고 마지막에 Exception을 처리하는 것이 정석이다.

자바 7에서는 비슷하게 처리되는 예외를 한꺼번에 처리하는 멀티 catch 구문을 지원한다. catch 문의 괄호 안에 처리하고자 하는 예외를 | 기호로 연결하여 동시에 두 개 이상의 예외를 받아 처리할 수 있다. 위 예제의 두 예외를 한꺼번에 처리해 보자.

orex

```
class JavaTest {
    public static void main(String[] args) {
        int a, b, c;
        a = 5;
        b = 2;
        int[] ar= {1,2,3,4,5};

        try {
            c= a / b;
            System.out.println("c = " + c);
            ar[5] = 100;
        }
        catch (java.lang.ArithmeticException | ArrayIndexOutOfBoundsException e) {
            System.out.println("0으로 나누기 또는 배열 범위 초과 예외 발생");
        }
        catch (Exception e) {
            System.out.println(e.getMessage());
        }
        System.out.println("프로그램 실행 완료");
    }
}
```

실행 결과	c = 2 0으로 나누기 또는 배열 범위 초과 예외 발생 프로그램 실행 완료

|로 묶어 주면 하나의 catch 블록에서 두 개의 예외를 다 처리한다. 이 경우는 좀 억지스럽지만 비슷한 종류의 예외는 묶어서 처리하는 것이 간편하다.

4 메서드 간의 예외 전달

예외 처리 구문은 조건문과 달리 메서드 호출 간에도 처리된다. 아주 깊은 호출 단계에서 예외가 발생하더라도 상위의 메서드에서 예외를 잡아 처리할 수 있다. 이때 예외 객체의 다음 메서드를 호출하면 예외가 발생한 지점을 정확히 조사해 출력한다.

```
void printStackTrace()
```

메서드 호출 단계는 스택에 기록되는데 printStackTrace 메서드는 이 정보를 읽어 예외 발생 시의 호출 스택 상태를 출력한다. 이 정보를 보면 어떤 과정을 통해 메서드를 호출했고 어떤 예외가 발생했는지 알 수 있다.

출력 대상은 System.err인데 보통은 콘솔 화면으로 설정되어 있어 화면으로 출력하지만, setErr 메서드로 재지향하면 별도의 로그 파일로 출력한다. 다음 예제는 0으로 나누기 예외를 발생시킨 후 예외에 대한 설명과 예외가 발생한 메서드의 호출 스택을 출력한다.

stacktrace

```
class JavaTest {
    public static void main(String[] args) {
        method();
    }

    static void method() {
        submethod();
    }

    static void submethod() {
        int i;
        int a = 3, b = 0;
        try {
            i = a / b;
            System.out.println(i);
        }
        catch (Exception e) {
            System.out.println(e.getMessage());
            e.printStackTrace();
        }
    }
}
```

```
/ by zero
java.lang.ArithmeticException: / by zero
    at JavaExam.submethod(JavaExam.java:14)
    at JavaExam.method(JavaExam.java:7)
    at JavaExam.main(JavaExam.java:3)
```

main에서 method를 호출하고, method에서는 submethod를 호출했다. submethod에서 예외가 발생했을 때 어떤 예외가 발생했는지와 이 메서드를 호출한 모든 경로를 출력한다. main에서 호출한 method에서 호출한 submethod에서 0으로 나누기 예외가 발생했다는 것을 알 수 있다.

호출 스택은 예외가 발생한 조건과 호출 경로에 대한 정보를 제공하여 예외를 수정하는 데 상당한 도움을 준다. 조건문과는 달리 실제 연산을 한 곳이 아닌 호출한 곳에서도 처리할 수 있다. submethod의 예외 처리 구문을 더 상위의 메서드에서 처리해 보자.

stacktrace2

```
class JavaTest {
    public static void main(String[] args) {
        method();
    }

    static void method() {
        try {
            submethod();
        }
        catch (Exception e) {
            System.out.println(e.getMessage());
            e.printStackTrace();
        }
    }

    static void submethod() {
        int i;
        int a = 3, b = 0;
        i = a / b;
        System.out.println(i);
    }
}
```

```
/ by zero
java.lang.ArithmeticException: / by zero
    at JavaTest.submethod(JavaTest.java:19)
    at JavaTest.method(JavaTest.java:8)
    at JavaTest.main(JavaTest.java:3)
```

실제 연산을 하는 submethod에는 예외 처리 구문이 없고 이 메서드를 호출하는 method에서 submethod 호출문을 try 블록으로 감쌌다. submethod 실행 중에 예외가 발생하면 상위의 메서드로 전달하며 method에서 이 예외를 잡아 처리한다. main에서 method를 호출하는 구문을 try 블록으로 감싸도 효과는 같다. 누가 처리하든 간에 JVM이 받기 전에 처리하면 된다.

호출 깊이에 상관없이 예외를 처리할 수 있어 의심 가는 호출문을 try catch 블록으로 감싸면 호출 단계 어디에서 발생한 예외 건 호출원에서 일괄적으로 처리할 수 있다. 심지어 직접 작성하지 않은 라이브러리 내부에서 예외가 발생해도 잡아낸다. 이것이 조건문과 예외 처리 구문의 가장 큰 차이점이다.

19-2 사용자 정의 예외

1 예외 던지기

메서드에서 예외를 던질 수도 있다. throw 구문으로 예외 객체를 생성하여 던지며 예외 객체의 생성자로 설명 문자열을 제공한다. 정상적인 실행을 계속하기 어려운 어쩔 수 없는 상황에서 예외를 발생시키므로 보통은 if 조건문이나 다른 예외 처리 구문에서 예외를 던진다.

메서드가 예외를 던지는 것은 직접 처리하지 않고 상위의 호출원에게 예외에 대한 처리를 부탁하는 것이다. 예외의 원인이 외부에 있을 때는 메서드가 처리하는 것보다 문제를 일으킨 곳에서 처리하는 것이 좋다. 상위에서 일괄 처리하는 것이 더 간편할 때도 위쪽으로 예외를 던진다.

왜 이런 처리가 필요한지 연구해 보자. 다음 예제의 printScore 메서드는 인수로 이름을 전달받아 성적을 조사하여 출력한다. 실제 성적 출력은 하지 않고 이름의 길이를 대신 출력하는데, 전달받은 객체에 대해 어떤 연산을 하는 복잡한 코드가 있다고 가정하자.

throw

```
class JavaTest {
    public static void main(String[] args) {
        String name = "빌게이츠";
        printScore(name);
    }

    static void printScore(String name) {
        System.out.println(name.length());
    }
}
```

실행 결과	4

"빌게이츠"라는 입력에 대해 4가 잘 출력된다. 호출원에서 name 인수로 null을 전달하면 null 객체에 대해 메서드를 호출할 수 없어 예외를 일으키고 다운된다. 다운을 방지하려면 메서드 내부에서 null 객체인 경우를 처리해야 한다.

```
class JavaTest {
    public static void main(String[] args) {
        String name = null;
        printScore(name);
    }

    static void printScore(String name) {
        try {
            System.out.println(name.length());
        }
        catch (NullPointerException e) {
            System.out.println("이름이 무효합니다.");
        }
    }
}
```

이름이 무효합니다.

printScore 메서드 내부에서 NullPointerException 예외를 처리하여 최소한 다운되지 않으며 호출원으로 정상 복귀한다. 그러나 예외를 처리만 했을 뿐 해결한 것은 아니다. printScore는 전달받은 인수를 사용하여 연산하는데 애초에 인수가 잘못 전달되었으면 내부에서 조치를 취할 방법이 없다. 이럴 때는 예외를 상위의 메서드로 던져 뭔가 잘못되었음을 알려야 한다.

```
class JavaTest {
    public static void main(String[] args) {
        String name = null;
        try {
            printScore(name);
        }
        catch (NullPointerException e) {
            System.out.println(e.getMessage());
        }
    }

    static void printScore(String name) throws NullPointerException {
        if (name == null) {
            throw new NullPointerException("이름이 무효합니다.");
        }
        System.out.println(name.length());
    }
}
```

이름이 무효합니다.

printScore 메서드는 name이 null일 경우 자신이 직접 처리하지 않는다. 대신 예외 객체를 생성하여 throw 구문으로 던져 호출원에게 어떤 예외가 발생했는지 알리고 처리를 위임한다. 이따구로 엉뚱한 인수를 주면 나는 처리할 수 없으니 니가 알아서 해라, 즉 배째라는 뜻이다.

예외를 던지는 메서드는 선언문 뒤쪽에 throws 절로 어떤 예외를 던지는지 명시한다. 여러 개의 예외를 던질 때는 콤마로 구분하여 발생 가능한 모든 예외를 나열한다. throws 구문은 이 메서드 실행 중에 발생 가능한 예외를 명시하며 호출원은 이 예외를 반드시 처리해야 한다.

main에서는 printScore 메서드 호출문을 try 블록으로 감싸고 NullPointerException 예외를 잡아 처리하였다. 예외를 누가 처리하는가의 차이가 있을 뿐 실행 결과는 같다. main에서도 메시지만 출력했는데 name이 사용자가 입력한 문자열이라면 제대로 된 문자열을 입력할 때까지 반복적으로 입력을 요구하여 예외를 적극적으로 해결할 수도 있다.

```
while(true) {
    이름 입력
    예외 발생 시 재입력 요구
    제대로 입력했으면 break;
}
```

throws 구문을 가진 메서드를 호출할 때는 try 블록을 구성해야 한다. 언체크드 예외는 생략할 수 있지만, 체크드 예외를 처리하지 않으면 에러이다. main에서도 이 예외를 처리할 수 없다거나 더 상위의 호출원으로 떠 넘기고 싶다면 main의 선언문에 throws 구문을 표기하여 처리를 위임해 버리면 된다.

throws

```
class JavaTest {
    public static void main(String[] args) throws Exception {
        String name = null;
        printScore(name);
    }

    static void printScore(String name) throws Exception {
        if (name == null) {
            throw new Exception("이름이 무효합니다.");
        }
        System.out.println(name.length());
    }
}
```

컴파일은 이상 없이 되지만 main이 던진 예외는 자바 가상 머신에 의해 디폴트 처리되어 프로그램을 강제 종료한다. 결국, 체크드 예외는 가상 머신이 받기 전에 누군가가 처리해야 정상적인 실행을 계속할 수 있다. 레퍼런스에는 각 메서드가 어떤 예외를 던지는지 명시되어 있다. 앞에서 예로 든 sleep 메서드를 찾아보면 다음과 같다.

```
public static void sleep(long millis) throws InterruptedException
```

메서드 뒤쪽에 throws 절이 있어 실행 중에 InterruptedException 예외가 발생할 수 있음을 명시한다. 게다가 이 예외는 체크드여서 try 블록을 생략하면 컴파일되지 않는다. throws에 명시된 예외는 직접 처리하거나 아니면 상위로 던져 처리를 위임해야 한다. 일일이 try 블록으로 감싸는 것이 귀찮다면 main의 throws 절에 이 예외를 명시하면 가상 머신이 처리한다.

```
throws2
class JavaTest {
    public static void main(String[] args) throws InterruptedException {
        System.out.println("프로그램 시작");
        Thread.sleep(3000);
        System.out.println("프로그램 끝");
    }
}
```

사실 싱글 스레드 프로그램은 sleep 실행 중에 인터럽트가 걸리는 경우가 거의 없어 이렇게 해도 큰 무리는 없다.

2 사용자 정의 예외

개발 과정에서 발생할 수 있는 대부분의 예외는 자바 라이브러리가 이미 정의해 놓았다. 널 포인터 사용, 잘못된 캐스팅, 배열 범위 초과 등은 가상 머신이 예외 상황을 직접 인식하고 판별할 수 있는 일반적인 것이다. 그러나 프로그램 고유의 논리에 의해 발생하는 예외는 가상 머신이 알아낼 수 없다. 다음 메서드를 보자.

```
static int calcSum(int to){
    int sum = 0;
    for (int i = 1; i <= to; i++) {
        sum += i;
    }
    return sum;
}
```

1부터 인수로 전달된 to까지의 정수 합계를 구해 리턴하는 간단한 메서드이다. 지극히 상식적인 코드이며 호출만 제대로 한다면 특별히 이상 동작할만한 부분이 없다. 그러나 호출원에서 음수를 전달한다면 처음부터 반복 조건이 거짓이어서 정상적인 합계를 구할 수 없다.

calcSum(-10) 호출문은 원래 메서드 설계자가 의도한 것과 맞지 않지만, 가상 머신이 보기에는 정숫값을 정수형 인수로 전달한 것일 뿐 뭐가 문제인지 판단할 수 없다. 메서드 내부에서 조건문으로 인수의 범위를 점검하여 디폴트 처리하는 방법도 있지만, 이 상황을 사용자 정의 예외 클래스로 정의하여 던지면 언어가 지원하는 예외 처리 구문의 이점을 활용할 수 있다.

```
class NegativeException extends Exception {
    NegativeException() {
        super("음수는 안되요");
    }
}

class JavaTest {
    public static void main(String[] args) {
        int sum = 0;

        try {
            sum = calcSum(100);
            System.out.println(sum);
        } catch (NegativeException e) {
            e.printStackTrace();
        }
    }

    static int calcSum(int to) throws NegativeException {
        if (to < 0) {
            throw new NegativeException();
        }
        int sum = 0;
        for (int i = 1; i <= to; i++) {
            sum += i;
        }
        return sum;
    }
}
```

실행 결과	5050

음수 인수를 잘못 전달했다는 의미로 클래스 이름은 NegativeException으로 정했으며 Exception
으로부터 상속받았다. 생성자에서 super의 생성자로 예외의 이유를 설명하는 문자열을 전달하면 차후
예외 객체의 getMessage로 읽을 수 있다. 생성자만으로 예외 클래스를 간단하게 정의했는데 예외 관
련 정보를 저장하는 필드나 예외 상황을 해결하는 메서드도 포함할 수 있다.

calcSum 메서드는 to 인수가 음수일 경우 NegativeException 예외를 생성하여 던지며 메서드
선언문에는 throws로 예외를 던진다는 것을 명시했다. 따라서 이 메서드를 호출하는 쪽에서는 try
catch 블록을 구성하여 예외를 처리해야 한다. 위 예제는 100까지의 합계를 구해 5050이라는 정상적
인 결과를 출력한다. 그러나 calcSum(-100)으로 음수를 전달하면 예외가 발생하며 try 블록에서 감
지하여 catch 블록의 코드를 실행한다. 예외가 발생한 이유와 호출 스택이 출력된다.

```
NegativeException: 음수는 안되요
    at JavaTest.calcSum(JavaTest.java:21)
    at JavaTest.main(JavaTest.java:12)
```

NegativeException은 Exception으로부터 상속받았기 때문에 체크드 예외이며 호출원에서 try 블록을 구성해야 한다. 치명적인 예외가 아니라면 RuntimeException으로부터 상속받아 언체크드 예외로 정의한다. 언체크드 예외는 호출원에서 필요할 때만 try 블록을 감싸면 된다. 음수가 아니라는 확신이 있으면 예외 처리를 생략할 수도 있다.

3 finally

finally 블록은 예외와 상관없이 항상 실행할 코드를 작성한다. 할당한 자원을 해제하는 정리 코드를 작성하는데 메모리는 가비지 컬렉터에 의해 자동으로 수집되므로 주로 비메모리 자원을 해제하는 용도로 사용된다.

네트워크 접속이나 데이터베이스(Database) 오픈 등의 외부 자원은 가비지 컬렉터가 관리하지 않는다. 따라서 다 사용한 후 접속을 끊거나 DB를 닫는 동작은 직접 해야 한다. 문제는 정상 실행 시나 예외 발생 시나 항상 제대로 해제해야 한다는 점이다. 모식화된 예제를 만들어 보자.

networkclose	실행 결과

```
class JavaTest {
    public static void main(String[] args) {
        System.out.println("접속");
        try {
            System.out.println("전송");
            System.out.println("해제");
        }
        catch(Exception e) {
            System.out.println("예외 처리");
            System.out.println("해제");
        }
    }
}
```

```
접속
전송
해제
```

네트워크 접속, 전송, 해제의 세 가지 동작을 순서대로 실행한다. 잘 동작하지만 보다시피 try 블록에도 해제 코드가 있고 catch 블록에도 해제 코드가 있어 중복이다. 두 경우 모두 해제는 반드시 해야 하기 때문이다. 이럴 때 사용하는 구문이 finally 블록이다.

```
class JavaTest {
    public static void main(String[] args) {
        System.out.println("접속");
        try {
            System.out.println("전송");
        }
        catch(Exception e) {
            System.out.println("예외 처리");
        }
        finally {
            System.out.println("해제");
        }
    }
}
```

finally 블록 안에 코드를 작성하면 예외 발생 여부와 상관없이 반드시 실행한다. 꼭 해야 하는 정리 코드를 여기다 작성하면 실행이 보장된다. 그렇다면 다음 코드는 어떨까?

```
System.out.println("접속");
try {
    System.out.println("전송");
}
catch(Exception e) {
    System.out.println("예외 처리");
}
System.out.println("해제");
```

try, catch 블록 다음에 해제 코드를 평이하게 작성했다. 사실 이렇게 해도 정상 실행 시나 예외 발생 시나 다음 명령인 해제 코드를 잘 실행한다. 이 경우는 군이 finally 블록을 쓸 필요가 없다. 그러나 메서드 실행 중간에 리턴해 버리면 상황이 달라진다.

```
try {
    System.out.println("전송");
    return;
}
```

전송에 성공한 경우 바로 리턴해 버렸다. 메서드 내용이 아주 복잡하면 임무 완료 후 그냥 리턴해 버리는 것이 간편하고 호출한 다른 메서드에서 예외가 발생하여 강제로 리턴을 당하는 경우도 있다. 이럴 때는 try catch 블록 다음의 코드를 실행하지 못한다.

하지만 finally 블록의 코드는 설사 중간에 리턴하더라도 반드시 실행한다. 또 정리 코드를 한곳에 모아 작성할 수 있어 코드를 읽기 쉬워진다. 파일 입출력 시 예외가 발생하더라도 파일을 반드시 닫아야 하므로 finally 블록을 자주 사용한다.

4 AutoCloseable

파일이나 데이터베이스처럼 속도가 느린 자원은 open 후 사용하고 close 절차를 거친다. 원활한 액세스를 위해 뭔가 준비해야 할 것이 있고 준비 동작이 있다 보니 다 사용한 후 정리하는 과정도 필요하다. 다음 예제의 NetAccess 클래스는 이 절차에 충실하게 작성하였다.

autoclose　　　　　　　　　　　　　　　　　　　　　　　　　　　　**실행 결과**

```
class NetAccess {
    public void open() { System.out.println("접속");      }
    public void send() { System.out.println("전송");      }
    public void close() { System.out.println("해제"); }
}

class JavaTest {
    public static void main(String[] args) {
        NetAccess na = new NetAccess();
        try {
            na.open();
            na.send();
        }
        finally {
            na.close();
        }
    }
}
```

```
접속
전송
해제
```

네트워크에 액세스하기 전에 먼저 접속 과정을 거치고 접속 후 주거니 받거니 통신을 수행하며 다 사용한 후 닫는다. NetAccess 클래스를 안전하게 사용하기 위해 finally 블록으로 정리 작업을 확실히 수행했다.

open 후 close 하는 절차는 정형화된 것이어서 자동화 가능하다. 자바 7에서 close 과정을 자동화하기 위해 AutoCloseable 인터페이스를 정의하고 자원을 액세스하는 대부분의 클래스는 이를 구현하도록 하였다. 이 인터페이스에 close 메서드가 선언되어 있다.

어떤 종류의 자원이든 사용 후 정리하는 절차가 필요하니 인터페이스에 의해 닫는 과정을 통일해 놓았다. 이 인터페이스를 구현하는 표준 클래스는 수백 가지나 되는데 자주 쓰는 클래스 몇 가지만 보자.

```
FileInputStream, LogStream, XMLEncoder, Socket, Scanner, ZipFile, ...
```

이 모든 클래스가 AutoCloseable 인터페이스를 구현하며 close 메서드를 가진다. 자원을 정리하는 과정이 통일되어 있어 정리 코드를 정규화할 수 있으며 자바 7은 다음과 같은 자원 정리 구문을 지원한다. try finally 블록의 형식을 더 단순화한 것이다.

```
try (자원 열기) {
    자원 사용
}
```

try 다음의 괄호 안에서 자원을 열면 이 블록을 종료할 때 close 메서드를 자동으로 호출한다. 위 예제를 이 구문으로 다시 작성해 보자.

autoclose2

```
class NetAccess implements AutoCloseable {
    public void open() { System.out.println("접속");          }
    public void send() { System.out.println("전송");          }
    public void close() { System.out.println("해제"); }
}

class JavaTest {
    public static void main(String[] args) throws Exception {
        try (NetAccess na = new NetAccess()) {
            na.open();
            na.send();
        }
    }
}
```

NetAccess 클래스의 메서드는 동일하지만 AutoCloseable을 구현한다. main은 finally 블록을 쓰지 않고 try 괄호 안에서 객체를 생성하고 블록에서 사용한다. 명시적으로 객체를 닫는 호출은 없지만 try 블록을 종료할 때 자동으로 close 메서드를 호출하여 자원 정리를 보장한다.

자바 9에서는 더 개선하여 try 블록 바깥에서 생성한 자원이라도 try 블록에 참조만 넣으면 된다. 두 개 이상의 자원을 사용할 때는 ;으로 구분하여 나열해 두면 모든 자원을 자동 해제해 준다. 자원 객체는 final이거나 변경되지 않는 객체여야 한다. 위 예제는 다음과 같이 해도 똑같이 동작한다.

```
NetAccess na = new NetAccess();
try (na) {
    na.open();
    na.send();
}
```

이 구문을 사용하면 파일을 액세스하는 동작도 간단해진다. 다음 예제는 파일 출력 예제를 try 블록으로 작성한 것이다. finally 블록을 쓰는 것에 비해 자원 정리가 자동으로 수행되어 길이가 짧다.

```
import java.io.*;

class JavaTest {
    public static void main(String[] args) {
        byte[] data = { 8, 9, 0, 6, 2, 9, 9 };
        try (FileOutputStream out = new FileOutputStream("test.bin")) {
            out.write(data);
            System.out.println("Write success");
        }
        catch (IOException e) {
            System.out.println("File output error");
        }
    }
}
```

여러 개의 객체를 동시에 사용할 때는 모든 자원을 확실히 해제하기 까다로운데 이 구문을 사용하면 close 호출이 자동화되어 편리하다.

20

_ 스레드

java

20-1 멀티 스레드

1 실행 흐름

스레드는 코드가 실행되는 흐름이며 이 안에서 대입문, 조건문, 루프, 메서드 호출 등을 순차적으로 실행한다. 폰 노이만형 컴퓨터는 원칙적으로 한 번에 하나의 일만 할 수 있으며 순서를 어길 수 없다. 보통의 프로그램은 main으로부터 시작되는 하나의 실행 흐름만 가지며 소스에 기록된 코드를 순차적으로 실행하는 싱글 스레드 구조이다.

여러 개의 작업을 동시에 할 경우 타이머나 아이들 타임 등의 편법을 쓰기도 하지만 전체적인 속도가 저하되고 반응성도 떨어진다. 이에 비해 멀티 스레드는 실행 흐름을 여러 개 가지는 구조이다. 주 스레드에서 필요할 때마다 스레드를 추가로 생성하여 작업을 분담한다. 복수 개의 코드가 동시다발적으로 실행되어 여러 가지 일을 병렬 처리할 수 있다.

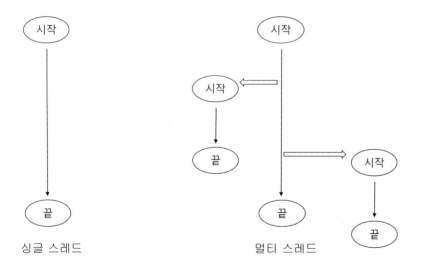

싱글 스레드　　　　　　　　　　멀티 스레드

운영체제는 CPU의 시간을 잘게 쪼개 교대로 스레드를 실행하여 동시에 여러 가지 일을 처리하는 것처럼 흉내 내는데 이런 방식을 라운드 로빈(Round Robin)이라고 한다. 병렬성이 향상되는 이점이 있지만, CPU의 속도가 유한하고 작업 전환으로 인해 전체적인 성능은 오히려 떨어질 수도 있다. 코어가 여러 개인 CPU는 스레드 처리 능력이 탁월하여 멀티 스레드를 활용하는 것이 확실히 유리하다.

멀티 스레드 사용 여부는 프로그램의 특성에 따라 결정한다. 백그라운드 작업이 많을 때 적합하며 사용자를 대면하는 작업은 싱글 스레드가 어울린다. 개발과 테스트가 어려워 높은 숙련도를 요하며 규모가 커지면 동기화가 골치 아프다.

편집기류나 멀티미디어, 웹 브라우저 등의 일반적인 응용 프로그램도 멀티 스레드를 적극 활용하는 추세이다. 특히 클라이언트의 요청을 처리하는 서버 프로그램은 다중 접속을 원활히 처리하기 위해 멀티 스레드가 필수적이다. 주로 서버 개발에 활용하는 자바 언어의 특성상 멀티 스레드는 반드시 알아야 하는 기술이다.

멀티 스레드는 언어의 기능이 아니라 프로그램을 구동하는 운영체제의 기능이다. 범용 언어인 C++은 멀티 스레드에 안정적인 구조만 제공할 뿐 멀티 스레드 기능 자체는 제공하지 않는다. 그러나 자바는 실행 환경인 가상 머신이 플랫폼 차원에서 멀티 스레드를 지원한다. 가상 머신이 미니 운영체제여서 주 개발 언어인 자바도 스레드를 직접 지원한다.

2 Thread

자바 프로그램은 main에서 시작하며 main이 주 스레드이다. 최초 기동할 때는 주 스레드 하나밖에 없지만 백그라운드 작업이 필요할 때 추가로 스레드를 더 만든다. 스레드도 하나의 클래스로 표현한다. 스레드 관련 기능은 Thread 클래스가 캡슐화하며 생성자는 다음과 같다. 옵션으로 이름을 줄 수 있지만 잘 사용하지 않는다.

```
Thread([String name])
Thread(Runnable target, [String name])
```

Thread 클래스로부터 상속받고 run 메서드를 재정의하여 실행할 코드를 기술한다. run 메서드는 스레드의 진입점이며 스레드의 main이다. run에서 작업을 처리하며 run이 리턴하면 스레드도 종료한다. 시스템에 의해 외부에서 호출되므로 반드시 public이어야 하며 인수도 리턴값도 없다.

```
public void run()
```

스레드 클래스를 정의한 후 main에서 스레드 객체를 생성한다. 생성 후에 이름이나 우선순위 등의 속성을 변경할 수 있지만, 디폴트가 무난해 꼭 조정하지 않아도 상관없다. 스레드 객체를 생성한 후 다음 메서드로 기동한다.

```
void start()
```

start는 스레드를 위한 내부적인 관리 객체와 호출 스택을 생성하여 실행 대기 상태로 만들어 두며 시스템은 적당한 때에 run 메서드를 호출하여 새로운 실행 흐름을 기동한다. 이후 주 스레드와 작업 스레드는 별도의 실행 흐름을 가지며 병렬적으로 실행된다.

백그라운드 작업을 처리하는 스레드는 실행 모습이 보이지 않는 경우가 많다. 학습을 위한 예제에서는 스레드의 동작을 눈으로 확인해야 하므로 문자를 반복적으로 출력하였다. 텍스트 환경이라 덜 직관적인데 그래픽 환경이라면 애니메이션이나 사운드 재생 등도 처리할 수 있다.

thread

```
class JavaTest {
    public static void main(String[] args) {
        PrintThread worker = new PrintThread();
        worker.start();

        for (int num = 0; num < 30; num++) {
            System.out.print("O");
            try { Thread.sleep(200); } catch (InterruptedException e) { ; }
        }
    }
}

class PrintThread extends Thread {
    public void run() {
        for (int num = 0; num < 30; num++) {
            System.out.print("X");
            try { Thread.sleep(100); } catch (InterruptedException e) { ; }
        }
    }
}
```

실행 결과	XOXXOXXOXXOXXXOXOXXOXXOXXOXXXOXOXXOXXOXXX0000000000000000

main에서 시작하는 주 스레드는 0.2초에 한 번씩 O 문자를 출력한다. 입력을 받거나 화면 UI를 갱신하는 작업이라고 가정하자. 백그라운드에서 처리할 작업이 있다면 스레드를 하나 더 생성한다. Thread로부터 상속받은 PrintThread 클래스를 선언하고 run 메서드를 재정의하여 0.1초에 한 번씩 X 문자를 출력한다. 복잡한 수학적 계산이나 네트워크 입출력 작업이라고 가정하자.

중간에 있는 sleep 문장은 결과를 천천히 살펴보기 위해 의도적으로 삽입한 것이다. 스레드 클래스를 정의하고 main에서 스레드 객체 worker를 생성한다. 그리고 start 메서드를 호출하면 스레드가 기동하여 실행을 시작한다. 작업 스레드가 동작을 시작하여 두 개의 스레드가 동시에 실행된다.

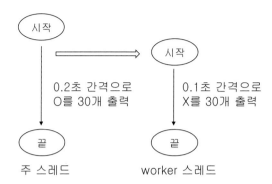

주 스레드   worker 스레드

주 스레드는 O를 찍고, 작업 스레드는 X를 찍는다. O와 X를 번갈아 출력하여 두 스레드가 교대로 실행됨을 시각적으로 확인할 수 있다. CPU는 시간을 공평하게 분배하지만, 작업 스레드는 0.1초 쉬고, 주스레드는 0.2초 쉬어 작업 스레드가 더 많은 시간을 사용하며 더 빨리 끝낸다.

두 스레드가 모두 실행을 마치면 프로그램도 종료한다. 이 예제를 싱글 스레드로 다시 작성해 보자. 그러면 main에서 시작하는 주 스레드에서 O 출력과 X 출력을 모두 처리해야 한다.

singlethread

```
class JavaTest {
    public static void main(String[] args) {
        for (int num = 0; num < 30; num++) {
            System.out.print("O");
            try { Thread.sleep(200); } catch (InterruptedException e) { ; }
        }
        for (int num = 0; num < 30; num++) {
            System.out.print("X");
            try { Thread.sleep(100); } catch (InterruptedException e) { ; }
        }
    }
}
```

실행 결과	OOOOOOOOOOOOOOOOOOOOOOOOOOOOOOXXXXXXXXXXXXXXXXXXXXXXXXXXXXXX

한 스레드에서는 작업을 순차적으로 처리하니 O를 다 출력한 후에야 X를 출력한다. 전체적인 처리 시간은 같지만 병렬 처리가 안 된다. 이 예를 통해 싱글 스레드와 멀티 스레드가 어떻게 다른지, 왜 멀티스레드를 써야 하는지 감을 잡을 수 있다. 두 가지 이상의 작업을 동시에 처리하기 위해 스레드를 사용한다.

3 Runnable

Thread 클래스를 상속받는 방법이 제일 간단하지만 자바 언어의 특성상 상속이 어려운 경우도 있다. 이럴 때는 run 메서드를 정의하는 Runnable 인터페이스의 구현 클래스를 정의하고 이 클래스의 객체를 Thread의 생성자로 전달하는 방법을 사용한다. run 메서드를 누가 구현하는가의 차이만 있을 뿐 거의 같은 방법이다.

```
runnable

class JavaTest {
    public static void main(String[] args) {
        PrintRunnable print = new PrintRunnable();
        Thread worker = new Thread(print);
        worker.start();

        for (int num = 0; num < 30; num++) {
            System.out.print("O");
            try { Thread.sleep(200); } catch (InterruptedException e) { ; }
        }
    }
}

class PrintRunnable implements Runnable {
    public void run() {
        for (int num = 0; num < 30; num++) {
            System.out.print("X");
            try { Thread.sleep(100); } catch (InterruptedException e) { ; }
        }
    }
}
```

PrintRunnable 클래스는 Runnable 인터페이스의 run 메서드를 구현하되, 하는 작업은 앞 예제와 같다. main에서 PrintRunnable 객체를 생성하여 Thread의 생성자로 넘기면 이 객체의 run 메서드를 스레드의 진입점으로 사용한다. 스레드 객체의 start 메서드를 호출하면 새로운 스레드가 생성되며 러너블 객체의 run 메서드가 실행을 시작한다.

```
                                              void run() { ... }
    extends Thread {                                 ↓
        void run() { ... }              new Thread(Runnable 구현 객체)
    }

       상속 후 재정의                      run 메서드 구현 객체 전달
```

스레드를 생성하는 형식만 다를 뿐 run 메서드의 코드는 같아 실행 결과도 동일하다. 결국 어떤 방법을 쓰건 스레드의 작업 코드를 가지는 void run() 메서드를 정의하고 시스템으로 하여금 이 메서드를 호

출하여 스레드를 기동하게 만든다.

Thread 클래스로부터 상속받는 방법보다 한 단계 더 거쳐 번거롭고 직관적이지 못하다. 자바의 언어 특성상 다중 상속을 지원하지 않기 때문에 이런 방법을 제공한다.

runnable2

```java
class JavaTest {
    public static void main(String[] args) {
        PrintRunnable print = new PrintRunnable();
        Thread worker = new Thread(print);
        worker.start();

        for (int num = 0; num < 30; num++) {
            System.out.print("O");
            try { Thread.sleep(200); } catch (InterruptedException e) { ; }
        }
    }
}

class PrintClass {
    public void printChar() {
        for (int num = 0; num < 30; num++) {
            System.out.print("X");
            try { Thread.sleep(100); } catch (InterruptedException e) { ; }
        }
    }
}

class PrintRunnable extends PrintClass implements Runnable {
    public void run() {
        printChar();
    }
}
```

PrintClass의 printChar 메서드는 X 문자를 반복적으로 출력한다. 이 클래스를 상속받아 재정의한 후 별도의 스레드에서 실행하고 싶다고 하자. PrintClass를 수정하려면 이 클래스를 상속받아야 하고 스레드에서 실행하고 싶으면 Thread로부터 상속받아야 한다. 원하는대로 하자면 다음 구문이 필요하다.

```java
class PrintThread extends PrintClass, Thread {
```

안타깝게도 자바는 두 개의 부모 클래스로부터 상속받는 다중 상속을 지원하지 않는다. 그래서 run 메서드가 있는 인터페이스를 상속받아 run 메서드를 구현한다. 인터페이스는 개수에 상관없이 얼마든지 구현할 수 있다.

PrintRunnable 클래스는 문자를 출력하는 PrintClass를 상속받으면서 스레드의 진입점인 run 메서드를 가진다. main에서 이 객체를 생성하여 Thread의 생성자로 넘기며 시스템은 이 객체의

run 메서드를 호출하여 스레드를 기동시킨다.

앞의 Runnable 사용 예제는 익명 내부 클래스를 사용하면 더 간단히 작성할 수 있다. 딱 하나의 객체만 생성하므로 굳이 PrintRunnable 클래스를 정의할 필요 없이 익명의 클래스로부터 생성한 멤버를 선언하여 이 멤버를 Thread의 생성자로 넘기면 된다.

runnable3

```java
class JavaTest {
    public static void main(String[] args) {
        Thread worker = new Thread(mRunnable);
        worker.start();

        for (int num = 0; num < 30; num++) {
            System.out.print("O");
            try { Thread.sleep(200); } catch (InterruptedException e) { ; }
        }
    }

    static Runnable mRunnable = new Runnable() {
        public void run() {
            for (int num = 0; num < 30; num++) {
                System.out.print("X");
                try { Thread.sleep(100); } catch (InterruptedException e) { ; }
            }
        }
    };
}
```

클래스 선언문이 사라져 간단해졌다. 러너블은 딱 하나의 객체만 필요하므로 굳이 객체를 생성할 필요 없이 객체 생성문을 Thread의 생성자 안에 집어넣으면 더 짧게 줄일 수 있다.

runnable4

```java
class JavaTest {
    public static void main(String[] args) {
        Thread worker = new Thread(new Runnable() {
            public void run() {
                for (int num = 0; num < 30; num++) {
                    System.out.print("X");
                    try { Thread.sleep(100); } catch (InterruptedException e) { ; }
                }
            }
        });
        worker.start();

        for (int num = 0; num < 30; num++) {
            System.out.print("O");
            try { Thread.sleep(200); } catch (InterruptedException e) { ; }
```

```
        }
    }
}
```

길이는 훨씬 짧아졌지만 이런 구문을 처음 보는 초보자에게는 상당히 난해해 보인다. 숙련자는 이런 코드를 많이 사용하며 특히 그래픽 환경에서 이런 식의 임시 객체를 많이 활용한다.

4 여러 개의 스레드

생성 가능한 스레드의 개수에 물리적 제한은 없지만, 스레드 관리를 위한 정보와 호출 스택을 위해 메모리를 소모하기 때문에 무한히 생성할 수는 없다. 또 CPU의 처리 속도에도 한계가 있어 너무 많이 만들면 전체적인 성능이 떨어진다.

그러나 적어도 문법적으로는 제약이 없어 원하는 만큼 만들어도 상관없다. 실제 서버 프로세스는 다중 사용자를 대기하기 위해 수백 개의 스레드를 생성하여 돌리기도 한다. 작업 스레드는 보통 백그라운드에서 간단한 작업을 하거나 우두커니 앉아 요청을 대기하는 경우가 많아 주 스레드에 비해 CPU 시간을 많이 소모하지 않는다.

스레드도 하나의 클래스이므로 고유한 멤버를 가질 수 있고 멤버에 따라 조금씩 다르게 동작할 수 있다. 마치 메서드 하나로 인수를 바꿔가며 여러 가지 일을 할 수 있는 것과 마찬가지이다. 앞에서 만든 PrintThread는 무조건 X 문자를 출력했는데 이 값을 선택할 수 있도록 해 보자.

multithread

```java
import java.awt.Toolkit;

class JavaTest {
    public static void main(String[] args) {
        PrintThread worker1 = new PrintThread('X');
        worker1.start();
        PrintThread worker2 = new PrintThread('.');
        worker2.start();
        BeepThread beep = new BeepThread(5, 1000);
        beep.start();

        for (int num = 0; num < 30; num++) {
            System.out.print("O");
            try { Thread.sleep(200); } catch (InterruptedException e) { ; }
        }
    }
}
```

```
class PrintThread extends Thread {
    char ch;
    PrintThread(char ch) {
        super();
        this.ch = ch;
    }
    public void run() {
        for (int num = 0; num < 30; num++) {
            System.out.print(ch);
            try { Thread.sleep(100); } catch (InterruptedException e) { ; }
        }
    }
}

class BeepThread extends Thread {
    int count;
    int gap;
    Toolkit tool = Toolkit.getDefaultToolkit();
    BeepThread(int count, int gap) {
        this.count = count;
        this.gap = gap;
    }
    public void run() {
        for (int num = 0; num < count; num++) {
            tool.beep();
            try { Thread.sleep(gap); } catch (InterruptedException e) { ; }
        }
    }
}
```

실행 결과	XX0.X.X0.X.X.0X.0X.X.0X.X.0.XX.0X.X.0X..XX0.X.X0.X..0XX.0X.X.0.XX.0X.X. X0.000000000000000

PrintThread에 ch 멤버를 선언하고 생성자를 통해 출력할 문자를 전달받아 run 메서드의 for 루프에서 ch 문자를 찍는다. 작업 스레드의 생성자로 어떤 문자를 넘기는가에 따라 출력하는 문자가 달라진다. 출력 개수, 지연 시간도 인수로 전달하여 스레드마다 다르게 처리할 수 있다.

BeepThread는 생성자의 인수로 전달받은 count 횟수만큼 gap 간격으로 소리를 출력한다. 소리는 Toolkit 객체의 beep 메서드로 출력하는데 스피커로 띵띵하는 청각적인 출력을 낸다. 사운드 파일을 사용하면 임의의 소리를 낼 수도 있다.

main에서 두 개의 PrintThread 작업 스레드를 생성하되 각각 X와 . 문자를 전달했다. BeepThread는 초당 한 번씩 총 다섯 번 소리를 낸다. 세 작업 스레드를 기동하면 주 스레드까지 총 네 개의 스레드를 동시에 실행한다. 콘솔에 세 개의 문자가 번갈아 나타나고 스피커에서는 소리가 난다.

PrintThread('X')의 출력

main의 출력

X.OX.X.OX.

PrintThread('.')의 출력

스레드는 객체이며 실행 중에 얼마든지 생성할 수 있다. 백그라운드에서 처리할 작업이 있다면 스레드 객체를 생성하여 start 메서드로 기동만 하면 된다. 작업 스레드는 백그라운드에서 묵묵히 자신의 할 일을 처리하고 run 메서드가 리턴하면 조용히 사라진다.

꼭 같은 종류의 스레드가 아니어도 상관없다. 인쇄하는 스레드, 계산하는 스레드, 네트워크에서 다운로 드 받은 스레드를 각각 필요한 만큼 동시에 실행해도 무리 없이 잘 돌아간다. 오피스나 브라우저 등 우리가 늘상 사용하는 프로그램도 백그라운드에서 수십 개의 스레드를 실행한다.

20-2 스레드 관리

1 스레드 상태

스레드를 생성하고 start로 기동시키면 이후부터 운영체제는 주기적으로 시간을 할당하여 스레드를 실행한다. run 메서드가 리턴하여 작업을 완료하면 스레드는 실행을 종료하고 관련 정보나 호출 스택을 제거한다.

스레드를 관리하는 일은 운영체제의 몫이며 프로그램은 필요할 때 스레드를 생성하여 기동시키면 된다. 그러나 때로는 주 스레드에서 작업 스레드의 실행을 제어할 필요가 있다. 운영체제의 상황에 따라, 관리 메서드 호출에 의해 스레드는 다음과 같은 상태를 순환한다.

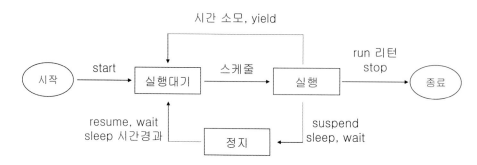

start에 의해 스레드를 기동할 때 바로 실행을 시작하지 않고 실행대기 큐에서 자기 차례를 기다린다. 스케줄러는 CPU 시간을 쪼개 대기열의 스레드를 번갈아 실행한다. 자기 차례가 되면 run 메서드의 코드를 실행하며 할당받은 시간을 다 쓰면 대기열로 들어가 다음 차례를 기다린다. run 메서드의 모든 코드를 실행하고 리턴하면 스레드는 종료된다.

이것이 가장 보편적인 스레드의 일생이되 운영체제의 상황에 따라 스레드의 실행 상태가 바뀔 수 있고 스레드 관리 메서드에 의해 변화를 줄 수도 있다. 스레드의 현재 상태를 조사할 때는 다음 메서드를 호출한다.

```
Thread.State getState()
```

Thread.State라는 내부 열거형 타입의 값을 리턴하는데 다음과 같은 열거값이 정의되어 있다.

상태	설명
NEW	생성만 하고 아직 시작은 하지 않은 상태
RUNNABLE	실행 중 또는 다음 실행 시간을 기다리는 상태
BLOCKED	동기화 블록에 들어가기 위해 대기 중인 상태
WAITING	다른 스레드가 특정 작업을 완료할 때까지 대기 중
TIMED_WAITING	지정한 시간 동안 다른 스레드의 작업 완료 대기 중
TERMINATED	실행을 마치고 종료된 상태

getState 메서드는 스레드 상태를 모니터링하는 목적으로만 사용하며 동기화에 사용하는 것은 권장하지 않는다. 이 메서드는 자바 1.5에서 뒤늦게 추가했는데 그 전에는 상태 조사 없이도 스레드를 잘 사용할 수 있었다는 얘기다. 다음 세 메서드는 스레드의 상태를 강제로 변경한다.

```
void suspend()
void resume()
void stop()
```

각각 스레드를 일시 중지, 재개, 강제 종료한다. 스케줄러는 일시 중지된 스레드에게 CPU 시간을 주지 않으며 재개하면 다시 시간을 할당한다. suspend는 얼음이고, resume은 땡이다. 메서드 이름만큼이나 기능도 명쾌하니 간단한 예제로 테스트해 보자.

suspend

```
class JavaTest {
    public static void main(String[] args) {
        PrintThread worker = new PrintThread();
        worker.start();

        for (int num = 0; num < 30; num++) {
            System.out.print("O");
            try { Thread.sleep(200); } catch (InterruptedException e) { ; }
            if (num == 5) worker.suspend();
            if (num == 25) worker.resume();
        }
    }
}

class PrintThread extends Thread {
    public void run() {
        for (int num = 0; num < 30; num++) {
            System.out.print("X");
            try { Thread.sleep(100); } catch (InterruptedException e) { ; }
        }
    }
}
```

주 스레드에서 num이 5일 때 작업 스레드를 잠시 중지시키고, num이 25일 때 다시 재개시켰다. 동그라미 5개를 찍은 후 작업 스레드는 잠시 멈추었다가 동그라미만 25개를 찍은 다음 X를 출력한다.

스레드를 강제로 정지시키면 동기화 문제로 인한 데드락 위험이 있어 이 메서드들은 권장하지 않으며 폐기되었다. 작업 스레드가 특정 자원을 사용하고 주 스레드가 이 자원이 해제되기를 기다리고 있는 상태에서 작업 스레드가 정지되면 대기 상태를 풀 수 없어 위험하다.

스레드의 상태는 스케줄러가 알아서 잘 통제하는데 이를 인위적으로 건드리면 사고가 발생할 가능성이 높아진다. 가급적 자연스럽게 흘러가도록 내 버려 두는 것이 좋다. 다음 두 메서드는 스레드의 실행 시간을 제어한다.

```
static void sleep(long millis)
static void yield()
```

sleep 메서드는 지정한 시간만큼 스레드의 실행을 중지하고 잠시 쉰다. 시간은 1/1000초 단위로 섬세하게 지정한다. 쉬는 중에 interrupt 메서드에 의해 강제로 대기가 풀릴 수 있어 반드시 예외 처리를 해야 하며 그래서 try 블록이 필수이다. 지금까지 예제에서 출력 속도를 제어하기 위해 계속 사용했었다.

yield는 할당된 시간을 포기하고 실행 시간을 양보하도록 의사를 표시한다. 이 메서드를 호출한다고 해서 즉시 실행 대기 상태가 되는 것은 아니며 스케줄러가 결정한다. 스레드가 양보하더라도 CPU를 쓸 스레드가 없으면 반납을 받지 않는다. 경쟁 상태 해소나 디버깅 목적으로만 가끔 사용하며 실용적으로 이 메서드가 꼭 필요한 경우는 드물다.

sleep이나 yield는 둘 다 정적 메서드여서 특정 스레드 객체에 대해 호출할 수 없다. 대기나 양보의 대상은 항상 이 메서드를 호출하는 현재 스레드이다. 자발적으로 시간을 양보할 수는 있어도 외부에서 worker.sleep()식으로 호출하여 다른 스레드의 실행을 강제로 제어할 수는 없다.

2 우선순위

스레드는 CPU 시간을 공평하게 배정받는다. 앞에서 만든 예제의 두 스레드는 sleep 시간이 달라 끝나는 시간에 차이가 있는데 지연 시간을 일치시키면 거의 똑같이 끝난다. 우선순위는 CPU 시간을 얼마나 더 사용할 것인가를 지정하는 스레드의 속성이다.

긴급한 작업을 처리하는 스레드는 우선순위를 높여 더 많은 CPU 시간을 배정하는 것이 좋다. 백그라운드 작업은 천천히 해도 상관없지만, 사용자를 대면하는 스레드는 반응이 민첩해야 하므로 우선순위를 높이는 것이 바람직하다. 우선순위는 다음 메서드로 조사 및 설정한다.

```
void setPriority(int newPriority)
```

1 ~ 10까지의 중요도를 지정하되 보통은 다음 세 개의 상수로 보통 순위, 높은 순위, 낮은 순위 정도만 지정한다. 상수 대신 1 ~ 10 사이의 임의의 정수를 사용해도 상관없다. 10이 가장 높고 1이 가장 낮다.

```
public static final int NORM_PRIORITY = 5;
public static final int MIN_PRIORITY = 1;
public static final int MAX_PRIORITY = 10;
```

우선순위는 절대적이지 않고 상대적이다. 우선순위 5의 스레드는 3보다는 더 많은 시간을 할당받고, 7보다는 더 적은 시간을 할당받는다. 새로 생성되는 스레드는 부모 스레드의 우선순위를 상속받는다. 주 스레드의 디폴트 우선순위는 5이며, 작업 스레드도 특별한 지정이 없는 한 5순위로 생성한다. 우선순위는 start 메서드 호출 전에, 즉 스레드가 시작하기 전에 미리 변경해야 한다.

priority

```
class JavaTest {
    public static void main(String[] args) {
        PrintThread1 worker1 = new PrintThread1();
        PrintThread2 worker2 = new PrintThread2();
        worker1.start();
        worker2.setPriority(Thread.MAX_PRIORITY);
        worker2.start();
    }
}

class PrintThread1 extends Thread {
    public void run() {
        double sum = 0;
        for (int i = 0; i < 10000000; i++) {
            sum += Math.cos(i);
        }
        System.out.println("cos = " + sum);
    }
}

class PrintThread2 extends Thread {
    public void run() {
        double sum = 0;
        for (int i = 0; i < 10000000; i++) {
            sum += Math.sin(i);
        }
        System.out.println("sin = " + sum);
    }
}
```

PrintThread1 스레드는 cos값을 천만 번 계산하는 연산을 수행하며, PrintThread2 스레드는 sin값을 천만 번 계산한다. 둘 다 굉장히 오래 걸리는 연산을 하는데 먼저 끝나는 스레드의 결과가 위쪽에 출력된다. worker2의 우선순위를 최대한 높여 두었기 때문에 이 스레드가 더 많은 시간을 할당받아 작업이 먼저 끝날 것이다.

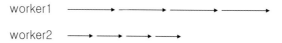

이론상으로는 그렇지만 우선순위 결정 알고리즘은 시스템 상황에 따라 달라질 수 있고 여러 요소가 개입하기 때문에 실제 결과는 예측하기 어렵다. 우선순위 지정은 시간을 자주 할당해 달라는 요청일 뿐이며 이 요청을 들어줄 것인가 아닌가는 시스템이 결정한다. 대개의 경우는 눈에 띌만한 차이가 나지 않으며 정교한 스케줄링 알고리즘에 방해가 되므로 웬만하면 건드리지 않는 것이 좋다.

스레드는 고유한 문자열 이름을 가진다. 스레드를 생성할 때 인수를 전달하여 이름을 미리 지정하거나 실행 중에 다음 메서드로 이름을 변경, 조사한다.

```
void setName(String name)
String getName()
```

별도의 이름을 주지 않으면 주 스레드는 main이라는 이름이 주어지며 작업 스레드는 Thread-n 식으로 일련번호로 이름을 붙인다. 스레드 이름은 실행과는 별반 상관이 없으며 디버깅이나 정보 출력용으로 사용한다.

3 데몬 스레드

스레드는 종료 방식에 따라 사용자 스레드(User Thread)와 데몬 스레드(Daemon Thread)로 나누어진다. 사용자 스레드가 모두 종료되어야 프로그램이 끝나며 하나라도 실행 중이면 마지막 스레드가 실행을 마칠 때까지 기다린다. 반면 데몬은 프로그램 종료 시에 스레드가 실행 중이더라도 강제 종료된다.

사용자를 대면하거나 유한한 연산을 처리한다면 사용자 스레드로 만들어 작업이 끝날 때까지 계속 실행해야 한다. 반면 단순한 장식이나 문서 자동 저장 등 언제든지 그만두어도 상관없는 작업은 데몬 스레드로 실행한다. 새 스레드는 부모의 속성을 따라가는데 main이 사용자 스레드여서 보통은 사용자 스레드로 생성한다. 데몬 스레드로 변경할 때는 다음 메서드를 호출한다.

```
void setDaemon(boolean on)
boolean isDaemon()
```

생성 직후 start 메서드를 호출하기 전에 setDaemon(true)를 호출하여 데몬 스레드로 지정한다. 데몬 스레드가 생성하는 스레드는 자동으로 데몬 스레드가 된다. 다음 예제를 보자.

daemon

```
class JavaTest {
    public static void main(String[] args) {
        PrintThread worker = new PrintThread();
        worker.setDaemon(true);
        worker.start();

        for (int i = 0; i < 20; i++) {
            System.out.print(i);
            try { Thread.sleep(500); } catch (InterruptedException e) { ; }
        }
    }
}

class PrintThread extends Thread {
    public void run() {
        while(true) {
            System.out.print("save");
            try { Thread.sleep(2000); } catch (InterruptedException e) { ; }
        }
    }
}
```

| 실행 결과 | 0123save456save78910save11121314save15161718save19 |

주 스레드는 20까지 정수를 출력하는데 문서를 편집하는 작업이라고 하자. 주 스레드가 이 작업을 하는 동안 작업 스레드는 편집된 문서를 2초 간격으로 자동 저장한다. 실행해 보면 주기적으로 문서를 저장하며 상용 워드 프로세서에도 이런 기능이 있다. 자동 저장 기능이 별도의 스레드로 분리되어 있어 저장 중에도 문서를 계속 편집할 수 있다.

이런 백그라운드 처리는 횟수가 정해져 있지 않고 계속 반복되므로 보통 무한 루프를 돈다. 루프를 빠져나오는 구문이 없지만 실제로 무한히 실행되는 것은 아니며 데몬 스레드여서 주 스레드가 끝나면 강제 종료된다. 주 스레드가 편집 작업을 마치면 자동 저장 작업도 더 할 필요가 없다.

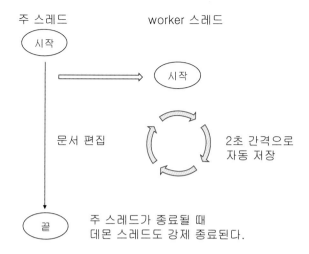

주 스레드   worker 스레드

시작

시작

문서 편집   2초 간격으로
                 자동 저장

끝   주 스레드가 종료될 때
                데몬 스레드도 강제 종료된다.

그래서 스레드 생성 직후에 데몬 스레드로 지정하였다. 데몬 스레드 지정을 주석 처리하면 주 스레드가
종료해도 자동 저장 코드를 계속 실행하느라 영원히 끝나지 않는다. 프로그램 실행 흐름과 상관없는 장
식성 애니메이션, 네트워크 접속 대기, 문서 정렬 루틴 등은 데몬 스레드로 처리한다.

20-3 동기화

1 스레드 통신

스레드는 보통 완전히 독립적이다. 화면 장식을 위한 애니메이션 스레드와 인쇄 스레드는 아무 상관이 없어 서로의 실행 방식이나 작업 결과에 신경 쓸 필요 없고 심지어 서로의 존재조차 몰라도 상관없다. 그러나 때로는 연관된 작업을 분담하여 실행하는 경우가 있는데 이때는 공유하는 데이터가 있고 이 데이터를 적절히 관리하기 위해 서로 통신 해야 한다.

예를 들어 동영상을 다운로드 하는 스레드가 있고 다운로드 받은 동영상의 미리 보기를 출력하는 스레드가 있다고 하자. 다운로드 받은 동영상을 저장하는 장소와 미리 보기를 할 동영상이 있는 장소가 같아 어디까지 받았는지, 받은 데이터가 무엇인지 양쪽에서 알 수 있어야 한다. 이를 위해 스레드끼리 공유할 데이터를 객체로 만든 후 양쪽 스레드에게 전달한다.

두 스레드가 공유 객체에 대한 참조를 통해 데이터를 주고받으며 서로의 작업 과정이나 현재 상황을 조사한다. 기본형은 사본이 전달되므로 공유 데이터로 사용할 수 없으며 위치를 전달하는 참조형만 공유 데이터로 사용할 수 있다.

다음 예제의 DownLoad 스레드는 동영상을 다운로드 하며 Play 스레드는 다운로드 중인 동영상을 재생한다. 콘솔 환경에서 동영상을 재생할 수는 없어 정수형 데이터를 동영상으로 가정하여 설명한다. 소스가 길고 복잡하지만 동기화를 위해 앞으로 이 예제를 계속 사용할 것이므로 구조를 잘 파악해 두자.

sync
```
class JavaTest {
    public static void main(String[] args) {
        Memory mem = new Memory(16);
        DownLoad down = new DownLoad(mem);
        Play play = new Play(mem);
```

```
                down.start();
                play.start();
        }
}

class Memory {
        int[] buffer;
        int size;
        int progress;
        Memory(int asize) {
                size = asize;
                buffer = new int[asize];
                progress = 0;
        }
}

class DownLoad extends Thread {
        Memory mem;
        DownLoad(Memory amem) {
                mem = amem;
        }
        public void run() {
                for (int off = 0; off < mem.size; off++) {
                        mem.buffer[off] = off;
                        mem.progress = off + 1;
                        try { Thread.sleep(200); } catch (InterruptedException e) { ; }
                }
        }
}

class Play extends Thread {
        Memory mem;
        Play(Memory amem) {
                mem = amem;
        }
        public void run() {
                for (;;) {
                        for (int off = 0; off < mem.progress; off++) {
                                System.out.print(mem.buffer[off] + " ");
                        }
                        System.out.println();
                        if (mem.progress == mem.size) break;
                        try { Thread.sleep(500); } catch (InterruptedException e) { ; }
                }
        }
}
```

| 실행<br>결과 | ```
0
0 1 2
0 1 2 3 4 5
0 1 2 3 4 5 6 7
0 1 2 3 4 5 6 7 8 9 10
0 1 2 3 4 5 6 7 8 9 10 11 12
0 1 2 3 4 5 6 7 8 9 10 11 12 13 14 15
``` |
|---|---|

이 예제의 Memory 클래스가 공유 데이터이며 다운로드 스레드와 미리 보기 스레드가 같이 참조한다. 다운로드 받을 동영상을 저장할 buffer 배열을 가지며 버퍼 크기와 다운로드 진행 상황을 size, progress 필드에 기억한다. 생성자는 size 크기로 버퍼를 할당해 놓는다.

주 스레드에서 길이 16의 공유 버퍼 객체를 생성하여 DownLoad와 Play 스레드의 생성자로 전달한다. 각 스레드는 mem이라는 이름으로 공유 객체에 대한 참조를 저장하여 이후의 통신을 준비한다. 한쪽에서 공유 객체를 변경하면 다른 쪽에서 변경된 내용을 읽을 수 있다.

DownLoad 스레드의 run 메서드는 버퍼 길이만큼 루프를 돌며 다운로드 받되 버퍼의 배열 첨자를 집어넣어 흉내만 낸다. 한 번에 1바이트씩 받으며 progress에 어디까지 받았는지 기록해 놓는다. 네트워크 속도가 느린 것처럼 흉내 내기 위해 루프 내부에서 0.2초씩 쉰다.

Play 메서드는 progress까지, 즉 다운로드 받은 양만큼 버퍼를 덤프하여 어디까지 받았는지 보여 준다. 너무 자주 보여 줄 필요는 없으니 다 받을 때까지 0.5초에 한 번씩 미리 보기를 출력한다. 실행 결과는 매번 다르지만 중간 과정만 다를 뿐 어쨌거나 결국은 다 받아서 보여 준다.

DownLoad 스레드는 버퍼에 열심히 다운로드만 받고, Play 스레드는 mem 공유 객체를 참조하여 받은 만큼만 보여 준다. 공유 버퍼를 가운데에 두고 한쪽에서는 열심히 쓰고, 다른 한쪽에서는 열심히 읽는다.

2 스레드 동기화

스레드의 실행 순서나 시간은 전혀 예측할 수 없으며 통제할 수도 없다. 시스템 상황과 스케줄러의 판단에 따라 달라진다. 그러다 보니 데이터가 아직 준비되지 않은 상황인데 스레드가 실행되어 엉뚱한 결과가 나오기도 한다. 앞 예제를 다음과 같이 수정해 보자.

sync2

```
....
class DownLoad extends Thread {
    Memory mem;
    DownLoad(Memory amem) {
        mem = amem;
    }
    public void run() {
```
```

```
        for (int off = 0; off < mem.size; off += 2) {
            for (int chunk = 0; chunk < 2; chunk++) {
                    mem.buffer[off+chunk] = off+chunk;
                    mem.progress = off+chunk+1;
                    try { Thread.sleep(200); } catch (InterruptedException e) { ; }
            }
        }
}
....
```

| 실행
결과 | 0 1 2
0 1 2 3 4 5
0 1 2 3 4 5 6 7 8 9 10
0 1 2 3 4 5 6 7 8 9 10 11 12 13 14 15 |

다운로드 스레드의 코드가 조금 바뀌었는데 동영상을 1바이트씩 받지 않고 한 번에 2바이트씩 받는다. 동영상 같은 압축 파일은 내부에 블록이 나누어져 있으며 한 블록은 여러 개의 청크로 구성된다. 위 코드는 2바이트를 한 블록으로 가정하고 블록 단위로 다운로드 받는 것을 흉내 낸다. 완전한 동영상이 되려면 메모리 용량은 짝수여야 한다.

이렇게 되면 미리 보기 스레드도 한 블록을 다 받았을 때만 실행해야 한다. 반쪽짜리 블록은 완전한 데이터가 아니어서 보여줄 수 없다. 억지로 만든 설정이라 직관적이지 못하지만, 짝수 바이트로 받았을 때만 미리 보기가 가능하다고 하자. 이 상태에서 실행해 보면 원하는 대로 동작하지 않는다.

블록		블록		블록		
청크	청크	청크	청크	청크	청크	청크

불완전한 블록을 읽어서는 안 된다.

언제 스위칭할지 예측할 수 없기 때문에 짝수 개가 나올 때도 있지만 홀수 개가 나오기도 한다. DownLoad가 한 블록을 받고 있는 중간에 스위칭이 발생하여 Play가 제어권을 받으면 미완성 블록이 보인다. 이 예제의 경우는 단순한 숫자라 별 이상 없지만 진짜 동영상이라면 아직 덜 받은 데이터의 압축을 풀다가 화면이 깨지거나 최악의 경우 다운될 수도 있다.

문제를 해결하려면 한 블록을 다 받기 전에는 재생하지 못하도록 통제해야 한다. 공유 객체를 무작위로 읽고 써서는 안 되며 번갈아 사용해야 한다. 한쪽에서 쓰고 있는 동안에는 다른 쪽에서 읽지 못하고, 반대로 읽고 있는 동안에는 쓰지 못하도록 한다. 두 스레드가 동시에 진입할 수 없는 영역을 크리티컬 섹션이라고 하며 다음 구문으로 작성한다.

```
synchronized (공유 객체) {
        // 이 영역이 크리티컬 섹션
}
```

공유 객체는 보호할 정보이며 양쪽에서 액세스 가능해야 한다. 이 예제의 경우 mem이 공유 객체인데 이 객체를 액세스하는 부분을 크리티컬 섹션으로 선언한다.

critical

```
....
class DownLoad extends Thread {
    Memory mem;
    DownLoad(Memory amem) {
        mem = amem;
    }
    public void run() {
        for (int off = 0; off < mem.size; off += 2) {
            synchronized(mem) {
                for (int chunk = 0; chunk < 2; chunk++) {
                    mem.buffer[off+chunk] = off+chunk;
                    mem.progress = off+chunk+1;
                    try { Thread.sleep(200); } catch (InterruptedException e) { ; }
                }
            }
        }
    }
}

class Play extends Thread {
    Memory mem;
    Play(Memory amem) {
        mem = amem;
    }
    public void run() {
        for (;;) {
            synchronized(mem) {
                for (int off = 0; off < mem.progress; off++) {
                    System.out.print(mem.buffer[off] + " ");
                }
                System.out.println();
            }
            if (mem.progress == mem.size) break;
            try { Thread.sleep(500); } catch (InterruptedException e) { ; }
        }
    }
}
```

실행 결과	0 1 2 3 4 5
	0 1 2 3 4 5 6 7
	0 1 2 3 4 5 6 7 8 9 10 11 12 13 14 15

두 스레드 모두 mem 객체를 액세스하는 부분을 크리티컬 섹션으로 둘러쌌다. 이렇게 하면 한 번에 한 스레드만 크리티컬 섹션으로 들어갈 수 있다. 다운로드 스레드가 쓰고 있는 중이라면 재생 스레드는 크

리티컬 섹션으로 들어가지 못하며 쓰기가 끝날 때까지 기다린다. 마찬가지로 재생 스레드가 읽고 있는 중이면 다운로드 스레드도 다 읽을 때까지 대기한다.

```
DownLoad {                          Play {
    ....                                ....
    synchronized(mem) {                 synchronized(mem) {
        크리티컬 섹션                        크리티컬 섹션
            ....                                ....
    }                                   }
}                                   }
```

한 번에 하나의 스레드만 크리티컬 섹션에 들어올 수 있다.

DownLoad 스레드가 크리티컬 섹션에서 두 개의 청크를 한꺼번에 받으므로 이 안에서 블록을 조립하는 중에는 Play 스레드가 재생 코드를 실행하지 않는다. 한 블록이 완성될 때만 재생하니 불완전한 동영상은 화면에 나타날 수 없다.

마찬가지로 재생하는 동안에는 다운로드 스레드가 잠시 중지하고 재생이 완료될 때까지 기다린다. 크리티컬 섹션에 교대로 입장하는 식이다. 실행할 때마다 결과는 조금씩 다르지만, 항상 짝수 개만 출력한다. 대기에 의해 전체적인 속도는 미세하게 느려지지만, 미완성 데이터를 액세스하지 않아 안전성은 향상된다.

3 동기화 메서드

다운로드 받은 동작과 재생하는 동작은 모두 Memory 객체를 대상으로 한다. 그래서 두 동작을 Memory 클래스 안의 메서드로 캡슐화하고 스레드에서는 공유 객체의 메서드를 호출하는 방법을 쓸 수도 있다. 구조를 바꾸어 다음과 같이 수정해 보자.

syncmethod

```
class JavaTest {
    public static void main(String[] args) {
        Memory mem = new Memory(16);
        DownLoad down = new DownLoad(mem);
        Play play = new Play(mem);

        down.start();
        play.start();
    }
}

class Memory {
    int[] buffer;
    int size;
```

```java
    int progress;
    Memory(int asize) {
        size = asize;
        buffer = new int[asize];
        progress = 0;
    }

    void DownChunk(int off) {
        for (int chunk = 0; chunk < 2; chunk++) {
            buffer[off+chunk] = off+chunk;
            progress = off+chunk+1;
            try { Thread.sleep(200); } catch (InterruptedException e) { ; }
        }
    }

    void PlayDowned() {
        for (int off = 0; off < progress; off++) {
            System.out.print(buffer[off] + " ");
        }
        System.out.println();
    }
}

class DownLoad extends Thread {
    Memory mem;
    DownLoad(Memory amem) {
        mem = amem;
    }
    public void run() {
        for (int off = 0; off < mem.size; off += 2) {
            mem.DownChunk(off);
        }
    }
}

class Play extends Thread {
    Memory mem;
    Play(Memory amem) {
        mem = amem;
    }
    public void run() {
        for (;;) {
            mem.PlayDowned();
            if (mem.progress == mem.size) break;
            try { Thread.sleep(500); } catch (InterruptedException e) { ; }
        }
    }
}
```

다운로드 메서드와 미리 보기 메서드의 소속을 Memory 클래스로 옮겼을 뿐 같은 예제를 다른 형식으로 작성한 것이다. 크리티컬 섹션으로 보호하지 않았으므로 DownChunk가 반만 받았을 때 PlayDowned가 실행될 수 있으며 여전히 동기화 문제가 발생한다. 문제를 해결하려면 이 메서드 안을 크리티컬 섹션으로 감싼다.

```
void DownChunk(int off) {
    synchronized(this) {
        for (int chunk = 0; chunk < 2; chunk++) {
            buffer[off+chunk] = off+chunk;
            progress = off+chunk+1;
            try { Thread.sleep(200); } catch (InterruptedException e) { ; }
        }
    }
}

void PlayDowned() {
    synchronized(this) {
        for (int off = 0; off < progress; off++) {
            System.out.print(buffer[off] + " ");
        }
        System.out.println();
    }
}
```

이때 동기화 객체는 자기 자신이므로 this라고 지정한다. 특정 시점에 하나의 스레드만 메모리 객체를 사용하도록 했으며 이제 제대로 동기화된다. 메서드의 본체 전체를 this에 대해 크리티컬 섹션으로 지정할 때는 다음과 같이 더 간단하게 표기한다.

```
void Method() {
    synchronized(this) {
        // 본체
    }
}
```

```
synchronized void Method() {
    // 본체
}
```

본체 전체를 감싸는 대신 메서드 선언문 앞에 synchronized 키워드를 붙이면 이 메서드 전체를 this에 대한 크리티컬 섹션으로 인식한다.

synchronized
```
....
class Memory {
    int[] buffer;
    int size;
    int progress;
    Memory(int asize) {
        size = asize;
```

```
        buffer = new int[asize];
        progress = 0;
    }

    synchronized void DownChunk(int off) {
        for (int chunk = 0; chunk < 2; chunk++) {
            buffer[off+chunk] = off+chunk;
            progress = off+chunk+1;
            try { Thread.sleep(200); } catch (InterruptedException e) { ; }
        }
    }

    synchronized void PlayDowned() {
        for (int off = 0; off < progress; off++) {
            System.out.print(buffer[off] + " ");
        }
        System.out.println();
    }
}
....
```

이렇게 선언한 메서드를 동기화 메서드라고 한다. 동기화 메서드는 어떤 스레드에서 호출하든 한 번에 하나만 실행된다. DownChunk가 다운로드를 받고 있는 중이라면 어떤 스레드에서 호출하건 PlayDowned는 대기한다.

동기화 메서드가 여러 개 있을 경우 하나라도 실행 중이면 다른 스레드는 모든 동기화 메서드를 호출하지 못하고 대기한다. 물론 동기화 메서드가 아닌 다른 메서드는 얼마든지 실행할 수 있다.

4 스레드 대기

예제의 요구 사항을 바꾸어 Play 스레드가 다운로드 중에 미리 보기를 보여 주는 것이 아니라 다운로드 완료된 동영상만 재생한다고 해 보자. 완료되기 전에 재생할 수 없으므로 다운로드 중에는 대기해야 한다. 일단 다음과 같은 방법을 생각할 수 있다.

```
class Play extends Thread {
    Memory mem;
    Play(Memory amem) {
        mem = amem;
    }
    public void run() {
        while (mem.progress != mem.size) {;}
```

```
        for (int off = 0; off < mem.progress; off++) {
            System.out.print(mem.buffer[off] + " ");
        }
        System.out.println();
    }
}
```

run 메서드의 선두에서 다운로드 완료될 때까지 빈 루프를 돌며 계속 기다린다. 이렇게 해도 대기의 목적은 달성할 수 있다. 그러나 대기하는 스레드가 빈 루프를 돌리느라 너무 많은 CPU 시간을 소모하고 있다. 언제 완료될지 모르는 작업을 무작정 기다리며 맹렬한 속도로 progress와 size의 크기를 비교하고 있다.

불필요한 점검을 너무 자주 하면 다운로드 스레드가 시간을 많이 쓸 수 없어 전체적인 속도가 느려진다. 다운로드가 진행되지 않으면 progress의 값이 바뀌지도 않는데 변수값 비교에 할당된 모든 시간을 허비하는 셈이다. 좀 더 효율적인 대기 방법이 필요한데 이때는 다음 메서드를 사용한다.

```
void wait([long timeout])
void notify()
```

이 두 메서드는 Object 소속이며 임의의 객체에 대해 호출할 수 있다. 즉, 모든 객체는 스레드끼리 공유할 수 있다. wait 메서드는 공유 객체를 사용할 수 있을 때까지 얌전히 대기한다. CPU 시간을 거의 소모하지 않으며 자기 차례가 와도 다른 스레드로 실행 시간을 즉시 양보한다.

notify 메서드는 공유 객체를 사용할 수 있는 상태라는 것을 알린다. notify를 호출하면 공유 객체를 기다리던 스레드가 대기를 종료하고 실행을 시작한다. 두 문장은 모두 동기화 블록에 있어야 하며 wait는 예외 발생 가능성이 있어 try 블록 안에 작성한다.

wait

```
....
class Play extends Thread {
    Memory mem;
    Play(Memory amem) {
        mem = amem;
    }
    public void run() {
        synchronized(mem) {
            try {
                mem.wait();                          // 완성될 때까지 대기
            } catch(InterruptedException e) { }
        }

        for (int off = 0; off < mem.progress; off++) {
            System.out.print(mem.buffer[off] + " ");
        }
```

```
            System.out.println();
    }
}

class DownLoad extends Thread {
    Memory mem;
    DownLoad(Memory amem) {
        mem = amem;
    }
    public void run() {
        for (int off = 0; off < mem.size; off++) {
            mem.buffer[off] = off;
            mem.progress = off + 1;
            try { Thread.sleep(200); } catch (InterruptedException e) { ; }
        }
        synchronized(mem) {
            mem.notify();                          // 다운로드 완료. 재생 스레드의 대기를 깨움
        }
    }
}
```

<table>
<tr><td>실행
결과</td><td>0 1 2 3 4 5 6 7 8 9 10 11 12 13 14 15</td></tr>
</table>

최초 두 스레드가 동시에 실행되지만, mem 공유 객체가 아직 덜 만들어져 Play 스레드는 이 객체를 사용할 수 있을 때까지 대기한다. mem.wait() 호출문에서 대기를 시작하며 누군가가 이 객체를 풀어줄 때까지 무한정 기다린다. 시간을 거의 사용하지 않아 굉장히 효율적으로 대기한다.

DownLoad 스레드는 다운로드를 다 받은 후 mem.notify()를 호출하여 이 공유 객체를 사용할 수 있음을 알린다. Play 스레드는 이때 대기를 종료하며 재생을 시작한다. 다운로드 중간 과정은 보이지 않고 완료된 동영상을 딱 한 번만 재생한다. 두 호출문을 말로 풀어 보면 다음과 같다.

```
mem.wait();                    // mem이 신호 상태가 될 때까지 대기
mem.notify();                  // mem이 완성되었음을 대기 중인 스레드에게 알림
```

wait 메서드의 인수로 타임 아웃을 지정할 수 있는데 지정한 시간이 경과해도 공유 객체가 풀리지 않으면 더 이상 대기하지 않고 그냥 리턴한다. 무한정 기다리는 것이 아니라 최대 대기 시간을 정해 놓고 그 시간까지만 기다린다.

여러 개의 스레드가 하나의 공유 객체를 기다릴 수도 있다. 이 상황에서 notify를 호출하면 최초로 실행되는 스레드 하나만 깨어난다. 이에 비해 notifyAll 메서드는 공유 객체를 기다리는 모든 스레드에게 한꺼번에 신호를 보내 실행 대기 상태로 만든다.

5 종료 대기

스레드끼리 순서 있는 작업을 분담할 때 앞쪽 작업이 완료될 때까지 다음 작업을 처리할 스레드는 기다려야 한다. 동영상 다운로드가 완전히 끝날 때까지 전송이나 복사 작업을 하는 스레드가 대기하는 식이다. 주 스레드에서 다운로드 대기 후 어떤 작업을 하기 위해 다음과 같이 코드를 작성했다고 해 보자.

join

```
....
class JavaTest {
    public static void main(String[] args) {
        Memory mem = new Memory(16);
        DownLoad down = new DownLoad(mem);
        Play play = new Play(mem);

        down.start();
        play.start();
        System.out.println("다운로드가 완료되었습니다. 전송을 시작합니다.");
    }
}
```

실행 결과	다운로드가 완료되었습니다. 전송을 시작합니다. 0 0 1 2 0 1 2 3 4 5 0 1 2 3 4 5 6 7 0 1 2 3 4 5 6 7 8 9 10 0 1 2 3 4 5 6 7 8 9 10 11 12 0 1 2 3 4 5 6 7 8 9 10 11 12 13 14 15

절차적 프로그래밍에 익숙한 사람은 이 코드가 될 것처럼 보인다. 다운로드 스레드를 기동(down.start)시키고 난 다음에 미리 보기를 시작(play.start)하고 전송하는 척 문자열을 출력했다. 다운로드를 먼저 하고 미리 보기를 보여 준 후 전송 메시지가 나타날 것 같지만 실행해 보면 순서가 반대이다.

start 메서드는 스레드를 호출하는 것이 아니라 기동만 하며 즉시 리턴한다. 이후 각 스레드는 독립적으로 CPU 시간을 할당받아 병렬적으로 실행된다. main에서 스레드 기동만 하고 바로 전송했으니 완료 메시지가 먼저 출력되고 스레드는 나중에 돌아간다. 특정 스레드가 완전히 마칠 때까지 대기할 때는 다음 메서드를 사용한다.

```
void join([long millis])
```

제한 시간을 인수로 지정하는데 0이면 영원히 기다린다는 뜻이다. 대기 중에 인터럽트가 걸릴 수 있어 예외 블록을 구성한다. 예제를 다음과 같이 수정하면 문제가 해결된다.

```
....
class JavaTest {
    public static void main(String[] args) {
        Memory mem = new Memory(16);
        DownLoad down = new DownLoad(mem);
        Play play = new Play(mem);

        down.start();
        play.start();

        try {
            down.join();
            play.join();
        } catch (InterruptedException e) {
            e.printStackTrace();
        }
        System.out.println("다운로드가 완료되었습니다. 전송을 시작합니다.");
    }
}
```

실행 결과	0 0 1 2 0 1 2 3 4 5 0 1 2 3 4 5 6 7 0 1 2 3 4 5 6 7 8 9 10 0 1 2 3 4 5 6 7 8 9 10 11 12 0 1 2 3 4 5 6 7 8 9 10 11 12 13 14 15 다운로드가 완료되었습니다. 전송을 시작합니다.

main에서 두 스레드가 완전히 끝나기를 기다리고 있다가 대기가 끝나면 전송을 시작한다. 다운로드 과정이 보이고 난 다음에 전송 시작 메시지가 출력된다. 주 스레드뿐만 아니라 작업 스레드끼리도 서로를 기다릴 수 있다.

6 인터럽트

스레드끼리 동기화나 순서 조정을 위해 sleep, wait, join 등으로 시간을 지연시키거나 대기한다. 대기는 적당한 조건이 되면 풀리는데 어떤 이유로 이 조건을 만족할 수 없거나 대기할 필요가 없어졌다면 외부에서 강제로 대기를 풀어야 한다. 이때는 다음 메서드를 호출한다.

```
void interrupt()
```

이 메서드를 호출하면 대기 중인 메서드에 InterruptedException 예외가 발생하며 즉시 리턴한다. 외부에서 인터럽트를 걸었을 때 catch 블록에서 이 상황을 처리한다. interrupt 메서드가 필요한 경우는 스레드가 굉장히 많고 대기 조건이 복잡해 직관적인 예제를 만들기 쉽지 않다. 그래서 간단한 개념적인 예제로 기본적인 동작만 확인해 보자.

interrupt

```
class JavaTest {
    public static void main(String[] args) {
        CalcThread worker = new CalcThread();
        worker.start();
    }
}

class CalcThread extends Thread {
    public void run() {
        for (int i = 0; i < 10; i++) {
            System.out.print(".");
            try { Thread.sleep(1000); } catch (InterruptedException e) { ; }
        }
        System.out.println("\n계산 완료");
    }
}
```

실행 결과	.... 계산 완료

이 예제의 CalcThread는 어떤 복잡한 계산을 수행하는데 10초가 걸린다. 가장 간단한 sleep 메서드로 시간을 지연시켰는데 다른 선행 작업을 기다리거나 공유 객체를 대기할 수도 있다. 이 예제를 실행하면 10초 후에 계산 스레드는 작업을 마치고 계산 완료 메시지를 출력한다.

그러나 중간에 어떤 이유로 대기할 필요가 없어졌다거나 계산 작업 자체가 필요 없다면 즉시 인터럽트를 건다. 이런 경우는 예상 외로 흔한데, 예를 들어 워드 프로세서의 정렬 작업을 스레드로 분리해 둔 경우 정렬 중에 편집 스레드에서 문서 내용을 변경하면 정렬 작업은 처음부터 다시 해야 한다. 다음과 같이 예제를 수정하여 3초 후에 main에서 인터럽트를 걸어 보자.

interrupt2

```
class JavaTest {
    public static void main(String[] args) {
        CalcThread worker = new CalcThread();
        worker.start();

        try { Thread.sleep(3000); } catch (InterruptedException e) { ; }
        worker.interrupt();
    }
}
```

```
class CalcThread extends Thread {
    public void run() {
        try {
            for (int i = 0; i < 10; i++) {
                System.out.print(".");
                Thread.sleep(1000);
            }
        } catch (InterruptedException e) {
            System.out.println("\n계산 취소");
            return;
        }
        System.out.println("\n계산 완료");
    }
}
```

실행 결과	... 계산 취소

CalcThread를 기동한 후 작업을 시키다가 3초 후 어떤 조건에 의해 이 작업을 중단하고 싶다면 interrupt 메서드로 중단을 지시한다. 스레드는 sleep 중에 InterruptedException 예외를 받으며 이때 외부에서 강제 종료 지시가 왔음을 알아채고 작업을 즉시 중단하고 리턴한다. 다음 두 메서드는 스레드가 인터럽트되었는지 조사한다.

```
static boolean interrupted()
boolean isInterrupted()
```

조사하는 값은 같지만 몇 가지 차이점이 있다. interrupted는 정적 메서드여서 현재 스레드에 대한 정보만 조사하며 스레드의 인터럽트 상태를 해제한다. 따라서 이 메서드를 두 번 호출하면 두 번째는 false를 리턴한다. isInterrupted는 임의의 스레드에 대해 인터럽트 여부를 조사할 수 있으며 플래그는 그대로 유지한다.

21

_ 스트림 입출력

Java

21-1 입출력

1 스트림

입출력은 콘솔(키보드, 모니터)이나 파일, 네트워크 등의 장치와 정보를 주고 받는 동작이다. 프로그램은 메모리 안에 갇혀 혼자 동작하지 않고 외부의 작업 지시를 받아 계산된 값을 사용자에게 보여 주어야하니 입출력은 필수이다. 예를 들어 이미지 뷰어는 그래픽 파일의 정보를 읽어(입력) 압축을 푼 후 화면에 그림으로 표시(출력)한다.

자바의 입출력은 고수준의 스트림 방식을 사용한다. 스트림(Stream)은 데이터를 전달하는 논리적인 통로라는 뜻인데 단어 뜻 그대로 번역하면 개울, 시내라는 뜻이다. 개울을 따라 물이 졸졸 흘러가듯이 데이터가 일렬로 이동하는 통로를 스트림이라고 한다. 우리가 지금까지 실습용으로 줄곧 사용해 왔던 println 메서드도 스트림을 통해 화면으로 문자열을 출력한다.

```
System.out.println(1234 + "문자열" + 3.1415);
```

한 번에 여러 개의 정보를 묶어서 출력할 수도 있고, println을 여러 번 호출하여 따로 출력할 수도 있다. 이때 각 정보는 마치 물이 흘러가듯 스트림을 통해 순서대로 이동하여 화면에 표시된다. 하나씩 차례대로 흘러가 먼저 출력한 정보가 먼저 출력되며 순서가 뒤엉키지 않는다. 어떤 데이터건, 출력 장치가 무엇이건 원하는 정보를 스트림으로 보내기만 하면 된다.

모니터나 키보드뿐만 아니라 파일이나 오디오, 메모리 등의 모든 입출력 장치를 스트림이라는 논리적인 장치로 다룸으로써 입출력 방법을 통일시킨다. 하나의 장비에 입출력하는 코드를 다른 장비에 그대로 사용할 수 있어 배우기 쉽고 사용법이 일관돼 코드 재사용성도 높다.

개울물이 한쪽으로만 흘러가며 역행하지 않듯이 스트림도 데이터가 한방향으로만 이동한다. 그래서 하나의 스트림 객체로 입출력을 동시에 수행할 수 없다. 생성할 때부터 입력용과 출력용을 엄격하게 구분한다. 또 출력 데이터의 형태에 따라 다음 두 가지로 나누어진다.

- **이진 스트림**: 바이트 단위로 데이터를 있는 그대로 입출력한다.
- **문자 스트림**: 인코딩 방식에 따라 2바이트 단위로 데이터를 변환하여 출력한다.

스트림은 이동 방향과 데이터의 종류에 따라 크게 네 가지로 구분한다. 각 분류의 루트 클래스는 다음과 같으며 이로부터 구체적인 스트림 클래스가 파생된다.

	입력	출력
이진	InputStream	OutputStream
문자	Reader	Writer

입출력 대상 데이터가 무엇인가에 따라 또 입력용인가 출력용인가에 따라 적절한 스트림 클래스를 골라 사용한다.

2 이진 스트림

이진 스트림은 파일에 있는 내용을 별도의 변환 없이 바이트 단위로 입출력한다. 입력 스트림은 InputStream으로부터 파생되며, 출력 스트림은 OutputStream으로부터 파생되어 입출력 대상에 따라 다음과 같은 클래스를 제공한다.

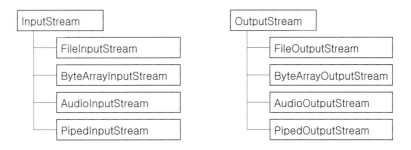

각각 파일, 메모리, 오디오, 프로세스 간 데이터를 주고 받는 스트림이다. 가장 흔한 입출력 대상인 파일 입출력부터 연구해 보자. 순서상 데이터를 출력하는 클래스부터 소개하는데 생성자는 다음과 같다.

```
FileOutputStream(String name [,boolean append])
FileOutputStream(File file [,boolean append])
```

문자열 형태의 파일 경로나 File 객체로부터 생성한다. append 인수가 true이면 추가 모드로 열리고, false이거나 생략하면 기존 데이터를 덮어 쓴다.

출력 메서드는 다음 두 가지가 있다.

```
void write(int b)
void write(byte[] b [,int off,int len])
```

위 메서드는 바이트 하나만 출력한다. 아래 메서드는 바이트의 배열 전체를 출력하거나 오프셋과 길이를 지정하여 일부분만 출력한다. 출력을 마친 후 close 메서드로 스트림을 닫아 입출력을 위해 준비한 시스템 리소스를 모두 해제한다.

스트림을 닫지 않아도 프로세스가 끝나면 자동으로 닫히지만 연 채로 두면 파일이 손상될 수 있고 시스템 리소스도 소모한다. 입출력이 끝난 후 최대한 신속하게 닫는 것이 정석이다. 파일에 짧은 이진 스트림을 출력하는 예제를 만들어 보자. 스트림 관련 클래스는 모두 java.io 패키지에 선언되어 있다.

```
filewrite

import java.io.*;

class JavaTest {
    public static void main(String[] args) {
        byte[] data = { 8, 9, 0, 6, 2, 9, 9 };
        FileOutputStream out = null;
        try {
            out = new FileOutputStream("test.bin");
            out.write(data);
            System.out.println("Write success");
        }
        catch (IOException e) {
            System.out.println("File output error");
        }
        finally {
            try {
                out.close();
            }
            catch (Exception e) {;}
        }
    }
}
```

먼저 출력 대상인 이진 데이터가 필요한데 byte 배열을 선언하고 7바이트의 값으로 초기화했다. 배열이 아니더라도 임의의 이진 데이터를 원하는 길이만큼 출력할 수 있다. 이 배열 전체를 스트림으로 출력하여 파일에 기록해 보자. test.bin 출력 파일에 대해 FileOutputStream 객체 out을 생성하여 출력 준비를 한다.

write 메서드로 배열을 전달하면 이 배열 전체의 바이트값을 파일로 출력한다. 오프셋과 길이를 전달하여 배열의 일부만 출력할 수도 있다. 출력을 마친 후 close 메서드를 호출하여 스트림을 닫는다. 탐색기로 확인해 보면 프로젝트 폴더에 test.bin 파일이 생성되어 있다. 텍스트 파일이 아니어서 메모장으로는 확인할 수 없으며 헥사 편집기로 확인한다.

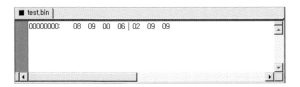

출력 절차는 간단하고 직선적이다. 스트림 객체를 생성 및 오픈하여 데이터를 출력하고 닫는다. 배열 하나를 출력하는데도 열고, 보내고, 닫는 다량의 코드가 필요하다. 이런 번잡한 과정을 거치는 대신 메서드 호출 하나로 어떤 파일에 어떤 배열을 기록한다는 것만 밝히면 쉽지 않을까?

```
writeFile("test.bin", data);
```

이렇게 만드는 것도 가능하지만 속도가 너무 느려진다. 파일에 직접 출력하지 않고 열고 닫는 과정을 거치는 이유는 파일을 저장하는 하드디스크가 워낙 느리기 때문에 준비를 한 후 한꺼번에 모아서 출력하기 위해서이다. 효율적인 입출력을 위해 준비가 필요하고 작업을 마친 후에는 정리도 해야 한다.

파일이란 메모리 외부에 있어 입출력 과정에 예외가 발생할 수 있으며 반드시 try 블록으로 감싸야 한다. 또한 close도 반드시 호출해야 하니 finally 블록도 필요하며 게다가 close 중에 예외가 발생할 수 있어 finally 블록 내에도 try 블록이 필요하다. 예외 블록 구조로 인해 out 객체를 선언과 동시에 초기화하지 못하며 try 블록 밖에서 선언하고 null로 초기화까지 해야 한다.

출력에 필요한 코드보다 예외를 처리하는 코드가 더 많다. 입출력 처리는 본질적으로 예외 발생 가능성이 높아 실전에서는 이 구조대로 예외 처리를 해야 한다. 그러나 예제에서는 예외 처리 코드로 인해 핵심 흐름이 잘 보이지 않으니 이후부터는 main 메서드에 throws 절을 작성하여 예외를 무조건 밖으로 던져 버리기로 한다. 즉, 앞의 예제는 다음 형식으로 간단히 작성한다.

```
class JavaTest {
    public static void main(String[] args) throws Exception {
        byte[] data = { 8, 9, 0, 6, 2, 9, 9 };
        FileOutputStream out = new FileOutputStream("test.bin");
        out.write(data);
        out.close();
        System.out.println("Write success");
    }
}
```

파일 열고 기록한 후 닫는 식으로 입출력 절차의 핵심만 살펴볼 수 있어 학습하기 쉽다. 단, 어디까지나 학습을 위한 연구용 예제이기 때문에 간단한 구조를 사용하는 것이지 실전에서는 정석대로 예외 처리해야 한다는 것을 명심하자.

다음은 이진 파일을 제대로 기록했는지 화면으로 출력해 보자. 파일로부터 이진 스트림을 읽을 때는 FileInputStream 클래스를 사용한다. 생성자와 읽기 메서드는 출력 스트림과 거의 유사하다.

```
FileInputStream(String name)
FileInputStream(File file)
int read()
int read(byte[] b [,int off,int len])
```

읽을 파일의 경로나 File 객체를 생성자로 전달하면 해당 파일에 대해 스트림을 열고 입력 준비를 한다. read 메서드는 한 바이트를 읽어 리턴하되 파일의 끝이면 −1을 리턴한다. 바이트 값을 읽어 들이지만 에러를 위해 −1을 리턴해야 하므로 리턴 타입은 byte가 아니라 int이다.

두 번째 read 메서드는 배열에 여러 바이트를 한꺼번에 읽되 길이와 오프셋을 전달하면 길이만큼 읽어 배열의 오프셋 위치에 기록한다. 리턴값은 실제 읽은 바이트 수이되 남은 양이 요청한 길이보다 작으면 남은 데이터를 끝까지 읽고 길이를 리턴한다. 더 이상 읽을 데이터가 없으면 −1을 리턴한다. 다음 두 메서드는 읽을 위치를 변경하고 남은 양을 조사한다.

```
long skip(long n)
int available()
```

skip은 현재 위치에서 지정한 양만큼 건너 뛴다. 스트림의 중간 부분이 필요 없을 때 skip으로 건너 뛴 후 뒷부분을 계속 읽는다. available은 읽어야 할 데이터가 얼마나 남았는지 조사한다. 처음 열었을 때는 파일의 크기와 같으며 이 크기만큼의 배열을 준비한다.

다음 예제는 test.bin 파일을 읽어 화면에 출력한다. 이 예제가 정상적으로 실행되려면 앞 예제를 먼저 실행하여 테스트 파일을 만들어 두어야 한다. 그렇지 않으면 예외가 발생한다.

fileread

```java
import java.io.*;

class JavaTest {
    public static void main(String[] args) throws Exception {
        FileInputStream in = new FileInputStream("test.bin");
        int avail = in.available();
        byte[] data = new byte[avail];
        in.read(data)
        in.close();
        for (byte b : data) {
            System.out.print(b);
        }
    }
}
```

입력 스트림을 생성한 후 available 메서드로 얼마만큼 읽을 수 있는지 조사하여 그 길이만큼 배열을 할당한다. read 메서드를 호출하면 파일의 모든 데이터가 읽혀지며 다 읽은 후 close 메서드로 스트림을 닫는다. 제대로 읽었는지 확인하기 위해 배열을 순회하며 각 바이트를 출력했다.

편의상 파일 크기만큼 배열을 할당했는데 파일이 아주 크다면 거대한 배열을 한 번에 할당하기 어렵다. 읽을 대상 파일의 크기를 미리 알기도 어렵고 수 기가에 달하는 파일도 있다. 그래서 파일을 입출력할 때는 조금씩 나누어 다 읽을 때까지 루프를 돌며 찔끔찔끔 읽는 것이 원칙이다.

blockread

```java
import java.io.*;

class JavaTest {
    public static void main(String[] args) throws Exception {
        FileInputStream in = new FileInputStream("test.bin");
        int data;
        for (;;) {
            data = in.read();
            if (data == -1) break;
            System.out.print(data);
        }
        in.close();
    }
}
```

이 예제는 스트림에서 1바이트씩 읽어 들이는 족족 문자를 출력한다. read가 더 이상 읽을 데이터가 없어 -1을 리턴할 때 루프를 탈출하면 다 읽은 것이다. 한 바이트씩 읽는 것이 너무 비효율적이라면 블록 단위로 읽을 수도 있다.

blockread2

```java
import java.io.*;

class JavaTest {
    public static void main(String[] args) throws Exception {
        FileInputStream in = new FileInputStream("test.bin");
        byte[] data = new byte[2];
        int len;
        for (;;) {
            len = in.read(data);
            if (len == -1) break;
            for (byte b : data) {
                System.out.print(b);
```

```
            }
        }
        in.close();
    }
}
```

파일이 아주 작아 2바이트 단위로 읽어 들였다. 7바이트짜리 파일이므로 2바이트씩 총 네 번을 읽는다. 마지막 남은 9는 어쩔 수 없이 혼자 읽혀지며 −1을 리턴할 때까지 읽는다.

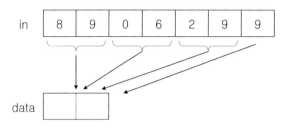

효율성 향상을 위해 보통은 4K나 그 이상의 단위로 큼직하게 읽는다. 바이트 단위로 읽으나 블록 단위로 읽으나 버퍼를 사용하면 사실상 큰 차이는 없다.

③ 문자 스트림

메모리나 이진 파일은 바이트 단위로 입출력하지만 자바의 문자 코드인 유니코드는 2바이트 크기여서 입출력 단위가 다르다. 또 운영체제의 설정에 따라 문자를 변환할 필요가 있어 별도의 문자 스트림 클래스가 정의되어 있다. 문자 스트림은 Reader, Writer 클래스로부터 파생되며 이진 스트림과는 달리 Reader/Writer 식으로 이름을 붙인다.

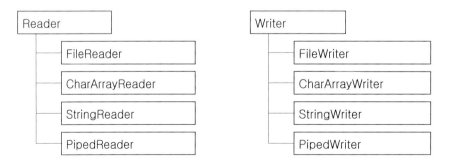

텍스트 파일을 입출력할 때는 문자 기반의 FileWriter, FileReader 클래스를 사용한다. 생성자나 메서드의 형태는 앞에서 본 이진 스트림 클래스와 거의 유사하다. 문자 출력 스트림부터 보자.

```
FileWriter(String fileName [,boolean append])
void write(int c)
void write(char[] cbuf,int off,int len)
void write(String str,int off,int len)
```

문자 하나를 출력할 수도 있고, 문자의 배열이나 문자열 객체를 출력할 수도 있다. 다음은 문자 입력 스트림 클래스이다.

```
FileReader(String fileName)
int read()
int read(char[] cbuf [,int offset,int length])
```

read 메서드는 문자 하나를 읽으며 더 이상 읽을 데이터가 없을 때 −1을 리턴한다. 에러 코드를 리턴해야 하므로 리턴 타입은 char가 아닌 int이다. 그래서 리턴된 값을 문자로 출력할 때는 char 타입으로 캐스팅해서 사용한다.

두 번째 read 메서드는 문자 배열을 한꺼번에 읽는다. 리턴값은 읽은 문자의 개수이되 스트림의 끝일 때는 −1을 리턴한다. 문자열 타입을 취하는 read 메서드는 없어 문자 배열로 읽어 String으로 바꿔 사용한다. 다음 예제는 텍스트 파일을 생성하여 문자열을 출력하고 다시 읽는다.

textwrite

```java
import java.io.*;

class JavaTest {
    public static void main(String[] args) throws Exception {
        String str = "자바 Stream 입출력";
        FileWriter out = new FileWriter("test.txt");
        out.write(str);
        out.close();
        System.out.println("Write success");

        // 한 문자씩 읽기
        FileReader in = new FileReader("test.txt");
        int ch;
        for (;;) {
            ch = in.read();
            if (ch == -1)
                break;
            System.out.print((char) ch);
        }
        in.close();
        System.out.println();
```

```
        // 한꺼번에 읽기
        in = new FileReader("test.txt");
        char[] text = new char[100];
        int num = in.read(text);
        System.out.println("읽은 문자 개수 = " + num);
        System.out.println(text);
        in.close();
    }
}
```

실행 결과	Write success 자바 Stream 입출력 읽은 문자 개수 = 13 자바 Stream 입출력

String 객체 str을 test.txt 파일로 출력했다. FileWriter 객체를 생성하고 write 메서드를 호출하여 String 객체를 전달하면 이 문자열의 내용 전체를 파일로 출력한다. 오프셋과 길이를 지정하여 일부만 출력할 수도 있다.

잘 기록했는지 방금 기록한 파일을 다시 열어 한 문자씩 읽어 보고 문자 배열에 한꺼번에 읽어 보기도 했다. 파일 길이가 짧아 1000바이트의 충분한 길이로 배열을 할당하고 한 번에 읽었다(루프를 돌며 파일 끝까지 읽는 것이 원칙이다). 더 정확하고 효율적인 방법에 대해서는 잠시 후 다시 연구해 보자.

4 문자 인코딩

FileReader 클래스는 운영체제의 디폴트 인코딩 방식을 사용한다. 위 예제를 윈도우 환경에서 실행하면 UTF-8로 저장한다. 어떤 인코딩 방식으로 저장했건 자신이 저장한 파일을 다시 읽었으니 항상 잘 실행된다. 그러나 다른 인코딩 방식으로 저장한 문서를 읽는다거나 다른 운영체제와 파일을 교환할 때는 문제가 달라진다.

FileReader는 자동 변환하도록 되어 있어 현재 운영체제의 설정과는 다르게 인코딩되어 있는 문서는 바로 읽지 못한다. ANSI 텍스트 파일은 물론이고 16비트 유니코드로 된 문서도 읽지 못하며 BOM이 있는 문서도 인식하지 못한다. 다음 예제로 테스트해 보자.

encoding

```
import java.io.*;

class JavaTest {
    public static void main(String[] args) throws Exception {
        // FileReader in = new FileReader("애국가.txt");
        // FileReader in = new FileReader("애국가-Unicode.txt");
        // FileReader in = new FileReader("애국가-Utf8.txt");
```

```
        FileReader in = new FileReader("애국가-Utf8nb.txt");
        char[] text = new char[1000];
        int num = in.read(text);
        System.out.println("읽은 문자 개수 = " + num);
        System.out.println(text);
        in.close();
    }
}
```

실행 결과	읽은 문자 개수 = 75 동해물과 백두산이 마르고 닳도록 하느님이 보우하사 우리나라 만세. 무궁화 삼천리 화려강산 대한 사람, 대한으로 길이 보전하세

메모장으로 여러 가지 인코딩 방식의 문서를 만든 후 읽어 봤는데 Utf8nb.txt 파일만 정확하게 읽는다. 물론 운영체제의 설정이 바뀌면 달라질 수도 있다. 주석을 풀어 나머지 파일을 읽어 보면 현재 인코딩 방식과 맞지 않아 엉뚱한 문자가 출력된다. 운영체제의 인코딩 설정과 다른 문서를 읽으려면 더 상위의 InputStreamReader 클래스의 객체를 생성하여 문자셋을 지정한다.

charset

```
import java.io.*;

class JavaTest {
    public static void main(String[] args) throws Exception {
        FileInputStream fi = new FileInputStream("애국가.txt");
        InputStreamReader in = new InputStreamReader(fi, "euc-kr");
        char[] text = new char[1000];
        int num = in.read(text);
        System.out.println("읽은 문자 개수 = " + num);
        System.out.println(text);
        in.close();
    }
}
```

문자 스트림으로 읽는 것이 아니라 이진 스트림으로 읽는다. 이 스트림을 InputStreamReader의 생성자로 전달하면서 인코딩 방식을 인수로 알려 주면 내부적으로 인코딩을 변환하여 읽는다. 테스트 파일의 인코딩 방식만 다를 뿐 내용은 같아 실행 결과는 위 예제와 동일하다.

이 방법 외에도 인코딩을 변환하는 방법은 여러 가지가 있다. 다음 예제는 이진 스트림으로 텍스트 파일의 내용을 그대로 읽은 후 String 클래스의 생성자를 통해 변환한다. String은 바이트 배열을 지정한 인코딩의 문자열로 변환하는 기능을 제공한다.

```
import java.io.*;

class JavaTest {
    public static void main(String[] args) throws Exception {
        FileInputStream in = new FileInputStream("애국가.txt");
        byte[] text = new byte[1000];
        int num = in.read(text);
        String utftext = new String(text, "euc-kr");
        System.out.println("읽은 바이트 수 = " + num);
        System.out.println(utftext);
        in.close();
    }
}
```

실행 결과	읽은 바이트 수 = 127 동해물과 백두산이 마르고 닳도록 하느님이 보우하사 우리나라 만세. 무궁화 삼천리 화려강산 대한 사람, 대한으로 길이 보전하세

데이터를 읽어 들이는 버퍼가 char 타입이 아니라 byte 타입임을 유의하자. 이진으로 읽어 들인 문자열을 String의 생성자로 전달하고 두 번째 인수로 인코딩 방식을 전달하면 생성자가 시스템 인코딩 방식으로 바꾸어 준다. 이 문자열은 콘솔로 바로 출력할 수 있다. read 메서드는 문자 수가 아닌 변환 전의 바이트 수를 리턴한다.

다음은 UTF-8이 아닌 인코딩으로 텍스트 문서를 생성하는 방법에 대해 알아보자. 다른 운영체제와 문자열을 교환하려면 해당 운영체제가 인식할 수 있는 포맷의 문자열을 생성해야 한다. 임의의 인코딩으로 문자열을 변환할 때는 String의 다음 메서드를 사용한다.

```
byte[] getBytes(String charsetName)
byte[] getBytes(Charset charset)
```

인수로 인코딩 방식의 이름이나 Charset 객체를 전달한다. 이렇게 생성한 바이트 배열은 이진 데이터이므로 문자 스트림이 아닌 이진 스트림으로 기록한다. 다음 예제는 자바의 String으로 초기화한 세 줄짜리 문자열을 ANSI 텍스트 파일로 출력한다.

```
                ┌──────────┐
                │ ansitext │
┌───────────────┴──────────┴──────────────────────────────────────────┐
│ import java.io.*;                                                     │
│                                                                       │
│ class JavaTest {                                                      │
│     public static void main(String[] args) throws Exception {         │
│         String text = "우리나라 대한민국₩n1234abcd\n이것은 ANSI 텍스트입니다."; │
│         byte[] ansi = text.getBytes("euc-kr");                        │
│         FileOutputStream out = new FileOutputStream("ansi.txt");      │
│         out.write(ansi);                                              │
│         out.close();                                                  │
│         System.out.println("Write success");                         │
│     }                                                                 │
│ }                                                                     │
├────────┬──────────────────────────────────────────────────────────┤
│ 실행   │  Write success                                               │
│ 결과   │                                                              │
└────────┴──────────────────────────────────────────────────────────┘
```

getBytes 메서드는 대부분의 인코딩으로 변환할 수 있지만, 에러 처리 기능이 미약하여 지원하지 않는 인코딩일 경우 예외가 발생한다. 해당 문자열로 인코딩할 수 없는 문자는 디폴트 문자로 치환하며 잘못된 형식이 있을 경우 동작을 예측할 수 없다. 인코딩 방식에 대해 더 섬세하게 통제하고 싶다면 CharsetEncoder 클래스를 활용한다.

21-2 보조 스트림

1 버퍼 입출력

앞에서 배운 네 개의 클래스는 스트림으로 직접 입출력한다. 사용하기는 간단하지만 파일을 직접 액세스한다는 면에서 성능이 떨어진다. 한 바이트나 문자 하나를 입출력할 때마다 하드디스크가 구동되는데 모터로 돌아가는 기계 장치에 액세스가 빈번해 느릴 수밖에 없다. 전자적으로 동작하는 SSD도 메모리 외부라는 점에서 느리기는 마찬가지이다.

또한 기본 스트림은 다양한 타입의 데이터를 입출력하기 번거롭다는 면에서 편의성이 부족하다. 그래서 여러 가지 도우미 클래스를 제공하는데 기본 입출력 스트림을 도와준다고 해서 보조 스트림이라고 부른다. 보조 스트림은 모두 FilterInput(Output)Stream으로부터 파생된다.

스트림 입출력은 CPU가 아무리 빨라도 외부의 기계적인 장치에서 데이터를 읽으니 느릴 수밖에 없다. 속도차를 해소하려면 중간에 버퍼를 두고 한 번에 왕창 읽어야 한다. 다음 네 개의 클래스는 버퍼를 사용하여 입출력 성능을 개선한다. 버퍼를 지원하는 클래스는 버퍼를 관리하는 능력은 있지만, 입출력 기능 자체는 없다. 그래서 입출력 클래스와 짝을 이루어 사용한다.

종류	입출력 클래스	버퍼 클래스
이진 입력	FileInputStream	BufferedInputStream
이진 출력	FileOutputStream	BufferedOutputStream
문자 입력	FileReader	BufferedReader
문자 출력	FileWriter	BufferedWriter

이름이 비슷해서 대응되는 클래스를 찾기 쉽다. 버퍼 입출력 클래스의 생성자는 다음과 같다.

```
BufferedInputStream(InputStream in, [int size])
BufferedOutputStream(OutputStream out, [int size])
```

인수로 입출력 객체를 전달하면 버퍼를 준비한다. 버퍼 크기를 직접 지정할 수 있되 생략 시는 디폴트인 2M를 적용한다. 이 정도면 대부분의 입출력에 충분하여 굳이 더 늘릴 필요는 없다. 이후 버퍼 클래스의 메서드로 입출력을 수행한다. 버퍼 클래스의 메서드는 입출력 클래스와 같아 객체 생성문만 바꾸면 입출력 코드는 거의 손대지 않아도 된다. 다음 예제는 버퍼 클래스로 이진 데이터를 입출력한다.

```
import java.io.*;

class JavaTest {
    public static void main(String[] args) throws Exception {
        byte[] data = { 3, 1, 4, 1, 5, 9, 2, 6, 5, 3, 5, 8, 9, 7, 9 };
        FileOutputStream fout = new FileOutputStream("test.buf");
        BufferedOutputStream out = new BufferedOutputStream(fout);
        // BufferedOutputStream out = new BufferedOutputStream(new FileOutputStream("test.buf"));
        out.write(data);
        out.close();
        System.out.println("Write success");

        BufferedInputStream in = new BufferedInputStream(new FileInputStream("test.buf"));
        byte[] indata = new byte[15];
        in.read(indata,0,15);
        in.close();
        for (byte b : indata) {
            System.out.print(b);
        }
    }
}
```

실행 결과	Write success 314159265358979

길이가 긴 바이트 배열을 선언해 놓고 test.buf 파일로 입출력했다. 출력 스트림 객체 fout을 먼저 생성하고 이 객체를 버퍼 입출력 객체의 생성자로 전달하여 out 객체를 만든다. fout은 직접 사용되지 않아 두 객체의 생성문을 합칠 수도 있다.

```
BufferedOutputStream out = new BufferedOutputStream(new FileOutputStream("test.buf"));
```

이후 두 객체는 협조적으로 동작하여 빠른 속도로 스트림을 출력한다. out 객체는 파일이 아니라 버퍼로 데이터를 보내며 fout은 버퍼가 가득 차거나 시스템이 한가할 때 버퍼의 데이터를 test.buf 파일로 보낸다. 매 출력 시마다 데이터를 바로 쓰지 않고 버퍼에 모아 두었다가 한꺼번에 쓰기 때문에 효율이 높다.

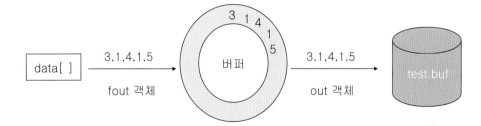

반면 스트림을 확실하게 닫지 않으면 버퍼의 데이터가 완전히 출력되지 않아 잃을 위험이 있다. 다 쓴 후에 flush 메서드로 스트림을 비우든가 close로 스트림을 닫아야 한다. 읽을 때도 마찬가지 방식으로 동작한다. read 메서드를 호출할 때 요청한 양만큼 읽는 것이 아니라 미리 더 많이 읽었다가 다음 read 호출 시에 디스크가 아닌 버퍼의 데이터를 전달한다.

위 예제에서는 데이터가 짧아 성능 차이를 체감하기 어렵지만 큰 파일의 경우 버퍼를 쓰는 것과 그렇지 않은 경우의 성능 차이가 심하게 벌어진다. 다음 예제는 버퍼로 텍스트 파일을 읽는데 텍스트 파일이 아주 심하게 크더라도 거의 실시간으로 읽어 들인다.

buffertext

```java
import java.io.*;

class JavaTest {
    public static void main(String[] args) throws Exception {
        BufferedReader in = new BufferedReader(new FileReader("애국가-Utf8nb.txt"));
        char[] text = new char[1000];
        int num = in.read(text);
        System.out.println("읽은 문자 개수 = " + num);
        System.out.println(text);
        in.close();
    }
}
```

실행 결과	읽은 문자 개수 = 75 동해물과 백두산이 마르고 닳도록 하느님이 보우하사 우리나라 만세. 무궁화 삼천리 화려강산 대한 사람, 대한으로 길이 보전하세

테스트 파일이 작아 별로 실감나지 않는데 10M 정도의 큰 텍스트 파일로 테스트해 보자. 출력하는데 시간이 걸릴 뿐 파일을 읽는 시간은 순간이다. 텍스트 파일을 String 타입으로 읽어 주는 read 메서드는 없다. 이럴 때는 직접 만들어 사용하면 된다.

readstring

```java
import java.io.*;

class JavaTest {
    public static void main(String[] args) {
        String str = ReadFileToString("애국가-Utf8nb.txt");
        System.out.println(str);
    }

    static String ReadFileToString(String Path) {
        StringBuffer Result = new StringBuffer();
        int ch;
        try {
```

```
            BufferedReader in = new BufferedReader(new FileReader(Path));
            for (;;) {
                ch = in.read();
                if (ch == -1) break;
                Result.append((char)ch);
            }
        }
        catch (Exception e) {;}
        return Result.toString();
    }
}
```

실행 결과	동해물과 백두산이 마르고 닳도록 하느님이 보우하사 우리나라 만세. 무궁화 삼천리 화려강산 대한 사람, 대한으로 길이 보전하세

한 문자씩 읽어 문자열에 순서대로 덧붙이는 식이다. 한 글자씩 읽으면 너무 느리므로 반드시 버퍼를 사용해야 한다. 또 String에 직접 덧붙이는 것보다 StringBuffer로 조립한 후 최종적으로 String으로 변환하는 것이 좋다.

2 파일 복사

버퍼를 사용한 입출력의 속도 개선 효과가 얼마나 있는지 직접 테스트해 보자. 다음 예제는 파일을 복사하는데 예제를 실행하기 전에 src.dat라는 원본 파일을 프로젝트 폴더에 복사해 둔다. 속도 테스트를 위해 1M 이상의 충분히 큰 파일을 사용하는 것이 좋으며 10M 정도면 확실한 차이를 느낄 수 있다. 이 정도 크기의 파일을 복사하여 이름을 src.dat로 바꿔 둔다.

filecopy

```
import java.io.*;

class JavaTest {
    public static void main(String[] args) throws Exception {
        long start = System.currentTimeMillis();
        System.out.println("복사 시작");
        FileInputStream src = new FileInputStream("src.dat");
        FileOutputStream dest = new FileOutputStream("dest.dat");
        int data;
        for(;;) {
            data = src.read();
            if (data == -1) break;
            dest.write(data);
        }
```

```
            src.close();
            dest.close();
            System.out.println("복사 완료");
            System.out.println((System.currentTimeMillis()-start)/1000.0 + " 초 걸림");
        }
}
```

실행 결과	복사 시작 복사 완료 2.137 초 걸림

파일을 복사하는 방법은 원론적이다. 원본과 목적 파일 두 개의 스트림을 열어 두고 원본에서 읽어 목적 파일에 파일 길이만큼 쓰기를 반복한다. 똑같은 사본을 만들려면 있는 그대로 읽어야 하며 따라서 이진 스트림을 사용한다. src에 원본 파일을 열고 dest에 목적 파일을 열었다.

이 상태에서 무한 루프를 돌며 src에서 한 바이트를 읽어 dest에 기록하기를 계속 반복하다가 파일 끝을 만나 read가 −1을 리턴할 때까지 반복한다. 복사 시간은 테스트 파일의 크기나 시스템 속도에 따라 다른데 대략 1M 정도의 파일을 사용했다.

컴퓨터가 아무리 고속이라도 백만 번의 루프는 만만한 것이 아니어서 2.1초라는 오랜 시간이 소요되었다. 이 비율대로라면 10M 복사에 21초가 걸린다는 얘기이다. 이렇게 느린 이유는 read 메서드로 기껏 한 바이트를 읽어 write 메서드로 꼴랑 한 바이트를 기록하기 때문이다.

그나마 SSD를 쓰는 장비라 이 속도라도 나오지만, 헤드가 물리적으로 움직이는 하드디스크라면 더 끔찍하다. 그래서 실제로는 이런 식으로 파일을 복사하지 않는다. 다음 예제는 버퍼를 사용하여 똑같은 파일을 복사한다.

filecopy2

```
import java.io.*;

class JavaTest {
    public static void main(String[] args) throws Exception {
        long start = System.currentTimeMillis();
        System.out.println("복사 시작");
        BufferedInputStream src = new BufferedInputStream(new FileInputStream("src.dat"));
        BufferedOutputStream dest = new BufferedOutputStream (new FileOutputStream("dest.dat"));
        int data;
        for(;;) {
            data = src.read();
            if (data == -1) break;
            dest.write(data);
        }
        src.close();
        dest.close();
        System.out.println("복사 완료");
        System.out.println((System.currentTimeMillis()-start)/1000.0 + " 초 걸림");
```

```
    }
}
```

버퍼 보조 스트림으로 한 번 감쌌을 뿐 입출력하는 루프의 코드는 똑같다. read, write 메서드가 기계적인 저장 장치를 일일이 액세스하지 않고 버퍼를 통해 입출력하므로 속도가 월등히 향상된다. 1M 정도면 거의 순식간이며 수십 메가의 파일도 그리 오래 걸리지 않는다.

버퍼를 사용하지 않을 때에 비해 대략 500배가량 빨라졌다. 기계적인 하드디스크와 전자적인 메모리의 속도 차는 감히 비교할 대상이 못 된다. 버퍼 없이 복사하는 동작이 삽으로 일일이 퍼서 나르는 것이라면, 버퍼를 경유한 복사는 포크레인으로 한방에 퍼 나르는 것과 같다.

3 변수 입출력

DataInput(Output)Stream 클래스는 기본 타입을 바이트 스트림으로 변환하여 입출력한다. 포맷팅 기능만 있고 입출력은 직접 수행하지 못해 스트림과 함께 사용한다. FileInput(Output)Stream 객체를 만든 후 생성자로 전달하면 이 클래스는 포맷팅만 하고 스트림은 생성자로 전달된 객체를 활용한다. 다음은 변수 출력 클래스의 생성자와 출력 메서드이다.

```
DataOutputStream(OutputStream out)
void writeBoolean(boolean v)
void writeByte(int v)
void writeShort(int v)
void writeChar(int v)
void writeInt(int v)
void writeLong(long v)
void writeFloat(float v)
writeDouble(double v)
void writeUTF(String str)
```

자바의 기본 타입에 대한 메서드가 정의되어 있다. 마지막의 writeUTF 메서드는 문자열을 UTF-8 인코딩으로 변환하여 출력한다. DataInputStream 클래스에는 기본 타입을 읽는 read* 메서드 집합이 정의되어 있으며 write* 메서드가 지원하는 타입을 다 읽어들인다. read* 메서드는 파일의 끝에 도달하여 데이터를 읽을 수 없을 때 EOFException 예외를 던진다.

EOF 상황은 극한적인 예외라기보다 통상적으로 발생할 수 있는 상황임에도 불구하고 예외로 처리하는 이유는 read* 메서드가 읽은 데이터를 리턴하기 때문이다. EOF를 표현할 특이값이 없어 예외로 처리하는데 원칙을 따지자면 EOF는 예외가 아닌 통상적인 상황이어서 부자연스럽다. 다음 예제는 정수, 실수, 문자열을 test.dat 파일로 출력하고 다시 읽어 본다.

dataio

```java
import java.io.*;

class JavaTest {
    public static void main(String[] args) throws Exception {
        DataOutputStream out = new DataOutputStream(new FileOutputStream("test.dat"));
        out.writeInt(1234);
        out.writeDouble(3.14159265);
        out.writeUTF("String 문자열");
        out.close();
        System.out.println("Write success");

        DataInputStream in = new DataInputStream(new FileInputStream("test.dat"));
        int i = in.readInt();
        double d = in.readDouble();
        String str = in.readUTF();
        System.out.printf("i = %d, d = %f, str = %s", i, d, str);
    }
}
```

실행 결과	Write success i = 1234, d = 3.141593, str = String 문자열

FileInput(Output)Stream 객체를 생성하여 DataInput(Output)Stream 생성자로 전달했다. 마치 콘솔 화면에 변수를 입출력하듯 파일로 변수를 입출력한다. 이진 파일이라 메모장으로는 내용을 볼 수 없고 스트림으로 읽어 봐야 확인 가능하다.

LineNumberReader는 행별로 문자열을 읽어 문단별로 구성된 텍스트 파일을 읽을 때 편리하다. 버퍼를 사용하여 속도가 빠르며 한 행은 CR이나 LF 또는 CR/LF 조합으로 구분한다. 생성자로 문자 입출력 스트림인 FileReader 객체를 전달하며 다음 메서드로 행을 읽는다.

```java
String readLine()
int getLineNumber()
void setLineNumber(int lineNumber)
```

readLine 메서드는 현재 위치에서 한 행을 읽는다. 행 끝을 나타내는 개행 코드는 제외하며 문서 끝일 때 null을 리턴한다. 리턴 타입이 String이어서 문자열을 다루기 편리하다. getLineNumber는 0부터 시작하는 행 번호를 조사하며, setLineNumber는 행 번호를 변경하되 읽을 위치를 변경하는 것은 아니다. 다음 예제는 애국가를 행별로 읽어 출력한다.

readline

```
import java.io.*;

class JavaTest {
    public static void main(String[] args) throws Exception {
        LineNumberReader in = new LineNumberReader(new FileReader("애국가-Utf8nb.txt"));
        for (;;) {
            String Line = in.readLine();
            if (Line == null) break;
            int Num = in.getLineNumber();
            System.out.printf("%4d : %s\n", Num, Line);
        }
        in.close();
    }
}
```

실행 결과	1 : 동해물과 백두산이 마르고 닳도록 2 : 하느님이 보우하사 우리나라 만세. 3 : 무궁화 삼천리 화려강산 4 : 대한 사람, 대한으로 길이 보전하세

한 행을 먼저 읽은 후 getLineNumber로 행 번호를 조사했으므로 1행부터 시작한다. 또는 먼저 조사한 후 1을 더한 값으로 출력해도 상관없다.

PrintWriter, PrintStream 클래스는 print, println, printf 메서드로 변수를 보기 좋게 포맷팅하여 출력한다. PrintStream은 예전부터 사용하던 구형 클래스이고, PrintWriter는 기능이 추가된 신형이다. 가급적 PrintWriter를 사용하는 것이 좋지만 System.out 객체가 PrintStream의 객체여서 이 클래스도 알아 두어야 한다. 다음 예제는 정수, 실수, 문자열을 포맷팅하여 출력한다.

printwriter

```
import java.io.*;

class JavaTest {
    public static void main(String[]args) throws Exception {
        PrintWriter out = new PrintWriter("format.txt");
        int i = 1234;
        double d = 56.789;
        String str = "문자열";
        out.printf("%6d, %10.2f, %s", i, d, str);
        out.close();
    }
}
```

실행 결과	1234, 56.79, 문자열

실행해 봐야 콘솔에는 아무 출력도 없으며 format.txt 파일을 열어 봐야 결과를 볼 수 있다. 실수를 소수점 셋째 자리에서 반올림하여 출력했다. printf의 복잡한 서식을 모두 활용할 수 있다.

4 콘솔 입력

다음은 System.in 객체를 사용한 콘솔 입력에 대해 알아보자. 그래픽 환경의 편리한 컨트롤이 널려 있는 현대적인 프로그래밍 환경에서 콘솔을 통해 입력받을 일은 거의 없다. 디버깅이나 예제 제작을 위해 잠깐 사용하는 정도에 불과하다.

in 객체의 read 메서드는 입력 스트림에서 문자 하나를 읽어 리턴하며 EOF가 검출되면 -1을 리턴한다. -1이 리턴될 때까지 문자를 계속 읽으면 사용자가 입력한 문자열을 구할 수 있다. 입력 스트림은 문자 하나가 입력될 때 바로 리턴하지 않고 Enter가 입력되어야만 리턴한다. 다음은 키보드를 통해 문자열을 입력받아 다시 화면으로 출력한다.

conin

```java
import java.io.*;

class JavaTest {
    public static void main(String[] args) {
        int name;
        System.out.println("이름을 입력한 후 Enter를 누르시오(끝낼 때는 Ctrl+Z).");
        for (;;) {
            try {
                name = System.in.read();
                if (name == -1) break;
                System.out.print((char)name);
            }
            catch (IOException e) {
                System.out.println("input error");
            }
        }
        System.out.println("입력완료");
    }
}
```

실행 결과	이름을 입력한 후 Enter를 누르시오(끝낼 때는 Ctrl+Z). Tom Tom 입력완료

입력 주체인 사용자는 신뢰성이 떨어져 예외 처리 구문이 필요하다. 포커스가 콘솔로 자동 이동하지는 않아 콘솔로 이동한 후 입력해야 한다. 윗줄의 Tom은 키보드로 입력한 문자열이 보이는 것이고, 아랫줄의 Tom은 버퍼의 문자를 하나씩 읽어 에코한 것이다. Enter를 눌러도 계속 입력을 받는데 완전히 끝낼

때는 Ctrl + Z 를 누른다.

in 객체는 기본적으로 바이트 스트림을 읽기 때문에 한글은 입력하지 못한다. 위 예제를 실행해 놓고 한글을 입력하면 에코되는 문자열이 깨진다. 문자 스트림을 입력받으려면 InputStreamReader 클래스를 사용한다. 동일한 예제를 다시 만들어 보자.

conin2

```java
import java.io.*;

class JavaTest {
    public static void main(String[] args) {
        int name;
        System.out.println("이름을 입력한 후 Enter를 누르시오(끝낼 때는 Ctrl+Z).");
        InputStreamReader r = new InputStreamReader(System.in);
        for (;;) {
            try {
                name = r.read();
                if (name == -1) break;
                System.out.print((char)name);
            }
            catch (java.io.IOException e) {
                System.out.println("input error");
            }
        }
        System.out.println("입력완료");
    }
}
```

이제 한글도 입력된다. 문자 단위가 아닌 줄 단위 입력을 받을 때는 InputStreamReader 객체의 readLine 메서드를 호출한다. 다음 예제는 한 줄을 입력받아 에코한다.

conin3

```java
import java.io.*;

class JavaTest {
    public static void main(String[] args) {
        InputStreamReader r = new InputStreamReader(System.in);
        BufferedReader b = new BufferedReader(r);
        try {
            String str = b.readLine();
            System.out.println(str);
            System.out.println("입력완료");
        }
        catch (IOException e) {
            System.out.println("input error");
        }
    }
}
```

이 예제를 잘 응용하면 키보드로부터 원하는 정보를 입력받을 수 있다. 다음 예제는 키보드로부터 정수 하나를 입력받아 두 배 되는 값을 출력한다.

conin4

```java
import java.io.*;

class JavaTest {
    public static void main(String[] args) {
        System.out.print("정수를 입력하시오 : ");
        InputStreamReader r = new InputStreamReader(System.in);
        BufferedReader b = new BufferedReader(r);
        try {
            String str = b.readLine();
            int i = Integer.parseInt(str);
            System.out.println("입력값의 2배 = " + i*2);
        }
        catch (IOException e) {
            System.out.println("input error");
        }
    }
}
```

실행 결과	정수를 입력하시오 : 12 입력값의 2배 = 24

스트림으로부터 입력받은 것은 항상 문자열이어서 연산에 사용하려면 정수로 변환해야 한다. 입력과 계산, 출력 정도의 예제를 만드는데 상당한 코드가 필요하다. 그래서 자바 1.5에서 좀 더 간단한 방법을 도입했다.

scanner

```java
import java.util.*;

class JavaTest {
    public static void main(String[] args) {
        System.out.print("정수를 입력하시오 : ");
        Scanner scan = new Scanner(System.in);
        int i = scan.nextInt();
        scan.close();
        System.out.println("입력값의 2배 = " + i*2);
    }
}
```

Scanner 클래스는 파일이나 문자열로부터 정보를 추출하는 기능을 제공하는데 생성자로 in 객체를 전달하면 키보드로부터 입력한 정보를 읽어낸다. 요청한 타입의 값을 읽어 주므로 별도의 변환이 필요 없고 예외 처리도 강제적이지 않아 코드가 간단하고 직관적이다.

근본적으로 콘솔이라는 장비 자체가 구닥다리여서 입력 메서드를 사용하는 방법이 직관적이지 못하고 절차도 복잡하다. 앞으로 콘솔로 입력을 받을 일이 드물어 너무 상세히 알 필요는 없으며 필요할 때 연구해도 늦지 않다.

21-3 직렬화

1 객체 저장

기본 타입의 변수는 물론이고 객체도 파일에 저장할 수 있다. ObjectInput(Output)Stream은 객체를 스트림으로 입출력하며 생성자는 다음과 같다.

```
ObjectOutputStream(OutputStream out)
ObjectInputStream(InputStream in)
```

입출력 스트림 객체를 생성자로 전달한다. writeObject 메서드는 객체의 모든 인스턴스 멤버를 스트림으로 출력하며 readObject 메서드는 스트림으로부터 멤버값을 읽어 객체를 생성한다. 아무 객체나 다 저장할 수 있는 것은 아니고 일정한 요건을 갖추어야 한다.

파일은 바이트 배열이고, 네트워크는 일련의 비트 흐름이다. 객체를 저장 또는 전송하려면 메모리에 입체적으로 저장한 객체를 일차원적인 스트림으로 만들어야 하는데 이 작업을 직렬화(Serialization)라고 한다. 반대로 저장한 스트림으로부터 객체를 생성하려면 일차원의 스트림을 다시 입체적인 객체로 조립해야 하는데 이 작업을 역직렬화(Deserialization)라고 한다.

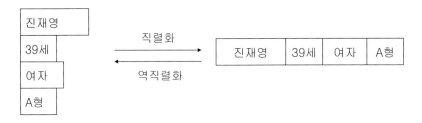

직렬화는 간단히 말해 정보를 일렬로 나열하는 것이다. 직렬화 가능 클래스를 만드는 방법은 굉장히 간단해서 Serializable 인터페이스를 상속받기만 하면 된다. Serializable 인터페이스 자체에는 아무 기능이 없으며 직렬화 가능한 타입이라는 것을 알리기만 한다. 다음 예제는 자동차 객체를 파일로 저장하고 다시 읽어 본다.

```
import java.io.*;

class Car implements Serializable {
    String name;
    String color;
    boolean gasoline;

    Car(String name, String color, boolean gasoline) {
        this.name = name;
        this.color = color;
        this.gasoline = gasoline;
    }

    void outInfo() {
        System.out.printf("이름 = %s, 색상 = %s, 연료 = %s\n", name, color, gasoline ? "휘발유":"경유");
    }
}

class JavaTest {
    public static void main(String[] args) throws Exception {
        Car pride = new Car("프라이드", "파랑", true);

        // 파일로 출력
        ObjectOutputStream out = new ObjectOutputStream(new FileOutputStream("pride.car"));
        out.writeObject(pride);
        out.close();
        System.out.println("파일로 기록");

        // 파일로부터 입력
        ObjectInputStream in = new ObjectInputStream(new FileInputStream("pride.car"));
        Car pride2 = (Car)in.readObject();
        in.close();
        pride2.outInfo();
    }
}
```

실행 결과	파일로 기록
	이름 = 프라이드, 색상 = 파랑, 연료 = 휘발유

Car 타입의 객체 pride를 생성한 후 pride.car 파일로 출력한다. 객체 출력 스트림 out을 생성한 후 writeObject 메서드로 대상 객체를 전달했다. 그리고 이 파일로부터 다시 객체를 읽어들여 pride2를 생성해 보았다. 객체 입력 스트림을 생성한 후 readObject 메서드를 호출하되 리턴 타입이 Object여서 원하는 타입으로 캐스팅한다.

pride2는 pride를 저장한 파일로부터 생성된 것이므로 pride와 내용이 동일하다. 실제로 생성된

pride.car 파일을 헥사 편집기로 들여다보면 Car, name, color 따위의 명칭과 프라이드, 파랑 따위의
필드값이 저장되어 있다.

```
Lister - [C:\JavaStudy\JavaTest\pride.car]                        —    □    ×
파일(F)  편집(E)  옵션(O)  도움말(H)                                        100 %
¬꿱sr ¢Car■ | ¼■¯¢2 ◖gasolineL ¬colort ◖Ljava/lang/String;L ◖nameq ¢ ◖p ½ ◖파랑t
◖프라이드
```

Car 객체를 이렇게 간단하게 저장할 수 있는 이유는 Car 클래스 선언문에 implements Serializable
선언으로 직렬화 가능한 타입임을 명시했기 때문이다. wrtieObject, readObject 메서드는 인수로 전
달받은 타입이 Serializable의 후손인지 보고 디폴트 방식대로 객체를 직렬화한다. 이 선언문을 빼면
Car 객체가 직렬화를 지원하지 않아 실행 시 예외가 발생한다.

```
Exception in thread "main" java.io.NotSerializableException: Car
    at java.io.ObjectOutputStream.writeObject0(Unknown Source)
    at java.io.ObjectOutputStream.writeObject(Unknown Source)
    at JavaExam.main(JavaExam.java:2697)
```

직렬화의 대상은 객체와 직접적인 연관이 있는 인스턴스 필드뿐이며 메서드나 정적 필드는 저장 대상이
아니다. Car 클래스는 name, color, gasoline 필드만 저장하며 생성자나 outInfo 메서드는 저장하지
않는다. 객체의 상태를 완전히 저장해야 하므로 private 필드도 저장 대상이다.

인스턴스 필드 중에 저장하고 싶지 않은 필드는 선언문에 transient 지정자를 붙인다. transient는 '임
시적인'이라는 뜻인데 객체의 상태와 상관없는 값이라는 뜻이다. 실행 중에 사용하는 임시 정보나 효율
향상을 위해 사용하는 버퍼 등은 언제든지 새로 생성할 수 있어 저장할 필요가 없다.

transient

```
import java.io.*;

class Car implements Serializable {
    String name;
    String color;
    transient boolean gasoline;
    static int count = 0;

    Car(String name, String color, boolean gasoline) {
        this.name = name;
        this.color = color;
        this.gasoline = gasoline;
        count++;
    }
```

```
        void outInfo() {
            System.out.printf("이름 = %s, 색상 = %s, 연료 = %s\n", name, color, gasoline ? "휘발유":"경유");
        }
}

class JavaTest {
    public static void main(String[] args) throws Exception {
        Car pride = new Car("프라이드", "파랑", true);

        // 파일로 출력
        ObjectOutputStream out = new ObjectOutputStream(new FileOutputStream("pride.car"));
        out.writeObject(pride);
        out.close();
        System.out.println("파일로 기록");

        // 파일로부터 입력
        ObjectInputStream in = new ObjectInputStream(new FileInputStream("pride.car"));
        Car pride2 = (Car)in.readObject();
        in.close();
        pride2.outInfo();
    }
}
```

실행 결과	파일로 기록 이름 = 프라이드, 색상 = 파랑, 연료 = 경유

gasoline 필드에 transient 지정자를 붙여 직렬화 대상에서 제외했다. 연료 종류는 중요하지 않다거나 임시적인 정보라고 가정하자. 그리고 count라는 정적 필드를 추가했다. main의 코드는 앞 예제와 동일하고 파일명만 pride2.car로 바꾸었다. 앞 예제와 실행 결과를 비교해 보자.

pride 객체는 휘발유 차량으로 생성되었지만 저장할 때 연료 종류는 제외했으므로 이 정보는 저장하지 않는다. pride2.car로부터 생성된 pride2의 연료는 디폴트값인 false로 초기화된다. 생성된 파일의 크기를 비교해 보면 pride.car가 101바이트인데 비해 pride2.car는 89바이트밖에 안 된다. 임시 필드와 클래스 소속의 정적 필드는 저장하지 않는다.

2 커스텀 직렬화

Serializable 인터페이스로부터 상속받기만 하면 직렬화 기능이 공짜로 구현된다.

ObjectInput(Output)Stream이 제공하는 디폴트 직렬화 기능은 정적 필드, transient 필드를 제외한 나머지 필드를 파일로 저장하고 다시 읽어오는 것이다. 대개의 경우 디폴트 직렬화 기능만으로 충분하지만 효율을 위해 직접 직렬화를 해야 할 때도 있다. 다음 예제를 보자.

```java
import java.io.*;

class Bitmap implements Serializable {
    byte[] raster;
    public Bitmap(int width) {
        raster = new byte[width];
        int i;
        for (i=0; i<100; i++) raster[i] = 1;
        for (i=100; i<width/2; i++) raster[i] = 8;
        for (i=width/2; i<width; i++) raster[i] = 7;
    }
}

class JavaTest {
    public static void main(String[] args) throws Exception {
        Bitmap girl = new Bitmap(32000);

        // 파일로 출력
        ObjectOutputStream out = new ObjectOutputStream(new FileOutputStream("girl.bitmap"));
        out.writeObject(girl);
        out.close();

        // 파일로부터 입력
        ObjectInputStream in = new ObjectInputStream(new FileInputStream("girl.bitmap"));
        Bitmap girl2 = (Bitmap)in.readObject();
        in.close();
    }
}
```

Bitmap 클래스는 이미지의 래스터 데이터를 저장한다. 생성자로 래스터의 크기를 전달받아 이 크기만큼의 배열을 생성하고 래스터 데이터를 초기화한다. 이미지의 색상값을 저장해야 하지만, 예제에서는 간단하게 1, 8, 7 같은 임의의 상수를 사용했다. 디폴트 직렬화 기능을 사용하면 raster 배열을 통째로 파일로 저장하며 최소한 raster 배열의 길이만한 파일을 생성한다.

main에서 32000의 길이를 가지는 girl 비트맵을 생성하고 저장했는데 약간의 헤더를 포함하여 실제 길이는 32064바이트가 된다. 이미지는 같은 색상이 계속 반복되는 경우가 많아 보통 압축 저장한다. 커스텀 직렬화 코드를 작성하면 똑같은 정보를 훨씬 작은 크기로 저장할 수 있다.

Serializable 인터페이스를 상속받은 후 writeObject, readObject 메서드를 직접 작성하여 더 치밀한 알고리즘으로 객체를 저장 및 복구한다. 다음 예제는 raster 배열을 있는 그대로 저장하지 않고 압축하여 저장한다.

620

```java
import java.io.*;

class Bitmap implements Serializable {
    byte[] raster;
    public Bitmap(int width) {
        raster = new byte[width];
        int i;
        for (i=0; i<100; i++) raster[i] = 1;
        for (i=100; i<width/2; i++) raster[i] = 8;
        for (i=width/2; i<width; i++) raster[i] = 7;
    }

    private void writeObject(ObjectOutputStream out) throws IOException {
        out.writeInt(raster.length);
        int num = 1;
        byte value = raster[0];
        for (int i = 1; i < raster.length; i++) {
            if (value == raster[i]) {
                num++;
            } else {
                out.writeByte(value);
                out.writeInt(num);
                num = 1;
                value = raster[i];
            }
        }
        if (num != 1) {
            out.writeByte(value);
            out.writeInt(num);
        }
    }

    private void readObject(ObjectInputStream in) throws IOException, ClassNotFoundException {
        int length = in.readInt();
        raster = new byte[length];
        int num;
        byte value;
        int offset;
        for (offset = 0; offset < length;) {
            value = in.readByte();
            num = in.readInt();
            for (int i = 0; i < num; i++) {
                raster[offset] = value;
                offset++;
            }
        }
    }

}
```

```
    }

class JavaTest {
    public static void main(String[] args) throws Exception {
        Bitmap girl = new Bitmap(32000);

        // 파일로 출력
        ObjectOutputStream out = new ObjectOutputStream(new FileOutputStream("girl2.bitmap"));
        out.writeObject(girl);
        out.close();

        // 파일로부터 입력
        ObjectInputStream in = new ObjectInputStream(new FileInputStream("girl2.bitmap"));
        Bitmap girl2 = (Bitmap)in.readObject();
        in.close();
    }
}
```

writeObject 메서드는 먼저 배열의 길이를 저장한다. 그리고 raster 배열을 순회하면서 연속되는 값의 개수를 조사하여 값과 개수의 쌍을 저장한다. 값 1이 백 개 이어질 때 1을 백 번 쓰는 것이 아니라 1이 백 개 있다는 정보만 저장하는 식이다. readObject 메서드는 배열의 길이를 읽어 메모리를 할당하고 값과 개수의 쌍을 꺼내 개수만큼 값을 반복하여 배열에 써 넣음으로써 원래의 데이터를 복원한다.

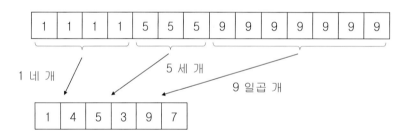

이 두 메서드의 코드는 지극히 원시적인 압축 방법인 RLE(Run Length Encoding) 알고리즘을 사용하는데 어려운 코드는 아니다. 이 알고리즘을 조금만 개선하면 압축률을 더 높일 수 있다. GIF나 JPG 같은 포맷은 이보다 훨씬 정교한 압축 알고리즘을 사용한다.

이 예제는 객체를 파일에 저장 및 복원만 하며 별도의 출력은 없다. 실행 결과를 확인해 보고 싶으면 파일의 크기를 비교해야 한다. 커스텀 직렬화로 생성한 파일은 불과 63바이트에 불과해 압축률이 대단히 높다. writeObject, readObject는 반드시 위 예제와 같은 형식으로 작성해야 한다. 입출력 중에 발생할 수 있는 예외를 직접 처리해서는 안 되며 메서드 호출부로 던져야 하고 저장한 순서와 같은 순서로 필드를 읽는다.

이상으로 객체를 스트림으로 저장하는 방법에 대해 간략하게 알아보았는데, 좀 더 고급 기법으로 상속받는 클래스를 직렬화하는 방법과 serialVersionUID 상수로 클래스의 버전을 관리하는 방법이 있다.

21-4 파일 관리

1 File

File 클래스는 파일과 디렉터리를 관리한다. 스트림 입출력 클래스는 파일 안의 데이터를 다루는데 비해 File 클래스는 파일 그 자체를 다룬다는 점이 다르다. 생성자로 파일의 경로를 전달하는데 드라이브, 디렉터리 정보를 포함할 수 있으며 상대 경로를 쓸 수도 있다.

```
File(String pathname)
```

없는 파일을 새로 만들 수도 있어 객체 생성 단계에서 파일이 존재하지 않아도 상관없다. 다음 메서드는 파일의 기본적인 정보를 조사한다.

메서드	설명
boolean exists()	파일이 존재하는지 조사한다.
boolean isDirectory()	디렉터리인지 조사한다. 디렉터리도 일종의 파일이다.
boolean isFile()	파일인지 조사한다.
long length()	파일의 길이를 조사한다. 디렉터리인 경우는 쓰레깃값이 리턴되므로 파일인 경우만 이 메서드를 호출해야 한다.
String getParent()	부모 경로의 이름을 조사한다. 파일이 속한 디렉터리가 조사된다.
String getName()	파일의 이름을 조사한다.
boolean isAbsolute()	절대 경로인지 조사한다. 절대 경로에 대한 정의는 운영체제에 따라 다른데 유닉스는 /로 시작할 때 절대 경로이며, 윈도우에서는 드라이브명이나 \\로 시작하는 UNC이면 절대 경로이다.
boolean isHidden()	숨김 파일인지 조사한다. 숨김 파일의 정의는 운영체제에 따라 다른데 유닉스는 .으로 시작하면 숨김 파일이며, 윈도우에서는 별도의 숨김 파일 속성이 지정되어 있어야 한다.
long lastModified()	마지막 수정된 시간을 조사한다.
boolean canRead()	읽을 수 있는 파일인지 조사한다.
boolean canWrite()	쓸 수 있는 파일인지 조사한다. 읽기 전용인 경우는 false이다.

이름, 길이, 속성 등을 조사하는 지극히 상식적인 메서드이다. 다음 예제는 상기의 메서드를 골고루 호출하여 c:\Temp\test.txt 파일의 정보를 조사한다.

```
import java.io.*;

class JavaTest {
    public static void main(String[] args) {
        File f = new File("c:\\Temp\\test.txt");
        if (f.exists()) {
            if (f.isFile()) {
                System.out.println("파일입니다.");
                System.out.println("파일경로 : " + f.getParent());
                System.out.println("파일이름 : " + f.getName());
                System.out.println("파일크기 : " + f.length());
                System.out.println("숨김 파일 : " + f.isHidden());
                System.out.println("절대 경로 : " + f.isAbsolute());
            } else if (f.isDirectory()) {
                System.out.println("디렉터리입니다.");
            }
        } else {
            System.out.println("파일이 없습니다.");
        }
    }
}
```

실행 결과	파일입니다. 파일경로 : c:\Temp 파일이름 : test.txt 파일크기 : 23 숨김 파일 : false 절대 경로 : true

이 파일을 복사 또는 생성해 놓고 실행하면 파일의 정보가 나타나며 그렇지 않으면 파일이 없다고 나타난다. 다음 메서드는 파일이나 디렉터리를 관리한다. 도스 명령창이나 탐색기에서 할 수 있는 대부분의 작업을 메서드로 제공한다.

메서드	설명
boolean createNewFile()	새로운 파일을 생성한다. 파일이 있으면 실패하며 false를 리턴한다.
boolean mkdirs()	디렉터리를 생성한다.
boolean delete()	파일이나 디렉터리를 삭제한다. 디렉터리는 비어 있어야 한다.
void deleteOnExit()	가상 머신을 종료할 때 삭제하도록 예약해 놓는다. 예약을 취소하는 방법은 제공되지 않는다.
boolean renameTo(File dest)	파일의 이름을 변경한다.
boolean setLastModified(long time)	파일 수정 시간을 변경한다.
boolean setReadOnly()	읽기 전용으로 설정한다.
boolean setWritable(boolean writable, boolean ownerOnly)	쓰기 가능하도록 설정한다. 소유자에 대해서만 쓰기 가능하도록 설정할 수도 있고, 누구나 쓰기 가능하도록 설정할 수도 있다.

boolean setReadable(boolean readable, boolean ownerOnly)	읽기 가능하도록 설정한다.
boolean setExecutable(boolean executable, boolean ownerOnly)	실행 가능하도록 설정한다.
static File createTempFile(String prefix, String suffix, File directory)	임시 파일을 생성한다. 파일명의 앞 부분과 뒷부분을 지정할 수 있으며 가운데는 중복되지 않도록 임의의 번호가 부여된다.

다음 예제에서는 디렉터리와 파일을 만들고 파일 안에 짧은 문자열을 기록해 본다.

makedir

```java
import java.io.*;

class JavaTest {
    public static void main(String[] args) throws Exception {
        File folder = new File("c:\\TestFolder");
        if (folder.mkdir()) {
            File file = new File("c:\\TestFolder\\MyFile.txt");
            if (file.createNewFile()) {
                FileWriter out = new FileWriter(file);
                out.write("테스트 파일");
                out.close();
            }
        }
    }
}
```

FileOutputStream이나 FileWriter의 생성자는 파일의 경로 외에도 File 객체를 인수로 받아들인다. 새 디렉터리를 만들고 그 안에 파일을 생성한 후 스트림 입출력 객체로 문자열을 기록했다. 다음 메서드는 파일의 목록을 조사한다. 이 메서드는 File 객체가 디렉터리를 가리킬 때만 사용할 수 있다.

```java
File[] listFiles([FilenameFilter filter])
```

필터를 생략하면 모든 파일을 조사한다. 조사 결과는 File 객체의 배열로 리턴한다. 이 배열을 순회하면 파일의 모든 정보를 조사할 수 있다. 다음 예제는 C 드라이브의 루트에 있는 파일 목록을 출력한다.

listfile

```java
import java.io.*;

class JavaTest {
    public static void main(String[] args) {
        File f = new File("c:\\");
        File[] arFile = f.listFiles();
        for (int i = 0; i < arFile.length; i++) {
            if (arFile[i].isFile()) {
```

```
            System.out.printf("%s %d 바이트\n",arFile[i].getName(), arFile[i].length());
        } else {
            System.out.printf("[%s] <폴더>\n",arFile[i].getName());
        }
    }
  }
}
```

파일은 길이를 조사하여 출력했다. 서브 디렉터리까지 조사하려면 재귀 호출을 사용한다. 이 정도 메서드만 해도 간단한 탐색기 정도는 충분히 만들 수 있다.

2 RandomAccessFile

자바의 입출력 스트림은 장비의 종류에 상관없이 유사한 절차와 코드로 입출력을 일관되게 수행한다는 면에서 논리적으로 우수하다. 그러나 컴퓨터의 성능이 떨어질 때 나온 구식이라 몇 가지 불편함이 있는 것도 사실이다.

* 입출력 스트림이 구분되어 있어 동시에 읽고 쓰지 못한다.
* 데이터를 순서대로 읽어야 하며 임의의 위치를 읽지 못한다.

이런 단점을 해소하기 위해 자바는 RandomAccessFile이라는 별도의 파일 액세스 전용 클래스를 제공한다. 오로지 파일만을 대상으로 하며 콘솔이나 네트워크 입출력 기능은 없지만, 파일만 읽기에는 이만큼 편리한 클래스가 없다. 스트림이 아니며 Object로부터 바로 상속받는 독립적인 클래스이다. 생성자는 다음과 같다.

```
RandomAccessFile(File file, String mode)
RandomAccessFile(String name, String mode)
```

첫 번째 인수로 액세스할 File 객체나 경로명을 전달한다. mode 인수는 이 파일로 어떤 동작을 할 것인가를 지정하는데 "rw"로 지정하면 읽고 쓰기가 모두 가능하며, "r"로 지정하면 읽기만 가능하다. 객체를 생성한 후 다음 메서드로 파일의 데이터를 읽고 쓴다.

```
int read()
int read(byte[] b, [int off, int len])
int readInt()
void write(int b)
void write(byte[] b, [int off, int len])
void writeInt(int v)
```

일부만 보였는데 readFloat, readLong 등 각 데이터 타입의 메서드를 모두 제공한다. read() 메서드는 이진값 하나를 읽어 리턴하되 파일 끝에 도달하면 -1을 리턴한다. readInt 메서드는 읽은 정숫값을 리턴하되 파일 끝에 도달하면 EOFException 예외를 던진다. int 타입의 전 값을 다 사용해 EOF를 표기할 특이값이 없기 때문이다. 따라서 바이트가 아닌 값을 읽을 때는 반드시 예외 처리 블록을 구성해야 한다.

이 클래스의 또 다른 장점은 파일의 액세스 위치를 임의로 변경할 수 있다는 점이다. 객체는 파일의 현재 위치(FP: File Pointer)를 기억하는데 마치 콘솔 화면의 커서와 같은 역할을 한다. 액세스 위치는 항상 FP를 기준으로 하고 파일을 읽거나 쓰면 FP는 뒤로 이동하여 다음 데이터를 액세스할 준비를 한다. 그래서 반복적으로 읽으면 파일의 모든 데이터를 순차적으로 읽는다. 다음 메서드는 FP를 조사하거나 변경하여 다음 액세스 위치를 변경한다.

```
long getFilePointer()
void seek(long pos)
long length()
```

액세스 위치를 임의로 변경할 수 있기 때문에 랜덤 액세스라고 하며 꼭 순서대로 읽지 않아도 상관없다. 다음 예제는 파일을 생성한 후 데이터를 기록하고 다시 읽는다.

randomaccess

```
import java.io.*;

class JavaTest {
    public static void main(String[] args) throws Exception {
        byte[] data = { 1, 2, 3, 4, 5, 6, 7, 8, 9, 10, 11, 12 };
        RandomAccessFile file = new RandomAccessFile("random.dat", "rw");
        file.write(data);
        System.out.println("Write success");

        file.seek(0);
        for (;;) {
            int value = file.read();
            if (value == -1) break;
            System.out.print(value);
        }

        file.close();
    }
}
```

실행 결과	Write success 123456789101112

random.dat라는 이름의 파일을 읽고 쓰기용으로 열고 write 메서드로 바이트의 배열을 출력한다. 바이트값을 기록하므로 임의의 이진 데이터를 기록할 수 있으며 배열의 위치와 길이를 지정하여 일부만 기록할 수도 있다.

데이터를 다 기록하면 FP는 파일의 끝으로 가 있다. 이 상태에서 seek 메서드로 FP를 파일의 선두로 가져온 후 이번에는 데이터를 읽어 보았다. 읽고 쓰기 모드로 열었으므로 기록한 후에 FP만 적당한 곳으로 옮기면 다시 읽을 수 있다. 다음 예제는 이 클래스의 랜덤 액세스 기능을 활용하여 파일의 중간 부분에서 데이터 하나만 읽어 출력한다.

```
randomaccess2
```

```java
import java.io.*;

class JavaTest {
    public static void main(String[] args) throws Exception {
        RandomAccessFile file = new RandomAccessFile("random.dat", "r");

        file.seek(4);
        byte value = file.readByte();
        System.out.print(value);
        file.close();
    }
}
```

실행 결과	5

읽기 모드로 파일을 연 후 오프셋 4로 FP를 이동한다. 이 상태에서 readByte 메서드로 값을 읽으면 중간쯤에 있는 값 5를 읽는다. 대개의 경우 순서대로 읽지만, 동영상이나 오디오 파일처럼 재생 위치를 임의로 변경할 수 있는 파일은 중간 부분으로 이동해서 읽기도 하고 이미 읽은 데이터를 다시 읽기도 한다. 이럴 때 랜덤 액세스 기능이 꼭 필요하며 스트림으로는 구현하기 어렵다.

22

_ 클래스의 중첩

22-1 중첩 클래스

1 내부 클래스

중첩 클래스는 클래스 안에 클래스를 선언하는 것이다. 실용성에 비해 난이도가 높아 한 번에 다 이해하려 애쓰기보다 접수되는 데까지 공부해 두고 필요할 때 천천히 연구해 보는 것이 좋다. GUI 프로그램이나 안드로이드 개발에 관심 있다면 이벤트 핸들러 작성을 위해 잘 알아 두어야 한다.

앞에서 Human 클래스에 Notebook 객체를 포함시켜 본 적이 있는데 복잡한 정보는 별도의 클래스를 정의하고 그 객체를 포함하는 것이 좋다. 예를 들어 사람의 이름을 더 상세하게 표현하면 성과 이름으로 나눌 수 있으며 이 둘을 묶어 하나의 클래스로 정의한다.

```
innerclass
```

```java
class Name {
    String first;
    String family;

    Name(String first, String family) {
        this.first = first;
        this.family = family;
    }
}

class Human {
    int age;
    Name name;

    Human(int age, String first, String family) {
        this.age = age;
        this.name = new Name(first, family);
    }

    void intro() {
        System.out.println("안녕, " + age + "살 " + name.family + name.first + "입니다.");
    }
}

class JavaTest {
    public static void main(String[] args) {
```

```
        Human kim = new Human(29, "상형", "김");
        kim.intro();
    }
}
```

실행 결과	안녕, 29살 김상형입니다.

Name 클래스에 이름인 first와 성인 family를 멤버로 선언했다. 우리 나라는 이름이 간단하지만 외국의 경우 처음, 중간, 마지막 등 여러 단계로 나누어지고 결혼하면 성이 바뀌기도 하여 꽤 복잡하다. 생성자는 이름과 성을 인수로 전달받아 초기화한다. 필요하다면 이름을 조합하거나 변경하는 메서드도 포함할 수 있다.

Human 클래스는 문자열 필드 대신 이름과 성으로 구성된 Name 객체를 포함한다. 클래스가 정의되어 있으니 Name 객체 여러 개를 포함할 수도 있다. 생성자는 이름과 성을 전달받아 Name 객체를 생성하며 출력할 때 성 + 이름으로 조립한다. 정보가 분리되어 있어 따로 출력하거나 성과 이름 사이에 다른 문자열을 삽입하기도 쉽다. main에서 kim 객체를 생성한 후 출력했다.

이 예제의 Name 클래스는 Human에서 사용할 필드를 세분화하여 정의하는 보조적인 도우미 역할을 하며 다른 목적으로는 사용하지 않는다. 이럴 경우 Name 클래스를 아예 Human 클래스의 안쪽에 선언하여 중첩한다. 객체를 필드로 포함하는 것이 아니라 한 단계 위의 클래스를 멤버로 포함하는 것이다.

방법은 간단한데 필드나 메서드를 선언하는 것처럼 중첩 클래스를 다른 클래스 안에 선언하면 된다. Name 클래스 선언문을 Human 클래스의 안쪽으로 옮긴다. 클래스의 선언 위치만 바뀌었을 뿐이다.

안쪽에 포함된 클래스를 내부 클래스(inner, nested)라고 하며, 바깥쪽의 클래스를 외부 클래스(outer, enclosing)라고 한다. 이 경우 Name 내부 클래스를 Human 외부 클래스에 중첩한 것이다. 관련 있는 클래스를 중첩하여 하나로 선언하면 다음과 같은 이점이 생긴다.

- 외부 클래스가 필요한 정보를 다 포함하여 재사용성이 향상된다. Human 클래스의 소스만 복사하면 바로 사용할 수 있다.
- 다른 곳에서 사용하지 않는 클래스를 숨겨 보안성과 안정성이 향상된다. 외부에서는 내부 클래스의 존재를 몰라도 상관없다.
- 연관 있는 클래스를 하나로 묶어 긴밀한 관계가 되며 서로의 멤버를 자유롭게 참조할 수 있다.

내부 클래스도 필드나 메서드와 똑같은 멤버이며 지정자를 자유롭게 붙일 수 있다. private, protected 등의 액세스 지정자로 감출 수 있고, static 지정자를 붙여 정적으로 선언할 수도 있다. 위 예제의 Name 은 비정적 내부 클래스이며 패키지 내에 공개한다.

비정적 내부 클래스는 생성 단계에서 외부 클래스와 밀접한 관련을 맺으며 완전히 소속되어 외부의 멤버를 자유롭게 액세스할 수 있다. 다음 예제는 다소 난이도가 있어 잘 분석해 봐야 한다.

innerclass2

```java
class Human {
    int age;
    Name name;

    class Name {
        String first;
        String family;

        Name(String first, String family) {
            this.first = first;
            this.family = family;
        }

        void outAge() {
            System.out.println("저는 " + age + "살입니다.");
        }
    }

    Human(int age, String first, String family) {
        this.age = age;
        this.name = new Name(first, family);
    }

    void intro() {
        System.out.println("안녕. " + age + "살 " + name.family + name.first + "입니다.");
    }
}

class JavaTest {
    public static void main(String[] args) {
        Human kim = new Human(29, "상형", "김");
        kim.intro();
        kim.name.outAge();
    }
}
```

실행 결과	안녕. 29살 김상형입니다. 저는 29살입니다.

632

Name 클래스를 Human 클래스 안에 중첩하여 멤버로 포함시켰다. Name 클래스 타입은 age 필드나 intro 메서드와 동등한 자격을 가지는 멤버이다. 멤버 간의 선언 순서는 중요하지 않아 편리한 대로 작성하면 된다. Name 클래스 선언 전에 Name 타입의 필드 name을 선언했지만 잘 컴파일된다.

Name 클래스는 이름인 first와 성인 family를 필드로 가지며 outAge 메서드에서 age 멤버를 읽어 출력한다. 이 코드는 상식적으로 선뜻 이해하기 어려운데 age는 Name의 필드가 아니지만 Name의 메서드인 outAge에서 읽을 수 있다. Name 클래스만 따로 떼 놓고 보면 말도 안 되는 코드이지만, Human에 소속된 특수한 관계이기 때문에 이런 코드가 가능하다.

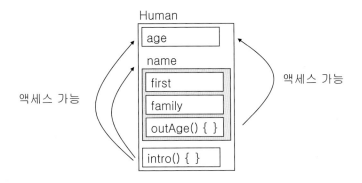

메서드는 같은 클래스 소속의 필드를 자유롭게 읽고 쓸 수 있다. intro 메서드에서 age 필드를 읽을 수 있는 것은 지극히 당연하다. 마찬가지로 내부 클래스의 메서드도 외부 클래스 소속의 필드를 읽을 수 있다. name과 age는 같은 레벨이며 name에 속한 outAge 메서드에서 age를 읽는 것도 당연하다. 설사 age가 private이더라도 소속이 같아 액세스 가능하다.

이 코드가 안전한 이유는 name과 age가 같이 생성되기 때문이다. 내부 클래스의 객체는 외부 클래스의 객체와 긴밀한 관계이며 홀로 생성될 수 없고 반드시 같이 생성된다. 신상 정보는 나이와 성, 이름이 완비되어야 하며 이 중 하나가 빠지면 완전한 객체가 아니다. age는 Name 소속은 아니지만, outAge 메서드를 호출할 때 반드시 생성되어 있어 항상 액세스할 수 있다.

2 내부 클래스 객체 생성

내부 클래스도 안에 포함되어 있다뿐이지 하나의 타입이므로 외부에서 객체를 생성할 수 있다. 단, 홀로 생성할 수 없으며 반드시 외부 객체로부터 생성해야 한다. 바깥에서 내부 클래스의 객체를 생성할 때는 다음 구문을 사용하는데 다소 생소하다.

```
Outer.Inner 변수명 = 외부객체.new Inner(생성자 인수)
```

Name 타입은 Human에 소속된 내부 클래스이므로 Human.Name 식으로 소속을 밝혀 칭한다. 내부 클래스 타입의 객체를 생성할 때는 외부 객체의 new 연산자를 호출하여 어떤 객체와 연결할 것인지 밝힌다. 다음 예제를 보자.

newinner

```java
class Human { .... }

class JavaTest {
    public static void main(String[] args) {
        Human kim = new Human(29, "상형", "김");
        kim.intro();

        Human.Name name = kim.new Name("순신", "이");
        System.out.print(name.family + name.first + ":");
        name.outAge();
    }
}
```

실행 결과	안녕, 29살 김상형입니다. 이순신:저는 29살입니다.

main에서 Human 타입의 kim 객체를 생성하고 intro 메서드를 호출했다. 그리고 kim 객체로부터 새로운 Name 객체 name을 하나 더 생성하고 이 객체의 outAge를 호출했다. 객체 생성문이 그냥 new 호출문이 아닌 kim.new임을 유의하자.

intro 메서드가 출력한 정보는 kim 객체 내부의 name, age 멤버값이다. 두 번째 출력문은 외부에서 별도로 생성한 name 객체가 자신의 이름과 연관된 객체의 나이를 출력한다. 외부에 따로 생성한 name 객체도 kim 객체로부터 생성했으므로 이름만 다를 뿐 참조하는 나이값은 같다.

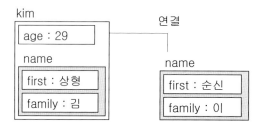

kim 객체에 두 개의 이름이 있는 복잡한 상황이다. 외부에서 생성한 name 객체도 kim 객체와 연결되어 있어 outAge 메서드에서 참조하는 멤버는 kim의 age이다. 내부 클래스인 Human.Name 타입 객체는 외부 클래스 객체와 항상 연관되며 그래서 생성할 때부터 연관 객체를 밝혀야 한다.

외부 클래스의 생성자에도 Name 내부 클래스의 객체를 생성하는 구문이 있는데 여기서는 객체의 이름을 사용하지 않았다. 지금 생성 중인 객체와 연관됨이 뻔하기 때문에 굳이 밝힐 필요가 없다. Human 생성자에 있는 Name 객체 생성문은 사실 다음과 같이 써야 하는데 외부 클래스에서 자신에 속한 객체를

634

생성하는 것이므로 this를 생략했다.

```
this.name = this.new Name(first, family);
```

내부 클래스는 외부 클래스 전용이어서 다른 곳에서 생성할 일이 흔하지 않다. 위 예제의 경우 이미 kim 객체에 이름이 있지만, 외부에서 이름을 하나 더 준 꼴인데 이렇게 해야 할 실용적 이유가 없다. 억지로 상황을 만든다면 사람에게 별명을 하나 더 붙인 것이다. 내부 클래스의 객체를 외부에서 만들 일은 드물지만 중첩된 클래스도 하나의 타입이므로 객체를 만들 수 있어야 한다.

아주 특수한 경우에 그럴 필요가 있어 자바는 이런 복잡한 구문을 제공한다. 만약 내부 클래스의 객체를 밖에서 생성할 일이 잦다면 이는 내부에 포함시키지 말아야 할 클래스를 억지로 포함시킨 것이며 디자인을 잘못한 것이다. 내부 클래스를 밖으로 분리하거나 정적으로 선언할 것을 고려해 봐야 한다.

3 중첩 상태에서의 this

this 키워드는 메서드를 호출하는 객체를 나타내며 메서드 안에서 this는 자기 자신이다. 그런데 중첩된 클래스에서는 안쪽, 바깥쪽 두 개의 클래스가 있어 this가 어떤 객체를 나타내는지 애매하다.

```
class Outer {
    class Inner {
        void method {
            this
        }
    }
}
```

키워드는 하나밖에 없는데 소속 클래스가 두 개나 되니 어떤 객체를 가리킬지 모호해졌다. 이럴 때는 가장 가까운 쪽을 칭하는 것이 논리상 합당하며 그냥 this라고 하면 안쪽 클래스의 객체를 의미한다. 바깥쪽 클래스의 객체를 칭하는 방법도 필요한데 이때는 다음 형식을 사용한다.

```
외부클래스.this
```

중첩 상태에서는 this도 정확한 소속을 밝혀야 한다. 다음 예제를 보자. 잘 발생하지 않는 상황을 간략하게 만들다 보니 소스가 길고 복잡하다.

```
innerthis

class Human {
    int age;
```

```
    Name name;

    class Name {
        String first;
        String family;

        Name(String first, String family) {
            this.first = first;
            this.family = family;
        }

        void outName() {
            Util.outName(this);
        }

        void outWho() {
            Util.outHuman(Human.this);
        }
    }

    Human(int age, String first, String family) {
        this.age = age;
        this.name = new Name(first, family);
    }

    void intro() {
        System.out.println("안녕, " + age + "살 " + name.family + name.first + "입니다.");
    }
}

class Util {
    static void outName(Human.Name name) {
        System.out.println(name.family + name.first + "입니다.");
    }

    static void outHuman(Human who) {
        who.intro();
    }
}

class JavaTest {
    public static void main(String[] args) {
        Human kim = new Human(29, "상형", "김");
        kim.name.outName();
        kim.name.outWho();
    }
}
```

실행 결과	김상형입니다. 안녕, 29살 김상형입니다.

Name 내부의 outName, outWho 메서드가 있고 여기서 Util 클래스의 메서드를 호출하여 이름과 소개를 출력한다. 상황이 복잡한데 객체 자신을 외부 메서드로 전달하는 예이다. outName 메서드에서 Name 객체 자신을 칭할 때 this라고 표현하는 것은 지극히 상식적이다. 이 객체가 Util.outName 메서드의 name 인수로 전달되어 이름을 출력한다.

outWho 메서드에서 Name이 포함된 Human 외부 객체를 칭하려면 Human.this라고 표현한다. Name을 감싸고 있는 외부의 Human 객체인 kim이 Util.outWho 메서드로 전달되어 이 객체의 intro 메서드를 호출한다. outWho에서 this를 전달하면 이때의 this는 Human 타입이 아니라 Name 타입이어서 Util.outWho의 인수와 맞지 않다. 그래서 Human.this로 외부 클래스의 객체임을 밝힌다.

내부 클래스의 메서드에서 외부 클래스의 멤버를 칭하려면 원래 Outer.this.멤버 식으로 소속을 밝히는 것이 원칙이다. 앞 예제의 outAge 메서드는 다음과 같이 age가 바깥쪽 클래스에 있음을 명확히 밝혀야 한다.

```java
void outAge() {
    System.out.println("저는 " + Human.this.age + "살입니다.");
}
```

그러나 이렇게 하지 않고 그냥 age라고만 써도 소속된 외부 클래스의 멤버를 찾을 수 있어 간단하게 쓰는 방식을 허용한다. 외부와 내부는 긴밀한 관계여서 굳이 외부 클래스 소속임을 밝히지 않아도 된다. 그러나 외부와 내부의 멤버 간 이름 충돌이 있을 때는 이를 명확히 밝히기 위해 이런 문법이 필요하다. 다음 예제를 보자.

innerthis2	실행 결과
| ```java
class Human {
    int age = 30;
    Name name = new Name();
    class Name {
        int age = 50;
        void intro() {
            System.out.println(age);
            System.out.println(this.age);
            System.out.println(Human.this.age);
        }
    }
}

class JavaTest {
    public static void main(String[] args) {
        Human park = new Human();
        park.name.intro();
    }
}
``` | 50<br>50<br>30 |
```

안쪽, 바깥쪽에 모두 age 필드가 있고 각각 다른 값으로 초기화하고 intro에서 age 멤버를 여러 방식으로 출력했다. intro 메서드에서 그냥 age는 당연히 Name 소속이다. this.age도 intro가 Name에 속해 있으므로 같은 소속의 age를 의미한다. 이때 바깥쪽 Human의 age는 가려지는데 이 필드를 참조하는 표기법이 바로 Human.this.age이다.

이름이 중복되는 경우가 아니라면 굳이 이런 표현을 쓸 필요가 없지만 문법은 이런 경우까지 가정해서 대비해야 하니 복잡할 수밖에 없다. 클래스끼리 겹치다 보니 상황이 복잡하고 그러다 보니 문법도 일부러 베베 꼬아 놓은 것처럼 복잡해졌다.

다음은 이런 문법이 꼭 필요한 실제 예이며 안드로이드에서 이벤트 핸들러를 작성할 때 종종 사용한다. 이 코드는 버튼 클릭 이벤트에 대한 핸들러를 작성하여 토스트 메시지를 출력한다. 핸들러를 간단하게 생성하기 위해 익명 클래스를 정의하고 이 안에서 onClick 메서드를 재정의했다. 이렇게 되면 액티비티 클래스 안에 이벤트 리스너 인터페이스 구현 클래스가 중첩된다.

```
public class MyActivity extends Activity {
    ....
    Button.OnClickListener mClickListener = new Button.OnClickListener() {
        public void onClick(View v) {
            Toast.makeText(MyActivity.this, "버튼을 눌렀습니다.",
                Toast.LENGTH_SHORT).show();
        }
    }
    ....
```

토스트를 생성하는 makeText 메서드는 첫 번째 인수로 액티비티를 요구하는데 핸들러 안에서 this는 핸들러 구현 객체를 의미한다. 그래서 this라고 쓸 수 없으며 반드시 외부 클래스명을 사용하여 MyActivity.this라고 써야 한다.

4 정적 내부 클래스

내부 클래스는 외부 클래스와 밀접한 관계를 가지며 외부 클래스의 멤버를 자유롭게 액세스할 수 있다. 정보가 복잡하여 별도의 클래스를 선언한 후 이 객체 타입의 필드로 선언했다뿐이지 일반 필드와 다를 바가 없다.

이에 비해 정적 내부 클래스는 소속만 외부 클래스 안에 있을 뿐 일반적인 클래스와 같아 외부 클래스의 멤버는 참조할 수 없다. 긴밀한 관계가 아니어서 외부에서 정적 내부 클래스의 객체를 생성할 때는 Outer.Inner 식으로 소속만 밝힐 뿐 객체로부터 생성하지 않는다. 앞 예제의 Name 클래스를 정적 내부 클래스로 만들어 보자. 클래스 선언문 앞에 static 키워드만 붙이면 된다.

```
class Human {
    int age;
    Name name;

    static class Name {
        String first;
        String family;

        Name(String first, String family) {
            this.first = first;
            this.family = family;
        }
    }

    Human(int age, String first, String family) {
        this.age = age;
        this.name = new Name(first, family);
    }

    void intro() {
        System.out.println("안녕, " + age + "살 " + name.family + name.first + "입니다.");
    }
}

class JavaTest {
    public static void main(String[] args) {
        Human kim = new Human(29, "상형", "김");
        kim.intro();

        Human.Name name = new Human.Name("순신", "이");
        System.out.println("이름 : " + name.family + name.first);
    }
}
```

실행 결과	안녕, 29살 김상형입니다. 이름 : 이순신

Name 클래스는 Human 클래스 안에 있지만 별개의 클래스이며 name 필드를 선언하기 위해 Name 클래스를 선언한 것뿐이다. Human과 Name은 별다른 연관이 없으며 Name의 메서드에서 Human의 멤버를 액세스할 수 없다. 외부에서 내부 클래스의 객체를 생성할 때 Human.Name 식으로 소속만 밝히면 된다.

main에서 Human 타입의 kim 객체를 생성했다. 생성자에서 name 필드를 생성하며 intro에서 name 객체의 필드를 읽어 성과 이름을 출력한다. 그리고 별도의 Human.Name 타입의 name 객체를 하나 더 생성하고 그 필드를 출력해 보았다. 이렇게 생성한 name 객체는 성과 이름 정보만 가지며 나이 정보는 가지지 않는다. 두 개의 name 객체는 완전히 별개다.

Name은 소속만 Human일 뿐 별도의 클래스로 선언한 것과 같으며 Name 선언문을 Human 바깥으로 빼도 아무 문제가 없다. 다만 긴밀한 관계가 아니더라도 보조 타입으로 사용한다면 내부 정적 클래스로 선언하여 캡슐화하는 것이 재사용에 유리하다. 대규모 라이브러리는 클래스 수가 많으면 혼란스러워 내부에서만 사용하는 타입은 안쪽에 숨기는 것이 간결하다.

내부 클래스와 정적 내부 클래스의 차이점은 메서드의 경우와 같다. 일반 멤버는 정적 멤버를 자유롭게 읽을 수 있지만, 정적 멤버는 정적 멤버만 액세스할 수 있다. 다음은 이를 확인해 보는 예제이며 문법만 살펴보는 것이어서 별도의 출력은 없다.

staticinner2

```
class Human {
    int field;
    static int staticField;

    // 내부 클래스는 외부의 모든 멤버를 액세스할 수 있다.
    class Name {
        void method() {
            field = 0;
            staticField = 0;
        }
    }

    // 정적 내부 클래스는 외부의 정적 필드만 액세스할 수 있다.
    static class StaticName {
        void method() {
            // field = 0;
            staticField = 0;
        }
    }

    // 비정적 메서드는 내부, 정적 내부 클래스 모두 액세스할 수 있다.
    void method() {
        Name n = new Name();
        StaticName sn = new StaticName();
    }
}
```

```
        // 정적 메서드는 내부 정적 클래스만 액세스할 수 있다.
    static void staticmethod() {
        // Name n = new Name();
        StaticName sn = new StaticName();
    }
}

class JavaTest {
    public static void main(String[] args) {
    }
}
```

예제에서 주석 처리된 두 줄의 코드는 정적 내부 클래스나 정적 메서드에서 비정적 멤버를 액세스하여 에러이다. 멤버의 종류가 클래스여서 어려워 보일 뿐 메서드와 필드의 관계로 바꿔 생각하면 상식적이다.

정적 내부 클래스는 정적 멤버를 가질 수 있다. 자신이 정적이므로 클래스 소속의 멤버를 가져도 이상할 것이 없다. 그러나 비정적 내부 클래스는 정적 멤버를 가질 수 없다. 왜냐하면 외부 객체가 생성될 때 같이 생성되므로 공유 멤버가 필요 없기 때문이다. 다만 정적 상수 멤버는 가질 수 있다.

22-2 지역 클래스

1 지역 내부 클래스

지역 내부 클래스(Local Inner Class)는 메서드 내에서 지역적으로 선언하는 클래스이다. 마치 지역 변수를 선언하듯이 메서드 안에서 임시 클래스를 선언하여 사용할 수 있다.

localclass

```java
class JavaTest {
    public static void main(String[] args) {
        class Human {
            int age;
            String name;

            Human(int age, String name) {
                this.age = age;
                this.name = name;
            }

            void intro() {
                System.out.println("안녕, " + age + "살 " + name + "입니다.");
            }
        }

        Human kim = new Human(29, "김상형");
        kim.intro();
    }

    // 메서드 외부에서는 지역 내부 클래스를 참조할 수 없다.
    static void otherMethod() {
        // Human kim = new Human(29, "김상형");
    }
}
```

실행 결과	안녕, 29살 김상형입니다.

main 메서드 내부에 Human 클래스를 선언했으며 Human 타입의 객체 kim을 생성한 후 사용했다. 메서드 내부에서는 선언 순서에 유의해야 하는데 객체를 생성하기 전에 클래스 선언문이 먼저 와야 한

다. 메서드 안에 선언되어 있다뿐이지 Human은 엄연한 클래스이며 객체를 생성할 수 있고 메서드도 호출할 수 있다. kim 객체를 생성한 후 intro 메서드를 호출했다.

지역변수와 마찬가지로 메서드 안에서 선언한 지역 클래스는 메서드 내부에서만 유효하다. otherMethod에서 Human 객체를 생성하는 문장은 에러이다. 지역 클래스는 잠시 선언해서 사용하는 임시적인 타입이어서 일체의 지정자를 붙일 수 없다. private로 액세스를 제한할 필요가 없고 static을 붙여 정적으로 선언할 필요도 없으며 정적 멤버도 가질 수 없다.

Human 클래스를 밖으로 빼서 별도의 클래스로 선언해도 물론 잘 동작한다. 메서드의 동작이 복잡해 내부적으로 잠시 사용할 클래스가 필요하고 이 클래스를 다른 곳에서는 사용하지 않는다면 굳이 외부에 선언할 필요가 없다. 지역변수와 마찬가지로 메서드 내부에서 잠시 선언해서 사용하다가 버리면 된다.

지역 내부 클래스는 자신이 속한 메서드의 지역변수를 액세스할 수 있음은 물론이고 메서드가 속한 외부 클래스의 모든 멤버도 참조할 수 있다. 다음 예제로 이를 확인해 보자. 포함 관계가 복잡하니 구조를 잘 파악해야 한다.

localclass2

실행 결과

```
class Human {
    int age;
    String name;

    Human(int age, String name) {
        this.age = age;
        this.name = name;
    }

    void intro() {
        final String nameCaption = "이름";
        final String ageCaption = "나이";

        class Formatter {
            void outInfo() {
                System.out.println(nameCaption + " : " + name);
                System.out.println(ageCaption + " : " + age);
            }
        }

        Formatter format = new Formatter();
        format.outInfo();
    }
}

class JavaTest {
    public static void main(String[] args) {
        Human kim = new Human(29, "김상형");
        kim.intro();
    }
}
```

```
이름 : 김상형
나이 : 29
```

Human의 intro 메서드에서 출력을 도와줄 전문적인 클래스 Formatter를 내부적으로 선언했다. 이 클래스의 outInfo 메서드는 name과 age 필드를 보기 좋게 포맷팅해서 출력하며 intro의 지역변수인 캡션 문자열도 잘 읽는다. name과 age는 Formatter의 멤버가 아니지만 잘 출력된다.

이 두 필드는 outInfo 메서드가 속한 Formatter가 선언된 intro 메서드가 속한 Human 클래스의 멤버이다. outInfo는 클래스 안의 메서드 안의 클래스 안의 메서드인 셈인데 소속 관계가 복잡해 말이 좀 꼬이는 감이 있다.

```
class Human {
    int age;                    ┐ 외부 클래스의 멤버
    String name;                ┘

    void intro() {
        final String nameCaption = "이름";    ┐ 소속 메서드의
        final String ageCaption = "나이";     ┘ 지역변수
        class Formatter {
            void outInfo() {
                ....
            }
        }
    }
```

액세스 가능

intro 메서드에서 같은 레벨의 age와 name 필드를 읽을 수 있으니 intro에 속한 지역 클래스의 메서드도 이 멤버를 읽을 수 있다. intro가 호출되었다는 것은 Human 객체가 생성되었다는 뜻이고, Formatter 객체가 생성되고 outInfo 메서드가 호출되는 동안에는 name과 age가 존재한다.

내부 클래스는 자신이 속한 메서드의 지역변수도 참조할 수 있지만, 지역변수는 반드시 final이어야 한다. 메서드가 끝난 후에 로컬 내부 클래스의 메서드가 실행될 수 있는데 이때 지역변수가 사라지거나 값이 바뀌면 안 되기 때문이다. 이 예제의 intro 메서드를 다음과 같이 작성했다고 해 보자.

```
void intro() {
    String nameCaption = "이름";
    String ageCaption = "나이";

    class Formatter {
        void outInfo() {
            System.out.println(nameCaption + " : " + name);
            System.out.println(ageCaption + " : " + age);
        }
    }

    Formatter format = new Formatter();
    format.outInfo();
}
```

nameCaption을 final이 아닌 일반 변수로 선언했다. 내부 클래스의 outInfo 메서드에서 이 값을 참조하는데 이 메서드가 언제 호출될지는 알 수 없다. 이 예제의 경우 바로 아래에서 직접 호출하지만, 이벤트 핸들러나 스레드의 메서드로 등록해 놓으면 아주 나중에 간접적으로 호출되기도 한다. 이렇게 되면 지역변수보다 내부 클래스의 메서드가 더 오래 지속된다.

intro 메서드가 차후 호출될 메서드를 등록하고 리턴할 때 nameCaption 지역변수는 사라져 버리며 해당 메서드가 실행될 때는 이 값을 읽을 수 없다. 변경될 가능성이 있는 변수를 미래에 실행될 메서드가 알 방법이 없기 때문이다. 내부 클래스의 메서드는 호출 시점에 값을 미리 알 수 있는 final 지역변수만 참조할 수 있다. 상수는 변하지 않으며 final은 지역변수의 지속 시간을 지역 메서드의 지속 시간과 일치시키는 역할을 한다.

자바 7 이전의 문법으로 위 코드를 컴파일하면 final이 아닌 지역변수를 내부 클래스로 전달할 수 없다는 에러가 발생한다. 그러나 자바 8에서는 람다식에서 지역변수를 참조하는 경우가 흔해져 이 규정을 완화했다. final로 선언하지 않았더라도 지역 클래스가 선언된 후에 값이 바뀌지 않은 변수도 유효한 final로 보고 이 값을 참조하는 것을 허락한다.

이를 위해 컴파일러는 메서드의 지역변수를 내부 클래스의 멤버로 선언하여 전달하는 은밀한 처리를 수행한다. 상숫값을 내부 클래스가 알 수 있도록 어딘가에 기록해 놓는데 컴파일러 내부의 동작이어서 이런 것까지 상세히 알 필요는 없다. 값이 변경되지 않는 상수에 대해서만 이런 서비스를 제공하므로 지역 클래스 선언 후에 값을 변경해서는 안 된다.

```java
void intro(){
    String nameCaption = "이름";
    String ageCaption = "나이";

    class Formatter {
        void outInfo(){
            System.out.println(nameCaption + " : " + name);
            System.out.println(ageCaption + " : " + age);
        }
    }
    nameCaption = "변경된 이름";

    Formatter format = new Formatter();
    format.outInfo();
}
```

이렇게 하면 nameCaption은 상수가 아니어서 내부 클래스에서 더 이상 참조할 수 없다. 이유는 간단하다. 미래에 바뀔 값을 현재 메서드에게 전달할 수 없기 때문이다.

2 익명 클래스

메서드 내의 지역 클래스도 엄연한 클래스이다. 따라서 다른 클래스를 상속받거나 메서드를 재정의하는 등 모든 객체지향 기법을 다 사용할 수 있다. 지역 클래스끼리 그럴 경우는 거의 없으며 외부의 클래스를 상속하여 메서드를 재정의하는 기법은 종종 사용한다. 필드는 빼고 메서드로만 간단하게 테스트해 보자.

```
anonclass

class Human {
    void intro() {
        System.out.println("나는 사람입니다.");
    }
}

class JavaTest {
    public static void main(String[] args) {
        class Student extends Human {
            void intro() {
                System.out.println("나는 학생입니다.");
            }
        }

        Student lee = new Student();
        lee.intro();
    }
}
```

실행 결과	나는 학생입니다.

Human 클래스는 외부에 선언되어 있다. main에서 이 클래스를 사용하되 intro 메서드의 동작을 약간 수정하고 싶다고 하자. 메서드 재정의를 위해 main 내부에서 Human을 상속받는 Student를 선언하고 intro 메서드를 재정의했다. Student 객체를 생성하여 intro 메서드를 호출하면 재정의한 메서드가 호출된다. Human은 외부에 있고 Student는 메서드 내부에 있다는 것만 다를 뿐 일반적인 상속, 재정의 문법이다.

이 예제의 Student 클래스는 오로지 Human의 intro 메서드를 재정의하기 위해 상속받은 것이다. 또한 Student의 객체는 lee 딱 하나만 생성하며 두 개 이상 필요치 않다. 그래서 외부에 클래스를 선언하지 않고 메서드 내에서 지역적으로 사용했다. 그런데 메서드의 동작을 수정하기 위해 상속을 받고 재정의한 후 객체까지 만드는 것은 너무 번거롭다. 그래서 이 과정을 간편하게 처리하기 위해 익명 클래스라는 축약 문법을 제공한다.

anonclass2

```
class Human {
    void intro() {
        System.out.println("나는 사람입니다.");
    }
}

class JavaTest {
    public static void main(String[] args) {
        Human lee = new Human() {
            void intro() {
                System.out.println("나는 학생입니다.");
            }
        };
        lee.intro();
    }
}
```

이 예제는 상당히 혼란스러운 면이 있어 주의 깊게 연구해 보아야 한다. Human 타입의 lee 객체를 생성하면서 intro 메서드를 재정의했다. 상속과 메서드 재정의는 물론이고 객체 생성까지 한 번에 다 처리하는 문법이며 기본 형식은 다음과 같다. 클래스 선언문이 아니라 객체 생성문이므로 끝에 세미콜론이 꼭 있어야 한다.

```
Super 객체명 = new Super() {
    재정의할 메서드 정의
};
```

예제에서는 Human 파생 타입으로 lee 객체를 생성하고 intro 메서드를 재정의했다. 이 구문에서 lee는 Human 타입인 것처럼 보이지만, intro 메서드를 재정의했으므로 정확하게는 Human 타입이 아니라 Human의 파생 타입이다. 다만 파생 타입의 이름을 명시하지 않았을 뿐이다.

컴파일러는 이런 구문을 만날 때 Human을 상속받아 intro 메서드를 재정의하는 익명의 클래스를 선언한다. 이런 클래스를 익명 내부 클래스(Anonymous Inner Class)라고 한다. 이름이 없어 객체를 딱 하나만 생성할 수 있다. 메서드를 재정의한 객체 하나만 필요할 때 가장 편리한 방법이다. 익명 클래스는 상속과 재정의, 객체 생성을 위해 사용하는 일회용 클래스이다.

인터페이스 구현 클래스에도 똑같은 방법이 적용된다. 인터페이스를 구현하는 클래스를 만들고 추상 메서드를 구현해 보자. 이해하기 쉽도록 평이하게 풀어쓰면 다음과 같은 코드가 나오며 익숙한 문법이다.

```
interface Human {
    void intro();
}

class Anonymous implements Human {
    public void intro() {
        System.out.println("나는 학생입니다.");
    }
}

class JavaTest {
    public static void main(String[] args) {
        Anonymous lee = new Anonymous();
        lee.intro();
    }
}
```

```
나는 학생입니다.
```

Human 인터페이스를 구현한 클래스 Anonymous를 선언하고 main에서 이 타입의 객체 lee를 생성했다. 이 예제에서 Anonymous라는 이름은 인터페이스 구현체를 만들기 위해 어디까지 임의로 붙인 것이며 아무 이름이라도 상관없다. lee 객체로부터 intro 메서드를 호출하면 구현한 메서드가 잘 실행된다.

인터페이스 구현체인 Anonymous를 다른 곳에는 사용할 일이 없고 main 메서드 안에서만 사용한다면 굳이 바깥에 선언할 필요 없이 클래스 선언문을 메서드 안에 집어넣어 지역 클래스로 선언하는 것이 깔끔하다.

```
interface Human {
    void intro();
}

class JavaTest {
    public static void main(String[] args) {
        class Anonymous implements Human {
            public void intro() {
                System.out.println("나는 학생입니다.");
            }
        }

        Anonymous lee = new Anonymous();
        lee.intro();
    }
}
```

클래스 선언문이 메서드 안으로 들어갔다뿐이지 별다를 건 없다. 다만 이제 main 안에 선언한 지역 클래스이므로 main의 외부에서는 참조할 수 없다. 이 코드를 한 번 더 압축해서 상속과 재정의와 객체 생성을 한 번에 다 처리하면 다음 코드가 만들어진다.

```
anoninterface3

interface Human {
    void intro();
}

class JavaTest {
    public static void main(String[] args) {
        Human lee = new Human() {
            public void intro() {
                System.out.println("나는 학생입니다.");
            }
        };
        lee.intro();
    }
}
```

애초의 코드에 비해 길이가 짧아졌으며 Human이 라이브러리에 이미 정의되어 있는 인터페이스라면 더 짧아진다. 그러나 이 구문을 처음 보는 사람은 생소해 보일 뿐만 아니라 문법상 말이 안 되는 것 같아 황당하기까지 하다. 인터페이스는 추상적이어서 객체를 생성할 수 없는데 마치 Human 인터페이스 타입의 객체 lee를 생성한 것처럼 보인다.

여기서 lee는 Human 타입이 아니라 Human을 구현하는 이름 없는 서브 클래스의 타입이다. 이름을 굳이 붙이자면 익명 지역 내부 클래스이다. 세 개의 예제를 찬찬히 훑어 보고 코드의 변화 및 압축 과정을 잘 알아 두자. 익명 클래스는 이름이 없기 때문에 다음과 같은 특징이 있다.

• 상속과 재정의. 객체 생성이 하나의 구문으로 일괄 처리되므로 딱 하나의 객체만 생성할 수 있다.

• 내부적으로 상속되므로 딱 하나의 부모만 가질 수 있다. 클래스를 상속받으며 인터페이스를 구현한다거나 두 개 이상의 인터페이스로부터 상속받지는 못한다.

• 이름이 없어 생성자를 정의할 수 없다. 이런 클래스는 보통 필드가 없어 딱히 초기화할 것도 없다.

여러 개의 객체를 생성한다거나 부모가 여럿이라면 익명의 클래스를 사용해서는 안 되며 평이한 문법을 사용해야 한다. 여러 제약이 있어 특수한 상황에서만 사용할 수 있지만 GUI 환경에서 이벤트 리스너를 작성할 때 간편하기 때문에 많이 사용한다. 앞에서 잠시 예로 들었던 안드로이드 환경에서의 클릭 이벤트 핸들러도 이 문법을 사용한다.

```
Button.OnClickListener mClickListener = new Button.OnClickListener() {
    public void onClick(View v) {
        // 여기서 이벤트 처리
    }
}
```

OnClickListener 인터페이스를 구현하여 onClick 핸들러를 재정의함으로써 사용자의 클릭 동작을 처리한다. 축약된 문법이 아니면 클래스 선언, 재정의, 객체 생성을 일일이 해야 하니 무척 번거로워진다.

3 내부 인터페이스

지금까지는 주로 클래스끼리의 중첩에 대해서만 연구해 봤는데 클래스와 동급인 인터페이스도 중첩 선언을 할 수 있다. 인터페이스와 클래스를 섞어 사용하면 다음 세 가지 형태가 가능하다.

- 클래스 안의 인터페이스
- 인터페이스 안의 인터페이스
- 인터페이스 안의 클래스

세 경우 모두 static만 가능하며 static 지정자를 붙이지 않아도 자동으로 static이 붙은 것으로 간주한다. 인터페이스는 메서드의 목록만 제공할 뿐 구현이 없으니 static일 수밖에 없다. 셋 다 사용 빈도는 지극히 낮아 이런 것도 있다는 것만 알아 두고 넘어가도 상관없다. 셋 중에 그나마 실용적인 클래스 안의 인터페이스 예제를 만들어 보자. 이해를 위해 최대한 짧게 만들다 보니 상황이 좀 억지스럽다.

innerinterface

```java
interface Workable {
    void work(String what, int time);
}

class Staff {
    void doWork(Workable w, String what, int time) {
        w.work(what, time);
    }
}

class JavaTest {
    public static void main(String[] args) {
        Staff kim = new Staff();
        Workable kimwork = new Workable() {
            public void work(String what, int time) {
                System.out.println(what + " 작업을 " + time + "시간동안 열심히 하기");
            }
        };
        kim.doWork(kimwork, "보고서 작성", 2);

        Staff lee = new Staff();
        Workable leework = new Workable() {
            public void work(String what, int time) {
```

```
                System.out.println(time + "시간동안 빈둥대며 " + what);
            }
        };
        kim.doWork(leework, "커피 타기", 3);
    }
}
```

Workable 인터페이스는 일하는 방식을 정의하는 메서드 work를 가진다. 이 메서드는 어떤 일을 얼마 동안 할 것인가를 인수로 전달받아 해당 작업을 처리하라는 지시 사항을 표현한다. 작업을 수행하는 방법은 구현부에서 알아서 결정하되 최소한 작업 종류와 소요 시간은 인수로 전달받아야 한다는 일종의 계약 사항이다.

Staff 클래스는 실제 작업을 하는 doWork 메서드를 가지는데 일하는 방식은 Workable 인터페이스 구현 객체 w와 작업거리, 시간을 인수로 전달받아 w 객체의 work 메서드를 호출한다. 호출부에서는 어떤 작업을 얼마 동안 할 것인가 뿐만 아니라 작업을 수행할 방식까지 전달해야 한다.

main에서 kim 직원을 생성하고 Workable 인터페이스를 구현하는 kimwork 객체를 생성한다. 이 객체의 work 메서드는 일을 아주 열심히 처리하는 방식이다. kim의 doWork를 호출하여 보고서 작성을 지시하면 2시간 동안 열심히 처리한다. 반면 lee 직원이 사용하는 leework는 일을 빈둥빈둥 처리한다. main에서 두 직원에게 일을 시켜 보았다.

인터페이스는 메서드의 형태만 제공하고 구현 객체에서 원하는 대로 작업 방식을 결정하라는 의미로 인터페이스를 도입했다. 좀 복잡하지만 어쨌거나 예제가 의도하는 바와 돌아가는 방식은 이해될 것이다. 이 예제에서 Workable 인터페이스는 오로지 Staff 클래스를 위해서만 사용한다. 따라서 Workable 인터페이스를 Staff 클래스 안에 중첩시킬 수 있다.

innerinterface2

```
class Staff {
    interface Workable {
        void work(String what, int time);
    }
    void doWork(Workable w, String what, int time) {
        w.work(what, time);
    }
}

class JavaTest {
    public static void main(String[] args) {
        Staff kim = new Staff();
        kim.doWork(new Staff.Workable() {
            public void work(String what, int time) {
```

```
                System.out.println(what + " 작업을 " + time + "시간동안 열심히 하기");
            }
        }, "보고서 작성", 2);

        Staff lee = new Staff();
        kim.doWork(new Staff.Workable() {
            public void work(String what, int time) {
                System.out.println(time + "시간동안  빈둥대며 " + what);
            }
        }, "커피 타기", 3);
    }
}
```

인터페이스 선언문이 클래스 안으로 들어갔으며 외부에서 이 인터페이스를 참조할 때는 소속을 밝혀 Staff.Workable이라고 칭한다. 소스를 더 간략하게 줄이기 위해 인터페이스 구현 객체는 이름을 주지 않고 doWork의 인수 목록에서 임시 객체로 생성하여 전달하였다.

메서드 호출문 안에 메서드가 들어 있는 얄딱꾸리한 모양새라 참 희한해 보이는데 메서드를 가진 변수 생성문이라 그렇다. 평이하게 풀어 쓰자면 너무 길어져 짧게 쓰려다 보니 복잡해 보인다. 안드로이드 모바일 프로그래밍에서 이런 형태를 자주 사용한다.

23

람다

Java

23-1 간결한 코드

1 데이터 인수

코드는 언제나 짧고 간결한 것이 좋다. 장황하게 늘어놓으면 크기, 속도에 불리하고 유지 보수 비용도 증가한다. 불필요한 코드는 제거하고 반복되는 부분을 합치는 것이 좋은 코드를 만드는 기본 원칙이다. 자바 8은 코드를 간결하게 만드는 문법적 장치를 대폭 보강하였다. 왜 필요한지 이해하면 어떤 의도로 도입한 것인지 자연스럽게 파악되며 문법도 직관적으로 이해된다.

결혼 정보 프로그램은 조건이 맞는 회원을 찾기 위해 나이, 체중, 학력, 연봉 등 신상 명세를 상세하게 저장하고 다양한 조건으로 검색해야 한다. 복잡한 정보와 대량의 데이터가 실감 나지만 코드가 복잡해지니 실습 편의상 나이 하나만으로 검색해 보자.

countage

```
class JavaTest {
    static int[] arAge = { 29, 30, 34, 32, 30, 31, 28, 31, 29, 30 };
    public static void main(String[] args) {
        System.out.println("30세 = " + count30());
        System.out.println("31세 = " + count31());
    }

    static int count30() {
        int num = 0;
        for (int i = 0; i < arAge.length; i++) {
            if (arAge[i] == 30) num++;
        }
        return num;
    }

    static int count31() {
        int num = 0;
        for (int i = 0; i < arAge.length; i++) {
            if (arAge[i] == 31) num++;
        }
        return num;
    }
}
```

실행 결과
30세 = 3
31세 = 2

arAge 배열이 회원의 나이 정보이다. 실제 예에서는 회원 클래스를 정의하고 객체의 배열을 생성하겠지만 번거로워 나이 정보만 저장했다. count30 메서드는 30세인 회원의 수를 조사한다. arAge 배열을 순회하며 나이가 30인 회원을 발견할 때마다 num 변수를 1 증가시킨다. count31 메서드는 나이가 31세인 회원의 수를 조사하는데 코드는 거의 비슷하다. main에서 두 메서드를 호출하여 30세와 31세인 회원수를 조사하여 출력했다.

```
static int count30() {
    int num = 0;
    for (int i = 0; i < arAge.length; i++) {
        if (arAge[i] == 30) num++;
    }
    return num;
}
```

```
static int count31() {
    int num = 0;
    for (int i = 0; i < arAge.length; i++) {
        if (arAge[i] == 31) num++;
    }
    return num;
}
```

이 숫자만 빼고 본체는 완전히 같다.

잘 동작하지만 조금이라도 프로그래밍을 아는 사람이라면 초보티가 철철 넘치는 코드임을 단박에 눈치챌 것이다. 검색할 나이별로 메서드를 따로 만들었으니 비슷한 코드가 반복된다. 이런 식이라면 검색 조건에 따라 count32, count33도 계속 만들어야 한다.

배열을 순회하거나 개수를 세는 코드는 같고, 비교하는 나이만 다르다. 이럴 때 사용하는 장치가 인수이다. 비교 대상이 되는 값을 인수로 전달하면 하나의 메서드로 모든 나이의 회원수를 구하는 범용적인 메서드를 작성할 수 있다.

countage2

```
class JavaTest {
    static int[] arAge = { 29, 30, 34, 32, 30, 31, 28, 31, 29, 30 };
    public static void main(String[] args) {
        System.out.println("30세 = " + count(30));
        System.out.println("31세 = " + count(31));
    }

    static int count(int age) {
        int num = 0;
        for (int i = 0; i < arAge.length; i++) {
            if (arAge[i] == age) num++;
        }
        return num;
    }
}
```

이 예제의 count 메서드는 형식 인수 age를 받아 배열을 순회하며 이 값과 같은 배열 요소의 개수를 구해 리턴한다. main에서는 비교할 나이를 실인수로 넘겨 count(30), count(31)식으로 호출한다. 전달하는 인수에 따라 임의의 나이값과 비교할 수 있다.

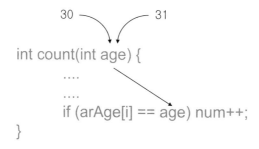

```
int count(int age) {
    ....
    ....
    if (arAge[i] == age) num++;
}
```

호출원에서 전달하는 실인수를 형식 인수로 받아 메서드 본체에서 사용함으로써 범용성이 생기고 활용성이 높아진다. count(32), count(33) 등으로 하나의 메서드를 다양한 값에 적용할 수 있다. 이 예제는 지극히 상식적이며 이미 알고 있는 내용이다.

2 동작 인수

자, 그렇다면 다음 단계로 진행해 보자. 이번에는 특정 나이의 회원수를 세는 것이 아니라 특정 나이보다 많거나 적은 회원수를 세 보자. 등가 비교가 아닌 부등 비교를 해야 한다. 편의상 비교 기준 나이는 중간쯤인 30세로 고정했다.

overunder

```
class JavaTest {
    static int[] arAge = { 29, 30, 34, 32, 30, 31, 28, 31, 29, 30 };
    public static void main(String[] args) {
        System.out.println("over = " + countover());
        System.out.println("under = " + countunder());
    }

    static int countover() {
        int num = 0;
        for (int i = 0; i < arAge.length; i++) {
            if (arAge[i] > 30) num++;
        }
        return num;
    }

    static int countunder() {
        int num = 0;
        for (int i = 0; i < arAge.length; i++) {
            if (arAge[i] < 30) num++;
        }
        return num;
    }
}
```

실행 결과	over = 4 under = 3

countover 메서드는 30세 초과 회원수를 조사한다. 루프를 돌며 30보다 큰 값이 발견될 때마다 num 을 1 증가시킨다. 나이를 비교할 때 〉 비교 연산자를 사용했다. countunder 메서드는 반대로 30세 미 만 회원수를 조사하며 〈 비교 연산자를 사용했다.

멋지게 잘 동작하지만 countover와 countunder 메서드의 코드가 비슷해 중복이 많다. 루프를 돌거나 수를 세는 코드는 완전히 같고 다른 것은 오로지 비교 연산자 밖에 없다. 그렇다면 앞의 예제처럼 다른 부분을 메서드의 인수로 전달하여 하나로 합칠 수 있을까?

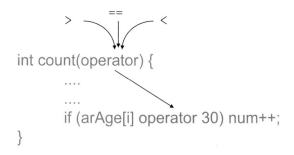

count 메서드는 연산 방법인 operator 인수를 받고 루프 내부에서 배열 요소를 30과 비교할 때 이 연 산자를 사용한다. 호출하는 쪽에서는 인수로 ==, 〉, 〈 같은 연산자를 실인수로 전달하면 본체에서 사용 할 것이다.

```
count(==)
count(〉)
count(〈)
```

그러나 안타깝게도 연산자를 인수로 전달하는 문법은 없다. 인수는 오로지 값을 전달할 뿐 동작을 전달 하지 못한다. 나이값인 age는 인수로 전달할 수 있지만 〈, 〉 연산자는 값이 아닌 동작이어서 인수로 전 달할 방법이 없다. 그러나 동작을 값으로 만들어 전달하고 메서드 내부에서는 값에 따라 미리 약속한 동 작을 하면 가능하다. 다음 예제는 이 방식으로 앞 예제의 두 메서드를 하나로 통합한다.

oparg

```
class JavaTest {
    static int[] arAge = { 29, 30, 34, 32, 30, 31, 28, 31, 29, 30 };
    public static void main(String[] args) {
        System.out.println("over = " + count(1));
        System.out.println("under = " + count(2));
    }
}
```

```
    static int count(int op) {
        int num = 0;
        for (int i = 0; i < arAge.length; i++) {
            switch (op) {
            case 0:
                if (arAge[i] == 30) num++;
                break;
            case 1:
                if (arAge[i] > 30) num++;
                break;
            case 2:
                if (arAge[i] < 30) num++;
                break;
            }
        }
        return num;
    }
}
```

동작에 해당하는 연산자를 정수형의 op 인수로 전달한다. op 인수는 정숫값이되 이 값에 따라 어떤 연산을 할지 결정한다. 연산 방법을 전달하는 op의 의미는 다음과 같다.

0: == 연산자로 상등 비교한다.
1: > 연산자로 더 큰지 비교한다.
2: < 연산자로 더 작은지 비교한다.

호출원은 비교할 방식을 정수로 전달하고 메서드는 switch 문으로 분기하여 미리 정한 방법대로 비교한다. 메서드를 하나로 합치는 데 성공했고 동작도 정확하다. 간단한 경우에는 이런 방법도 쓸만하지만 여러 가지 문제와 한계가 있다.

0은 같고, 1은 크다는 동작의 종류는 구분만 가능할 뿐 임의적이어서 직관적이지 못하고 가독성도 떨어진다. 동작을 억지로 값으로 바꾸어 짝을 짓다 보니 자연스럽지 못하다. 상수나 열거형을 쓰면 좀 개선되겠지만 그래봤자 오십보백보다.

또한, 메서드가 미리 정의한 비교 방법만 전달할 수 있다. 30세 이상인 회원수를 세려면 >= 연산자가 필요하지만, 위 예제의 count는 >= 연산자로 비교하는 기능이 없다. 필요한 동작이 늘어날 때마다 메서드를 뜯어고쳐야 하니 확장성도 좋지 않다.

3 동작 객체 전달

countover와 countunder를 합칠 수 없는 이유는 동작을 인수로 전달할 수 없기 때문이다. 대신 값의 타입에는 제약이 없다는 점을 이용하면 해결 방법이 있다. 인수로 동작을 감싸는 객체를 전달하면 된다. 다음 예제부터는 복잡도가 조금 증가한다.

opobject

```java
class JavaTest {
    static int[] arAge = { 29, 30, 34, 32, 30, 31, 28, 31, 29, 30 };
    public static void main(String[] args) {
        System.out.println("over = " + count(new AgeOver()));
        System.out.println("under = " + count(new AgeUnder()));
    }

    static int count(AgeFilter op) {
        int num = 0;
        for (int i = 0; i < arAge.length; i++) {
            if (op.isAgeOk(arAge[i])) num++;
        }
        return num;
    }
}

interface AgeFilter {
    boolean isAgeOk(int age);
}

class AgeOver implements AgeFilter {
    public boolean isAgeOk(int age) {
        return (age > 30);
    }
}

class AgeUnder implements AgeFilter {
    public boolean isAgeOk(int age) {
        return (age < 30);
    }
}
```

비교 메서드를 가지는 클래스를 정의하고 그 객체를 count 메서드로 전달한다. 객체는 내부에 동작을 포함하지만 어쨌거나 값이어서 인수로 전달할 수 있다. 전달받은 객체로부터 메서드를 호출하여 동작을 처리하는 식이다.

하나의 인수에 각각 다른 객체를 바꿔 대입하려면 공통의 타입이 필요하다. AgeFilter 인터페이스는 정숫값을 받아 이 값을 점검한 결과를 진위형으로 리턴하는 isAgeOk 추상 메서드를 선언한다. 추상이 므로 시그니처만 정의할 뿐 구체적인 비교 방법은 명시하지 않는다.

AgeOver와 AgeUnder 클래스는 AgeFilter 인터페이스를 상속받아 isAgeOk 메서드를 구현하되 값을 비교하는 연산자가 다르다. AgeFilter는 두 값을 비교하여 결과를 리턴한다는 것만 정의하고, AgeOver는 30보다 더 큰 값인지 조사하며, AgeUnder는 30보다 더 작은 값인지 조사한다.

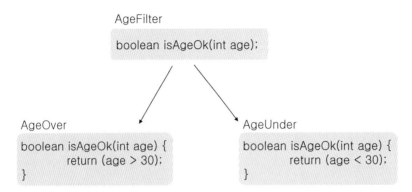

인터페이스와 클래스의 계층을 구성해 놓고 count 메서드는 AgeFilter 인터페이스 타입의 객체 op를 전달받는다. 그리고 op의 isAgeOk 메서드를 호출하면 다형적으로 비교한다. 동작을 전달할 때 흔하게 사용하는 방법이며 지금도 현업에서 유용하게 사용한다.

count 메서드 하나로 코드를 통합했으며 동작도 훌륭하다. 그러나 클래스를 선언하고 객체를 생성해야 하므로 코드는 길고 번잡스러워졌다. 자바는 이런 경우를 위해 익명 클래스 문법을 제공한다. 한 번만 사용할 객체라면 클래스를 선언할 필요 없이 바로 객체를 만들어 사용한다.

opobject2

```
class JavaTest {
    static int[] arAge = { 29, 30, 34, 32, 30, 31, 28, 31, 29, 30 };
    public static void main(String[] args) {
        System.out.println("over = " + count(new AgeFilter() {
            public boolean isAgeOk(int age) {
                    return (age > 30);
            }
        }));
        System.out.println("under = " + count(new AgeFilter() {
            public boolean isAgeOk(int age) {
                    return (age < 30);
            }
        }));
    }

    static int count(AgeFilter op) {
        int num = 0;
        for (int i = 0; i < arAge.length; i++) {
            if (op.isAgeOk(arAge[i])) num++;
        }
        return num;
```

```
        }
    }

interface AgeFilter {
    boolean isAgeOk(int age);
}
```

클래스 선언문이 사라졌으며 대신 count 호출문의 인수열에서 익명 클래스의 임시 객체를 만들어 전달한다. 코드는 짧아졌지만 가독성은 떨어지며 숙련자가 보기에도 헷갈린다. 약간 짧아졌을 뿐 아직도 군더더기 코드가 많이 남아 있다.

4 람다 표현식

자바 8 이전에는 동작을 인수로 전달하기 위해 메서드를 객체로 감싸 전달하는 방법이 유일했다. 그러다 보니 클래스를 선언하고 메서드를 구현한 후 객체를 생성하는 다량의 코드가 필요하다. 앞 예제의 AgeOver 클래스를 다시 보자.

```
class AgeOver implements AgeFilter {
    public boolean isAgeOk(int age) {
        return (age > 30);
    }
}
```

정작 실행할 코드는 오로지 age > 30 비교 연산식밖에 없다. 나머지 클래스 선언문, 메서드 선언문은 코드를 감싸기 위한 껍데기일 뿐이다. 게다가 공통의 인수 타입을 만들기 위해 인터페이스를 선언하고 클래스 계층을 구성하며 new 연산자로 객체를 생성해야 한다.

자바 8은 이런 불필요한 코드를 제거하는 단축 문법을 제공한다. 람다 표현식은 함수를 압축하여 값으로 표현한 것이다. 기본 형식은 "인수->본체"인데 자세한 것은 다음 절에서 연구해 보기로 하고 앞의 예제를 람다식으로 작성하여 구경부터 해 보자.

lambda

```
class JavaTest {
    static int[] arAge = { 29, 30, 34, 32, 30, 31, 28, 31, 29, 30 };
    public static void main(String[] args) {
        System.out.println("over = " + count(a -> a > 30));
        System.out.println("under = " + count(a -> a < 30));
    }

    static int count(AgeFilter op) {
```

```
        int num = 0;
        for (int i = 0; i < arAge.length; i++) {
            if (op.isAgeOk(arAge[i])) num++;
        }
        return num;
    }
}

interface AgeFilter {
    boolean isAgeOk(int age);
}
```

main에서 두 개의 람다식을 사용했는데 위쪽에 있는 람다식만 분석해 보자. 처음 보는 사람에게는 요상하게 보이는데 이 코드를 말로 쉽게 풀어 보면 다음과 같다.

$$a \rightarrow a > 30$$

인수 a를 받아

a가 30보다 더 큰지
조사한다.

이 람다식은 메서드를 간략하게 표기한 것이며 AgeFilter 인터페이스의 isAgeOk 메서드와 같다. 객체와 자격이 같아 count 메서드의 인수로 전달할 수 있다. 람다식만으로 메서드의 본체 코드를 구성하니 간편하다. 아래쪽의 a -> a < 30 람다식은 a가 30보다 작은지 조사한다.

AgeFilter는 정수를 받고 진위형을 리턴하는 메서드를 정의하는데 람다식의 시그니처로 사용할 뿐 그외의 용도는 없다. 흔히 사용되는 시그니처여서 java.util.function 패키지에 Predicate라는 이름으로 이미 선언되어 있다. 새로 정의할 필요 없이 이 인터페이스를 사용하면 된다.

libinterface

```
import java.util.function.*;

class JavaTest {
    static int[] arAge = { 29, 30, 34, 32, 30, 31, 28, 31, 29, 30 };
    public static void main(String[] args) {
        System.out.println("over = " + count(a -> a > 30));
        System.out.println("under = " + count(a -> a < 30));

        System.out.println("29세 이상 = " + count(a -> a >= 29));
        System.out.println("30세 아닌 사람 = " + count(a -> a != 30));
        System.out.println("짝수 나이 = " + count(a -> a % 2 == 0));
        System.out.println("28~30 범위 = " + count(a -> a >= 28 && a <= 30));
    }

    static int count(Predicate<Integer> op) {
```

```
        int num = 0;
        for (int i = 0; i < arAge.length; i++) {
            if (op.test(arAge[i])) num++;
        }
        return num;
    }
}
```

이렇게 되면 코드가 극단적으로 짧아진다. 인터페이스를 선언할 필요 없이 필요한 코드만 람다식으로 작성하면 된다. 비교 방법을 람다식으로 간결하게 작성할 수 있어 얼마든지 다양한 검색이 가능하다.

꼭 30이 아니더라도 다른 나이와 비교할 수 있고 이상, 이하, 다르다 연산자도 자유롭게 사용할 수 있다. 연산 결과를 비교할 수도 있고 두 개 이상의 조건을 연결하여 범위를 점검할 수도 있다. 람다식으로 코드를 값으로 만들어 메서드로 전달할 수 있어 짧고 직관적인 비교가 가능하다.

23-2 람다식

1 람다식의 형식

람다식은 코드를 간략한 형식으로 표기한 것이다. 람다라는 이름은 수학에서 계산의 단위를 표기할 때 사용한 ^ 기호와 가장 유사한 그리스 알파벳 λ로부터 유래한 것이며 이름 자체에는 별다른 뜻이 없다.

람다식을 널리 사용하는 C#이나 스칼라에 비해 자바는 다소 늦게 채용했다. C#의 람다식과 문법이 거의 유사하다. 람다식은 간결한 표현으로 편의성을 향상시킬 뿐 새로운 기능을 제공하는 것은 아니다. 즉, 이전에도 가능했던 것을 간편하게 쓸 수 있는 대안적인 방법일 뿐이다.

람다는 함수를 압축하여 표기한다. 함수와 마찬가지로 인수를 받고 본체를 실행한 후 리턴값을 반환하며 발생 가능한 예외 목록도 밝힐 수 있다. 그러나 이름이 없고 지정자도 붙이지 않으며 본체 코드가 간결하다는 점이 다르다. 기본 형식은 다음과 같다.

```
(인수 목록) -> { 본체 }
```

-> 기호를 기준으로 왼쪽에 인수 목록을 쓰고, 오른쪽에 본체를 쓰며 인수를 받아 본체의 코드를 실행한다. 가급적 짧게 쓰기 위해 여러 가지 변형을 허락하는데 실제 예를 통해 람다식을 압축하는 방법을 연구해 보자. 가장 원론적인 람다식은 다음과 같다.

```
(int i) -> { System.out.println(i + 1); }
```

정수형 인수 i를 받아 1을 더한 값을 출력한다. 이 람다식은 다음 메서드와 똑같은 동작을 하며 실제로 대체 가능하다.

```
void printOnePlus(int i) {
    System.out.println(i + 1);
}
```

람다식은 리턴 타입을 따로 밝히지 않으며 문맥에 따라 자동으로 결정한다. 메서드의 이름도 생략하고 인수 목록과 본체로만 구성하되 이 둘을 구분하기 위해 -> 기호를 중간에 넣는다. { } 블록 안에 여러 가지 복잡한 명령을 작성해 넣을 수도 있다.

```
(int i) -> {
    int sum = 0;
    for (int a = 1; a <= i; a++) {
        sum += a;
    }
    System.out.println(sum);
}
```

블록 안에 지역변수를 선언할 수 있고 루프를 돌릴 수도 있다. 이 람다식은 인수로 전달받은 i까지의 정수 합계를 구해 출력한다. 얼마든지 긴 코드를 작성해 넣을 수 있지만 람다식은 짧게 쓰는 것이 존재 이유여서 이렇게 길다면 일반 메서드로 만드는 것이 더 어울린다.

람다식도 값을 리턴할 수 있다. 이때는 메서드와 마찬가지로 return 명령을 사용한다. 다음 람다식은 정수형 인수 i를 받아 1을 더한 값을 리턴한다.

```
(int i) -> { return i + 1; }
```

이 람다식은 다음 함수와 똑같은 동작을 한다.

```
int addone(int i) {
    return i + 1;
}
```

여기까지만 보면 람다식도 별로 짧지 않은 거 같지만 조건이 맞으면 생략 가능한 요소가 많다. 명령문 하나로만 구성된 람다식은 { } 괄호를 생략하고 값을 리턴하는 명령문은 return 키워드도 생략한다. { }가 없으면 디폴트 명령이 return이라고 가정한다. 위 람다식은 다음과 같이 짧아진다.

```
(int i) -> i + 1
```

{ }가 없어지고 명령문 대신 리턴할 표현식만 기록한다. 명령문이 아닌 표현식이어서 세미콜론도 필요치 않다. 컴파일러는 람다식의 타입을 통해 인수의 타입을 추론한다. 위 람다식은 addone 메서드를 대체하므로 인수는 int이며 따라서 타입 선언문을 생략할 수 있다.

```
(i) -> i + 1
```

컴파일러는 함수형 인터페이스를 통해 인수의 타입을 추론하는데 다음 항에서 따로 알아보자. 인수가 하나밖에 없으면 괄호도 생략 가능하다.

```
i -> i + 1
```

처음보다 더 짧아졌다. -> 기호, 연산자 좌우의 공백도 생략할 수 있어 가장 짧게 쓰면 i->i+1이 된다.

최대한 짧게 쓰고 하나의 동작임을 강조하기 위해 일부러 공백을 빼기도 한다. 여기까지 람다식이 어떻게 짧아지는지 정리해 보자.

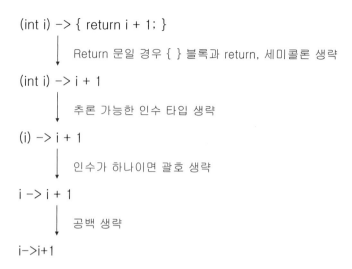

애초의 addone 메서드보다 엄청나게 짧아졌다. 람다식에서 -> 기호를 '~가 된다'로 읽으면 의미 파악이 쉽다. i->i+1은 'i가 i+1이 된다'로 읽는다. 인수의 개수가 두 개 이상일 때는 ( ) 괄호 안에 인수를 콤마로 구분하여 나열한다. 다음 람다식은 두 값 중 큰 값을 조사해 리턴한다.

```
(a, b) -> a > b ? a:b
```

a와 b를 인수로 받아 a가 더 크면 a, 아니면 b를 리턴한다. 인수가 없을 때는 빈 괄호를 적어 준다. 다음 람다식은 시스템 시간을 리턴한다.

```
( ) -> System.currentTimeMillis( )
```

입력은 없고 현재 시간을 나타내는 long값을 리턴한다. 이때 괄호는 생략할 수 없다. 괄호는 인수가 하나 있을 때만 생략할 수 있다.

2 함수형 인터페이스

람다식은 함수를 대신하는 짧은 구문으로 함수를 대체한다. 단, 호출하려는 함수와 람다식의 시그니처는 일치해야 한다. 문자열을 인수로 받는 함수 자리에 정수를 인수로 받는 람다식을 쓸 수는 없다.

람다식은 동작을 값으로 표기하여 인수로 전달하는 수단이다. 인수 전달이란 실인수를 형식 인수에 대입하는 것인데 전달할 수 있다는 것은 곧 다른 변수에 대입할 수 있다는 뜻이다. 즉, 다음과 같은 대입이 가능하다.

```
xxx = i -> i+1
```

그렇다면 람다식을 대입 또는 전달받는 이 xxx의 정체는 무엇이며 어떤 식으로 선언해야 할까? 람다식을 대입 받은 변수 xxx는 시그니처를 정의한다. 즉, 정수 하나를 받아 정숫값을 리턴한다는 것을 명시하여 xxx의 타입을 정의해야 한다.

경쟁 언어인 C++에는 함수 포인터라는 것이 있어 함수를 가리키는 변수를 선언할 수 있다. C#은 델리게이트로 람다식을 대입 받는다. C++로 xxx 변수를 선언하면 다음과 같다. 예를 드는 것이므로 C++ 문법은 몰라도 상관없다.

```
int (*xxx)(int)
```

그러나 불행히도 자바는 함수형이 없다. 완전한 객체지향 언어인 자바에서 함수는 클래스를 구성하는 멤버일 뿐 단독으로 사용할 수 없다. 그러나 이제는 함수를 값으로 취급할 수 있어 함수의 시그니처를 선언할 필요가 생겼다.

원래 없었던 함수형을 표기하는 문법을 새로 만들어야 하는데 이는 너무 번거로운 일이며 언어가 복잡해진다. 그래서 자바는 람다의 시그니처를 정의하는 대체적인 방법을 사용하는데 이것이 바로 함수형 인터페이스이다.

함수형 인터페이스(Functional Interface)는 딱 하나의 추상 메서드로 람다의 시그니처를 정의한다. 함수를 포함하는 인터페이스를 정의하는 문법을 응용하는 셈이다. 시그니처를 정의하는 것이 목적이므로 메서드는 반드시 하나만 있어야 한다. 위의 람다식을 변수에 대입하여 호출해 보자.

funcinterface

```
class JavaTest {
    public static void main(String[] args) {
        PlusOne po = i -> i+1 ;
        System.out.println("result = " + po.plus(5));
    }
}

interface PlusOne {
    int plus(int i);
}
```

| 실행 결과 | result = 6 |

PlusOne이 함수형 인터페이스이며 plus 추상 메서드가 람다식의 시그니처를 정의한다. plus에 의해

PlusOne은 정수 하나를 인수로 받아 정수를 리턴하는 람다식의 타입이 된다. PlusOne 타입의 객체 po는 같은 타입의 람다식을 대입 받으며 po의 plus 메서드를 호출하여 람다식의 코드를 실행한다.

예제에서는 plus 메서드로 5를 넘겨 람다식의 인수 i에 5를 전달하며 1을 더한 6을 리턴한다. 람다식은 함수형 인터페이스를 구현하는 객체처럼 사용하며 다음과 같이 만드는 것이 원칙이다.

```
class PlusOneImpl implements PlusOne {
    public int plus(int i) {
        return i+1;
    }
}
PlusOne po = new PlusOneImpl();
```

PlusOne 인터페이스를 상속받는 PlusOneImpl 클래스를 선언하여 plus 메서드를 구현하고 PlusOneImpl 타입의 객체 po를 생성해야 비로소 plus 메서드를 호출할 수 있다. 인터페이스, 메서드, 구현 클래스, 클래스의 객체까지 이름을 붙일 대상이 네 개나 된다. 더 짧게 쓴다면 익명 클래스의 임시 객체를 활용할 수 있지만 이나마도 꽤 길다.

```
PlusOne po = new PlusOne() {
    public int plus(int i) {
        return i+1;
    }
};
```

인터페이스니, 구현 클래스니, 메서드 선언문이니 하는 것은 다 껍데기일 뿐이며 알맹이는 i를 받아 i+1을 리턴하는 코드뿐이다. 이 복잡한 구문을 짧게 줄여 표기하는 것이 람다식이며, 긴 구문이 i->i+1로 짧아진다. 그래서 다음과 같이 간략하게 대입 가능하다.

```
PlusOne po = i -> i+1;
```

위 예제는 람다식이 함수형 인터페이스 타입의 객체와 호환된다는 것을 보이기 위해 대입 후 호출했는데 이렇게 쓸 이유는 별로 없다. 람다식은 값이어서 대입 가능하며 다른 메서드의 인수로 사용할 수도 있어 인수열에서 바로 동작을 지정할 수 있다.

funcinterface2	실행 결과

```
class JavaTest {
    public static void main(String[] args) {
        print(5, i -> i+1);
        print(5, i -> i-1);
        print(5, i -> i*2);
    }
```

```
result = 6
result = 4
result = 10
```

668

```
    static void print(int i, PlusOne po) {
        System.out.println("result = " + po.plus(i));
    }
}

interface PlusOne {
    int plus(int i);
}
```

print 메서드로 정숫값과 PlusOne 타입의 람다식을 넘기면 본체에서 람다식을 실행하여 그 값을 출력한다. 호출원은 연산할 값뿐만 아니라 연산 방법까지 인수로 전달할 수 있다. 정숫값은 i 인수로 받고 연산은 람다식인 po로 받는다.

이렇게 되면 각각 다른 람다식을 인수로 전달하여 고유한 연산을 수행할 수 있다. 똑같이 5라는 값을 넘기되 연산 방법이 제각각이다. 1을 더할 수도 있고 뺄 수도 있으며 2를 곱할 수도 있다. 정수 하나를 받아 내부에서 임의의 연산을 하여 정숫값을 리턴하는 모든 동작이 가능해진다.

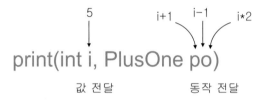

임의의 연산이 가능해 PlusOne 함수형 인터페이스의 이름은 IntOperator 정도로 바꿔야 맞다. 함수형 인터페이스의 역할은 람다의 시그니처를 정의하는 것이므로 이름은 중요하지 않으며 추상 메서드의 이름도 별 의미는 없다.

데이터는 물론이고 이 데이터를 처리할 동작까지 람다식으로 정의하여 값으로 전달할 수 있으니 얼마나 짧고 간결한가? 만약 똑같은 예제를 람다식 없이 작성한다면 동작을 정의하는 객체를 일일이 생성해야 하니 소스가 엄청나게 길어진다.

앞 항에서 람다식의 예로 든 최댓값을 찾는 람다식과 현재 시간을 리턴하는 람다식에 대해서도 함수형 인터페이스를 작성하고 잘 동작하는지 테스트해 보자.

funcinterface3

```
class JavaTest {
    public static void main(String[] args) {
        FindMax fm = (a, b) -> a > b ? a:b;
        System.out.println("result = " + fm.max(3, 7));
        GetTime gt = () -> System.currentTimeMillis();
        System.out.println("result = " + gt.systemtime());
    }
}
```

```
interface FindMax {
    int max(int a, int b);
}

interface GetTime {
    long systemtime();
}
```

실행 결과	result = 7 result = 1436746867233

FindMax 인터페이스는 두 개의 정수를 인수로 취하고, 정수를 리턴하는 max 추상 메서드를 정의하며
이 시그니처대로 람다식을 작성한다. GetTime 인터페이스는 인수를 취하지 않고 long값을 리턴하는
시그니처를 정의한다. 호출할 람다식의 시그니처에 따라 함수형 인터페이스도 매번 새로 작성해야 함을
알 수 있다.

3 외부 변수 액세스

람다식은 함수형 인터페이스를 구현하는 임시 객체로 생성된다. i -> i+1 람다식은 PlusOne 인터페이
스를 상속받아 plus 메서드를 구현한 객체이다. 이 익명 클래스는 main 메서드의 내부에 있는 로컬 클
래스이다. 로컬 클래스는 소속 메서드의 지역변수를 액세스할 수 있다.

```
public static void main(String[] args) {
    int value = 123;
    class PlusOneImpl implements PlusOne {
        public int plus(int i) {
            System.out.println(value);
            return i+1 ;
        }
    }
    PlusOne po = new PlusOneImpl();
    System.out.println("result = " + po.plus(5));
}
```

main의 지역변수 value를 인터페이스 구현 객체의 plus 메서드에서 참조해도 이상 없다. 이를 람다
식으로 바꿔 보자.

readlocal	실행 결과

`class JavaTest {`
`    public static void main(String[] args) {`
`        int value = 123;`
	`123`
	`result = 6`

```
        PlusOne po = i -> { System.out.println(value); return i+1; };
        System.out.println("result = " + po.plus(5));
    }
}

interface PlusOne {
    int plus(int i);
}
```

main의 지역변수인 value 값도 정상적으로 출력했고 5에 1을 더한 값 6도 잘 출력했다. 물론 value의 값이 바뀌어서는 안 된다. 다음 코드는 에러이다.

```
int value = 123;
PlusOne po = i -> { System.out.println(value); return i+1; };
value = 456;
```

value가 final이 아니라 값이 변경되어 로컬 클래스로 전달할 수 없다. 이미 중첩 클래스편에서 살펴보고 온 내용이다. 람다식을 내부 또는 로컬 익명 클래스로 구현하므로 똑같은 규칙이 적용된다. 내부 클래스가 외부 클래스의 멤버를 액세스할 수 있는 것도 같다.

그러나 내부 클래스에 비해 약간의 차이는 있다. 익명 구현 클래스의 메서드 내에서 this는 자기 자신을 의미하지만, 람다식에서의 this는 람다식을 실행한 객체를 의미한다. 람다식도 하나의 객체이지만 this가 바깥의 객체를 가리키도록 되어 있다. 다음 예제로 테스트해 보자.

lambdathis

```
class JavaTest {
    public static void main(String[] args) {
        Outer outer = new Outer();
        outer.method();
    }
}

class Outer {
    void method() {
        // 지역 클래스에서의 this
        class PlusOneImpl implements PlusOne {
            public int plus(int i) {
                System.out.println(this);
                return i+1 ;
            }
        }
        PlusOne po = new PlusOneImpl();
        System.out.println("result = " + po.plus(5));
    }
```

```
        // 람다식에서의 this
        PlusOne po2 = i -> {
            System.out.println(this);
            return i+1;
        };
        System.out.println("result = " + po2.plus(5));
    }
}

interface PlusOne {
    int plus(int i);
}
```

실행 결과	Outer$1PlusOneImpl@2a139a55 result = 6 Outer@548c4f57 result = 6

PlusOneImpl 클래스가 PlusOne 인터페이스를 구현하여 plus 메서드를 재정의하는데 이 안에서
this는 PlusOneImpl 자신이다. 과연 그런지 plus 메서드 안에서 this를 출력해 보고 이 타입의 객체
po를 생성하여 plus를 호출했다.

po2는 람다식으로 똑같은 코드를 작성한 것이며 역시 this를 출력해 보았다. 값을 증가시키는 동작은 같
지만 this가 다르게 나타난다. 이렇게 되어 있는 이유는 내부 클래스에 비해 단순한 동작을 하는 람다식
은 자기 자신을 참조할 일이 거의 없기 때문이다. 람다식은 객체의 형태로 구현할 뿐 실제로는 함수여서
참조할 멤버가 없으니 굳이 this로 가리킬 일이 없다.

4 @FunctionalInterface

함수형 인터페이스에 속한 추상 메서드를 함수 설명자(Function descriptor)라고 하며 람다식의 시그
니처를 정의한다. 앞에서 예로 든 i -> i+1 람다식의 시그니처를 정의하기 위해 다음과 같은 함수형 인터
페이스를 선언했다.

```
@FunctionalInterface
interface PlusOne {
    int plus(int i);
}
```

이 선언에 의해 정수형 인수 하나를 취하고 정수형을 리턴하는 시그니처를 정의한다. 이런 형태의 람다

식을 인수로 받을 때는 PlusOne 인터페이스 타입을 받고 호출할 때는 plus라는 추상 메서드 이름을 사용한다. 앞 항에서 예로 든 print 함수가 정확히 이렇게 하고 있다.

```
static void print(int i, PlusOne po) {
    System.out.println("result = " + po.plus(i));
}
```

함수형 인터페이스는 딱 하나의 추상 메서드만 가지며 두 개 이상의 메서드를 가져서는 안 된다. 이를 명확히 하기 위해 @FunctionalInterface 애노테이션을 붙인다. 이 애노테이션이 있는 상태에서 두 개의 메서드를 선언하면 에러이다.

```
@FunctionalInterface
interface PlusOne {
    int plus(int i);
    int minus(int a, int b);
}
```

시그니처를 정의하는 인터페이스가 두 개의 메서드를 가지면 어떤 것이 함수 설명자인지 명확하지 않다. 딱 하나의 메서드만 선언할 수 있지만, 디폴트 메서드와 정적 메서드는 여러 개 있어도 상관없다. 애노테이션은 실수할 가능성을 차단하며 자바 라이브러리의 함수형 인터페이스에는 모두 애노테이션이 붙어 있다.

함수형 인터페이스는 람다식의 인수 타입을 추론하는 데 사용한다. plus 함수 설명자에 의해 인수의 타입이 int임이 명확해 람다식에는 인수의 타입을 생략할 수 있다. 원래 (int i) -> i+1로 써야 하지만 i의 타입을 밝히지 않아도 컴파일러는 plus 함수 설명자의 시그니처를 보고 인수가 정수형임을 추론한다. 리턴 타입도 마찬가지 방법으로 추론한다.

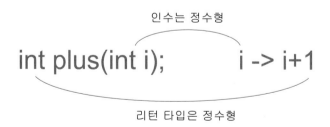

인수는 정수형

int plus(int i);   i -> i+1

리턴 타입은 정수형

함수형 인터페이스나 함수 설명자의 이름은 별 의미가 없다. i -> i+1 람다식의 시그니처를 정의하는 예로 들다 보니 PlusOne이라는 이름을 붙였고 메서드는 plus라고 붙였을 뿐이지 꼭 그래야 하는 것은 아니다. plus는 1을 더하는 동작을 정의하는 것이 아니라 정수형 하나를 받아 정수를 리턴한다는 시그니처만 정의할 뿐 실제 동작은 람다식의 본체 코드가 결정한다.

plus 함수 설명자에 대입할 코드는 정수형을 받아 정수형을 리턴하면 어떤 것이든 가능하다. 앞에서

1을 **빼**는 람다식, 2를 곱하는 람다식도 PlusOne 타입의 인수로 넘겨보았다. 추상 메서드는 형태만 정의할 뿐 구체적인 동작을 정의하지 않는다. 그래서 시그니처를 설명하는 이름을 붙이는게 더 나을 것 같다. 인수_리턴값 식으로 이름을 붙인다면 다음과 같다.

```
interface Int_Int {
    int int_int(int i);
}
```

그러나 보기 좋지 않고 인수 목록과 리턴 타입이 명시되어 있어 불필요한 정보이다. 그렇다고 이름 없이 메서드를 정의할 수 없으니 이 형태의 시그니처로 할 수 있는 동작 중 대표적인 이름을 붙여 놓는 것이다. FindMax 인터페이스도 두 정수를 받아 큰 정수 하나를 리턴한다는 의미로 이름을 붙였을 뿐이며 비슷한 유형의 다른 작업을 하는 람다식을 받을 수 있다.

findmax

실행 결과

```
class JavaTest {
    public static void main(String[] args) {
        FindMax add = (a, b) -> a+b;
        System.out.println("result = " + add.max(3, 7));
        FindMax getsum = (a, b) -> {
            int sum = 0;
            for (int i = a; i <= b; i++) sum += i;
            return sum;
        };
        System.out.println("result = " + getsum.max(3, 7));
    }
}

interface FindMax {
    int max(int a, int b);
}
```

result = 10
result = 25

FindMax 타입의 람다식 둘을 정의하되 하나는 두 값을 더해 리턴하고, 하나는 두 값 사이의 정수합을 구해 리턴한다. 동작은 큰 값 찾기와 전혀 다르지만 int (int, int) 타입과 호환되니 이런 람다식을 FindMax 타입의 객체에 대입할 수 있다.

함수형 인터페이스에서 유심히 볼 것은 이름이 아니라 시그니처임을 명심하자. 원래 다른 용도로 쓰던 선언문을 람다식 시그니처 정의에 적용하다 보니 의미도 없는 이름을 붙여야 한다는 면에서 문법이 어색해졌다. 애초에 언어를 디자인할 때부터 순수 객체지향을 표방하다 보니 함수의 지위를 격하했는데 기능을 늘리다 보니 함수형 변수가 필요해졌다.

이런 면만 보면 함수 포인터를 제공하는 C++의 문법이 오히려 더 직관적이다. 더 늦게 등장한 C#은 델리게이트로 절묘한 타협점을 찾았다. 문법의 어색함까지 감수해 가며 람다식을 무리하게 도입한 이유는 모바일과 그래픽 환경에서 이벤트 처리에 꼭 필요하기 때문이다.

23-3 람다식 활용

1 function 모음

람다식을 사용하려면 시그니처를 정의하는 함수형 인터페이스를 먼저 선언해야 한다. 람다식은 간단하지만, 함수 설명자를 일일이 만드는 것은 무척 번거로운 일이다. 다행히 자주 사용하는 함수의 시그니처는 대체로 비슷하다. 예를 들어 다음과 같은 함수는 어디에서나 자주 사용한다.

```
boolean test(int value)
```

정숫값 하나를 받아 조건을 점검하여 진위형을 리턴하는 동작을 하며 컬렉션에서 원하는 값을 추출할 때 필요하다. 이런 형태의 람다식이 필요할 때마다 함수형 인터페이스를 일일이 선언하는 것은 성가신 일이고 중복 투자다. 그래서 자바는 자주 사용할 것 같은 함수형 인터페이스를 java.util.function 패키지에 이미 선언해 놓았다. 대표적인 예가 Predicate이다.

```
@FunctionalInterface
public interface Predicate<T> {
    boolean test(T t);
}
```

Predicate의 사전적인 뜻은 '서술하다, 단정하다'인데 데이터의 값이 조건을 만족하는지 검사한다는 의미이다. 일반적인 타입에 대해 범용적으로 사용할 수 있도록 제네릭 타입의 T를 인수로 받아 이 값을 점검하여 진위형을 리턴한다. 따라서 이런 형태의 람다식이 필요하다면 함수형 인터페이스를 새로 선언할 필요 없이 Predicate를 사용하면 된다.

predicate
```
import java.util.function.*;

class Human {
    int age;
    String name;
    Human(int age, String name) { this.age = age; this.name = name; }
}

class JavaTest {
```

```
    public static void main(String[] args) {
        Human kim = new Human(21, "김상형");
        Predicate<Human> isAdult = h -> h.age >= 19;
        System.out.println(isAdult.test(kim));
    }
}
```

실행 결과	true

일반적인 타입에 적용하려면 클래스가 필요하고 제네릭까지 등장해서 코드가 복잡하다. 람다식 h ->
h.age >= 19는 Human 객체 하나를 받아 나이가 19세 이상인지 점검한다. 이 람다식의 시그니처를 정
의하기 위해 Predicate<Human> 함수형 인터페이스를 사용했다.

Predicate<Human>타입의 isAdult는 19세 이상인지 점검하는 람다식이다. 이 객체의 test 메서드를
호출하면 람다식의 결과를 리턴한다. 21세인 사람 객체 하나를 만들고 isAdult의 test를 호출하여 그 결
과를 출력했으니 true이다. 제네릭 때문에 복잡해 보이는데 isAdult.test 메서드의 시그니처는 다음과
같다고 생각하면 간단하다.

```
boolean test(Human h)
```

람다식을 함수형 인터페이스 객체에 대입할 수 있다는 것은 다른 메서드의 인수로 넘길 수 있다는 것이
고 어떤 람다식을 넘기는가에 따라 동작이 달라질 수 있음을 의미한다. 이를 이용하여 실용적인 예제를
만들어 보자.

predicate2

```
import java.util.function.*;

class Human {
    int age;
    String name;
    Human(int age, String name) { this.age = age; this.name = name; }
}

class JavaTest {
    static Human[] members = {
            new Human(21, "김상형"),
            new Human(14, "김한슬"),
            new Human(21, "문한울"),
            new Human(66, "구홍녀"),
    };

    public static void main(String[] args) {
        listHuman("성인", h -> h.age >= 19);
```

676

```
            listHuman("김가", h -> h.name.startsWith("김"));
            listHuman("미성년 김가", h -> h.name.startsWith("김") && h.age < 19);
    }

    static void listHuman(String cap, Predicate<Human> pred) {
        System.out.print(cap + "인 사람 목록 : ");
        for (Human h : members) {
            if (pred.test(h)) {
                System.out.print(h.name + " ");
            }
        }
        System.out.println();
    }
}
```

실행 결과	성인인 사람 목록 : 김상형 문한울 구흥녀 김가인 사람 목록 : 김상형 김한슬 미성년 김가인 사람 목록 : 김한슬

Human 객체의 배열 members에서 조건에 맞는 사람만 골라 보자. Human 객체를 받아 조건을 점검하는, 즉 boolean test(Human h) 시그니처가 필요한데 용도에 딱 맞는 Predicate가 이미 있다. 검색 메서드에서 Predicate<Human> 타입으로 이 형식의 람다식을 전달받는다.

listHuman 메서드는 캡션과 람다식 pred를 인수로 받는다. 캡션을 출력하고 members 배열을 순회하며 각 멤버에 대해 pred 람다식을 호출하여 true를 리턴하는 객체를 출력한다. listHuman은 캡션 출력, 루프 순회, 결과 출력 등 미리 정해진 작업만 할 뿐 조건을 점검하는 동작은 람다식에게 위임한다. 어떤 람다식을 전달하는가에 따라 결과가 달라진다.

main에서 listHuman 메서드를 호출하되 세 개의 람다식을 사용했다. age가 19 이상인 조건을 사용하여 성인만 골라내고, 이름의 첫 글자가 '김'인 조건을 사용하여 김가만 출력해 봤다. 두 개 이상의 조건을 && 연산자로 묶어서 테스트할 수도 있는데 김가이면서 미성년자인 사람만 출력했다. 어떤 조건을 점검하든 Predicate 인터페이스의 시그니처에 맞는 람다식이면 된다.

Predicate 인터페이스가 제네릭으로 선언되어 있는 이유는 다양한 타입의 인수에 대해 사용하기 위해서이다. 타입 인수로 Human을 지정하여 Human 객체를 받아 boolean을 리턴하는 람다식을 쉽게 만들었다. 물론 기본형도 래퍼 클래스가 있어 Predicate 인터페이스를 활용할 수 있다.

predicate3

```
import java.util.function.*;

class JavaTest {
    static int[] arAge = { 29, 30, 34, 32, 30, 31, 28, 31, 29, 30 };
    public static void main(String[] args) {
        System.out.println("over = " + count(a -> a>30));
```

```
            System.out.println("under = " + count(a -> a<30));
    }

    static int count(Predicate<Integer> pred) {
        int num = 0;
        for (int a : arAge) {
            if (pred.test(a)) num++;
        }
        return num;
    }
}
```

실행 결과	over = 4 under = 3

Predicate⟨Integer⟩ 타입의 람다식은 Integer 타입의 값을 받아 boolean을 리턴한다. 두 개의 람다식을 전달하여 30 초과, 30 미만인 값의 개수를 조사했다. 이 예제는 잘 동작하지만 제네릭의 과도한 일반화 때문에 두 가지 문제점이 있다.

❶ 제네릭 코드가 복잡해 가독성이 떨어진다.
❷ 정수 리터럴이 Integer 객체로 박싱되어 성능 감소가 있다.

이런 문제점을 해결하기 위해 기본형을 받는 함수형 인터페이스를 따로 정의한다. Predicate 인터페이스의 기본형 버전은 IntPredicate, DoublePredicate, LongPredicate 등이 있는데 대표적으로 IntPredicate만 보자.

```
@FunctionalInterface
public interface IntPredicate {
    boolean test(int value);
}
```

제네릭 타입 T를 쓰지 않고 int 타입으로 고정해 놨다는 차이밖에 없다. 제네릭이 없으니 읽기 편하고 자동 박싱이 발생하지 않아 성능상 유리하다. 위 예제에서 pred의 타입만 다음과 같이 바꿔도 똑같이 동작한다.

```
static int count(IntPredicate pred) {
    ....
```

앞 절에서 작성했던 AgeFilter에 해당하는 함수형 인터페이스가 IntPredicate이며 isAgeOk 추상 메서드에 해당하는 함수 설명자가 test 메서드인 셈이다. 자주 사용하므로 자바 라이브러리가 미리 인터페이스를 선언해 놓았고 우리는 고맙게 사용하면 된다.

그 외 자주 사용하는 시그니처에 대한 함수형 인터페이스가 java.util.function 패키지에 정의되어 있다. 범용성을 위해 모두 제네릭으로 선언되어 있으며 이 중 일부는 기본형을 받는 버전도 있다. 조금이라도 사용할 가능성이 있는 시그니처는 대부분 다 정의해 놨다고 보면 된다.

함수형 인터페이스	함수 설명자
Predicate⟨T⟩	boolean test(T t)
Consumer⟨T⟩	void accept(T t)
Supplier⟨T⟩	T get()
Function⟨T,R⟩	R apply(T t)
UnaryOperator⟨T⟩	Function⟨T,T⟩
BiFunction⟨T,U,R⟩	R apply(T t, U u)
BinaryOperator⟨T⟩	BiFunction⟨T,T,T⟩
BiPredicate⟨T,U⟩	boolean test(T t, U u)

함수형 인터페이스나 함수 설명자의 이름은 이런 식으로 사용한다는 예를 들 뿐 특별한 의미는 없다. Predicate라는 이름은 서술용이고 test 메서드는 값을 점검한다는 것이지 꼭 그래야 하는 것은 아니다. 중요한 것은 test가 T를 받아 boolean을 리턴한다는 것이다.

나머지도 마찬가지로 아주 쌩뚱맞은 이름을 붙여 놓지는 않았다. Consumer의 accept 메서드는 T 타입의 인수 하나를 받아 처리하되 리턴은 없다. 내부적으로 값을 쓰기만 하니 소비한다는 이름을 붙였다. Supplier의 get 메서드는 인수는 받지 않고 내부에서 뭔가를 만들어 T를 리턴한다. 받는 것 없이 주기만 한다는 의미로 공급한다는 이름을 붙여 놓았다.

Function은 기능을 실행한다는 뜻이며 apply 메서드는 T를 받아 R을 리턴한다. 입력과 출력의 타입이 다른 일반적인 인터페이스이다. BiFunction은 입력 인수가 두 개이다. 나머지는 인수나 리턴의 타입이 똑같은 특수한 경우를 정의한다. 제네릭에 의해 타입은 범용적으로 선택할 수 있으며 개수가 맞는 것만 잘 고르면 된다.

이름은 신경 쓸 필요 없이 함수 설명자의 시그니처를 보고 적당한 것을 골라 사용한다. 예를 들어 앞 항에서 직접 만들어 사용했던 FindMax 인터페이스는 두 개의 인수를 취하고 값을 리턴하되 모두 같은 타입이라는 면에서 BinaryOperator와 같다.

binaryoperator

```
import java.util.function.*;

class JavaTest {
    public static void main(String[] args) {
        BinaryOperator⟨Integer⟩ add = (a, b) -⟩ a+b;
        System.out.println("result = " + add.apply(3, 7));
    }
}
```

result = 10

두 인수가 모두 정수형이고 리턴 타입도 정수형이므로 BinaryOperator〈Integer〉 타입을 사용했다.
함수형 인터페이스 이름이 바뀌었고 람다식을 호출하는 메서드의 이름이 apply로 바뀐 것만 다를 뿐 실
행 결과는 같다.

자주 사용하는 시그니처에 대해 함수형 인터페이스가 다 선언되어 있어 대개의 경우 이 중 하나를 골라
사용하면 된다. 만약 자바 라이브러리에 정의한 것 중에 꼭 맞는 것이 없다면 원하는대로 인터페이스를
선언해서 사용해야 한다.

2 람다식 조합

함수형 인터페이스는 딱 하나의 추상 메서드만 가진다. 그러나 디폴트 메서드는 개수에 상관없이 얼마든
지 가질 수 있다. Function, Operator 같은 인터페이스는 두 개의 람다식을 연속으로 호출하는 다음
디폴트 메서드를 정의한다.

```
default 〈V〉 Function〈T,V〉 andThen(Function〈? super R,? extends V〉 after)
default 〈V〉 Function〈V,R〉 compose(Function〈? super V,? extends T〉 before)
```

andThen 메서드는 호출 객체의 람다식을 먼저 실행하고 그 리턴값을 after로 전달하여 after의 리
턴값을 최종 반환한다. 앞쪽 리턴을 뒤쪽 입력으로 전달하여 두 개의 람다식을 연속으로 호출한다.
compose 메서드는 인수로 주어진 before 람다식을 먼저 실행하고 그 리턴값을 호출 객체의 입력으로
전달하여 전체적인 결과를 리턴한다.

compose

```java
import java.util.function.Function;

class JavaTest {
    public static void main(String[] args) {
        Function〈String, Integer〉 engToNum = e -> {
            if (e.equals("one")) return 1;
            return 0;
        };

        Function〈Integer, String〉 numToHan = n -> {
            if (n == 1) return "하나";
            return "영";
        };
```

```
        // 두 개의 람다를 순서대로 호출하기
        String eng = "one";
        int num = engToNum.apply(eng);
        String han = numToHan.apply(num);
        System.out.println(han);

        // 연속으로 호출하기
        Function<String, String> engToHan = engToNum.andThen(numToHan);
        System.out.println(engToHan.apply("one"));

        // 연속으로 호출하기
        Function<String, String> engToHan2 = numToHan.compose(engToNum);
        System.out.println(engToHan2.apply("one"));
    }
}
```

실행 결과	하나 하나 하나

engToNum은 영문 단어를 받아 숫자로 바꾼다. 예를 들어 "one"을 주면 1로, "hundred"를 주면 100으로 바꾸는 식인데 영문과 숫자로 된 사전을 뒤적거려야 하지만 코드에서는 그냥 'one'이 들어오면 1을 리턴하는 식으로 흉내만 냈다. numToHan은 숫자를 입력받아 한글로 바꾼다. 이 두 람다식을 순서대로 호출하면 영어가 숫자가 되고, 숫자는 다시 한글이 된다.

중간 검색 과정을 거쳐 다음 검색을 계속하는 예는 얼마든지 있다. 관계형 데이터베이스에서 테이블이 나누어져 있으면 두 번 검색해야 원하는 정보를 얻는다. 회원 이름으로부터 번호를 찾고 번호로부터 주소를 찾는 식이다. 코드에서는 세 가지 방법으로 이 검색을 수행하는 데 원론적으로 두 람다식을 순서대로 호출하는 것이 가장 쉽다.

"one"을 engToNum으로 전달하여 그 결괏값 1을 num에 대입한 후 numToHan으로 전달하여 "하나"라는 값을 검색한다. 중간 변수가 필요하고 개별 람다식을 따로 호출해야 하니 번거롭다. 이 두 과정을 합치기 위해 andThen 메서드를 사용한다. engToHan 람다식은 주어진 인수를 engToNum으로 먼저 전달하여 중간 결과 R를 얻고, (andThen) R을 numToHan으로 전달하여 최종 결과 V를 만들어 낸다. engToHan.apply("one")은 다음과 같이 실행된다.

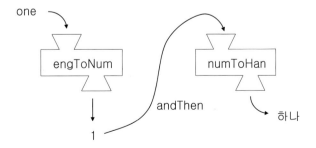

"one"을 engToNum인수로 전달하여 리턴값 1을 얻고, 이 1을 다시 numToHan의 인수로 전달하여 최종적으로 "하나"라는 문자열을 구한다. compose도 비슷한 방법으로 조합하되 인수로 전달한 람다식을 먼저 실행한다는 것만 다르다. 호출 객체와 인수로 전달하는 람다식의 순서만 다르며 결과는 같다.

조건을 판별하는 Predicate는 조건을 결합하는 and, or 메서드와 결과를 반대로 뒤집는 negate 메서드를 제공한다. 이미 만들어진 조건식을 논리적으로 결합하여 더 복잡한 조건을 점검하는 람다식을 만든다.

negate

```java
import java.util.function.IntPredicate;

class JavaTest {
    public static void main(String[] args) {
        IntPredicate isEven = n -> n%2 == 0;
        IntPredicate over10 = n -> n > 10;

        IntPredicate isOdd = isEven.negate();
        IntPredicate evenAndOver10 = isEven.and(over10);
        IntPredicate evenOrOver10 = isEven.or(over10);

        System.out.println("7은 홀수인가 : " + isOdd.test(7));
        System.out.println("12는 10보다 큰 짝수인가 : " + evenAndOver10.test(12));
        System.out.println("8은 10보다 큰 짝수인가 : " + evenAndOver10.test(8));
        System.out.println("15는 10보다 크거나 짝수인가 : " + evenOrOver10.test(15));
    }
}
```

실행
결과

7은 홀수인가 : true
12는 10보다 큰 짝수인가 : true
8은 10보다 큰 짝수인가 : false
15은 10보다 크거나 짝수인가 : true

isEven은 짝수인지 조사하고, over10은 10을 초과하는지 조사한다. 이 람다식을 부정하거나 논리적으로 연결하면 다른 조건식을 쉽게 만들 수 있다. 예를 들어 홀수인지 조사하는 isOdd는 isEven의 결과를 반대로 뒤집으면 된다. 10을 초과하는 짝수는 isEven과 over10을 and로 연결한다. 각 메서드는 논리 연산자 !, &&, ||과 기능상 같되 연산식이 아닌 람다식을 조합한다는 점만 다르다.

3 메서드 레퍼런스

메서드 레퍼런스는 메서드를 값으로 정의하여 메서드 자체를 인수로 전달하는 기법이다. 메서드의 종류에 따라 다음 세 가지 형식이 있다.

```
클래스::정적 메서드
클래스::인스턴스 메서드
객체::인스턴스 메서드
```

앞에서 람다식으로 작성했던 예제를 메서드 레퍼런스로 다시 작성해 보자.

methodref

```
import java.util.function.*;

class JavaTest {
    static int[] arAge = { 29, 30, 34, 32, 30, 31, 28, 31, 29, 30 };
    public static void main(String[] args) {
        System.out.println("over = " + count(JavaTest::isAgeOver));
        System.out.println("under = " + count(JavaTest::isAgeUnder));
    }

    static boolean isAgeOver(int age) {
        return (age > 30);
    }

    static boolean isAgeUnder(int age) {
        return (age < 30);
    }

    static int count(Predicate<Integer> op) {
        int num = 0;
        for (int i = 0; i < arAge.length; i++) {
            if (op.test(arAge[i])) num++;
        }
        return num;
    }
}
```

실행 결과	over = 4
	under = 3

isAgeOver 메서드는 age가 30보다 큰지 조사한다. 클래스에 이미 해당 기능을 구현해 놓은 메서드가 있으니 필요할 때 메서드 레퍼런스만 전달하면 된다. JavaTest::isAgeOver라는 표현식으로 전달했으며 count는 내부에서 이 메서드를 호출하여 값을 점검한 결과를 리턴한다.

호출할 메서드를 알려 주는 것이지 직접 호출하는 것은 아니어서 ()는 붙이지 않는다. 주소를 전달하고 받은 쪽에서 호출한다는 면에서 C++의 함수 포인터와 유사하다. 메서드를 호출하는 람다식을 짧게 줄인 것이 메서드 레퍼런스인데 위 호출문은 다음 람다식과 같다.

```
System.out.println("over = " + count(i -> JavaTest.isAgeOver(i)));
System.out.println("under = " + count(i -> JavaTest.isAgeUnder(i)));
```

정수형 인수 하나를 받아 isAgeOver로 전달하여 호출하라는 뜻이다. 이 표현식을 짧게 줄여 메서드의 이름만 알려 준다. 클래스의 인스턴스 메서드는 람다식의 인수가 호출 주체가 되며 객체의 인스턴스 메서드는 람다식의 인수가 메서드의 인수로 전달된다. 다음은 인스턴스 메서드를 호출하는 예이다.

```
methodref2

import java.util.function.*;

class JavaTest {
    public static void main(String[] args) {
        // 인스턴스 메서드
        Function<String, String> upper = String::toUpperCase;
        System.out.println(upper.apply("korea"));

        // 객체의 인스턴스 메서드
        Consumer<String> print = System.out::println;
        print.accept("korea");
    }
}
```

실행 결과	KOREA korea

String 클래스의 toUpperCase 메서드의 레퍼런스를 upper라는 이름으로 정의하여 호출했다. 람다식으로 바꾸면 다음과 같다. 인수로 전달한 문자열 객체(이 경우 "korea")에 대해 이 메서드를 호출하여 대문자로 바꾼 문자열을 리턴한다.

```
s -> s.toUpperCase()
```

System.out 객체의 println 메서드에 대한 레퍼런스는 이 메서드로 람다식의 인수를 전달하라는 뜻이다. 동일한 람다식으로 바꾸면 다음과 같다.

```
s -> System.out.println(s)
```

생성자도 메서드 레퍼런스로 표기할 수 있는데 클래스명::new 형식을 사용하며 생성자의 시그니처에 맞는 함수형 레퍼런스로 받는다. 다음 예제는 생성자 레퍼런스를 통해 객체를 생성한다.

```
newref

import java.util.function.*;

class Human {
    int age;
    String name;
    Human(int age, String name) { this.age = age; this.name = name; }
```

```
    }

class JavaTest {
    public static void main(String[] args) {
        BiFunction<Integer, String, Human> creator = Human::new;
        Human kim = creator.apply(21, "김상형");
        System.out.println(kim.age + "세 " + kim.name);
    }
}
```

실행 결과	21세 김상형

Human의 생성자는 정수형, 문자열을 받아 Human 객체를 리턴하므로 BiFunction 타입으로 받는다. 이 타입의 creator 객체로 Human::new 생성자의 메서드 레퍼런스를 대입 받는다. apply 메서드를 호출하여 나이와 이름을 전달하면 생성자를 호출하여 Human 객체를 리턴한다.

확인을 위해 나이와 이름을 출력해 보았다. Human::new 생성자 레퍼런스를 람다식으로 풀어 보면 다음과 같다. 정수 하나와 문자열 하나를 받아 Human의 생성자를 호출하고 생성된 Human 객체를 리턴한다.

```
(i, s) -> new Human(i, s)
```

생성자를 레퍼런스로 표기하여 다른 메서드로 넘길 수도 있다.

newref2

```
import java.util.function.*;

class Animal {
    String name;
    Animal(String name) { this.name = name; }
}

class Dog extends Animal {
    Dog(String name) { super(name); }
}

class Cow extends Animal {
    Cow(String name) { super(name); }
}

class JavaTest {
    public static void main(String[] args) {
        addAnimal(Dog::new, "멍멍이");
        addAnimal(Cow::new, "음메에");
    }
```

```
    static void addAnimal(Function<String, Animal> creator, String s) {
        Animal anim = creator.apply(s);
        System.out.println(anim.name);
    }
}
```

실행 결과	멍멍이 음메에

동물 클래스 아래에 개와 소를 서브 클래스로 정의했다. 이 상태에서 addAnimal 메서드는 컬렉션에 동물의 집합을 구성한다. 어떤 동물을 추가할 것인지 생성자를 받아 결정하며 호출하는 쪽에서 원하는 동물의 생성자 레퍼런스를 넘겨 객체 생성을 메서드에 위임한다.

메서드 레퍼런스를 람다식으로 바꾼 후 어떤 인수를 취하고 어떤 타입을 리턴하는가에 따라 적당한 함수형 인터페이스를 선택해 대입 받으면 된다. 메서드 레퍼런스는 표기법은 간단하지만 람다식보다 덜 직관적이고 난해한 면이 있어 인수로 무엇이 전달되고 어떤 값을 리턴하는지 선뜻 이해하기 어렵다.

4 람다식 활용

람다식은 코드를 짧게 줄일 수 있다는 면에서 이점이 있다. 기존의 자바 라이브러리에도 람다식을 활용할 곳이 많은데 몇 가지 전형적인 예를 보자. 스레드를 만들 때는 Runnable 인터페이스의 객체를 생성하여 Thread의 생성자로 전달한다.

Runnable 인터페이스는 void run() 추상 메서드 하나만 가지는 함수형 인터페이스이며 따라서 람다식으로 생성할 수 있다. 스레드를 만드는 원칙적인 코드는 굉장히 길지만, 익명 클래스를 쓰면 짧게 축약할 수 있다.

```
Thread worker = new Thread(new Runnable() {
    public void run() {
        System.out.print("스레드가 출력한 문장");
    }
});
worker.start();
```

그러나 이 코드에도 상속 및 재정의를 위한 군더더기 코드가 많이 포함되어 있다. 정작 필요한 것은 run 메서드에서 어떤 동작을 하는지 정의하는 본체 코드밖에 없다. 이 코드를 람다식으로 작성하면 아주 짧아진다.

```
                          lambdathread
class JavaTest {
    public static void main(String[] args) {
        Thread worker = new Thread(() -> System.out.print("스레드가 출력한 문장"));
        worker.start();
    }
}
```

run 메서드는 인수도 리턴값도 없으니 () -> 다음에 코드를 쓴다. 이 람다식이 Runnable 객체가 되며 Thread 객체 내부에서 호출한다. 스레드는 기동만 시켜 놓으면 알아서 돌아가니 worker라는 변수명도 필요 없다. 10줄이 넘는 코드를 단 한 줄로 줄일 수 있으니 압축 효과는 대단하다.

```
new Thread(() -> System.out.print("스레드가 출력한 문장")).start();
```

다음은 GUI 환경에서 이벤트를 처리하는 예를 보자. 이벤트 핸들러는 대부분 이벤트 발생 시의 동작을 처리하는 추상 메서드 하나만 가진다. 가장 흔한 이벤트 핸들러인 액션 이벤트 인터페이스를 보자.

```
Interface ActionListener {
    void actionPerformed(ActionEvent event)
}
```

액션이 발생했을 때의 동작을 지정하는 actionPerformed 추상 메서드 하나만 정의되어 있어 함수형 인터페이스이다. 따라서 액션 이벤트 객체도 람다식으로 처리할 수 있다. 원론적인 액션 이벤트 처리 코드는 다음과 같다.

```
button.addActionListener(new ActionListener() {
    public void actionPerformed(ActionEvent event) {
        JOptionPane.showMessageDialog(null, "버튼을 클릭하였습니다.");
    }
});
```

ActionListener의 임시 객체를 생성하고 actionPerformed 메서드를 구현하는데 이 코드가 다음 한 줄로 줄어든다. 이벤트를 처리하는 본체 코드만 작성하면 된다.

```
button.addActionListener(event -> JOptionPane.showMessageDialog(null, "버튼을 클릭하였습니다."));
```

GUI 프로그램은 많은 이벤트를 처리하며 어떤 이벤트는 코드가 무척 짧다. 이 짧은 코드를 실행하기 위해 일일이 이벤트 처리 객체를 만드는 것은 무척 성가신 일인데 람다식을 사용하면 간편하다. 버튼 클릭 예제를 람다식으로 작성해 보자.

```
....
        JButton btnApple = new JButton("Apple");
        btnApple.addActionListener(event -> fruit.setText("Apple"));
        panel.add(btnApple);

        JButton btnOrange = new JButton("Orange");
        btnOrange.addActionListener(event -> fruit.setText("btnOrange"));
        panel.add(btnOrange);

        cp.add(panel);
        frame.pack();
        frame.setVisible(true);
    }
}
```

이 예제는 짧아서 실감하기 어렵지만, 이벤트 수백 개를 처리하는 GUI 프로그램에는 꼭 필요한 코드만
서술하면 되니 람다식의 위력이 엄청나다.

24

_ 스트림

Java

24-1 스트림

1 컬렉션 연산

규모가 있는 프로젝트는 자료의 집합을 관리하는 컬렉션이 필수이다. 컬렉션에서 뭔가를 추출하고 조합하여 의미 있는 정보를 만들어내며 이 과정에 많은 연산이 필요하다.

자바의 컬렉션은 자료 저장에만 치중할 뿐 연산 기능은 부족하다. 루프로 순회하며 if 문으로 원하는 값을 추출하고 연산문으로 값을 조합한다. 늘상 하는 뻔한 연산을 직접 해야 하며 병렬화하기도 어렵다. 자바 8에서 새로 도입한 스트림은 컬렉션 연산을 자동화하는 기법이다.

스트림이 왜 필요한지, 어떤 장점이 있는지부터 구경해 보자. 컬렉션을 직접 다루는 것에 비해 어떤 차이점이 있는지 비교해 보면 컬렉션이 어떤 의도로 만들어진 것인지 감 잡을 수 있다. 다음 예제는 나라 목록 컬렉션에서 정보를 추출해 내는 연산을 직접 구현한다.

country

```java
import java.util.*;

enum Cont { ASIA, AFRICA, AMERICA, EUROPE }

class Country {
    String name;
    Cont cont;
    int popu;
    boolean oecd;

    Country(String name, Cont cont, int popu, boolean oecd) {
        this.name = name;
        this.cont = cont;
        this.popu = popu;
        this.oecd = oecd;
    }

    String getName() { return name; }
    Cont getCont() { return cont; }
    int getPopu() { return popu; }
    boolean isOecd() { return oecd; }
    public String toString() {
        return name + " in " + cont + " : " + popu + (oecd ? "(O)":"");
```

```java
        }
    }

class Data {
    static List<Country> nara = Arrays.asList(
            new Country("한국", Cont.ASIA, 49, true),
            new Country("미국", Cont.AMERICA, 318, true),
            new Country("중국", Cont.ASIA, 1355, false),
            new Country("프랑스", Cont.EUROPE, 66, true),
            new Country("나이지리아", Cont.AFRICA, 177, false),
            new Country("독일", Cont.EUROPE, 80, true),
            new Country("헝가리", Cont.EUROPE, 9, true),
            new Country("베트남", Cont.ASIA, 93, false),
            new Country("칠레", Cont.AMERICA, 17, true),
            new Country("캐나다", Cont.AMERICA, 34, true)
        );
}

class JavaTest {
    public static void main(String[] args) {
        List<Country> oecd = new ArrayList<>();
        for (Country c:Data.nara) {
            if (c.oecd) {
                oecd.add(c);
            }
        }

        Collections.sort(oecd, new Comparator<Country>() {
            public int compare(Country o1, Country o2) {
                return o2.popu - o1.popu;
            }
        });


        int total = 0;
        for (int i = 0; i < 3; i++) {
            total += oecd.get(i).popu;
        }
        System.out.println("OECD 상위 3개국의 인구수 = " + total);
    }
}
```

실행 결과	OECD 3개국의 인구수 = 464

이후 예제에서 계속 사용할 샘플 데이터의 구조를 잘 익혀 두자. Country 클래스는 이름, 대륙, 인구수, OECD 회원국 여부 등 한 나라에 대한 정보를 가지는 레코드이다. 생성자와 멤버값을 읽어 주는 액세서, 문자열로 출력하는 toString 메서드를 정의한다.

Data 클래스의 nara 컬렉션은 10개국에 대한 정보를 가지는 테이블이다. 정적 멤버여서 Data.nara로 읽기만 하면 된다. 이 샘플 데이터를 계속 사용하기 위해 클래스 위쪽에 별도로 선언했다. 이후의 예제에서 샘플 데이터는 생략하고 메인 클래스만 보인다.

nara 컬렉션은 예제 수준에 적당한 크기의 1차원 객체 배열이다. 실제 프로젝트는 이보다 훨씬 거대하고 복잡한 컬렉션을 관리한다. 이 컬렉션에 대해 다음과 같은 요구가 발생했다고 해보자.

OECD 상위 3개국의 총 인구 합계를 구하라

컬렉션에서 이 정도 정보를 뽑아내는 일은 흔하다. 이 경우는 육안으로 검색해서 암산할 수 있는데 OECD 회원국 중 미국, 프랑스, 독일의 인구를 합쳐 464가 된다. 그러나 실제 프로젝트의 컬렉션은 거대해서 복잡한 연산이 필요하다.

main에 이 값을 구해 출력하는 코드를 따라가 보자. 먼저 OECD 회원국만 골라내기 위해 oecd 리스트를 생성하고 nara 컬렉션을 순회하며 oecd 필드가 true인 국가만 리스트에 추가한다. 기준에 맞는 나라를 별도의 서브 컬렉션에 추려낸다.

이 중 인구수 상위 3개국을 골라내기 위해 내림차순으로 정렬한다. 인구수를 비교하는 Comparator 객체를 생성하여 인구가 많은 나라를 앞쪽에 배치했다. 정렬을 완료했으면 oecd 컬렉션을 순회하며 앞쪽 3개국의 인구수를 더해 합계를 출력한다.

값 하나를 얻기 위해 길고도 복잡한 코드가 필요하다. 이 정도 컬렉션 관리는 기본이며 과거에는 다 이런 코드를 작성했었다. 그러나 잘 보면 여러 가지 단점이 보인다.

- 다 사용한 후 결국 버리지만 중간 연산 결과를 저장할 oecd 임시 컬렉션이 필요하다.
- 모든 알고리즘을 일일이 수동으로 구현한다. 추출, 정렬, 합산 등의 코드를 직접 작성했다.
- 상위 3개국을 골라내기 위해 전체 컬렉션을 정렬하는 불필요한 과정을 거친다.
- 순서대로 실행해서 결과를 만들어내니 병렬화하기 어려워 성능 개선의 여지가 없다.

최적화를 통해 일부 과정을 생략하거나 합칠 수 있지만 수동 코드의 근본적인 한계가 있다. 이런 단점을 해결하기 위해 도입한 것이 스트림이다. 위 예제를 스트림으로 작성하면 간단해진다. Country 클래스나 nara 컬렉션은 동일하므로 이후에는 메인 클래스만 보인다.

```
countrystream
class JavaTest {
    public static void main(String[] args) {
        int total = Data.nara.stream()
                .filter(c -> c.oecd)
                .sorted(Comparator.comparing(Country::getPopu).reversed())
                .limit(3)
                .map(Country::getPopu)
                .reduce(0, Integer::sum);
        System.out.println("OECD 상위 3개국의 인구수 = " + total);
    }
}
```

좀 길지만 한 줄로 이 복잡한 연산을 완료하였다. 개행해서 그렇지 실제로 딱 한 줄이며 모든 처리는 스트림 내부에서 알아서 결정하고 실행한다. 지금은 구경해 보는 단계여서 다 이해할 필요는 없지만 처음 보는 사람은 이게 도대체 무슨 코드인가 싶을 정도로 난해하다.

짧게 줄이기 위해 연쇄적 호출, 람다식, 메서드 레퍼런스 등의 문법을 골고루 사용했으며 임의 타입에 대해 동작하기 위해 제네릭으로 되어 있다. 자바의 고급 문법을 총동원하여 난이도가 높지만 익숙해지면 간결하고 효율적으로 동작하는 코드를 작성할 수 있다.

2 스트림의 동작 방식

스트림은 모든 요구 사항을 모아 한 번에 처리한다. 필터링, 정렬, 추출, 변환 등 최종값을 도출하기 위한 중간 연산이 파이프라인으로 쭉 이어진다. 각 단계는 스트림을 리턴하여 연쇄적인 호출이 가능하며 마지막에 최종 연산을 실행하여 합계, 평균 등의 요약값이나 리스트, 맵 등의 보고서 형태를 만든다. 앞 예제의 스트림은 다음 과정을 거쳐 실행된다.

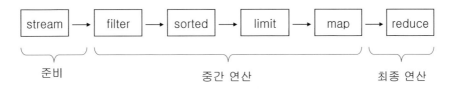

스트림은 컬렉션으로부터 생성하며 중간 과정의 메서드로 전달하여 가공한다. filter는 원하는 요소만 골라내고, sorted는 정렬하고, limit는 일부만 취하며, map은 다른 형태로 변형한다. 최종 연산인

reduce는 값을 조합하여 결괏값을 만든다. 위 예제에서는 초깃값 0과 Integer::sum 메서드를 전달하여 합계를 구했다.

컬렉션 연산에 비한 스트림 연산의 가장 큰 차이점은 선언적이라는 것이다. 컬렉션은 자료를 어떻게 (How) 다룰 것인지 구체적으로 지정하여 코드를 일일이 작성한다. OECD 회원국을 골라내는 컬렉션 연산을 보자.

```
List<Country> oecd = new ArrayList<>();
for (Country c:Data.nara) {
    if (c.oecd) {
        oecd.add(c);
    }
}
```

별도의 임시 컬렉션 oecd를 생성하고 원본 nara 컬렉션을 순회하며 oecd 필드가 true인 나라를 골라 임시 컬렉션에 추가하는 구체적인 동작을 처리한다. 자유도는 높지만 뻔한 작업을 하는 코드가 너무 길다. 직접 루프를 돌리고 한번 시작한 루프는 끝까지 다 돌아야 하니 효율이 좋지 않고 임시 결과를 저장할 컬렉션도 필요하다.

반면 스트림 연산은 무엇(What)을 원하는가만 밝힐 뿐이며 구체적인 구현은 스트림에게 맡긴다. 다음 한 줄이면 OECD 회원국을 골라낼 수 있다. 컬렉션의 요소를 골라내는 filter 메서드는 필터링 조건을 인수로 받아 조건에 맞는 스트림을 만들어 낸다.

```
filter(c -> c.oecd)
```

내부에서 필터링을 어떻게 할 것인지 개발자는 신경 쓸 필요 없다. 아마도 원본 루프를 순회하며 조건에 맞는 나라만 골라 임시 스트림을 만들겠지만 꼭 그런 것도 아니다. 특정 조건을 만족하면 이 중 일부를 생략하거나 꼭 필요한 연산만 수행할 정도로 지능적이다.

스트림은 요구한 결과만 만들어 내면 되니 내부 최적화를 마음대로 할 수 있다. 컬렉션 연산은 루프, 정렬, 합산 절차가 구체적인 코드로 기술되어 있어 순차적으로 수행할 수밖에 없다. 그러나 스트림은 요구만 전달받은 것이어서 최적화가 가능하다. 연산을 즉시 처리하지 않으며 일단 대기시키고 최종 연산까지 분석한 후 지연(lazy) 실행한다. 다음 조건을 보자.

OECD 상위 3개국

컬렉션 연산은 조건에 맞는 나라를 골라내기 위해 컬렉션을 순회하며 필터링한 후 전체를 정렬한다. 필터링과 정렬, 합산을 위해 각각의 루프를 일일이 돌아야 한다. 알고리즘 처리 과정이 구체적인 코드로 작성되어 있으니 나라가 100개든 200개든 이 과정을 다 거칠 수밖에 없다. 사실 상위 3개국 이외의 나라는 더 골라낼 필요도, 정렬할 필요도 없다.

스트림은 이런 점을 미리 파악하여 실행 계획을 세운다. 파이프라인에 limit(3)이라고 명시되어 있어 상위 3개국만 고르는 효율적인 필터링과 정렬을 수행하며 루프를 돌 때 두 가지 이상의 동작을 한 번에 처리한다. 최종 연산이 인구수의 합이므로 그 외의 요소는 굳이 신경 쓰지 않는다. 구체적인 절차가 아닌 선언적인 요구를 전달받았으니 최적화할 여지가 많다.

스트림 최적화의 백미는 병렬성이다. 컬렉션 연산은 작업 과정을 순차적인 코드로 기술하여 싱글 스레드일 수밖에 없다. 멀티 스레드의 효과를 보려면 작업을 분할하여 스레드를 돌려야 하며 연산 결과를 하나로 합치는 것도 수동이다. 난이도가 높고 골치 아픈 동기화 문제가 발생하며 때로는 알 수 없는 버그로 개고생하기도 한다.

스트림은 요구 사항을 분석하여 스레드를 최대한 활용한다. 추출과 정렬을 동시에 실행할 수 있다. 이렇게 되려면 두 작업 간에 순서가 없어야 하는데 스트림은 이런 것을 알아서 판별한다. 구간을 나누어 검색하거나 필터링하면서 값을 변형할 수 있다. 스레드를 쓸 것인가, 어떻게 쓸 것인가는 내부적으로 결정하며 개발자가 보기에는 투명하다.

1 ~ 1000까지 어떤 레코드의 합계를 구한다고 해 보자. 예를 들어 학생 1000명의 성적 합계를 구한다거나 1000개 상품의 가격 총합을 구하는 경우이다. 컬렉션 연산에서는 for 루프로 전체 컬렉션을 순회하며 순차적으로 누적합을 구하는 연산이 상식적이다. 그러나 스트림은 다음과 같이 동작한다.

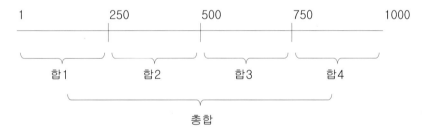

시스템에 장착된 CPU 개수를 조사하여 전체 스트림을 적당한 크기로 분할한다. 1 ~ 1000을 250씩 자르면 네 개의 구간이 나온다. 각 구간에 대해 하나씩 스레드를 실행하여 부분합을 구한다. 최종적으로 네 개의 부분합을 더해 총합을 계산한다. 정말 똑똑하지 않은가?

병렬화가 가능하려면 각 작업끼리 독립적이며 분할 작업 결과를 쉽게 합칠 수 있어야 하고 동기화 문제가 없어야 한다. 또한 실제 CPU가 멀티 코어여야 하며 레코드 개수가 충분히 커야 성능 개선의 효과가 있다. 스트림은 이 모든 것을 판단하여 병렬 처리를 결정하며 최대한의 효율을 낼 수 있도록 지능적으로 동작한다.

스트림이 컬렉션 연산에 비해 우월한 이유는 구체적이지 않고 선언적이기 때문이다. 요구만 밝히기 때문에 내부에서 가장 최적화된 방법으로 코드를 실행할 수 있다. 개발자 입장에서는 쉽고 프로그램은 효율적으로 동작하며 코드도 짧아 명료하다. 스트림의 이런 특성은 SQL 구문과 흡사하다.

```
SELECT TOP 3 name, popu FROM tblCountry WHERE popu > 100 AND oecd = TRUE ORDER BY name DESC
```

데이터베이스 개발자는 요구 사항을 SQL 구문으로 작성하여 DBMS에게 전달한다. 이 구문은 무엇을 원한다는 것만 명시할 뿐 어떻게 구하라는 구체적인 지시 사항은 없다. DBMS는 SQL 구문을 분석하여 효율적인 실행 계획에 따라 데이터베이스를 읽고 조작하여 최종값을 구한다.

어떻게 결과를 만들어낼 것인가는 DBMS의 권한이며 개발자는 세부적인 것까지 간섭하지 않는다. 그래서 DBMS에게 구현의 자유가 있으며 극한의 최적화를 수행하여 신속하고 정확한 결과를 만들어 낸다. DBMS에 따라 최적화의 수준이 달라 성능이 차별화되며 성능은 곧 가격의 차이가 된다.

SQL은 굉장히 복잡하며 정확한 요구를 전달하기 위해 오랜 경험과 숙련이 필요하다. DBMS가 아무리 고성능이라도 요구가 띨띨하면 재성능을 낼 수 없다. 스트림도 마찬가지이다. 문법에 맞게, 간결한 요구를 기술하려면 많은 연습이 필요하다. 컬렉션, 제네릭, 람다, 함수 레퍼런스까지 고급 문법은 거의 다 동원되니 이래저래 초보자용은 아닌 셈이다.

3 스트림 생성

스트림은 데이터의 집합이라는 면에서 배열이나 컬렉션과 유사하지만, 저장보다 연산에 특화되어 있다. 컬렉션에 비해 편집 기능이 없고 자료를 읽기만 하는 대신 속도가 빠르고 최적화에 유리하다. 대규모의 연산을 하려면 컬렉션을 스트림으로 전환하는 것이 유리하다. 스트림을 생성하는 방법은 여러 가지가 있다.

가장 흔한 경우는 Collection 인터페이스의 다음 두 메서드를 호출하여 컬렉션을 스트림으로 전환하는 것이다. 스트림 기능이 들어가면서 컬렉션에 디폴트 메서드가 추가되었으며 따라서 모든 컬렉션은 스트림으로 변환할 수 있다.

```
Stream<E> stream()
Stream<E> parallelStream()
```

stream 메서드는 단일 스레드에서 처리하는 스트림을 생성하며 parallelStream 메서드는 병렬 처리 가능한 스트림을 생성한다. 희망 사항만 밝히는 것이며 진짜 병렬 처리할 것인가 아닌가는 내부적으로 결정한다. 앞 예제에서 List<T>의 stream 메서드를 호출하여 스트림을 생성했다.

```
Data.nara.stream()
```

이 메서드 호출에 의해 Stream<Country> 타입의 스트림 객체를 리턴하며 이 객체로 필터링, 정렬, 맵핑 등의 연산을 수행했다.

스트림을 직접 생성할 때는 of 정적 메서드를 호출한다. 괄호 안에 요소를 나열하면 모두 스트림에 포함된다. 다음 예제는 정수 다섯 개를 스트림에 넣고 콘솔로 덤프한다. 정수를 저장하는 스트림의 타입은

Stream〈Integer〉이다.

```
import java.util.stream.Stream;

class JavaTest {
    public static void main(String[] args) {
        Stream〈Integer〉 stream = Stream.of(3, 1, 4, 1, 5);
        stream.forEach(System.out::print);
    }
}
```

실행 결과	31415

forEach는 모든 요소를 순회하며 인수로 전달한 메서드를 호출하여 각 요소별로 처리한다. System. out::print 메서드 레퍼런스를 전달하면 요소를 출력하여 덤프한다. 생성과 출력을 따로 했는데 굳이 스트림 변수를 선언할 필요 없이 한 줄에 처리할 수도 있다.

```
Stream.of(3, 1, 4, 1, 5).forEach(System.out::print);
```

요소를 이미 배열로 가지고 있다면 Arrays.stream 메서드로 스트림을 생성하며 범위를 지정하여 일부만 스트림으로 바꿀 수도 있다. 다음 예제는 문자열 배열을 스트림으로 만든 후 덤프한다.

```
import java.util.Arrays;
import java.util.stream.Stream;

class JavaTest {
    public static void main(String[] args) {
        String[] ar = { "한국", "중국", "일본" };
        Stream〈String〉 stream = Arrays.stream(ar);
        stream.forEach(System.out::print);
    }
}
```

실행 결과	한국중국일본

규칙이 있는 일련의 데이터는 다음 메서드로 생성한다. 데이터를 계속 생성할 수 있어 요소의 개수는 이론상 무한대이다. 물론 진짜 무한대는 아니며 limit로 일부만 취해 연산에 사용한다. 다음 정적 메서드는 함수를 연속으로 호출하여 스트림의 데이터를 채운다.

```
static 〈T〉 Stream〈T〉 generate(Supplier〈T〉 s)
```

T 타입을 리턴하는 Supplier⟨T⟩ 타입의 함수를 주면 그 리턴값으로 스트림을 채운다. 다음 예제는 Math.random 메서드를 계속 호출하여 난수로 채워진 스트림을 생성한다.

generate	실행 결과

```
import java.util.stream.Stream;                    0.22598132428606643
                                                    0.18162077037243118
class JavaTest {                                    0.44375140740616215
    public static void main(String[] args) {        0.09844220272723625
        Stream.generate(Math::random)               0.9767693386492001
            .limit(5)
            .forEach(System.out::println);
    }
}
```

무한히 생성할 필요는 없으니 limit 메서드로 다섯 개만 출력했다. 다음 정적 메서드는 시작값과 입력값을 받아 다음 값을 생성하는 함수를 전달하여 일련의 숫자를 가지는 스트림을 생성한다.

```
static ⟨T⟩ Stream⟨T⟩ iterate(T seed, UnaryOperator⟨T⟩ f)
```

두 번째 인수로 전달하는 함수는 T 타입을 받아 다음 값을 만들어 낸다. 람다식으로 간단하게 다음 값을 생성할 수 있다. 다음은 1을 시작값으로 하여 1 증가한 값을 만들어 스트림을 채운다.

iterate

```
import java.util.stream.Stream;

class JavaTest {
    public static void main(String[] args) {
        Stream.iterate(1, a -> a+1)
            .limit(5)
            .forEach(System.out::print);
    }
}
```

실행 결과	12345

스트림은 필요할 때마다 람다식을 호출하여 다음 값을 만든다. 위 코드에 의해 1, 2, 3, 4,… 식으로 일련의 정수 스트림이 만들어지는데 limit로 제한하여 1 ~ 5의 정수를 출력한다.

이 외에도 스트림을 생성하는 여러 가지 방법이 있다. Files.lines는 텍스트 파일의 각 줄을 읽어 문자열 스트림을 생성하며 Files.list는 지정한 경로의 파일 목록을 스트림으로 생성한다.

```java
import java.io.IOException;
import java.nio.file.Files;
import java.nio.file.Path;
import java.nio.file.Paths;
import java.util.stream.Stream;

class JavaTest {
    public static void main(String[] args) throws IOException {
        Stream<String> lines = Files.lines(Paths.get("애국가-Utf8nb.txt"));
        lines.forEach(System.out::println);
        lines.close();

        Stream<Path> list = Files.list(Paths.get("c:/"));
        list.forEach(p -> System.out.println(p.getFileName()));
        list.close();
    }
}
```

실행 결과	동해물과 백두산이 마르고 닳도록 하느님이 보우하사 우리나라 만세. 무궁화 삼천리 화려강산 대한 사람, 대한으로 길이 보전하세 Program Files Program Files (x86) Users Windows ….

파일의 데이터를 관리하거나 파일 목록을 관리할 때는 이 방법으로 스트림을 얻는다. 반복적인 처리가 필요한 집합적인 자료는 모두 스트림으로 바꿀 수 있는 셈이다. 어떤 타입의 스트림이든 연산하는 방법은 같다.

24-2 중간 연산

1 필터링

중간 연산은 스트림의 데이터를 가공한다. 스트림으로 어떤 연산이 가능한지 순서대로 연구해 보자. 다음 메서드는 조건에 맞는 요소만 추려낸다.

```
Stream<T> filter(Predicate<? super T> predicate)
```

함수가 모두 제네릭인데다 상속 관계까지 고려하여 인수를 상세히 밝히다 보니 굉장히 복잡하고 헷갈리게 생겼다. <? super T>는 T의 부모 타입도 올 수 있다는 뜻인데 대개의 경우 T가 온다. 정확한 문법도 중요하지만, 직관적인 이해를 위해 이후 상속 관계는 생략하고 간단히 적기로 한다.

```
Stream<T> filter(Predicate<T> predicate)
```

인수로 전달하는 서술자는 T 객체를 인수로 받아 이 객체를 점검한 후 진위형을 리턴한다. filter는 서술자가 true를 리턴하는 요소를 추려 새로운 스트림을 생성한다. 다음 예제는 OECD 국가만 출력한다.

filter	실행 결과
```class JavaTest { public static void main(String[] args) { Data.nara.stream() .filter(c -> c.oecd) .forEach(System.out::println); }}```	한국 in ASIA : 49(0) 미국 in AMERICA : 318(0) 프랑스 in EUROPE : 66(0) 독일 in EUROPE : 80(0) 헝가리 in EUROPE : 9(0) 칠레 in AMERICA : 17(0) 캐나다 in AMERICA : 34(0)

nara 스트림의 filter를 호출하되 인수로 c -> c.oecd 람다식을 주었다. 이 람다식은 나라 객체 c를 인수로 받아 oecd 필드를 리턴한다. filter는 컬렉션을 순회하며 oecd 필드가 true인 나라만 골라낸다. 필터링 결과를 확인하기 위해 forEach로 컬렉션을 덤프했다.

```
void forEach(Consumer<T> action)
```

인수 action은 T 객체를 받아 사용하며 리턴값이 없는 함수이다. System.out::println을 지정하면 각 T 객체를 화면에 출력한다. Country가 toString 메서드를 재정의하고 있어 나라에 대한 간략한 정보를 출력한다. 10개 국가 중에 OECD 국가 7개만 필터링했다.

filter의 인수인 Predicate⟨T⟩는 T를 받아 boolean을 리턴하는 함수이다. 람다식 대신 Country 클래스에 이미 정의되어 있는 메서드 레퍼런스를 전달해도 똑같은 결과를 얻을 수 있다.

```
.filter(Country::isOecd)
```

람다식을 c → !c.oecd로 주면 OECD가 아닌 국가만 출력한다. 임의의 조건으로 쉽게 필터링할 수 있는데 다음은 여러 가지 예이다. 논리 연산자로 복수의 조건을 점검할 수 있고 메서드를 호출할 수도 있어 자유도가 높다.

필터링	설명
filter(c → c.popu > 100)	인구 1억 명 이상
filter(c → c.cont == Cont.EUROPE)	유럽 국가만
filter(c → c.cont == Cont.ASIA && c.oecd)	아시아의 OCED 국가
filter(c → c.name.indexOf("국") != -1)	이름에 "국"자가 포함된 나라

filter는 값을 추린 후 Stream⟨T⟩를 다시 리턴한다. 모든 중간 연산은 스트림을 리턴하므로 다른 메서드를 연쇄적으로 호출할 수 있다.

2 맵핑

맵핑은 스트림의 요소에서 일부를 추출 및 조합하여 다른 형태의 스트림을 만든다. 요소끼리 일대일로 대응되는 변환을 하며 요소의 형태만 바뀌고 개수는 변함없다.

```
Stream⟨R⟩ map(Function⟨T, R⟩ mapper)
```

T를 받아 R을 리턴하는 함수 mapper를 모든 요소에 대해 호출한다. 컬렉션 내의 T가 R로 변환되며 그 결과는 Stream⟨R⟩이다. 원래의 스트림과 형태는 달라지지만, 여전히 스트림이어서 중간 연산으로 분류하며 연이어 다른 연산을 수행할 수 있다.

nara 컬렉션에는 Country 타입의 객체 집합이 정의되어 있으며 이를 스트림으로 전환하면 Stream⟨Country⟩ 타입이 된다. 이 스트림에서 다른 정보는 필요 없고 이름에 대한 정보만 추출하고 싶다면 Country 객체를 String 타입으로 변환하여 이름 정보만 뽑아낸다.

```
class JavaTest {
    public static void main(String[] args) {
        Data.nara.stream()
            .map(c -> c.name)
            .forEach(c -> System.out.print(c + " "));
    }
}
```

실행 결과	한국 미국 중국 프랑스 나이지리아 독일 헝가리 베트남 칠레 캐나다

map은 Country 타입의 c를 전달받아 c.name을 리턴하니 결괏값은 나라 이름만 들어 있는 Stream⟨String⟩ 타입이다. forEach에서 나라 이름 사이에 공백을 넣어 출력했다. Country 클래스에 나라 이름을 리턴하는 메서드가 정의되어 있으므로 메서드 레퍼런스를 전달해도 된다.

```
map(Country::getName)
```

map 메서드로 어떤 함수를 전달하는가에 따라 생성되는 스트림의 요소가 달라진다. 여러 가지 맵핑의 예를 보자. 람다식의 코드로 임의의 필드를 조합할 수 있어 자유롭게 변형할 수 있다.

맵핑	설명
map(c -> c.popu)	인구수만 추출
map(c -> c.popu * 1000000)	명 단위의 인구수
map(c -> c.name.length())	나라 이름의 글자수
map(c -> c.cont + " 대륙의 " + c.name)	대륙과 나라명

map으로 전달하는 함수에서 어떤 변환을 하는가에 따라 결과 스트림이 달라진다. 다음 코드는 나라 컬렉션에서 대륙명만 골라 추출한다.

```
Data.nara.stream()
    .map(c -> c.cont)
    .forEach(System.out::println);
```

10개 나라의 cont 멤버를 출력하는데 같은 대륙에 속한 나라가 여럿 있어 대륙명이 중복된다. 중복 없이 대륙명을 한 번씩 출력하고 싶을 때는 distinct 메서드를 호출한다. 인수 없이 그냥 distinct 호출문만 삽입하면 된다.

```
class JavaTest {
    public static void main(String[] args) {
        Data.nara.stream()
            .map(c -> c.cont)
            .distinct()
            .forEach(System.out::println);
    }
}
```

```
ASIA
AMERICA
EUROPE
AFRICA
```

distinct는 스트림의 이전 목록을 저장해 두었다가 새 요소가 발견될 때 이전 목록의 요소와 equals로 비교하여 앞에 나오지 않은 요소만 추가한다. 그래서 같은 대륙은 한 번만 출력한다. 스트림의 요소에 순서가 있어 결과 스트림의 순서도 유지된다. 원본에 ASIA 국가인 한국이 처음이어서 중복 없는 대륙 목록에도 ASIA가 제일 먼저 나타난다.

3 범위 제한

스트림은 원본 컬렉션의 모든 요소를 가지는데 이 중 일부만으로 크기를 제한할 때 다음 메서드를 호출한다.

```
Stream<T> limit(long maxSize)
Stream<T> skip(long n)
```

limit 메서드의 인수로 원하는 크기를 전달하면 그 이후의 요소는 제거한 새로운 스트림을 리턴한다. 나라 컬렉션에서 4개 국가의 목록만으로 스트림을 다시 구성하고 싶으면 다음과 같이 호출한다.

```
class JavaTest {
    public static void main(String[] args) {
        Data.nara.stream()
            .limit(4)
            .forEach(System.out::println);
    }
}
```

```
한국 in ASIA : 49(0)
미국 in AMERICA : 318(0)
중국 in ASIA : 1355
프랑스 in EUROPE : 66(0)
```

스트림에 10개의 요소가 있지만, limit(4)로 제한하면 앞쪽 4개의 국가만 골라내고, 뒤쪽의 6개 국가는 제거한다. 즉, limit는 스트림의 뒤쪽을 잘라낸다. 반면 skip 메서드는 앞쪽을 건너뛴다. 지정한 개수만큼 건너뛰고 뒤쪽의 나머지 요소만으로 새로운 스트림을 만든다.

```
class JavaTest {
    public static void main(String[] args) {
        Data.nara.stream()
            .skip(7)
            .forEach(System.out::println);
    }
}
```

```
베트남 in ASIA : 93
칠레 in AMERICA : 17(0)
캐나다 in AMERICA : 34(0)
```

7개를 건너뛰면 앞쪽 7개 국가는 목록에서 제외하고 남은 3개 국가만 출력한다. limit와 skip을 같이 호출하면 중간의 일부만 골라낸다. 두 메서드의 호출 순서에 따라 골라내는 대상이 달라진다.

```
class JavaTest {
    public static void main(String[] args) {
        Data.nara.stream()
            .skip(2)
            .limit(5)
            .forEach(System.out::println);
        System.out.println("==============");
        Data.nara.stream()
            .limit(5)
            .skip(2)
            .forEach(System.out::println);
    }
}
```

```
중국 in ASIA : 1355
프랑스 in EUROPE : 66(0)
나이지리아 in AFRICA : 177
독일 in EUROPE : 80(0)
헝가리 in EUROPE : 9(0)
==============
중국 in ASIA : 1355
프랑스 in EUROPE : 66(0)
나이지리아 in AFRICA : 177
```

건너 뛰고 일정 개수를 취하느냐, 일정 개수를 취하고 건너뛰느냐의 차이가 있으며 결과적으로 리턴되는 스트림의 개수가 다르다. 2개 건너뛴 후 5개를 고르면 5개를 리턴하고, 5개를 고르고 2개를 건너뛰면 3개를 리턴한다.

위 예제는 스트림을 두 번 생성하는데 똑같은 객체를 두 번 만드는 것은 낭비인 것 같아 보인다. 이럴 때는 객체를 하나 생성하여 변수에 대입하고 여러 번 쓰는 것이 효율적이고 상식적인 방법이다. 다음과 같이 stream 변수에 스트림을 미리 생성해 놓고 이 객체를 두 번 사용해 보자.

```
Stream<Country> stream = Data.nara.stream();
stream.skip(2)
    .limit(5)
    .forEach(System.out::println);
System.out.println("=============");
stream.limit(5)
    .skip(2)
    .forEach(System.out::println);
```

컴파일은 잘 되지만 실행하면 IllegalStateException 예외가 발생한다. 스트림은 딱 한 번만 읽을 수 있다. skip이나 limit 등의 메서드를 호출하는 순간 상태가 바뀌어 원본과 다른 스트림이 되어 버린다. 그래서 스트림은 저장해 두고 사용할 수 없으며 필요할 때마다 매번 생성해서 사용한다.

규칙에 따라 스트림을 계속 생성하는 무한 스트림에는 limit 메서드가 반드시 필요하다. 다음은 2의 거듭승을 10개만 출력하는 예제이다.

twopower

```
import java.util.stream.Stream;

class JavaTest {
    public static void main(String[] args) {
        Stream.iterate(2, a -> a*2)
            .limit(10)
            .forEach(n -> System.out.print(n + " "));
    }
}
```

실행 결과	2 4 8 16 32 64 128 256 512 1024

iterate 메서드는 초깃값부터 함수를 계속 호출하여 일련의 숫자 목록을 만들어 내는데 두 배로 만드는 람다식을 주었으니 2, 4, 8, 16, 32 식으로 2의 거듭승을 생성한다. 이 수열은 끝이 없어 limit로 제한하지 않으면 무한히 반복한다. 필요한 개수만큼 limit로 제한해야 한다.

4 정렬

정렬은 일정한 기준으로 요소를 순서대로 재배열하는 연산이다. 스트림은 다음 두 메서드로 정렬을 수행한다.

```
Stream<T> sorted()
Stream<T> sorted(Comparator<T> comparator)
```

인수가 없는 sorted 메서드는 요소의 자연스러운 순서에 따라 정렬을 수행한다. Comparable 인터페이스를 구현하여 비교 가능한 숫자나 문자열 등을 정렬한다. 다음 예제를 보자.

sorted

```
class JavaTest {
    public static void main(String[] args) {
        Data.nara.stream()
            .map(Country::getName)
            .sorted()
            .forEach(n -> System.out.print(n + " "));
    }
}
```

실행 결과	나이지리아 독일 미국 베트남 중국 칠레 캐나다 프랑스 한국 헝가리

국가의 이름만 추출한 후 sorted 메서드로 정렬했다. 문자열은 사전순으로 비교 가능하여 별다른 기준이 없어도 정렬 가능하다. 그러나 국가를 정렬할 때는 사정이 다르다. 다음과 같이 매핑 연산을 빼고 정렬해 보자.

```
Data.nara.stream()
    .sorted()
    .forEach(System.out::println);
```

컴파일은 잘 되지만 Country 클래스가 Comparable 인터페이스를 구현하지 않아 실행하면 ClassCastException 예외가 발생한다. 어떤 기준으로 국가 요소를 정렬할지 명확하지 않기 때문이다. 문제를 해결하려면 Country 클래스가 Comparable 인터페이스를 구현해야 한다.

comparable

```
class Country implements Comparable<Country> {
    ....
    public int compareTo(Country o) {
        return popu - o.popu;
    }
}

class JavaTest {
    public static void main(String[] args) {
        Data.nara.stream()
            .sorted()
            .forEach(System.out::println);
    }
}
```

실행 결과

```
헝가리 in EUROPE : 9(0)
칠레 in AMERICA : 17(0)
캐나다 in AMERICA : 34(0)
한국 in ASIA : 49(0)
프랑스 in EUROPE : 66(0)
독일 in EUROPE : 80(0)
베트남 in ASIA : 93
나이지리아 in AFRICA : 177
미국 in AMERICA : 318(0)
중국 in ASIA : 1355
```

Comparable〈Country〉 인터페이스를 구현하여 인구순으로 비교하는 compareTo 메서드를 정의하면 인구순으로 정렬된다. 그러나 꼭 인구순으로만 비교하라는 법이 없어 일반적인 해법은 아니다.

요소가 비교 기능을 제공하지 않으면 sorted 메서드의 인수로 두 요소를 비교하는 Comparator 객체를 전달한다. 원론적인 코드는 다음과 같다. sorted 메서드의 인수열에서 익명 임시 객체를 생성하면 된다.

```
Data.nara.stream()
    .sorted(new Comparator〈Country〉() {
        public int compare(Country o1, Country o2) {
            return o1.popu - o2.popu;
        }
    })
    .forEach(System.out::println);
```

지금까지 많이 사용해 왔던 문법이고 이해하기 쉽지만, 스트림의 간결성에 어울리지 않는다. Comparator는 함수형 인터페이스이므로 람다식으로 간략하게 비교식을 작성할 수 있다. 다음이 람다식을 제대로 활용한 예이며 훨씬 짧고 직관적이다.

```
Data.nara.stream()
    .sorted((o1, o2) -> o1.popu - o2.popu)
    .forEach(System.out::println);
```

이 람다식은 두 Country 객체의 인구수의 차를 리턴하여 인구수를 정렬 기준으로 사용한다. 나라 이름이나 대륙순으로 비교할 수도 있다. 같은 값끼리 비교하는 것이 보통이며 인구수와 나라 이름을 비교하지는 않는다. 그래서 비교 대상만 전달하면 Comparator 객체를 리턴하는 정적 메서드를 자바 8에서 추가하였다.

```
static Comparator〈T〉 comparing(Function〈T, U〉 keyExtractor)
```

이 메서드는 T 타입으로부터 U값을 리턴하는 함수를 받아 이 함수가 리턴하는 값을 키로 하여 비교하는 Comparator 객체를 리턴한다. 말이 어려운데 제네릭이 원래 이런 식이라 어쩔 수 없다. sorted 메서드의 인수로 이 객체를 넘기면 키에 맞추어 정렬한다. 키를 리턴하는 함수이면 되므로 메서드 레퍼런스를 쓸 수 있어 편리하다.

comparing
```
class JavaTest {
    public static void main(String[] args) {
        Data.nara.stream()
            .sorted(Comparator.comparing(Country::getPopu))
            .forEach(System.out::println);
    }
}
```

getPopu 메서드가 리턴하는 인구수를 키로 하여 두 값을 비교하는 Comparator 임시 객체를 생성하며 sorted는 이 객체를 통해 요소의 순서를 결정하여 정렬한다. 내림차순으로 정렬할 때는 Comparator 객체의 reversed 메서드를 호출하여 비교 순서를 반대로 뒤집는다.

```
sorted(Comparator.comparing(Country::getPopu).reversed())
```

이렇게 하면 인구수가 많은 나라부터 출력한다. 정렬키로 사용할 필드를 리턴하는 메서드만 전달하면 되고 오름차순, 내림차순까지 선택할 수 있어 이 정도만 해도 웬만한 정렬은 다 수행할 수 있다. 커스텀 정렬이나 2차 정렬까지 지정하려면 원론적으로 Comparator 객체를 직접 생성해야 한다.

24-3 최종 연산

1 요소 조사

스트림 연산은 값을 조작하여 최종적으로는 뭔가 값을 산출해야 하며 최종 연산의 결과는 스트림이 아니라 합계나 검색 결과 등 특정 타입의 값이다. 가장 간단한 최종 연산은 스트림에 속한 요소의 개수를 구하는 count이다.

```
long count()
```

리턴 타입이 int가 아니라 long으로 되어 있어 거대한 스트림은 20억 개 이상의 요소를 가질 수 있다. 다음 예제는 컬렉션에 속한 나라의 개수를 구해 출력한다.

count
```
class JavaTest {
    public static void main(String[] args) {
        System.out.println(Data.nara.stream().count());
    }
}
```

실행 결과	10

다음 메서드는 조건을 점검해 보고 만족하는 요소가 있는지 조사하여 진위형을 리턴한다.

```
boolean anyMatch(Predicate⟨T⟩ predicate)
boolean allMatch(Predicate⟨T⟩ predicate)
boolean noneMatch(Predicate⟨T⟩ predicate)
```

모두 서술자를 인수로 취하여 점검할 조건을 지정한다. 메서드 이름이 의미하듯이 anyMatch는 하나라도 있는지, allMatch는 전부 만족하는지, noneMatch는 조건에 맞는 게 하나도 없는지 점검한다.

```
class JavaTest {
    public static void main(String[] args) {
        System.out.println(Data.nara.stream().anyMatch(c -> c.cont == Cont.AFRICA));
        System.out.println(Data.nara.stream().allMatch(c -> c.popu > 10));
        System.out.println(Data.nara.stream().noneMatch(c -> c.popu < 8));
    }
}
```

실행 결과	true false true

여러 가지 조건으로 스트림의 요소를 조사해 보았다. 아프리카에 속한 나라는 있다. 모든 나라의 인구가 천만 명이 넘는지 조사했는데 헝가리가 9백만 명이라 거짓이다. 8백만 명 미만인 나라는 없다.

이 메서드는 논리 연산자와 마찬가지로 쇼트 서키트 기능이 있다. anyMatch는 단 하나라도 조건을 만족하는 요소를 발견하면 더 이상 뒤쪽은 보지 않고 true를 리턴한다. 다른 메서드도 비슷한 방식이다. 다음 두 메서드는 스트림의 최댓값, 최솟값을 조사한다.

```
Optional<T> max(Comparator<T> comparator)
Optional<T> min(Comparator<T> comparator)
```

요소 비교에 사용할 비교자를 인수로 전달한다. 비교자는 앞쪽 피연산자가 더 크면 양수, 뒤쪽 피연산자가 더 크면 음수, 두 값이 같으면 0을 리턴한다. 스트림이 비어 있을 수도 있어 T가 아닌 Optional<T>를 리턴하는데 이 타입에 대해서는 잠시 후 따로 연구해 보자.

```
class JavaTest {
    public static void main(String[] args) {
        Optional<Integer> max = Data.nara.stream().
                map(Country::getPopu).
                max((a, b) -> a-b);
        System.out.println(max.get());
        Optional<Integer> min = Data.nara.stream().
                map(Country::getPopu).
                min((a, b) -> a-b);
        System.out.println(min.get());
    }
}
```

```
1355
9
```

nara 스트림을 인구수의 정수 스트림으로 바꾼 후 max와 min으로 비교자를 전달하면 최댓값, 최솟값을 찾아 준다. (a, b) -> a-b 람다 표현식 대신에 Integer::compare 메서드 레퍼런스를 전달해도 효과는 같다.

2 Optional

객체가 없는 상태를 보통 null로 표기한다. 지금까지 흔히 사용한 일반적인 방식이고 익숙하게 사용하고 있지만 간결성 면에서 불편한 면이 있다. 다음 예제를 보자.

nullable

실행 결과

```java
class Notebook {
    String model;
    Notebook(String model) { this.model = model; }
}

class Human {
    int age;
    String name;
    Notebook book;

    Human(int age, String name, String model) {
        book = new Notebook(model);
        this.age = age;
        this.name = name;
    }
}

class JavaTest {
    public static void main(String[] args) {
        Human kim = new Human(29, "김상형", "센스");
        useBook(kim);
    }

    static void useBook(Human human) {
        System.out.println("내 노트북 : " + human.book.model);
    }
}
```

```
내 노트북 : 센스
```

이 예제는 사람이 노트북을 소유한 상태를 표현한다. main에서 노트북을 가진 사람 객체를 생성한 후 노트북을 사용하는 useBook 메서드를 호출했다. 이 메서드는 노트북의 모델명을 출력하여 자랑만 한다.

useBook에서 노트북 모델명을 무작정 출력하는데 인수로 전달받은 human이 null일 수 있다. 또 사람마다 다 노트북을 있는 게 아니어서 노트북도 null이 될 수 있다. null값을 참조하면 실행 중에 예외가 발생하므로 if 문으로 조건을 점검하는 방어적 코드를 작성하는 게 보통이다.

```java
if (human != null) {
    Notebook book = human.book;
    if (book != null) {
        System.out.println("내 노트북 : " + human.book.model);
    }
}
```

둘 중 하나라도 null이면 아무 일도 일어나지 않는다. 물론 null일 경우의 처리를 별도의 else 절로 지정할 수도 있다. 아주 상식적인 코드이지만 들여쓰기가 깊고 비정상적인 상황에 대한 처리가 많아 핵심 코드가 잘 보이지 않는다. if 문보다는 예외 처리 구문이 더 간단하지만 번거로운 것은 여전하다.

```java
try {
    System.out.println("내 노트북 : " + human.book.model);
}
catch (NullPointerException e) {
    System.out.println(e.getMessage());
}
```

모든 객체에 대해 null 방어 코드가 필요한 것은 아니다. Human.name이나 Notebook.model에 대해서는 굳이 필요치 않다. 사람 이름이 없다는 것은 실행 중에 발생할 수 있는 예외 상황이 아니라 디자인부터 뭔가 잘못된 것이다. 이런 상황은 있어서는 안 되며 혹시라도 예외가 발생하면 실행 중에 해결할 게 아니라 프로그램을 뜯어 고쳐야 한다.

반면 book 필드는 있을 수도 있고 없을 수도 있다. 모든 사람이 노트북을 소유하는 것은 아니므로 둘 다 정상적인 상황이다. 이런 상황을 표현하기 위해 자바 8에서 Optional⟨T⟩ 클래스를 도입했다. Optional⟨T⟩는 T 타입의 객체를 가진 상태와 아무것도 갖지 않은 상태를 표현하는 컨테이너이다. 객체를 감싸지만 없는 경우까지 포괄한다. 다음 세 개의 정적 메서드로 생성한다.

```java
static ⟨T⟩ Optional⟨T⟩ empty()
static ⟨T⟩ Optional⟨T⟩ of(T value)
static ⟨T⟩ Optional⟨T⟩ ofNullable(T value)
```

empty는 빈 상태로 생성하며 of는 객체를 저장한 상태로 초기화한다. ofNullable은 인수로 전달한 값을 저장하되 null이면 빈 상태로 초기화한다. 내부에 저장한 객체를 읽을 때는 다음 두 메서드를 사용한다.

```java
boolean isPresent()
T get()
```

isPresent는 객체가 있는지 조사한다. 이 메서드가 true를 리턴하면 내부에 객체가 있는 것이며 get 메서드로 안전하게 읽을 수 있다. 만약 빈 상태에서 get을 호출하면 예외가 발생한다. 예제를 다시 만들어 보자.

optional
```java
import java.util.*;

class Notebook {
    String model;
    Notebook(String model) { this.model = model; }
}
```

```
class Human {
    int age;
    String name;
    Optional<Notebook> book;

    Human(int age, String name, String model) {
        if (model == null || model.length() == 0) {
            book = Optional.empty();
        } else {
            book = Optional.of(new Notebook(model));
        }
        this.age = age;
        this.name = name;
    }
}

class JavaTest {
    public static void main(String[] args) {
        Human kim = new Human(29, "김상형", "레노보");
        useBook(kim);
        Human lee = new Human(44, "이승우", null);
        useBook(lee);
    }

    static void useBook(Human human) {
        if (human.book.isPresent()) {
            String model = human.book.get().model;
            System.out.println("내 노트북 : " + model);
        } else {
            System.out.println("노트북이 없다.");
        }
    }
}
```

실행 결과	내 노트북 : 레노보 노트북이 없다.

Human 클래스의 book 필드를 Optional<Notebook> 타입으로 변경했다. 즉, 노트북을 가질 수도 있고 아닐 수도 있다. 생성자는 노트북 이름이 있는가 아닌가에 따라 book을 비워 놓거나 아니면 노트북 객체를 생성하여 저장한다.

useBook 메서드는 isPresent 메서드로 노트북이 있는지 점검한 후 있으면 get 메서드로 노트북을 읽고, 없으면 없다고 표시한다. 이 예제는 노트북을 가진 객체와 그렇지 않은 객체 모두에 대해 훌륭하게 동작한다. 하지만 조건을 점검할 바에야 if 문으로 null을 점검하는 것과 별반 다르게 없다. Optional은 단순한 체크보다 더 많은 기능을 제공한다.

```
void ifPresent(Consumer<T> consumer)
```

이 메서드는 비어 있지 않을 때의 동작을 람다식으로 지정한다. 객체가 있으면 이 람다식을 실행하여 동작을 수행하며 비어 있으면 아무것도 하지 않는다. 이 메서드 자체가 if 문을 대신한다.

```
....
class JavaTest {
    public static void main(String[] args) {
        Human kim = new Human(29, "김상형", "레노보");
        useBook(kim);
        Human lee = new Human(44, "이승우", null);
        useBook(lee);
    }

    static void useBook(Human human) {
        human.book.ifPresent(b -> System.out.println("내 노트북 : " + b.model));
    }
}
```

실행 결과	내 노트북 : 레노보

노트북 모델명을 출력하는 코드를 ifPresent 메서드 안에 람다식으로 작성했다. 노트북을 가진 경우만 출력하며 그렇지 않으면 출력문을 무시한다. 다음 메서드는 조건 진위 여부에 따라 다른 조치를 취한다.

```
T orElse(T other)
T orElseGet(Supplier<T> other)
<X> T orElseThrow(Supplier<X> exceptionSupplier)
```

orElse 메서드는 비어 있을 경우 대체 객체를 리턴한다. 비어 있지 않으면 물론 원래의 객체를 리턴한다. 다음 예제는 노트북이 없을 경우 싸구려 노트북을 만들어 준다.

```
....
class JavaTest {
    public static void main(String[] args) {
        Human kim = new Human(29, "김상형", "레노보");
        useBook(kim);
        Human lee = new Human(44, "이승우", null);
        useBook(lee);
    }

    static void useBook(Human human) {
        Notebook book = human.book.orElse(new Notebook("싸구려"));
```

```
            System.out.println("내 노트북 : " + book.model);
        }
    }
}
```

| 실행
결과 | 내 노트북 : 레노보
내 노트북 : 싸구려 |

orElse는 대체 객체를 인수열에서 미리 만들기 때문에 어쨌거나 객체를 만들어 놓고 본다. 함수를 호출하려면 인수를 먼저 생성해야 하니 어쩔 수 없다. 비어 있지 않으면 인수열에서 만든 객체는 사용하지 않고 버려 비효율적이다.

이에 비해 orElseGet은 객체가 아니라 객체를 생성하는 람다식을 전달하여 불필요할 경우 아예 객체를 생성하지 않는다. orElse는 객체를 만들어 주고 선택 여부를 결정하지만 orElseGet은 객체를 만드는 방법을 가르쳐 주고 실행할 것인가를 결정한다. 다음과 같이 써도 동일하다.

```
Notebook book = human.book.orElseGet(() -> new Notebook("싸구려"));
```

orElseThrow 메서드는 객체가 비어 있을 때 예외를 던진다. get 메서드와 동작은 비슷하지만 예외의 종류를 인수로 지정할 수 있다는 점이 다르다.

```
Optional<T> filter(Predicate<T> predicate)
```

filter는 인수로 전달한 서술자로 객체를 점검하여 조건을 만족하면 객체를 가진 Optional 객체를 리턴하고 그렇지 않으면 빈 객체를 리턴한다. 객체가 처음부터 비어 있었다면 빈 객체를 리턴한다. 객체가 존재하는지와 조건을 만족하는지 보는 것이다.

optionfilter

```
class JavaTest {
    public static void main(String[] args) {
        Human kim = new Human(29, "김상형", "삼성 아티브");
        useBook(kim);
    }

    static void useBook(Human human) {
        human.book.filter(b -> b.model.indexOf("삼성") != -1)
        .ifPresent(b -> System.out.println("삼성 노트북"));
    }
}
```

| 실행
결과 | 삼성 노트북 |

안심Touch

이름 문자열에 삼성이 포함되어 있으면 삼성 노트북이라고 출력한다. 객체가 null이거나 삼성이 아니면 아무 일도 일어나지 않는다.

```
⟨U⟩ Optional⟨U⟩ map(Function⟨T, U⟩ mapper)
⟨U⟩ Optional⟨U⟩ flatMap(Function⟨T,Optional⟨U⟩⟩ mapper)
```

map은 객체의 값으로부터 함수를 호출하여 다른 타입의 값을 추출하여 형태를 변경한다. 빈 객체이면 리턴값도 빈 객체이다.

optionmap
```
class JavaTest {
    public static void main(String[] args) {
        Human kim = new Human(29, "김상형", "");
        useBook(kim);
    }

    static void useBook(Human human) {
        String model = human.book.map(b -> b.model).orElse("이름없음");
        System.out.println(model);
    }
}
```

실행 결과	이름없음

노트북으로부터 문자열 타입의 모델명을 추출하므로 리턴 타입은 Optional⟨String⟩이다. orElse 메서드로 이 문자열이 비어 있으면 "이름없음" 모델명을 리턴하고, 그렇지 않으면 이름 문자열을 구한다.

3 리덕션

리덕션은 스트림의 집합적인 값으로부터 하나의 최종값을 도출하는 연산이다. 합계나 평균 등이 좋은 예이며 컬렉션에서 뽑아내는 가장 흔하고 유용한 정보이다.

```
T reduce(T identity, BinaryOperator⟨T⟩ accumulator)
```

첫 번째 인수로 초깃값을 주고, 두 번째 인수로 누적자를 준다. 누적자는 초깃값부터 시작해서 값을 계속 누적하여 다음 값을 만든다.

```
reduce
```

```
class JavaTest {
    public static void main(String[] args) {
        int total = Data.nara.stream()
                .map(Country::getPopu)
                .reduce(0, (i,j) -> i+j);
        System.out.println(total);
    }
}
```

실행 결과	2198

이 예제는 모든 국가의 총 인구수를 구한다. 정수 스트림으로 전환한 후 초깃값 0에서 시작하여 다음 요소를 시작값에 계속 누적한다. 내부에서는 다음과 같은 루프를 돌 것이다.

```
int sum = 0;
for (int elem : stream) {
    sum = sum + elem;
}
```

sum을 초깃값 0에서 시작해서 스트림의 엘리먼트를 하나씩 누적시켜 합계를 구한다. 람다식으로 두 값을 더하는 동작을 지정했는데 이 동작은 자주 사용하므로 Integer 클래스에 int sum(int a, int b) 정적 메서드로 선언되어 있다. 람다식 대신 메서드 레퍼런스를 지정해도 효과는 같다.

```
reduce(0, Integer::sum);
```

모든 요소의 곱을 구하려면 다음과 같이 두 값을 곱하는 람다식을 지정한다. 누적곱이므로 초깃값이 1이어야 한다는 점을 유의하자. 초깃값이 0이면 어떤 값을 곱해도 결과는 0이 된다.

```
reduce(1, (i,j) -> i*j);
```

초깃값이 굳이 필요치 않다면 다음 버전을 사용한다.

```
Optional<T> reduce(BinaryOperator<T> accumulator)
```

리턴값이 T가 아니라 Optional<T>라는 점이 다르다. 초깃값이 없고 스트림이 완전히 비어 있을 때는 빈 객체를 리턴한다. 다음 코드도 동작은 같다.

```
class JavaTest {
    public static void main(String[] args) {
        Optional<Integer> total = Data.nara.stream()
                .map(Country::getPopu)
                .reduce(Integer::sum);
        System.out.println(total.get());
    }
}
```

실행 결과	2198

스트림이 비어 있지 않다는 것을 이미 알고 있으므로 get 메서드로 합계를 읽었다. 다음 예제는 인구의 최댓값, 최솟값을 찾는다.

```
class JavaTest {
    public static void main(String[] args) {
        Optional<Integer> min = Data.nara.stream()
            .map(Country::getPopu)
            .reduce(Integer::min);
        System.out.println(min.get());
        Optional<Integer> max = Data.nara.stream()
            .map(Country::getPopu)
            .reduce(Integer::max);
        System.out.println(max.get());
    }
}
```

실행 결과	9 1355

인구수만 추출한 뒤 Integer::min 함수로 리덕션을 수행하면 스트림을 순회하고 그중에 가장 작은 값을 찾아 리턴한다. Integer::max 대신 람다식 (a,b) -> a > b ? a:b를 써도 같다. Optional을 쓰지 않으려면 초깃값으로 충분히 큰 값 또는 충분히 작은 값을 주면 된다.

```
reduce(Integer.MAX_VALUE, Integer::min);
reduce(Integer.MIN_VALUE, Integer::max);
```

스트림이 비어 있지 않다는 것을 확실히 알고 있다면 그중에 최솟값, 최댓값이 반드시 존재하므로 굳이 초깃값을 지정할 필요는 없다.

4 기본형 스트림

숫자형 필드의 합계를 구하는 코드를 다시 보면 map이 Stream⟨Integer⟩를 리턴한다는 면에서 낭비가 있다.

```
Optional⟨Integer⟩ total = Data.nara.stream()
    .map(Country::getPopu)
    .reduce(Integer::sum);
```

원래 정수형인 popu 필드를 Integer로 박싱해서 스트림에 저장하며 reduce 메서드 내부에서 Integer의 정숫값을 언박싱해서 읽으니 성능에 불리하다. 스트림이 클수록 이 문제가 심각해진다. 그래서 기본형에 대한 스트림을 별도로 제공한다.

```
IntStream mapToInt(ToIntFunction⟨? super T⟩ mapper)
LongStream mapToLong(ToLongFunction⟨? super T⟩ mapper)
DoubleStream mapToDouble(ToDoubleFunction⟨? super T⟩ mapper)
```

IntStream은 정수형의 스트림이다. 기본형인 int 타입으로 스트림을 저장하며 언박싱할 필요가 없다. 리덕션을 하지 않고 바로 최종값을 구하는 메서드도 제공한다.

```
int sum()
OptionalInt max()
OptionalInt min()
OptionalDouble average()
```

sum 메서드만 호출하면 정숫값의 합계를 바로 구할 수 있다. 스트림이 비어 있으면 0을 리턴한다. 최대, 최소, 평균도 바로 구할 수 있되 빈 스트림에 대해서는 Optional⟨Integer⟩의 기본형 버전을 대신 리턴한다. 스트림에 비해 Optional은 요소가 하나밖에 없어 기본형을 써도 성능 향상이 덜하다. 다음 예제는 기본형 스트림을 사용하여 인구 총합을 구한다.

maptoint

```
class JavaTest {
    public static void main(String[] args) {
        int total = Data.nara.stream()
            .mapToInt(Country::getPopu)
            .sum();
        System.out.println(total);
    }
}
```

실행 결과	2198

mapToInt 메서드가 IntStream을 리턴하므로 박싱, 언박싱할 필요가 없다. 합계를 구할 때도 sum 메서드만 호출하면 된다. sum 메서드는 다음 코드와 같다.

```
reduce(0, Integer::sum)
```

다음 두 메서드는 일정한 범위의 정수 스트림을 생성한다.

```
static IntStream range(int startInclusive, int endExclusive)
static IntStream rangeClosed(int startInclusive, int endInclusive)
```

range 메서드는 끝값을 제외하고, rangeClosed는 끝값도 범위에 포함한다. 1 ~ 100의 합계는 다음과 같이 간단히 구할 수 있다.

rangeclosed

```
import java.util.stream.IntStream;

class JavaTest {
    public static void main(String[] args) {
        int total = IntStream.rangeClosed(1, 100).sum();
        System.out.println(total);
    }
}
```

실행 결과	5050

1 ~ 100의 정수 스트림을 만든 후 sum 메서드만 호출하면 된다. 만약 3의 배수로 구성된 스트림을 얻으려면 다음 필터를 중간에 넣는다.

```
.filter(i -> i % 3 == 0)
```

1 ~ 100의 정수 중 3으로 나누어 떨어지는 수만 취한다. 기본형이 연산 속도는 확실히 빠르다. 다른 제네릭 버전의 메서드를 사용하려면 다음 메서드로 제네릭으로 복원한다.

```
Stream<Integer> boxed()
```

수치적인 연산만 할 때는 기본형 스트림으로 잠시 전환하는 것이 속도상 유리하다. 짧은 스트림은 별 상관없지만, 대규모의 스트림일수록 박싱, 언박싱 비용이 비싸다.

5 collect

collect 메서드는 스트림으로부터 자료를 추출 및 가공하여 다른 형태로 변형하는 최종 연산이다. 함수의 원형은 간단하다.

```
〈R,A〉 R collect(Collector〈T,A,R〉 collector)
```

인수로 Collector 인터페이스 구현 객체 하나를 전달받아 이 객체 내의 메서드를 순서대로 호출하여 스트림을 가공한다. Collector에는 다음 추상 메서드가 선언되어 있다.

```
Supplier〈A〉 supplier()
BiConsumer〈A,T〉 accumulator()
Function〈A,R〉 finisher()
BinaryOperator〈A〉 combiner()
Set〈Collector.Characteristics〉 characteristics()
```

각 메서드에 공급자, 누적자, 종료자, 결합자 등의 이름을 붙일 수 있고 각자 맡은 역할이 있다. 이 메서드들이 정확하게 무엇을 하고 어떤 임무를 띠는지는 레퍼런스에 잘 설명되어 있으며 모두 정확하게 구현해야 제대로 된 Collector 객체의 역할을 수행한다.

대략 설명하면 새로운 결과를 저장하기 위한 컨테이너를 만들고 원본 스트림에서 요소를 읽어 일정한 규칙에 따라 새 컨테이너에 저장하며 최종 결과를 만들어낸다. 병렬 처리할 때는 각 처리 결과를 병합해야하며 내부 동작을 상세하게 정의하는 속성도 필요하다.

Collector 인터페이스의 타입 파라미터만 해도 세 개나 되는데 원본 T에서 중간 변수 A를 거쳐 마지막 최종 결과인 R을 만들어낸다. 내부가 얼마나 복잡할지는 가히 짐작이 갈 것이다. Collector 인터페이스를 완벽히 분석해서 요건에 맞는 수집 객체를 만드는 것은 쉬운 일이 아니며 생산적이지도 않다. 자주 사용할만한 수집자 객체가 Collectors 클래스에 정의되어 있으니 우리는 이것만 잘 활용해도 충분하다.

```
〈T〉 Collector〈T,?,List〈T〉〉 toList()
〈T〉 Collector〈T,?,Set〈T〉〉 toSet()
```

toList는 T를 받아 List〈T〉 객체를 생성한다. toSet은 중복을 제거한 Set〈T〉객체를 생성한다. 더 정확하게 표현하자면 이런 동작을 하는 컬렉터 객체를 생성하여 스트림의 collect 메서드로 전달하면 해당 수집 처리를 수행한다. 다음 예제는 나라 스트림에서 이름만 쏙 빼서 문자열의 리스트로 수집한다.

```
class JavaTest {
    public static void main(String[] args) {
        List<String> names = Data.nara.stream()
            .map(Country::getName)
            .collect(Collectors.toList());
        for (String n : names) {
            System.out.print(n + " ");
        }
    }
}
```

실행 결과	한국 미국 중국 프랑스 나이지리아 독일 헝가리 베트남 칠레 캐나다

맵핑으로 나라 이름만 추출한 후 toList가 생성한 컬렉터로 넘기면 새로운 문자열 스트림을 생성하고 스트림을 순회하며 나라 이름을 하나씩 조사하여 스트림에 추가한다. 결과로 리턴한 List⟨String⟩ 타입에는 나라 이름만 저장되어 있다. 다음 코드는 Country의 리스트를 생성한다.

```
List<Country> country = Data.nara.stream()
    .collect(Collectors.toList());
for (Country c : country) {
    System.out.println(c.name);
}
```

다음 메서드는 모든 요소를 문자열 하나로 조립하여 리턴한다.

```
static Collector<CharSequence,?,String> joining([CharSequence delimiter])
```

구분자를 주면 요소 중간 중간에 삽입한다. 보통 콤마로 구분하는 것이 무난하다.

```
class JavaTest {
    public static void main(String[] args) {
        String names = Data.nara.stream()
            .map(Country::getName)
            .collect(Collectors.joining(", "));
        System.out.println(names);
    }
}
```

실행 결과	한국, 미국, 중국, 프랑스, 나이지리아, 독일, 헝가리, 베트남, 칠레, 캐나다

내부적으로 StringBuilder를 사용하여 여러 개의 요소를 결합하더라도 성능 감소는 없다. 다음 예제는 스트림의 개수, 최댓값, 최솟값을 찾는다.

collectminmax

```
class JavaTest {
    public static void main(String[] args) {
        long num = Data.nara.stream()
            .collect(Collectors.counting());
        System.out.println(num);
        Optional<Integer> max = Data.nara.stream()
                .map(Country::getPopu)
                .collect(Collectors.maxBy(Integer::compare));
        System.out.println(max.get());
        Optional<Integer> min = Data.nara.stream()
                .map(Country::getPopu)
                .collect(Collectors.minBy(Integer::compare));
        System.out.println(min.get());
    }
}
```

실행결과	10 1355 9

다음 예제는 인구수의 합계와 평균을 구한다.

collectaverage

```
class JavaTest {
    public static void main(String[] args) {
        int sum = Data.nara.stream()
            .collect(Collectors.summingInt(Country::getPopu));
        System.out.println(sum);
        double avg = Data.nara.stream()
            .collect(Collectors.averagingInt(Country::getPopu));
        System.out.println(avg);
    }
}
```

실행결과	2198 219.8

long과 double 타입에 대해서도 summingLong, summingDouble, averagingLong, averagingDouble 메서드를 제공한다. 다음 예제는 합계, 평균, 최댓값, 최솟값을 한방에 구한다.

```
class JavaTest {
    public static void main(String[] args) {
        IntSummaryStatistics summary = Data.nara.stream()
            .collect(Collectors.summarizingInt(Country::getPopu));
        System.out.println(summary);
    }
}
```

실행 결과	IntSummaryStatistics{count=10, sum=2198, min=9, average=219.800000, max=1355}

다음은 리덕션 연산을 수행하는 메서드이다.

```
static ⟨T⟩ Collector⟨T,?,T⟩ reducing(T identity, BinaryOperator⟨T⟩ op)
static ⟨T⟩ Collector⟨T,?,Optional⟨T⟩⟩ reducing(BinaryOperator⟨T⟩ op)
static ⟨T, U⟩ Collector⟨T,?,U⟩ reducing(U identity, Function⟨T, U⟩ mapper, BinaryOperator⟨U⟩ op)
```

간단하게 합계만 구해 보자. 정수형으로 매핑하지 않고도 정숫값을 추출하여 합계를 바로 구할 수 있다.

```
class JavaTest {
    public static void main(String[] args) {
        int sum = Data.nara.stream()
            .collect(Collectors.reducing(0, Country::getPopu, Integer::sum));
        System.out.println(sum);
    }
}
```

실행 결과	2198

스트림의 reduce 연산과 비슷하다. 그러나 병렬적으로 동작할 수 있고 스트림의 내용을 변경한다는 면
이 다르다. 간단한 리덕션에는 reduce 메서드를 쓰는 것이 편리하고, 복잡한 리덕션에는 collect를 쓴
다. 다음은 그룹핑 컬렉터이다. 일정한 기준에 따라 요소를 나누어 맵을 작성한다.

```
static ⟨T, K⟩ Collector⟨T,?,Map⟨K,List⟨T⟩⟩⟩ groupingBy(Function⟨T, K⟩ classifier)
```

인수로는 그룹핑에 사용할 키를 리턴하는 함수를 전달한다. 가장 간단한 버전만 예제를 만들어 보자.

```
class JavaTest {
    public static void main(String[] args) {
        Map<Cont, List<Country>> map = Data.nara.stream()
            .collect(Collectors.groupingBy(Country::getCont));

        Set<Cont> keys = map.keySet();
        Iterator<Cont> key = keys.iterator();
        while (key.hasNext()) {
            Cont cont = key.next();
            System.out.print(cont + " : ");
            List<Country> n = map.get(cont);
            for (Country c : n) {
                System.out.print(c.name + " ");
            }
            System.out.println();
        }
    }
}
```

실행 결과	AFRICA : 나이지리아 EUROPE : 프랑스 독일 헝가리 AMERICA : 미국 칠레 캐나다 ASIA : 한국 중국 베트남

그룹핑할 키만 주면 키와 리스트의 맵을 리턴한다. 예제에서는 대륙으로 나라를 그룹핑했다. 그룹핑은 딱 한 줄로 완료하지만, 이 결과를 출력하는 코드가 더 길다. 분할은 그룹핑의 특수한 예로 진위형에 따라 그룹을 나누는 것이다.

```
static <T> Collector<T,?,Map<Boolean,List<T>>> partitioningBy(Predicate<T> predicate)
```

서술자를 인수로 취해 이 값의 진위 여부에 따라 스트림의 요소를 분할한다. 다음 예제는 OECD 국가 여부에 따라 두 개의 그룹으로 분할한다.

```
class JavaTest {
    public static void main(String[] args) {
        Map<Boolean, List<Country>> map = Data.nara.stream()
            .collect(Collectors.groupingBy(Country::isOecd));

        Set<Boolean> keys = map.keySet();
        Iterator<Boolean> key = keys.iterator();
        while (key.hasNext()) {
            Boolean oecd = key.next();
            System.out.print(oecd + " : ");
            List<Country> n = map.get(oecd);
            for (Country c : n) {
                System.out.print(c.name + " ");
            }
            System.out.println();
        }
    }
}
```

실행 결과	false : 중국 나이지리아 베트남 true : 한국 미국 프랑스 독일 헝가리 칠레 캐나다

이상으로 스트림을 연구해 보았다. 여기까지의 예제를 구경해 보면 SQL 구문과 많이 흡사하다는 것을 알 수 있다. 짧고 잘 동작하지만 난이도는 높은 편이어서 예제 코드만 보고 실전에 바로 사용하기는 솔직히 만만치 않다. 2차 그룹핑까지 수행할 수 있는 메서드의 원형을 보자. 이 메서드는 그룹핑에 사용할 키와 2차 그룹핑에 사용할 컬렉터를 인수로 요구한다.

```
static <T,K,D,A,M extends Map<K,D>> Collector<T,?,M> groupingBy(Function<? super T,? extends K>
classifier, Supplier<M> mapFactory, Collector<? super T,A,D> downstream)
```

원형만 봐도 엄청나게 복잡하며 진짜 토나올 지경이다. 내부적으로 생성하는 Collector 객체의 동작을 완전히 꿰고 있어야만 제대로 쓸 수 있다. 배워 두면 유용하게 쓰이겠지만 지금 당장 공부하고 싶다는 생각은 들지 않을 것이다. 솔직히 저 메서드를 제대로 이해해서 쓰는 것보다 컬렉션 연산으로 맨땅에 헤딩하는 게 더 속 편할지도 모른다.

스트림은 모든 면에서 장점이 많지만, 난이도가 너무 높고 익숙하게 제대로 쓰는 데는 굉장히 많은 연습이 필요하다. 한 번에 스트림의 모든 것을 다 이해하기는 어려우니 당장은 기본적인 것만 쓰고 고급 기법은 필요할 때 점진적으로 연구해서 익숙해지는 작전이 바람직하다.

25

_ 열거형

Java

25-1 열거형

1 상수 사용

경우의 수가 제한된 상징적인 값은 숫자에 의미를 할당하여 정수형으로 표현하는 방법을 많이 사용한다. 예를 들어 방향을 나타내는 값이라면 1, 2, 3, 4에 대해 각각 동서남북의 의미를 부여한다.

```
int origin = 1;                        // 동쪽으로 초기화
origin = 3;                            // 남쪽으로 대입
if (origin == 2) { }                   // 서쪽이면
if (origin != 4) { }                   // 북쪽이 아니면
```

방향 간의 구분은 가능하지만, 숫자의 의미를 외워야 한다는 점이 불편하다. 수가 많아지면 헷갈리고 다른 개발자는 숫자의 의미를 알기 어렵다. 이런 문제를 해결하기 위해 상수를 정의해서 사용하는 것이 일반적인 해법이다.

const

```
class JavaTest {
    public static void main(String[] args) {
        final int EAST = 1;
        final int WEST = 2;
        final int SOUTH = 3;
        final int NORTH = 4;

        int origin = EAST;                 // 동쪽으로 초기화
        origin = SOUTH;                    // 남쪽으로 대입
        if (origin == WEST) { }            // 서쪽이면
        if (origin != NORTH) { }           // 북쪽이 아니면
    }
}
```

상수 네 개를 대문자로 정의했다. 각 방향의 영어 단어로 상수를 정의함으로써 코드를 읽기 쉽고 누가 봐도 무슨 뜻인지 바로 알 수 있으며 관리하기도 쉽다. 과거 오랫동안 사용해왔던 방식이지만 이 방법도 다음과 같은 문제가 있다.

• 상수를 정수 타입으로 정의했으므로 정수가 출력된다. origin 변수가 EAST라는 값을 가질 때 이 값을 출력하면

EAST가 아닌 10이다.

- 범위를 벗어나는 값을 대입해도 컴파일러가 이를 알아챌 수 없다. 방향은 동서남북 네 가지 밖에 없는데 9를 대입해도 아무 이상 없이 컴파일한다. 심지어 -8 같은 음수도 문제 없지만 잘못된 값을 가진 변수가 차후 어떤 문제를 일으킬지 알 수 없다.

- 정숫값으로 비교하므로 의미가 다른 값도 같은 것으로 인식한다. 요일 상수를 SUN = 1, MON = 2, TUE = 3, WED =4로 정의해 놓고 if (origin == SUN) 조건문을 평가하면 origin이 동쪽을 의미하는 EAST값일 때 참으로 평가한다. 동쪽과 일요일은 우연히 같을 뿐이지 의미는 완전히 다르다.

2 열거형

정수나 상수를 사용하는 방법에 여러 가지 문제가 있어 JDK 1.5에서 새로 열거형을 도입했다. 대부분의 언어가 지원하는 기본 타입이지만 자바는 도입이 다소 늦었다. 그래서 아직까지도 실무에서는 예전의 상수 정의 방법을 여전히 애용하며 열거형은 잘 사용하지 않는다.

자바 같은 대중적인 언어가 버전 1.5까지도 열거형이 없었다는 것은 놀랍다. 열거형은 변수가 가질 수 있는 값이 일정한 범위로 제한될 때 대입 가능한 값을 나열해 놓은 타입이다. 다음과 같이 선언한다.

```
enum 타입명 { 상수 목록 };
```

열거형은 일종의 클래스여서 타입명의 첫 자는 대문자로 작성하며 열거 상수는 전부 대문자로 작성하는 것이 관례다. 상수의 개수는 제한이 없으며 필요한 만큼 콤마로 구분하여 나열한다. 방향을 의미하는 열거형은 다음과 같이 선언한다.

```
enum Direction { EAST, WEST, SOUTH, NORTH };
```

이렇게 선언한 후 Direction 타입의 변수를 선언하면 이 변수는 열거 상수 중 하나의 값을 가진다. 열거형 상수는 클래스의 멤버를 칭하는 방식과 같이 열거타입.상수 형식으로 칭한다. 예를 들어 동쪽은 Direction.EAST라고 쓴다. 상수로 작성했던 예제를 열거형으로 작성해 보자.

enum

```
enum Direction { EAST, WEST, SOUTH, NORTH };

class JavaTest {
    public static void main(String[] args) {

        Direction origin = Direction.EAST;          // 동쪽으로 초기화
        origin = Direction.SOUTH;                    // 남쪽으로 대입
        if (origin == Direction.WEST) { }            // 서쪽이면
        if (origin != Direction.NORTH) { }           // 북쪽이 아니면
    }
}
```

열거형은 java.lang.Enum 타입으로부터 파생되는 클래스이다. 클래스와 동급이므로 메서드 안에 선언할 수 없으며 바깥에 따로 선언한다. 다른 클래스에 포함되는 내부 클래스로 선언할 수 있지만, 열거형의 목적이 정보 공유여서 보통은 별도의 타입으로 선언한다.

동서남북 네 개의 방향에 대한 열거 상수를 Direction 열거형으로 선언했다. 열거형은 타입이며 이 타입으로부터 변수를 선언하되 new 연산자를 쓰지 않고 기본형처럼 사용한다. 예제에서는 Direction 타입의 origin 변수를 선언했다. 다음과 같이 생성할 필요가 없다.

```
Direction origin = new Direction(Direction.EAST)
```

정수형 변수를 선언하듯이 초깃값으로 적당한 열거 상수를 지정한다. 기억의 용이함이나 관리 편의성 등 상수를 사용하는 것과 비슷한 장점이 있을 뿐만 아니라 상수의 위험한 단점을 모두 해결한다. 다음 예제로 테스트해 보자.

enum2

```
enum Direction { EAST, WEST, SOUTH, NORTH };
enum Yoil { SUN, MON, TUE, WED, THR, FRI, SAT };

class JavaTest {
    public static void main(String[] args) {
        Direction origin = Direction.EAST;

        System.out.println(origin);
        // origin = 9;                      // 에러
        // if (origin == Yoil.SUN) { }      // 에러
    }
}
```

실행 결과	EAST

origin 변수를 Direction.EAST로 초기화해 놓고 println 메서드로 출력했다. 숫자값이 아닌 열거 상수의 이름을 출력하여 어떤 값을 가지는지 쉽게 알 수 있다. Direction 타입은 네 가지의 가능한 값만 가지는데 여기에 9를 대입하는 것은 말이 안 된다. 상수 목록에 없는 값을 대입하면 에러로 처리하여 컴파일 중에 오류를 발견하기 쉽다.

열거형은 기본형과는 구조가 완전히 다르다. 열거형을 정수형 변수에 대입할 수 없으며 캐스팅해도 안 된다. origin 변수를 Yoil 열거형의 첫 번째 상수인 SUN과 비교하면 에러이다. 방향과 요일은 논리적 의미가 달라 비교를 허락하지 않는다.

3 열거형의 메서드

열거형 클래스는 열거형을 관리하는 메서드를 제공한다. values 메서드는 열거형의 모든 상수를 선언한 순서대로 배열로 만들어 리턴한다.

values

```java
enum Direction { EAST, WEST, SOUTH, NORTH };

class JavaTest {
    public static void main(String[] args) {
        Direction[] ways = Direction.values();
        for (Direction way:ways) {
            System.out.print(way + ", ");
        }
        System.out.print("중 하나를 선택하십시오.");
    }
}
```

실행 결과	EAST, WEST, SOUTH, NORTH, 중 하나를 선택하십시오.

배열을 순회하면 열거 상수의 목록을 사용자에게 보여주거나 문자열 형태로 된 데이터베이스에 기록할 수 있다. valuesOf 메서드는 문자열로 된 열거 상수의 이름을 인수로 전달받아 열거 상숫값을 조사하여 리턴한다. 사용자가 직접 입력한 문자열이나 DB의 값으로부터 열거 상수를 만들 때 이 메서드가 필요하다.

valueof

```java
enum Direction { EAST, WEST, SOUTH, NORTH };

class JavaTest {
    public static void main(String[] args) {
        Direction origin = Direction.valueOf("EAST");
        System.out.println(origin);
    }
}
```

실행 결과	EAST

"EAST" 문자열 상수로부터 Direction.EAST값을 조사하여 다시 출력했다. 대소문자 구성이 다르거나 열거형에 속하지 않는 이름이라면 예외가 발생한다. 그 외 다음과 같은 메서드가 있다.

메서드	설명
String name()	열거값의 이름 문자열을 조사한다.
int ordinal()	열거값의 순서값을 조사한다. 0부터 시작한다.
int compareTo(E o)	순서값을 비교한다. 호출 객체가 더 앞쪽이면 음수, 뒤쪽이면 양수가 리턴된다.

열거형의 순서값으로부터 정수형으로 변환하거나 열거형끼리 비교할 수 있지만 대소 관계가 있는 수치
는 아니어서 별로 쓸 일은 없다.

4 연관값

자바의 열거형은 열거 상수에 추가 정보를 저장하는 기능을 제공한다. 열거 상수에 아무리 설명적인 이
름을 붙이더라도 개발자에게나 쉬울 뿐 사용자에게는 알 수 없는 암호일 뿐이다.

이름보다 더 설명적인 정보나 특성을 다른 타입의 변수에 저장할 수 있다. 열거 상수와 관련된 값까지
클래스 안에 완전히 캡슐화할 수 있어 깔끔하고 편리하다. 이 기능을 사용하려면 다음 네 가지 요소를
더 추가한다.

- 정보를 저장하기 위한 필드를 선언한다. 이 필드는 내부적인 정보를 저장하므로 반드시 private여야 하며 열거
  변수마다 달라질 필요는 없어 final로 선언한다.
- 필드를 초기화할 생성자를 선언한다. 생성자는 정보에 해당하는 인수를 전달받아 내부 필드를 초기화한다.
- 각 상수에 대입할 추가 정보는 열거 상수 목록의 상수 다음에 괄호와 함께 적으며 이 값을 생성자로 전달하여 필
  드에 대입한다.
- 필드는 외부에서 접근할 수 없으므로 이 값을 읽어 주는 공개 메서드도 필요하다. 단순히 숨겨진 필드를 리턴하
  면 된다.

열거형 내부에 열거 상수뿐만 아니라 여러 요소가 추가되므로 구분을 위해 상수 목록 뒤에 세미콜론을
붙인다. 다음 예제는 방향 열거형에 한글로 된 문자열 설명을 저장한다.

enumvalue

```
enum Direction {
    EAST("동"), WEST("서"), SOUTH("남"), NORTH("북");
    final private String hanDir;
    Direction(String han) {
        hanDir = han;
    }
    String getHanDir() {
        return hanDir;
    }
}
```

```
    };

class JavaTest {
    public static void main(String[] args) {
        Direction origin = Direction.EAST;
        System.out.println(origin.getHanDir() + "쪽으로 갑니다.");
    }
}
```

실행 결과	동쪽으로 갑니다.

방향 문자열을 저장할 hanDir 필드를 선언하고 생성자가 문자열을 전달받아 hanDir에 대입한다. 각 열거 상수 옆에 괄호와 함께 방향에 대한 설명을 붙여 두면 생성자가 이 값을 hanDir 필드에 저장한다.

getHanDir 메서드는 숨겨진 hanDir 필드를 읽어 리턴하며 외부에서 이 메서드를 통해 열거 상수의 한글 이름을 구한다. 동쪽을 가리키는 열거 변수를 선언하고 이 변수에 대해 설명 문자열을 읽어 출력했다. 방향을 한글로 출력하면 "EAST쪽으로 갑니다."보다 이해하기 쉽다.

열거형이 단순한 구분을 위한 타입이다 보니 설명이나 출력을 위한 추가 정보가 필요한데, 연관값은 이런 정보를 열거 타입 안에 캡슐화하는 장치이다. 연관값은 개수에 상관없이 여러 개 붙일 수 있다.

enumvalue2

```
enum JavaType {
    SHORT("짧은 정수형",2), INT("정수형",4),DOUBLE("실수형",8);
    final private String typeName;
    final private int length;
    JavaType(String name, int bytenum) {
        typeName = name;
        length = bytenum;
    }
    String getName() { return typeName; }
    int getLength() { return length; }
}

class JavaTest {
    public static void main(String[] args) {
        JavaType Type;
        Type = JavaType.INT;

        System.out.println("타입 : " + Type + ", 이름 : " +
            Type.getName() + ", 길이 : " + Type.getLength());
    }
}
```

실행 결과	타입 : INT, 이름 : 정수형, 길이 : 4

자바가 제공하는 기본 타입 중 세 가지를 열거형으로 선언했다. 사용자가 SHORT, INT, DOUBLE 같은 명칭으로부터 타입의 특성을 바로 알기 어려워 한글 설명과 각 타입이 차지하는 메모리 용량을 별도의 필드에 저장했다. 이 정보는 getName, getLength 메서드로 읽는다.

main에서 JavaType.INT에 대해 추가 정보를 조사해 출력했다. 열거형은 원래 프로그래머의 편의를 위해 사용하는데 추가 정보를 잘 작성해 놓으면 사용자에게도 설명적인 유용한 정보를 제공한다.

25-2 애노테이션

1 Annotation

애노테이션(Annotation)은 소스 코드에 대한 지시 사항이나 정보를 제공하는 메타 데이터이다. 컴파일러에 대한 명령이나 참고 정보를 제공한다.

- 컴파일러에게 에러 탐지나 경고 출력을 지시한다.
- 소스 코드로부터 XML 파일, 문서 등을 생성하는 툴에게 정보를 제공한다.
- 일부는 실행 중에도 영향을 미친다.

주석은 사람을 위한 참고 정보일 뿐이어서 완전히 무시하지만 애노테이션은 컴파일러나 개발툴에게 정보를 제공한다는 점이 다르다. 주로 클래스나 메서드 선언부 앞에 기술하며 기본 형식은 다음과 같다.

```
@이름(요소 = 값)
```

@기호 다음에 애노테이션 이름을 적고 괄호 안에 추가 정보를 기술하는 요소를 나열한다. 요소는 이름과 값으로 구성되며 여러 개 쓸 수 있다. 요소가 하나뿐이면 이름을 생략할 수 있고, 요소가 없으면 괄호도 생략 가능하다. 한 대상에 대해 여러 개의 애노테이션을 달 수 있으며 자바 8부터는 같은 애노테이션을 반복적으로 달 수도 있다.

자바 5 버전부터 제공하던 기본 애노테이션은 세 가지가 있다. 이 외에도 웹 개발 시에 애노테이션을 많이 활용하는데 워낙 전문적인 내용이고 특수해서 당장 이해하기는 어려우며 해당 주제와 함께 공부해야 한다. 여기서는 세 가지 기본 애노테이션만 소개하는데 이를 통해 애노테이션의 형식과 용도를 살짝 맛만 보자.

2 @Deprecated

@Deprecated 애노테이션은 해당 요소를 더 이상 지원하지 않으며 조만간 폐기할 것임을 표시한다. 이 애노테이션이 붙은 요소를 사용하면 경고를 출력한다. 다음 예제를 보자.

```java
class Car {
    String name;
    boolean gasoline;

    void run() {
        if (gasoline) {
            System.out.println("부릉부릉");
        } else {
            System.out.println("덜컹덜컹");
        }
    }

    @Deprecated
    void stop() {
        System.out.println("끼이익");
    }
}

class JavaTest {
    public static void main(String[] args) {
        Car korando = new Car();
        korando.name = "코란도C";
        korando.gasoline = false;

        korando.run();
        korando.stop();
    }
}
```

Car 클래스의 stop 메서드에 @Deprecated 애노테이션을 붙여 앞으로는 이 메서드를 사용하지 말라는 표식을 달아 두었다. 이후 버전에서 삭제할 메서드라는 것을 의미하며 아직까지는 사용할 수 있지만 호환성에 불리하다. 메서드 선언부와 호출부에 취소선을 긋고 경고를 출력한다.

stop 메서드를 더 이상 지원하지 않거나 더 좋은 메서드를 도입했다면 클래스 선언부에서 지워 버리면 된다. 그러나 기존 메서드를 너무 갑작스럽게 없애 버리면 이미 작성된 소스가 영향을 받아 멀쩡하던 프로젝트를 다 뜯어고쳐야 하는 불상사가 생긴다. 그래서 당장은 유지하되 앞으로 없앨 예정이라는 것을 표시함으로써 점진적으로 폐기하도록 유도한다.

자바 라이브러리의 클래스나 메서드에도 이 애노테이션이 붙은 예가 많은데 이후에는 가급적 사용하지 않는 것이 좋다. 폐기된 것이 아니라 폐기 예정인 것이어서 당장은 잘 컴파일되고 동작도 하지만 언제 삭제될지 모르니 경고가 뜰 때 미리 대비하는 것이 좋다. @Deprecated 애노테이션은 너무 급작스런 변화를 방지하기 위해 한 번의 예비 단계를 거치도록 해 준다.

3 @Override

@Override 애노테이션은 재정의한 메서드임을 표시한다. 슈퍼 클래스의 메서드를 서브 클래스에서 변경할 때 똑같은 시그니처로 메서드를 다시 정의하는데 이때 재정의한 메서드 앞에 @Override 애노테이션을 붙인다.

```java
class Human {
    void intro() { }
}

class Student extends Human {
    @Override
    void intro() { }
}
```

Human의 intro 메서드를 Student에서 재정의했으므로 앞에 @Override 애노테이션을 붙여 재정의한 메서드임을 분명히 했다. 메서드의 재정의는 자바 문법이 규정하는 것이며 애노테이션이 있거나 없거나 부모의 메서드와 동일한 시그니처로 메서드를 다시 정의하면 된다. 이 애노테이션을 굳이 붙이는 이유는 정확한 재정의를 유도하기 위해서이다.

```java
override

class Human {
    void move(int x, int y) {
        System.out.println("사람 : 뚜벅뚜벅");
    }
    int think(String what) {
        return 0;
    }
}

class Student extends Human {
    void mobe(int x, int y) {
        System.out.println("학생 : 아장아장");
    }

    int think(float what) {
        return 0;
    }
}

class JavaTest {
    public static void main(String[] args) {
        Student kim = new Student();
        kim.move(0, 0);
    }
}
```

Human은 move 메서드와 think 메서드를 정의하며 서브 클래스인 Student는 이 두 메서드를 재정의한다. 그런데 보다시피 재정의를 잘못하고 있다. move 메서드는 이름을 mobe로 잘못 적었고 think 메서드는 인수의 타입이 달라 슈퍼 클래스에서 정의한 원래 메서드와 다르다. 고의든 실수든 이런 오타는 언제든 발생할 수 있다.

그러나 컴파일러는 이 코드를 이상 없이 컴파일해 버린다. 왜냐하면 mobe와 think가 재정의한 것인지, 아니면 새로운 메서드를 추가한 것인지 개발자의 의도를 파악할 수 없기 때문이다. 이대로 컴파일하면 원래 의도와는 달리 새로운 메서드 두 개를 추가할 뿐이며 원하는대로 동작하지 않는다.

main에서 Student 객체를 생성한 후 move 메서드를 호출했는데 개발자는 재정의한 move 메서드를 호출하려는 의도였다. 이때 실행하고 싶었던 코드는 사실은 mobe이다. 그러나 move는 재정의되지 않았고 엉뚱한 메서드를 호출하여 프로그램은 이상 동작을 한다. 이런 사고를 방지하기 위해 재정의하는 메서드 앞에 @Override 애노테이션을 붙인다.

```java
class Student extends Human {
    @Override
    void mobe(int x, int y) {
        System.out.println("학생 : 아장아장");
    }

    @Override
    int think(float what) {
        return 0;
    }
}
```

애노테이션을 붙여 놓으면 컴파일러는 개발자의 의도가 재정의임을 파악하고 부모의 메서드와 시그니처가 일치하는지 점검해 본다. 모든 것이 정상적이라면 아무 일 없이 재정의되지만, 철자나 시그니처가 다르면 컴파일러는 에러를 출력하여 컴파일을 거부한다.

The method mobe(int, int) of type Student must override or implement a supertype method

재정의한다고 애노테이션을 붙여 놓은 mobe 메서드가 왜 부모 클래스에 없느냐고 태클을 건다. 개발자는 이 메시지를 보고 자신의 실수를 금방 발견하며 부모의 메서드와 똑같은 형태로 재정의함으로써 잠재적인 사고를 미연에 방지한다.

작은 프로젝트에서는 육안으로 오타를 찾기 쉽고 바로 위의 부모로부터 메서드 선언문을 복사해 재정의하면 된다. 그러나 프로젝트가 커지면 한참 위의 선조로부터 받은 메서드를 재정의하고 시그니처도 복잡해 실수의 가능성이 높다. @Override 애노테이션은 "나 지금 재정의하는 거니까 혹시 실수하면 알려 줘"라고 부탁해 놓는 것이다.

4 @SuppressWarning

컴파일러는 뭔가 이상하다 싶은 코드에 대해 경고를 출력한다. 대개의 경우 합당한 경고를 출력하며 모두 제거하는 것이 정상적인 개발 과정이다. 그러나 때로는 경고가 있어도 상관없는 경우가 있고, 어쩔 수 없이 경고가 발생하는 상황도 있다.

불가피하게 경고가 발생하는 구문에 대해 @SuppressWarning 애노테이션을 붙여 놓으면 컴파일러는 더 이상 경고를 출력하지 않는다. "내가 알아서 할 테니까 넌 간섭하지 마" 이런 뜻이다. 괄호 안에 무시할 경고의 종류를 적는다. 다음 코드를 보자.

```java
class JavaTest {
    public static void main(String[] args) {
        int i;
        System.out.println("프로그램 종료");
    }
}
```

정수형 변수 i를 선언해 놓고 사용하지 않았다. 이 경우 컴파일러는 왜 쓰지도 않을 변수를 선언했느냐고 경고를 출력한다. 이 지적질은 분명 합당하며 변수 선언문을 지우든가 아니면 변수를 사용해야 한다. 그러나 장래에 사용할 변수라든가 아니면 변수 사용문을 일시적으로 주석 처리하여 경고가 발생할 수도 있다. 좀 있으면 쓸 변수인데 컴파일러가 지나친 오지랖을 부리는 것이다. 이럴 때는 귀찮은 경고를 출력하지 않도록 지시한다.

```java
class JavaTest {
    @SuppressWarnings("unused")
    public static void main(String[] args) {
        int i;
        System.out.println("프로그램 종료");
    }
}
```

main 메서드 앞에 애노테이션을 붙여 이 메서드에서는 미사용 변수에 대한 경고를 출력하지 않도록 했다. 또는 변수 i에 대해서만 애노테이션을 붙일 수도 있다.

```
class JavaTest {
    public static void main(String[] args) {
        @SuppressWarnings("unused")
        int i;
        System.out.println("프로그램 종료");
    }
}
```

애노테이션을 붙였다는 것은 개발자가 이미 문제를 파악하고 있다는 뜻이다. 뭔가 말 못할 사정이 있어 경고받을 코드를 작성해 놓은 것이니 넌 그냥 잠자코 있으라는 지시 사항이다. 이렇게 하면 컴파일러는 더 이상 시비 걸지 않으며 보기 싫은 경고가 발생하지 않는다.

사실 자바 컴파일러는 잔소리가 굉장히 많은 편이다. 논리적으로 경고감이 맞더라도 무시해도 될 정도로 경미하거나 어쩔 수 없는 사정이 있을 수도 있다. 이럴 때 경고를 잠시 정지시키는 것이 편리하다. 물론 개발자는 차후에라도 모든 경고를 다 제거하도록 최대한 노력해야 한다.

이전에는 선언부에만 애노테이션을 붙일 수 있었으나 자바 8부터는 모든 타입 앞에 애노테이션을 붙일 수 있게 확장되었다. 미리 정의된 애노테이션 외에 사용자 정의 애노테이션을 만들어 사용할 수도 있는데 실용성에 비해 난이도가 높아 여기서는 기본 애노테이션만 소개했다.

26

_ JDBC

Java

26-1 데이터베이스

1 DBMS

파일은 프로그램이 생성한 데이터를 영구적으로 저장하는 궁극적인 방법이다. 어떤 형태의 데이터든 파일로 저장할 수 있고 용량 제한도 없다. 그러나 오로지 데이터를 저장하는 목적에만 충실할 뿐이어서 일부 삭제나 수정 등의 체계적인 관리가 어렵고 여러 명이 동시에 실시간으로 활용할 수도 없다.

정보화 시대의 모든 정보는 디지털로 관리한다. 고객 관리, 재고 관리, 게시판, 블로그 등은 물론이고 계좌 정보나 주식 거래 내역도 전산화되어 있다. 이런 중요한 정보를 관리하려면 신뢰성 있는 기술이 필요하다. 정보를 조직적, 체계적으로 저장 및 관리하는 일체의 기술을 데이터베이스(Database)라고 한다. 현대 문명의 근간을 이루는 기술인 만큼 요구 사항이 많은데 은행 정보를 예로 들어 생각해 보자.

요건	설명
대용량	수백만 개의 계좌가 있고 모든 거래 내역을 빠짐 없이 저장해야 한다.
효율성	비용을 최대한 절약하기 위해 중복 없이 꼭 필요한 정보만 저장해야 한다.
무결성	오류는 절대 용납하지 않는다. 철저한 백업과 이중, 삼중의 안전장치가 필요하다.
활용성	저장한 정보를 실시간으로 활용할 수 있도록 최신 상태를 유지해야 한다.
공유성	전국 어느 곳에서나 계좌 정보에 온라인으로 실시간 접근 가능해야 한다.
보안성	외부의 침입자는 물론 내부의 적으로부터 데이터를 철저히 보호해야 한다.
확장성	고객이 늘어나면 장비를 쉽게 추가할 수 있어야 한다.
고가용성	24시간 중단 없이 서비스해야 한다.
이식성	이기종의 장비로도 데이터를 쉽게 옮길 수 있어야 한다.
경제성	가급적 싸게 운용할 수 있으면 좋다.

요구 사항이 워낙 많다 보니 상상 이상으로 정교하고 거대한 시스템이 필요하다. 데이터를 관리하는 전문 소프트웨어를 DBMS(DataBase Management System)라고 한다. 태고적에는 돌이나 종이에 기록하다가 컴퓨터가 발명된 이후 SAM, ISAM 등으로 체계화되어 현재는 다양한 형태의 DBMS로 발전하였다.

- **계층형**: 디렉터리, 파일 구조처럼 계층적인 정보를 트리 형태로 저장한다. 트리는 최단 거리로 최종 노드에 빠르게 도달할 수 있어 속도가 빠르다.

- **네트워크형**: 정보끼리 링크로 연결하여 복잡한 정보를 표현한다. 표현력은 뛰어나지만, 유연성이 떨어져 특수한 분야에만 사용한다.
- **관계형**: 모든 데이터를 표 형태의 테이블로 저장하고 테이블끼리 관계를 정의하여 복잡한 정보를 표현한다. 유연성이 높아 변화에 신속하게 대처할 수 있다.
- **객체지향형**: 모든 정보를 속성과 동작으로 구성된 객체로 표현하여 멀티미디어 데이터를 효율적으로 다룰 수 있다. 아직까지는 실험적인 단계이다.

최근에는 빅데이터의 효율적인 관리를 위해 일관성을 약간 희생하는 대신 확장성에 중점을 둔 NoSQL(Not Only SQL) 형식의 DBMS가 등장하여 좋은 성과를 내고 있다. NoSQL은 데이터 구조를 정의하는 스키마가 없어 비형식적인 데이터도 저장할 수 있고 수평적 확장을 통한 분산 처리가 가능해 비용이 저렴하다.

시장의 상황과 요구가 수시로 변하기 때문에 앞으로도 효율적인 데이터 처리를 위한 새로운 시도는 계속 이어질 것이며 꾸준히 발전하고 있다. 하지만 아직까지는 관계형 데이터베이스를 대체할만한 시스템이 없어 여전히 주류의 역할을 담당하고 있다. 관계형 DBMS로만 국한해도 종류가 굉장히 많은데 웬만한 회사는 하나씩 다 보유하고 있다.

DBMS	설명
Oracle	역사와 전통이 오래된 만큼 기능적으로 최상위에 있으며 그만큼 시장 점유율도 높다. 가격이 비싸 주로 기업용으로 사용한다.
SQL Server	운영체제 제작사에서 만든 만큼 윈도우 환경에서 가장 좋은 성능을 보여 주며 닷넷과의 통합성도 뛰어나다. 그러나 윈도우 외의 환경에서는 사용하기 어려운 것이 단점이다.
PostgreSQL	오픈 소스로 개발한 객체 관계형 DBMS이다. 맥의 기본 DB로 사용되며 리눅스, 윈도우도 사용할 수 있다.
MySQL	무료로 사용할 수 있는 오픈 소스 제품이며 여러 운영체제를 지원한다. 기능이 적은 만큼 속도가 빠르고 배우기 쉽다.
SQLite	파일 기반의 경량화된 DBMS이다. 안드로이드에 기본 내장되어 있어 소규모 정보 저장에 주로 활용하며 학습용으로도 많이 사용한다.

DBMS의 종류는 무수히 많지만 다행히 다 공부할 필요는 없다. 기능이나 구조는 약간씩 다르지만 데이터를 관리한다는 면에서 일반성이 있어 하나만 알면 나머지는 차이점만 숙지해도 바로 사용할 수 있다. 모든 DBMS가 공통으로 지원하는 SQL 표준 언어만 배우면 대부분의 DBMS를 자유롭게 바꿔가며 사용할 수 있다.

2 MariaDB

은행이나 언론사 같은 대기업은 고가여도 신뢰성 있는 상용 DBMS를 사용한다. 데이터의 가치가 그만큼 중요하기 때문이다. 그러나 중소 규모의 프로젝트에서는 오픈 소스 DBMS도 사용할만하다. 특히 학습용으로 처음 배울 때는 크고 복잡한 것보다 작고 단순한 것이 유리하다. 여기서는 MySQL의 변형판인 MariaDB를 소개한다.

MySQL은 1995년 MySQL AB 사에서 리눅스의 mSQL을 기반으로 제작한 오픈 소스 DBMS이다. 아파치, PHP와 궁합이 잘 맞아 웹 게시판용으로 널리 사용되었으며 중소 규모의 프로젝트에 많이 활용하였다. 2008년 MySQL AB를 썬이 10억 달러에 인수했다가 다시 2010년 오라클이 썬을 72억 달러에 인수하여 현재는 오라클의 소유이다.

오라클은 자체 DBMS가 있고 오픈 소스에 호의적이지 않아 MySQL의 미래가 불투명해졌다. 과거 오픈 소스를 사들여 유료화했던 전력이 있으며 구글과 자바 저작권 소송을 벌이기도 했다. 현재는 MySQL을 상업적으로 사용하려면 최대 만 달러에 구입해야 하며 이에 사용자들이 불안해하자 원 개발자가 2009년 MySQL 소스를 가져와 MariaDB를 새로 만들었다.

소스가 같다 보니 MySQL과 기능적으로 거의 동일하며 요즘은 MariaDB를 먼저 개발하고 MySQL에 적용하는 식이라 오히려 더 최신 기능을 제공한다. 기부에 의해 프로젝트를 유지하며 무료 정책을 계속 고수하고 있어 MySQL을 사용하던 리눅스 배포판은 모두 MariaDB로 바꾸고 있는 추세이다. 다음 사이트에서 다운로드 받는다.

```
https://mariadb.org/
```

분가한 후 빠른 속도로 업그레이드하고 있으며, 2022년 4월 현재 최신 버전은 10.6.7이다. 빠른 속도로 업그레이드 되므로 접속 시점의 최신 버전을 받도록 하자. 운영체제별로 설치 파일과 소스를 제공하는데 데비안용 deb 파일과 레드햇용 rpm 파일도 제공한다.

MariaDB Server Version
MariaDB Server 10.6.7 ▾
Display older releases: ☐
Operating System
Windows ▾
Architecture
x86_64 ▾
Package Type
MSI Package ▾

01_ 윈도우 환경에서는 64비트 msi 설치 파일이 무난하다. 사후 관리를 위해 개인 정보 입력 페이지가 나타나지만 꼭 정보를 제공하지 않아도 받을 수 있다. 설치 파일을 다운로드 받은 후 실행하여 설치한다.

02_ 설치할 구성 요소와 설치 경로는 무난하게 선택되어 있어 디폴트를 받아 들이면 된다.

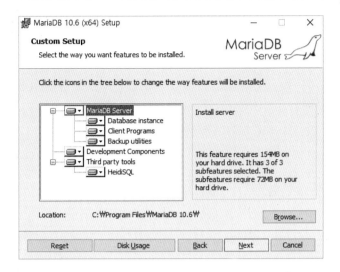

03_ 데이터베이스는 보안이 중요해 루트 사용자의 비밀번호를 잘 관리해야 한다. 실제 서버에서는 복잡하고 어렵게 설정해야 하지만 실습 중에는 간단하게 지정하는 것이 좋되 잘 기억해 두어야 한다. 실 서비스용으로 설치한다면 원격지에서 루트로 접속하도록 허용해야 하지만, 학습용으로는 굳이 그럴 필요가 없어 원격 접속 옵션은 체크되어 있지 않다. 한글을 사용하기 위해 제일 아래쪽의 UTF-8 옵션을 체크한다.

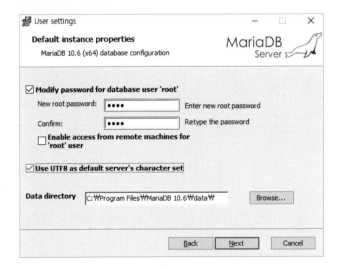

04_ 다음으로 서비스 이름과 포트 번호를 묻는다. 초기에는 호환성 유지를 위해 서비스명을 MySQL로 사용했지만 지금은 서비스명도 독립하였다. 그러나 프로그램명에는 아직도 MySQL의 흔적이 남아 있다. 서비스를 설치하면 MariaDB는 백그라운드에서 항상 실행되며 언제든지 사용할 수 있다. 포트 번호는 특별히 충돌하지 않는 한 디폴트인 3306을 받아들인다.

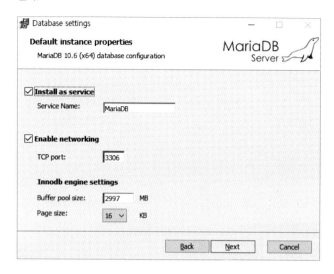

05_ 설치가 완료되면 서비스는 바로 기동을 시작하며 이 상태에서 클라이언트를 통해 서버의 기능을 사용한다. 시작 메뉴에서 MySQL Client를 실행하면 명령행 프롬프트가 나타난다. MariaDB는 별도의 그래픽 관리툴이 없어 모든 작업을 명령행에서 처리한다.

루트의 비밀번호를 묻는데 설치할 때 지정한 비밀번호를 입력한다. 로그인하면 프롬프트가 나타나 명령을 대기하며 이 상태에서 데이터베이스 관련 명령을 내린다.

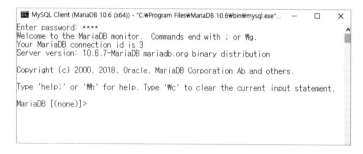

명령행에서 직접 실행할 때는 "mysql -u사용자 -p암호" 형식으로 입력한다. 실행 파일명은 여전히 mysql이다.

프롬프트 상태에서 여러 가지 명령을 내릴 수 있는데 다음 명령을 실행해 보자. 모든 명령문은 세미콜론으로 끝나며 세미콜론을 입력해야 실행을 시작한다. 명령을 입력한 후 끝에 반드시 세미콜론을 찍어야 한다.

```
MariaDB [(none)]> SHOW DATABASES;
+--------------------+
| Database           |
+--------------------+
| information_schema |
| mysql              |
| performance_schema |
| test               |
+--------------------+
5 rows in set (0.000 sec)
```

SHOW DATABASES 명령은 데이터베이스의 목록을 보여 주는데 최초 설치 시에는 관리용 데이터베이스만 들어 있다. 실제 정보를 저장하려면 데이터베이스를 만들어야 하는데 잠시 후 실습해 보자. 클라이언트를 종료할 때는 exit 명령을 사용한다.

MariaDB로 SQL 문을 실습하기에 부족함이 없지만 문자 환경이어서 인터페이스가 불편하다. 그래픽 환경의 편리한 툴도 많이 공개되어 있지만 한글을 제대로 지원하는 것이 드물어 설정을 잘 맞춰야 한다.

3 SQL

초창기에 다양한 DBMS 제품이 쏟아져 나와 각자의 장점을 내세우며 시장을 분할했다. 동일 목적의 제품끼리 성능은 다 비슷하지만, 데이터를 관리하는 명령은 제각각 달랐다. 그러다 보니 한 제품에 익숙한 개발자가 다른 제품을 사용하기 어려웠다.

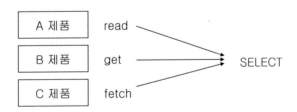

이런 차이로 인해 사회적인 낭비가 발생하고 데이터를 옮기기도 번거로웠다. 제반의 문제를 해결하기 위해 모든 DBMS에 공통적으로 사용할 수 있는 범용 질의 언어를 만들었는데 이것이 바로 SQL(Structured Query Language)이다.

내부적인 구조나 데이터를 관리하는 방식은 DBMS마다 다르지만 공통적으로 표준 SQL을 지원하여 통일을 이루었다. SQL만 알면 어떤 제품에서나 똑같은 방법으로 데이터를 다룰 수 있고 제품 간의 데이터 이동도 쉽다. 표준 제정 후 제품마다 독자적으로 확장하여 현재는 약간 다른 면이 있지만, 공통적인 기능은 거의 비슷하다.

MariaDB는 별도의 그래픽 툴이 없어 모든 관리 작업을 SQL로 처리한다. 프롬프트상에서 SQL 명령을 통해 데이터베이스와 테이블을 만들고 관리한다. 따라서 MariaDB를 사용하기 위해서는 SQL 문을 배워야 한다. 프롬프트 상태에서 다음 과정을 따라 간단한 실습을 진행해 보자.

```
MariaDB [(none)]> CREATE DATABASE Study;
Query OK, 1 row affected (0.000 sec)

MariaDB [(none)]> USE Study;
Database changed
MariaDB [Study]>
```

SQL은 대소문자를 가리지 않지만 명령어는 대문자로 쓰고, 명칭은 소문자로 쓰는 것이 관례이다. 긴 명령은 여러 줄로 구성되며 개행하여 계속 입력할 수 있다. 모든 명령의 끝은 세미콜론으로 끝나며 끝을 맺어야 비로소 실행된다.

CREATE DATABASE 명령은 데이터베이스를 생성하며 생성할 DB의 이름을 준다. 이 실습에서는 Study라는 이름의 DB를 생성했다. DB 안에 테이블, 인덱스, 프로시저 등 정보 관리에 필요한 모든 객체를 저장한다. USE 명령은 활성 DB를 변경하며 이후 모든 명령은 이 DB를 대상으로 한다. 프롬프트에 활성 DB의 이름이 표시된다.

다음은 테이블을 생성한다. CREATE TABLE 명령 다음에 테이블 이름을 주고 ( ) 괄호 안에 필드에 대한 속성을 지정한다. 필드의 이름과 타입을 지정하고 속성을 나열한다. 생략 가능한 필드이면 NULL, 생략할 수 없는 필드이면 NOT NULL로 지정하며 PRIMARY KEY 속성은 레코드를 구분하는 키 필드를 지정한다.

```
CREATE TABLE City
(
    name NCHAR(10) NOT NULL PRIMARY KEY,
    popu INT NOT NULL ,
    area INT NULL
);
```

이 명령은 도시에 대한 정보를 저장하는 City 테이블을 생성한다. 도시의 이름, 인구수, 면적 등의 필드로 구성되며 이름이 주 키이다. 인구수는 반드시 입력(NOT NULL)해야 하며 면적은 생략 가능(NULL)하다. 프롬프트에서 이 명령을 입력하면 개행할 때마다 -> 기호를 보여 주며 계속 입력받고, 최종적으로 세미콜론이 입력되면 명령을 실행한다.

```
MariaDB [Study]> CREATE TABLE City
    -> (
    -> name NCHAR(10) NOT NULL PRIMARY KEY,
    -> popu INT NOT NULL ,
    -> area INT NULL
```

```
-> );
Query OK, 0 rows affected (0.016 sec)
```

직접 타이프 치기 귀찮으면 스크립트를 복사해서 붙여 넣어도 된다. 테이블을 잘 생성했는지 SHOW
TABLES 명령으로 확인해 보자. DB에 저장된 테이블 목록이 나타난다.

```
MariaDB [Study]> SHOW TABLES;
+-----------------+
| Tables_in_study |
+-----------------+
| city            |
+-----------------+
2 rows in set (0.000 sec)
```

현재 city 테이블 하나밖에 없지만 얼마든지 많은 테이블을 만들 수 있다. 테이블 구조가 제대로 설정되
었는지 DESC 명령으로 확인해 보자.

```
MariaDB [Study]> DESC city;
+-------+----------+------+-----+---------+-------+
| Field | Type     | Null | Key | Default | Extra |
+-------+----------+------+-----+---------+-------+
| name  | char(10) | NO   | PRI | NULL    |       |
| popu  | int(11)  | NO   |     | NULL    |       |
| area  | int(11)  | YES  |     | NULL    |       |
+-------+----------+------+-----+---------+-------+
3 rows in set (0.003 sec)
```

CREATE TABLE 명령으로 지정한 필드 속성이 제대로 설정되었다. 새로 만든 빈 테이블에 샘플 레코
드를 추가해 보자. 이때는 다음 명령을 사용한다.

> INSERT [INTO] 테이블 (필드 리스트) VALUES (값 리스트)

INSERT는 삽입하라는 명령이고 INTO는 대상을 지정하는 전치사이며 뒤에 테이블 이름이 온다.
INTO는 생략 가능하지만 자연스러운 영어 문장를 만들어 주며 일부 DBMS는 생략하면 에러 처리하므
로 가급적 넣는 것이 좋다. 필드 리스트는 대상 필드를 적되 생략 시 모든 필드를 순서대로 적은 것으로
가정한다. VALUES 다음의 괄호 안에 각 필드의 값을 순서에 맞게 나열한다.

```
INSERT INTO City VALUES ('서울',999,606);
INSERT INTO City VALUES ('부산',345,993);
INSERT INTO City VALUES ('오산',21,42);
INSERT INTO City VALUES ('용인',99,593);
INSERT INTO City VALUES ('홍천',7,1819);
```

```
INSERT INTO City VALUES ('대구',247,883);
INSERT INTO City VALUES ('전주',60,206);
INSERT INTO City VALUES ('영월',4,1127);
```

테이블의 필드가 이름, 인구, 면적 순이어서 값도 이 순서대로 적어 준다. 한 줄 입력할 때마다 즉시 실행하여 레코드를 삽입한다. 이런 식으로 데이터를 테이블에 저장한다.

```
MariaDB [Study]〉 INSERT INTO City VALUES ('서울',999,606);
Query OK, 1 row affected (0.004 sec)
 ....
```

레코드가 제대로 저장되어 있는지 읽어 보자. 테이블의 정보를 조사하는 SELECT 문의 완전한 형식은 다음과 같다.

```
SELECT 필드리스트 FROM 테이블 [ WHERE 조건] [ORDER BY 기준필드 ]
```

출력할 필드 목록을 콤마로 구분하여 나열하되 * 기호를 쓰면 모든 필드를 다 출력하라는 뜻이다. City 테이블을 모두 출력해 보자.

```
MariaDB [Study]〉 SELECT * FROM City;
+-------+------+------+
| name  | popu | area |
+-------+------+------+
| 대구   | 247  | 883  |
| 부산   | 345  | 993  |
| 서울   | 999  | 606  |
| 영월   |   4  | 1127 |
| 오산   |  21  |  42  |
| 용인   |  99  | 593  |
| 전주   |  60  | 206  |
| 홍천   |   7  | 1819 |
+-------+------+------+
8 rows in set (0.000 sec)
```

인구수에는 관심이 없고 도시명과 면적만 보고 싶다면 필드 목록에 * 대신 보고 싶은 필드 목록을 나열한다. 수십 개의 필드로 구성된 테이블은 출력 결과가 복잡한데 이럴 때는 * 기호보다 출력할 필드 목록을 지정하는 것이 간편하다. 필드 목록의 순서대로 출력한다.

```
SELECT name, area FROM City;
```

SELECT 문 뒤에 WHERE 절로 조건을 지정하면 기준을 만족하는 레코드만 출력한다. 다음 명령은 인구가 50만 미만인 도시를 조사한다.

```
MariaDB [Study]> SELECT * FROM City WHERE popu < 50;
+------+------+------+
| name | popu | area |
+------+------+------+
| 영월 |    4 | 1127 |
| 오산 |   21 |   42 |
| 홍천 |    7 | 1819 |
+------+------+------+
3 rows in set (0.000 sec)
```

조건문은 주로 필드와 값을 비교하는데 =, != 연산자는 상등 비교하여 같은지 다른지를 보고, 〉, 〈, 〈=, 〉= 연산자는 부등 비교하여 대소 관계를 점검한다. 두 개 이상의 조건을 연결할 때는 AND, OR 논리 연산자를 사용하며, 범위를 비교할 때는 BETWEEN a AND b 조건을 사용한다.

```
SELECT * FROM City WHERE popu < 50 AND AREA > 1000;      // 인구 50만 미만, 면적 1000 초과
SELECT * FROM City WHERE popu BETWEEN 100 AND 500;       // 인구 100만 ~ 500만
```

ORDER BY 절은 정렬 방식을 지정한다. 생략하면 기준키(PK)인 name 필드에 따라 정렬하고, 기준 필드를 지정하면 해당 필드에 대해 오름차순으로 정렬한다. 다음 명령은 인구가 적은 도시부터 순서대로 출력한다.

```
MariaDB [Study]> SELECT * FROM City ORDER BY popu;
+------+------+------+
| name | popu | area |
+------+------+------+
| 영월 |    4 | 1127 |
| 홍천 |    7 | 1819 |
| 오산 |   21 |   42 |
| 전주 |   60 |  206 |
| 용인 |   99 |  593 |
| 대구 |  247 |  883 |
| 부산 |  345 |  993 |
| 서울 |  999 |  606 |
+------+------+------+
8 rows in set (0.000 sec)
```

내림차순으로 정렬할 때는 뒤에 DESC 키워드를 붙이며 2차 정렬 기준을 지정할 때는 콤마로 구분하여 필드를 나열한다. 테이블에 있는 필드를 있는 그대로 조사하는 방법 외에 집계 합수를 사용하여 값을 가공할 수도 있다. COUNT는 개수를 구하고 SUM은 총합, AVG는 평균을 구한다.

```
MariaDB [Study]> SELECT COUNT(*), SUM(popu), AVG(area) FROM City;
+----------+-----------+-----------+
| COUNT(*) | SUM(popu) | AVG(area) |
+----------+-----------+-----------+
|        8 |      1782 |  783.6250 |
+----------+-----------+-----------+
1 row in set (0.000 sec)
```

데이터를 관리하는 명령의 90%는 읽기 동작이며 SQL 문 중에 가장 많이 사용하는 명령이 SELECT이다. 조건에 맞는 레코드를 조사하여 정보를 보여주거나 필드값을 가공하여 출력하고, 때로는 여러 테이블의 정보를 조합하여 보고서를 출력한다.

필요 없는 레코드는 언제든지 삭제할 수 있으며 이때는 DELETE 명령을 사용한다. 조건을 지정하지 않으면 전체 테이블을 대상으로 하는데 이런 경우는 별로 없고 보통은 특정 레코드를 찾아 지우기 때문에 항상 WHERE 절로 삭제할 조건을 지정한다.

DELETE [FROM] 테이블 WHERE 조건

다음 명령은 이름이 오산인 레코드를 찾아 삭제한다. 인구수나 면적을 기준으로 하면 조건에 맞는 모든 레코드를 삭제한다.

```
MariaDB [Study]> DELETE FROM City WHERE name='오산';
Query OK, 1 row affected (0.005 sec)
```

레코드의 필드값은 언제든지 다른 값으로 바꿀 수 있다. 이때는 UPDATE 명령을 사용하며 대개의 경우 WHERE 절로 대상 레코드를 지정한다.

UPDATE 테이블 SET 필드=값 [,필드=값] WHERE 조건

UPDATE 명령 다음에 대상 테이블을 적고 SET 명령으로 필드에 값을 대입한다. 여러 개의 필드값을 콤마로 구분하여 한꺼번에 변경할 수도 있다. 다음 명령은 부산의 인구를 500만으로, 면적은 1000으로 수정한다.

```
MariaDB [Study]> UPDATE City SET popu=500, area=1000 WHERE name='부산';
Query OK, 1 row affected (0.003 sec)
Rows matched: 1  Changed: 1  Warnings: 0
```

대상 레코드를 지정하는 WHERE 절을 빼 먹으면 전체 레코드가 바뀌는 대형 사고가 발생할 수 있어 주의해야 한다. DELETE와 UPDATE 명령은 항상 WHERE 절과 함께 사용함을 유의하자.

테이블을 통째로 삭제할 때는 DROP TABLE 명령을 사용한다. DROP TABLE City; 명령을 내리면

별다른 확인 없이 테이블을 날려 버리므로 신중하게 삭제해야 한다. DB를 삭제할 때는 다음 명령을 사용한다.

```
DROP DATABASE Study;
```

DB에 포함된 모든 테이블과 필드값도 같이 삭제한다. 백업이 없으면 원래 상태로 되돌리기 어려우니 조심스럽게 사용해야 한다. 명령어를 직접 입력하기보다는 보통 스크립트를 만들어 놓고 실행하는 형식이어서 설사 다 지웠다 하더라도 언제든지 다시 만들 수 있다. 그래서 스크립트가 강력하고 편리하다.

26-2 JDBC

1 드라이버 설치

DBMS는 백그라운드에서 실행되는 서버 프로그램이며 데이터를 안전하게 저장하고 효율적으로 관리하는 역할만 할 뿐 사용자를 대면하지는 않는다. 사용자가 직접 SQL 문을 실행할 수 없으니 더 친절하고 쓰기 쉬운 응용 프로그램이 필요하다. 저장된 데이터로 어떤 일을 어떻게 할 것인가는 응용 프로그램이 결정한다.

이런 프로그램을 만들려면 언어와 DBMS를 연결하는 접속 모듈이 필요하다. DBMS의 종류는 다양하며 개발 언어도 수십 가지가 넘는다. 게다가 이 둘을 연결해 주는 접속 인터페이스도 상황과 환경에 따라 여러 가지가 있고 운영 환경이나 하드웨어까지 고려하면 데이터베이스 프로그래밍의 조합은 무궁무진하다.

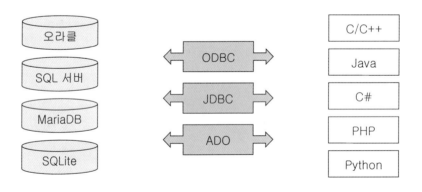

JDBC(Java Database Connectivity)는 자바 언어와 관계형 데이터베이스를 연결하는 중간 모듈이다. 이 안에는 임의의 데이터베이스와 SQL 문으로 통신하여 데이터를 조작하는 클래스가 포함되어 있다. 그러나 DBMS의 종류가 워낙 많고 계속 늘어나고 있어 자바 프레임워크가 모두 지원할 수 없어 DBMS별로 드라이버는 따로 설치해야 한다.

각 DBMS는 접속 인터페이스에 따라 드라이버를 제공한다. MariaDB의 최신 드라이버는 홈페이지에서 다운로드 받는다. 접속 인터페이스별로 드라이버를 제공하는데 ODBC, Node.js, Java, C/C++ 등을 지원한다.

01_ JDBC로 접속하려면 Connector/J 를 다운로드 받는다. 2022년 4월 최신 버전은 3.0.0이지만 알파 버전이므로 여기서는 안정화된 2.7.3을 기준으로 한다. 자주 업데이트되므로 가급적 최신 버전을 받는 것이 좋다.

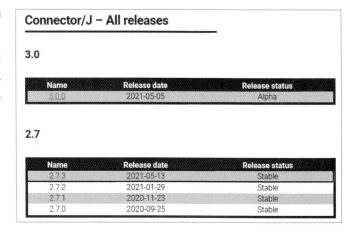

02_ 소스는 굳이 필요치 않으므로 Universal을 선택하고 [Download] 버튼을 클릭한다. 파일 목록이 나타나는데 이 중 jar 파일만 받으면 된다. 이 안에 자바와 MariaDB를 연동하는 클래스 파일이 들어 있다. mariadb-java-client-2.7.3.jar 파일을 받아 자바 설치 폴더의 jre\lib\ 폴더에 복사해 둔다.

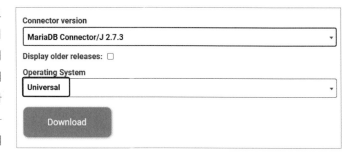

03_ 이클립스에 드라이버를 미리 등록해 놓고 사용할 수도 있고, 프로젝트별로 classpath 옵션으로 드라이버의 경로를 지정하여 로드하는 간단한 방법도 있다. [Project] – [Properties] 메뉴를 선택하고 'Java Build Path' 페이지의 [Libries] 탭을 선택한다.

classpath를 선택하고 [Add External JARs] 버튼을 클릭해 다운로드 받은 jar 파일을 지정하면 이후 코드에서 이 경로의 클래스를 로드하여 사용한다.

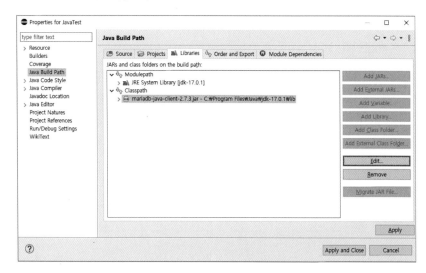

2 DB 접속

모든 준비가 완료되었으면 이제 자바 코드에서 MariaDB의 데이터를 읽고 쓸 수 있다. 여러 단계를 거치는데 제일 먼저 할 일은 접속할 DBMS에 맞는 드라이버를 로드하는 것이다. 이때는 다음 정적 메서드를 사용한다.

```
Class.forName(String className)
```

인수로 로드할 클래스의 완전한 이름을 지정한다. JDBC 드라이버는 홈페이지나 관련 문서를 통해 클래스 파일의 경로와 이름을 공지하는데 jar 파일의 압축을 풀어 봐도 알 수 있다. MariaDB 드라이버의 클래스명은 'org.mariadb.jdbc.Driver'이며, 이 이름을 주면 jar 파일에 있는 클래스 파일을 찾아 로드한다.

드라이버가 항상 제대로 설치되어 있다는 보장은 없으며 로드 실패 시 예외가 발생할 수 있어 예외 처리 구문으로 감싸야 한다. 예외가 발생하지 않으면 드라이버 로드에 성공한 것이다. 드라이버를 로드한 후 다음 메서드로 DB에 연결한다.

```
static Connection DriverManager.getConnection(String url, String user, String password))
```

첫 번째 인수는 접속 문자열이다. 어떤 프로토콜을 사용하여 어떤 서버의 어떤 데이터베이스에 접속할 것인가를 지정하며 형식은 다음과 같다.

```
프로토콜:서브 프로토콜://서버주소:포트/DB
```

프로토콜은 jdbc:mariadb://로 지정하여 JDBC를 통해 MariaDB에 접속함을 밝히며 이어서 접속할 서버의 주소가 온다. 원격지의 컴퓨터라면 IP 주소를 지정하며 같은 컴퓨터에서 실행 중이라면 localhost라고 적는다. MariaDB의 포트 번호는 설치할 때 지정하는데 보통 3306이다. 접속 문자열의 마지막은 데이터베이스의 이름이다.

두 번째, 세 번째 인수는 접속할 ID와 비밀번호이다. 설치할 때 지정한 ID와 비밀번호를 전달한다. 해당 서버에 적절한 권한이 있고 인터넷에 연결되어 있다면 전세계 어디서나 접속하여 데이터를 자유롭게 읽고 쓸 수 있다. 연결되면 Connection 클래스의 다음 메서드로 명령 객체를 생성하고 명령 객체의 메서드로 SQL 문을 실행한다.

```
Statement createStatement()
ResultSet executeQuery(String sql)
int executeUpdate(String sql)
```

여러 개의 레코드를 조사하는 SELECT 명령은 executeQuery 메서드로 실행하며 결과셋인 ResultSet을 리턴한다. INSERT, UPDATE, DELETE 명령은 executeUpdate 메서드를 사용하며 영향받은 레코드의 개수를 리턴한다. 결과셋은 최초 첫 레코드 직전에 맞춰지며 다음 메서드로 레코드 사이를 이동한다.

```
boolean next()
```

루프를 돌며 next가 false를 리턴할 때까지 반복하면 모든 레코드를 다 읽을 수 있다. 각 레코드의 필드값을 읽을 때는 필드 타입에 맞는 메서드를 호출한다.

```
int getInt(String columnLabel)
Date getDate(String columnLabel)
String getString(String columnLabel)
```

인수로 읽을 필드의 이름을 지정하면 해당 필드의 값을 읽어 리턴한다. 데이터베이스 필드가 가질 수 있는 거의 모든 타입에 대한 메서드를 제공한다. 다 읽은 후 결과셋, 명령, 연결 객체를 모두 close하여 자원을 정리한다.

로드, 접속, 연결, 명령 실행, 정리 과정이 복잡해 보이지만 직선적이어서 절차대로만 수행하면 원하는 데이터를 바로 얻을 수 있다. 다음 예제는 Study 데이터베이스에 접속하여 City 테이블의 모든 레코드에 대한 모든 필드를 읽어 덤프한다.

```
dumpcity
```

```java
import java.sql.*;

class JavaTest {
    public static void main(String[] args) {
        try {
            // 드라이버 로드
            Class.forName("org.mariadb.jdbc.Driver");
            // 연결
            Connection conn = DriverManager.getConnection(
                "jdbc:mariadb://localhost:3306/Study", "root", "asdf");
            // 명령 실행
            Statement stmt = conn.createStatement();
            ResultSet rs = stmt.executeQuery("SELECT * FROM City");
            // 결과셋 읽음
            while (rs.next()) {
                String name = rs.getString("name");
                int popu = rs.getInt("popu");
                int area = rs.getInt("area");
                System.out.printf("%s :%4d만명, %4dkm\n", name, popu, area);
            }
```

```
            // 정리
            rs.close();
            stmt.close();
            conn.close();
        } catch (Exception e) {
            e.getMessage();
        }
    }
}
```

실행 결과	대구 : 247만명, 883km 부산 : 345만명, 993km 서울 : 999만명, 606km 영월 : 4만명, 1127km 오산 : 21만명, 42km 용인 : 99만명, 593km 전주 : 60만명, 206km 홍천 : 7만명, 1819km

절차와 코드가 복잡해 보이지만, 사실 이 예제에서 변화를 줄만한 부분은 SQL 명령과 결과셋을 읽어내는 부분뿐이다. JDBC는 데이터를 직접 다루는 것이 아니라 중계 역할을 할 뿐이며 데이터를 어떻게 조작할 것인가는 어떤 SQL 문을 실행하는가에 따라 달라진다. 따라서 데이터베이스 프로그래밍을 위해 애써 배워야 할 것은 SQL 구문이다.

3 DB 관리

SQL은 주로 질의에 사용되지만 정보를 조사하는 것뿐만 아니라 데이터베이스에 관련된 거의 모든 작업을 다 처리할 수 있다. MariaDB는 별도의 관리툴이 없으며 SQL 명령으로 모든 것을 다 처리한다. 다음 예제는 테이블을 생성하고 샘플 데이터까지 삽입한다.

maketable

```
import java.sql.*;

class JavaTest {
    public static void main(String[] args) {
        try {
            Class.forName("org.mariadb.jdbc.Driver");
            Connection conn = DriverManager.getConnection(
                "jdbc:mariadb://localhost:3306/Study", "root", "asdf");
            Statement stmt = conn.createStatement();

            // 테이블 재초기화
            stmt.executeUpdate("DROP TABLE IF EXISTS Staff;");
```

```
            stmt.executeUpdate("CREATE TABLE Staff (" +
                    "name NVARCHAR (30) NOT NULL PRIMARY KEY," +
                    "depart NVARCHAR (10) NOT NULL," +
                    "salary INT NOT NULL," +
                    "achieve INT NULL," +
                    "workMonth INT NULL);");
            // 샘플 레코드 삽입
            stmt.executeUpdate("INSERT INTO Staff VALUES ('김유신','관리부',180,88,12);");
            stmt.executeUpdate("INSERT INTO Staff VALUES ('유관순','지원부',190,NULL,28);");
            stmt.executeUpdate("INSERT INTO Staff VALUES ('안중근','영업부',185,76,19);");
            stmt.executeUpdate("INSERT INTO Staff VALUES ('윤봉길','생산부',200,71,38);");
            stmt.executeUpdate("INSERT INTO Staff VALUES ('강감찬','영업부',150,28,3);");
            stmt.executeUpdate("INSERT INTO Staff VALUES ('정몽주','관리부',170,88,12);");

            // 결과셋 읽음
            ResultSet rs = stmt.executeQuery("SELECT * FROM Staff");
            while (rs.next()) {
                System.out.println(rs.getString("name"));
            }
            rs.close();
            stmt.close( );
            conn.close();
        } catch (Exception e) {
            e.getMessage();
        }
    }
}
```

실행 결과	강감찬 김유신 안중근 유관순 윤봉길 정몽주

연결이나 해제 과정은 앞 예제와 같고 중간의 명령 부분만 다르다. 테이블을 생성할 때는 CREATE TABLE 명령을 사용하며 괄호 안에 필드의 속성을 지정한다. 샘플 데이터를 삽입할 때는 INSERT INTO 명령으로 레코드의 필드값을 나열한다. 프롬프트에서 키보드로 직접 입력할 명령을 프로그램이 코드로 고속 실행하는 것 외에는 별 차이가 없다.

테이블을 생성하기 전에 먼저 DROP TABLE 명령으로 테이블을 삭제하는데 이미 테이블이 있을 경우 삭제하고 다시 만들기 위해서이다. 샘플 레코드가 바뀌었을 경우 테이블을 지우고 다시 만들어 완전히 재초기화한다. 단, 테이블이 없을 경우 삭제할 필요가 없고, 있지도 않은 테이블을 삭제하면 에러 처리 되므로 IF EXISTS 조건으로 테이블이 있을 때만 삭제한다.

즉, 위 예제는 Staff 테이블을 완전히 다시 만드는 역할을 한다. 프로젝트 수행 중에 원래 상태로 돌아가야 한다면 이 예제를 실행하면 된다. 테이블의 레코드를 변경, 삭제할 때는 UPDATE 명령과 DELETE 명령을 사용한다.

```
updatetable

import java.sql.*;

class JavaTest {
    public static void main(String[] args) {
        try {
            Class.forName("org.mariadb.jdbc.Driver");
            Connection conn = DriverManager.getConnection(
                    "jdbc:mariadb://localhost:3306/Study", "root", "asdf");
            Statement stmt = conn.createStatement();

            stmt.executeUpdate("UPDATE Staff SET salary=250 WHERE name='김유신';");
            stmt.executeUpdate("DELETE FROM Staff WHERE depart='영업부';");

            stmt.close();
            conn.close();
        } catch (Exception e) {
            e.getMessage();
        }
    }
}
```

UPDATE 명령으로 김유신 사원의 월급을 250만원으로 올려 주고, DELETE 명령으로 영업부 소속의 직원은 모두 삭제하였다. 편집만 할 뿐 다시 조회하지 않아 별도의 출력은 없다. 테이블이 제대로 편집되었는지 명령행에서 확인해 보자.

```
MariaDB [study]> SELECT * FROM Staff;
+--------+--------+--------+---------+-----------+
| name   | depart | salary | achieve | workMonth |
+--------+--------+--------+---------+-----------+
| 김유신 | 관리부 |    250 |      88 |        12 |
| 유관순 | 지원부 |    190 |    NULL |        28 |
| 윤봉길 | 생산부 |    200 |      71 |        38 |
| 정몽주 | 관리부 |    170 |      88 |        12 |
+--------+--------+--------+---------+-----------+
4 rows in set (0.000 sec)
```

이상으로 MariaDB의 간단한 사용 방법과 SQL 문의 4대 명령에 대해 실습해 보았다. 데이터베이스를 제대로 사용하려면 이 외에도 알아야 할 것이 많다. 모델링, 인덱스, 조인, 트랜잭션, 저장 프로시저, 트리거 등 많은 것을 배우고 실습해야 한다. 꽤 오랜 시간이 걸리는 전문 과목이며 웹 프로그래밍이나 빅데이터 처리를 위해 반드시 알아야 하는 필수 과목이다.

안심Touch

좋은 책을 만드는 길
독자님과 함께하겠습니다.

도서에 궁금한 점, 아쉬운 점, 만족스러운 점이
있으시다면 어떤 의견이라도 말씀해 주세요.
시대인은 독자님의 의견을 모아 더 좋은 책으로 보답하겠습니다.

www.sdedu.com

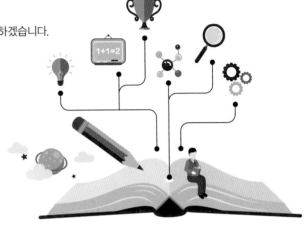

자바 정복 개정판

초 판 발 행	2022년 05월 06일
발 행 인	박영일
책 임 편 집	이해욱
집 필	김상형
편 집 진 행	윤은숙
표 지 디 자 인	김지수
편 집 디 자 인	임옥경
발 행 처	시대인
공 급 처	(주)시대고시기획
출 판 등 록	제 10-1521호
주 소	서울시 마포구 큰우물로 75 [도화동 538 성지 B/D] 6F
전 화	1600-3600
팩 스	02-701-8823
홈 페 이 지	www.sdedu.co.kr
I S B N	979-11-383-2366-6(13000)
정 가	26,000원